检察实务问题研究

——最高人民检察院重点课题优秀成果荟萃

最高人民检察院法律政策研究室 编

陈国庆 主编

中国检察出版社

图书在版编目（CIP）数据

检察实务问题研究：最高人民检察院重点课题优秀成果荟萃/陈国庆主编；
最高人民检察院法律政策研究室编 . —北京：中国检察出版社，2014.8
ISBN 978 - 7 - 5102 - 1242 - 0

Ⅰ.①检…　Ⅱ.①陈…②最…　Ⅲ.①检察机关 - 工作 - 中国 - 文集
Ⅳ.①D926.3 - 53

中国版本图书馆 CIP 数据核字（2014）第 154558 号

检察实务问题研究
——最高人民检察院重点课题优秀成果荟萃
最高人民检察院法律政策研究室　编　　陈国庆　主编

出版发行：中国检察出版社
社　　　址：北京市石景山区香山南路 111 号（100144）
网　　　址：中国检察出版社（www.zgjccbs.com）
编辑电话：(010) 68682164
发行电话：(010) 68650015　68650016　68650029　68686531
经　　销：新华书店
印　　刷：保定市中画美凯印刷有限公司
开　　本：720 mm × 960 mm　16 开
印　　张：43.25 印张
字　　数：793 千字
版　　次：2014 年 8 月第一版　　2014 年 8 月第一次印刷
书　　号：ISBN 978 - 7 - 5102 - 1242 - 0
定　　价：86.00 元

目　录

目　录

新形势下检察机关职务
犯罪预防工作机制研究[*]

杨淑雅　王松卫　王　星　李晓文

一、检察机关职务犯罪预防工作机制研究背景及概念界定

（一）检察机关职务犯罪预防工作面临的新形势和新任务

1. 反腐倡廉新形势为检察机关预防职务犯罪工作提出了新要求。当前一些领域消极腐败现象仍然易发多发，一些重大违纪违法案件影响恶劣，反腐败斗争形势依然严峻。从检察机关查办案件情况来看，2008 年至 2012 年，全国检察机关共立案侦查贪污贿赂犯罪案件 165787 件 218639 人[①]，平均每年查办 33157 件 43728 人，职务犯罪发案数量仍在高位运行，并出现了一些新变化和新特点，"一是职务犯罪向一些新的领域渗透，权力相对集中、资金相对密集、监管相对薄弱的单位和领域腐败问题易发多发，尤其近年来国家投入大量资金的社会保障、新农村建设、医疗卫生以及教育科研等领域案件逐步增多；二是犯罪手段更趋隐蔽化、智能化、复杂化，采取委托理财、商品交易、虚假聘任、中介斡旋等新型手段作案的犯罪增多，跨地区、跨国境及涉外案件增加；三是案件牵连性更加突出，一些单位、部门集体腐败问题严重，窝串案、案中案明显增多；四是腐败问题与多种社会矛盾相互交织，不少事件、事故背后都隐藏着官商勾结、权钱交易、失职渎职等犯罪。"[②] 面对新变化新特点，检察机关职务犯罪预防工作在预防理念、队伍建设、工作机制、程序和方法方面存在的问题日益凸显。这就要求检察机关必须努力适应职务犯罪形势的变化，进一步解放思想、更新观念，创新机制，不断把职务犯罪预防工作推向深入。

---

[*] 课题负责人：杨淑雅，北京市人民检察院职务犯预防处处长。课题组成员：王松卫、王星、李晓文。

① 数据摘自 2013 年最高人民检察院工作报告。

② 摘自曹建明检察长在全国检察机关查办和预防职务犯罪工作大连会议上的讲话。

2. 党中央预防腐败新的指示精神为职务犯罪预防工作指明了新方向。当前，反腐败工作进入关键阶段，中央对全面推进惩治和预防腐败体系建设作出了一系列新的重大部署，检察机关查办和预防职务犯罪的责任越来越大。党的十八大报告明确指出："要坚持中国特色反腐倡廉道路，坚持标本兼治、综合治理、惩防并举、注重预防方针，全面推进惩治和预防腐败体系建设"，重申了预防工作在我国反腐败战略中的重要地位。特别是 2013 年 3 月 8 日习近平总书记在参加十二届全国人大一次会议江苏代表团全体会议时，在听取南京市检察院职务犯罪预防局局长林志梅代表的发言后，深刻指出："预防职务犯罪出生产力"，强调一定要做好职务犯罪预防工作。这不仅充分肯定了预防职务犯罪工作对推动反腐倡廉建设、保障经济社会发展的重要作用，也强化了进一步做好预防职务犯罪工作的积极意义。这一科学论断引起了全国各级检察机关的关注与重视，纷纷表示要认真学习、全面贯彻习总书记的重要讲话。同年 11 月刚刚闭幕的十八届三中全会提出，"必须构建决策科学、执行坚决、监督有力的权力运行体系，健全惩治和预防腐败体系，建设廉洁政治，努力实现干部清正、政府清廉、政治清明。要形成科学有效的权力制约和协调机制，加强反腐败体制机制创新和制度保障，健全改进作风常态化制度"，这对进一步深化职务犯罪预防工作又提出了新的要求。可以说，党中央的正确决策将预防工作提到了全新的高度，为预防工作指明了方向。

3. 人民群众对反腐的热情与期待为检察机关职务犯罪预防工作提出了新挑战。职务犯罪是最典型、最集中、最严重的腐败现象，破坏社会公平正义，损害党群、干群关系，特别是那些发生在社会保障、劳动就业、征地拆迁、移民补偿、抢险救灾、医疗卫生、招生考试、食品安全、涉农惠民等民生领域的职务犯罪，直接侵害群众切身利益，给人民生命财产造成重大损失。广大人民群众对此深恶痛绝，要求有效遏制职务犯罪的呼声十分强烈。其不仅希望检察机关加大办案力度，也期望把办案向预防延伸，进一步加强预防工作。与此同时，随着信息技术的发展，微博等新兴媒介平台日渐成为群众参与反腐的有力工具，通过微博"天价烟"、"表哥"、"不雅视频"等信息迅速扩散成功引起相关部门介入，媒体人罗昌平实名举报引发原发改委副主任、国家能源局局长刘铁男落马等案例屡见报端，这一方面开辟了反腐败工作新的线索来源，体现了人民群众对反腐败工作的支持，另一方面也反映出相关职能部门响应相对迟缓，对于网络舆情引导经验不足、甄别效率较低等问题。在这种新形势下，如何完善体制、机制建设，加强和改进预防职务犯罪工作，使其顺应社会发展，积极有效地回应人民群众对反腐工作的热情与期待，是摆在检察机关面前的一项重要任务。

（二）职务犯罪预防工作机制概念界定

1. 机制

理解职务犯罪预防工作机制的概念，首先要明确"机制"的概念和范围。"机制"一词"原指机器的构造和动作原理，生物学和医学通过类比借用此词。生物学和医学在研究一种生物的功能（例如光合作用和肌肉收缩）时，常说分析它的机制。这就是说要了解它的内在工作方式，包括有关生物结构组成部分的相互关系，以及其间发生的各种变化过程的物理、化学性质和相互联系。"[1]

引入社会科学领域，"机制"则是指"一个系统的组织或部分之间相互作用的过程和方式。"由此可见，"机制"的建立，一靠体制，二靠制度。体制是指组织（机构）职能和岗位职权的调整与配置；制度包括国家和地方的法律、法规以及任何组织内部的规章制度。只有通过与之相应的体制和制度，机制才能在工作实践中充分发挥其对系统各部分结构功能的"激活"作用，才能成为制度落实的桥梁和中介。因此，要实现机制对工作的推动作用，至少包括三个方面的内容：机构、制度及机制的良好运行。

2. 职务犯罪预防工作机制

预防职务犯罪是一项主体广泛的庞大的、复杂的社会系统工程，是全社会共同的任务，需要通过各单位、各部门、各行业和系统来开展。职务犯罪预防工作机制，是指在党和政府的宏观决策指导下，在探讨和遵循客观规律的基础上，充分利用各种有利条件，克服不利条件，为遏制和减少职务犯罪发生而付出的各种努力。这些努力既包括建立一系列有效的工作体制、政策、制度等工作规范，同时也包括那些能充分调动一切积极因素，能正确有效地处理职务犯罪预防工作中的各种矛盾和问题，能对体制、政策、制度等工作规范起到"激活"作用，能推动其落实的各种领导艺术、工作程序、工作方式、工作手段等。换言之，预防职务犯罪工作机制既包括建立有形的、静态的各种规定，又包括无形的、动态的各种相互作用和相互联系。[2]

职务犯罪预防工作机制涉及的主体众多，各主体建立预防工作机制的侧重点和目的均有所不同。其中，检察机关作为开展职务犯罪预防工作的专门机构，与其他主体建立预防工作机制相比，最明显的区别在于目的不同。检察机关建立预防工作机制目的是推动职务犯罪预防业务工作的深入开展，实现预防工作的科学发展，其最终目标在于最大限度地防止、减少和遏制全社会职务犯

---

① 《辞海》缩印本，上海辞书出版社 1979 年版，第 1250 页。

② 李晓明、张武军：《论我国预防职务犯罪工作机制的整体构建》，载中国知网。

罪的发生。而其他主体①建立预防工作机制的直接目的通常是预防本单位职务犯罪的发生。本文所研究的预防工作机制仅指检察机关在开展职务犯罪预防业务工作中所建立的工作机制。

二、检察机关职务犯罪预防工作机制面临的问题与困境

2000 年 8 月最高人民检察院成立职务犯罪预防厅，预防机构开始独立于反贪部门，探索独立发展的新方向。之后，全国各省市检察机关纷纷成立专门的预防部门，积极探索开展职务犯罪预防工作的新方法、新举措，形成了一系列行之有效的工作机制和经验做法，如侦防一体化工作机制、预警预测机制、社会化预防工作机制、个案预防工作机制、行业或系统预防工作机制等。从实践来看，虽然这些机制的提出或建立及运行对推动职务犯罪预防工作起着重要作用，但从实际效果来看，还不甚理想，依然存在许多亟待解决的问题，如各地预防工作做法不统一，存在各自为政的现象；工作方法、程序不系统、不规范；预防工作比较务虚，常常浮于表面难以落到实处；协调配合机制不健全，难以形成预防合力等，这些问题在一定程度上制约着预防工作的良好运行，影响了预防工作的深入开展。

（一）预防立法不规范影响长效机制的建立

目前，职务犯罪预防工作仍面临着立法不规范、法律依据不足的尴尬境遇。检察机关开展职务犯罪预防工作的依据主要有四种：一是《宪法》、《刑事诉讼法》和《人民检察院组织法》等法律，其中检察机关具有法律监督权、具有教育公民自觉遵守法律，同违法行为做斗争职能的相关条款，是检察机关开展预防工作的主要法律依据，但宪法和法律仅是赋予检察机关具有职务犯罪预防的权能，并没有对如何开展预防工作进行详细的规定；二是党中央、中纪委有关反腐败工作的政策性文件，其提出了不同阶段开展职务犯罪预防工作的指导方针，但囿于政策的宏观性、原则性特征致使实际操作性不强；三是最高人民检察院发布的《关于进一步加强预防职务犯罪工作的决定》、《人民检察院预防职务犯罪工作规则（试行）》等规范性文件以及联合各系统、行业下发的通知及精神，这些文件在开展职务犯罪预防工作的指导思想、机制方法方面提出了纲领性意见，但仍较为原则，缺乏程序性规定，且其系检察机关内部规范，约束力有限；四是地方性预防职务犯罪立法。目前，全国已有山西、吉

---

① 纪检监察机关除外。纪检监察机关建立的预防腐败工作机制亦是面向全体党员领导干部，而非本单位。但在开展职务犯罪预防工作中，检察机关与其最大的区别在于是用法治思维和法律方法开展职务犯罪预防工作。

林、黑龙江、江苏等20余个省市通过人大立法制定了预防职务犯罪工作条例，这些条例明确了预防职务犯罪工作的原则、指导思想，确定了各部门、各单位在预防职务犯罪方面的职责、权利和义务，对地方开展职务犯罪预防工作有较强的指导意义，但这些条例制定时间不一，规定的预防工作内容和方法各有不同，仍具有明显的地方特色，缺乏统一性。且这些条例中综合性、全局性条款居多，普遍缺乏强制性、惩治性条款。比如对检察机关预防任务的规定，仅规定了其具有开展预防调查、案例分析、警示教育、提出检察建议等工作内容和职责，既没有就开展这些工作的途径和程序予以细化，也没有对未履行职责行为的处罚措施予以规定，影响了预防工作开展的实际效果。

从上述分析可以看出，虽然指导预防工作的依据性文件众多，但由于缺乏专门的职务犯罪预防立法，没有形成位阶明晰的法律体系，依据的统一性、条理性不强，约束性和有效性不足，导致预防工作内容和工作制度不固定、不稳定、不持续，仍具有较强的随意性和盲目性，检察机关职务犯罪预防工作的长效机制难以建立。

（二）检察系统内部缺乏协作，一体化预防工作模式尚未建立

检察机关职务犯罪预防工作是一项全局性工作，需要各级检察机关、检察机关多个内设部门的协同配合。但实践中，协同效果并不理想，主要表现在：

1. 预防工作一体化观念尚未确立。一方面，预防工作受重视程度不够。近年来，虽然有些地方开展特色预防成绩突出，引起党委政府的高度重视，为检察机关树立了良好形象，起到了为领导决策服务的效果，但在检察机关内部，仍存在着"重打击轻预防"的观念，一些人员认为预防工作比较务虚，且与纪检监察及检察机关内部的反贪、反渎、公诉等其它业务部门职能重叠，可有可无。同时，相对于侦查、批捕、起诉等一线办案工作，预防工作仍非检察机关的主流业务，在业务考核中所占比重也较小，可以说预防工作在服务社会发展及扩大检察机关影响力中所起的作用与在检察机关内部得到的认可程度并不匹配，许多部门未在思想上真正认识到预防工作的重要性；另一方面，一些人员缺乏大局意识和全院一盘棋思想，认为既然成立了独立的预防机构，预防工作自然应当由预防部门承担，不应当是自己份内的事，甚至认为预防犯罪加重了工作负担，缺乏开展预防工作的积极性。

2. 检察机关内设机构开展预防工作系统性、整体性不强，缺乏统筹规划。虽然最高检《关于检察机关有关内设机构预防职务犯罪工作职责分工的规定》（以下简称《规定》）明确了检察机关内部预防、反贪、反渎、公诉、侦监、监所等部门开展职务犯罪预防工作的具体职责，但实践中这一规定落实效果并

不理想，检察机关内设机构开展职务犯罪预防工作仍缺乏系统性和整体性，主要存在以下问题：

（1）预防部门主导地位不突出。根据《规定》，预防部门负有统一组织、协调检察机关预防职务犯罪工作的职责，预防工作应当在预防部门的组织下，由检察机关各业务部门协调配合完成，但实践中，预防部门在开展预防职务犯罪工作方面的主导地位未确立，其对预防工作的宏观指导、统一规划、总结推广、组织协调的作用未能充分体现，检察机关预防工作由于缺乏引导和整合显得散、乱、浅，预防合力难以形成，往往造成预防部门"单打独斗"的局面。

（2）预防和批捕、公诉、监所等部门之间未建立预防工作联系制度，或者制度执行不到位。如批捕、公诉、监所等部门均负有开展本职工作涉及的职务犯罪预防的职责，包括制发检察建议，职务犯罪问题研究等，但由于缺乏报备制度或执行不到位而使得各部门工作开展的成果不能通过有效渠道进行整合，预防工作的整体效能不高。

（3）侦防一体化工作机制落实不到位。侦防一体化机制建设提出近十年，各地检察机关对其进行了许多有益探索，但实施效果并不理想，仍然存在侦查与预防工作"两张皮"，两部门各行其事的现象。一是在组织领导方面，预防和侦查部门往往由不同领导主管，领导间的意见分歧、大局考量对侦防一体产生影响，同时，由于较多地方未建立预防职务犯罪工作领导机构，一些需要统一领导、工作协调的事项缺乏部门牵头展开，未能实现侦防的同谋划、同部署、同落实、同检查、同考核；二是在工作目标方面，侦查与预防部门工作内容和考核要点侧重不同，侦查部门重在案件办理，预防部门重在查找案件特点、规律及原因，提出预防对策，进行整改落实，工作重点和部门利益需求的不同导致侦防部门的干警难以真正形成合力；三是在工作方式方面，侦防一体化工作要求侦防部门间建立信息通报制度、对有预防价值的立案侦查案件、受理查办案件综合情况分析等材料的抄送报备制度等，但基于案件保密和泄密责任承担的考量，反贪部门一般不愿对案件查办情况特别是掌握线索情况向预防部门透露，使得预防信息的获取渠道不畅，预防工作开展依据的案件材料不全面，难以深入。

（4）对预防工作缺乏科学的基础考核指标。目前，从全国范围来看，作为检察机关的一个比较重要的业务部门，预防工作尚未取得与之完全匹配的影响力和认可度。究其原因，很重要的一点就是预防业务不统一、不规范。反贪、公诉、侦监等业务部门从上至下考核的业务项都是统一、明确、严格的，社会知晓度较高；相比之下，预防部门缺乏科学、统一的基础业务考核指标，各地所开展的基础业务甚至都迥然不同，全国范围内没有形成合力，如近两年，预防部门虽然制定了较为具体的基础业务考核指标，但仍不够规范和系统，像对预防调查、案件分析的考核，仍存在重数量、轻质量，虚功多、实做少的现象，未能充分发挥基础考核指标引领、服务预防工作的目的。许多地方开展预防工作、进行业务考核都具有较强的随意性，因此，在固定工作内容、建立科学考核指标等方面还有待进一步规范和深化。

3. 检察系统预防部门间缺乏协作联动机制，影响预防工作效果。一是工作制度缺位。目前，有关检察系统预防部门上下级、平级之间的联动工作制度尚未建立，缺乏具有指导意义的工作规范，相互之间开展协作的内容、职责、程序不明确，致使合作具有随机性、不确定性、不稳定性；二是资源共享平台有限。目前，仍然没有形成统一的、系统的资源共享平台，实践中，检察机关建立的预警预测系统及内部局域网系统为主要的资源共享平台，但预警预测系统案件更新迟缓，数据收集不全，各院局域网又都有登录权限限制，在没有登录密码的情况下，其他院基本无法收集到有用的信息，影响共享的效果；三是资源整合不够。上下级检察机关预防部门缺乏对成功的经验做法、典型案例、图片资料、廉政法制课讲义等预防资源的重新整合，交流融合，影响到预防工作开展的深度和广度。

（三）检察机关预防对外工作机制不完善

职务犯罪的有效预防和遏制，需要全党、全社会的共同努力，党的十五大提出了"党委统一领导，党政齐抓共管，纪委组织协调，部门各负其责，依靠群众的支持和参与"的领导体制和工作机制，各地纷纷建立社会性的预防职务犯罪工作网络，检察机关作为预防工作的专门机构，也积极参与其中，从全国检察机关预防职务犯罪工作多年的实际情况看，检察机关职务犯罪预防对外工作模式主要有以下几种形式：党委预防职务犯罪领导小组、职务犯罪预防工作指导委员会（小组）、联席会议制度、定点联系制度①。这些制度的构建对集中力量开展预防工作起到了积极作用，但也存在着一些问题：

1. 检察机关职能定位不清晰。客观上，检察机关与纪检监察机关在开展预防腐败工作上，的确存在着一些职责上的交叉，如都具有预防宣传和警示教育职能，都需在制度建设上下功夫等。但两者职能也存在着显著区别，主要表现在工作形式与方法上：纪检作为党的纪律检查机关，其是通过党的领导和干部派驻，实现对本区域内所有国有机关、企事业单位的直接牵涉，这种关系是建立在党的领导体制下的，有党章和党的纪律作支撑，力度大、范围广，其采取的方式多为内部监督，如廉政风险防控制度，就是内部梳理廉政风险，内部

---

① 顾晓琼：《我国职务犯罪预防机制问题探讨》，载《宏观资讯》2011 年 8 月。

自查自纠。在检查、督查上，也主要是内部检查。而检察机关作为专门的法律监督机关，是站在各系统、行业外部，运用司法手段进行监督、服务。在此基础上，双方各有优势，也各自存在劣势：纪检部门不具备专业的职务犯罪案件查办优势，无法像检察机关那样深刻地了解案后所隐藏的隐患和风险；而检察机关预防往往就案说案，辐射面过窄，而且可能出现被调查单位不配合甚至拒绝的情况。因此，在实践中，检察机关与纪检机关的协同配合必不可少。检察机关应当充分认识到自身职能定位，发挥案件资源和法律技术优势，同时，又必须借助纪检机关的组织协调和统筹推动作用，整合力量，共同开展好预防工作，不能越位和缺位。但目前在实践中，仍有个别检察机关对检察职能尤其是预防职责把握不准，出现了大包大揽的情形，甚至有的超越了检察职权，脱离了检察机关的分工和定位，不利于预防职务犯罪工作的顺利推进。

2. 预防网络工作机制未理顺，工作浮于表面。一是组织领导作用不突出。以预防职务犯罪领导小组为例，预防网络开展工作必须坚持党委的领导，但地方党委领导方式较为单一，主要在于听取汇报，在开展工作中导向作用不强。另外，在许多地方预防领导小组办公室设在检察机关，由其发挥组织协调作用，但由于该办公室规格不明，权威不够，检察机关协调工作存在一定难度，影响预防工作的有效发挥；二是成员单位联动性不强。检察机关与监察、审计等部门在开展预防职务犯罪工作方面还没有建立畅通的工作渠道，信息资源的共享不够，资源的整合也还存在障碍；三是开展工作方式单一，工作开展缺乏实效性。开展工作多是会议和座谈形式，专业性较强的廉政约谈、法制宣传、警示教育、职务犯罪问题系统研究等开展得较少。同时，工作内容不固定，具有随意性，工作人员缺乏对预防工作的深入研究，不能深刻挖掘职务犯罪根源，难以取得明显成效；四是缺乏量化考评制度，各成员单位是如何开展预防工作，广度和深度如何，是否取得实效，不能进行量化考评，导致部门成员单位对预防工作应付了事，预防工作流于形式①。

3. 联席会议制度有待完善。一是检察机关对外开展的联席会议多为地方相关单位主动联系建立，检察机关围绕经济社会发展重点主动开展的不多，主动性不强。如检察机关对外开展共建活动，联席会议是其中不可缺少的内容，但该活动多为共建单位联系，检察机关较为被动；二是联席会议具体内容、工作职责不明确，有关单位相互间的衔接、信息共享、支持配合的作用未能有效发挥；三是联席会议未形成合理的长效工作机制，对工作的规划性、计划性不

---

① 参见罗建荣：《如何完善职务犯罪社会化大预防工作机制》，载《法制与社会》2011 年第 10 期。

强，统筹落实不到位，工作程序不明确，致使会议的组织协调渠道不畅，工作缺乏连续性，处于无序状态。

4. 检察机关对外合作机制有待深化。一是吸纳社会公众参与预防工作的机制未建立。民意诉求、接受举报的渠道不畅通，公众宣传和教育活动开展较少，未能充分调动群众参与预防工作的积极性，舆情处置能力还需进一步提升；二是与社会专业机构合作机制有待完善。有些地方在预防工作中已引入专家学者开展合作，如预防调查，但还没有形成长期的工作机制，仅限于一事一议，一会一议，缺乏合作的连续性和有效性；三是与广播电视、网络、报刊等社会公共媒体的合作机制不完善。目前，预防宣传途径仍较为单一，宣传平台有限，尚未充分发挥公共媒体的预防宣传作用，预防宣传的影响力不足。

（四）机构设置和人员配置不适应日益发展的预防工作要求

随着职务犯罪预防工作的深入开展，预防工作内容越来越丰富，从之前预防宣传的单一职能发展为集预防调查、案件分析、检察建议、年度报告、警示教育、行贿犯罪档案查询、预防咨询等多项内容为一体的复合职能，预防部门和人员承担的任务和责任越来越重，机构和人员方面存在的问题与日益发展的预防工作之间的矛盾日渐凸显，主要表现在以下两个方面：

1. 机构设置不健全

《人民检察院预防职务犯罪工作规则（试行）》规定："人民检察院应当设立预防职务犯罪工作机构。"但目前，全国检察系统中，仍有一些检察机关未按规定成立专门的职务犯罪预防机构，或是指派专人负责，或是将预防职能由其他部门代为履行，以北京市为例，北京市人民检察院第一分院、第二分院、铁路检察院，均没有成立专门的职务犯罪预防机构，而是由反贪局、反渎局人员兼职开展预防工作，由于侦查工作任务繁重，难以保证预防工作充分开展，不符合高检院提出的"坚持把预防职务犯罪与查办职务犯罪放在同等重要的位置"要求。

另外，检察机关预防部门设置为"处"或"科"，而反贪、反渎部门设置为"局"，由于规格的不对等，难免影响工作的开展。在2011年召开的全国检察机关侦查和预防工作会议上，高检院明确要求各地检察机关加强预防职务犯罪工作机构建设，建立职务犯罪预防局。截止2013年6月底，全国有2个省级检察院、49个市（地）级检察院完成撤处（科）设局工作，仍有大部分省市未予设立。

2. 人员配置不合理

目前，检察系统预防队伍仍然存在人员配备不足、结构不合理的现象。北京市检察机关与其他省、市院相比，人员配置状况相对良好，但仍面临着"活多人少"，配置不合理，人员能力素质不适应工作发展要求的情况。以北京市为例，截止 2013 年底，全市预防人员共计 117 人，其中，市院 14 人、四个分院 12 人（院均 3 人），基层院 91 人（院均 5 人），人员总量配备不足，未达到全市检察机关人员总数的 4%；分院未设专门的职务犯罪预防部门，多为反贪、反渎干警兼职预防工作，平均年龄在 37.75 岁，总体力量薄弱；基层院预防人员力量分配不均衡，人数多的院达 15 人，少的院仅有 3 人，年龄结构不合理，有的院人员年龄普遍较大，平均年龄达到 47 岁，有的院年龄较轻，平均年龄 31 岁，大多数院未能实现老中青综合搭配的人员结构。另外，全市预防检察人员综合素质有待进一步提升。预防工作涉及的领域、对象繁多，需要预防人员不仅具有法律专业知识和行业知识，还要具有丰富的社会实践和经验积累，要求预防人员具备调查研究、发现处置线索、综合分析、统筹谋划、法制宣传、沟通协调等多种能力，而目前，预防人员的知识结构、工作背景相对单一，预防人员中很少有人具备预防工作所亟须的经济学、社会学、心理学等领域专业知识。有些人员刚刚毕业即从事预防工作，缺乏侦查、批捕、起诉、调研等其他部门检察业务工作实践经验，不能适应预防工作的发展要求。同时，预防岗位检察人员流动过于频繁，缺乏稳定性。近年来，全市预防人员从事预防工作年限 3 年以下的达到 64%，许多预防人员刚刚被培养成才便被遴选到上级院，或交流到院办、政工、研究室、公诉等部门，人才流失严重，很难形成一支战斗力强的预防队伍。

三、北京市检察机关职务犯罪预防工作机制模式介绍

自 1994 年开始，北京市各级检察机关陆续在反贪局内部设立预防处（科）。2002 年，最高检发布《关于检察机关有关内设机构预防职务犯罪工作职责分工的规定》，明确规定职务犯罪预防部门负责统一组织、协调检察机关预防职务犯罪工作，负责检察机关预防职务犯罪工作规划和工作总结等等。同年，北京市各级检察机关预防处（科）从反贪局独立出来，成立职务犯罪预防处。经过近二十年的职务犯罪预防工作实践，尤其是近两年来，北京市检察机关在坚持科学定位的基础上，探索建立了一套较为完整的管理制度和工作规范。

（一）职务犯罪预防工作的科学定位

职务犯罪预防工作之所以存在如此之多的问题，与不能科学定位检察机关预防工作职能存在直接关系。根据反腐败形势的发展，检察机关应不断调整预防工作的着力点，研究提出完善体制机制和加强法律制度建设的建设性建议，

不断增强预防工作的针对性、实效性和影响力。2012 年，北京市检察机关明确了职务犯罪预防工作的职能定位，具体表现在以下三个方面：

1. 加强预防调查和专项预防工作，全面打造"职务犯罪问题研究中心"。运用案例分析、走访、座谈等预防调查手段，深入开展预防调查工作，总结职务犯罪案件的特点和规律，分析案发原因及各关键环节存在的职务犯罪风险，研究提出完善体制机制和加强法律制度建设的预防建议；围绕辖区工作重点，针对重大项目、重点领域存在的职务犯罪风险，深入调查分析，剖析产生腐败的管理失误、机制缺陷和制度漏洞，并提出体制机制改革的建议和预案。

2. 加大警示宣传教育工作力度，切实发挥"廉政宣传教育中心"作用。一是以预防调查成果为基础开展宣传。在深入行业领域开展预防调查的基础上，通过编写出版预防职务犯罪理论教材，如涉农、文化、教育、医药卫生、国企等十大领域预防职务犯罪"以案释法"丛书，开展廉政法制课宣讲、到各领域单位展板巡展等方式，有计划、有步骤地对各行各业进行预防职务犯罪法制宣传和警示教育，促使廉洁从业良好氛围的形成。二是围绕整体预防工作开展宣传。采取廉政法制课、展板巡展、宣传册、警示教育图书、参观监管场所、模拟法庭、公益广告宣传片、廉政微小说、海报等多种宣传方式全面开展预防宣传警示教育活动。三是依托警示教育基地开展宣传。加强警示教育基地建设，切实做好展务接待和对外巡展工作。

3. 文明、规范服务，树立"行贿犯罪档案查询中心"的良好形象。结合法律监督职能，整合查办案件形成行贿犯罪信息资源，整理、录入行贿犯罪档案信息，建立行贿犯罪档案库和查询系统，接受社会单位和个人关于行贿犯罪记录的查询，出具查询记录证明，有关主管（监管）部门或业主单位对有犯罪记录的单位进行处置，实现检察预防与行政主管部门自身预防的有机结合，促进社会廉洁体系建设。及时完善查询系统功能，健全工作机制，进一步统一、规范工作流程，提高接待人员专业素质，为申请查询人提供更为高效、便捷的服务，确保服务质量，树立检察机关的良好形象。

（二）北京市检察机关职务犯罪预防工作机制模式

1. 内部协作机制

（1）"三级联动"工作机制。2012 年北京市检察机关提出"市院为主导、分院为纽带、基层院为基础"的三级联动工作格局，即在市院预防处的统筹领导、指挥协调下，整合本地区各级院的预防力量，通过加强对上信息报送、对下业务指导和同级交流协作，上下联动，加强配合，合理分工，统一步调，整合力量，最大限度地提升工作效率效果的工作机制。此工作机制有利于深化市院的统筹协调、管理指导作用，通过对全市检察机关预防工作统一部署、统一组织实施，促进预防工作的专业化建设。如2012年，北京市人民检察院在认真梳理全市检察机关近五年查办职务犯罪案件情况的基础上，统筹协调各分院、基层院分别开展了文化、政法、教育、涉农惠民、国企、税务等领域的预防调查工作，形成了十多个预防调查报告，有力地促进了相关领域制度机制建设。

（2）侦防一体化工作机制。侦防一体化建设，是指检察机关职务犯罪侦查部门和预防部门之间，立足于惩治和预防职务犯罪职能，在日常工作联系、情况通报、信息共享、案件分析、案件移送、预防介入等环节协调配合、一体统筹，实现信息资源的共享和人力资源的合理配置。根据高检院《关于检察机关有关内设机构预防职务犯罪工作职责分工的规定》和推进"侦防一体化"机制的要求，北京市人民检察院于2009年制定了《关于进一步加强职务犯罪预防工作的意见》，明确规定，在开展职务犯罪预防工作中，反贪、反渎、侦监、公诉等业务部门在各自业务范围内加强协作配合、形成合力，预防部门进行统一组织和协调，进一步明确了检察机关的内部分工协作。例如，2013年北京市检察机关出台案例分析工作标准，为全市预防处长开通反贪、反渎办案权限，在开展案例分析工作中，充分运用侦防一体化工作机制，紧密结合侦查部门查办的职务犯罪案件，进行犯罪特点和规律的研究，跟进开展预防工作，实现了侦查和预防工作的优势互补，增强了侦查和预防工作的整体效能和综合效果。

2. 组织领导制度

（1）预防职务犯罪工作领导小组机制。党委统一领导下的预防职务犯罪工作领导小组机制的建立和完善，是深入贯彻中央从源头上预防和治理腐败问题精神的具体表现，是反腐败斗争和职务犯罪预防工作取得成效的重要保障。2012年年底在市院的统一要求下，北京市各区县检察院均建立了党委统一领导下的预防职务犯罪工作领导小组，组长多由区县纪委书记或政法委书记担任，下设办公室，多设在检察院，为检察机关开展专业化预防提供了重要平台。在促进源头防治、推广预防成果、形成预防合力等方面发挥了重要作用，有利于长期、稳定地开展预防工作，进一步推进惩治和预防腐败体系建设。

（2）联席会议制度。为加强与各行业主管部门的协作配合，实现信息共享，增强工作合力，共同推进职务犯罪的查办与预防工作，北京市人民检察院与市国资委、市民政局、市卫生局、市医管局、市教委、市委宣传部等部门先后建立了联席会议制度，定期进行查案和预防的信息沟通，发挥各自职能优势，推进反腐败措施落实。如2013年，北京市人民检察院分别在市教委、市委宣传部系统，市卫生局系统各大医院举办案件巡展、廉政宣讲，共同开展预防宣传和警示教育，同时发送预防调查报告，促使各相关行业和领域的制度完善。同时，在开展市院统一部署的预防调查等专项工作中，北京市各基层检察院均与有关部门建立联席会议制度，在资料搜集、信息交流、查找问题、论证对策、成果转化等方面搭建了良好的工作平台。例如，北京市延庆县检察院利用与区属 29 个行政执法单位建立的行政执法与刑事司法衔接工作联席会议制度优势，进一步完善定期沟通交流工作机制，不断拓宽信息收集渠道，在联合开展警示教育活动和预防调查工作中起到了重要作用，增强了预防工作及时性、广泛性和专业性。

（3）"四位一体"工作机制。坚持"纪委、检察机关、政府职能部门、专家学者"的"四位一体"工作平台，理顺工作关系，吸纳专业建议，全面促进预防工作方式、方法的规范化和标准化，在提高预防工作质量和专业化水平等方面起到了重要作用。在全市涉农、工程建设领域职务犯罪案例分析和预防调查专题工作中，北京市院邀请农委、市纪委、市委组织部、住建委、民政局等有关领导及相关行业领域的专家学者参与研讨、修改，对涉农、工程建设领域的管理漏洞、廉政风险进行逐一查找，并一同研究预防对策，有效地增强了查找问题的时效性，预防对策的针对性、切实可行性，促进了案例分析和预防调查工作高质量完成。

3. 业务工作规范

近年来，北京市检察机关预防部门不断加强内部机制建设，通过建立和完善一系列工作规范，全面促进预防工作方式、方法的规范化和标准化，对预防工作水平的提升和工作成效的取得起到了积极的推动作用。

（1）廉政法制课工作制度。一是 2012 年北京市人民检察院制定了《廉政法制课工作管理办法（试行）》，从审批、授课、效果评估等几方面对该项工作进行规范，力求实现廉政法制课工作的专业性、实效性、针对性，努力增强检察机关的宣传力、服务力和影响力。二是 2012 年开展了全市首届"廉政法制课工作评比"活动，评选出廉政法制课工作优秀人才，建立优秀人才库。有计划地安排储备人才开展各领域的廉政法制课工作，以便充分发挥其在工作中的引领作用，促进廉政法制课工作水平的提升。三是 2013 年组织开展"十大廉政法制课讲义"评比活动，将评选出的优秀讲义编辑成册，从而规范讲义内容，进一步提升了讲课效果和讲课质量。四是组织编写文化、教育、医药卫生等十大领域预防职务犯罪读本，拟题部署撰写各行业领域讲稿，并注重收集其他优秀讲稿，在实践中逐步建立了廉政法制课资料库，同时实现全市共享，进一步增强了廉政法制课工作的针对性、实效性。可以说，通过大量的基础性工作，为廉政法制课工作水平的提高奠定了良好的基础，使检察机关的廉政法制课授课效果不断增强，授课影响力不断扩大。2013 年，全市检察机关共讲授廉政法制课700 余场，听课人数达万余人，涵盖了党政机关、国有企业事业单位、行政执法、宣传文化、教育、医疗卫生、涉农等多个行业和领域，有力促进了各行业、领域廉洁从业氛围的形成，起到了较好的预防宣传和警示教育作用。

（2）检察联络室工作制度。根据高检院《关于进一步加强和规范检察机关延伸法律监督触角促进检力下沉工作的指导意见》，2010 年北京市人民检察院制定并下发了《关于探索建立联系基层人民群众工作机制的意见》，从宏观上明确了建立联系基层人民群众工作机制的基本原则、组织形式、设置条件及工作职责。2012 年 9 月结合全市检察机关开展检察（联络）室工作实际，制定并下发了《关于进一步规范和完善检察（联络）室工作的意见》，确定了工作目标、任务及具体工作内容，规范了检察（联络）室工作模式，并对建立和完善相关配套工作机制提出了明确要求。2013 年，为进一步促进检察联络室工作落到实处，又建立了检察联络室工作日志制度，将工作日志作为开展联络室工作的一项重要考核指标。全市检察（联络）室工作得到了进一步的规范和保障，工作内容更加具体，突出强调检察（联络室）了解社区民意，服务区域发展大局、发现职务犯罪案件线索、开展预防调查、法律咨询、预防宣传、案件回访等职能，有利于切实发挥联系基层人民群众工作机制的作用，达到促进检力下沉、延伸监督触角的目的，在一定程度上满足了基层群众的法律需求。据统计，2012 年 9 月至 2013 年 7 月，北京市各级检察机关检察（联络）室共受理群众来电、来信 947 件；接待群众来访咨询 2346 人次；与辖区内乡镇党委政府、公安派出机构、人民法庭等相关单位座谈 437 次，发现职务犯罪线索 23 件；开展预防宣传，组织 16486 人参观警示教育巡展；举办廉政法制讲座，受教育人数 15927 人；对本辖区内职务犯罪案件发案单位回访 102 次，发送检察建议 120 份，被采纳 92 份；通过联络室开展预防调查 128 次，深入本辖区内重大建设项目了解情况 156 次，开展相关预防工作 155 次。检察（联络）室在法律宣传、接待群众来信来访和化解社会矛盾多方面卓有成效，成绩突出，在基层人民群众中影响较大，社会反映良好。

（3）预防调查工作制度。在预防调查工作中，形成市院统筹协调，围绕重点领域、重点环节开展的预防调查和基层院开展的有区域特色预防调查"2+1"两种工作模式。一是形成以"三级联动"① 和"十步法"② 为核心的

---

① "三级联动"机制见本文内部协作部分。

② "十步法"指：一是划分责任单位和协助单位；二是收集案件资料；三是案例分析；四是走访调研；五是撰写报告；六是结项提交资料；七是各院按环节分报告在本区内成果转化；八是各院将市院提供的该领域总报告结合本区实际进行成果转化；九是市院统筹制作十大领域警示教育展板、编纂警示教育书籍、撰写廉政法制讲稿等，同时，实现全市共享；十是上下级院同时开展警示教育宣传，扩大检察机关影响力。

"全市统筹模式"。二是形成以"党委领导"①和"四个围绕"②为中心的"区域特色模式"。另外,为进一步加强和规范预防调查工作,提高预防工作专业化、规范化水平,2013年1月,北京市检察机关制定了《预防调查工作标准和要求》、《关于预防调查工作的暂行规定》,明确提出"立项程序严格、调查目的明确、内容设置合理、分析方法科学、成果转化及时"的工作标准,为提升预防调查工作效果打下良好基础。在预防调查工作成果要求方面,形成"六个一"的工作模式,即形成一份职务犯罪预防调查报告、编印一本该领域预防职务犯罪宣传册、筹备一次该领域职务犯罪警示教育大会、组织一次预防该领域职务犯罪图片巡展、出版一本该领域警示教育图书、举办一次该领域廉政法制课,加大预防宣传力度。

(4)案例分析工作制度。2013年1月,北京市检察机关制定了《案例分析工作标准和要求》,在全国率先创新了案例分析工作制度,形成了具有首都特色的"3115"体系。首先,实现了三个突破,彻底纠正以往案例分析中的一案多析等不规范做法。一是划定了案件范围,由以往的不限范围改为"当年度本院侦查终结的职务犯罪案件"。二是扩大案例分析外延,规定除完成分析报告外,还需收集犯罪嫌疑人的悔过资料。三是加强成果应用,通过集中出书、制作展板、开展廉政法制课等途径进行成果应用和展示。其次,建立了"一个数据库",为预防工作全面开展提供丰富、鲜活的素材。2013年,北京市检察机关建立了"全市检察机关案例分析数据库",让每位预防人员都可通过全市"预防业务信息系统",看到全市预防部门撰写的全部案例分析及与案件相关的五类文书等材料,案例素材的上传和共享,大大提高了案例分析的质量和效率。再次,进行了"一次大胆赋权",为预防部门及时介入、了解分析案件开通了绿色通道。2013年,市院预防处积极协调反贪、反渎、案管、技术等部门,通过专门软件,为全市三级检察机关预防部门负责人开通了反贪、反渎部门的办案权限,使预防人员在开展侦防工作中,能够在系统中第一时间看到案件信息,第一时间介入案件,更有针对性地开展案例分析,做到了侦防有机结合,形成了内部合力。最后,创新"五个服务"理念,提升案例分析工作的实用价值。一是为预警预测服务,在案例分析的基础上,建立全市案例分析报告数据库,收录已决职务犯罪案件的侦查终结报告、起诉书、审查报

---

① "党委领导"机制见本文组织领导制度部分。

② "四个围绕"指:围绕区域中心工作;围绕上年度市院统筹开展的各领域预防调查中的重点环节或关键岗位;围绕本院查办的职务犯罪案件中暴露出的突出问题;围绕区域内有影响、有特点、有代表性的重点行业或领域。

告、判决书等文书及个案分析报告,并实现全市数据共享,为预防调查、警示教育、预防宣传等工作提供了大量数据材料,为职务犯罪预防工作的深入开展奠定了坚实的基础;二是为预防宣传服务,要通过案例分析全面收集案件相关的音视频、图片、悔过书等资料,为预防宣传和警示教育提供大量的鲜活素材;三是为侦查办案服务①,通过对犯罪特点、手段及发案原因深入研究,摸清发案行业、系统的特点以及"易发案的关节点",为侦查办案提供依据与借鉴,努力实现预防与办案效果的最大化;四是为制度建设服务,要通过案例分析真正协助发案单位、行业、系统和区域完善廉政风险防控制度;五是为法制建设服务,通过案例分析及时发现相关行业、领域法律层面存在的问题和漏洞,有针对性的加强法律规范建设,积极推动适应法治国家需要的法律体系的建立和完善。

(5)参与廉政风险防控工作机制。2012年,北京市人民检察院在全国率先制定了《北京市检察机关参与廉政风险防控机制工作的实施意见》,对检察机关参与廉政风险防控机制建设的工作思路、路径、方法、模式给予明确指导和规范。检察机关通过发挥查办案件的优势,准确倒查廉政风险点,从个案查找疏漏到类案研究、促进行业系统制度完善等从点到面促进廉政风险防控制度建设。市纪委、市预防腐败局发挥政策指导、检查、考核等由面到点推进工作优势,相互之间实现资源共享、优势互补,增强了廉政风险防控和预防职务犯罪的联动效应和整体合力。2012年,全市检察机关发挥熟悉廉政风险发生规律的优势,重点围绕北京率先形成"双轮驱动"和城乡一体化发展格局、建设中国特色世界城市等重大部署,先后到市纪委、市预防腐败局等近200家单位走访调研,把检察机关的办案经验和资源充实到廉政风险防范体系中,协助完善党委领导下的廉政风险防范机制,共形成廉政风险防控报告20篇,查找

---

① 预防部门的案例分析与侦查部门案件分析具有明显的区别:侦查部门案件分析重在"惩",是侦查部门在案件侦查终结后,由承办人制作的,结合查办的案件,就案件基本情况,案件特点,侦破案件的成功做法、存在的不足以及办案体会进行总结的工作文书。其偏重于办案技巧、查办经验的总结,目的在于让其他侦查人员在看到该总结后,能够一目了然地了解案情、知道该类案件的特点,如何突破、如何取证,提高办案效率。而预防部门的案例分析重在"防",其不仅包括对案件基本情况、特点的概括与分析,更重要的是通过对发案原因、发案规律的深入研究,提出有针对性的预防对策建议,从而帮助发案单位查找廉政风险点,整章建制,从而更好地起到预防职务犯罪发生的效果。预防案例分析不仅有利于为侦查部门科学掌握办案方向、选准突破关键人员提供精确预测,同时相比侦查部门的刚性预防,其"亡羊补牢"的特性,更能够协助侦查部门缓和检察机关对被查办单位产生的不良影响,显著提升检察机关的办案效果和服务形象。

重点领域廉政风险点 85 个，受到北京市委原书记刘淇、高检院曹建明检察长的批示和肯定。

（6）年度报告制度。北京市检察机关依托案件办理，分析研究职务犯罪的特点规律，查找社会管理中的体制缺陷和制度漏洞，并运用年度报告的方式，积极向党委和有关部门建言献策。2011 年，市检察院年度预防报告得到北京市委原书记刘淇、市纪委书记叶青纯的批示；2012 年，市检察院年度预防报告得到市委书记郭金龙和市委常委、市委组织部部长吕锡文的批示。为进一步健全和完善年度报告制度，2012 年结合北京地区工作实际，制定下发了《关于规范惩治和预防年度报告工作的通知》和《惩治与预防职务犯罪工作报告（样本）》，全市 16 个区县院首次完成三年年度报告 16 篇，其中 11 篇得到区委书记批示，占 68.8%；全部完成 2012 年度报告，其中有 10 个院的报告受到区委书记批示重视，为党委政府科学决策提供了依据。

（7）行贿犯罪档案查询制度。为强化行贿犯罪档案查询工作管理。经过深入调研，2012 年北京市人民检察院出台了《行贿犯罪档案查询管理办法》，从受理、查询、告知、反馈、数据分析和预警监测、归档管理、系统维护等方面规范行贿犯罪档案查询工作；优化查询服务，简化查询流程，推出电话预约查询服务，节约查询单位时间，提高查询效率。目前，朝阳、昌平、怀柔等 9 个区检察院已与区纪委或区监察局建立了廉洁准入机制，要求参与区属范围内的政府等领域招投标必须持有检察机关出具的无行贿犯罪档案证明，有效净化了市场环境。

4. 社会化预防机制

预防职务犯罪工作是一个社会系统工程，成立由检察机关和其他责任主体组成的"点、线、面"结合的较为广泛的预防犯罪网络机制，能够较好地动员和组织社会各方面力量开展预防工作。目前，北京市各级检察机关均已建立起职务犯罪预防网络。市级预防网络的对象是各市级行业主管单位，区级预防网络的对象是党委领导下的预防职务犯罪工作领导小组下的各区级单位及区域内其他单位。工作形式主要是：联席会议制度、情况通报制度、专项工作研究部署制度等，实现信息互通、资源共享、优势互补，以促进职务犯罪预防工作的社会化发展。

5. 预防人才培养机制

以提高政治素养、业务能力为核心，北京市检察机关采取"集中培训和以干代训"相结合的培训方式，积极开展各项预防业务培训和岗位练兵，加强预防机构和队伍建设。一是一年两次集中开展全市检察机关预防工作培训班。聘请上级领导、相关领域专家学者围绕廉政法制课、预防调查、案例分析等预防重点工作进行培训，扎实预防人员的专业知识和能力基础；二是在全市范围内选拔预防业务骨干。通过全员集中培训和对预防业务骨干的重点培训提升其能力，再以重点工作任务为实训平台，让业务骨干带队对预防人才开展实操培训。经过一年多的培训，全市预防队伍整体能力得到明显提升，大大缩小了郊区院与城区院人员能力之间的差距，为预防队伍积蓄了力量，重点培养了一批预防领军型人才、预防业务骨干，踊现出以大兴院李晓文、昌平院夏剑英为代表的"全国预防业务标兵"；三是通过参加高检院组织的素能比武，培养后备人才，完善人才结构，进一步提高预防人员的"五个能力"，即深入调查研究，准确把握犯罪特点、规律的能力；善于发现犯罪线索，妥善处置的能力；综合分析犯罪原因、有效对策的能力；熟练运用预防手段，统筹谋划的能力；开展法制宣传、警示教育的能力。逐步形成了一支结构合理、素质优良的预防队伍，为在新形势下开展预防工作提供坚强的人才保障。

6. 预防工作考核机制

2012 年以来，北京市检察机关高度重视机制建设、考核引导、督促、激励、规范的作用，通过全面、科学地修订预防业务考核指标，努力把全市预防工作的方向和标准引导到提升质量、效果和精品上来，使预防工作效果看得见、可评估。一是确定预防调查、案件分析、行贿犯罪档案查询、检察联络室、年度报告等预防业务基础考核指标，使全市预防人员明晰工作内容和工作任务。二是出台《案件分析工作标准和要求》、《预防调查工作标准与要求》等一系列工作规定，规范重点基础考核指标工作，从而统一标准、要求、程序和所要达到的效果。三是制定科学的基础考核指标，将数量考核引导到质量考核上来。加大对预防工作成果转化的考核力度，着力促进相关行业、系统或领域的体制机制建设，并通过加强预防宣传，强化预防工作效果，促使预防工作真正落到实处。以预防调查为例，2012 年，北京市各分院、区县院共开展预防调查 1654 项，其中仅有 17 份报告获得区县主要领导批示，占总数的 1%。2013 年市院修改考核指标，明确要求各分院、区县院各开展三项预防调查工作，同时提高成果转化权重，由 5% 提升至 20%，并将预防调查报告引起重视并作出批示的范围由"四套班子一把手"缩小为"党政一把手"，在成果转化的评价标准上，增加了"形成市院认可的创新性举措或经验做法的"和"根据预防调查所发的检察建议报送有关单位，其根据建议进行整改并形成制度、措施的"两条。经过上述设置，从多个角度对评价机制进行补充完善，更加强调了预防调查转化工作的质量和效果。2013 年全市各分院、基层院共开展 57 项预防调查，虽然仅是 2012 年预防调查总数的 3.4%，但有 43 份预防调查报告获得党委政府一把手批示，占总数的 75.4%，并促进 60 多家单位形成制度建设 70 多项，行业整改 27 项。预防调查数量虽然减少，但换回的却是质量和效果的提升。

四、完善职务犯罪预防工作机制的建议

为适应反腐倡廉建设和经济社会发展的新形势，从源头上遏制腐败现象的滋生蔓延，检察机关要切实立足检察职能，对职务犯罪预防工作进行科学定位，创新工作理念，建立健全职务犯罪预防工作机制，理顺各类关系，形成预防职务犯罪的长效机制，全面提升预防工作水平，以促进惩防体系建设和社会管理创新。

（一）进一步完善和构建"预防一体化"工作模式

为科学有效地整合优势资源，搭建合作平台，提高工作效率，增强预防效果，建议进一步完善和构建"统一指挥，纵横联动，上下一体，成果共享"的"预防一体化"工作模式，即检察机关专门预防与社会预防之间、检察机关上下级、平级预防部门之间以及同一检察机关内部各职能部门之间发挥各自优势，进行资源整合，共同开展职务犯罪预防的工作机制。其核心要义就是整合预防条线人才资源、拓展外部工作资源，上下一体、内外协同，形成合力，实现有限资源的最优配置，集中力量干实事、出精品。以其涵盖范围分类，共分为宏观、中观、微观三个层次。

从宏观上来说，加强检察机关专业预防与社会预防的协作配合。要构建在党委统一领导下进行，以社会化预防为基础的工作机制。运用此项机制，检察机关通过联席会议制度、信息交流制度、协查通报制度、调研督查制度等，加强与区域性职务犯罪预防领导机构、纪检监察和审计等专门监督机关以及职务犯罪易发、多发部门、行业、领域及相关主管部门之间的协作配合，从而推动检察机关预防成果的转化，为领导决策服务，为制度建设服务，为廉政宣传服务。

从中观层面来说，加强检察系统预防部门之间的协作配合。一定行政区域范围的检察系统内部要强化上级院的垂直管理，加强上级院的统筹力和领导力，注重上下级、同级院预防部门之间的协作配合，实现上下一体，预防人员力量整合，集中优势兵力开展重点领域、重点环节的专项预防，增强预防条线合力，解决单个预防部门人员少、力量弱的问题。

从微观层面来说，加强同一检察机关各业务部门之间的协作配合。同一检察机关内部要按照"全院一盘棋"的思路构建院党组统一领导、各业务部门共同参与、预防部门组织协调的工作格局。在院预防职务犯罪工作领导小组领

导下，各业务部门充分发挥各自在办案资源、专业知识等方面的优势，结合各自职能，相互协调，共同做好预防工作，提高预防工作的专业化水平。

（二）建立和完善党委领导下的预防职务犯罪工作领导小组机制

从反腐倡廉工作的新形势出发，借鉴全国各省市的有益经验，建议从以下四个方面完善区域预防职务犯罪工作领导小组机制：一是各级检察机关要推动成立区域预防职务犯罪工作领导小组，形成党委统一领导、党政齐抓共管、纪委组织协调、部门各负其责、依靠人民群众支持参与、检察机关充分发挥职能作用的预防职务犯罪社会化工作格局；检察院主动承担起领导小组办公室工作，充分发挥协调、组织和具体办事机构的作用，深入研究预防职务犯罪工作的重大问题，提请党委、政府作为决策参考；二是健全机制，形成规范化的职务犯罪预防网络体系。要对预防职务犯罪领导小组的机构设置、成员组成、工作形式、工作职责、考核方式、经费来源作出明确统一的规定，为此项工作的开展提供必要的组织机构保证；三是依托机制，积极推进反腐倡廉建设工作。要在党委的领导下，通过信息共享、联席会议、预防调查、廉政教育等工作制度，深化职务犯罪工作的开展；四是在建立机构、完善机制的基础上，完善立法，适时推动人大制定关于预防工作的地方性法规，增强预防工作的权威性，为预防工作开展营造良好的外部法治环境。

（三）深入推进联席会议工作制度建设，完善与行业主管部门的协作机制

通过联席会议工作平台，主动围绕区域中心工作，服务经济社会发展大局，提高参与加强和创新社会管理的水平。一是重点围绕重大项目建设和区域重点工作，在联席会议工作框架下，进一步加强与各成员单位的协作，丰富并改进预防工作方法，注重对典型工作经验的提炼与总结，形成"示范效应"，为区域经济社会发展提供法律服务和保障。二是围绕职务犯罪预防重点工作任务，结合相关系统、领域的预防需求，与行业主管部门共同建立预防职务犯罪协作机制，在信息交流、定期情况通报、调查研究等方面开展全方位地合作。三是完善预测预警网络化制度。借助联席会议成员单位的资源优势，整合预测预警信息员队伍，通过信息报送和联系走访，收集各相关领域与职务犯罪有关的信息，组织信息员定期整理分析并及时反馈，实现预测预警网络化工作格局。

（四）进一步深化检察机关内部各部门之间的协作配合机制

1. 健全检察机关内部职务犯罪预防工作领导小组。为进一步整合全院职务犯罪预防力量，提升预防工作能力，建议各级检察机关成立职务犯罪预防工作领导小组。一是将相关业务部门纳入全院预防工作领导小组，明确各自在职务犯罪预防工作中的作用和职责，密切与职务犯罪预防部门之间的工作沟通和联系；二是领导小组下设办公室，全面负责职务犯罪预防工作的组织协调工作，并负责定期工作报告制度的落实；三是在领导小组的领导下，预防处对各部门职务犯罪预防工作进行量化考核，形成配套的奖惩机制。

2. 深化检察机关内部各部门之间的协作配合。一是转变观念，统一思想，充分认识到职务犯罪预防工作的重要性，按照"更加注重治本、更加注重预防、更加注重制度建设"的要求，把预防职务犯罪与查办职务犯罪放在同等重要的位置。二是进一步整合检察机关内部资源，建立案例数据库，形成反贪、反渎、预防、监所、公诉、侦监等部门协调配合、案例资源共享、研究优势互补的预防工作机制，以确保预防部门能够及时掌握职务犯罪案件信息，深入研究案件特点和发案趋势，提高预防工作的实效性。三是深化侦防一体化工作机制。落实高检院《关于进一步加强职务犯罪预防工作的意见》的文件要求，明确反贪、反渎等自侦部门注重查办案件，而预防部门注重从源头上治理的职能分工，建立信息通报制度、预防介入制度，切实解决好信息共享、同步预防等关键点，有效解决职务犯罪预防工作与侦查工作相脱节、办案信息不畅通、预防对策缺乏针对性等实际问题，形成侦查与预防分工协作、紧密配合、资源共享、优势互补的发展模式，进一步增强惩治和预防职务犯罪的整体效能和综合效果；四是强化检察机关各级预防部门间的协同配合，设置统一、科学的预防考核指标，明确开展预防调查、案例分析、警示教育宣传、行贿犯罪档案查询等各项预防工作内容、工作方法、程序、标准和要求，使预防职能、职责固定化、常态化，在固定内容的基础上，建立和完善预防工作基础信息资源共享平台，整合各级院预防工作力量，形成预防合力。

（五）完善预防工作保障与考评机制

1. 加强预防队伍配置，建立人才保障机制。近年来，随着中央反腐倡廉力度不断加大，对预防职务犯罪工作提出了更高的标准和要求。预防干部不仅要有较高的政治素质和法律素质，有一定的检察业务经历和社会经验，还要有较强的分析能力、调研能力、沟通能力和写作能力，要善于结合执法办案分析研究发案单位、行业在管理和制度等方面存在的问题，并能够针对发现的问题提出有价值的预防建议。因此，各级检察机关应重视预防人才保障机制建设，选调高素质人员充实到预防队伍当中。一是通过竞争上岗，选配具有较强工作能力和具有反贪、反渎、侦监、公诉等工作经历的人员担任预防部门中层干部；二是在对新入职人员进行分配时，择优挑选有工作经历、学历背景较高、具有组织协调与调研潜力的人员安排到预防部门；三是在组织岗位交流时，选派有自侦、公诉工作经验的年轻骨干充实预防力量。根据预防工作发展的需要，基层检察机关对预防部门的编制数以不低于单位总编制数的3%为最低设置，条件允许的单位可以提高到4%。

2. 建立预防队伍长效培养机制，提升专业化水平。一是加强针对性的预防业务培训。按照高检院预防厅提出的预防人员"五个能力"建设的要求，综合运用系统培训、专题培训等方式，加强预防岗位技能培训，全方位提高预防人员的专业工作水平。二是加强预防骨干的培养。在充实人员的基础上，有意识的进行专业分工，在日常工作中对共性问题加强研究，注重以实操培训和重点任务实训的方式提升人员能力素质。如通过上级院借调、承办上级院重点课题、承办交办事项、开展优秀人才评比等形式，集中培养、选拔一批预防工作骨干，并引入激励机制，保持队伍活力。三是加强与反贪、反渎等自侦部门在培养人才方面的协作，相互派人交流锻炼，提高自侦人员的预防意识，提高预防人员"发现犯罪线索，妥善处置的能力"；四是建立专业预防小组制度。专业小组着重开展专题性对策研究，根据各自领域某一阶段面临的形势、存在的突出问题、案发特点、社会关注的热点问题或结合阶段性重点工作，每年选择专题进行深入研究，重点是在分析论证的基础上提出建设性、针对性的对策和建议，并及时通过成果转化，形成有助于预防职务犯罪和健全管理的规范、制度。

3. 规范预防工作内容，建立全国统一的科学考评制度。一是打破"各自为政"的工作模式，建立以预防调查、案例分析、预防宣传和警示教育、行贿犯罪档案查询和检察联络室为核心的全国统一的预防业务类别和核心业务指标。二是在建立统一业务类别的基础上，针对不同业务类别的特点和要求，设置明确的标准、程序和流程，在预防系统自上而下地制定一系列规范性文件，严格明确各项预防业务的目标、程序、效果等要求，规范预防工作内容。三是在全国预防系统建立统一的考核评价机制，充分发挥考核评价机制的引导激励作用，彻底摒弃以往"只注重数量、不注重质量"的考评规则，将定量考评与定性考评相结合，针对核心的预防业务定期进行全面的考评，努力促成预防工作从重数量到重质效、由虚到实的深刻改变。

巨额财产来源不明罪的
证明责任及刑罚配置问题研究[*]

张和林　王　鑫　单新国

　　1988 年 1 月，全国人大常委会公布了《关于惩治贪污贿赂罪的补充规定》，以单行刑法的方式设立了巨额财产来源不明罪。1997 年，该罪被新修正的《刑法》吸纳，罪状描述不变。2009 年，《刑法修正案（七）》调整了巨额财产来源不明罪的法定刑，新增一档刑罚，即"差额特别巨大的，处五年以上十年以下有期徒刑"，其最高法定刑得以提高。该罪从设立以来，法学理论界和实务界对该罪的犯罪构成、证明责任、刑罚配置等问题一直存在较多争议。经过二十余年的理论探讨和司法经验的累积，各界对该罪诸多问题的认识日趋统一，但在一些基本问题上，仍有不同看法，如近期有论者认为应借鉴新加坡等国家经验，对巨额财产来源不明行为实行举证责任倒置，并按贪污罪处理或加重其刑罚。① 笔者认为，进一步梳理和廓清巨额财产来源不明罪的相关理论问题，无论对促进巨额财产来源不明罪的司法适用、加大反腐工作力度，还是对刑法理论的系统完善、推进法治建设进程均有积极意义。本文就巨额财产来源不明罪的证明责任及处罚问题展开探讨，以期有所裨益。

一、巨额财产来源不明罪的证明责任问题

　　根据通说，证明责任是指有关证明主体应当收集、提供证据证明案件事实的责任。在不同的国家，证明责任的承担是不同的。在英美法系国家的刑事诉讼中，原则上由控告一方承担证明责任，被告人一般不负担证明自己无罪的责任，法官也不负证明责任。如英国上议院在"伍尔明顿"一案的判词中写道：

　　* 课题负责人：张和林，广东省人民检察院法律政策研究室主任。课题组成员：王鑫、单新国。

　　① 朱明国：《新加坡为什么能够做到廉洁高效》，载《南方日报》2010 年 12 月 1 日第 2 版。

"纵观英国刑事法之网，始终可以看到一条金线，那就是：除……精神失常的辩护和其他由成文法规定的例外情形外……证明被告人有罪是控方的责任。不论指控是什么，也不管审判在何处进行，控方必须证明被告人有罪的原则都是英格兰普通法的组成部分，任何削弱该原则的企图都是不能接受的。"① 在大陆法系国家的刑事诉讼中，证明责任基本上由承担控告责任的检察官承担，被告人不负证明自己无罪的责任。当控诉证据不能证明被告人有罪到使法官确信的程度时，法官必须判决被告人无罪，所谓"客观证明责任"总是由检察官承担的。② 在我国，根据《刑事诉讼法》第 50 条的规定："审判人员、检察人员、侦查人员必须依照法定程序，收集能够证实犯罪嫌疑人、被告人有罪或者无罪、犯罪情节轻重的各种证据。严禁刑讯逼供和以威胁、引诱、欺骗以及其他非法方法收集证据，不得强迫任何人证实自己有罪"。第 52 条第 1 款规定："人民法院、人民检察院和公安机关有权向有关单位和个人收集、调取证据。有关单位和个人应当如实提供证据。"可见，我国刑事诉讼法关于举证责任的规定有以下特点：证明责任由提出控诉的侦查人员或检察人员承担；犯罪嫌疑人、被告人不承担证明责任；不能采用刑诉逼供等非法方法强迫犯罪嫌疑人、被告人证明自己有罪。③ 总之，举证责任由侦查人员或检察人员承担是我国刑事诉讼法关于举证责任的一般原则。但是，对于巨额财产来源不明罪的举证责任，法学理论及实务界却莫衷一是，主要有三种观点：

第一种观点认为，该罪的证明责任由司法机关和被告人共同承担。一方面，该罪明确规定行为人负有说明财产来源的责任，如果拒不说明，则承担不利后果。另一方面，即便如此，侦查机关仍承担诸如查明被告人拥有的财产或支出的数额、合法收入的总额以及尽可能查明收入来源的责任。对查明非法来源的收入部分，要依法定罪，只有对于不能证明来源合法的收入部分，才得认定构成巨额财产来源不明罪。④ 因此，该罪的证明责任由司机机关和被告人共同承担。

第二种观点认为，该罪被告人负有全面的证明责任，也即实行举证责任倒

---

① Woolmington v. DPP，（1935）A. C. 462.

② 孙长永：《论刑事诉讼中的证明责任》，载《当代法学》2004 年第 3 期。

③ 参见孟庆华：《巨额财产来源不明罪证明责任问题探讨》，载《当代法学》2001 年第 5 期。

④ 樊崇义编：《刑事诉讼法学研究综述与评价》，中国政法大学出版社 1991 年版，第281—282 页。

置。由于巨额财产来源不明罪规定，在被告人收到要求说明财产来源的责令后，必须承担说明义务，如不履行，即要承担不利后果。被告人关于财产合法性的说明，实际上是对自己无罪的证明，这一证明责任是明确的，且与本罪的成立与否有直接关系，① 因而属于举证责任倒置。

第三种观点认为，该罪的证明责任由检察人员承担，被告人承担的只是提出证据的责任，本质上是行使抗辩权。在巨额财产来源不明罪中，检察机关首先需要证明的有：被告人的国家工作人员身份；被告人的财产或者支出明显超过合法收入；被告人不能说明其来源。被告人或者辩护方需要对财产来源提出证据，在辩方证明巨额财产的来源后，控方仍然可以就辩方提出的财产来源进行质证，并最终由法官综合控辩双方的证据情况依据证明标准进行判断并作出裁判。② 可见，控方只要证明了被告人国家工作人员身份、财产差额巨大、说不清来源这几点，该罪即成立。被告人提出证据说明来源的行为是一种辩护行为，属于辩护权的体现。③

事实上，第一种与第二种观点本质相同，均认为被告人说明财产来源的行为是一种证明责任，即在本罪中举证责任发生倒置，只不过程度略有不同。导致各界对巨额财产来源不明罪证明责任的认识产生差异的原因主要有两个方面：一方面，是对法律推定认识的差异。刑法规定："……不能说明来源的，差额部分以非法所得论"，这一规定属于法律推定。显然，第一、二种观点认为法律所推定的是证明责任的倒置，而第三种观点则认为法律推定的仅为差异财产的性质。另一方面，是对被告人提供证据行为性质认识的差异。被告人提出证据既可以是行使辩护权，也可以是承担证明责任。二者的区别在于，前者属于正常的证明责任分配规则，多由刑事程序法予以规定，目的在于推动诉讼进程，被告人履行不能不必然导致败诉责任，且可以在控辩双方之间多次轮回。而后者则属于证明责任分配的例外，多由刑事实体法予以规定，目的在于实现立法者的立法宗旨或者服务于刑事政策，被告人履行不能将导致败诉，且仅由辩方承担并不能发生二次转移。④ 显然，第一、二种观点认为被告人提出证据的行为属于承担证明责任，而第三种观点则认为该行为属于行使辩护权。

笔者认为，无论从法律的明确规定、刑事诉讼的一般规律、无罪推定的客

---

① 孙谦主编：《国家工作人员职务犯罪研究》，法律出版社 1998 年版，第 158 页。

② 参见左宁：《论刑事证明责任倒置之误用》，载《法学杂志》2001 年第 4 期。

③ 熊秋红：《刑事辩护论》，法律出版社 1998 年版，第 6 页。

④ 左宁：《论刑事证明责任倒置之误用》，载《法学杂志》2001 年第 4 期。

观要求以及实现司法正义的现实需要来看，巨额财产来源不明罪的证明责任应当由检察机关承担，并没有发生举证责任倒置，也不宜实行举证责任倒置，究其原因如下：

首先，这是我国刑事诉讼法的明确规定。如前所述，我国《刑事诉讼法》第50条规定，收集、提出证据的责任由法定国家机关承担，具体对于贪污贿赂罪的侦查，依据《刑事诉讼法》第18条第2款的规定，由检察机关承担，这一原则同样适用于巨额财产来源不明罪。在巨额财产来源不明罪中，检察机关证明行为人构成该罪，必须提出证据证明行为人的财产或者支出明显超过合法收入，且差额巨大，其本人又不能说明来源合法，这就等于检察机关对所主张的行为人的犯罪行为做出了证明，事实上已经承担了证明行为人构成犯罪的责任。

其次，这是由刑事诉讼的一般规律所决定。行为人在巨额财产来源不明罪中是否承担证明责任，关键在于行为人说明巨额财产来源合法这一行为的性质。辩护权和证明责任最大的区别在于，辩护权可以放弃，而司法机关不能从行为人放弃辩护权这一行为推断出行为人有罪的结论。举证责任则必须履行，否则，司法机关可以据此作出不利于行为人的裁判。在巨额财产来源不明罪中，行为人可以说明巨额财产的来源，也可以不说明，而司法机关不能直接以行为人不说明财产来源为据认定其构成巨额财产来源不明罪。司法机关认定构成巨额财产来源不明罪，只能依据经过司法机关查明的行为人拥有的财产或者支出的总数与行为人所有合法收入及已查明的犯罪行为所得相减的是否差额巨大的结果。而被告人财产或支出与被告人合法收入的情况，属于司法机关的证明范围。显然，行为人说明财产来源的行为属于行使辩护权，而非承担证明责任。[1] 如果坚持认为说明行为的性质属于承担证明责任，那么不仅巨额财产来源不明罪中行为人需要承担证明责任，而且，刑法中多数犯罪的行为都要承担证明责任。

再次，这是无罪推定原则的客观要求。刑事诉讼的无罪推定原则是在资产阶级革命时期为了反对封建司法野蛮专制而提出，主张："在法官判决之前，一个人是不能被称为罪犯的。只要还不能断定他已经侵犯了给予他公共保护的

---

① 李宝岳、吴光升：《巨额财产来源不明罪及其证明责任研究》，载《政法论坛》1999 年第 6 期。

契约，社会就不能取消对他的公共保护。"① 具体包括以下内容：任何人未经法院判决有罪，不得以有罪之人看待；被告人没有证明自己无罪的责任；疑罪从无。与无罪推定相对应，有罪推定是指："刑事被告人在经法院判决为有罪之前，对其先作出有罪的推定或者假定。在这一原则下，被告人只要不能证明自己无罪，就将被当成罪犯受到惩处。有罪推定与专制社会的刑事诉讼紧密相连。"② 在巨额财产来源不明罪中，如果坚持要求被告人提出证据证明巨额财产来源合法，否则便作出有罪判决，实际上仍是要被告人承担证明自己无罪的责任，是和无罪推定原则相悖的，也与法治国家建设的目标相左。虽然一些学者指出，举证责任倒置在现代法治国家仍有存在价值，并且在一些西方国家也有个别实例。但是，应当看到，各国立法对此态度十分审慎，范围仅限于危及国家安全及公共安全等取证难度极大的犯罪，且仍停留在理论探讨的层面。如美国自 "9·11" 事件后开始的对限制沉默权的探讨，主张要重新考虑是否给予恐怖嫌犯以 "米兰达" 特权。③ 而从西方极个别规定有法律推定的司法实例来看，无论是从推定犯罪的对象及性质，还是从立法方式来看，与主张巨额财产来源不明罪推定的是举证责任倒置的观点相比，存在明显区别。如英美法系国家规定，占有最近盗窃之物的人，如不能给予合理解释，就被推定为盗窃犯。但是，巨额财产来源不明罪是通过改变犯罪构成成立一个控诉方比较易于证明的新罪来减轻控诉方责任，而国外司法实践则是通过推定，以已有的罪名定罪量刑。④

最后，这也是我国实现司法正义的现实需要。客观来讲，我国刑事诉讼法虽然整体上较为科学、合理，但是，仍存在一些权利保障不够充分、权力制约不够健全的环节。如果在巨额财产来源不明中举证责任发生倒置，那么，行为人所承担的必须是证明财产来源合法的完全责任。概言之，就是行为人所提出的证据在数量及质量上必须达到足以确实、充分证明财产来源合法的程度，否则，即构成犯罪。必须承认，现实生活的可能性与复杂性远超过任何一个立法

---

① ［意］贝卡利亚：《论犯罪与刑罚》，黄风译，北京大学出版社 2008 年版，第 31 页。

② 孟庆华：《巨额财产来源不明罪研究新动向》，北京大学出版社 2002 年版，第 203 页。

③ 左宁：《论刑事证明责任倒置之误用》，载《法学杂志》2001 年第 4 期。

④ 李宝岳、吴光升：《巨额财产来源不明罪及其证明责任研究》，载《政法论坛》1999 年第 6 期。

者经验及理性可能认识的范围。而作为一个正常的社会人，如果严格要求其在日常生活必须保留证明其一切财产来源及支出合法的证据，显然既不现实，更不公平。如此，法律对于一个自然人在经济往来中的苛责，显然不亚于对于一个规范运行的上市公司在财务会计上的要求。而从无罪推定的核心内容，也即不能强迫被告人自证无罪的发展历史来看，这一法治成果得来不易，是建立在对人性的深刻认识以及对刑事诉讼规律充分揭示的基础之上的，或者可以说，是血的教训换来的。法律存在的逻辑起点是人性本恶，而在刑事诉讼中，一旦程序启动，那么，对于身陷其中的人来说，其面对的则是高度异化且强大的国家机器，对于巨额财产来源不明罪的被告人来说，即使其提出财产的来源合法的线索，也可能因时过境迁的证据灭失、司法人员的消极懈怠甚至故意陷害而导致举证不能，从而构成犯罪，如此，追究刑事责任的公平、正义的道义基础又何从谈起！从法治建设的长远来看，无论以何种名义、何种理由，作为法治根基的不得强迫被告人自证其罪的原则必须坚守，否则防线一旦洞开，付出代价的将最终是整个社会，而不仅仅是个别公职人员。

二、关于巨额财产来源不明罪的刑罚配置问题

长期以来，部分学者尤其是社会大众普遍认为由于巨额财产来源不明罪的法定刑过低，导致其打击与遏制腐败犯罪的作用并不理想，并进而要求提高该罪的法定刑。2009 年，《刑法修正案（七）》对巨额财产来源不明罪法定刑的升格，很大程度上是对这一社会诉求的正面回应。但是，即便如此，要求进一步提高巨额财产来源不明罪的法定刑，要求将来源不明的巨额财产直接以贪污所得论处（其根本目的仍在于提高该罪的法定刑）的呼声仍然存在。笔者认为，从巨额财产来源不明罪的立法初衷、立法特点、域外法比较及我国立法的一般规律等角度来看，现行刑法对该罪的法定刑配置较为合理，期望短期内进一步提高该罪法定刑，缺乏现实可行性。

首先，从立法初衷来看，巨额财产来源不明罪有明显的堵截贪污贿赂犯罪目的。1987 年，在全国人大常委会第 23 次会议上，王汉斌同志在《关于惩治走私罪和惩治贪污罪贿赂罪两个补充规定（草案）的说明》中提道："近几年来，国家工作人员中出现了个别财产来源不明的暴发户，或者支出明显超过合法收入，差额巨大，本人又不能说明财产的合法来源，显然来自非法途径。""事实上，国家工作人员财产超过合法收入差额巨大而不能说明来源的，就是一种犯

罪事实，一些国家和地区的法律规定这种情况属于犯罪。"① 正是由于一些国家工作人员拥有大量可疑财产已经相当严重，司法机关又没有相应证据去证明这些可疑财产的非法来源，出于反腐败工作的实际需要，借鉴其他国家和地区的成功经验，从而创设了巨额财产来源不明罪。即在证据无法充分证明行为人构成贪污罪或者贿赂罪的情况下，从经验出发，推定行为人的财产来源确属不当途径获取，从而依照巨额财产来源不明罪予以处罚，② 可见，该罪具有突出的堵截贪污贿赂犯罪的立法意图。而对于一个拾遗补缺的个罪来说，其创立本身就已有从严的目的，如果将该罪的法定刑定得过重，那将是不相称的。③

其次，从立法特点来看，巨额财产来源不明罪有突出的功利特征。在巨额财产来源不明罪中，如果行为人不能说明巨额财产的合法来源，即使侦查机关不能查明该财产系贪污、受贿或其他非法途径获得，也可推定该财产为非法所得，并以巨额财产来源不明罪定罪处罚。显然，立法机关的立法理念在于，如果不能证明为合法，则直接推定为非法。虽然，从我国的社会实际情况来说，不能说明来源合法，则在很大程度上属于非法所得，而且有极高的概率来自贪污、贿赂所得。这也是不少学者建议提高巨额财产来源不明罪的法定刑，甚至直接比照贪污罪的法定刑予以处罚的主要依据。④ 但是，由于本质上是推定，则必然出现两种情况：一种情况是行为人得以隐瞒其贪污、受贿等犯罪事实，从而重罪轻判；另一种情况是，尽管财产来源合法，但行为人基于某种原因并未或者不能说明其来源，甚至是被诬告陷害，从而被定罪。⑤ 虽然，第二种情况出现的机率很小，但并不能因此否定此种情况发生的可能。同时，由于司法机关无法查明行为人巨额财产非法来源的情况在实践中大量存在，与不能入罪相比，以处刑较轻的巨额财产来源不明罪定罪处罚，宽纵的程度显然轻很多，因而立法将该罪可能导致的冤滥忽略不计，显而易见，巨额财产来源不明罪在立法上有突出的功利特征。与立法的功利相对应，该罪在刑罚配置上也有鲜明的功利特点，集中体现在该罪为世人所诟病的法定刑过低及可能导致的重罪轻

---

① 引自高铭暄、赵秉志：《新中国刑法立法文献资料总览》（上），中国人民公安大学出版社 1998 年版，第 598 页。

② 时延安：《巨额财产来源不明罪的法律研析》，载《法学》2002 年第 3 期。

③ 张峰、蔡永彤：《〈联合国反腐败公约〉视野下巨额财产来源不明罪的法律困境与制度适应》，载《法学杂志》2009 年第 5 期。

④ 侯国云：《有关巨额财产来源不明罪的几个问题》，载《政法论坛》2003 年第 1 期。

⑤ 钱舫：《论巨额财产来源不明罪》，载《政法论坛》2001 年第 6 期。

判问题上，一方面，由于证明责任较低可能导致的冤滥，致使立法者投鼠忌器，在法定刑的配置上有所保留，即明显低于贪污罪、受贿罪的法定刑。另一方面，由于较低的证明责任，易于造成侦查机关"舍难逐易"，或者在外界干扰下，不再深挖行为人来源不明的巨额财产背后可能存在的贪污、受贿等犯罪，从而使巨额财产来源不明罪成为腐败分子的"避风港"。但是，应当认识到，这些问题的根本解决绝不可能单纯通过提高巨额财产来源不明罪的法定刑来解决。从法的价值来看，"宁枉勿纵"和"宁纵勿枉"某种程度上是民主与专制、法治与人治之间的分野。从本质上来看，巨额财产来源不明罪由于法律推定的存在，因而也可以说是一种盖然的犯罪，① "对推定犯罪事实的该罪而言，过重的刑罚有可能冒错罚的风险，不能因为巨额财产来源不明罪的犯罪人有可能的来源是贪污贿赂等，怕漏罚轻罚而去冒可能错罚的风险，但是为了不错罚，我们则宁可付出漏罚的代价，这样做才更符合法的精神。"② 出于法治价值的追求和人权保障的现实需要，对其法定刑的配置不可能过高，尤其是在中国当前法治尚不健全的情况下，说明责任是否履行，很大程度上依赖于办案人员的主观认定。在此情况下，对该罪法定刑的配置更需慎重。而对于巨额财产来源不明罪成为腐败分子"避风港"的责难来说，一方面，必须承认人类认识能力的局限，尊重"事实真实"与"法律真实"差别的客观存在，不能将法律期待达到的理想状态混同于司法实际。对于健全的法治秩序来说，更应珍视的是法的保护价值，而法的惩罚价值与之相比，应当是第二位的。如美国辛普森杀妻案中，审理法官的一句经典陈词所说，"上帝都看到了辛普森沾满鲜血的手，但法律没有看见。"也许法律放纵了辛普森的罪行，但是相对于采信警察违法取证得来的证据所可能带来的对美国公众整体安全和秩序的侵犯来说，得失孰重孰轻，显而易见。另外，一些职务犯罪之所以最终以处刑较低的巨额财产来源不明罪处罚，并不完全是想当然的司法腐败，尽管该因素不能排除，但证据搜集手段单一、证据灭失等原因导致的证据不足的情况应当得到客观承认。对此，更应当做的不是苛求于巨额财产来源不明罪法定刑的配置过低，而应当着眼于改善整个司法环境，加强司法队伍建设，促进司法公正。

再次，从域外法比较来看，巨额财产来源不明罪的法定刑配置已与国际主流立法趋同。巨额财产来源不明罪在我国设立的本身就是对国外立法经验借鉴

---

① 钱舫：《论巨额财产来源不明罪》，载《政法论坛》2001年第6期。
② 张峰、蔡永彤：《〈联合国反腐败公约〉视野下巨额财产来源不明罪的法律困境与制度适应》，载《法学杂志》2009年第5期。

的结果。但是比较而言，各国之间的立法模式不尽相同，基本可以分为三种：第一种采用"财产申报制度＋巨额财产来源不明罪"，在此模式下，财产申报制度作为巨额财产来源不明罪的前置制度存在，巨额财产来源不明罪是财产申报制度的司法救济途径，泰国、印度、巴基斯坦等国即采用此模式。第二种是"财产申报制度＋自身附带的刑事惩罚"，在此模式下，财产申报制度不仅提供赖以遵守的行为模式，而且规定了相应的刑事法律后果，美国、英国、法国、澳大利亚、韩国、我国台湾地区即采用此种模式。第三种也即我国的立法模式，仅在刑法中规定巨额财产来源不明罪，虽然也可以对持有来源不明巨额财产的行为进行处罚，但是由于缺乏普遍的前置制度，其刑事追究程序的启动有偶然性，整体效果相对较差。① 但是，无论采用何种立法模式，各国对持有不能说明合法来源巨额财产行为的法定刑配置较为一致，均低于对贪污、受贿犯罪的处罚。如美国刑法规定，对于在财产申报中，故意提供虚假信息者，司法部可以提出刑事诉讼，判处最高 25 万美元罚款或者 5 年监禁。我国香港特区对于政府雇员不能解释之财产罪，经公诉程序认定的，可判处 50 万港币罚金和 10 年监禁；经简易程序认定的，可判处 10 万港币和 3 年监禁。新加坡在《没收贪污所得利益法》的第 4 条规定："本法认为，一个人所拥有的财产（在本法公布实施之前已经占有的财产）或其在财产里的利益与其已知的收入来源不相符合而该人又不能向法院做出满意合理的解释时，其财产应被视为贪污所得。"② 尽管新加坡将来源不明的巨额财产视为贪污所得，但是构成此罪的最重刑期仍为有期徒刑 7 年，与纯粹的贪污犯罪显然有别。虽然，国内一些学者以新加坡的立法实践为据，建议我国也将来源不明的巨额财产视为贪污或者贿赂所得并定罪处罚，③ 从而通过适用贪污罪或者贿赂罪的法定刑来增强巨额财产来源不明罪惩治腐败的效力，但是，其显然没有看到新加坡等国家立法实际的全貌。同时，如此一来，巨额财产来源不明罪作为独立个罪存在的基础也将被取消。而事实上，我国现行刑法对该罪最高刑期 10 年有期徒刑的设定，

---

① 张峰、蔡永彤：《〈联合国反腐败公约〉视野下巨额财产来源不明罪的法律困境与制度适应》，载《法学杂志》2009 年第 5 期。

② 邓君韬：《顺应的"苛严"：巨额财产来源不明罪修正案草案解读》，载《政治与法律》2009 年第 1 期。

③ 侯云云：《有关巨额财产来源不明罪的几个问题》，载《政法论坛》2003 年第 1 期；任继鸿：《巨额财产来源不明罪现实境遇及立法完善》，载《当代法学》2002 年第 12 期。

实际已采用了国际上的最高刑期标准。① 要求进一步提高巨额财产来源不明罪法定刑的主张，缺乏相关域外立法经验的支持。

最后，从立法的一般规律来看，短期内对该罪再次修改缺乏可行性。刑法作为国家的基本法律，是刑事政策的集中体现，相对保持刑事立法的稳定和持续，就是保持刑事政策的一贯性和稳定性。对于巨额财产来源不明罪来说，2009 年，《刑法修正案（七）》刚刚对该罪进行了较大幅度的修改，增加了一档刑罚，目前，修改的成效尚未充分体现，有待进一步认识和评估。在此大背景下，在可以预见的较长时期，立法将保持该罪的相对稳定，希望短期内对该罪做进一步修改的主张，缺乏现实可行性。

三、完善巨额财产来源不明罪的现实进路

对于更好地发挥巨额财产来源不明罪在反腐工作中的积极作用，推进国家的整体法治进程来说，其关键并不在于对该罪实行举证责任倒置或者单纯提高其法定刑来实现，而应当从建立公职人员财产申报制度、加强检察机关职务犯罪侦查能力、加强司法队伍建设等方面着手。

首先，应当建立公职人员财产申报制度。如上所述，我国巨额财产来源不明罪的立法模式，先天导致该罪反腐效用不佳，迫切需要借鉴新加坡和我国香港等国家和地区，建立普遍、规范、健全的公职人员财产申报制度，从而从根本上解决两方面的问题：一方面，解决行为人说明义务的来源问题。目前，对此问题，有三种看法，第一种观点认为行为人说明义务的来源是 1995 年中共中央、国务院发布的《关于党政机关县（处）级以上领导干部收入申报的规定》，第二种观点认为来自《刑法》第 395 条的明文规定，第三种观点认为来自个案中司法人员的"责令"。② 显然，这三种观点均存在缺陷，均是在现行法律框架下勉为其难作出的解释。对于第一种观点来说，非县（处）级以上的公职人员的说明义务从何而来？又如何解决立法位阶矛盾的问题，下位法如何为上位法设定法律义务？对于第二种观点来说，本质上属于就事论事。对于第三种观点，将可能产生刑事责任的说明义务归之于个案中司法人员的"责令"，更是难以避免出现授权依据不足及可能导致权力擅断的质疑。而以国外

---

① 邓君韬：《顺应的"苛严"：巨额财产来源不明罪修正案草案解读》，载《政治与法律》2009 年第 1 期。
② 侯国云：《有关巨额财产来源不明罪的几个问题》，载《政法论坛》2003 年第 1 期。

普遍的立法模式来看，通过高位阶的立法建立普遍的公职人员财产申报制度，并以此作为财产来源说明义务的渊源，显然更合逻辑。另一方面，解决巨额财产来源不明罪成效不足的问题。专群结合、依靠群众是刑事诉讼法打击犯罪的基本方针，而人民群众对腐败分子最为深恶痛绝，充分依靠和动员群众进行反腐工作，不仅事半功倍，而且是治本之策。在公职人员财产申报制度缺失的情况下，绝大多数公职人员的收入情况不为人知，不仅放纵了犯罪，而且助长了公职人员腐败堕落的侥幸心理。而在当前，行为人说明财产来源的义务仅可能产生于已经启动的刑事程序之中，这种义务的确定是个别的，因而也是偶然的。"而如果由行政性法律或者法规先行确定了申报财产的义务，那么该义务对于所有国家工作人员都是有效的，因而也就是一般的。建立财产申报制度，不仅可以更好地对国家工作人员的财产状况给予及时、全面的监控，同时也有利于巨额财产来源不明罪的适用，也可避免犯罪成立于刑事诉讼中这样的尴尬局面。"①

其次，应当加强检察机关职务犯罪侦查能力。立法之所以创设巨额财产来源不明罪，非常重要的一个原因就在于司法实践中存在大量缺乏确实、充分的证据从而证明巨额财产来源的情况。加强检察机关的职务犯罪侦查能力，是避免司法机关对行为人来源不明巨额财产的处理"退而求其次"的重要保障。但是在我国，长期以来，检察机关侦查手段单一，技术侦查力量薄弱，侦查能力与自身职责以及反腐工作的实际需要不相适应，亟须加强。修改后刑事诉讼法已经赋予检察机关对重大贪污、贿赂等案件，根据侦查犯罪的需要，经过严格的批准手续，可以采取技术侦查措施。当务之急是要加强培训，提高检察人员运用技术侦查措施的能力和水平。另外，应当切实加强行政执法与刑事司法相衔接信息平台建设，及时发现国家工作人员不作为、乱作为等违法违纪背后可能存在的贪污贿赂等犯罪线索，从而从根本上破解因侦查能力薄弱而导致"重罪轻罚"的问题。

最后，要进一步加强司法队伍建设。因司法人员玩忽职守或徇私徇情枉法而导致对一些贪污贿赂犯罪最终以处罚较轻的巨额财产来源不明罪定罪量刑，是各界质疑巨额财产来源不明罪立法缺陷的重要方面。应当承认，这一问题在司法实践中的确存在，对于某些犯罪分子而言，财产来源非法的证据并非不能查清，但由于司法人员的消极懈怠或者积极包庇等原因而最终不能查清，从而导致应当判处处刑较重的贪污贿赂犯罪，最终以处刑较轻的巨额财产来源不明罪定

---

① 时延安：《巨额财产来源不明罪的法律研析》，载《法学》2002 年第 3 期。

罪处罚。对此，一方面，要进一步加强对职务犯罪侦查活动的法律监督，监督侦查机关尽一切可能收集相关证据，从源头上压缩司法腐败的空间。另一方面，要加强对刑事审判活动的诉讼监督。事实上，在司法实践中巨额财产来源不明罪独立适用的情况较少，多数情况与贪污、贿赂等犯罪实行数罪并罚。但是，近年来，对职务犯罪尤其是贪污贿赂犯罪的量刑出现明显的轻型化趋势，已引起中央、高检院及社会的普遍关注。有效遏制并解决职务犯罪的不当化轻刑的问题，充分发挥贪污贿赂犯罪法定刑的惩治作用，可以明显提高综合打击的力度和效果，增强威慑力。进一步加强检察机关对刑事审判的诉讼监督，确保对已查清的贪污贿赂犯罪"罚当其罪"，即使对于一些来源不明的巨额财产以巨额财产来源不明罪定罪处罚，但在提高贪污贿赂犯罪打击力度的前提下，数罪并罚，同样可以显著提高最终决定执行刑罚的刑种和刑期，增强综合打击的效果。

四、结语

从巨额财产来源不明罪创设至今，对该罪犯罪构成、举证责任、刑罚配置的争议就从未停止。但是，随着时间的推移，对该罪的认识正在经历一个从显著差异到相对统一的过程。因为，国家法治建设的经验启示我们，反腐败的成败与否显然不能将全部希望寄托在巨额财产来源不明罪这一个罪之上，而需要从整个法治制度及环境的改善入手。客观来说，巨额财产来源不明罪的发展历史和司法适用现状是由该罪自身的本质特征及整体的司法环境决定的，我们不能无视其立法定位和现实价值，我们也不能违背人权保障的根本要求和法治建设的普遍规律而去单纯追求降低入罪标准和提高刑罚处罚力度。历史一再证明，单纯的严刑峻法换不来吏治清明，片面地追求个别打击不能建立起普遍的健全秩序。我们需要的是正视人性弱点、遵循诉讼规律、坚守法治原则，进而建立鼓励群众普遍参与监督、公职人员自觉遵章守纪、司法机关恪守公平正义的惩防并重、预防为主的反腐败工作体系。尤其紧迫的是建立普遍、规范、健全的公职人员财产申报制度，让阳光自然驱散阴暗，以全社会之力促进公职人员队伍的廉洁自律。如果单纯坚持降低巨额财产来源不明罪的证明标准，实行举证责任倒置，以及要求提高该罪的法定刑或者直接比照贪污贿赂犯罪定罪量刑，也许，我们可以收到一时之效，但是，所打击的仅仅只是冰山一角，而且，更为严重的是，刑法个罪之间的高低搭配体系将被打乱、法治原则的阵地我们也将退守。如果我们别无选择，那么，出于现实的需要这些我们都可以承受，问题的关键是，我们有其他更优的选择，从而建立反腐倡廉的长效机制。在此情况下，或许，让巨额财产来源不明罪回归其本应的地位，坚守法治原则，更有利于整体法治的长远推进。

利用影响力受贿罪法律适用问题研究*

张和林　王　鑫

自 2009 年《刑法修正案（七）》设立利用影响力受贿罪以来，各界对该罪法律适用的诸多问题进行了较为充分的探讨，对部分问题形成了主流意见，但对于某些重要问题仍有不同看法。这些仍然存有不同看法的问题，有些在刑法设立利用影响力受贿罪之前就已经存在。但是，刑法设立利用影响力受贿罪之后，则为理解这些问题提供了一个有价值的新的视角。同时，由于对同一问题不同看法的存在，影响了利用影响力受贿罪的准确适用，因此，有必要梳理利用影响力受贿罪法律适用的相关问题，以期为规范、统一该罪的法律适用提供理据充分的参考。

一、关于本罪的犯罪客体

关于贿赂犯罪保护的法益历来存在两种立场：起源于罗马法的立场主张职务行为的不可收买性，据此不管公务员所实施的职务行为是否正当合法，只要其要求、约定或者收受与职务行为有关的不正当报酬，就构成受贿罪；起源于日耳曼法的立场主张职务行为的纯洁性或公正性，据此只有当公务员实施违法或者不正当的职务行为，从而要求、约定或者收受不正当报酬时，才构成贿赂罪。显然，罗马法对贿赂犯罪法益的保护严于日耳曼法。与之相对应，对于利用影响力受贿罪的犯罪客体，也存在两种观点：一种观点认为是国家工作人员职务的正当性；另一种观点认为是国家工作人员的职务廉洁性以及国家机关、国有公司、企业、事业单位、人民团体的正常工作秩序。① 分析来看，第一种观点较为妥当，因为利用影响力受贿行为并非国家工作人员本人利用职权

---

　*　课题负责人：张和林，广东省人民检察院法律政策研究室主任。课题组成员：王鑫。

　①　参见张开骏：《利用影响力受贿罪的本质与构成特征》，载《重庆科技学院学报（社会科学版）》2010 年第 13 期。

"权钱交易",而是被他人利用,因此,并未实质侵犯国家工作人员的职务廉洁性,其被侵犯的法益本质上有别于受贿罪和斡旋受贿罪。另外,一切与公共职权有关的犯罪实质上都侵犯了国家机关、国有公司、企业、事业单位、人民团体的正常工作秩序,显然无法区分利用影响力受贿罪所保护法益的特殊性质。而第一种观点则较好地揭示了本罪保护的法益,即国家职权受到非职权性影响力的影响而被不正当地行使,从而损害了职务行为的正当性,从而既区别于受贿罪和斡旋受贿罪,也区别于广义上的与国家职权相关的其他犯罪。

二、关于本罪的犯罪主体

(一)本罪犯罪主体的性质

关于本罪的犯罪主体的性质,存在两种观点。一种观点认为,本罪犯罪主体为特殊主体,因而,有必要准确界定国家工作人员的近亲属、其他与该国家工作人员关系密切的人、离职的国家工作人员、该离职的国家工作人员的近亲属以及其他与其关系密切的人的范围,从而确保准确适用法律,防止本罪成为"口袋罪"。[①] 另一种观点认为,本罪犯罪主体为一般主体,条文中有关近亲属、关系密切的人的内容仅是从社会认知习惯的角度出发而作出的形式化表述,其实质表达的含义是,一切能对作出构成本罪规定的职务行为的国家工作人员有非职权性影响力的人均为本罪的犯罪主体。对此,笔者同意第二种观点,主要有三点理由:其一,从社会实际来看,社会关系错综复杂,形式多样,难以尽数,且真假莫辨,从特殊主体的角度来准确界定关系密切的人的范围,对法律来说,不可能完成。但从实质存在的影响力角度判断,则显然更为清晰、简便。其二,从法益保护的角度来看,一般主体的观点也将使保护更加充分。在《刑法修正案(七)》草案审议修改过程中,有的部门建议将条文中国家工作人员(以及离职的国家工作人员)的"近亲属"及"其他与其关系密切的人"改为"特定关系人"。法律委员会经研究认为,最高人民法院、最高人民检察院2007年联合发布的《关于办理受贿刑事案件适用法律若干问题的意见》(以下简称《意见》)中规定的"特定关系人",其范围仅限于"与国家工作人员有近亲属、情妇(夫)以及其他共同利益关系的人"。但是在实际生活中,却有大量利用基于同学、校友、战友等非血缘、近亲属或共同利益

---

① 参见单民、杨建军:《利用影响力受贿罪若干疑难问题研究》,载《当代法学》2011年第5期。

关系而产生的影响力索取、收受请托人财物的行为，如果将利用受贿罪的主体限定在特定关系人范围内，其内涵及外延显然过窄，不利于打击腐败犯罪。其三，从条文本身来看，其内涵实质与《联合国反腐败公约》的内涵一致。虽然形式上，我国利用影响力受贿罪的主体（国家工作人员的近亲属或者其他与该国家工作人员关系密切的人）比《联合国反腐败公约》中的影响力交易罪主体（公职人员或者其他任何人员）范围窄，但考虑到一个人之所以对国家工作人员有影响力，归根结底还是源于其与国家工作人员的密切联系，因此并没有形成与《联合国反腐败公约》实质上的差异。甚至可以说，《刑法修正案（七）》对主体作列举实际上是没有必要的。①

（二）国家工作人员能否成为本罪犯罪主体

刑法设立利用影响力受贿罪以来，一直存在认为国家工作人员不能成为本罪犯罪主体的声音。从表面上看，这仅是一个有关利用影响力受贿罪法律适用的具体问题，但是从更广泛的视角看，其实质上牵涉贿赂犯罪"权钱交易"中"权"的本质属性界定问题。以金钱为媒介和对象的犯罪在整个刑法体系中比比皆是，贿赂犯罪之所以特殊，就是因为其交易对价的一方是"权"。因此，以"权"的界定为中心来规制和分析贿赂犯罪，自然就成为准确适用法律的关键。长期以来，在计划经济体制之下，身份不同的个体享有不同的权利并负担不同的义务，从而形成鲜明的所谓体制内与体制外的巨大差别，也使社会形成了以身份为核心来认知和判断个体行为能力和地位的思维定式，时至今日，影响依然存在。社会认知影响法律适用，对于贿赂犯罪的法律适用来说更是如此。虽然法律明确规定，构成受贿罪必须以国家工作人员利用职务上的便利为要件，但是，无论是公众还是执法者，却均将注意力集中到国家工作人员这一"身份"上，而显然忽略了利用职务上的便利这一"国家职权"要件的重要性。事实上，从逻辑结构来看，利用了国家依法授予的"国家职权"才是贿赂犯罪的本质，也正是"权钱交易"中"权"的准确内涵。

虽然，认知偏差存在，但是立法的逻辑却是清晰的，尤其是在刑法设立利用影响力受贿罪之后，就罪状描述来看，受贿罪、斡旋受贿罪与利用影响力受贿罪之间形成了彼此界限分明却又衔接融洽的个人受贿犯罪体系（在此对利用影响力受贿罪是否属于受贿犯罪不做不必要的争论）。立法的成熟体现在三

---

① 参见孙国祥：《利用影响力受贿罪比较研究》，载《政治与法律》2010 年第 12 期。

个方面：一是受贿犯罪主体以职权有无为认定标准，而非以身份来认定。只要行为主体依法从事公务，即构成受贿犯罪主体，对此，最高人民法院 2003 年 11 月 13 日发布的《全国法院审理经济犯罪案件工作座谈会纪要》（以下简称《纪要》）予以了明确规定。二是明确限定了职权的边界。在现代国家，任何公务人员所具有的国家职权必须依法授予、由法律规定并以法定程序行使，因此，任何主体所具有的国家职权必然是有边界的。但是，在长期形成的体制内外相对隔离的环境下，凸显的只是体制内外之间的边界，而职权之间的边界是不确定的，是被泛化的。而在司法实践中，也不时出现只要身份具备，即可不论职权的有无而追究刑责的案例。虽然，从打击腐败的角度看，似乎无可厚非，但从法治的角度看，则显粗暴，也一定程度上导致实践中出现对于同样的收受请托人财物的行为，有被追究刑责的，也有被认定无罪的，司法上也显失公正。对此，《纪要》明确了受贿罪"利用职务上的便利"以及斡旋受贿罪"利用本人职权和地位形成的便利条件"的具体内涵，也即界定了利用本人职权行为与职权性影响力的判断标准，有利于避免法律适用不统一和不当打击。三是形成了全面打击利用职权行为、职权性影响力与非职权性影响力而谋取利益的完备格局。在设立利用影响力受贿罪之前，虽然《纪要》准确界定了利用本人职权行为与职权性影响力的边界，但是由于腐败犯罪的严峻形势、职权性影响力与非职权性影响力边界的相对模糊以及利用非职权性影响力刑法规制手段的缺失，迫使斡旋受贿罪一定程度上为缺位的利用影响力受贿罪补位，这也是刑事政策的选择使然。但是，正是由于斡旋受贿罪的补位效果，使得在刑法设立利用影响力受贿罪之后，仍有人坚持否认国家工作人员职权在时空上的有限性，宁可削足适履牵强地适用斡旋受贿罪，也不愿名正言顺地以国家工作人员利用非职权性影响力而妥当地适用利用影响力受贿罪。之所以如此，根本原因是未能正确认知职权在贿赂犯罪中的核心地位，错误地坚持身份论的观点，无视职权与身份之间存在的区别。而对于利用影响力受贿罪来说，即使具有国家工作人员身份，如果其利用非职权性影响力而受贿，就构成利用影响力受贿罪。[①]

（三）近亲属的范围

如上所述，虽然利用影响力受贿罪的主体是一般主体，但是仍有必要界定

[①] 参见黄丽勤：《利用影响力受贿罪主体的实质解释》，载《同济大学学报（社会科学版）》2011 年第 6 期。

近亲属的范围。首先，从证明标准来看，证明血缘关系的证据最易于收集，确定了近亲属的范围，可以节约收集其他证明关系密切的证据的成本。其次，无论是《纪要》，还是《意见》，均将近亲属作为其中一个独立的重要概念使用，并以此为基础制定了针对性很强的刑事责任认定标准。因此，准确界定近亲属的范围，对于正确适用法律、节约司法资源具有积极意义。但是，由于刑法本身没有界定近亲属的范围，因此，对于如何界定刑法意义上的近亲属范围，存在三种不同的观点：第一种观点认为应当采用 1988 年最高人民法院《关于贯彻执行〈中华人民共和国民法通则〉若干问题的意见》第 12 条的规定，即包括配偶、父母、子女、兄弟姐妹、（外）祖父母和（外）孙子女，认为利用影响力受贿罪罪状中列举近亲属是为了揭示关系人与国家工作人员的密切关系之一的财产关系，性质上属于民事实体法调整范围，因此近亲属的范围应与民法一致。① 第二种观点认同《刑事诉讼法》第 106 条规定，即包括夫、妻、父、母、子、女、同胞兄弟姊妹，认为由于刑法本身具有一定的谦抑性，即使同一名称下的概念，其外延也未必与民商事或者行政法律一致，在刑事法律已经有明确规定的情况下，刑法解释应保持其逻辑上的一致性，且立法规定优于司法解释，因此刑法中的近亲属宜与刑事诉讼法规定的范围一致。② 第三种观点认同 2000 年最高人民法院发布的《关于执行〈中华人民共和国行政诉讼法〉若干问题的解释》第 11 条的规定，即包括配偶、父母、子女、兄弟姐妹、祖父母、外祖父母、孙子女、外孙子女和其他具有扶养、赡养关系的亲属，认为此观点下的近亲属概念有利于扩大打击范围。对此，笔者赞同第二种观点，首先，界定利用影响力受贿罪近亲属范围与是否扩大打击范围无关，如上所述，一切实质上具有非职权性影响力的个体均可构成本罪。其次，从各部门法的区别来看，不同的部门法有不同的价值标准和原则，并用于解决不同的问题，因此，不宜于在刑事法律中借用非刑事法律中的概念。另外，刑事诉讼法中有关近亲属的概念已被社会普遍接受，事实上发生在近亲属间的利用影响力受贿行为也多数发生在此范围内，因此，采用刑事诉讼法的标准不仅可以有效规制社会，也可以实现刑事法律之间的协调衔接，避免出现混乱。而对于近亲属之外的其他具有亲属关系的人利用影响力的受贿行为，则可以认定为"其他与国家工作人员具有密切关系的人"而予以规制。

---

① 参见张开骏：《利用影响力受贿罪的本质与构成特征》，载《重庆科技学院学报（社会科学版）》2010 年第 13 期。

② 参见孙国祥：《利用影响力受贿罪比较研究》，载《政治与法律》2010 年第 12 期。

（四）离职国家工作人员的认定

如前所述，利用影响力受贿罪有关离职的国家工作人员的规定与有关近亲属的规定本质上都属于提示性规定，而并非为本罪的犯罪主体界定范围。与界定近亲属范围的价值一样，界定离职的国家工作人员范围的价值，本质上是为查办利用影响力受贿罪提供打击重点。因为，从逻辑关系上看，任何人只要利用了本人的非职权性影响力收受或索取他人财物，通过其他国家工作人员的职务行为，为他人谋取不正当利益，就构成利用影响力受贿罪。从这个意义上讲，界定离职的国家工作人员的范围，意义不大。但是，若从整个贿赂犯罪适用的角度看，却有助于进一步揭示"职权"的本质。基于对"职权"理解的不同，对"离职的国家工作人员"的范围有三种观点：第一种观点将其界定为因离休、退休、辞职、辞退等原因离开国家工作人员岗位的人，① 这是典型的"身份论"观点，即把职权的有无等同于身份的有无。第二种观点将其界定为曾经是国家工作人员，但现在已经不再行使国家管理职能，从事与职权相联系的公共事务以及监督、管理国有财产的职务活动的人。这一观点基本采取了"职权论"，但是其对职权的界定却是泛化的，没有限定条件的，也就是说，只要行为主体"行使国家管理职能，从事与职权相联系的公共事务以及监督、管理国有财产的职务活动"，那么，该主体就应当被视为在职。但是，刑法及《纪要》、《意见》却明确限定了"利用职务便利"以及"利用职权或地位形成的便利条件"的边界，显然该观点与法律规定是冲突的。第三种观点，也即笔者赞同的观点，认为只要行为主体享有的国家职权发生任何可辨认的重大变化，通常以导致刑法意义上的"职务便利"以及"职权或地位产生的便利条件"的认定范围变更为判断标准，那么相对于其原有的国家职权，即应当视为离职。举例来看，某人原为某国企老总，后调任政府部门任职，在政府部门任职期间，收受他人财物，通过其在国企任职期间的影响帮助他人获取竞争优势而赢得政府建设合同。在此，显然，从刑法角度看，其并未利用本人职务或职权性影响力，但却利用了是其原任职务所产生的便利条件，因此，属于离职的国家工作人员利用影响力受贿的典型案例。可以看出，认定离职的国家工作人员关键是其前职权相对于现在的状态，只要其依法不再享有原职权，那么，不论原因如何也不论行为主体当前状态如何，均属于离职的国家工作人员范围。事实上，虽然利用影响力受贿罪的条文特别规定了国家工作人员

---

① 参见李金明：《论利用影响力受贿罪》，载《法商研究》2010 年第 1 期。

的近亲属、离职的国家工作人员及其近亲属利用影响力受贿的情形，表面上似乎犯罪主体范围是特定的，但是实质上，在具体适用时，将出现一切利用非职权性影响力的受贿行为都将被有效规制的局面。可知，立法之所以如此规定，是因为国家工作人员的近亲属与离职的国家工作人员（特别是离退休的领导干部）及其近亲属是利用影响力受贿的主要犯罪群体，自然也是打击的重点对象。也可以说，利用影响力受贿罪的增设，就是为了有力打击这两类人利用影响力受贿的行为。但是这一规定，客观上也导致一些人望文生义地从字面理解该罪的犯罪构成，特别是对犯罪主体的认知产生了不必要的争论。

三、关于本罪影响力的若干问题

（一）影响力的区分

法律的目的在于有效规制社会，为此，立法必须准确反映社会规律。从社会实际来看，每个人既可独立完成某种行为，也可凭借自身与他人的特定关系而使他人为某种行为，也即具有利用本人影响力影响他人行为的能力。而当一个人被依法赋予特定的国家职权，那么，该主体除以普通社会主体身份独立作为以及通过特定关系影响他人为一定行为之外，其还具备独立作出职务行为或者利用因职权或地位而形成的条件影响其他具有国家职权的人为一定行为的能力。因此，对于拥有特定国家职权的人来说，以影响力来源来看，可以合理地将影响力二分为"职权性影响力"和"非职权性影响力"。与此同时，从是否具有国家工作人员身份的角度来看，也可将一切社会主体二分为国家工作人员与非国家工作人员。虽然，在多数场合，享有国家职权与具备国家工作人员身份二者是重合的，但是，也并非完全如此，依法享有国家职权的人并不必然具备国家工作人员身份。特别是在刑法个罪的视野下，即使个体之间同样具有国家工作人员身份且为同一种行为，也会因享有的具体职权的差异而产生罪与非罪、此罪与彼罪的差异。职权是身份的核心和基础，职权的大小决定了特定国家工作人员地位的高低以及影响力辐射的强弱，脱离职权而泛论身份，不仅违背了社会规律，也违背了贿赂犯罪规制的真实意图。因此，只有以国家职权的有无和特定职权的边界作为法律适用和判断的基准，才能有效、准确地规制贿赂犯罪。

事实上，对这一问题的争论习惯上被称为"身份论"与"职权论"之辩。从立法的角度看，"职权论"为立法机关采纳，其内容在刑法及相关司法解释中有完整体现，具体表现为：一是对于本人独立作出的职务行为，在刑法中表述为"利用职务上的便利",《纪要》进一步将之界定为"既包括利用本人职务上主管、负责、承办某项公共事务的职权,也包括利用职务上有隶属、制约关系的其他国家工作人员的职权。担任单位领导职务的国家工作人员通过不属自己主管的下级部门的国家工作人员职务为他人谋取利益的,应当认定为'利用职务上的便利'为他人谋取利益。"这一界定准确揭示了本人独立作出职务行为的本质,由于政治体制的层级制以及职权之间的隶属、制约,对于担任领导职务者来说,其命令、要求隶属于其本人或受其制约的国家工作人员为一定的职务行为,本身就是担任领导职务者行使其职权的形式之一,仍属于本人独立作出的职务行为。对于《纪要》规定有关"担任单位领导职务的国家工作人员通过不属自己主管的下级部门的国家工作人员职务为他人谋取利益的,应当认定为'利用职务上的便利'为他人谋取利益"的界定,笔者认为,虽然二者之间并不存在直接的隶属、制约关系,但是考虑到现实生活中不直接主管的单位领导对下属的实际影响力,如此规定更符合实际。但是,即便《纪要》对此不作出特别规定,此种情形仍可纳入斡旋受贿罪规制范围,事实上对法律责任的追究不产生实质影响。二是对于本人利用职权性影响力,在刑法中表述为"利用本人职权和地位形成的便利条件",《纪要》进一步将其界定为:"行为人与被其利用的国家工作人员之间在职务上虽然没有隶属、制约关系,但是行为人利用了本人职权或者地位产生的影响和一定的工作联系,如单位内不同部门的国家工作人员之间、上下级单位没有职务上隶属、制约关系的国家工作人员之间、有工作联系的不同单位的国家工作人员之间等。"三是对于非职权性影响力,由于"职权性影响力"与"非职权性影响力"是以影响力的产生是否与职权相关而作出的二分,因此,对于"非职权性影响力"来说,只要明确了"职权性影响力"的边界,其他事实上存在的影响力均属于"非职权性影响力",也正因为如此,刑法及司法解释并不需要过多地从外在表现上去描述"非职权性影响力"的表现形式。

但是,坚持"身份论"的声音和做法仍然存在,在司法实践中也并不鲜见,特别是在刑法设立利用影响力受贿罪之前。因为从法律适用的角度看,如果坚持"职权论",那么一般来说,在确定嫌疑人国家工作人员身份后,仍需要确定"利用职务上的便利"以及"利用职权和地位形成的便利条件"的内涵,并以此作为认定嫌疑人是否构成受贿罪或者斡旋受贿罪的必要条件,显然,贿赂犯罪的打击范围将因此被限缩。在腐败多发的社会背景下,以及没有替代刑法规制手段的情况下,坚持"身份论",不仅在司法实践中更易于操作,而且显然更易于获得舆论的支持。但是随着利用影响力受贿罪的设立,该问题事实上已逐渐被消解，因为利用影响力受贿罪将利用"非职权性影响力"而索取或收受请托人财物的行为纳入了刑法打击范围，从而破除了在"职权论"之下存在的国家工作人员因不符合"利用职权和地位形成的便利条件"之要件而无法予以刑法打击的难题，缓解了"职权论"限缩打击范围的道德困境，也为在学理及司法实践上更加牢固地确立"职权论"的标准地位创造了条件。但是，即便如此，在"职权论"之下，仍有必要合理界定"职权和地位形成的便利条件"范围，也即"职权性影响力"的范围，因为划定了"职权性影响力"的范围，"非职权性影响力"的范围就不言自明，从而为罪与非罪、此罪与彼罪区分了边界。

具体来说，在索取和收受请托人财物，为请托人谋取不正当利益等客观要件具备的前提下，对于国家工作人员本人利用本人"职权性影响力"的行为，应当认定构成斡旋受贿罪。① 从这个意义上讲，斡旋受贿罪也可以被称为"利用职权性影响力受贿罪"。而如果国家工作人员利用的是本人"非职权性影响力"，则应认定构成利用影响力受贿罪。② 在此意义上，将利用影响力受贿罪称为"利用非职权性影响力受贿罪"显得更为恰当。此时，影响力的"职权性"和"非职权性"是区分斡旋受贿罪与利用影响力受贿罪的关键。但是，对于利用影响力受贿罪来说，除本人利用对国家工作人员"非职权性影响力"这一犯罪情形外，还存在"利用该国家工作人员的职权或者地位形成的便利条件，通过其他国家工作人员职务上的行为，为请托人谋取不正当利益"的情形。对于该情形，如果被利用的是"该国家工作人员"的"职权性影响力"，显然，其构成利用影响力受贿罪。但是，如果利用的是"该国家工作人员"的"非职权性影响力"，那么，是否构成犯罪呢？表面上看，由于此处被利用的是该国家工作人员的"非职权性影响力"，那么单从条文表面的逻辑关系看，则不构成犯罪。但实质上，由于其又符合"其他与国家工作人员关系密切的人"利用影响力受贿的情形，仍然构成利用影响力受贿罪。对于"离职的国家工作人员近亲属"以及"其他与离职的国家工作人员关系密切的人"利用该离职的国家工作人员"原职权或地位形成的便利条件"之外的影响力受贿的行为，基于同样理由，也仍然构成利用影响力受贿罪。这一事实进一步揭示了利用影响力受贿罪的本质，即任何人只要利用非职权性影响力受贿，就

---

① 参见高铭暄、陈冉：《利用影响力受贿罪司法实例探讨》，载《刑法论丛》2011年第4卷。

② 参见孙国祥：《利用影响力受贿罪比较研究》，载《政治与法律》2010年第12期。

构成利用影响力受贿罪。利用影响力受贿罪罪状对国家工作人员近亲属以及离职的国家工作人员的规定本质上是提示性规定，即使不规定，也不影响法律适用的实际效果。

（二）职权性影响力的界定

如上所述，将影响力分为"职权性影响力"和"非职权性影响力"是一种简明的两分法，对于一种事实存在的影响力来说，非此即彼。而对于现代国家来说，无论法治程度高低，法律制度基本已普遍建立，公职人员职权的任免、权限均有法律的明确规定，从而为确定"职权性影响力"提供了客观、明晰的判断标准。

从国内立法来看，《纪要》明确了"利用职权或地位形成的便利条件"的内涵，即《刑法》第388条第1款规定的"利用本人职权或者地位形成的便利条件"，是指行为人与被其利用的国家工作人员之间在职务上虽然没有隶属、制约关系，但是行为人利用了本人职权或者地位产生的影响和一定的工作联系，如单位内不同部门的国家工作人员之间、上下级单位没有职务上隶属、制约关系的国家工作人员之间、有工作联系的不同单位的国家工作人员之间等。由于公职人员的职权往往有法律法规的明确规定，因而人们对职权的理解相对统一。但是，对于如何定义"地位"，却产生很大歧义，形成两种观点，一种认为"职权"与"地位"是两个互不包容的概念，"地位"是基于国家工作人员身份及具体职权而形成的一般性声誉、名望。另一种观点认为，"地位"应是"职权"的合理、有限延伸，其以职权为基础，并在有限的范围内对其他国家工作人员的职务行为产生制约性影响。[①] 分析两种观点，笔者赞同第二种观点，第一种观点本质上是"身份论"翻版，事实上否定"职权性影响力"的有限性。而第二种观点则揭示了"职权性影响力"的本质，即"地位"以职权为基础，而不以身份为标准，具有不同职权的国家工作人员具有高低不一的"地位"，而且其影响力具有相对明晰的边界。这一观点事实也被《纪要》所采纳，《纪要》对三种属于"利用本人职权和地位"的情形的列举说明相对于"职权"的确定性，"地位"的内涵是漂移的，只有将"地位"界定为"职权"的有限、合理延伸，法律规定的确定性才能够得到保障。

基于以上司法解释以及学理对"职权性影响力"的分析，可以对"职权

---

① 参见樊建民：《含有非职务因素的受贿行为之罪刑评价》，载《郑州大学学报（社会科学版）》2013年第2期。

性影响力"作出一个更为清晰和易于操作的界定，即虽然本人在其职权范围内不能直接为请托人完成请托行为，但是他的职权或地位对可以作出请托行为的国家工作人员有一定的制约性影响，且该制约性影响与他的职务有必然、密切的联系，若没有本人职权、地位的影响，就不可能有其他国家工作人员的职务行为。①

（三）影响力的认定

无论对斡旋受贿罪，还是对利用影响力受贿罪，影响力的存在和利用均是客观的，法律的适用也要求必须以确实、充分的证据证明这一事实。但是，对于斡旋受贿罪以及利用影响力受贿罪所涉及的请托人、被请托人以及作出被请托行为的国家工作人员来说，彼此对影响力存在与否、影响力性质和影响力强弱的判断不尽相同，依据主客观一致的刑法归责原则，各方对影响力的认知显然将对罪与非罪、此罪与彼罪的认定产生重大影响。虽然以上分析了影响力的区分以及"职权性影响力"界定的问题，但是均是从外在客观表现、一般社会规律及普遍公众认知的角度入手，并未从两罪涉及的个体对影响力认知入手，因此，有必要从涉罪个体认知角度来分析影响力的认定。一般说来，对于影响力认知涉及两个方面，分别是影响力的有无和影响力的性质。首先，对于影响力有无的认知来说，只要被请托人自认为具有影响力，那么无论其是否事实上具有影响力，均不影响斡旋受贿罪和利用影响力有关影响力要件的成立。如果被请托人自认为事实上不具有影响力，但为索取或收受请托人财物而表现为具有影响力，那么，其将构成诈骗罪。② 其次，对于影响力性质的认知来说，单纯地利用"职权性影响力"与"非职权性影响力"相对易于辨识，但实践中往往存在两类影响力并存且难以分辨究竟何种影响力作用更大的情况，在此情形下，应当认定"职权性影响力"优先于"非职权性影响力"，被请托人构成斡旋受贿罪。③ 因为，一方面，斡旋受贿罪的法定刑重于利用影响力受贿罪，重罪适用应当优先于轻罪；另一方面，也因为在一般人眼中，"职权性影响力"的制约性较之于"非职权性影响力"作用力更为明显，虽然并非在

---

① 参见樊建民：《含有非职务因素的受贿行为之罪刑评价》，载《郑州大学学报（社会科学版）》2013年第2期。

② 参见单民、杨建军：《利用影响力受贿罪若干疑难问题研究》，载《当代法学》2011年第5期。

③ 参见高铭暄、陈冉：《利用影响力受贿罪司法实例探讨》，载《刑法论丛》2011年第4卷。

所有情形下均是如此。

四、不正当利益的认定

事实上，不正当利益认定问题是一个老问题，在利用影响力受贿罪设立之前，就已被广泛讨论。鉴于各界对其界定的争论以及其在斡旋受贿罪及利用影响力受贿罪认定中的重要地位，有必要在此一并予以适当的讨论。法律对不正当利益的界定主要体现在两个司法解释中，其一是 1999 年 3 月 4 日，最高人民法院、最高人民检察院制定的《关于在办理受贿犯罪大要案的同时要严肃查处严重行贿犯罪分子的通知》，规定不正当利益是指违反法律、法规、国家政策和国务院各部门规章规定的利益以及要求国家工作人员或有关单位提供违反法律、法规、国家政策和国务院各部门规章规定的帮助或便利条件。其二是 2008 年 11 月 20 日，最高人民法院、最高人民检察院制定的《关于办理商业贿赂刑事案件适用法律若干问题的意见》，规定不正当利益是指违反法律、法规、规章或者政策规定的利益，或者要求对方违反法律、法规、规章、政策、行业规范的规定提供帮助或者方便条件；以及在招标投标、政府采购等商业活动中，违背公平原则，给予相关人员财物以谋取竞争优势。两者相比较可以看出，前者将不正当利益严格限制在违法利益（包括利益本身违法以及获取程序违法）的范围内。但是，不正当利益的内涵和外延显然应当大于违法利益。与此相适应，后者明显扩大了不正当利益的范围，具体来说，将政策扩大为包括党的政策，将规章扩大为包括地方政府规章，将手段不正当扩大到包括违反行业规范。但是，范围扩大同时带来另外一个问题，因为对于贿赂犯罪来说，利益的正当与否，在多数情况下是行为是否构成犯罪的必要条件，因此，其标准应当客观、统一、合理，对于违法利益的认定来说，由于法律本身的规范性和权威性，一般不存在问题。但是，对于以地方政府规章以及行业规范作为判断利益正当与否的标准来说，则存在不容回避的问题，首先是地方政府规章和行业规范自身的合理性问题，如果自身不合理，那么对不合理规则的违反是否属于不合理利益？其次还存在适用的范围以及被社会接受程度的问题。因此，笔者认为，不正当利益应当主要是指违法利益，对于其他情形的非正当利益应当从严掌握，避免不当打击。

五、本罪的既遂与未遂

考察本罪的既遂与未遂，应当借鉴受贿罪、斡旋受贿罪以及行贿罪既遂与未遂的判断标准。贿赂犯罪的本质是"权钱交易"，因而，交易的完成时点就是犯罪既遂的时点。但是，刑法意义上交易完成时点却并非自然状态下的交易完成时点。因为从交易的自然进程来看，自然状态下的交易完成应存在三个基本时点，其一是意思联络一致，即就权钱交易形成合意；其二行贿人给付财物（受贿人收受财物）；其三受贿人为行贿人谋取不正当利益。第一个时点是交易的前提，是确定的。不确定的是第二与第三个时点，即给付财物与谋取不正当利益在多数情况下并非同时进行或完成，往往或前或后。我国通说以第二个时点即行贿人给付财物（受贿人收受财物）作为刑法意义上权钱交易完成的时点，也即分别构成受贿罪、斡旋受贿罪及行贿罪既遂的时点。① 这一选择有其合理性，其一是由于财物的给付易于司法证明，标准容易掌握；其二是由于在现实生活中，钱的给付往往先于权的滥用，以钱的给付为既遂的标准，有利于在权力滥用之前予以刑事打击。但是，问题仍然存在，由于标准的僵化，使得行贿人和受贿人为逃避处罚而约定利益，或形成长期的权钱交易共同体。对于约定利益的贿赂犯罪认定，最高人民法院在 2000 年 7 月 21 日施行的《关于国家工作人员利用职务上的便利为他人谋取利益离退休后收受财物行为如何处理问题的批复》规定：国家工作人员利用职务上的便利为请托人谋取利益，并与请托人事先约定，在其离退休后收受请托人财物，构成犯罪的，以受贿罪定罪处罚。但从解释的内容来看，却并未涉及受贿罪既遂标准的调整问题，事实上，却从另一个方面进一步凸显了通说以财物给付为认定受贿罪既遂的标准，即如果国家工作人员为他人谋取了利益，但是未收受财物，则不应当认定构成受贿罪；如果其收受了财物，即使是在离退休之后，仍然构成受贿罪。既遂标准的单一，导致实践中出现只要约定利益的受贿人在为行贿人谋取利益之前或之后的一段时期内未实际收受行贿人财物，那么即使事实上已为行贿人谋取到了利益，也不能认定构成受贿罪及行贿罪既遂。其次，诱使当事双方为逃避处罚而有意将权钱交易在时空上予以错落分布，增加了司法证明的难度，减少了当事双方案发及被追责的概率，成为导致不少官员在落马之时往往有巨额财产无法查明来源的重要原因。另外，由于权钱交易在时空中的错落分布，增加了司法证明受贿人为行贿人谋取利益与收受财物之间的对应关系，导致实践中有大量官员虽被合理怀疑涉嫌受贿犯罪，但却因证据不足而难以被及时惩戒，并因此导致部分官员养痈成患，积小贪而成大贪，降低了受贿罪、斡旋受贿罪及行贿罪及时惩戒的功能。因此，有必要改变现有的以财物给付为认定受贿罪、斡旋受贿罪以及行贿罪既遂的单一标准，而采取以财物给付与为他人实

---

① 参见孙国祥：《利用影响力受贿罪比较研究》，载《政治与法律》2010 年第 12 期。

际谋取利益并重的复合标准，即在第一时点被司法证明的前提下，无论第二时点还是第三时点，只要成就其一即应认定构成既遂，以先具备者为准。虽然，目前来看，受制于通说，利用影响力受贿罪的既遂标准应与受贿罪及斡旋受贿罪的标准相同。但是，从应然角度来看，应当由金钱给付的单一既遂标准转换到金钱给付与不正当利益谋取兼用的复合标准。

六、本罪的共同犯罪

共同犯罪是刑法适用的难题，对于贿赂犯罪来说，更是如此。在设立利用影响力受贿罪之前，对于受贿罪及斡旋受贿罪共犯的认定，已是众说纷纭。客观来讲，我国刑法对共犯的法律规定虽简明，但扼要，准确揭示了共犯的本质。但是，在部分论者看来，刑法总则的共犯规则对于身份犯规制来讲则显粗疏，是导致贿赂犯罪共犯理解及适用混乱的重要原因，建议借鉴日本刑法典，对包括贿赂犯罪在内的身份犯共犯作出特别规定。利用影响力受贿罪设立以来，相关争论并未停止，仅就贿赂犯罪共犯的理解和适用来说，甚至更加混乱。为此，有必要从共犯基本理论着手，进一步揭示共犯的本质和核心，并以此为线索，梳理和评价有关贿赂犯罪共犯司法解释的得失，并进而廓清利用影响力受贿罪具体的共犯形式。

（一）共犯的本质

法律是法学理论的沉淀，也是理论分析的逻辑起点。就我国刑法来说，共同犯罪是指两人以上共同故意犯罪。从中可以看出，构成共犯的三个关键要素：一是主体应在两人以上，二是范围应是故意犯罪，三是主观应具有共同故意。显而易见，第一、第二个条件在适用和判断上不存在争议的空间，那么，正确把握共犯的关键就在于如何理解"共同故意"的判断标准，以及是否将"共同故意"作为认定共犯的核心依据。判断是否具有"共同故意"关键在于把握两方面：其一，是故意的内容是否一致，对于刑法个罪之间的关系来说，每一种犯罪都有其独特性，唯此才有独立存在的必要，因此，故意的内容一致是指两个以上的人对其所涉嫌犯罪的犯罪构成内容认知一致。在此，认知一致并不要求他们各自故意的内容绝对一致，但就构成犯罪的角度来看，虽然故意内容可以超越所涉嫌的个罪，但是必须达到个罪的构成标准。其二，必须进行必要的意思联络。意思联络的具体形式多种多样，但从司法证明的标准来看，可以二分为明示和默示，因为对于法律而言，只有可被证明的事实才具有法律上的意义。原则上讲，法律以明示作为意思表示和联络的原则和基本方式，默示只有在特定情形下才被法律认可，刑法亦是如此。基于此，判断是否具有共同故意必须同时从存在外在意思联络与内在犯罪故意内容一致两方面综合判断。而且，由于刑事责任的严厉程度远甚于民事责任和行政责任，因此，基于刑法的谦抑性，刑法严格限制以默示方式进行意思表示和联络，只有在基于伦理、情感及其他法律关系等原因，特定的意思表示内容以默示方式表达已被社会普遍接受的情况下，刑法才会谨慎地对此认可。因此，构成刑法意义上的共同犯罪，原则上要求两个以上的人通过明示的方式进行意思联络，且应当在涉嫌构成个罪的范围内就故意的内容达成一致，默示的意思表达和联络只有在法律明确规定且社会普遍认同的情况下才被容许。这一标准适用于一切故意犯罪，至于犯罪主体是特殊主体还是一般主体，在所不论。

（二）受贿罪共犯的认定

在我国刑法的个罪体系中，对共犯认定争议最大的莫过于贿赂犯罪。为解决法律适用中的疑难和争议，《纪要》和《意见》分别对受贿罪共犯的认定作出专门解释。《纪要》规定："根据刑法关于共同犯罪的规定，非国家工作人员与国家工作人员勾结，伙同受贿的，应当以受贿罪的共犯追究刑事责任。非国家工作人员是否构成受贿罪共犯，取决于双方有无共同受贿的故意和行为。国家工作人员的近亲属向国家工作人员代为转达请托事项，收受请托人财物并告知该国家工作人员，或者国家工作人员明知其近亲属收受了他人财物，仍按照近亲属的要求利用职权为他人谋取利益的，对该国家工作人员应认定为受贿罪，其近亲属以受贿罪共犯论处（情形1）。近亲属以外的其他人与国家工作人员通谋，由国家工作人员利用职务上的便利为请托人谋取利益，收受请托人财物后双方共同占有的，构成受贿罪共犯（情形2）。国家工作人员利用职务上的便利为他人谋取利益，并指定他人将财物送给其他人，构成犯罪的，应以受贿罪定罪处罚。"《意见》第7条规定："国家工作人员利用职务上的便利为请托人谋取利益，授意请托人以本意见所列形式，将有关财物给予特定关系人的，以受贿论处。特定关系人与国家工作人员通谋，共同实施前款行为的，对特定关系人以受贿罪的共犯论处（情形3）。特定关系人以外的其他人与国家工作人员通谋，由国家工作人员利用职务上的便利为请托人谋取利益，收受请托人财物后双方共同占有的，以受贿罪的共犯论处（情形4）。"《意见》第11条界定了特定关系人的范围，指"与国家工作人员有近亲属、情妇（夫）以及其他共同利益关系的人。"客观来说，《纪要》和《意见》有关受贿罪共犯的规定遵循了刑法共犯的规定，体现了较高的立法水平。首先，对于《纪要》

和《意见》解释的合理性来说，如上所述，共犯的本质在于共同犯罪故意的形成，虽然，纯粹的犯意表示和联络不构成犯罪，但是，只要具有共同犯罪故意的任何一方着手实施犯罪，那么，就可以依法追究全部具有共同犯罪故意的人的刑事责任，所不同的只是因犯罪可能处于不同的阶段以及因各自在共同犯罪中地位和作用的差异而对量刑产生差别。换句话说，共同犯罪故意是在行为纳入刑法评价范围之时确定共同犯罪是否成立的问题，是有与没有的问题，而不是轻与重的问题，是不允许做出模棱两可、可能有也可能无的判断的核心问题，因此，某些论者关于受贿罪共犯的构成只需存在意思联络而不需要达到通谋程度的观点，显然是荒谬的。以此来看，《纪要》和《意见》的最大合理性就在于紧紧围绕能否构成共同犯罪故意来认定受贿罪共犯。具体说来，主要体现在两个方面：其一，认可了默示的意思联络方式，《纪要》规定的情形1和《意见》规定的情形3，事实上认可了国家工作人员与其近亲属以及特定关系人之间以默示方式进行意思联络而形成共同犯罪故意。其二，《纪要》规定的情形2和《意见》规定的情形4，则明确否定了国家工作人员与其近亲属以及特定关系人以外的人以默示方式形成共同犯罪故意的情形。不少论者对《纪要》和《意见》的此项规定持批评甚至否定意见，认为任何人只要与国家工作人员通谋，就构成受贿罪共犯，并不以共同占有财物为要件，因此，此项规定违背刑法关于共同犯罪的法律规定，应当予以废除。对此，笔者认为，这种观点对此项规定存有误解，情形2和情形4所称的"共同占有"，本质上是对"通谋"内容的进一步限定，并未超出受贿罪共犯构成的必要范围。同时，从司法证明角度来看，犯罪构成的任何要件均必须以客观存在的证据予以证明，而对于受贿罪"通谋"事实的证明来说，最低的证据标准应当是"通谋"的国家工作人员与非国家工作人员之间以明示的方式进行意思联络形成合意，并形成相互印证的供述。但是，由于口供的不稳定性等局限，使其在证据体系中的证明力处于较低位阶，因而证据标准事实上要求必须存在其他客观证据对口供的内容予以印证，从这个角度来看，即使要求受贿罪的"通谋"双方事实上应当"共同占有"财物才构成受贿罪共犯，也并无不妥。因为，理论上的界定如果不能以司法实践中的证据予以有效的证明和区分，那么这种界定就易于导致执法标准的混乱以及司法的不公，就是不科学的。《纪要》和《意见》对情形2和情形4的谦抑和审慎，也进一步彰显了对情形1和情形3规定的合理性。法律要有效规制社会，就必须深刻洞悉和准确反映社会的本质，人是社会化的个体，更是家庭化的个体，近亲属之间、情妇（夫）之间以及有共同利益关系人之间，其基于伦理、血缘、情感以及亲属法的法律保障而产生的利益关系是全面、稳定和牢固的，而对于除此之外的人际关系来说，无论是基于职权还是非职权原因，其在利益范围、重要性、稳定程度等方面较之于前者显然更为单一、易变和松散。正是对人类社会这一基本规律的洞悉和尊重，《纪要》和《意见》才得以区别身份的不同而对受贿罪共犯的构成条件作出不同规定。事实上，看似规定不同，实质上却内涵相同，因为从司法证明的角度来看，已为社会普遍接受的规律性事实不需要证据证明，理解了这一点，《纪要》和《意见》关于受贿罪共犯规定的内在一致性就显而易见。批评者的意见之所以偏颇，是因为其仅从抽象的理论和文字的差异来予以解读，而忽视了司法证明的现实需要以及对社会规律的尊重。

（三）斡旋受贿罪共犯的认定

对于国家工作人员与非国家工作人员是否可以构成斡旋受贿罪共犯的问题，笔者认为，斡旋受贿罪与受贿罪一样同属故意犯罪，只要双方就利用国家工作人员职权和地位形成的便利条件，收受或者索取他人财物，为他人谋取不正当利益形成共同的犯罪故意，就可以构成斡旋受贿罪共犯。问题在于，《纪要》和《意见》规定的受贿罪共犯认定的规则能否直接适用于斡旋受贿罪共犯的认定。笔者认为，司法解释应当有确定适用范围，在司法解释未明确规定斡旋受贿罪共犯认定适用《纪要》和《意见》相关规定的情形下，斡旋受贿罪共犯认定不能直接适用《纪要》和《意见》有关受贿罪共犯的相关规则。但是，由于斡旋受贿罪与受贿罪在犯罪本质上的同质性，因而使两罪在共犯认定的具体标准上也具有共通性。更为重要的是，尽管《纪要》和《意见》关于共犯认定的规定不包含斡旋受贿罪，但是，由于相关规定遵循了共同犯罪的基本原理，揭示了近亲属间、特定关系人间特殊的利益关系，使得在此情形下共同占有的事实很容易被司法有效证明并被社会广泛接受。因此，对于斡旋受贿罪共犯认定来说，即使在司法判决中不直接援引《纪要》和《意见》的相关规则，也不影响事实上以这些规则为判断标准。

（四）利用影响力受贿罪共犯的认定

利用影响力受贿罪的设立，本质上就是为了解决非国家工作人员与国家工作人员之间因共同犯罪故意不能得到有效证明而不构成受贿罪或者斡旋受贿罪共犯的情况下，如何规制相关人员利用非职权性影响力收受或者索取财物，通过其他国家工作人员的职务行为，为他人谋取不正当利益的行为。从立法的必要性及科学性来看，客观上要求利用影响力受贿罪与受贿罪、斡旋受贿罪之间形成补充关系，从而形成彼此界限分明又衔接顺畅的规制格局，而不应当出现相互冲突、重叠的问题，即利用影响力受贿罪的增设仅使原本不受刑法规制的行为纳入刑法打击的范围，而不影响原有个罪的犯罪认定。对此，理论上不仅不应当影响对个人单独实施犯罪的认定，也应当不影响对原有犯罪共犯的认定。对于利用影响力受贿罪共犯认定来说，其根本问题只有一个，即非国家工作人员与作出被请托的职务行为的国家工作人员之间是否可以成立利用影响力共犯。换句话说，也就是在不能认定非国家工作人员与国家工作人员构成受贿罪或斡旋受贿罪共犯的情形下，是否可以构成利用影响力受贿罪共犯。对此，笔者认为，两者之间可以构成利用影响力受贿罪共犯，但必须具备必要的限制条件，根本是两者之间形成共同犯罪故意。首先，形式上，提出请托事项的非国家工作人员必须以明示的方式与应其请托而作出职务行为的国家工作人员进行意思联络并达成一致。其次，内容上，必须使应其请托而作出职务行为的国家工作人员获知提出请托事项的非国家工作人员利用其职务行为为他人谋取不正当利益，并以此收受或索取财物。另外，应其请托而作出职务行为的国家工作人员不具有与提出请托事项的非国家工作人员共同占有财物的意图。简而言之，就是说受贿罪、斡旋受贿罪共犯的成立必须要求国家工作人员与非国家工作人员"通谋"且共同占有财物（除近亲属这一特殊情形外），而利用影响力受贿罪共犯的构成则要求二者"通谋"但不能共同占有财物。可见，通谋即以明示的方式进行意思联络并达成一致是必要条件，通谋的内容即是否存在共同占有财物的故意是二者认定的分野。在此需要强调的是，刑法意义上的事实，是主观与客观统一的事实，因此，共同占有既指主观意图，也指客观状态，若单纯强调主观，虽理论上无大瑕疵，但在司法实践中，将会因为无法证明而难以立足。若单纯强调客观，则将出现客观归罪的困境，也将使司法偏离公正。

但仍有一个问题需要说明，有观点认为，只要非国家工作人员与国家工作人员存在意思联络，即国家工作人员明知非国家工作人员收受或索取财物，国家工作人员仍然作出职务行为为他人谋取不正当利益，就应当构成受贿罪共犯，因为，国家工作人员不能成立为他人收受或索取财物提供帮助的主观故意，所谓"为他人收受或者索取财物提供帮助"本质上是国家工作人员对自身"权钱交易"所获取的财物的直接处分。[①] 对此观点，笔者不否定其合理

---

① 参见陈海鹰、黄金钟：《利用影响力受贿罪的理论困境及破解》，载《西南政法大学学报》2010年第6期。

性，但是，从受贿罪构成来看，这一观点仍然存在以偏概全的瑕疵。因为，对于受贿罪来说，其构成必须以国家工作人员收受或索取财物为要件，虽然收受或者索取的情形多种多样，但是，只有在具体的收受或者索取的形式可以合理地控制或支配所收受或者索取的财物的条件下，才具有刑法上的意义。也正是基于此，司法解释才将此种形式下受贿罪共犯的构成严格限定在近亲属之间。可见，不能将社会关系中不受时空限制、不分内容形式的泛化的利益交换关系等同于刑法意义上的共同利益关系，后者的范围显然小于前者。

在分析了利用受贿罪共犯构造的基本形式后，下面将分析两种复杂形式下利用影响力受贿罪共犯的认定。

第一种情形是国家工作人员与非国家工作人员各自利用自身的职权性影响力及非职权性影响力共同影响国家工作人员作出职务行为共犯的认定，对此，又可具体区分两种情况：一是二者之间以明示的方式进行意思联络且具有共同占有请托人财物的主观意图，此时，二者既符合斡旋受贿罪共犯条件，也符合利用影响力受贿罪共犯条件，但由于斡旋受贿罪为身份犯且量刑较重，因而，应认定二者构成斡旋受贿罪共犯。二是二者之间以明示的方式进行意思联络但不具有共同占有财物的主观意图，此时，如果占有财物意图的主体是国家工作人员，那么，二者之间构成斡旋受贿罪共犯，非国家工作人员事实上为国家工作人员斡旋受贿提供帮助；如果占有财物意图的主体是非国家工作人员，那么二者之间构成利用影响力受贿罪共犯，国家工作人员事实上为非国家工作人员利用影响力受贿提供帮助。

第二种情形是多人层层转托情形下利用影响力受贿罪共犯的认定。解决这一问题，首先，有必要分析行贿罪、介绍贿赂罪与受贿罪之间的关系。介绍贿赂罪是指向国家工作人员介绍贿赂且情节严重的行为，从罪状描述来看，构成介绍贿赂罪必须符合三方面条件：一是必须明知（本文中的明知是指当事方以明示的方式进行意思联络并就内容达成一致）是"贿赂"而仍然介绍；二是必须向国家工作人员介绍，此处应从实质意义上限定国家工作人员的范围，即其职权对于具体的请托事项，属于刑法规定"职务便利"或者"职务或地位形成的便利条件"的范围之内；三是必须排除代表国家工作人员向行贿人介绍的情形，究其原因，一方面在于法律条文的明确规定，另一方面则由于贿赂犯罪的本质特征。对于受贿罪共犯构成来说，必须要求国家工作人员与非国家工作人员之间通谋，虽然司法解释强调二者对财物的共同占有，但本质是强调必须证明国家工作人员对财物的占有，因为受贿罪作为身份犯，如果有身份者不构成犯罪，那么共犯就根本无从谈起。而如果二者之间虽有通谋，但不能证明非国家工作人员共同占有财物，那么依据共犯理论，仍然可以认定二者构成受贿罪共犯。基于此，可以说明对于代表国家工作人员向行贿人介绍的行为来说，不存在构成介绍贿赂罪的空间。

而对于明知是贿赂而仍向国家工作人员介绍的行为来说，依据共犯理论，事实上可以以行贿罪共犯追究介绍人的刑事责任。因为对于介绍贿赂人来说，其介绍行为的前提必须是明知贿赂的存在，必须以介绍人与行贿人之间以必要的意思联络为媒介且就帮助介绍贿赂达成一致，因此，认定构成行贿罪共犯不存在任何障碍，也就是说，即使刑法没有规定介绍贿赂罪，仍可以以行贿罪共犯有效规制介绍贿赂行为。但是，既然刑法设立了介绍贿赂罪，那么介绍贿赂行为就应当以该罪认定，该罪本质上是刑法对特定行贿共犯形式的特殊规定。但是，也有观点认为，介绍贿赂罪中的介绍人不存在与行贿人或受贿人的通谋，仅是为权钱交易提供居间服务，其既不代表行贿人也不代表受贿人。① 形式上该观点借鉴了《合同法》中有关居间合同的理论，但是，《合同法》本质上是为了规制合同双方的民事权利和义务，且居间人的独立地位，仅是从不直接承受合同权利和义务的角度来认定的，而从居间行为的本身来看，如果居间人没有与合同当事人一方或双方就内容和对象有必要充分的意思联络，其事实上不可能提供有效的居间服务，可见，居间人与合同当事人就合同内容进行必要的意思联络并就其提供媒介服务达成一致是居间行为进行的必要条件。对于介绍贿赂行为来说，基于同样的理由，介绍人的介绍行为事实上已经达到构成行贿罪共犯的条件，因此，将合同法有关居间合同的理论套用到刑法有关介绍贿赂罪的认定上，显然是错误的。在区分了行贿罪与介绍贿赂罪以及受贿罪的关系之后，结合利用影响力受贿罪的犯罪构成，我们可以清晰地厘清彼此之间的关系。以行贿罪为起点分析，如果介绍人明知是贿赂而仍向国家工作人员介绍的，则构成介绍贿赂罪；如果介绍人以此收受或索取行贿人的财物，则构成利用影响力受贿罪；如果收受或索取财物的介绍贿赂人与作出职务行为或利用职权性影响力影响其他国家工作人员作出职务行为的工作工作人员通谋并共同占有财物的，则二者构成受贿罪或斡旋受贿罪共犯；如果二者之间通谋但不共同占有财物的，则二者构成利用影响力受贿罪共犯。

其次，有必要明确层层转托情形下是否可以构成斡旋受贿罪共犯。刑法规定，斡旋受贿罪是指国家工作人员利用本人职权或地位形成的便利条件，通过

---

① 参见高铭暄、陈冉：《利用影响力受贿罪司法实例探讨》，载《刑法论丛》2011年第4卷。

其他国家工作人员的职务行为为他人谋取不正当利益，索取或收受他人财物的行为。从罪状描述看，所谓斡旋受贿罪中的受贿人的职权性影响力，是指其职权和地位能对作出职务行为的国家工作人员产生直接效用的影响力，也就是说，对于具有工作联系而彼此层层转托的行为，刑法意义上的职权性影响力仅存在于最终导致其他国家工作人员作出职务行为的国家工作人员的职权性影响力。对于具有工作联系的国家工作人员的层层转托行为，本质上并没有利用刑法意义上的职权性影响力，而是利用了基于工作关系而产生的一般性影响力，实质上仍然是非职权性影响力。此时，如果转托行贿人请托事项的具有国家工作人员身份但不具有刑法意义上职权性影响力的人与接受转托且具有职权性影响力的人通谋且共同占有财物，则二者构成斡旋受贿罪共犯；如果二者通谋但不共同占有财物，则二者构成利用影响力受贿罪共犯。但是，具有职权性影响力的两个以上的国家工作人员之间仍可构成斡旋受贿罪共犯，因为，在现实生活中，对作出职务行为的国家工作人员具有职权性影响力的人显然不是唯一的，如果行贿人同时向两个以上的具有职权性影响力的国家工作人员行贿，且受贿人之间彼此通谋利用各自的职权性影响力为行贿人谋取不正当利益，则构成斡旋受贿罪共犯。

在分析明确以上两个问题之后，现在可以就层层转托情形下利用影响力受贿罪共犯问题进行界定，对此，需把握好层层转托行为的起点，也即第一个构成利用影响力受贿罪的主体，在层层转托的情况下，认定了第一个，才存在其后受转托的主体是否构成共犯的问题，对此，如果接受转托的人明知转托人收受或索取他人财物为他人谋取不正当利益而仍然接受转托的，则构成利用影响力受贿罪共犯。在此需要说明的是，两次以上转托情形下共犯的认定，对于一次转托来说，转托人与接受转托的人之间必须进行必要的意思联络才能使转托完成，但是，对于接受转托的人再次向他人转托的情形，再转托人不必然向接受再转托的人就其接受转托的内容进行充分说明，因此，接受再转托的人未必知悉初次转托人的具体情况，也就是说形式上，初次转托的人与接受再转托的人不构成共同的犯罪故意，但是，由于再转托人的衔接作用，笔者认为，在此情形下，不影响对彼此之间共同犯罪故意的认定。此外，仍有必要探讨层层转托的情形下，虽然前一环节已构成利用影响力受贿罪，但是由于后一环节中转托人与接受转托的人之间因意思联络内容差异而产生的责任认定问题。在此情况下，如果转托人仅仅向接受转托的人概括地表达转托事项，也就是接受转托的人虽然知道转托人意图为他人谋取不正当利益，但不明知其意图行贿或以此收受或索取他人财物，那么，接受转托的人不构成犯罪；如果其明知转托的人意图行贿但不明知其以此收受或索取他人财物而仍然接受转托的，其构成介绍贿赂罪；如果接受转托的人明知转托的人以此收受或索取他人财物且仍然接受转托的，其与转托人构成利用影响力受贿罪共犯。

通过以上分析可以看出，在层层转托的情况下，无论转托的环节多么复杂（也许实践上并不存在如此复杂的转托形式），单就理论上讲，只要共同犯罪意图存在，转托的链条就可以无限延伸。至于此条件下某些转托行为是否需要予以追究刑事责任，并不是共犯理论要解决的问题，本质上是刑事政策选择的问题。① 同时，也可以看出，由于共犯的存在，在刑法设立利用影响力受贿罪后，不仅使非国家工作人员利用非职权性影响力收受或者索取财物的行为纳入刑法打击范围，也使国家工作人员在自身没有收受或索取他人财物，但明知非国家工作人员以其职务行为或职权性影响力索取或收受他人财物为他人谋取不正当利益的情况下，仍然作出职务行为或利用其职权性影响力的行为得以刑事规制，从而使打击贿赂犯罪的法网空间严密，有效地填补了之前存在的绝大部分刑法规制空白。

七、本罪对应行贿人的法律责任

刑法在设立利用影响力受贿罪之时，对该罪对应的行贿行为如何适用法律没有作出明确规定，导致对此产生了不同的观点，也成为司法实践中一个突出的现实问题。虽然，目前学界对此基本形成了统一的观点，即认为由于缺乏法律的明确规定，根据罪刑法定原则，不应当认定该行贿行为有罪。但是，相关论述却没有充分地揭示问题的复杂性，尤其没有很好地展现司法实践之中的困境，为了更好地说明这一问题，以下通过一个案例来予以分析：赵某、钱某为某私营工程公司老总，为了获取一项工程合同，赵某、钱某找到在某文化事业单位任职的孙某（系国家工作人员，但请托事项不在其职权范围内），请孙某帮助协调，并允诺事成之后给予孙某50万元的介绍费。接受请托的孙某找到私人业主李某，而李某的哥哥为主管该工程项目的政府机关工作人员。后赵某、钱某成功得到施工合同，50万元介绍费由孙某、李某均分。同时，现有证据不能证明李某的哥哥收取或者知悉李某、孙某收取赵某、钱某给予的介绍费。本案中，对孙某、李某、赵某及钱某的行为应如何适用法律？

对此形成两种不同的观点，第一种观点认为，可以依照利用影响力受贿人

---

① 参见高铭暄、陈冉：《利用影响力受贿罪司法实例探讨》，载《刑法论丛》2011年第4卷。

的身份确定罪名，当受贿人具有国家工作人员身份时，可以认定为行贿罪；当受贿人具有非国家工作人员身份时，可以认定为对非国家工作人员行贿罪；极个别情况，如果受贿人确属无业游民，则按罪刑法定原则，只能按无罪论处。其理由主要有两点：其一，行贿行为与受贿行为是对向行为，但行贿罪和受贿罪并不必然对向。从利益来看，行贿罪的构成要件之一是"谋取不正当利益"，受贿罪的构成要件之一是"为他人谋取利益"，斡旋受贿的构成要件之一是"为请托人谋取不正当利益"，这意味着，如果行贿人为谋取正当利益而行贿，不构成行贿罪；受贿人即使是为他人谋取正当利益而受贿，也构成受贿罪。从权利来看，行贿罪的成立并不以受贿人利用职务上的便利为必要条件。也就是说，受贿人以何种方式为行贿人谋取不正当利益，是否利用了职务便利，在行贿罪的构成中是没有要求的。只要行贿人希望通过行贿而获得不正当利益，就足以认定为行贿罪。虽然受贿人具有"职务上的便利"或"职权或者地位形成的便利条件"，是行贿人向其行贿的隐含前提，但既然刑法条文并未将此隐含前提明示为构成要件，所以在司法实践中也不应该任意添加。① 其二，现职国家工作人员不能构成利用影响力受贿罪。从条文内容来看，法条将"离职的国家工作人员"与国家工作人员的近亲属等四类人并列，逻辑关系上这四类人应和"离职的国家工作人员"一样，不具备现职国家工作人员身份，如果这四类人也可以是现职国家工作人员，则其和"离职的国家工作人员"就不属并列关系。从刑法的内部结构来看，不具备现职国家工作人员身份的人利用影响力受贿，其罪名是"利用影响力受贿罪"；具备现职国家工作人员身份的人利用影响力受贿，其罪名则是"受贿罪（斡旋受贿）"。唯其如此，"受贿罪（斡旋受贿）"与"利用影响力受贿罪"这两个罪名的界限才是清晰的，否则，就会造成逻辑上的混乱。如果某现职的国家工作人员利用与其他国家工作人员的特殊关系（近亲属、情人、同学、战友等）、通过该其他国家工作人员职务上的行为为请托人谋利而受贿，则属《刑法》第388条规定的"斡旋受贿"，应以受贿罪论处。② 因此，本案中，由于孙某系国家工作人员，其构成受贿罪。同时，由于孙某与非国家工作人员李某共谋，李某因而与孙某构成受贿罪共犯。赵某、钱某则构成行贿罪。

---

① 参见黄立：《对赵某、钱某行贿行为的两点看法》，载《广东检察研究（内刊）》2012年第3期。

② 参见徐松林：《"利用影响力受贿罪"的两个问题》，载《广东检察研究（内刊）》2012年第3期。

　　第二种观点，也是笔者赞同的观点，认为赵某和钱某的行为不构成犯罪。其理由在于：其一，构成行贿罪的主观方面必须以"利用该国家工作人员职务上的便利"为要件，否则，即使给予某个国家工作人员以贿赂，但主观上并没有利用该国家工作人员职务以谋取不正当利益的想法，就构不成行贿罪。其二，构成对非国家工作人员行贿罪在主观上也必须具备利用非国家工作人员的工作便利的故意，否则，不构成该罪。其三，刑法作为广义的犯罪对策之一，把一部分对合行为双方规定为犯罪，但并没有把所有的对合行为双方均纳入犯罪之列。我国刑法中，行贿罪、单位行贿罪与受贿罪之间，对单位行贿罪与单位受贿罪之间属于对合犯。介绍贿赂罪属于中间行为，不成立对合犯。根据以上立法模式可见，贿赂行为中对合行为双方或者一方是不是犯罪，法律均有明确而细致的规定。当法律没有规定利用影响力受贿罪的对合行为为犯罪行为时，根据罪刑法定原则的要求，不成立行贿罪。① 因此，本案中，孙某虽为国家工作人员，但赵某、钱某给付财物时主观上并没有利用孙某职务便利的意图，因此，不能构成行贿罪，同理，也不能构成对非国家工作人员行贿罪。由于刑法没有对利用影响力受贿罪的对合行为入罪，因此赵某、钱某不构成犯罪。

　　分析以上两种观点，可以看出，导致认知差异的关键点在于如何理解贿赂犯罪的本质以及如何区分权力与身份之间的关系。对于第一个问题来说，第一种观点对行贿罪单纯从字面上予以解释，以行贿罪及受贿罪的构成并非完全对合为理由来否认行贿罪权钱交易的本质，表面上看有其合理性，但若从行贿罪犯罪客体是国家工作人员职务行为的廉洁性来看，不具有权钱交易意图的给予国家工作人员财物的行为显然不可能对该法益构成侵害。另外，虽然行贿罪与受贿罪在刑法上并非完全对合，但也仅仅是在个别具体的行为方式上如此，并非在犯罪本质上如此，刑法之所以如此规定，主要是考虑到行贿行为与受贿行为在社会危害方面存在显著差异，没有必要对对合的两个行为都予以入罪，因此，不能以此来否认行贿罪、受贿罪权钱交易的本质。第二种观点，以权钱交易作为理解行贿罪、受贿罪构成的标准，显然是正确的。

　　对于第二个问题，第一种观点的偏颇在于两点：其一，同样单从字面上理解条文的内涵及逻辑关系，从而得出国家工作人员不能构成利用影响力受贿罪的结论。其二，将身份与职权混同，唯身份论。此两处偏颇，笔者已在前文论

---

① 参见聂立泽：《向有影响力者行贿且数额特别巨大的情形如何定性》，载《广东检察研究（内刊）》2012 年第 3 期。

及，此处不再赘述。第二种观点则看到了职权的时空有限性，正确把握了身份与职权的差异，即身份的拥有不能代替具体职权的承担，即使具有国家工作人员身份，收受他人财物，但只要未利用职务便利，就不应当认定为受贿罪。

通过以上分析可以得出结论，目前，对利用影响力受贿罪对应的行贿行为不应当认定构成行贿罪，有必要增设"对有影响力者行贿罪"对此予以规制。① 同时，也可以看出，对于贿赂犯罪的法律适用来说，如果离开了对权钱交易本质的把握以及对身份与职权的区分，将会在理论及实践中产生极大的混乱。

八、本罪法定定罪量刑情节的确定

与受贿罪及斡旋受贿罪相同，利用影响力也将其他较重情节、其他严重情节、其他特别严重情节作为影响定罪量刑的因素。由于司法解释尚未明确以上情节的具体标准，因而导致对是否可以适用司法解释对受贿罪有关情节的规定产生不同意见。一种观点认为，由于利用影响力受贿罪的法定刑低于受贿罪，因而应当采用更为严格的情节标准。另一种观点认为，违法性减轻的理由并不能得出提高数额认定标准的必然结论，立法对利用影响力受贿罪已经规定了较受贿罪为轻的量刑幅度，因此，可以适用受贿罪的情节标准。② 对此，笔者认为，鉴于利用影响力受贿罪与受贿罪本身的重大差异，有必要及时出台司法解释予以明确，避免不必要的争议。但是，在司法解释出台前，参照现有受贿罪有关情节的规定也无不妥，即根据最高人民检察院 2000 年 9 月 16 日公布施行的《关于人民检察院直接受理立案侦查案件立案标准的规定（试行）》的规定，个人受贿数额不满 5000 元，但因受贿行为而使国家或者社会利益遭受重大损失的，或故意刁难、要挟有关单位、个人，造成恶劣影响的，或强行索取财物的，应当认为具有其他较重情节，构成利用影响力受贿罪。

---

① 参见孙国祥：《利用影响力受贿罪比较研究》，载《政治与法律》2010 年第 12 期。

② 参见方海明、蒋奇：《利用影响力受贿罪的法律适用问题研究》，载《中国检察官》2011 年第 4 期。

检察机关处置突发群体性犯罪
法律应对工作机制研究

赵 慧 *

当前，我国正处于社会转型、经济转轨和体制转变的特殊历史时期，原有的利益格局被打破，新的利益均衡机制尚不健全，在政治、经济、文化和社会生活等领域发生深刻变化的同时，社会结构、价值观念、新旧规范以及生活方式等方面发生了巨变，各种利益群体之间的冲突日益凸显和激化，极大地妨碍了社会主义和谐社会的构建。特别是随着信息技术的发展，互联网与群体性事件呈现出交织放大的趋势，大大增加了群体性事件的防范阻力和处置难度。检察机关作为法律监督机关，积极参与预防和处置群体性事件相关案件，对于有效化解社会矛盾。维护社会公平正义具有十分重要的现实意义。

一、群体性事件的基本特征

新中国成立以来，受政治、经济和社会因素的影响，人们在各个时期对群体性事件的称呼不尽相同。20 世纪 50 年代至 70 年代末，称为"群众闹事"、"聚众闹事"；80 年代称为"治安事件"、"群众性治安事件"；90 年代称为"突发事件"、"治安紧急事件"、"突发性治安事件"、"紧急治安事件"；21 世纪初称为"群体性治安事件"、"群体性事件"。① 2004 年 11 月 8 日，中共中央办公厅、国务院办公厅在《关于积极预防和妥善处理群体性事件的工作意见》中，明确使用"群体性事件"。2005 年 7 月 7 日，我国首次向世界媒体公开使用了"群体性事件"的称谓。由此可以看出，"群体性事件"概念的形成，是政府执法观念和执法方式转变的产物，集中反映了我国政府对于此类事件认识的深化以及处置态度、方式的转变。

---

* 湖北省人民检察院刑事审判监督处副处长，全国检察理论研究人才。

① 参见王战军：《群体性事件的界定及多维分析》，载《政法学刊》2006 年第 5 期。

群体性事件具有以下几个特征：

（一）利益性

利益性是群体性事件的一个基本特征。在群体性事件中，参与者最关心的往往是一些与他们切身利益息息相关的具体利益问题。在各地发生的群体性事件中，大量的是由于拖欠工资、非法集资、土地征用、企业改制、城市拆迁中的补偿问题等物质利益所引发的。从群体性事件的参与者看，利益受到损失的人群是群体性事件的主要参与力量。由于群体性事件涉及社会大众的切身利益，共同的利益目标把他们维系在一起，又极易吸纳相同利益者，使群体逐步扩大，事态不断蔓延，从而导致群体性事件。

（二）群体性

众多群众聚集参与，是群体性事件的一个主要特征。在我国体制转型时期，社会关系和社会结构出现了重大变化，形成了许多具有共同利益的社会阶层等利益群体。由于不同利益群体在社会结构中所处的位置不同，拥有的权力资源、经济资源和知识资源不同，导致不同群体之间的利益要求出现明显分歧，利益摩擦增多。一旦遇到某种诱发因素，很容易引起群体性事件。正是由于相近的血缘、地缘和业缘，共同的利益和情感往往将相关群体聚集起来，使群体性事件的群体性表现得十分明显。①

（三）突发性

突然爆发是群体性事件的重要特征。这种突发性表现在对于事件是否发生，在什么时间、什么地点、以什么样的方式发生，以及危害后果如何等情况，人们都难以准确地预见和把握。值得注意的是，尽管群体性事件具有突发性，但群体性事件的爆发一般有深刻的社会背景，往往是一种或某几种矛盾长期积累、相互作用的结果，当积累的矛盾未能得到有效解决，一旦有外界因素刺激，便突然爆发出来。因此，从群体性事件的形成机制看，群体性事件并非完全是偶然的突发现象，有其内在必然性。

（四）对抗性

从总体上看，各地发生的群体性事件都是由非对抗性的人民内部矛盾引起

---

① 参见任红杰：《社会稳定问题前沿探索》，中国人民公安大学出版社 2005 年版，第260—261 页。

的。但是，由于人民内部矛盾对抗性因素在增多，相应地，群体性事件的对抗性因素也在增多。这种对抗性主要表现为：一是热对抗，如围攻党政机关、与维持现场的公安干警对峙、阻碍交通、打砸抢烧等；二是冷对抗，如游行、罢工、罢课、罢市、绝食静坐、散步、拒绝搬迁等。冷对抗一般采取平和、非暴力的方式，热对抗相比具有更大的暴力性和破坏性。

（五）变异性

有些群体性事件在发生之初，并非是大规模的群体行为，也不带有任何政治色彩，但在发生过程中常常受许多难以预料的外界因素的影响，各种消极因素相互作用，许多无直接利益者参与其中，参与者改变原先的设想和方式，转换攻击目标，在参与人数、对抗性、影响范围、组织化程度等方面会发生变化，甚至其性质也会发生改变，发展成为对抗性的敌我矛盾。因此，随着事态不断发展，性质不断恶化升级，群体性事件可能由一般违法行为演变为犯罪行为，由非政治问题转化为政治问题，由非对抗性矛盾转化为对抗性矛盾，如果遇到境内外敌对势力插手，还可能演变成带有国际性的问题。

二、检察机关办理群体性事件相关案件应当把握的原则

检察机关在处置群体性事件相关案件中，应当把握处置群体性事件相关案件的基本原则，千方百计提升处理群体性事件相关案件的水平，及时有效化解社会矛盾，保障案件依法公正处理。

（一）党委统一领导原则

群体性事件的治理工作是一项系统工程，必须在党委统一领导下采取综合措施予以解决。检察机关办理群体性事件相关案件，应当在党委、政法委统一领导部署下开展工作，重要工作部署、重大法律决定都应当向党委、政法委报告，争取领导的支持。要从大局出发办理群体性事件相关案件，坚持党的利益至上、人民利益至上、宪法法律至上，最大限度地增加和谐因素，最大限度地减少不和谐因素，为构建社会主义和谐社会提供有力的司法保障。

（二）严格依法原则

国家的法律、法规和政策是检察机关处置群体性事件的基本依据。在处置群体性事件相关案件中，检察机关应当坚持依法办事与政策指导的有机统一，一方面要通过宣传教育人民群众懂法守法，理性合法表达诉求；另一方面自身

也要严格依照有关法律、法规和政策办事，绝不容许执法犯法，更不能在案件办理过程中侵犯人民群众甚至犯罪嫌疑人、被告人的合法权益。特别是对群体性事件中涉嫌犯罪人的处理，检察机关应当严格依照刑法、刑事诉讼法的规定进行，坚持罪刑法定、罪行相适应、法律面前人人平等原则，认真落实保障犯罪嫌疑人、被告人权利的法律规定，做到惩治犯罪与保障人权于法有据。

（三）宽严相济原则

群体性事件涉及的人数多、范围广，检察机关在处置群体性事件相关案件中，必须坚持"孤立、打击极少数，团结、教育、争取大多数"的方针，依法严厉打击事件的策划者、组织者、骨干分子以及打砸抢烧严重暴力犯罪分子，对被煽动、被蒙蔽的一般参与人员要注意区别对待，能从宽处理的尽量从宽处理。同时，对严重犯罪中的从宽情节和轻微犯罪中的从严情节要依法予以宽严体现，对犯罪的实体处理和适用诉讼程序都要体现宽严相济的精神。

（四）注重效果原则

群体性事件往往隐藏着复杂的社会矛盾，是多种因素相互交叉的结果。因此，检察机关在办理群体性事件相关案件时，不能就案件本身来处理，应当尊重民族、宗教习惯，在法律范围内充分考虑媒体、社会舆情、国外反映等因素的影响，从有利于维护国家统一、民族团结和社会稳定，有利于维护社会主义法制，有利于维护人民群众根本利益出发，确保办案取得实效。具体而言，就是要在案件办理过程中做到惩治犯罪与保障人权的有机统一，法律效果与社会效果的有机统一，保护犯罪嫌疑人、被告人的合法权利与保护被害人的合法权益的有机统一，特殊预防与一般预防的有机统一，执法办案与化解矛盾的有机统一，以有利于维护稳定、化解矛盾、减少对抗、促进和谐。

三、检察机关办理群体性事件相关案件的基本方法

（一）分析研判案情

群体性事件相关案件发生后，检察机关应当及时组织专人认真剖析事件背后隐藏的社会矛盾，充分把握事件的性质、形势以及可能引发的社会问题，冷静判断形势，以便采取有效措施开展处置工作。一是认真分析群体性事件的形成原因。群体性事件发生的原因很多，既有政治原因、经济原因、社会原因，也有民族原因、宗教原因和其他因素的影响。在群体性事件中，参与者的利益

要求大多是合理的，少数别有用心的人煽动利用、黑恶势力插手参与以及地方政府处置不当等导致事态扩大是群体性事件发生的重要因素。二是认真分析群体性事件的矛盾性质。当前，群体性事件多数都是人民内部矛盾，但也不排除存在一部分敌我性质的矛盾。在人民内部矛盾中，一般都是多数人的合理要求与少数人的无理要求相交织，多数人的过激行为与少数人的违法犯罪行为相交织，直接利益者与无直接利益者的违法犯罪行为相交织。在敌我矛盾中，其矛盾性质也多种多样，如恐怖主义、极端宗教势力、极端民族分裂分子等组织策划的群体性事件等。三是认真评估群体性事件的风险。检察机关要建立群体性事件的风险评估机制，及时收集群体性事件的动态和舆情，客观理性分析群体性事件存在的风险和可能引发的社会问题，为科学决策提供有力依据。四是认真研究处置措施和办法。对于一般违反治安管理法规的行为，应积极协助党委政府进行矛盾化解工作；对于涉及犯罪的，应当依法予以打击，并在办案中做好矛盾化解工作。

（二）成立应急处理机构

群体性事件相关案件发生后，检察机关要及时成立应急处理机构，启动相关的应急预案，组织相关机构和人员开展处置工作，明确各机构、人员的工作职责分工及相应的配套制度保障，形成统一、高效、权威的组织管理体系。一是检察长靠前指挥。在办理群体性事件相关案件中，检察长要牢牢把握案件办理工作的方向，对案件第一手情况要全面、及时掌握，对重大工作安排要亲自部署，靠前指挥，果断决策。二是领导小组成员一般应当包括侦查监督、公诉、反渎职侵权、反贪污贿赂、预防、宣传、后勤等部门的分管检察长和内设机构负责人。该组织成员按照分工分别从事相应的工作，有的负责维稳部署，有的负责研究案件的法律适用，有的负责对案件的审查起诉和出庭公诉，有的负责查处案件中暴露出来的职务犯罪，有的负责办理群众申诉，有的负责应对媒体等，共同做好群体性事件相关案件办理工作。三是该应急处理机构既要协调好上下级检察机关关于群体性事件相关案件的处置工作，也要对外协调好与当地党委、政府以及其他相关机构、部门的工作。

（三）提前介入引导侦查

群体性事件相关案件发生后，检察机关侦查监督、公诉部门要提前介入，及时掌握案件第一手信息，为制定各项措施和预案提供客观依据。一是要通过查阅案件材料、参与侦查机关组织的案件讨论，就群体性事件的性质迅速作出判断，涉嫌犯罪的，应在明确案件性质的基础上，就下一步的侦查方向与侦查重点提出指导意见，引导侦查机关全面、客观地收集和固定证据，尤其是要注意运用录音、录像等各种有效手段，及时掌握大量的可靠证据，为以后依法处理有关责任人员提供必要的证据支撑。二是要引导侦查机关全面、客观地收集证据材料，既要收集在群体性事件相关案件中起组织、策划、指挥作用的犯罪分子的犯罪事实材料，也要收集群体性案件中积极参与者或者一般参与者的犯罪事实材料。对于案件涉及多人多事的，可以围绕重点犯罪分子的主要犯罪事实进行证据收集工作。三是要根据案件事实以及犯罪嫌疑人的人身危险性情况，依法适用强制措施。对于恐怖主义犯罪、严重危害国家安全犯罪、黑社会性质的有组织犯罪以及其他严重犯罪，不采取逮捕强制措施不足以防止发生社会危险性的，在案件事实基本清楚的情况下，应当及时对犯罪嫌疑人采取逮捕强制措施。对于采取逮捕强制措施可能激化民族矛盾、宗教矛盾、干群关系以及激化社会矛盾的，应当慎用逮捕强制措施，或者依法变更取保候审等其他强制措施。

（四）做好审查起诉工作

在审查起诉工作中，检察机关要坚持理性、平和、文明、规范的执法理念，客观分析案件事实和法律适用，严把事实关、证据关、程序关和适用法律关，加快办案进度，选择起诉时机，确保案件定性准确、程序合法、处理适当，经得起法律和历史的检验。一是正确把握起诉原则。对于群体性事件相关案件，由于涉及人数多，每个人在事件中所处的地位和作用不同，因此，检察机关应当坚持惩治少数，争取、团结、教育大多数的原则，对极少数插手群体性事件，策划、组织、指挥闹事的严重犯罪分子以及进行打砸抢烧等犯罪活动的首要分子或者骨干分子，要依法严厉打击；对一般参与者，要慎重提起公诉，符合不起诉条件的，可以依法适用不起诉，并可以根据案件的不同情况，对被不起诉人予以训诫或者责令具结悔过、赔礼道歉、赔偿损失。确需提起公诉的，可以依法向人民法院提出从宽处理的意见。二是准确把握起诉罪名。群体性事件相关案件中，参与人的行为比较复杂，有的实施妨害社会管理秩序的犯罪，如聚众闹事、寻衅滋事、妨害公务、组织、领导、参加黑社会性质组织犯罪等；有的乘机实施故意杀人、伤害、强奸、抢劫、故意毁坏财物等侵犯公民人身权利、民主权利和他人财物所有权的犯罪；有的实施放火、爆炸等妨害公共安全的行为，等等。在处理群体性事件相关案件时，应当分清每一个人在事件中的行为，依法予以处理。特别值得注意的是，对于刑法明文规定仅处罚首要分子或者首要分子和积极参加者的，不能根据共同犯罪理论对其他参与者予以处理。三是准确把握起诉的证据标准。群体性事件规模大，人群集合具有即合性，加之发生比较突然，参与人的行为复杂多变，在司法机关介入案件查处时，有的目击证人出于各种原因不愿意出具证言，有的证人或者参与者无法找到等，由此决定了司法机关收集和固定证据工作比较艰难。因此，检察机关在办理群体性事件相关案件时，不能以普通刑事案件的证据标准来要求办理群体性事件相关案件，应当坚持"两个基本"原则，对于犯罪嫌疑人的基本犯罪事实清楚，基本证据充分的，就可以依法提起公诉。四是合理选择起诉时机。在办理群体性事件相关案件中，检察机关应当在保障办案质量的前提下加快办案进度，选择合适时间提起公诉，防止案件炒作。五是切实保障被害人、被告人的合法权益。在办理群体性事件相关案件中，检察机关既要保护被害人的正当权益，也要保障被告人的合法权益。特别是案件处理中要建立听取被害人及其代理人、被告人及其辩护人意见的制度，尊重他们的诉讼权利，坚持客观义务立场，保障案件依法公平处理。

（五）做好出庭支持公诉工作

案件提起公诉后，检察机关应当做好出庭准备工作，保障出庭公诉任务的顺利完成。一是精心制作讯问提纲。要针对被告人的不同情况准备讯问提纲。特别是考虑到群体性事件相关案件中的被告人多为普通群众，检察人员在讯问语言方面应大众化，做到通俗易懂。二是精心安排举证顺序。要针对不同案件实行不同的举证顺序。为了便于审判员和旁听人员快捷了解案件情况，强化庭审效果，可以将举证质证材料制作成多媒体示证系统。三是精心制作公诉意见书。公诉意见书应注重对证据的分析论证，注意把握好指控犯罪与总结经验教训的关系。四是精心准备答辩提纲。要在充分掌握案件材料的基础上，科学预测庭审中可能出现的焦点问题，准备充分的答辩意见。在庭审答辩时，应当先对被告人及其辩护人的观点进行归纳总结，再有针对性地进行答辩。

（六）做好应对媒体工作

检察机关在办理群体性事件相关案件中，要切实增强政治意识、大局意识和责任意识，加强与宣传部门的协调，做好应对有关媒体炒作的充分准备，充分引导、分流社会舆论。一是要严格遵守宣传报道纪律，有关案件宣传工作预案的制定、组织和实施，都要经合法程序审批后才能组织实施。未经批准，检察机关工作人员不得擅自接受采访，不得以个人名义刊发披露案情的新闻稿件，不得擅自为媒体提供采访报道素材或在互联网上披露相关信息。二是对于涉及国家安全和国家秘密以及容易引起敌对势力和西方反华势力关注和炒作的有关情况和事实，不得擅自向媒体披露。某些工作做法，未经批准不得擅自泄露。三是要密切跟踪互联网等新兴媒体关于案件办理情况的舆情动态，加强对新闻宣传主管部门的沟通联系，对可能引发或已引起境内外媒体高度关注的舆情信息，安排专人进行分析研判，核查事实真相，认真评估影响，提出应对措施，加强舆论引导。四是文明接待和依法答复媒体采访，必要时可以组织专家进行解法释法活动。

（七）高度重视维稳工作

检察机关在办理群体性案件中要安排专人从事维稳工作，制定维稳工作预案，采取各种有效措施化解社会矛盾，预防和处置群体性案件。一是检察机关要主动参与党委统一部署的维稳工作，做好涉检上访工作，切实加强机关安保工作，确保检察环节不出现任何问题。二是检察机关要加强与公安机关、国家安全机关的协调，切实做好教育、稳控工作，强化社会面控制，确保社会稳定。三是检察机关要加强与法院的沟通联系，共同制定庭审预案和突发情况处置方案，确保案件审理工作顺利进行。四是检察机关在案件办理过程中不要就案办案，要做好矛盾化解工作，引导人民群众理性、合法表达诉求，认真做好对死伤者家属的抚恤工作，积极保障被害人家属合法民事权益的实现。被告人家属存在生活困难的，也要依法妥善处理。

（八）积极运用检察工作一体化机制

检察机关要充分运用检察工作一体化机制的优势，增强处置群体性案件的整体合力。一是上下级检察机关在办理涉检群体性案件中要建立畅通的信息沟通机制，坚持群体性案件请示报告制度，及时将案件处置有关情况报告上级院，上级院要主动、及时指导督办，必要时派员参与案件办理工作，避免逐级请示汇报贻误战机。二是上级院在必要时可以抽调本地区部分优秀办案人员组成群体性事件相关案件工作组，专门办理下级院管辖的群体性事件相关案件，切实保证案件办理质量。三是检察机关内设机构、部门之间可以在办理群体性事件相关案件中加强沟通协调，建立相应衔接机制，如捕诉衔接机制、诉讼监督衔接机制等，保证群体性事件相关案件快捕、快诉、快结。

（九）加强公、检、法、司之间的协调制约

在办理群体性事件相关案件中，公安机关、检察机关、人民法院之间要加强协调配合，认真研究案件办理过程中存在的问题，确保案件定性准确、程序合法、处理适当。同时也要加强制约，切实保障被告人的合法诉讼权利，保障刑事诉讼活动的顺利进行。在案件办理过程中，检察机关应当加强与司法行政机关的协调沟通，充分保障律师的正当执业权利，保障案件的公正处理。

（十）强化检察机关的法律监督

检察机关要加强对群体性事件相关案件办理过程中的法律监督，切实维护国家法律的统一、尊严和权威，保障社会公平正义。要加强对刑事诉讼活动的法律监督，对侦查机关通过非法手段获取的犯罪嫌疑人供述、证人证言，要依法予以排除；对不应当作为犯罪处理的案件，应当依法予以纠正；对于侦查机关、审判机关在案件办理过程中存在的程序违法行为，要采取有效措施予以解决。特别是在办理群体性事件相关案件中发现涉嫌贪污贿赂、渎职侵权犯罪的，检察机关应当依法查处。

关于办理危害食品安全犯罪案件
具体应用法律问题研究[*]

重庆市人民检察院、
重庆市人民检察院第二分院课题组

"国以民为本,民以食为天,食以安为先。"食品是人类赖以生存和发展的前提和基础,食品安全关系到人们的生命健康,关系到市场秩序的健康发展,关系到社会秩序的稳定。近年来,食品安全问题已经成为全社会最为关心的民生问题。从苏丹红调料、瘦肉精猪肉、三聚氰胺奶粉到染色馒头、有毒大米、地沟油,频发的食品安全事件不仅给人民群众的身体健康和生命安全带来巨大危害,给国家和社会造成巨大经济损失,而且在国内和国际上都产生了极其恶劣的影响。

食品安全违法犯罪现象的频发,固然有生产、销售者的谋利企图,但也反映了我国目前食品监管不力、法律规制缺失。刑法作为各部门法的最后一道屏障,理应发挥惩治危害食品安全犯罪的"定海神针"作用。然而,由于食品安全犯罪立法准备不足,刑法执行不力,程序追究困难,导致办理食品安全犯罪案件效果不佳。本文结合全国检察机关近年来办理食品安全犯罪案件的情况,从司法实务角度对办理食品安全犯罪案件的法律问题进行初步探索。

一、我国食品安全犯罪现状及其社会根源分析

(一) 我国食品安全犯罪的现状

从司法实践情况看,当前食品安全形势仍然十分严峻,危害食品安全犯罪主要呈现出以下几方面的特点:

---

* 课题负责人:陈祖德,重庆市人民检察院第二分院检察长,重庆市人民检察院党组成员。课题组成员:盛宏文、张一薇、张红良、李林。

1. 犯罪数量大幅攀升

当前有毒有害食品种类多、数量大、范围广，几乎遍及人们饮食的全部角落，食品安全事故层出不穷。据最高人民法院统计，2010 年至 2012 年，全国法院共审结生产、销售不符合安全（卫生）标准的食品刑事案件和生产、销售有毒、有害食品刑事案件 1533 件；生效判决人数 2088 人。其中，审结生产、销售不符合安全（卫生）标准的食品案件各年间分别为 39 件、55 件、220 件；生效判决人数分别为 52 人、101 人、446 人。审结生产、销售有毒、有害食品案件各年间分别为 80 件、278 件、861 件；生效判决人数分别为 110 人、320 人、1059 人。此外，还对大量危害食品安全刑事犯罪行为分别以生产、销售伪劣产品罪、非法经营罪等其他罪名进行了审判。总体来看，人民法院审理危害食品安全犯罪案件的数量呈逐年上升的趋势。2011年、2012 年审结生产、销售不符合安全（卫生）标准的食品刑事案件和生产、销售有毒、有害食品刑事案件同比增长分别为 179.83%、224.62%；生效判决人数同比增长分别为 159.88%、257.48%。[①] 就重庆市来看，据笔者统计，2008 年至 2010 年，检察机关共起诉生产、销售不符合安全（卫生）标准的食品案件 4 件 8 人，生产、销售有毒、有害食品案件 2 件 3 人。但 2011 年至 2013 年 10 月，这两类案件分别上升至 46 件 83 人、17 件 35人，是前三年的 10 倍。一起起触目惊心的食品安全案件不仅在国内外引起轩然大波，而且不断动摇着人们对于食品安全的信心。2010 年 6 月，相关机构对全国 12 个城市开展公众安全感调查。在社会治安等 11 项安全问题调查问卷中，食品安全以 72% 的比例成为被调查对象"最担心"的安全问题。[②] 另据《2010—2011 年消费者食品安全信心报告》显示，近七成的受访者对食品安全状况"没有安全感"。[③]

---

① 该部分数据及附图一、二引用于 2013 年 5 月 3 日最高人民法院召开的《关于办理危害食品安全刑事案件适用法律若干问题的解释》新闻发布稿。

② 参见杜萌：《严惩危害食品安全犯罪亟须修订刑法》，载《法制日报》2010 年 9月 21 日第 3 版。

③ 参见李少平等：《危害食品安全犯罪刑法之规制研究》，载朱孝清等主编：《社会管理创新与刑法变革》（下卷），中国人民公安大学出版社 2011 年，第 1347 页。

附图一 2010年至2012年人民法院审结一审生产、销售不符合安全（卫生）标准的食品刑事案件和生产、销售有毒、有害食品刑事案件情况

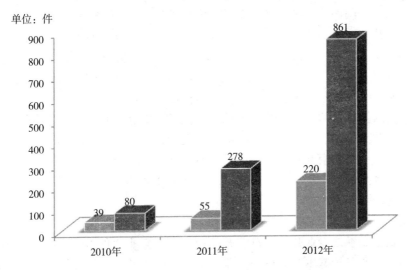

单位：件

附图二 2012年人民法院审结一审生产、销售不符合安全（卫生）标准的食品刑事案件和生产、销售有毒、有害食品刑事案件同比增长情况

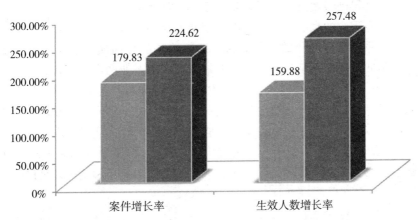

2. 犯罪危害严重，影响恶劣

危害食品安全犯罪涉及的主要罪名被置于刑法分则第三章"破坏社会主义市场经济秩序罪"中，但此类犯罪实际上侵害了多个法益，既侵犯了不特定多数人的身体健康、生命安全以及重大公私财产安全，又侵犯了国家的食品

安全监管秩序。特别严重的是，犯罪分子的"黑手"不仅指向了普通的消费者，而且指向了婴幼儿童——我们祖国的花朵。"过去的问题是什么食品是安全的，现在的问题成了还有什么食品是安全的"。泛滥的食品安全事件不仅伤害甚至毁掉整个食品行业，而且严重损害了广大人民群众的身体健康、生命安全。如 2004 年发生在安徽阜阳的"大头娃娃"劣质奶粉案，造成轻、中度营养不良的婴儿 189 人，重度营养不良患儿 28 人，因营养不良而死亡婴儿 12 人；2008 年爆发的"三鹿奶粉事件"，因食用三聚氰胺婴幼儿奶粉而接受门诊治疗咨询的婴幼儿累计 52857 人，死亡 4 人。① 随后，国家质检总局公布，包括伊利、蒙牛、光明、圣元及雅士利在内的 22 个厂家 69 批次产品中都检出三聚氰胺。该事件引起各国高度关注，亦重创中国乳制品信誉，多个国家禁止了中国乳制品进口。重庆发生的用潲水油炼牛油事件，也曾经让风行全国的重庆火锅业暗然失色。

3. 犯罪技术方式多样，运作手段更趋隐蔽

一是犯罪手段专业化。从已公开的食品安全犯罪案件看②，非食用物质生产源头的犯罪分子基本具有医药、化工专业知识背景，甚至有科研人员作为技术支撑，技术手段十分专业。如河南"瘦肉精"案件主犯刘某就有化工制药专业背景；湖北"4·25 瘦肉精"案件中，"瘦肉精"配方由安徽高校的一名教授研制；湖南"7·11 瘦肉精"案件中，"瘦肉精"配方来自驻四川某科研机构。一些公司已经发展到了采取技术手段，从有毒有害的物质中提取出一些能够规避质检手段的食品来。二是在呈现专业化的同时，大量的食品安全犯罪又呈现出犯罪门槛低端化的趋势。由于缺乏严格的食品质量安全市场准入机制，个别领域市场准入门槛较低，一些缺乏资质的企业和小作坊很容易进入食品生产行业。这些"黑作坊"、"黑窝点"无一不是规模较小、设备简单、条件简陋、环境恶劣，生产过程中质量把关不严甚至完全没有进行食品安全指标方面的质量控制，完全脱离食品安全监管，其生产的食品质量和安全没有任何保障。③ 三是犯罪行为隐蔽化。从已查明的非食用物质和禁用物质生产源头看，其生产线、黑窝点很多是隐藏于已取得相关注册登记和生产许可的化工厂

---

① 参见刘仁文：《中国食品安全的刑法规制》，载《吉林大学社会科学学报》2012 年第 4 期。

② 参见《国务院食品安全委通报打击食品安全犯罪形势》，载 http：//news. enorth. com. cn/system/2011/09/27/ 007868534. shtml。

③ 参见 2013 年 5 月 3 日最高人民法院召开的《关于办理危害食品安全刑事案件适用法律若干问题的解释》新闻发布会裴显鼎答记者问部分，载 http：//www. court. gov. cn/xwzx/ xwfbh/twzb/130503xwfbh/。

等单位，并采取点对点的销售方式，生产销售行为极为隐蔽，一些违法生产企业甚至通过互联网、快递来销售，逃避行政监管。如湖北襄樊某精细化工公司、浙江奉化某生化科技公司等，以将车间外租或直接入股方式生产"瘦肉精"。① 四是犯罪危害潜伏化。面对国家严厉打击食品安全犯罪的态势，犯罪嫌疑人更倾向于选择生产、销售不易被发现的，对消费者非直接的、潜在的危害食品，当消费者对食品的摄入量积累到一定程度时，才足以造成危害结果的发生。

4. 犯罪团伙性、链条性特征明显

纵观近年来我国发生的食品安全犯罪案件，特别是公安部公布的 2010 年十大食品安全犯罪典型案例来看，与其他犯罪相比，危害食品安全犯罪中共同犯罪的比例较高。犯罪分子往往形成较为稳定的犯罪团伙，甚至涵盖整个"产业链"。食品安全犯罪成员之间分工负责、责任明确、环环衔接，生产、加工、运输、储存、销售等各个环节互相配合又相对独立，跨地区作案明显增多，而且在犯罪活动过程中很少留下证据，给追查源头犯罪设置了重重障碍。如从已查处的浙江温州制售病死猪案、江苏无锡高某等特大制销售假劣牛肉案等案件看，生产源头、贩运商、屠宰场、肉品销售商及养殖户都是以利益为中心形成一个个犯罪团伙，相互掩饰、串通共谋，加大了案件查办的难度。②

5. 行政监管消极被动，渎职犯罪现象突出

一方面，由于食品生产经营链条非常复杂，食品生产加工、生产消费等环节往往无法严格区分，加上监管部门职责不清、责任不明，很容易出现监管空白，行政监管部门多数是在发生了重大食品安全事件后被动介入。另一方面，一些监管人员怠于履行职责，滥用职权或玩忽职守，造成监管缺失。有的监管人员怠于行使监管职责，有的违法发放卫生许可证，致使不具备生产条件的企业获得生产资质；有的日常监管流于形式，不按规定对企业产品进行抽检和送检；有的不依法履行检疫职责，未经检疫就将相关检疫合格证书交企业自行处理；有的不严格执法，发现危害食品安全违法犯罪行为不依法查处，甚至充当犯罪分子的"保护伞"，从而产生了管理漏洞和监督"盲区"。如在"三鹿事件"中，因监管缺失，时任国家质检总局局长李长江等众多官员引咎辞职。③

---

① 参见胡裕岭：《新时期我国食品安全犯罪案件侦查初探》，载《贵州师范学院学报》2012 年第 4 期。

② 参见李科：《公安部公布十大食品安全犯罪典型案例》，载《人民公安报》2011 年 3 月 23 日第 2 版。

③ 参见孙瑞灼：《重罚渎职者才能确保食品安全》，载《人民公安》2011 年第 13 期。

（二）食品安全犯罪的社会根源

导致食品安全犯罪的原因是多方面的，主要原因在于食品经营者诚信沦丧、食品监管水平低下与打击不力，以及地方保护主义等。

1. 食品生产、经营者诚信沦丧

改革开放前，国家实行的是公有制下的计划经济，国家对包括生产、销售食品在内的行业实行高度集中的行政计划管理，企业在政企不分的计划经济时代缺乏追逐私利的动力和空间。改革开放带动了商品经济的空前发展。随着各种经济主体的利益追求被激发，传统道德体系失去了应有的作用，而新的道德体系尚未形成，"在这个社会道德的空白区，金钱和利益成了整个社会的原始驱动力，这个驱动力也就成了食品安全犯罪的内因，而当前的社会道德则对其失去了它应有的约束作用"。① 为了取得竞争优势、降低生产成本、非法牟取暴利，不法企业和个人不惜违背道德良知，违反国家法律，以次充好、以假冒真、掺杂使假、非法添加，走上犯罪道路。

2. 犯罪门槛不高，违法成本低

由于缺乏严格的食品质量安全市场准入机制，个别领域市场准入门槛较低，使得无证加工、未经许可生产有机可乘，一些缺乏资质的企业和小作坊很容易进入食品生产行业。由于违法成本低，不法分子一再铤而走险。如近年来曝光的重庆市火锅业曾经普遍存在的为了保证鲜嫩，用福尔马林浸泡"毛肚"事件；甘肃省办理的为了防虫蛀，使用琉璜醺当归事件；浙江省一些商贩为了保持去皮芋头的新鲜度，将去皮芋头用焦亚硫酸钠、一水柠檬酸等非食用物质浸泡后销售的"毒芋头"事件。② 危害食品安全违法犯罪行为如同"中国式过马路"一样，不法分子存在侥幸心理，认为抓到谁，算谁倒霉。

3. 食品监管难成合力，执法水平有待提高

"我国食品安全监管体制经历了从卫生部门一家监管到各个部门实施分段监管的变化，自 2004 年国务院出台《关于进一步加强食品安全工作的决定》开始，我国确立了分段监管为主、品种监管为辅的食品安全监管体制。"③ 综合食品安全法等法律和规范性文件，我国分段监管的食品安全监管体制主要涉

---

① 参见吴晓燕：《食品安全的犯罪控制》，载中国知网硕士研究生论文库。

② 参见《琉璜当归》，载《南方周末》，http：//www. infzm. com/content/56441；《市民慎购"毒芋头"》，载 http：//news. 66wz. com/ system /2012/09/13/ 103358148. shtml。

③ 参见胡裕岭：《新时期我国食品安全犯罪案件侦查初探》，载《贵州师范学院学报》2012 年第 4 期。

及食品安全委员会、卫生行政部门、农业行政部门、质量监督部门、工商行政管理部门、国家食品药品监督管理部门及县级以上各级政府。"铁路警察各管一段"。这种分段监管体制有利于各司其职，解决食品安全监管链条过长、监管乏力的问题，在实际工作中能够对改善食品安全状况发挥积极作用，提高各部门在食品安全工作中的监管效能，但这种监管模式也暴露了实际工作中存在监管职责交叉与空白并存、责任难以落实、问题面前推诿扯皮等情况。

当前的食品安全违法行为，已不只是发生在生产、流通或消费的某一个领域或环节，也不单纯涉及哪一个部门的职责。司法实务中某一个案件往往涉及了从生产到流通再到消费领域的整个产业链，监管职责涵盖质监、食药监、环保、卫生、公安、工商等部门。但由于当前国家还未建立起环环相扣的全程监管体系或者统一的食品安全监管部门和机制，一旦一个环节出现监管的缺位，就容易造成连锁反应，导致监管的形式化。2013 年 3 月 22 日，国家食品药品监督管理总局正式挂牌，将食品安全办的职责、食品药品监管局的职责、质检总局的生产环节食品安全监督管理职责、工商总局的流通环节食品安全监督管理职责整合，对生产、流通、消费环节的食品安全和药品的安全性、有效性实施统一监督管理等。但正如专业人士分析的一样，食品安全监管除了必要的机构改革之外，还需要完善相关配套措施，"食品安全监管的专业性和技术性很强，如果没有很好的配套，监管很难做到位"。执法水平是影响犯罪状况的重要因素，食品安全犯罪亦是如此。食品安全监管是一项技术性、政策性、法律性很强的工作，需要一只技术过硬、责任心强、通晓相关法规政策的高素质队伍。目前，我国大部分地方政府尚未成立专门的食品安全综合执法大队，可以说是不无缺憾。

4. 地方保护主义推波助澜

有些地方领导为了本地区局部经济利益，对食品安全犯罪行为睁一只眼闭一只眼，行政不作为。而一旦犯罪行为被查处，又以工作失误、为集体牟利等借口为自己开脱罪责，甚至干涉阻挠司法工作。一些犯罪者利用非法所得的确也为本地区做了些"好事"，被认为是"能人"和"功臣"而被保护起来。一些地方行政机关或为了"降格"处理，或为了部门"创收"，明知违法行为构成犯罪而不移送司法机关处理，有案不移，"以罚代刑"比较突出。据统计，2010 年全国工商机关共出动执法人员 1070.8 万人次，检查食品经营户 2618.3 万户次，检查批发市场、集贸市场等各类市场 51.8 万次，取缔无照食品经营户 7.2 万户，吊销营业执照 2853 户，查处食品违法案件 7.69 万件，但移送司法机关仅 258 件。①

5. 处罚过轻，打击不力

一是刑罚处罚偏轻。刑法中与食品安全直接相关的罪名有两个，即生产、销售有毒、有害食品罪和生产、销售不符合安全标准的食品罪，其中生产、销售有毒、有害食品罪处罚更重，最高刑罚为死刑。《刑法修正案（八）》进一步降低了入罪门槛。但在近几年发生的重大食品安全犯罪案件中，刑罚处罚普遍偏轻，且没有适用这些罪名判处死刑的案例。从 2008 年至 2010 年重庆市法院判决的 6 个案件来看，判处 3 年有期徒刑的 2 人，处 1 年以下有期徒刑 9 人（其中缓刑 2 人）。② 又如 2004 年轰动全国的安徽阜阳劣质奶粉案，共造成营养不良而死亡的婴儿 12 人，轻、中度营养不良的婴儿 189 人，重度营养不良患儿 28 人，虽涉案 20 人被判处有期徒刑，但是最终主要被告人生产商池某某只是以生产、销售不符合卫生标准食品罪被判处有期徒刑 7 年，罚金 5 万元，销售商的最高刑也只有 8 年，罚金 2 万元，③ 与该案所产生的严重后果显得不太相称。影响巨大的"三聚氰胺"事件，仅仅对提供三聚氰胺的张某某、耿某某执行死刑，而致数万儿童生命健康遭受重大侵害的各个环节中的各色人等，大多逍遥法外。近几年发生的地沟油、苏丹红、工业用盐、毒豆芽、毒火腿等重大食品安全犯罪事件，对于主犯的刑罚仅仅只是 10 年左右有期徒刑，难以体现罚当其罪的原则。

二是附带民事诉讼赔偿难。从重庆市公、检、法近几年查办且已判决的 12 个食品安全犯罪案例来看，犯罪人食品销售范围广、涉及的被害人众多，但没有一起受害人提出刑事附带民事诉讼。④ 三鹿奶粉受害者赔偿案代理律师的德衡律师集团（北京）事务所的季某接受了多名患儿家属的委托，准备对三鹿集团提起民事诉讼，但是他发现最大的阻碍是法院不立案。经过一年的漫长奔波，针对三鹿的索赔案件立案的全国范围内只有 5 起。但是此时，三鹿集团已经进入了破产程序，这意味着即使是打赢官司，患儿家长也可能拿不到任

① 参见国家工商行政管理总局：《关于报送全国工商系统 2010 年开展流通环节食品安全监管工作情况、存在的问题及 2011 年工作意见的函》，载 http：//www.cfda.com.cn/NewsDetail.aspx？id=42668。

② 参见重庆市人民检察院研究室：《关于打击危害食品安全犯罪的调研报告》，载《重庆检察》2011 年第 4 期。

③ 参见《阜阳劣质奶粉案宣判经销商判八年》，载新浪网 http：//news.sina.com.cn/c/2005 - 04 - 28/03095769004s.shtml。

④ 参见重庆市人民检察院研究室：《关于打击危害食品安全犯罪的调研报告》，载《重庆检察》2011 年第 4 期。

何赔偿。① 除了司法不作为导致的民事索赔渠道不顺畅外，惩罚性赔偿制度的不完善也是导致民事索赔乏力的重要原因。《食品安全法》第 96 条第 2 款规定，消费者可以要求食品厂商支付价款十倍的赔偿金（以下简称"十倍赔偿"规定）。但该规定被法学专家称为是"纸老虎"。2009 年《食品安全法》施行以来，全国各地已经出现了多起运用"十倍赔偿"规定成功索赔的案例，比如呼和浩特的消费者获 3 元价款购买的食品，依此条款获得赔偿 30 元，南京的消费者以 11.2 元购物价款获得了 112 元赔偿。当连坐牢杀头的风险都敢冒的不法商人面对这区区十倍的赔偿时，能起到的威慑作用可想而知。而对比国外的类似案例差异可谓天壤之别。②

二、我国食品安全犯罪的立法沿革

新中国成立以来，我国对食品安全犯罪的刑法规制经历了逐步产生和发展的演进过程。③ 在此过程中，有两个标志性的刑法立法，即 1993 年 7 月 2 日第八届全国人大常委会第二次会议通过的《关于惩治生产、销售伪劣商品犯罪的决定》和 2011 年 2 月 25 日第十一届全国人大常委会第十九次会议通过的《刑法修正案（八）》，对食品安全犯罪作了明确的规定。以此作为分界点，可以将我国食品安全犯罪刑法规制的立法沿革分为以下四个主要阶段：

（一）1949—1979 年：非犯罪化时期

1949 年新中国成立后，国家实行的是公有制下的计划经济，包括生产、销售食品在内，都是实行高度集中的行政管理。由于政企不分，企业本身既无破产的风险，也缺乏追逐私利的动力，因而生产、销售伪劣食品的犯罪在当时并不成为一个问题。在相当长的一个时期内，食品安全的监管主要采取行政措

---

① 参见《三鹿奶粉事件民事赔偿案审结》，载中顾法律网 http：//news. 9ask. cn/pcjs/pcdt/200911/274451. html。

② 1992 年，一名美国消费者在麦当劳购买了杯热咖啡，被烫伤了皮肤。双方因赔偿问题协商未果，对质法庭。最终法院判决，麦当劳向消费者付出 286 万美元的巨额赔偿。此案之后，麦当劳咖啡杯醒目处出现"小心烫伤"提示，咖啡温度也降到了 70℃ 左右。参见许浩：《打击食品安全犯罪仍需配套制度》，载《中国经营报》2010 年 9 月 27 日第 B11 版。

③ 参见利子平等：《我国食品安全犯罪刑法规制之瑕疵及其完善路径》，载《南昌大学学报（人文社会科学版）》2012 年第 4 期。

施,没有设置刑事制裁。① 由于建国后长期靠政策治理国家,法律体系迟迟没有建立健全起来,即便是规制食品安全的行政立法,也零星可数,如1953年卫生部颁发的《清凉饮食物管理暂行办法》、1965年国务院转发的《食品卫生管理试行条例》等。1979年全国人大通过了新中国第一部刑法典,但由于当时我国仍然处于高度集中的计划经济体制之下,经济犯罪仍没有大量发生,这部刑法典对违反食品卫生法规造成严重后果的行为,并没有明确规定为犯罪。不过,当时社会上已经开始出现以工业酒精兑水的假酒案等严重扰乱市场秩序、危及人民生命健康的食品安全犯罪,对此,实践中往往只能采取类推或直接依照以其他危险方法危害公共安全罪、投机倒把罪或其他相关的犯罪论处。②

（二）1980—1996 年：犯罪化时期

1978年改革开放带动了商品经济的空前发展。随着各种经济主体的利益追求被激发出来,社会上不断出现一些不法之徒,置人民群众的健康于不顾,生产经营不符合卫生标准甚至是有毒有害的食品。在这种情况下,1982年全国人大常委会通过的《食品卫生法(试行)》第41条规定:"违反本法,造成严重食物中毒事故或者其他严重事源性疾患,致人死亡或者致人残疾因而丧失劳动能力的,根据不同情节,对直接责任人员分别依照中华人民共和国刑法第187条、第114条或者第164条的规定,追究刑事责任;情节轻微,依照中华人民共和国刑法可以免予刑事处分的,由主管部门酌情给予行政处分。"这是我国第一次以附属刑法的方式明确将危害食品安全的行为宣告为犯罪。③ 1985年,"两高"联合下发了《关于当前办理经济犯罪案件中具体应用法律的若干问题解答(试行)》,规定"在生产、流通中,以次顶好、以少顶多、以假充真、掺杂使假",情节严重的,按投机倒把罪定罪处罚。针对伪劣商品不断增加、一度充斥于市的现实,为进一步打击生产、销售伪劣商品的犯罪,1993年全国人大常委会专门制定了《关于惩治生产、销售伪劣商品犯罪的决定》,该决定第3条首次规定了生产、销售不符合卫生标准的食品罪和生产、销售有

---

① 当然,法律上没有明文规定刑事制裁措施并不意味着现实中就不作为犯罪来处理,就像1979年以前没有刑法典并不意味着就不惩罚犯罪,只是当时对犯罪的认定和处理更多的是靠政策来掌握。

② 参见房清侠:《食品安全刑法保护的缺陷与完善》,载《河南财经政法大学学报》2012年第2期。

③ 根据1979年刑法,第187条、第114条和第164条分别为玩忽职守罪、重大责任事故罪和制造、贩卖假药罪。

毒、有害食品罪这两种食品犯罪。1995 年通过的《食品卫生法》第 39 条第 2 款规定，"违反本法规定，生产经营不符合卫生标准的食品，造成严重食物中毒事故或者其他严重食源性疾患，对人体健康造成严重危害的，或者在生产经营的食品中掺入有毒、有害的非食品原料的，依法追究刑事责任"。

（三）1997—2010 年：立法完善时期

1997 年刑法典在刑法分则第三章"破坏社会主义市场经济秩序罪"专设了"生产、销售伪劣商品罪"一节，吸收并完善了《关于惩治生产、销售伪劣商品犯罪的决定》的相关内容。其中第 143 条"生产、销售不符合卫生标准的食品罪"和第 144 条"生产、销售有毒、有害食品罪"是与食品安全直接相关的犯罪，分别来源于《关于惩治生产、销售伪劣商品犯罪的决定》第 3 条的第 1 款和第 2 款。与该决定相比，一个显著的变化是把生产、销售不符合卫生标准的食品罪由原来只有结果犯和结果加重犯两种情形修改为增加规定了"足以造成严重食物中毒事故或者其他严重食源性疾患"的危险犯情形。另外，对生产、销售有毒、有害食品罪增加了"销售明知掺有有毒、有害的非食品原料的食品的"这一罪状，可以说是进一步严密了法网，加大了惩处力度。将原来决定中笼统规定的"罚金"修改为处以销售金额一定百分比以上和一定倍数以下，从而使法条内容更加科学合理，更加符合罪刑法定和刑法明确性的要求。事实上，可以适用于食品安全犯罪行为的条款并不限于上述两条，《刑法》第 140 条生产、销售伪劣产品罪，第 225 条中的非法经营罪、第 114 条中的投放危险物质罪、第 115 条中的过失投放危险物质罪，实际上也与食品安全犯罪有关。

2001 年 4 月，"两高"发布的《关于办理生产、销售伪劣商品刑事案件具体应用法律若干问题的解释》，解释了什么是"对人体健康造成严重危害"和什么是"后果特别严重"。2002 年 8 月"两高"针对"瘦肉精"案件发布了《关于办理非法生产、销售、使用禁止在饲料和动物饮用水中使用的药物等刑事案件具体应用法律若干问题的解释》，规定在养殖供人食用的动物饲料中添加盐酸克伦特罗（瘦肉精）或者销售该类动物的，以《刑法》第 144 条生产、销售有毒、有害食品罪追究刑事责任。对此类动物提供屠宰服务或销售其制品的，同样依照《刑法》第 144 条追究刑事责任。同时触犯刑法规定的两种以上犯罪的，依照处罚较重的规定追究刑事责任。

（四）2011 年 2 月 25 日至今：立法发展时期

这一时期主要有两个标志，一是 2011 年 2 月 25 日，全国人大常委会通过了《刑法修正案（八）》；二是 2013 年 5 月 3 日，"两高"正式发布了《关于办理危害食品安全刑事案件适用法律若干问题的解释》。

2011 年，全国人大常委会通过的《刑法修正案（八）》对食品安全犯罪作了进一步的完善，调整了一些犯罪的构成要件，修改了药品、食品安全犯罪的刑罚条件，降低了入罪门槛，增强可操作性。其主要表现在：第一，鉴于《食品卫生法》已经不能胜任规制日益突出的食品安全问题的客观需要，全国人大常委会于 2009 年 2 月 28 日通过了《食品安全法》，取代了之前的《食品卫生法》。为了更好地与《食品安全法》相衔接，《刑法修正案（八）》将生产、销售不符合卫生标准的食品罪修改为生产、销售不符合安全标准的食品罪，确立了由生产、销售不符合安全标准的食品罪和生产、销售有毒、有害食品罪构成的食品安全犯罪新体系。第二，加大了惩处食品安全犯罪的力度。一是在生产、销售不符合安全标准的食品罪和生产、销售有毒、有害食品罪中取消了单处罚金的规定，在生产、销售有毒、有害食品罪中取消了拘役的规定，提高了法定刑幅度；二是在生产、销售不符合安全标准的食品罪和生产、销售有毒、有害食品罪中增加了"其他严重情节"的规定，在生产、销售有毒、有害食品罪中增加了"其他特别严重情节"的规定，取消了生产、销售假药罪"足以严重危害人体健康的"的构成条件，将刑法规定的"不符合卫生标准的食品"改为"不符合食品安全标准的食品"，降低了入罪门槛。第三，增设了食品监管渎职罪，设置了比滥用职权罪和玩忽职守罪更重的法定刑，加重了对食品监管工作人员渎职犯罪的处罚力度。

为明确贯彻《刑法修正案（八）》对危害食品安全犯罪修改完善的规定，解决近年来食品安全执法中存在的困难，"两高"于 2013 年 5 月 3 日下发了《关于办理危害食品安全刑事案件适用法律若干问题的解释》（以下简称《解释》）。其主要特点为：

一是降低入罪门槛，强调两法衔接。《解释》注意与《食品安全法》、《农产品质量安全法》、《生猪屠宰管理条例》等行政监管法律法规的对接，制定的定罪量刑标准既加强了刑事打击力度，又给行政执法留出空间，有效建立和完善了危害食品安全违法犯罪的行政执法与刑事司法衔接机制。如将严重违反食品安全标准的五类行为直接认定为"足以造成严重食物中毒事故或者其他严重食源性疾病"，以生产、销售不符合安全标准的食品罪追究刑事责任。

二是体现源头治理、注重全程控制。《解释》对危害食品安全犯罪的上游犯罪，即以提供给他人生产、销售食品为目的，违反国家规定，生产、销售国家禁止用于食品生产、销售的非食品原料，情节严重的，依照《刑法》第 225 条的规定以非法经营罪定罪处罚，在罪名适用上体现严惩源头犯罪的精神。根据司法实践的情况，将生产、销售不符合安全标准的食品罪，生产、销售有毒、有害食品罪中的"生产、销售"扩展至"食品加工、销售、运输、贮存等过程"以及"食用农产品种植、养殖、销售、运输、贮存等过程"，充分体现对食品安全全程控制的理念。

三是适应实践需要，加强可操作性。《解释》注意解决办理危害食品安全犯罪案件反映突出的侦查取证难、司法鉴定难、刑事定罪难以及移送司法机关案件数量偏少的问题，有效满足司法机关执法办案的需要。例如，为便于司法实践操作，将法律、法规禁止在食品生产经营活动中添加、使用的物质；国务院有关部门公布的《食品中可能违法添加的非食用物质名单》、《保健食品中可能非法添加的物质名单》上的物质；国务院有关部门公告禁止使用的农药、兽药以及其他有毒、有害物质，以及其他危害人体健康的物质，直接认定为"有毒、有害的非食品原料"。《解释》还规定"足以造成严重食物中毒事故或者其他严重食源性疾病"、"有毒、有害非食品原料"难以确定的，司法机关可以根据检验报告并结合专家意见等相关材料进行认定。

四是凸显法网严密，确保"当严则严"。《解释》体现了从严打击危害食品安全犯罪的立法精神，明确罪与非罪、此罪与彼罪的界限，严格缓刑、免予刑事处罚的适用，加大罚金刑的适用力度，争取良好的法律效果和社会效果。

三、办理危害食品安全犯罪案件的具体问题

为了遏制食品安全犯罪猖獗的态势，最高司法机关采取了一系列措施加大对食品安全犯罪的打击。2010年，最高人民法院、最高人民检察院、公安部、司法部联合印发了《关于依法严惩危害食品安全犯罪活动的通知》，2012年，又下发了《关于依法严惩"地沟油"犯罪活动的通知》。最高人民法院、公安部近年来也多次公布危害食品安全犯罪典型案例，通过典型案例引导基层公安、司法机关加大对危害食品安全犯罪案件的打击。① 然而由于刑事立法缺陷、执法观念偏差、法律认识不统一，办理危害食品安全犯罪刑事案件存在诸多困难。

（一）现行食品安全刑法规制的缺陷

目前直接与食品安全犯罪相关的罪名就是生产、销售伪劣产品罪，生产、销售不符合安全标准的食品罪和生产、销售有毒、有害食品罪，食品监管渎职

---

① 最高人民法院最近三年连续公布了三批危害食品安全犯罪典型案例（共14个案例），公安部也连续三年公布了上年度的十起打击食品安全犯罪典型案例（共30个案例）。

罪。食品安全犯罪法网疏漏，刑法规制范围过窄。

1. 食品安全犯罪行为规制不全面

"现行刑法侧重生产、销售行为，食品种植、养殖及流通环节的行为缺少应有规制。"①《食品安全法》将围绕食品安全进行的专门活动分为生产行为与经营行为，并且将食用农产品也纳入了食品的范围，从而形成了"从农田到餐桌"的全过程调整；而刑法关于生产、销售不符合安全标准的食品罪的规定只侧重于对食品生产、销售行为的规制，对于食用农产品的种植、养殖环节以及食品的流通环节都没有进行合理保护，使得这些环节中侵害食品安全的危害行为难以得到应有的惩治。第一，食用农产品的种植、养殖行为。《食品安全法》第 2 条将供食用的源于农业的初级产品（食用农产品）生产过程的安全，即种植、养殖行为的安全也纳入了食品安全的范畴。司法实践中，由食用农产品的种植、养殖导致的危害食品安全的事件屡见不鲜，如张北"毒菜"事件、河北香河毒韭菜事件等。然而，刑法中的食品并不包括食用农产品。食用农产品的生产处于食品生产的源头，如果农产品本身就存在食品安全问题，整个食品安全链条将无法运行下去，种植、养殖不符合安全标准的食用农产品的行为难免会对食品安全管理秩序造成严重影响，实有刑法规制的必要。第二，运输、储存、装卸等食品流通环节的行为。《食品安全法》对食品的储存、运输、装卸等行为都进行了相应的规定，而刑法对危害食品安全犯罪的规制主要限定于生产、销售环节，当运输、储存等食品流通环节出现危害食品安全的行为时，往往会因为刑法中缺乏明确的规定而难以定罪处罚。

"在现代国家中，法不仅必须适应于总的经济状况，不仅必须是它的表现，而且还必须是不因内在矛盾而自己推翻自己的内部和谐一致性的表现。"②2013 年 5 月"两高"通过的《解释》通过扩大解释一定程度上解决了立法不"周延"的问题。《解释》根据司法实践的情况，将生产、销售不符合安全标准的食品罪，生产、销售有毒、有害食品罪中的"生产、销售"扩展至"食品加工、销售、运输、贮存等过程"以及"食用农产品种植、养殖、销售、运输、贮存等过程"，充分体现了对食品安全全程控制的理念和实际需要。③鉴于食品安全的重要性，作出这种扩大解释是十分必要的，但只有上升到刑事

---

① 参见舒洪水：《关于我国食品安全犯罪刑法规制的思考》，载《河南财经政法大学学报》2012 年第 2 期。

② 参见《马克思恩格斯选集》（第 4 卷），人民出版社 1972 年版，第 483 页。

③ 参见韩耀元：《办理食品安全案件司法解释起草的背景及原则》，载《检察日报》2013 年 7 月 3 日第 3 版。

立法才名正言顺。

2. 食品安全犯罪刑罚种类不足

第一，剥夺犯罪分子犯罪能力的资格刑缺失。"刑罚不仅是事后制裁，而是通过对犯罪行为的否定性评价以及对犯罪人施以刑罚的方式对权利的保护起到一般预防和特殊预防的功能，是一种可感触的力量。"① 对于食品安全犯罪而言，实行资格刑能够彻底剥夺犯罪人在一定期限内甚至永久再犯的能力，从而更为有效地预防食品安全犯罪的再次发生。我国刑法有关食品安全犯罪的规定更多地体现了传统刑法的色彩，而对食品安全的风险预防性却体现得不够，面临着一种对食品安全犯罪行为调控不力的危机。② 对食品安全犯罪人实施资格刑，能够有效地剥夺犯罪人利用职务或工作便利继续犯罪的条件，防范其再次实施此类犯罪。《食品安全法》虽然规定对非法的生产厂家可以适用吊销营业执照、停业整顿等行政处罚手段，但从社会的否定评价程度和方法的强制性上看，行政法的处罚与刑事制裁有着重大的差别。因此，行政法上规定的资格罚并不能取代刑法上的资格刑，这与行政法上的罚款不能取代刑法上的罚金的理论基础如出一辙。③

第二，罚金刑规定不当，没收财产刑的规定存在缺陷。经济型犯罪都是以追求经济利益为目的，应当附加财产刑。《刑法修正案（八）》对相关食品安全犯罪规定单处、并处罚金，既无数额规定，又没有比例限制，虽然能够扩大法官的自由裁量权，但并不能提升打击食品安全犯罪的力度，甚至在地方保护主义的影响下，处罚力度还不如《刑法修正案（八）》实施以前。④ 更具有惩罚力度的没收财产刑却只有在结果加重的犯罪情形下才得以适用，存在明显缺陷。没收财产是没收犯罪分子个人所有财产的一部分或全部，不仅可以破灭行为人妄图以此赚钱的梦想，还可以比较彻底地剥夺其再犯能力。而且没收财产刑的社会效应大于罚金刑，即使罚金刑的判定数额大于犯罪分子实际拥有的财产数额，最后的执行结果等同于没收全部财产，但在公众看来，没收财产仍是更严厉的处罚，是"倾家荡产"。因此，没收财产刑具有更好的一般预防的社

① 参见［意］贝卡利亚：《论犯罪与刑罚》，黄风译，中国法制出版社2005年版，第11页。
② 参见卢建平：《加强对民生的刑法保护——民生刑法之提倡》，载《法学杂志》2010年第12期。
③ 参见吴平：《资格刑研究》，中国政法大学出版社2000年版，第320页。
④ 参见张国琦：《食品安全犯罪刑法规制的反思与完善》，载《河南警察学院学报》2013年第1期。

会效果。①

3. 过失犯与持有型犯罪等未得到刑法规制

食品安全犯罪以故意犯、作为犯居多，过失心态下的危害食品安全行为，以及不作为方式和持有方式的危害食品安全行为无法得到刑法规制。现行刑法对有关食品安全犯罪的预备行为进行定罪处罚的规定也不够明确。在当前的法律体系下，对于为生产不符合食品安全标准的食品、有毒有害食品而购入大量问题原料的行为，或为销售不符合食品卫生标准的食品、有毒有害食品而大量采购此类食品的行为，一般只能作行政处罚，而不作为犯罪处理。实际上，受利益成本的影响和驱动，行为人购入大量问题原料或有问题食品的目的，最终还是在于通过投向市场赚取利润，而以这种问题原料生产的食品或不符合安全标准的食品、有毒有害食品一旦投入市场，就会造成不可估量的损害结果，因此，适当地对此类犯罪的预备行为进行刑罚处罚、增加持有刑犯罪规定是恰当的。②

（二）法律适用中的实体问题

由于食品安全犯罪罪状规定不明确，"非食品原料"规定模糊，财产刑规定过于原则，公安司法机关往往由于认识分歧而给案件定性处理带来困难。

1. 食品安全犯罪罪状规定不明确

首先，对食品安全标准的把握。我国原有《刑法》第143条规定的是生产、销售不符合卫生标准的食品罪。其犯罪对象为不符合卫生标准的食品。而对于"不符合卫生标准"的解释，则依附于《食品卫生法》中的有关规定。《刑法修正案（八）》将本罪犯罪对象改为不符合食品安全标准的食品，由此，生产、销售不符合卫生标准的食品罪之对象变为不符合食品安全标准的食品。"食品安全的范围比食品卫生更加广泛，食品安全包括食品卫生，除此之外还包括食品质量、食品营养等要素。"③ 显然，用"食品安全"取代"食品卫生"，更符合食品的本质，也体现出我国对食品问题的高度重视。但是，《食品安全法》只规定了食品安全标准，并在第27条、第28条给食品生产经营者

---

① 参见舒洪水：《关于我国食品安全犯罪刑法规制的思考》，载《河南财经政法大学学报》2012年第2期。

② 参见徐军等：《我国食品安全刑事责任架构》，载《人民检察》2009年第19期。

③ 参见彭玉伟：《论我国食品安全犯罪刑法规制的缺陷和完善》，载《内蒙古社会科学》2009年第4期。

确定了具体经营要求和禁止性规定，并未对食品安全标准作出详尽解释。虽然该法第 22 条第 2 款规定："本法规定的食品安全国家标准公布前，食品生产经营者应当按照现行食用农产品质量安全标准、食品卫生标准、食品质量标准和有关食品的行业标准生产经营食品"，但并未对司法程序的依据作出解释。法律法规之间的不衔接，给司法实践带来了疑难和困惑。

其次，生产、销售不符合安全标准的食品罪是具体危险犯，只有在"足以造成严重食物中毒事故或者其他严重食源性疾患"的情况下才能构成本罪。2001 年 4 月 5 日"两高"发布的《关于办理生产、销售伪劣商品刑事案件具体应用法律若干问题的解释》第 4 条要求，认定生产、销售有毒、有害食品罪与生产、销售不符合卫生标准食品罪，须经省级以上卫生行政部门确定的机构鉴定。此类鉴定，一是要确定食品是否达到卫生标准；二是要确定食品中是否含有可能导致严重食物中毒事故或者其他严重食源性疾患的超标准的有害细菌或者其他污染物；三是要确定生产、销售不符合卫生标准的食品被食用后，是否造成轻伤、重伤或者其他严重后果。[①] 由于此类鉴定的专业性强，技术要求高，法律责任大，因此执行中困难重重，相关的鉴定意见很难出具。其结果是，危害食品安全的犯罪要么被"低估"，即降格以生产、销售伪劣产品罪追究刑事责任，因为证伪相对容易，而证明不符合安全标准达到危险程度却是颇费周折；要么被"升级"，即以其他危险方法危害公共安全罪来进行追究。而无论"升级"，还是"降格"，都偏离了事情的本来面目，有失妥当。[②]

2. 生产、销售有毒、有害食品罪中"非食品原料"的立法模糊

生产、销售有毒、有害食品罪的犯罪对象是掺入（或掺有）有毒、有害的非食品原料的食品，其属性当然也是不符合安全标准的食品，但立法者考虑到本罪的犯罪行为在客观危害和主观恶性上更加严重，将其设置为抽象危险犯以及规定更为严厉的刑罚，直至死刑。对于这样一个最高刑为死刑的罪名，其犯罪构成应当十分准确、清晰，而且应当能确实反映出是比生产、销售不符合安全标准的食品罪更为严重的犯罪，才能达到罪刑相适应。但是，现行立法对该罪的设置差强人意，远远达不到这样的效果，难以体现立法者的本意。

---

① 参见舒洪水：《关于我国食品安全犯罪刑法规制的思考》，载《河南财经政法大学学报》2012 年第 2 期。

② 令人欣慰的是，"两高"2013 年《解释》第 1 条在食品安全法第 28 条规定的 11 类禁止生产经营的食品的基础上，将严重违反食品安全标准的五类行为直接认定为"足以造成严重食物中毒事故或者其他严重食源性疾病"，以生产、销售不符合安全标准的食品罪追究刑事责任，从而使得执法中的问题得以解决。

　　首先，"非食品原料"概念模糊。在生产、销售有毒、有害食品罪的犯罪概念和构成中，"非食品原料"是一个相当重要的概念。如果行为人掺入的是食品原料，即使是有毒有害的，也不构成该罪，至多是构成生产、销售不符合安全标准的食品罪。那么，什么是"非食品原料"？在我国食品卫生法规中没有相关定义。特别是在食品添加剂是否属于"非食品原料"对案件定性产生重大影响。《食品添加剂新品种管理办法》第6条规定，申请食品添加剂新品种生产、经营、使用或者进口的单位或者个人，应当提出食品添加剂新品种许可申请，并提交有关添加剂通用名称、功能分类、用量和使用范围的材料。在一定范围内使用一定剂量的食品添加剂对人体无害，但若使用不当就会给人们的健康带来危害。如亚硝酸盐作为肉类制品中的发色剂，若使用过量，会引起急性中毒，而且其亚硝酸基可以与食品中一、二级胺化合为一种致癌物质亚硝胺，长期食用会使人得癌症。[①] 如今，食品添加剂的使用范围非常广泛，人工制作的食品中绝大多数都含有食品添加剂，因此食品添加剂是不是"非食品原料"的定性显得尤其重要，决定着罪与非罪、此罪与彼罪。

　　其次，对于非法生产禁用的食品添加剂行为司法处理不统一。根据"两高"《关于办理非法生产、销售、使用禁止在饲料和动物饮用水中使用的药品等刑事案件具体应用法律若干问题的解释》第1条和第2条的规定：对未取得药品生产、经营许可证件和批准文号，非法生产、销售此类药品，在饲料中添加或者销售添加此类药品的饲料的，以非法经营罪定罪处罚。但是，非法经营罪的刑罚第一档刑期为5年以下有期徒刑或者拘役，并处违法所得1—5倍罚金；第二档刑期为5年以上有期徒刑，并处违法所得1—5倍罚金或者没收财产。实践中，很多类似行为的社会危害性已经达到了可以用无期徒刑、死刑等刑罚来衡量的程度，不是非法经营罪的有期徒刑所能达到的。生产销售有毒、有害食品罪的刑期是从有期徒刑到死刑，生产、销售不符合安全标准的食品罪的刑期是从拘役到无期徒刑，虽然食品安全犯罪的刑期可以达到上述效果，但根据前文所述，食品安全犯罪的犯罪对象只是食品，无法涵盖非法添加物以及食品添加剂。所以，实践中往往因为这类行为的巨大社会危害性而定为法定刑为10年以上有期徒刑、无期徒刑或者死刑的以危险方法危害公共安全罪，比如2011年的"瘦肉精案件"以及2008年的"三聚氰胺案件"的主犯都以以危险方法危害公共安全罪定罪量刑。可以看出，定性为以危险方法危害公共安全罪是为了达到罪刑相适应，但是，却违反了罪刑法定原则，因为二者的客体

---

　　① 参见倪泽仁：《经济犯罪刑法适用指导》，中国检察出版社2007年版，第49页。

是不相同的。上述行为不仅侵犯了公共安全，还破坏了国家的经济秩序。

3. 财产刑的执行问题

首先，食品安全犯罪罚金刑规定过于原则。《刑法修正案（八）》对于罚金刑一律实行并科裁裁，取消了销售金额 50% 以上 2 倍以下罚金数额限制的规定，在很大程度上加强了对作为牟利型犯罪的食品安全犯罪的打击力度。但现行刑法关于罚金刑的规定过于原则，在司法实践中罚金刑的适用完全依靠法官自由裁量，这样的规定更多地带有宣言性质，存在以下弊端：一是缺乏最低罚金数额的罚金刑弱化了刑法的威慑力。原刑法关于罚金刑的规定，由于罚金数额规定得过低甚至少于食品安全法关于罚款数额的规定而屡受诟病，现行刑法关于罚金刑的规定依然没有有效解决这一问题。二是缺乏量刑标准的罚金刑将导致司法实践中的适用困难，很可能造成量刑的畸轻畸重，既不利于罚金判决的监督，也损害了刑法适用的统一性和严肃性。三是罚金刑没有体现出对食品安全犯罪法人和自然人适用上的区别，像企业犯罪这种图利型犯罪，由国家彻底剥夺因犯罪行为所获得的不法收益是十分重要的策略，[①] 但罚金刑没有体现出对法人犯有此罪应有的处罚力度，缺乏刑罚适用的针对性。四是缺乏罚金刑的易科制度，将导致应强制缴纳而无力缴纳罚金刑的判决成为一纸空文，无法得到切实有效的执行。

其次，没收财产刑没有得到应有重视和充分利用。食品犯罪是利欲熏心甚至是丧尽天良的贪利型犯罪，财产刑中最严厉的刑罚"没收财产刑"理应也能够发挥更大的效能。但是近年来，"恶性食品安全事件此起彼伏，但倾家荡产的商家却十分罕见，监管渎职者被严肃问责的也少之又少。"[②] 既然总是打不疼、打不死，既然笃定的收益远远大于预想的风险，劣币驱逐良币的逆淘汰现象就会发生，不闯红灯就会落后的"红灯效应"就会被放大，避免食品生产企业的"道德风险"也就无从谈起。

（三）法律适用中的程序问题

由于食品安全犯罪点多面广、专业化强，给案件发现、侦查取证、鉴定工作带来相当大的困难，成为制约惩治食品安全犯罪的"瓶颈"。

---

① 参见［日］芝原邦尔：《经济刑法》，金光旭译，法律出版社 2002 年版，第 116 页。

② 参见舒洪水：《关于我国食品安全犯罪刑法规制的思考》，载《河南财经政法大学学报》2012 年第 2 期。

1. 发现难

首先，食品安全犯罪"点多、线长、面广"，发现有难度。一是"点"多。食品品种繁多，涉及粮、油、肉、果、蔬、奶制品等多个大类，每个大类分几十甚至成千上万个小类，每个小类又有无数个品牌。从田间到餐桌，涉及生产、加工、运输、储存、销售等多个环节，每个环节的监管部门都不相同，涉及农业、工商、质监、卫生等多个部门。二是"线"长。食品安全犯罪正朝着专业化、组织化、智能化方向发展，各环节都有明确的分工，采用单线式联系、物流式运输、定单式销售、现金式结账，形成产、供、销一条龙式的组织网络，逃避打击的能力进一步增强。三是"面"广。在作案地域上，多选择农村、城乡接合部等监管薄弱区域，分散式种植或养殖、地下小作坊生产等，隐蔽性强，不易发现和打击。有的食品犯罪案件涉及多省多地，网络千丝万缕，关系纷繁芜杂，必须进行长线侦查，否则无法准确了解和掌握违法犯罪的行为及黑幕链条。[①]

其次，部门协作少、整体合力弱。根据职责分工，绝大部分危害食品案件由行政监管部门归口管理，发现涉嫌犯罪后移送公安机关。但实践中有些涉嫌犯罪的食品案件该移送的未移送，滞留在行政执法环节，以罚代刑、一罚了之。同时，即使是公安机关接到举报主动介入查处的危害食品安全类案件，相关执法部门往往也不甚积极。究其原因，一是存在部门利益，个别单位由于移交刑事处理后影响其经费来源而不愿移交公安机关；二是除烟草、盐务等部门外，一些食品安全行政执法部门对案件查处移交无考核压力，相反担心问题曝光扩大，其作为行业主管部门受到负面影响甚至承担责任；三是地方党委政府基于社会稳定和当地形象的考虑，也不愿食品安全问题上升为刑事案件。[②] 由于上述三个因素，从而使实际工作成效陷入与经济利益、绩效考核、宣传报道的博弈之中，大大影响了对食品违法犯罪活动的刑事打击。

2. 取证难

首先，食品生产加工是一个复杂的生化过程和物理变化过程，给证据进行收集和固定带来技术上的困难。其次，食品生产主体多，生产者知识水平和道德素质较低，不作生产、经营登记给取证增添困难。食品安全行为涉及从"农田到餐桌"的各个环节，生产销售主体有农户、个体工商户、企业，主体多元化，科学素质、道德素质、安全意识、法律意识参差不齐。农户、个体工

---

① 林立：《"四招"破解食品安全犯罪侦查"四难"困局》，载《人民公安报》2013年4月17日第8版。

② 王蕾：《食品安全犯罪现状与对策研究》，载中国知网硕士研究生论文库。

商户在生产、销售、仓储、运输环节一般不作登记，企业即使有登记，在企业完成财物计算后一般及时销毁，不会留下罪证。案发后，涉案企业有反侦查能力，一般会销毁证据。特别是对生产、销售有毒有害食品的数量，掺入有毒、有害物质的浓度，以及造成的后果等方面的证据，由于产品流转快、进入市场去向不明、账目不清等，难以获取到相关重要证据，给犯罪事实和情节的认定造成很大难度。如徐某等人非法经营假盐，涉案数量达 500 余吨，非法销售到重庆江北、永川、铜梁、潼南、綦江等 12 个区县，涉及面广，证据收集十分繁杂，往往为核实案件的被害人人数即需耗费大量的人力、物力和时间，足见此类案件调查取证工作难度之大。① 最后，对犯罪主观方面的证据要求更高。犯罪的主观故意是认定有罪重要依据，调取犯罪主观故意的证据十分重要。如在销售有毒、有害食品罪案件中，主观上是否明知掺有有毒、有害的非食品原料的食品而销售，是定罪的必要条件。另外，工人是否明知正在生产有毒、有害食品而积极参与，是认定共同犯罪的必要条件。这就要加强证人证言和相应物证书证的提取。

3. 鉴定难

食品安全犯罪案件中，犯罪嫌疑人罪与非罪往往取决于鉴定意见。但在司法实践中，鉴定机制不健全，鉴定意见难出是最困扰侦查机关的事情。一是鉴定周期长。行政执法部门移交案件时一般没有及时送检、取得合法有效的鉴定报告。待公安机关送检得出鉴定意见后，往往错过了案件最佳侦办时机。目前一般鉴定周期为 15—30 天，有些鉴定报告甚至到犯罪嫌疑人羁押期限届满仍无法作出，公安机关只好放人。二是检材要求严。作为鉴定标本的检材不同于普通销售食品，需要满足严苛的检测条件。如病死猪肉案件必须同时查扣到病死猪的内脏和淋巴，动物检疫部门才能检测出是否存在有毒、有害病菌，但在执法中很难查到死猪内脏、淋巴等。由于检材不符合鉴定要求，导致明知是有毒、有害食品而无法作出有效的鉴定意见。三是追刑认定难。鉴定意见必须符合法律规范用语才可作为追究刑责的依据。查扣的猪肉中即使检测出病毒病菌，只要不是人畜共患的，卫生部门组织的专家就难以作出"有毒、有害，足以严重危害人体健康"的鉴定意见，而检察机关严格按照法律规范用语进行审查，常常导致案件"流产"。②

---

① 参见重庆市人民检察院研究室：《关于打击危害食品安全犯罪的调研报告》，载《重庆检察》2011 年第 4 期。

② 林立：《"四招"破解食品安全犯罪侦查"四难"困局》，载《人民公安报》2013 年 4 月 17 日第 8 版。

4. 侦查主体专业素质和专业技术不足

侦查机关受案后，需要对行政机关或者报案人提交的材料进行审查，在决定立案后进一步进行调查取证工作。作为打击食品安全犯罪的主力，公安机关缺乏相应的技术、人才、设备。以往，食品安全犯罪案件少，公安机关参与少，一直没有技术和经验积累、人才储备和购置设备。目前公安机关的检测手段多限于定向检测，即对群众举报的食品安全问题进行检测，还不具备对食品进行综合性鉴定，甚至有些食品还无法检测、鉴定。就专业侦查队伍来讲，目前除了辽宁、重庆、北京、成都等极少数地区成立了食品安全犯罪专案侦查队伍外，大部分地区的食品安全犯罪案件由经侦部门或其他相关部门负责办理。① 对牵涉诸如《食品安全法》等相关法律法规关于"安全标准"的认定等问题，公安机关往往缺乏此方面的专业人才和设备条件，会出现定性失准、立案拖拉和侦查延误等问题。

四、解决当前办理危害食品安全犯罪案件具体问题的主要思路

要解决当前食品安全执法中的困难，既要完善立法，加大对食品安全犯罪的经济打击力度，使犯罪分子无利可图，又要强调整体调控和系统治理，构建社会综合防控体系。

（一）完善危害食品安全犯罪的刑事立法

对关涉人们生活的食品，人们不仅不希望食品具有现实的危险，更希望将危险消灭在萌芽状态，以使人不再担心食品威胁人体健康。"法律科学的不同时期，人们都使各种价值准则适应当时的法学任务，并使它们符合一定时间和地点的社会理想。"② 尽管 2013 年的"两高"《解释》一定程度上弥补了立法的不足，但《解释》的成果经过实践检验后应当得到刑事立法的固化。同时，为更好地体现以人为本，在风险社会背景下，刑法立法应当从源头上治理食品犯罪，以防止潜在的危险转化为现实。

1. 与《食品安全法》相衔接，增设资格刑

食品生产经营领域是非常重视安全与规范的领域，进入这一领域，需要行政许可或者资格授权，对于利用资格从事犯罪的个人，适用资格刑，可以起到

---

① 参见胡裕岭：《新时期我国食品安全犯罪案件侦查初探》，载《贵州师范学院学报》2012 年第 4 期。

② 参见［美］罗斯科·庞德：《通过法律的社会控制》，沈宗灵译，商务印书馆 1984 年版，第 50 页。

特殊教育预防的作用。对于利用许可从事犯罪的单位，处以禁止其从事特定业务的资格刑，也符合刑罚的目的。因此，我国刑法中应当增设禁止食品安全犯罪的罪犯从事食品生产、经营行为的资格刑。对于实施食品安全犯罪的行为人，根据犯罪情节和结果，分别处以附加不同年限的资格刑。比如，对于构成基本的食品安全犯罪的，可以附加 5 年以下禁止从事食品生产经营的处罚；对于造成严重的食品中毒或者食源性疾病等食品安全事故的，附加 5 年以上 10 年以下禁止从事食品生产经营的处罚；对于重大的造成多人死亡或身体健康严重损害的食品安全犯罪的犯罪人，可以附加终身禁止从事食品生产经营的处罚。

2. 完善食品安全犯罪的没收财产刑

没收财产是没收犯罪分子个人所有财产的一部分或全部，不仅可以破灭行为人妄图以此赚钱的梦想，还可以比较彻底地剥夺其再犯能力。因此，没收财产刑具有更好的一般预防的社会效果。笔者建议针对食品安全犯罪的结果加重犯，仿照"绑架致人死亡或者故意杀害被绑架人"的"绑架罪"的立法模式，只规定并处没收财产刑，而将罚金内容删去，或者将"没收财产"位置提前，修改为"并处没收财产或者罚金"，使法官优先选择适用没收财产刑。

3. 增设持有型犯罪

现实中，一些制售有毒、有害食品者，可能由于某些原因，尚未来得及将不安全食品原材料用于制售有毒、有害食品就被抓获，或者已经用于制售有毒、有害食品，但司法机关无法证明其将不安全食品原材料用于制售有毒、有害食品。在这种情况下，如果不对持有不安全食品原材料的行为予以处理，这将导致本行为成为违法制售有毒、有害食品者逃避法律惩罚的"港湾"。因此，为严密刑事法网，堵截制售不安全食品原材料行为的漏洞，有必要设置非法持有不安全食品原材料罪。

（二）提升侦查取证能力

1. 加强侦查协作，完善案件移送

首先，构建情报信息体系。整合资源、获取情报是侦查破案的关键。公安机关要广开信息来源，结合日常管理工作，不断延伸触角。通过群众举报信息、行政监督机关共享信息、排查发现线索等多种方式开展情报搜集工作。加强对食品安全犯罪人员的调控，获取精确犯罪线索。在目前尚无法实现公检法等机关间信息系统联网共享的情况下，可定期互通情况，建立各部门工作简报、信息互相交换机制。

其次，畅通案件衔接渠道，建立健全刑事司法与行政执法相衔接机制。建立食品安全监管联席会议制度，定期召开，重点解决好在执法过程中严格依法和相互配合等问题，获取更多线索，增强执法的实效。探索建立公安、检察院、纪委监察等部门与行政执法部门的信息联网机制，只要达到立案标准，系统会自动预警提示，杜绝在移送案件上的违法违纪问题。充分发挥新闻媒体监督作用。各级党委政府要高度重视新闻宣传在食品安全工作中的重要监督作用，充分利用电视、报刊、网络等媒体及时公正报道食品安全事件，揭露、曝光食品安全方面的违法犯罪行为，普及宣传食品安全常识，提高人民群众对食品安全的参与意识和责任意识，人人重视食品安全的良好社会氛围。注重发挥基层群众组织作用，在建立健全社会力量监督激励机制的基础上，实行食品安全"网格化管理"，由基层社区组织负责对本辖区食品生产、经营、消费企业进行监督。发动群众就近发现和举报食品安全问题企业和产品，并对举报属实的人员进行奖励。

最后，检察机关是国家法律监督机关，要按照国务院发布的《行政执法机关移送涉嫌犯罪案件的规定》等行政法规，对行政执法机关应当移送涉嫌犯罪案件而不移送，公安机关应当受理而不受理，应当立案而不立案的，要依法进行监督。建立快速反应机制，突出对人民群众反映强烈以及新闻媒体曝光的重点案件的打击。对公安机关正在侦查的重点案件，在第一时间组织强有力的办案力量依法介入，积极引导公安机关收集、固定证据；对公安机关提请批捕、移送起诉的案件，要组织精干力量，优先予以办理，及时批捕、起诉。

2. 树立证据意识，完善鉴定工作

一是用好、用足侦查措施。侦查办案人员要用足、用好各种刑事侦查措施及时获取证据。对于多数食品安全犯罪案件，第一时间到达作案现场的是派出所民警。加强在综合警务改革条件下派出所民警的培训工作，使其能够第一时间收集符合修改后刑事诉讼法要求的证据，第一时间准确收集证明犯罪事实的原始证据；同时，针对涉及食品安全犯罪特点，在抓捕现场特别需要注意做好搜查、扣押、抽样等工作，做到不遗不漏；还要针对食品安全犯罪的特点，获取犯罪嫌疑人供词。更加重视客观证据取证，加强对食品生产、加工、仓储、运输、销售、进出口等环节违法行为的取证工作，同时注重对违法行为与危害结果的因果关系进行取证。注重对涉案人员是否明知是不符合安全标准的食品或者有毒、有害的食品等主观方面犯罪证据的收集。

二是建立完善鉴定机制。要建立一套便捷、高效、专业的食品安全鉴定机制，笔者认为应该做到三点：一要快。有鉴定权的鉴定机构应当建立涉及食品安全鉴定的"快速通道"，启动特案特办机制，争取在最短的时间内向公安机关提供鉴定意见。二要专。进一步明确检测、鉴定的机构和主管部门，组织专家及时破解涉及食品安全领域的鉴定难题。三要灵。可探索建立"三位一体"联络机制，由前端申请单位（公安机关）、中端鉴定环节（检测单位）和终端鉴定环节（省卫生厅指定部门）组成"铁三角"，确定联络员，制定申请、鉴定规范，形成制度化、规范化的流程。

3. 提高侦查专业化水平

一是建立专业性强的综合执法队伍，及时固定食品安全违法犯罪证据。建立食品安全"110"报案立案系统，一旦得到举报信息，由公安、食品监督等部门的联合执法队伍及时赶到案发现场，及时固定和收集证据，对违法行为公安机关有权对其予以治安处罚，其他行政部门在此基础上作出行政处罚；构成犯罪的追究刑事责任。不采用其他行政机关移送公安机关处理的方式。公安机关办案取证经验和技术侦查手段比其他机关强，公安机关从立案开始介入有利于案件查处，如"毒胶囊事件"，中央政法委明确要求公安局立即进入侦查。

二是建立食品犯罪专案侦查队伍。随着食品安全犯罪形势的日益严峻和维护人民群众食品安全的需要，食品安全犯罪侦查队伍专业化发展是一种必然趋势，它开创了食品安全犯罪案件侦查体制和机制创新的新局面。但并非要建立一个脱离刑侦、经侦的独立系统。各地公安机关可以根据实际情况在系统内部建立食品安全犯罪专案侦查队伍，专门负责涉嫌食品安全犯罪案件的情报收集、立案侦查以及证据收集等工作任务。一方面可以学习辽宁、重庆、北京等地建立省、地到市级的食品安全犯罪侦查专业队伍独立体系；另一方面也可以在依托经济侦查工作的基础上，在经侦队伍中设立专门科室，负责食品安全犯罪的案件侦查工作。两种方法的根本都是要培养食品安全犯罪专案侦查人才。

三是加强技术侦查，增添多种侦查手段。利用高科技，建立食品安全犯罪防控体系和预警机制，及时预警、发现、收集和固定证据，是预防和打击食品安全犯罪的有效手段。充分利用技术侦查手段，收集食品安全犯罪的证据，为打击食品安全犯罪提供有力支持。

（三）加大刑罚打击力度

1. 加强对食品安全犯罪的刑事处罚

一是从严判处危害食品安全犯罪。对危害食品安全犯罪要坚持"当严则严"的刑事政策，在定罪量刑时，不仅要考虑犯罪数额、人身伤亡情况，还要充分考虑犯罪分子的主观恶性、犯罪手段、犯罪行为对市场秩序的破坏程度、恶劣影响等。对于危害食品安全犯罪的累犯、惯犯、共同犯罪中的主犯、对人体健康造成严重危害以及销售金额巨大的犯罪分子，要坚决依法严惩，罪当判处死刑的，要坚决依法判处死刑；要加大财产刑的适用，彻底剥夺犯罪分子非法获利和再次犯罪的资本；要从严控制对危害食品安全犯罪分子适用缓刑和免予刑事处罚。自 2013 年"两高"《解释》出台以后，各地都加大了对食品安全犯罪的惩处力度。上海市高级人民法院专门下发了《关于贯彻"两高"食品安全犯罪司法解释、依法严惩危害食品安全犯罪的意见》，强调对食品安全犯罪"三重一严"，即定罪从重、主刑从重、财产刑从重、严格控制非监禁刑适用，[①] 体现了从严惩处食品安全犯罪的趋势。

二是加大财产刑执行力度。对食品安全罚金刑的处罚应让犯罪分子感觉无利可图，从根源上减少犯罪的诱惑力，并在客观上削弱犯罪分子的再犯能力，进而达到对这类经济犯罪的特殊预防目的。在食品安全制度相对先进的发达国家，其严格处罚制度值得我们借鉴。对于"二噁英污染事件"中的肇事者，德国检察部门提起刑事诉讼，同时受损农场则拟提出民事赔偿，数额可能高达每周 4000 万至 6000 万欧元，完全可能让肇事者破产。法国通过标签上的保质期，一旦发现有过期食品，商店就得关门。美国法律规定，无论金额大小，只要制假售假均属有罪，处以 25 万美元以上 100 万美元以下的罚款，并处以 5 年以上的监禁，如有假冒前科，罚款额可达 500 万美元[②]。笔者认为，我国可以借鉴国外的规定，在 5—10 倍之间寻求一个合理的单位犯罪与自然人犯罪罚金数额的倍比关系。

三是加强对附带民事诉讼的支持。食品安全犯罪案件被害人往往众多，为了保障被害人依法获得赔偿的权利，对于被害人不知情或不懂法，不知如何提起诉讼或者对掺入非食品原料所带来的后果认识不足而没有提起附带民事诉讼的，检察机关应当引导其提出附带民事诉讼；如果是国家财产、集体财产遭受损失的，检察机关在提起公诉的时候，可以提起附带民事诉讼。

2. 加大食品安全监管渎职犯罪的查处力度

一是加大职务犯罪侦查部门的职能作用。把依法查办国家工作人员在食品安全监督管理和查处危害食品安全犯罪案件中的贪污贿赂、失职渎职犯罪作为当前查办职务犯罪的一个重点，深入开展专项斗争。拓宽案源渠道，如健全举报和受理机制，主动从监管等部门了解线索；从社会热点事件、群众举报、媒体报道、街谈巷议等方面摸索线索，从各种日常信息中敏锐捕捉案件线索。加强与纪检监察、有关行政执法和相关司法机关的联系沟通，推动形成信息共享、联网查询、线索移送、案件协查、共同协防、监督配合的机制，完善介入

---

① 参见王杰：《上海市高院通报的六起危害食品安全案件》，载 http：//www. shanghai. gov. cn/shanghai/node2314/node2315/node17239 /node17240/u21ai814817. html。

② 参见钱贵明：《论食品安全的法律控制》，载中国知网硕士研究生学位论文库。

重大责任事故调查机制，增强惩治和预防食品安全领域渎职犯罪的合力。

二是整合检察机关内部资源。重视建立由院领导牵头的查办食品安全领域渎职犯罪协调领导小组，定期或不定期地听取各内设机构线索移交、协作配合、办案情况汇报，做好并案侦查和侦监、公诉引导侦查取证工作，提高收集、固定证据和准确适用法律的水平。检察机关内部侦查监督、公诉部门在办理危害食品安全案件时，注意发现违法犯罪事件背后的行政管理部门和执法、司法机关工作人员收受贿赂、滥用职权、玩忽职守、徇私舞弊等职务犯罪线索，并及时移送反贪污贿赂或反渎职侵权部门立案查处。

三是健全侦查办案一体化机制。重视基层检察院的基础作用，发挥市级院的主体作用，特别是对于危害食品安全的跨地区、重大复杂疑难渎职案件，要加强协作配合和统一指挥，综合运用上级院派员督办、参办、领办和异地交办、组织特别侦查队等多种措施，增强排除干扰阻力、侦查破案的能力。

（四）健全食品安全社会防控机制

1. 建立食品安全监管长效机制，加强食品安全日常监管

一是借鉴发达国家强化食品安全监管经验，进一步明确食品安全法律法规，健全监管机构，明晰职责分工，建立高效的食品安全监管体制。《食品安全国家标准"十二五"规划》提出，到2015年年底基本完成现行食用农产品质量安全标准、食品卫生标准、食品质量标准以及行业标准中强制执行内容的清理整合工作。加快制定、修订食品安全国家标准，加强通用性、科学性和实用性是当务之急。二是改变目前食品安全事件事前反应迟缓、事后匆忙补救的现状，从以事件为监管核心转向以风险控制为核心的食品安全长效机制。在坚持突击执法、专项整顿工作的同时，更要加强日常监管力度。三是坚持惩治和预防相结合，切实突出执法办案效果。通过发布典型案例等多种形式，做好法制宣传教育工作，营造良好的惩治危害食品安全犯罪及所涉渎职犯罪的舆论氛围，震慑不法分子，预防犯罪发生，进一步赢得人民群众的支持和参与。司法机关对在查办危害食品安全及相关职务犯罪案件过程中发现的食品监管领域存在的机制、体制、制度问题，以及渎职犯罪发生的原因、教训，要向有关部门和发案单位提出整改意见或检察建议，帮助其建章立制、堵塞漏洞，防患于未然。

2. 加强行业自律，增强市场主体的法律意识

一是加强对市场主体的法制教育。市场经济是法治经济，追求市场的公平和公正，与食品相关的经济主体在市场经济的框架下开展经济活动时应当树立强烈的法治观念，遵纪守法、守规。正如有论者所说"法律法规既要保护公

民的权利与自由，维护公民的利益，又要从人类的整体利益出发，对公民进行适当的约束和强制。"① 二是加强市场诚信机制建设，提升市场主体的道德责任感和社会责任感，重塑市场经济伦理基础。市场经济的健康、规范运行需要坚守诚实信用原则，"经济效益是市场经济的追求，但市场经济在成本与效益之测算之外，还有其内在的道德意义和价值尺度。市场经济活动中，任何一个参与者都有其相应的道德义务和责任，明确各市场主体的道德责任是构筑市场经济伦理的基础。市场经济伦理的建设是预防食品安全犯罪的第一道防线。"食品市场经济主体应秉承对食品和消费者负责任的态度，以诚信为本，树立正确的市场经济伦理观念。《食品安全法》第 36 条、第 37 条要求食品生产、加工、检测、仓储、运输、销售、进出口等环节责任人应做好原材料、添加物质来源和产品去向登记以及检测登记。平时，行政执法部门应加大对这些环节的检查力度，对没有诚信登记的应当处罚，对生产销售者诚信登记应当备份保存，为打击食品安全犯罪做好证据上的准备。如《北京市食品安全条例（修订草案）》提出北京市建立统一食品安全追溯信息平台，根据信用程度，实行食品生产经营者分类分级管理，设置行业禁入规定，这是一种值得推广的务实有效的做法。②

3. 提高消费者食品安全意识，强化消费者监督举报机制

食品安全检验的最后一个把关是消费者，问题食品的最大受害者也是消费者。非法生产、销售食品具有一定的隐蔽性，受多方面因素限制，要全面、及时地发现和查处所有的不法行为，仅靠政府、媒体、行业组织等的努力是不够的，必须借助消费者群体这一更广泛的监督力量。目前，发达国家的食品监管呈现出从以政府部门监管为主向重视发挥社会力量作用的趋势发展。为了充分发挥社会各方面维护食品安全的积极性，有必要建立一个消费者组织、中介组织、企业和政府间相互沟通的机制，通过沟通来加深理解，寻求共同解决食品安全问题的办法。新闻媒体要定期开展公益宣传，积极开展食品安全法律常识、科学知识的普及工作，逐步提高消费者的食品安全意识。强身才能健体，广大消费者能够识别假冒伪劣食品，具备了食品安全免疫力，才能在一定程度上减少伪劣食品的危害，才能抵御食品安全事故的风险。有关部门应当建立一个接受食品安全问题投诉的统一窗口，重奖消费者举报食品安全违法事件，尝试将违法经营者罚没款的 10%—30% 奖励举报者。

---

① 参见文军：《消费者的知情权》，载《当代法学》2004 年第 3 期。
② 杨沐春：《北京修订食品安全条例食品犯罪拟终身禁入行》，载《中国酒》2013 年第 1 期。

网络涉毒违法犯罪
新问题及其法律对策研究[*]

陈宝富　　江　学　　吴加明

中国互联网络信息中心公布，截至 2011 年 10 月，中国网民规模预计为 5.01 亿人，互联网普及率为 37.4%，互联网成为我们日常生活中不可缺少的部分。作为人类社会最具创造力的发明，网络自其诞生以来就以惊人的速度不断发展壮大。互联网由虚拟性到现实性的过渡、由单纯的信息媒介向生活平台的两大转变，[1] 使网络空间与人类社会生活密不可分。然而，任何事物都有两面性，伴随网络迅速发展的是日益严重的网络犯罪。网络背景下，传统的涉毒违法犯罪呈现的新问题、新动向值得关注，其引发的法律适用难题更值得研究。

一、网络背景下涉毒违法犯罪的新动向及其危害

网络涉毒违法犯罪[2]，是指利用互联网从事与毒品相关的违法犯罪，如利用网络贩卖毒品、利用聊天室有组织的吸毒等行为。网络背景下，制造、贩卖毒品，容留他人吸毒，引诱、强迫他人吸毒等传统涉毒违法犯罪呈现出截然不同的表现形式。

（一）网络背景下涉毒违法犯罪新动向

1. 利用网络聊天交友平台组织吸毒、贩毒

与网络赌博、网络传播淫秽信息一样，网络聊天室也已经被不法分子所利

---

* 本文系最高人民检察院 2012 年检察应用理论研究重点课题《网络背景下毒品犯罪新问题及其对策研究》成果。课题负责人：陈宝富，上海市浦东新区人民检察院党组书记、检察长。课题组成员：江学、吴加明。

① 参见于志刚：《网络犯罪与中国刑法应对》，载《中国社会科学》2010 年第 3 期。

② 鉴于我国当前违法与犯罪并存的二元结构，部分涉毒行为，如个人吸毒，仅为违法行为尚不构成犯罪，因此本文以"网络涉毒违法犯罪"取代"毒品犯罪"，更为确切，含义更广。

97

用于涉毒违法犯罪。来自天南海北的不法分子结识于网上，无须见面即可通过聊天室相互交流吸毒感受，互相观看对方吸毒表演，有组织地召集网友共同吸毒，传播毒品信息，传授制毒方法，并进行线下毒品或制毒工具的交易。

2011 年 10 月，公安部指挥全国公安机关开展统一行动，破获"8·31"特大网络吸贩毒案，查获涉毒违法犯罪嫌疑人 12125 名，破获制贩毒案件 496 起，打掉制贩毒团伙 144 个、吸毒窝点 340 个、制毒工厂（点）22 个，缴获毒品 308.3 千克。该案是全国首例利用互联网视频交友平台进行涉毒违法犯罪活动的新类型毒品案件，涉及全国 31 个省、自治区、直辖市，本案中，涉案人员利用互联网视频聊天网站进行吸毒、贩毒等活动。涉毒人员除网上进行毒品交易外，还开设"房间"作为隐蔽，"房主"设置了访问权限，加入房间必须经过熟人引荐，并且需要通过视频表演吸毒行为进行"认证"后才能进入。大量吸毒人员在网站设立的虚拟"十人房"、"百人房"内从事吸毒活动，表演吸毒行为，交流吸毒感受。①

2. 通过网络购物平台，以保健品等为名贩卖毒品或其他制毒原料

当前，"淘宝网"等网络购物平台已成为民众购物不可或缺的渠道之一，然而毒品及其相关原料也正在通过各网络购物平台大肆交易。不法分子在各大网络平台发布广告，以保健品等名义吸引买家关注，或使用隐语、黑话等代号发布涉毒物品信息，买卖双方取得联系后再私聊确认，双方通过第三方支付平台完成资金结算，以快递或物流完成涉毒物品的运输。

2010 年 6 月，辽宁通化警方抓获犯罪嫌疑人宋某、石某。经讯问，二人交代了通过网络贩卖盐酸曲马多片剂的犯罪事实。2011 年 1 月 7 日，专案组在湖南警方配合下，抓获石某的"上线"吴某等 3 人。专案组发现，仅吴某的贩毒支线就涉及 12 个省市、34 个市县，涉及贩毒人员数十名。2011 年 5 月 30 日，公安部组成 8 个工作组，分赴全国 18 个省、市全面开展侦破工作。截至目前，公安机关共抓获涉嫌违法人员 77 名，缴获盐酸曲马多片剂等国家二类精神管制药品近 120 万粒。其中，公安机关还在安徽省打掉制售假药团伙一个，捣毁制假窝点 19 个，涉案金额 1.1 亿元。②

3. 利用互联网学习制毒技艺、订购制毒原料，制造毒品并通过网络出售。

不法分子在网上发布信息，传授从一些常见药品中提出毒品原料的制毒方法，出售制毒工具并教授如何使用。制造毒品，一般人本来遥不可及、难以完

① 参见马进帅、马国顺：《揭秘特大网络吸贩毒案》，载《检察风云》2011 年第 23 期（总第 355 期）。

② 参见张亮、赵毅：《通化青年吸毒牵出 18 省网络吸贩毒案》，载《法制日报》2012 年 3 月 27 日第 8 版。

成的犯罪，在网络信息的帮助下得以顺利完成。四川省成都市青羊区法院 2008 年以来审理的 20 余件制造毒品案，犯罪人都是在网络上购买配方和制毒工具的，被抓获时当场查获大量 K 粉（氯胺酮）和半成品。如冷某、赖某买来工具、原材料，打算自行研制冰毒。多次尝试还没成功，就被警方一举查获。警方从房间内查获白色晶体，经鉴定，共 45.55 克，含有巴比妥成分。据了解，冷某从网上下载制毒方法，购买了工具和原料，打算自己制造毒品。之前，他通过网络与赖某认识。赖某提出愿意找人出资共同制造冰毒，赚到钱后分。两人伙同他人在赖某的暂住地制毒，还购买了真空泵、搅拌器等制毒工具和原材料，由冷某负责制造冰毒。青羊区法院以制造毒品罪对两名被告人判刑。①

4. 利用互联网组织策划、通信联络和指挥毒品犯罪

从司法实践中破获的多起毒品案看，犯罪分子之间通信、联络和指挥方式均由传统的手机通讯转换为互联网联系；笔记本电脑已成为必不可少的犯罪工具。有些毒品犯罪集团还通过 QQ 群、在线论坛、群发邮件等网络方式吸收成员、指挥工作。

（二）网络涉毒违法犯罪的严重危害性

传统涉毒违法犯罪危害性已经十分严重，而网络的聚集效应和便捷性使网络涉毒违法犯罪的危害性在传统犯罪基础上呈"几何级"增长。其表现为：犯罪总量激增、犯罪人数急剧扩张，犯罪的破坏性力量骤增，其社会危害性已经远远超出现实社会中涉毒违法犯罪所能达到的程度。

客观上，其一，网络的超时空性使涉毒违法犯罪不再受制于时间、地点、国家，使其有无限延展的可能性，违法犯罪行为可以无限复制、放大。如现实社会中，容留他人吸毒、聚众吸毒局限于一定地域和人员，其参加人数和毒品数量都十分有限，因此社会危害性相对较小。然而，借助网络视频聊天室进行吸毒表演、组织吸毒，却可以打破空间和地域的限制，使来自全国各地乃至全世界各地的数万人同时参加成为可能，几百人甚至几千人共同在线的情况十分常见。尤其是大量的未成年人、在校学生加入其中，走上涉毒违法犯罪的道路，对家庭、社会造成的危害及其严重。其二，网络的便捷性使犯罪人之间关系被拉近，更利于协调一致地实施犯罪。犯罪成本越低，犯罪难度越小，其犯罪的积极性就越高。涉毒人员足不出户、轻点鼠标即可完成贩卖毒品等违法犯罪，或者不须抛头露面即可坐镇指挥各路人马，犯罪更容易得逞。其三，网络

---

① 周丽娜、杨绍元：《青羊法院反映毒品犯罪网络化应重视》，载 http://cdfy. china-court. org/public/detail. php？id=24779，2012 年 8 月 20 日访问。

的匿名性和虚拟性为行为人逃避打击提供了最佳的掩饰，给司法机关发现并查处犯罪带来极大的障碍。此类涉毒违法犯罪往往难以被发现而长时间存在，发现后的调查取证等工作难度较之传统犯罪也更大。

主观上，一方面，涉毒违法犯罪披着网络技术的神秘外衣，误导了公众的社会危害性认知。由于民众对网络技术存在一定程度的技术崇拜，导致对利用网络从事违法犯罪的危害性认知不足，助长纵容了网络涉毒违法犯罪。基于网络产业的新颖性和技术性，公众对借助网络技术实施的犯罪（如网络涉毒违法犯罪）危害性评价明显趋低，公众盲目地认为一切用网络技术相关的产业都是积极的、正面的，或者即使有一定危害也局限于网络空间中。公众出于对高技术产业发展潜力的认同，对犯罪行为的社会危害性评价降低甚至完全无视。①

另一方面，由于长期浸淫于网络的主要是青少年，网络涉毒违法犯罪所营造的"犯罪亚文化"（如吸毒是前卫的、在网上表演交流吸毒是时尚的、制造毒品是有本事的等）极易误导涉世未深、辨别能力较弱的青少年，使其价值观、人生观发生错位，进而走上涉毒违法犯罪或其他犯罪道路。

二、网络背景下涉毒违法犯罪的法律适用难题

结合我国现行关于涉毒违法犯罪的法律规范，前文总结的实践中出现涉毒违法犯罪新问题暴露的法律适用难题值得关注：

（一）为涉毒违法犯罪提供网络技术或其他帮助者已非传统意义上的从犯

网络技术是上述涉毒违法犯罪得以异化的最主要原因，不论是利用聊天室组织吸贩毒，抑或利用网络购物平台完成毒品交易，还是在网上传授制毒方法、联络毒品犯罪人员，都离不开网络技术的支持，这是传统的涉毒违法犯罪得以呈几何型增长的根本原因。这其中既涉及明知他人从事毒品违法犯罪仍提供互联网的接入、服务器托管、网络空间存储、通讯传输通道、软件开发、技术维护等服务的单位或个人，也涉及为毒品交易提供资金结算的第三方支付平台，还包括完成毒品或制毒原料运输的快递、物流渠道。上述几个环节都是网络涉毒违法犯罪得以起始、发展直至顺利完成所必不可少的，这些帮助犯的作用不可忽视。

值得注意的是，网络背景下的帮助犯已经不是传统犯罪方式下起"辅助、

---

① 参见于志刚：《传统犯罪的网络异化研究》，中国检察出版社2010年版，第15—18页。

次要作用"，其在共同犯罪中的作用等同于甚至大于被帮助者，也即"帮助犯的主犯化"。我国刑法理论中，共同犯罪依据分工不同可以分为组织犯、实行犯、教唆犯和帮助犯，根据其作用大小可以分为主犯、从犯和胁从犯。传统刑法理论对上述两种分类有较为明确的区分标准与相互对应关系，如一般认为组织犯是犯罪的纠集、组织、策划和指导者，是主犯；而帮助犯是帮助他人实施犯罪的，一般是从犯。但是在网络平台上，上述对应关系已经异化甚至颠倒。

一方面，组织者即传统的主犯作用减小，"实际上，对于其他犯罪参与人而言，组织犯也只是一个虚拟的人物，其他参与人并不是由于服从组织犯的调配和领导而实施犯罪，组织犯更多地不过是提供了一个犯罪的契机，便可以成功地发动一次犯罪，这可能是网络空间中的共同犯罪的组织犯与传统空间中共同犯罪的组织犯的最大差别所在。"① 另一方面，帮助者所起的作用增大。犯罪分子将手伸向网络空间时，面对的首先是网络技术的阻碍，因此具有网络和计算机知识的技术人员成为犯罪得以完成不可或缺的一部分，甚至是最关键的一环。

综上所述，网络背景下的涉毒违法犯罪帮助犯已非传统意义上的从犯，而呈主犯化之势。"网络空间中的组织犯可能只是引发'蝴蝶效应'的那一只蝴蝶，很难完全将'得克萨斯州的一场龙卷风'的责任完全归咎于这只'巴西轻拍翅膀的蝴蝶'；而网络空间中的帮助行为社会危害性已经远远超过实行行为，公开传播犯罪工具、对他人入侵行为提供技术帮助的行为的社会危害性，远远超出了利用其帮助所实施的犯罪行为本身。"②

（二）网络吸贩毒中"聊天室主人"定性处罚争议

大部分涉毒违法犯罪可以还原为相应传统行为，如利用网络购物平台贩毒其本质仍为贩毒，利用网络通信工具传授制毒方法其本质仍为传授犯罪方法，其定性处罚无甚争议。然而也有部分涉毒违法犯罪在网络背景下发生异化，如通过网络聊天室"开房"容纳和吸引其他吸毒者参与的"房主"如何定性处罚，网络空间可否作为容留吸毒的场所，值得讨论。

有观点认为，虚拟网络平台不能成为容留他人吸毒罪中的"场所"。容留吸毒的场所应该是客观的物理场地，如具有所有权的住宅、车辆、游艇，抑或临时取得使用权或支配权的宾馆、KTV包厢等。网络吸毒案中，吸毒者实际是在各自的场所，所谓吸毒的"房间"实际上是通过视频聚集到虚拟网络平

---

① 于志刚：《传统犯罪的网络异化研究》，中国检察出版社 2010 年版，第 37 页。
② 于志刚：《传统犯罪的网络异化研究》，中国检察出版社 2010 年版，第 40 页。

台的镜像，并不存在吸毒人员聚集到某一场所吸毒的行为。若随意对"场地"进行扩大解释，将虚拟空间纳入"场地"的理解类推成容留他人吸毒的行为，则违反了罪刑法定原则。[①] 对此，现行刑法没有相应罪名，只能予以行政处罚。也有观点认为，不能过于教条主义地强调"场所"的物理特征，只要是具有控制权、隐蔽性以及可以独立在该范围内进行活动这三个特征，即可认定为刑法上的"场所"。网络聊天室具备上述三个特征，可以作为容留吸毒的"场所"。[②] 而从笔者掌握的司法实践资料看，尚未有相关将网络组织吸贩毒定性为容留吸毒的案例见诸报端。

（三）网络背景下新型涉毒违法犯罪存在法律空白

1. 传播毒品信息行为

传统空间中，以口口相传、传单、电话等形式的传播毒品信息范围有限、人数不多，而且能够被及时发现和查处，其社会危害性不大。然而，网络背景下传播毒品信息的行为危害性已经不容忽视。由于网络的跨时空性以及聚焦效应，利用网络论坛、聊天工具传播毒品信息，如介绍买卖毒品、提供制毒工具、提供吸毒工具、传授制毒方法等，传播速度极快、影响范围极广，且难以被发现查处，往往长时间存在，尤其是未成年人、学生等深受其害，其危害性已大大远非传统的传播方式所能比拟，将其纳入刑法规制范围已经刻不容缓。

2. 聚众吸毒、组织吸毒行为

以往的吸毒人员，主要吸食或注射鸦片、海洛因等，需要一定的隐秘空间和一个相对较长的时间过程，并容易产生明显的气味，故吸毒人员往往相互独立，吸毒现象较为隐蔽，有组织的一起吸毒、聚众吸毒现象较少。而近年来这样的特征已经明显改变。一方面，新型毒品如摇头丸、冰毒、麻古、神仙水等的不断出现，改变了吸毒的方式，使聚众吸毒不再相互干扰而是相互助兴，有组织的共同吸毒、聚众吸毒成为新时尚。同时，娱乐场所、宾馆、KTV 等营业场所因兼具向公众开放而又有一定私密性的特征，出于经济利益的驱使加之监管不严，其往往成为聚众有组织吸毒的最佳场所。某基层公安一年间查获的毒品违法犯罪案件中，三人以上在 KTV 等场所群体性吸毒案件占查获总人数

---

① 参见谢金金、陈羽：《网络吸贩毒案中"房主"行为的法律定性》，载《中国检察官》2011 年第 12 期（经典案例）。此观点并非该文作者所持观点。

② 参见谢金金、陈羽：《网络吸贩毒案中"房主"行为的法律定性》，载《中国检察官》2011 年第 12 期（经典案例）。此观点系本文作者所持观点。

的 62%。① 与此同时，不断有明星聚众吸毒被曝光见诸报端。种种迹象表明，聚众吸毒已经成为当下涉毒违法犯罪的常见形态之一。另一方面，网络工具的使用使潜伏在社会阴暗角落、不易被发现、范围较小的聚众吸毒行为骤然升级，迅速传播。"8·31"特大网络吸贩毒案中，涉毒的某视频网站平时在线人数几十万人，开设有 3000 多个"房间"，设有可容纳 10 人至 500 人不等的"十人房"、"百人房"。来自全国各地的吸毒人员在各自的视频窗口中疯狂摇晃，呈现吸食合成毒品者常有的癫狂状态，场面触目惊心。综上所述，有组织聚众吸毒行为公然挑战国家对毒品进行管制和禁止流通的禁忌底线，尤其是利用网络技术实施的组织吸毒，参与人数多、社会影响大、传播范围广，其已具备及其严重的社会危害性，亟须及时予以严厉打击。

（四）其他问题

与其他网络犯罪一样，网络涉毒违法犯罪的管辖问题，包括跨地区、跨国之间的管辖，如何确定犯罪行为地是困扰当下司法实践的难题；另外，对于管辖冲突问题也值得关注，尤其是是跨国之间的管辖冲突，这有待区际司法协助或国际司法协助予以解决。此外，查办网络涉毒违法犯罪中的电子证据也值得关注。修改后刑事诉讼法将"电子证据"作为独立证据种类予以规定，如何统一规范此类证据的收集、制作、保存、示证等程序，这也是司法实践中亟须解决的问题。

当然，由于上述问题系网络犯罪的共性问题，在网络涉黄、涉赌等相关司法解释中已经有所规定，本文主要针对网络涉毒的特殊问题，故不再展开。

三、网络背景下涉毒违法犯罪的法律对策

规制主客观危害十分严重的网络涉毒违法犯罪，需要从多方面着手，其中完善法律尤其是刑法的相关规定，是重要的一环。"黄赌毒"有着诸多共同特征，借鉴我国已经出台的网络涉黄、涉赌相关司法解释，② 对涉毒违法犯罪予以刑法完善。当务之急，应当在现有法律框架内，通过事实推定、扩张解释等

---

① 参见谢雁湖：《聚众吸毒行为入罪初探》，载《法制与经济》2010 年第 9 期。

② 网络涉黄违法犯罪司法解释参见：2004 年 9 月 3 日"两高"《关于办理利用互联网、移动通信终端、声讯台制作、复制、出版、贩卖、传播淫秽电子信息刑事案件具体应用法律若干问题的解释》、2010 年 2 月 2 日"两高"《关于办理利用互联网、移动通信终端、声讯台制作、复制、出版、贩卖、传播淫秽电子信息刑事案件具体应用法律若干问题的解释（二）》；网络赌博违法犯罪司法解释参见：2010 年 8 月 31 日"两高一部"《关于办理网络赌博犯罪案件适用法律若干问题的意见》。

路径严密法网，尽量减少因法律不完善造成的漏洞，打击涉毒违法犯罪；从长远来看，可以参考涉黄、涉毒违法犯罪的司法解释，及时出台涉毒违法犯罪司法解释，系统解决新问题；最后，可以通过刑法修正案形式在现有毒品犯罪中增设相关犯罪，以构建严密完整的刑事法律体系，应对网络涉毒违法犯罪。

（一）充分认识网络涉毒违法犯罪的严重危害，适当调整打击毒品犯罪的刑事政策

1. 我国现行关于涉毒违法犯罪的法律规范与刑事政策

我国现行关于涉毒违法犯罪的法律主要是《禁毒法》为专门禁毒法典，构成禁毒法律体系的基础，《治安管理处罚法》和《刑法》及相关司法解释为惩治毒品违法犯罪行为的主线，以行政法规和地方性法规等单行禁毒专门法律法规、我国加入的禁毒国际公约为具体内容，以非禁毒专门法中涉及禁毒的法律规范为补充，形成的相互配套的体系。[1]《禁毒法》全面规定了与禁毒宣传教育、毒品管制、戒毒措施、禁毒国际合作及相应法律责任，而《刑法》与《治安管理处罚法》的相关部分，构筑了我国涉毒犯罪与违法并存的二元结构。

纵观上述法律，不难发现其立法思路主要是严密堵截毒品源头，如制造、贩卖、运输、非法持有毒品及其原料，同时严厉打击与吸毒有关的行为，如容留、引诱、教唆、强迫他人吸毒等行为，具体表现为法网严密、法定刑设置偏重、引入诱惑侦查、设置特殊累犯等。[2] 对毒品犯罪不仅立法上从严设置，更重要的是司法实践中从严把握、从严处罚。[3] 而对吸毒行为本身则是挽救与改造为主、惩罚色彩较弱。[4] 在应对新形势方面，2012 年 5 月 28 日，公安部、最高检联合出台的《关于公安机关管辖的刑事案件立案追诉标准的规定（三）》，明确实践中不断出现的新型毒品及制毒原料的追诉标准。

遗憾的是，现有法律规范未能充分关注利用网络技术从事涉毒违法犯罪的新动向。不妨横向对比一下作为难兄难弟"黄赌毒"：网络涉黄、网络涉赌均已经出台相关司法解释，而与之相类似的网络涉毒违法犯罪却未有相关规范予

---

① 参见金伟峰等：《禁毒法律制度研究》，浙江大学出版社 2009 年版，第 12 页。

② 参见胡江：《三十年来我国毒品犯罪立法之演进》，载《云南大学学报（法学版）》2009 年第 5 期。

③ 参见赵国玲：《毒品犯罪刑事政策实证分析》，载《法学杂志》2011 年第 5 期；胡江：《我国毒品犯罪刑事政策之检视》，载《法治论丛》2010 年第 3 期。

④ 参见万志鹏、杜雄柏：《浅谈我国对吸毒刑事政策的应有调整》，载《犯罪研究》2011 年第 2 期。

以指导，导致实践中此类案件的处理争议较大。另外，在吸毒轻缓化刑事政策指导下，对行为人自愿基础上的"组织吸毒"、"聚众吸毒"等行为未予入罪，也导致了司法实践对愈演愈烈的此类行为难以刑事追究。

2. 打击毒品源头与打击毒品消费并重的刑事政策

随着对传统领域涉毒违法犯罪打击的力度不断加大，现实空间中的涉毒违法犯罪越发困难。可以预见，随着网络技术的日益普及，涉毒违法犯罪将逐渐从现实空间向虚拟空间转移，这正如传统的商场购物被电子商务不断挤占、传统缴费支付方式被第三方支付平台不断取代一样。基于此，越来越多的商家已经清醒认识到：如果不开发电子商务而仍停留于传统的商业模式，其必将退出历史舞台。同样地，当下对涉毒违法犯罪的打击，如果没有充分认清网络时代的大背景而研究新对策，如果仍将目光停留于传统空间涉毒违法犯罪，其打击效果将十分有限，多年来长期坚持打击毒品犯罪的成果可能付诸东流。

因此，观念上首先应适当调整当前重视打击毒品源头，而轻毒品消费的刑事政策。对涉毒违法犯罪不仅要重遏制源头，同时也要重视消费市场，既要打击制造、贩卖、运输等源头行为，也不能轻视与吸毒的有关犯罪。对于涉毒违法犯罪链条的中下游，如介绍买卖毒品、传播毒品信息，以及与吸毒密切相关的行为，如有组织的聚众吸毒等行为，也应予以严惩。

（二）现有法律框架下以事实推定、扩张解释等路径严密法网

1. 对于网络贩毒、买卖制毒原料等传统毒品犯罪网络异化的情形，应加大对第三方平台（网络购物平台、资金结算工具、物流服务）的打击力度，切断其赖以存在的技术链条。

一方面，明确第三方平台主体的共同犯罪责任，并予以从严打击。对于明知或应知他人实施毒品交易等犯罪行为，而仍提供服务的第三方平台，如明知他人从事毒品犯罪仍予以网络接入的公司，或提供身份证给他人上网从事贩毒的人，明知他人进行毒品交易仍予以运输的快递公司，明知他人进行毒品交易仍予以资金结算的公司等，均应认定为毒品犯罪共犯。且鉴于上述帮助者的特殊作用以及网络涉毒违法犯罪的巨大危害，对于上述人员一般不认定为从犯，不予从轻或减轻处罚。

另一方面，参考网络赌博司法解释，推定第三方平台主体的主观明知。电子商务如日中天的今天，有些中间商、服务商为谋取非法利益，默示甚至积极为涉毒违法犯罪提供帮助，被查处时，其均以主观上不明知或公司内部事先写好的免责条款为自己辩解。针对上述问题，笔者认为可以参考网络赌博、网络传播淫秽物品的司法解释推定，若涉毒违法犯罪的第三方平台主体存在以下情

况即可推定其主观明知：（1）在行政主管部门或其他人以书面等方式告知后仍未采取措施，致使毒品交易得以完成的；（2）第三方平台主体收取的服务费明显异常的；（3）在执法人员向其调查时，通过销毁、修改数据、账本等方式故意规避调查或向嫌疑人通风报信的；（4）严重不负责任，未履行法定的告知、检查等义务，致使毒品交易得以完成的；（5）其他有证据证明其明知的。

2. 对容留吸毒罪作扩张解释以规制利用网络平台组织吸毒行为

传统意义上的容留吸毒、容留卖淫罪，一般是提供物理空间，如自己的房屋、汽车、租住宾馆等私密的场所，容留者对该场所具有控制权，也即场所的私密性和控制性。① 现行法律框架下，对于利用网络聊天室组织表演吸毒、交流吸毒经验的"房主"，应当以容留吸毒定性处罚。

其一，利用网络空间组织众人吸毒行为侵害了毒品管制秩序，与传统的容留吸毒一样具有严重的社会危害性。我国刑法虽然不打击吸毒行为本身，但对吸毒周边行为以及为吸毒提供便利的行为予以严厉打击。利用网络聊天室组织众人进行吸毒表演、交流吸毒经验，极大推动了吸毒者交互式群体活动的进行，淡化吸毒的危害性认识，甚至通过聊天室引诱、强迫他人吸毒，尤其是大量的未成年人深陷其中，其社会危害性极大。鉴于网络的虚拟性和跨时空性，这种手法影响面更广、传播速度更快、查处更难，相较于传统容留吸毒犯罪，其社会危害性有过之而无不及。

其二，网络聊天室符合容留吸毒罪"场所"的本质特征，即私密性和控制性。其私密性是相对于聊天室以外的虚拟空间而言的，每个房间均设有密码，申请进入者必须表演一段吸毒视频证明身份，外人不能进入，也无法了解里面的状况，其事实上与外界处于隔绝状态。② 至于房主对聊天室的控制权表现在：在网络平台上开设聊天室，首先需要向该平台提出申请，同时说明开设房间的目的、用途等，类似于现实中的建房审批，获得通过后房主就拥有了该房间的控制权，其可以根据自己意愿设置房间各项功能，如通过设置房间密码、批准他人加入房间、将他人踢出房间等形式控制该房间等。

其三，该扩张解释是现行法律框架下，司法实践对网络涉毒违法犯罪新动

---

① 参见黄曙：《容留他人吸毒罪的法律适用》，载《人民检察》2011 年第 6 期；李杨、赵寒春：《容留他人吸毒罪的法律适用问题》，载《黑龙江省政法管理干部学院学报》2010 年第 12 期。

② 参见谢金金、陈羽：《网络吸贩毒案中"房主"行为的法律定性》，载《中国检察官》2011 年第 12 期（经典案例）。

向的能动回应。网络平台的介入传统犯罪导致的犯罪异化，严重冲击了传统刑法理论和规则，在立法尚未明确出台应对规则之前，司法者不应机械地执行罪刑法定原则，以法律没有规定为由轻易作出无罪定论，而应"心中充满正义、目光不断往返与事实与规范之间"，能动地解释现行法律，以弥合犯罪网络异化与传统法律规则之间的矛盾。综观司法实务中对网络虚拟财产的认定、网络赌博、网络组织淫秽表演等行为的认定，其后的相关判例或司法解释的出台肯定了上述探索。

综上所述，网络空间其实是现实社会关系的镜像，其承载了现实的社会关系，应当与传统的物理空间一样作为容留吸毒罪的"场所"。①

（三）及时出台网络涉毒违法犯罪司法解释，公布典型案例

上述理论解释只能作为权宜之计，其能否被接受以及多大程度、多大范围被接受都是不得而知。当前解决涉毒违法犯罪法律适用争议问题，最快捷而现实的办法就是及时出台相关司法解释。

1. 及时出台网络涉毒违法犯罪相关司法解释

一方面，我国刑事司法实践已经离不开司法解释。法律的适用离不开解释，当前我国的刑事司法现实中，作为最高级别的答复、批复，司法解释可以一锤定音，统一全国法律适用，为司法者遇到新问题时提供权威的答案。另一方面，横向对比网络涉黄、涉赌违法犯罪，均已出台相关司法解释，作为并生而存在的"黄赌毒"，只有网络涉毒违法犯罪法律适用有待解释。

至于涉毒司法解释的内容，可以参考以下：（1）明确为网络涉毒违法犯罪提供帮助的网络服务、购物平台、资金结算、物流服务者的共犯责任，并予以从严处罚；（2）明确推定上述帮助者主观"明知"的情形；（3）对于不同帮助者相应定罪量刑情节的标准，如资金结算者可以以结算的数额为标准，物流服务者可以以运输的毒品数量为标准；（4）明确利用网络聊天室组织吸毒者的刑事责任，并确定其定罪量刑标准，如参加人员数量、IP地址个数、存在时间、是否涉及未成年人及涉及未成年人的数量等因素；（5）关于网络涉毒违法犯罪的证据收集；（6）关于网络涉毒违法犯罪的管辖。

---

① 我国台湾地区刑法也有类似观点：修改侵入住宅罪的构成要件，使未经授权进入他人之系统的行为可以用侵入住宅来处罚。参见黄荣坚：《电脑犯罪的刑法问题》，载《台大法学论丛》第25卷第4期，第220页，转引自于志刚：《传统犯罪的网络异化研究》，中国检察出版社2010年版，第351页。

2. 公布网络涉毒违法犯罪的指导案例、参考案例，指导司法实践

以案例指导的方式直接指导司法实践，是近年来"两高"新实行的制度。2011年"两高"先后颁布案例指导相关规范，其明确所公布案例"参照适用"的法律效力。截至2012年9月底，最高院一共颁布了三批12个指导案例，最高检共颁布1批4个指导案例，对司法实践产生了重大影响。在未出台司法解释之前，及时将网络涉毒违法犯罪案例纳入指导案例，明晰其法律适用相关问题，是解决此类案件法律适用难题的权宜之计。

另外，以《刑事审判参考》、《最高人民法院公报》、《刑事司法指南》等形式公布涉毒违法犯罪典型案例，提炼其法律适用规则，指导司法机关办案。如我国关于网络虚拟财产能否作为刑法上财物的认定，至今尚无明文的规范，尽管理论上仍有观点持否定态度，① 但回顾近年来相关案例报道，不难发现实践中对虚拟财产的"财产性"早已认可并广泛推广。2006年1月，深圳市南山区法院对全国首例盗卖QQ案以"侵犯通信自由罪"作出判决，在全国媒体的闪光聚焦下，该判决回避了虚拟财产的认定问题，以"侵犯通信自由"打了个擦边球。如果说这个时候司法部门对此问题的态度还有些犹豫徘徊，那么时隔一年之后，同在东南沿海地区的浙江丽水法院判决可谓开启了侵犯虚拟财产入罪化的先河——2007年4月，浙江丽水法院以"盗窃罪"对两名同样的盗窃虚拟财产的被告人作出重判，分别以盗窃罪判处两名被告人13年和10年有期徒刑，引起理论界和实务界的广泛关注。至此，支持侵犯虚拟财产行为入罪的观点逐渐成为共识。无独有偶，2006年年初，上海市黄浦区法院对被告人孟某盗窃Q币案作出判决，认定其构成盗窃罪并判处相应刑罚；2007年3月，上海市浦东区法院对盛大网络员工利用职务之便侵占公司虚拟财物行为作出判决，以职务侵占罪判处被告人相应刑罚。该两判决再次肯认了虚拟财产可以成为刑法保护的对象。值得一提的是，上述判决及其相关论文不久即被《刑事审判参考》选中刊登。② 其后，司法实务中关于虚拟财产的"财产性"争论基本平息。不难发现，《刑事审判参考》等权威报刊登载的案例及其提炼

---

① 参见侯国云：《虚拟财产的性质与法律拟制》，载《中国刑事法杂志》2012年第4期；侯国云：《再论虚拟财产刑事保护的不当性》，载《北方法学》2012年第2期。

② 参见朱铁军、沈解平：《孟动、何立康盗窃案》，载最高人民法院刑事审判第一、二、三、四、五庭主编：《刑事审判参考》2006年第6集（总第53集）；苏敏华、吴志梅：《王一辉、金珂、汤明职务侵占案》，载最高人民法院刑事审判第一、二、三、四、五庭主编：《刑事审判参考》2007年第5集（总第58集）。

的规则对当前司法实践有着极大影响，甚至有"准判例"的效果。①

（四）增设"传播涉毒信息罪"、"组织吸毒罪"，增设资格刑

前文已述，当前传播毒品信息、组织吸毒现象十分猖獗，尤其是利用网络技术实施的上述两种行为，其社会危害性十分严重，亟须入罪予以规制。

1. 传播涉毒信息罪的立法构想及解析

"第××条　明知是涉毒信息而予以传播，情节严重的处五年以下有期徒刑、拘役或管制；情节特别严重或造成严重后果的处五年以上有期徒刑。

明知是涉毒信息而向未成年人传播的，依照前款规定从重处罚。

单位犯前两款之罪的，对单位判处罚金，并对其直接负责的主管人员和其他直接责任人员，依照前两款的规定处罚。"

其一，传播的内容十分广泛，只要与毒品相关即可。其既包括毒品买卖信息，也包括制毒原料和制毒工具买卖信息，还包括与吸毒相关的信息，如吸毒方法陈述、吸毒经验介绍、吸毒感受描述等。

其二，传播的手法可能多种多样，只要是向不特定人传达信息即可，比如传统的粘贴海报、寄信等方式，更多的是利用手机短信、网络论坛、视频聊天室等网络传播方式。

其三，主观上以明知或应知为前提。根据主客观相统一原则，如果主观上确实不知道或不可能知道为涉毒信息而予以传播的，不应予以入罪。至于所传播的毒品信息是否真实，则在所不问。换言之，即使所传播的毒品信息客观上是假的，但行为人信以为真而予以传播的，仍可能构成本罪。

其四，本罪应为情节犯，同时设立加重结果作为升格法定刑的要件之一。情节严重可以参考传播的范围、网络信息存在的时长以及点击数、传播人违法所得数额。所谓造成严重后果，如传播毒品信息使毒品交易或制造毒品等犯罪得以既遂的，其下游犯罪应当判处 3 年以上有期徒刑。对于针对未成年人传播涉毒信息的，应予以从重处罚。

其五，本罪的主体既包括个人，也包括单位，尤其实践中一些网络服务提供商，为牟利而放任上述涉毒信息的传播，应当予以定罪处罚。

其六，关于本罪的刑罚设定，横向参照刑法其他传播型罪名，如"编造并传播证券、交易虚假信息罪""故意传播虚假恐怖信息罪""传播淫秽物品罪"的法定刑，纵向的参考其他毒品犯罪的刑罚，可以将其起点刑设定为

---

① 关于《刑事审判参考》等权威刊物对司法实践的指导作用，具体可参见刘树德、喻海松：《中国刑事指导案例与规则——提炼、运用、说理》，法律出版社 2009 年版。

"五年以下有期徒刑、拘役或管制"。

2. 组织吸毒罪的立法构想及解析

"第××条　组织多人吸食、注射毒品的，对组织者和其他积极参加者，处三年以下有期徒刑、拘役或管制，并处罚金；情节严重的，处三年以上七年以下有期徒刑，并处罚金。

引诱未成年人参与聚众吸毒的，依照前款规定从重处罚。

单位犯前两款之罪的，对单位判处罚金，并对其直接负责的主管人员和其他直接责任人员，依照前两款的规定处罚。"

首先，本罪为组织吸毒，而不是聚众吸毒，这样可以解决网络空间是否具有"聚众性"的争议。在网络空间中聚集从事违法犯罪活动是否属于聚众型犯罪，理论和实务界均存在较大争议，网络裸聊能否构成聚众淫乱罪的争议就是实例。当前理论界通说①和实务界做法，② 均不认为其构成聚众淫乱罪，而一般以组织淫秽表演罪（有组织的一对多表演）或无罪（一对一的个人裸聊行为）处理，关键就在于网络空间中聚众无法与现实空间中的聚众效应相等同。设立组织吸毒罪可以避开上述争议，组织行为涵盖聚众行为，其并不以传统空间为限。换言之，组织吸毒罪既可以针对现实中呼朋引伴到家中、宾馆或KTV包房聚众吸毒的传统情形，也可以规制类似于"8·31"大案中利用网络聊天室进行的"非典型聚众吸毒"。

其次，组织者及其他积极参与者的认定。所谓组织，是指"将分散的人或事物加以安排使其具有一定的系统性或整体性"。一般而言，组织者表现为策划、倡议同时提供场所、提供毒品，使分散的吸毒个体可以聚集到一起共同完成吸毒。然而，也有不少聚众型吸毒中组织者不一定完成上述全部，纠集众人吸毒的不一定是提供毒品的，预订包厢或开房的也不一定是花钱购买毒品的人。实践中还有不少是"AA型聚众吸毒"，即购买毒品、包厢消费等相关费用由参与吸毒的全体人员平均分摊。这就要综合全案考察参与人员的分工、作用大小、参与次数、牟利数额（如果存在牟利的话）认定其角色从而定罪

---

① 关于网络裸聊刑法定性的理论争议，可参见柳忠卫、马振华：《网络"裸聊"行为之刑法规制》，载《政法论丛》2012年第2期；王海涛、马江领：《网络裸聊的刑法规制探究》，载《人民检察》2012年第16期。

② 关于"一对多"的裸聊的实践案例，可参见刘静坤：《重庆访问科技有限公司等单位及郑立等人组织淫秽表演案》，载最高人民法院刑事审判第一、二、三、四、五庭主编：《刑事审判参考》2011年第1集（总第78集）；关于"一对一"的裸聊实践案例，可参见贾丽：《网络裸聊行为的形式及定性——以被北京市检察机关撤诉的首例网上裸聊案为例》，载《中国检察官》2008年第4期。

处罚。

再次，本罪的处罚犯罪不宜过广。一般而言，聚众吸毒中的发起者、提供毒品者、提供场地者及其他参与管理协调者，网络聊天室中的"房主"、"管理员"均应予以刑事处罚。基于我国目前对吸毒的刑事政策，对于初次、偶然参加或被引诱参与聚众吸毒，没有起到积极作用的成员不宜予以入罪。

另外，本罪的主体既包括个人，也包括单位。这有利于威慑一些宾馆、娱乐场所提供场所，纵容、放任聚众吸毒的行为，杜绝此类犯罪的客观条件。

最后，本罪的处罚。参照其他组织聚众型犯罪，如赌博罪中的"聚众赌博"、组织淫秽表演罪、容留他人吸毒等毒品犯罪，以及越南刑法关于组织吸毒罪的设定①，将起点刑设置为 3 年以下有期徒刑、拘役或管制，并处罚金，同时设置第二档法定刑以规制情节严重的情形。至于情节轻重，可以从组织的次数、存续的时间、被组织的人数、是否造成伤亡后果等方面予以考察。

3. 对利用网络从事违法犯罪者增设"一定时间或终生禁止其使用计算机网络"的资格刑

鉴于网络技术被不法分子所利用于违法犯罪后造成的巨大危害，我们除了寻求事后的惩罚应对之策外，更应将目光放在事前的预防。切断其得以肆意犯罪并严重危害社会的技术链条，这是从根本上预防、杜绝此类犯罪的重要手段。对于利用网络从事涉毒违法犯罪的人，可以考虑在刑法上增设禁止其使用计算机网络技术的资格刑，② 根据其犯罪性质严重程度与主观恶性，决定禁止时间长短，严重的可以终生禁止使用计算机网络，并向社会公布。

当然，现实中上述资格刑如何得以执行是个问题。然而，难以执行并不等于没有执行必要，正如盗窃特殊财物的数额难以计算，不能因此就认为此类盗窃就不予定罪。如何计算、如何执行不能反制是否计算、是否执行。另外，禁止特定人员使用计算机网络在网络实名制、通讯服务实名制等配套制度严格落实到位的前提下，并非难事。被禁止使用计算机网络的人员身份信息传输给相关单位和个人，网吧、网络服务提供商等在查到此类人员信息时应拒绝提供服务。同时对于明知他人被剥夺使用计算机网络权利的情况下，仍出借身份证明供其办理申领手续，或直接提供计算机网络供其使用的单位和个人，应以承担

---

① 《越南社会主义共和国刑法》第 203 条，组织吸毒罪：以任何形式组织吸毒的，处 6 个月以上 5 年以下有期徒刑。造成严重后果或属危险累犯的，处 3 年以上 10 年以下有期徒刑。

② 类似观点参见郑延谱：《网络背景下刑事立法的修正》，载《法学论坛》2012 年第 4 期。

连带责任的形式予以追究。

四、结语

网络技术在全方位改变人类生活的同时，也给犯罪行为开辟了全新的渠道和领域，传统犯罪与网络技术的结合正在成为全新的犯罪形式。产生于农业社会、成熟于工业社会的刑法理论和刑事立法规则，在信息化社会已经呈现出体系性滞后。刑法理论、理念和刑事立法规则的自我调整和转型是无法避免的。[①] 网络背景下涉毒违法的新问题及其法律对策探索，只是一个开端，传统犯罪的网络异化正在不断侵蚀传统刑法理论体系，刑法理论的跟进性研究和刑法规范的不断调整将是一个长期的过程。

[①] 参见于志刚：《传统犯罪的网络异化研究》，中国检察出版社 2010 年版，第 399 页；于志刚：《三网融合视野下刑事立法调整方向》，载《法学论坛》2012 年第 4 期。

惩治新型黑恶犯罪包括非法放贷、暴力讨债等法律适用研究[*]

连云港市人民检察院课题组

一、新型黑恶犯罪内涵及法律适用研究

(一) 黑恶犯罪概念及组织样态探讨

司法实践中,"黑恶犯罪"是指黑社会性质组织犯罪和"恶势力"犯罪。黑社会性质组织犯罪具有明显的组织性,是有预谋、有组织的故意犯罪。而"恶势力"犯罪则是指经常纠集在一起,以暴力、威胁或者其他手段,在一定区域或行业内多次实施违法犯罪活动,为非作恶,扰乱经济、社会生活秩序,造成恶劣影响,尚未形成黑社会性质组织的团伙犯罪。[①]应当说"恶势力"犯罪也具有一定组织性,这是其之所以成"势力"的基本要求,但与黑社会性质组织犯罪相比,其组织程度低,组织形式松散。现实生活中的黑社会性质组织犯罪往往由"恶势力"团伙犯罪发展演变而来。"黑恶犯罪"的一个重要特点在于其组织性,笔者认为,根据"黑恶犯罪"在组织化程度方面所处的不同的发展阶段,可以将其划分为三种不同类型的组织样态,即黑恶势力型、黑社会性质型、黑社会型。这三种组织样态的"黑恶犯罪",其组织程度呈现由低到高、由松散到严密的一种趋势。

另外,考察"黑恶犯罪"的组织样态应当和共同犯罪紧密联系起来。根据有无组织形式,共同犯罪可分为一般的共同犯罪与特殊的共同犯罪。一般的共同犯罪是指二人以上在结合程度上比较松散,没有特定组织形式的共同犯罪

---

* 课题负责人:李翔,连云港市人民检察院党组副书记、副检察长。课题组成员:周小纯、刘培志、张怀伟、姜继鹏、蒋永龙、谢中凯。

① 2006 年 6 月,公安部下发《全国打黑除恶专项斗争"恶势力"战果统计标准》(全国打黑办〔2006〕49 号),对恶势力犯罪作出上述界定。

形式。特殊的共同犯罪是指共同犯罪人之间建立起组织形式的共同犯罪，包括一般的集团犯罪以及"黑恶犯罪"等。从共同犯罪角度考察"黑恶犯罪"的组织样态可以发现其组织性从无到有，组织程度由低到高，经历一个完整的嬗变过程。如下图：

一般共同犯罪→一般团伙犯罪→集团犯罪→黑恶势力犯罪→黑社会性质组织犯罪→黑社会犯罪

上图关系中，一般共同犯罪结构松散，无特定组织形式，而一般性团伙犯罪也仅有核心成员，无固定成员，实施具体犯罪的成员往往临时纠合而成，犯罪目的一经达到，即自行解散，组织程度极弱。这两种犯罪可视为共同犯罪中的无组织犯罪。但从集团犯罪往后，集团犯罪、黑恶势力犯罪、黑社会性质犯罪、黑社会犯罪则具有明显的组织形式，属于有组织犯罪。而这四种犯罪其组织形态也呈现出由低到高、由松散到紧密的一种递进趋势。正如有学者所说，如果说一般犯罪集团是有组织犯罪的初级形态，黑社会组织是有组织犯罪的高级形态，那么黑社会性质组织犯罪就是有组织犯罪的中间形态。[①]

由于我国现行法上，"黑恶势力"并无法律上对应的概念，故而"黑恶犯罪"也不是一个法律概念，并无现行法上的依据。因此，从组织样态角度对"黑恶犯罪"进行划分具有重要意义，直接关系到如何确定"黑恶犯罪"外延范围，也是刑事司法中对该类犯罪正确适用法律的关键。具体而言，其一，"黑恶犯罪"一般具有明显的组织性，把握这一特征，则可以将一般共同犯罪和团伙犯罪从黑恶犯罪外延中排除。其二，从一般共同犯罪到黑社会犯罪，组织性是从无到有、由低到高经历一个嬗变的过程，因此，考察这几类犯罪时也要以动态的、发展的眼光审视。其三，近年来出现的"新型黑恶犯罪"出于逃避打击的目的，较传统的"黑恶犯罪"表现出无明显的、固定的组织，呈现出"去组织化"状态。但如果深入考察，仍可以发现其成员间内在的、隐性的控制机制，正是这种隐性控制机制的存在说明新型黑恶犯罪仍具有"组织性"这一本质特征，只不过由显性转向隐性罢了。而这种隐性的"组织性"也是"新型黑恶犯罪"区别于一般共同犯罪、团伙犯罪的本质特征之一。其四，从组织样态角度看，"黑恶犯罪"与共同犯罪之间是特殊与一般的关系，"黑恶犯罪"是共同犯罪的一种特殊形式。因此，"黑恶犯罪"的刑事责任问题可适用共同犯罪刑事责任的一般理论和有关原则，但二者并不完全相同，应注意"黑恶犯罪"自身特殊性。

---

① 参见高明暄、马克昌主编：《刑法学》（下篇），中国法制出版社1999年版，第301页。

（二）关于黑恶犯罪的立法变迁

我国有组织的黑恶犯罪起源于旧社会的帮会，新中国成立后，旧帮会势力受到毁灭性打击，甚至曾一度销声匿迹。因此，1997 年修订刑法时对立法形势的判断是"在中国，明显的、典型的黑社会犯罪还没有出现，但带有黑社会性质的犯罪集团已经出现，横行乡里、称霸一方、为非作歹，欺压、残害居民的有组织犯罪时有出现。"[①] 修订后的刑法第 294 条规定了组织、领导、参加黑社会性质组织罪，入境发展黑社会组织罪，包庇、纵容黑社会性质组织罪，但也存在诸多问题，其中比较突出的一点是条文的罪状表述未充分反映黑社会性质组织的本质特征。刑法第 294 条对黑社会性质组织犯罪的罪状描述使用了"称霸一方，为非作恶，欺压、残害群众"等文学性语言进行描述，反映的仅是该种犯罪行为外在表现的事实状态，并未表达出黑社会性质组织犯罪的本质特征。司法实践中，因这一罪状界定不清、表述不明，造成公检法之间、各地区之间对黑社会性质组织的认定上分歧很大。

为满足司法实践的需求，2000 年 12 月最高人民法院发布了《关于审理黑社会性质组织犯罪的案件具体应用法律若干问题的解释》。该解释从组织特征、经济特征、"保护伞"特征、犯罪手段和行为方式特征四个方面对黑社会性质组织罪加以界定，四个方面为构成黑社会性质组织罪的必要条件，缺一不可。应当说最高法的司法解释为黑社会性质组织罪规定了较高的构罪条件，尤其是"保护伞"特征往往成为认定黑社会性质组织罪一道不可逾越的门槛。不可否认，黑社会性质组织犯罪的存在往往与其背后国家工作人员支持纵容有关，但在实践中由于与黑社会相关联的国家工作人员具有较强的反侦查能力且关系复杂，以常规侦查手段查处黑社会性质组织犯罪背后"保护伞"存在较大困难。"保护伞"条件的存在导致司法实践中黑社会性质组织罪难以认定，而与"保护伞"相关的包庇、纵容黑社会性质组织罪更是鲜有涉及。

2002 年 4 月全国人民代表大会常务委员会通过了《关于〈中华人民共和国刑法〉第二百九十四条第一款的解释》，也规定了四个方面特征，即组织特征、经济特征、犯罪手段或行为方式特征、势力范围特征。与最高法解释相比全国人大常委会解释的四个方面更符合学界提出的黑社会（性质）组织应有四大要素，即组织、暴力、财力和势力范围，[②] 且更加强调组织特征，取消

---

① 参见全国人大常委会副委员长王汉斌：《关于〈中华人民共和国刑法〉（修订草案）的说明》。

② 参见何秉松：《有组织犯罪研究》，中国法制出版社 2002 年版。

"保护伞"要件，使其由构罪的必要条件变为选择条件，在一定程度上降低了黑社会性质组织罪的入罪门槛。2011年《刑法修正案（八）》对刑法第294条作了较大的修订，除了将全国人大常委会关于黑社会性质组织特征的立法解释纳入条文外，还增设了财产刑，扩大了特别累犯的范围，提高了对黑社会性质组织的组织者、领导者以及"保护伞"的刑罚。

综观我国黑恶犯罪的立法四次变迁，体现了对黑恶犯罪的惩治从无到有、从起步到逐步完善的过程。《刑法修正案（八）》将特别累犯的范围从危害国家安全犯罪扩大到黑社会性质的组织犯罪的犯罪分子并增设了财产刑，更有利于严厉打击这类犯罪。但结合实践，现行立法仍然存在以下弊端：一是我国黑社会性质组织罪的入罪门槛仍然较高，在司法实践中真正能够达到法律规定的黑社会性质组织犯罪的比例并不是很高，相当一部分的涉黑有组织犯罪被认为是介于黑社会性质组织犯罪与恶势力有组织犯罪之间的一种"带黑有恶"的状态而难以入罪。二是现行立法虽几经变迁但未能反映我国黑恶犯罪发展动态过程。首先，1997年立法的立法背景是我国不存在典型的黑社会组织，只存在处于发展的初级阶段具有黑社会组织雏形——黑社会性质的组织，但历经十余年，这些"雏形"是否仍处于初级阶段，我国是否已存在典型的黑社会犯罪，值得商榷。虽然我们对黑恶犯罪一贯坚持"打早、打小、露头就打"的方针，也未必能够杜绝一些处于初级阶段的黑社会性质组织犯罪发展嬗变到高级阶段成为黑社会犯罪的可能。其次，近年来黑恶犯罪较传统的黑恶犯罪在组织特征、犯罪手段等方面呈现出新的特点和发展趋势，而立法、司法解释对此未作涉及，使得司法实践中对新型黑恶犯罪的惩治因缺少法律依据而陷入困境。

（三）新型黑恶犯罪的特征

一直以来，黑恶犯罪往往具有明显的自身特征而区别于其他犯罪。例如，"恶名"在外，在一定行业或区域已形成"势力"；具有一定的组织结构，成员相对固定；实施的违法犯罪活动具有公开性、暴力性等特点。但随着社会的发展，黑恶犯罪为了存在并发展壮大，必然也会采取各种手段规避法律，要么从程序上使公安机关难以查获，要么在实体上使司法机关难以定罪，从而使新型黑恶犯罪表现出有别于传统特征的新特点。具体而言可归纳为以下几个方面。

1. 组织形态特征。从组织形态看，由传统的有固定的组织、人员相对固定向"去组织化"、人员不固定转化。传统黑恶犯罪人员一般固定，组织结构紧密，具有帮会、帮派等一定组织形式和帮规戒律，在组织内部往往由上而下形成金字塔式的层级关系。黑恶组织内部组织者、领导者、骨干成员界限清晰，分工明确。但随着社会发展，黑恶犯罪分子为了规避法律，逃避打击则采取有意淡化组织这一策略，表现出"去组织化"这一新型状态。新型黑恶犯罪组织一般不会给自己冠以某种帮会、帮派的名称，更没有明确的帮规、戒律。新型黑恶犯罪往往由组织者、领导者一至二人，下面是骨干成员三至七人不等，每名骨干成员下面都有自己的马仔，而每名马仔又可能有各自的几名小弟。与传统黑恶犯罪不同的是，新型黑恶犯罪自骨干成员以下人员往往呈现出不固定状态。新型黑恶犯罪的组织者或领导者与骨干成员联系比较紧密，但对马仔以下成员往往并不熟知，而马仔以下成员也往往并不固定跟随某一大哥隶属于某一黑恶组织。在进行违法犯罪活动时，组织者或领导者与一个或几个骨干成员联系，骨干成员再联系自己的马仔或小弟，但综合考察多次违法犯罪活动，往往会出现每一次活动马仔或小弟都不同，甚至是骨干成员也不同。新型黑恶犯罪组织领导者与骨干成员对违法犯罪收益可能会存在固定的分配方式，而对于马仔以下则以金钱收买的手段，参加活动一次则付一定数量的金钱。例如，笔者所在地区曾查处一起客运黑帮案件，嫌疑人陈某、洪某是一对夫妻，从事客运经营，为垄断客源，独霸客运线路，多次殴打其他经营者，砸、烧他人客车。在实施犯罪过程中，陈某、洪某二人除了固定指使其客车司机张某外，其他参与者一般由张某临时联系。参与者有的是本地人，有的则是张某通过自己"道上朋友"联系的外地人。张某对参与者按次付给报酬。[①] 由此可见，新型黑恶犯罪在表现形式上具有组织松散、成员临时勾结等"去组织化"特征。

2. 犯罪手段特征。从犯罪手段看，由传统的公开性、硬暴力向隐蔽性、软暴力、冷暴力转化。传统黑恶犯罪大多伴随着暴力或者以暴力为后盾，并与社会形成一种公然的对抗状态。但黑恶犯罪毕竟是一种有组织犯罪，在传统黑恶犯罪实施有组织暴力的过程中，其逃避打击和反侦查的能力也在逐步提高，由传统的公开性、硬暴力向新型的隐蔽性、软暴力、冷暴力转化。新型黑恶犯罪为逃避法律制裁，在需要以暴力实现其非法目的时，则以一种"比较缓和的方式"采取围而不打、打而不伤、伤而不重的方式，对被害人形成巨大的心理压力，而被迫向其屈服。个别伤人损物的违法分子因造成伤势、损失较小，也难以定罪处罚。司法实践中，一些黑恶犯罪的首要分子在实施违法犯罪行为时，为了更好地保护自己，更加注意行为的隐蔽性，往往退居幕后指使他人暗中打击、迫害被害人。笔者所在地区办理的薄某、陈某等人黑恶犯罪案

---

① 本案例刊登于江苏省法制综合类期刊《清风苑》2012 年第 5 期。

件，薄某、陈某等人即经常采取退居幕后指使手下马仔砸碎他人房屋玻璃，在公众场合涂写威胁、辱骂被害人标语等手段打击、迫害被害人，致使被害人潘某举家迁往外地打工，不敢返乡。薄某、陈某等指使的马仔多为临时纠集的地痞流氓、无业游民，具有很强的临时性，一旦违法行为实施完毕，便很快逃散。被害人报案后公安机关也很难查获，反而会招致薄某、陈某等人更厉害的报复。本案主犯薄某自 1998 年至 2009 年因犯罪活动六次被判刑，2001 年年初，薄某刑满释放后，曾纠集一帮社会闲杂人员组织成立了"十二龙帮"，主要成员身上纹有"龙"形图案，帮内下设"教、护、明、暗、法"等堂，并设立帮规，但该帮在尚未做大之时即被公安机关打掉。多次入狱的经历使薄某不再组织帮会，而是采取化整为零的手段，由公开转向隐蔽，继续实施违法犯罪活动，以达到称霸一方、非法敛财的目的。①

3. 存在形式特征。从存在形式看，由传统的黑恶形式向"合法形式"转化。黑恶犯罪在发展过程中，其传统的有组织、强暴力、称霸一方、非法敛财等形式特征，也呈现出一些新的变化，如谋求合法外衣，企图以"合法形式"达到非法目的。新型黑恶犯罪谋求合法外衣常见的有以下两种途径：一是通过公司组织形式进行违法犯罪活动。公司作为一种经济法人主体在促进经济发展的同时，也往往成为黑恶犯罪利用的工具。黑恶犯罪成立公司组织形式，使公司的形式既是他们谋求经济利益的合法工具，又是他们掩盖隐藏违法犯罪活动的幌子。黑恶犯罪的组织者、领导者同时又是公司的经营者和管理者，其组织成员同时又是公司员工，经营活动既有合法的也有非法的，合法活动与非法活动交织在一起。以合法形式掩盖非法活动，提高了黑恶犯罪分子通过违法犯罪活动攫取经济利益的能力，同时也增强了其反侦查能力。二是以代理人的身份介入民事纠纷，攫取经济利益。实践中，黑恶势力通常以代理人或受委托人的身份介入各种民事纠纷，包括普通的民间债务、经济纠纷以及交通事故、伤人毁财等各种侵权纠纷，以权利人的名义向相对人主张权利。虽然黑恶势力在主张权利的同时往往伴随着威胁或轻微暴力等违法行为，但因其"手段行为"不能单独构成犯罪，一般情况下也无法追究其刑事责任。黑恶势力介入民事纠纷有可能是受人雇请，也有可能是强行介入甚至是假冒权利人名义，且索取的报酬也远远高于常规水平。但在当前我国权利救济途径不畅、救济成本较高的背景下，黑恶势力在此仍然获得了广大的市场和生存空间。尤其值得一提的是，社会上存在一些非法债务，如赌债、嫖债、毒债、高利贷等，因为这些债务自身的非法性，难以通过正常的法律途径得以实现，便往往会借助于黑恶势

---

① 本案例为 2011 年江苏省检察院、江苏省公安厅共同挂牌督办案件。

力。在非法债务关系中，因为债务人前行为的非法性，使得他们受害后不敢或不愿报案，从而使黑恶犯罪更加乐意介入其中。在上述薄某、陈某等人黑恶犯罪案件中，薄某、陈某等人名下设有多家公司，涉及餐饮、娱乐、矿塘等多种行业，并经常插手民间纠纷，强索债务，攫取非法利益。

与传统黑恶犯罪相比，新型黑恶犯罪还有许多其他特征，如人员日益年轻化、犯罪工具日益现代化、犯罪手段日益多样化等。但上述组织形态、犯罪手段、存在形式三个方面的特征则是黑恶犯罪自身在发展过程中为规避法律、逃避打击变化迁延而来，研究其新型特征对解决法律适用问题具有重要意义。

（四）惩治新型黑恶犯罪法律适用的困境与对策

新型黑恶犯罪是传统黑恶犯罪在逃避打击、规避法律的过程中逐步迁延变化而来，并在组织形式、犯罪手段、存在形式等诸多方面表现出新特征。由于立法与研究的滞后，导致当前司法机关对新型黑恶犯罪惩治屡屡陷入困境。

1. 黑恶势力犯罪立法缺陷导致实践中出现罚不当罪现象。就立法层面而言，现行法关于境内黑恶犯罪的组织样态仅规定了黑社会性质组织一种，虽历经解释修正，但并未扩充。对黑社会性质组织之前的黑恶势力犯罪组织形态立法缺位，易造成罪罚不公。一方面，黑恶犯罪起点组织样态为黑社会性质组织，则形成黑恶犯罪入罪门槛较高，司法机关对达不到门槛的黑恶势力犯罪只能作一般共同犯罪处理。黑恶势力犯罪是以恶势力组织作为支撑的团体性犯罪，而一般共同犯罪是以孤立的个人合意为支撑的犯罪，[①] 两者相比较，前者的危害性要远大于后者。因此对黑恶势力犯罪都应将组织、领导、参与行为与具体黑恶罪行实行并罚。对达不到门槛的黑恶势力犯罪作一般共同犯罪处理，显然处罚过轻。另一方面，在一些打黑除恶专项行动中，一些地方司法机关为强化对黑恶势力的打击极易将其作为黑社会性质组织加以惩处，则处罚过重。

2. 新型黑恶犯罪千方百计逃避法律致其刑事边缘化。新型黑恶犯罪在实践中采取多种方式规避法律，为打击处罚设置重重"障碍"，导致司法机关陷入两难境地，从而使自身的违法犯罪行为"刑事边缘化"，以降低犯罪风险。作为一种有组织的集团犯罪形式，在社会上为非作恶，严重危害公民的人身财产安全，破坏社会秩序，其社会危害性可见一斑，但是由于现行法对新型黑恶犯罪在组织特征、犯罪手段等方面呈现的新特点未作涉及，以及对恶势力犯罪的立法缺陷，致使新型黑恶犯罪的形式违法性难以界定。根据罪刑法定原则，

---

① 参见储槐植、梁根林：《论刑法典分则修订的价值取向》，载《中国法学》1997年第2期。

对新型黑恶犯罪的打击必然在法律适用方面陷入困境。

3. 专门惩治黑恶犯罪的侦办机构的缺位也是打击不力的重要因素。黑恶犯罪较一般犯罪更为复杂，且作案时间跨度长，需要有专门侦办部门长期经营。如果没有长期经营的意识，用普通刑事案件的侦办方法，极易造成证据搜集不足，甚至割裂犯罪事实的后果。目前，市级以上公安机关虽然在刑警支队内部设有打黑办公室等指导机构，但是没有设立系统、专门的办理黑恶犯罪案件的部门，尤其在基层，黑恶案件像其他普通刑事案件一样全部由刑警大队办理。这就导致在之后的追诉环节，常出现多个嫌疑人在不同时间分次归案的情况，而司法机关多就案办案，易将黑恶犯罪案件"化整为零"，大大降低了惩治力度。另外，公安机关"打小抓早"方针具有将黑恶犯罪消灭于原始萌芽状态的积极意义，但同时对已具规模的恶势力犯罪、已成型的黑社会性质组织犯罪，甚至黑社会犯罪却难以从整体上把握，往往陷入打击不力、除恶不尽的困境。

针对新型黑恶犯罪惩治困境，可以从以下几个方面加以应对。

1. 应完善现行刑事立法，增设纠集、参与黑恶势力罪。现行立法对境内黑恶犯罪仅规定了组织、领导、参加黑社会性质组织罪，而对近年来日益多发的黑恶势力犯罪未作规定。有学者统计，我国 2006 年至 2009 年，打掉黑恶势力 1.3 万个，而同一时期查获的黑社会性质组织则是 1300 余个，前者是后者的 10 倍。① 可见，目前我国黑恶势力犯罪形势非常严峻。在现行刑法中增设纠集、参与黑恶势力罪，不仅可以应对当下司法实践中对新型黑恶犯罪惩治无法可依的困境，还可以避免因立法缺位造成的罪罚不公的现象，更利于实现对该类犯罪的一般预防与特殊预防。对"黑恶势力"也应从组织、经济、犯罪手段、势力范围四个方面加以界定。黑恶势力的组织性应明显低于黑社会性质组织，但也有明显的首要分子。首要分子在黑恶势力纠集过程中可能会发挥组织者和领导者的作用，且其下有相对固定骨干，但其他成员则不一定固定。黑恶势力组织名称、帮规、戒律等多为内部默认，并不明确。黑恶势力有一定经济实力，但多控制在一两个首要分子手中，且分配规则不明确，随意性大，其犯罪手段有暴力性，但多为软暴力、冷暴力，并在一定区域内，形成较大影响。总之，纠集、参与黑恶势力罪较组织、领导、参与黑社会性质组织罪入罪门槛较低，法定刑也更低，但要高于一般的共同犯罪和团伙犯罪。

2. 对新型黑恶犯罪要在抓实质违法的基础上探究其形式违法性。如新型黑恶犯罪在组织形式方面有组织松散、临时勾结等"去组织化"特征，但这

---

① 参见何秉松：《有组织犯罪研究》，中国法制出版社 2002 年版，第 248 页。

并不意味着其没有组织性。新型黑恶组织者、领导者和犯罪骨干成员一般相对固定，对其他参与者也存在利益分配、恶势力庇护等隐性控制机制，这些都说明新型黑恶犯罪是有组织犯罪，而非一般共同犯罪、团伙犯罪。新型黑恶犯罪的犯罪手段有向软暴力、冷暴力转化的新特征，但其暴力特性是不变的。软暴力、冷暴力之所以能够发挥作用，往往是以硬暴力的存在为前提的，从行为结果看，都对被害人产生精神强制的作用，也给当地群众造成巨大心理威慑。新型黑恶犯罪虽然为自己披上了合法外衣，但其行为目的的违法性以及其行为手段涉黑带恶的特性是不变的。因此，考察新型黑恶犯罪要有一种整体的观点，在明确其实质违法的基础上，收集新型黑恶犯罪组织、经济、犯罪手段、势力范围等方面的形式要件，实现对黑恶犯罪稳、准打击。

3. 成立专门的侦办机构（部门），以特殊的侦查对策对黑恶犯罪实施常态化治理。当前，我国对黑恶犯罪的治理一般是在黑恶犯罪高发的时期、地域采取打黑专项行动的方式进行，或者对一定时期内凸显出的影响较大黑恶案件采取组建专案组的方式进行治理。这种被动、非常态的治理方式常常会因为办案人员不专业、侦查手段不适宜、罪证收集不及时等原因，削弱了对黑恶犯罪的打击力度，导致治理不彻底。设置专门的侦办机构（部门），以专业的侦查人员对黑恶犯罪实施常态化治理，既可以对已具规模、已成型的黑恶犯罪采用技侦、特情等专业手段，深挖细查，除恶务尽，又可以加强对娱乐、餐饮、建筑、采矿等重点场所和行业的监控，并从涉毒、涉赌、涉黄、涉枪等重点刑事案件以及打架斗殴等治安案件中及时发现涉黑线索，更好地贯彻"打小抓早"方针，将黑恶犯罪消灭在萌芽状态。对黑恶犯罪进行专门化办理，也有利于实现"一揽子"追诉，避免司法机关就案办案，将黑恶犯罪案件"化整为零"、降低惩治力度的弊端。另外，针对黑恶犯罪查处取证难的问题，应根据修改后刑事诉讼法加强对证人的保护和补贴保障的规定，将黑恶犯罪的证人、鉴定人、被害人纳入证人保护范围给予切实保护和物质补贴，提高其作证的积极性，同时要充分利用修改后刑事诉讼法规定的技术侦查措施，提高对黑恶犯罪的打击效率。

4. 对黑恶势力参与控制群体性事件和个别由弱转黑事件应区别对待。在当前我国社会转型、思想多元、利益多样的大背景下，因利益诉求、突发事件等方面原因，经常会发生一些群体性社会事件。一些黑恶势力为了谋取自身不正当利益或达到某种非法目的，便会充分利用这些群体性社会事件渗透、参与到其中，利用非法影响力，鼓动利用不明真相的群众或者利益群体来给党政机构施压，以作出有利于黑恶势力利益的决定。司法实践中较常见的是黑恶势力利用医疗、交通事故以及征地拆迁等利益矛盾，鼓动制造群体性事件，从中非法谋利，并导致问题复杂化。对黑恶犯罪这一新的特征和发展趋势，在法律适用时一定要具体分析，区别对待。对多次渗透在群众当中，组织鼓动群体事件的黑恶犯罪分子，应在查明其行为动机的基础上从严、从重处罚，将其组织鼓动群体事件行为认定为纠集黑恶势力罪与具体实施的犯罪行为实行并罚。而对处于事件当事方的普通群众，则不可与黑恶犯罪分子等同化，扣上参与黑恶势力罪的帽子，如其实施的具体行为触犯刑律，应单独处罚。另外，近年来因诉求渠道不畅等社会因素，一些诸如农民工、城市失业人员等弱势群体在诉求得不到解决时常会有一些极端行为，甚至有黑恶势力参与其中酿成极端事件。对于这些事件中的弱势群众也应与黑恶分子区别对待，就事论事，不应扩大处理。总之，近年来黑恶势力参与群体性事件呈增加趋势，这不仅是党政机构社会管理面临的新挑战，也是司法机关法律适用时需要注意和研究的新课题。

二、几种新型黑恶犯罪实证分析

黑恶犯罪的根本目的在于追逐利益，正所谓无利不起早，但是追逐利益的途径和方式却并非单一。实践中黑恶犯罪在不同的区域、不同的行业，采取多种形式获取非法利益。从司法实践情况来看，以下几个领域黑恶犯罪尤为猖獗，给司法适用和惩治带来困惑。

（一）非法放贷、暴力讨债型黑恶犯罪

非法放贷即所谓高利贷，是一本万利的暴力行业，由于其本身不被法律所认可，实践中往往与暴力讨债行为纠结在一起，因此，与黑恶犯罪便有了千丝万缕的联系。非法放贷、暴力讨债也是当前我国黑恶犯罪组织谋取经济利益的常见手段。

1. 涉赌型非法放贷法律适用分析

在赌场内放贷是黑恶犯罪组织谋利的重要手段，如重庆陈知益、邓宇平黑社会性质组织通过在重庆的高档酒店开设赌场，大肆召集参赌人员到其经营的赌场内赌博，在赌场内发放高利贷累计近 2 亿元，非法获利 1000 余万元。①笔者所在地薄某黑社会性质组织犯罪案中，薄某等人通过开设赌场，纠集其手下人员在赌场内发放高利贷，使得该组织从中获取了巨额经济利益。黑恶犯罪组织在赌场内非法放贷不仅利息极高，而且往往使用暴力威胁、非法拘禁等手段迫使参赌人员偿还债务，社会危害性极大。但由于这类犯罪具有较强的组织

---

① 参见于天敏等：《黑社会性质组织犯罪理论与实务问题研究》，中国检察出版社 2010 年版，第 148 页。

性和隐蔽性，打击难度非常大。赌场内非法放贷的类型主要有：（1）非法放贷者本身为开设赌场的黑社会性质组织成员，其放贷行为与开设赌场联系紧密。赌场内的非法放贷，俗称放高炮，因其获利巨大，开设赌场的黑恶犯罪组织往往直接实施。如薄某黑社会性质组织，其手下喽啰按照薄某的指使，在赌场内同时充当打手、放高炮者等角色。在放高炮时，以"龙哥"的名义发放，手续及其简单，利息也不明说，视还贷时间长短，漫天要价。借贷者迫于薄某等人淫威，想方设法还贷。这种情形，虽然非法放贷者本身为开设赌场行为的积极策划者、参与者，是开设赌场罪犯罪主体之一，但不宜将非法放贷行为视作开设赌场行为的一个组成部分。从刑法理论上看，非法放贷行为对开设赌场行为起到了一定的帮助作用，但非法放贷并非开设赌场的必然组成部分，放贷更主要的是为参赌者提供赌资等直接帮助，使得其赌博行为得以继续，构成了赌博罪的帮助犯。根据《刑法修正案（六）》，我国刑法将开设赌场罪从赌博罪中独立出来，单独定罪量刑，其处刑相对赌博罪要重，显示了刑法对开设赌场行为社会危害性的重新认识和评价，故根据罪刑法定、罪责刑相适应的原则，将提供赌资的放贷行为评价为赌博罪的帮助犯更符合立法本意。因此，对开设赌场，同时实施非法放贷行为的，应以开设赌场罪和赌博罪数罪并罚。（2）自身并不参与开设赌场行为，只是单纯向参赌人员非法提供赌资，为自己获取经济利益的，根据情节以赌博罪定性。此种行为，属于司法解释中的明知他人实施赌博犯罪活动，而为其提供资金等直接帮助，应当以赌博罪的共犯论处。司法实践中对黑恶犯罪组织在赌场内放高利贷的行为，往往降格处理，以罚代刑。对此，检察机关的侦查监督、公诉等部门在办案过程中应加大监督的力度，依法、及时履行立案监督、追捕、追诉等法律监督职责。

2. 涉黑类担保公司非法放贷法律适用分析

黑恶犯罪组织利用国家经济领域管理制度的不完善向合法经济领域渗透，寻求并建立合法而稳定的经济来源，也是一种常见的选择。① 最近几年，担保公司、理财公司呈现井喷式的发展，在没有完善的控制体系的情况下这必然成为滋生黑恶犯罪的"温床"。

（1）以担保公司等合法外衣为其犯罪所得洗钱的。从其起源上看，洗钱行为是犯罪组织自己为自己实施的一种掩饰、隐瞒行为，但从我国刑法第191条规定的提供资金账户、协助转移等内容可以看出，我国刑法规定的洗钱罪，其犯罪主体是刑法规定的上游犯罪主体之外的协助者，本罪行为主体是上游犯

---

① 于天敏等：《黑社会性质组织犯罪理论与实务问题研究》，中国检察出版社 2010 年版，第 148 页。

罪人以外的人。① 通行观点认为，黑恶犯罪组织将其犯罪所得混入其经营的公司正常营业收入，属事后不可罚行为，不宜单独定罪处罚。如重庆岳村黑社会性质组织案中，该组织成员岳某在得知风声后，为保住该组织的非法财产，将大量现金从该组织控制下的公司账户转入其自己和朋友的账户，对该行为，重庆市检察机关认为，在我国现有的刑事立法中，上游犯罪的行为人对本人犯罪所得及其收益的来源、性质进行掩饰、隐瞒的，不能单独成立洗钱罪。② 但是，黑恶犯罪组织清洗、转化、保存其财产的行为，对黑恶犯罪组织发展壮大其经济能力，以及实现组织发展的"良性"循环，具有重要意义，同时也给司法机关彻底铲除黑社会性质组织带来了很大的难度，其社会危害性极大，我国现有刑法将黑社会性质组织为自己洗钱的行为排除在洗钱罪之外，助长了黑社会性质组织的生存能力，不利于打击犯罪。

（2）黑社会性质组织以担保公司的名义非法发放高利贷攫取经济利益。一种情况是黑社会性质组织利用自有资金发放高利贷，以收取高额利息，如薄某黑社会性质组织以他人的名义实际上控制、经营着一家担保公司，从事非法发放高利贷的业务。依据公安部、最高人民法院对武汉涂某等人以公司或个人名义发放高息贷款的答复，司法实践对该种行为一般是认定为从事非法金融业务，以非法经营罪定罪量刑。但理论界对该答复的效力争议较大，如有学者认为：还值得注意的是，在私放高利贷入罪的过程中，我们不仅看到的是行政权对立法权的侵蚀，更依稀可见的是司法权对立法权的超越与反动。③ 实践中应当综合考量其情节、后果，慎重适用。还有一种情况是黑社会性质组织以其经营的担保公司名义，通过暴力、胁迫等手段，迫使公司、企业或个人在向银行办理相关贷款业务时，支付超额担保费用，接受其提供的贷款担保服务。由于公司、企业或个人一方是在被胁迫的情况下接受担保服务，严重违反了公平自愿的市场经济原则，应以强迫交易罪定罪量刑。

3. 黑恶犯罪组织暴力讨债法律适用分析

（1）为讨要本组织的债务而非法控制对方人身、财产的。无论是合法债务，还是非法债务，只要其讨要的数额在议定范围之内，非法控制他人人身自由，一般视其情节以涉嫌非法拘禁罪追究其刑事责任。但如果采用非法拘禁手

---

① 张明楷：《刑法学》（第 3 版），法律出版社 2007 年版，第 583 页。

② 于天敏等著：《黑社会性质组织犯罪理论与实务问题研究》，中国检察出版社 2010 年版，第 139 页。

③ 刘伟：《论民间高利贷的司法犯罪化的不合理性》，载《法学》2011 年第 9 期，第 139 页。

段向被告人索取明显高于其实际债务额的,则应以绑架罪追究其刑事责任。如在薄某黑社会性质组织犯罪中,被害人张某在薄某等人开设的赌场欠下 4 万元的高利贷,薄某的手下采取控制人身、电警棍电击的手段,逼迫张某写下 6 万元欠条,并逼迫张某打电话向其亲友借钱偿还。笔者认为,薄某等人采取暴力手段,索要实际上并不存在的额外债务,已经严重侵犯了张某的人身和财产权利,涉嫌绑架罪,其犯罪数额为除去本金及法定利息之后的数额。

(2)利用自身恶名,帮助其他经济组织或个人讨要债务的。随着我国市场经济的发展,各种债权债务关系引发的经济纠纷日益上升,有极少数人想到利用黑恶犯罪组织恶名来讨要债务。如何某等人黑社会性质组织犯罪案件中,何某应陆某的请求,为收取高额费用而出面替陆某向债务人韩某讨要欠款,多次纠集卞某等闲散人员,持红缨枪、砍刀、铁棍等物,至韩某的公司及家中,采取语言威胁、损毁少量财物、殴打韩某及其家人至多人轻微伤等手段,逼迫韩某还款。该案中有两个问题值得探讨:一是何某等人有限度的滋事行为能否定性为寻衅滋事罪。对此有两种观点,一种观点认为虽然何某等人与韩某之间不存在矛盾、纠纷,但其行为系因陆某为讨要债务而引起,其故意从属于陆某,不属于随意殴打他人、任意损毁公私财物,不构成犯罪;另一种观点认为,何某等人与韩某之间并无任何纠纷,为赚取费用而随意殴打他人、任意毁损财物的行为符合寻衅滋事罪的构成要件。我们认为,黑恶犯罪组织为谋取经济利益,以代为讨债为借口,插手民间纠纷,采取有组织、有限度的暴力、威胁滋事等手段,意图规避法律处罚。根据主客观相一致的原则,黑恶犯罪组织以寻衅滋事的故意来逼迫被害人就范,其并不真正关心当事人之间的债务关系的真实性、合法性,其秉持的是"拿人钱财替人消灾"的邪恶理念,故应以涉嫌寻衅滋事罪处理。二是卞某等社会闲散人员,本身并非何某黑社会性质组织成员,但在明知的情况下为赚取"出场费"仍多次参与何某等人的行动,这种不明示参加黑社会性质组织,但随叫随到,积极参与黑社会性质组织其他犯罪的行为能否认定为参加黑社会性质组织罪。从表面上看,卞某等人并非该组织的成员,只是接受其指使参与部分犯罪,其"接受黑社会性质组织的领导和管理"的特征不明显,司法实践中会出于保守的考量,而不将此种情形认定为《办理黑社会性质组织犯罪案件座谈会纪要》中的"积极参加者",仅以其实际参与的违法犯罪行为处理,对于其参加黑社会性质组织罪不予认定。实际上,典型的通过履行一定的手续、举行一定的仪式加入黑社会性质组织的行为并不多见。多见的是参与某黑社会性质组织的违法犯罪活动,以实际行动来参加黑社会性质组织。① 所以，这种比较松散的多次按照黑社会性质组织或者其骨干成员的指使参与具体违法犯罪行为，也应以《办理黑社会性质组织犯罪案件座谈会纪要》所指的"参加或者积极参加黑社会性质组织"处理。

（二）市场经营、工程建设领域黑恶犯罪

随着我国市场经济的发展和城市化进程的加快，黑恶势力也迅速向市场经营、工程建设等领域渗透，并依托市场，走公司化、企业化之路，以规避法律打击。目前，市场经营、工程建设领域的黑势力已经度过了形成期，逐步发展到了较成熟阶段，具有一定经济实力，通过注册成立或者挂靠工程公司、建筑公司等，以合法形式为掩护，疯狂地聚敛财富。

1. 市场经营领域黑恶犯罪法律适用分析

（1）市场领域黑社会性质组织犯罪势力范围要件的认定。现行刑法中黑社会性质组织犯罪须具备势力范围要件，即通过实施违法犯罪活动称霸一方，在一定区域或者行业内，形成非法控制或者重大影响。实践中，对非法控制和重大影响存在一个度的问题，易产生分歧。如陈某、洪某黑社会性质组织案，陈某、洪某为抢占客运资源指使张某、王某等人采用砸车、纵火手段，砸坏他人客车，造成直接经济损失200余万元。慑于陈某、洪某等人的淫威，其他客运户无人敢与之争辩。但案件办理过程中对陈某、洪某等人究竟有无造成重大影响并形成非法控制，存在分歧。因为陈某、洪某虽在当地产生较大影响，但毕竟没有控制每一台车，或控制了大多数车。应该认识到，黑社会性质组织对一定区域内或者行业的非法控制和影响有时候是有限度的，它并不能控制区域或者行业内的所有方面，通常还没有达到使该区域的正常社会秩序完全受制的程度，但只要该组织在区域或者行业内实施了大量的违法犯罪活动，群众受到欺诈、残害，并认识到或者感觉到该组织的非法控制和影响，经济、社会生活秩序受到该组织的严重破坏，就可以认为这一组织团伙对特定区域或者行业形成了非法控制和影响。②

（2）市场领域黑恶势力犯罪暴力性整体认定问题。如连云港市新浦区尹某等人黑社会性质组织人员在连云港火车站、新浦汽车总站、新浦丁字路一带，通过收取保护费及拉客手段获取经济利益为例。该组织多以威胁手段，但

---

① 于天敏等：《黑社会性质组织犯罪理论与实务问题研究》，中国检察出版社2010年版，第82页。

② 李文燕、柯良栋：《黑社会性质犯罪防治对策研究》，中国人民公安大学出版社2006年版，第99页。

暴力手段不明显或以软暴力方式逼迫外地车主转卖客车。对此，应当认识到黑恶势力之所以能够生存和发展，从根本上讲是离不开暴力的。市场经营领域黑恶势力犯罪虽然与典型意义的黑恶势力犯罪有所区别，例如其行为是暴力行为与软暴力行为结合，所从事的活动也是合法活动与非法活动相结合。但是，其本质仍然是黑恶势力犯罪，有组织的暴力依然是其本质特征。因此，在司法实践中，我们不能被表面现象所迷惑，看到犯罪嫌疑人并非事事、处处使用暴力，便认为其不具有黑恶势力的暴力特征。笔者认为，不能割裂地看犯罪嫌疑人的每个具体行为，而应该将其行为作为一个整体，考虑到每个行为之间的关系及其产生的综合后果。黑恶势力实施的违法犯罪行为并不见得事事都是杀人放火这些穷凶极恶的严重暴力犯罪，而是一些软暴力行为，分开来看可能连一个治安案件都算不上，但把这些事情串联起来看则对社会造成极大的危害。因此对黑恶势力犯罪必须从整体上把握其暴力性的本质，要善于将若干案件串成整体进行分析判断，形成个案整体严密、定性准确的完整链条，这样才能对黑恶势力犯罪的暴力性作出正确的判断，避免教条主义。

（3）认定市场领域黑恶势力犯罪具体罪名应注意《刑法修正案（八）》新规定的适用。市场领域黑恶势力犯罪一般不再直接使用暴力、威胁手段实施违法犯罪活动，转而采取"摆队形"、"聚众造势"等软暴力手法实现对被害人的心理强制，从而达到犯罪目的。有的黑恶势力打法律擦边球，多次敲诈勒索"保护费"，但每次涉案金额均达不到刑事追诉标准，从而逃避打击；有的黑恶势力专门受雇于他人，为达到某种目的，寻衅滋事，采用一些"逼而不打、打而不伤、伤而不重、重不致死"的手段，实施违法犯罪行为。对此，应加强对《刑法修正案（八）》新规定的法律适用，积极应对。如市场领域黑恶犯罪出现的强迫他人退出竞标、拍卖市场，强迫他人转让公司股权偿还赌债、高利贷等行为，这种行为往往通过签订自愿退出或转让协议等表面合法化的方式来掩盖其真实的犯罪目的，往往逼得受害人家破人亡，致使一些公司企业破产倒闭，严重破坏了社会、经济、生活秩序，具有较大的社会危害性。《刑法修正案（八）》第36条将以暴力、威胁手段强迫他人参与或者退出投标、拍卖，强迫他人转让或者收购公司、企业的股份、债券或者其他资产，强迫他人进入、退出特定的经营领域行为纳入强迫交易罪范畴。针对黑恶势力犯罪"软暴力"的倾向越来越突出，许多犯罪分子不再使用暴力威胁、故意伤害等恶性手段，而是改为恐吓、跟踪、滋扰等手段向被害人施加压力，既达到了非法目的，又逃避了法律的打击，《刑法修正案（八）》规定纠集他人多次实施滋事行为，也可以寻衅滋事罪处罚。针对一些黑恶势力采取多次实施敲诈勒索，但每次数额较低，不够立案标准，无法予以打击，《刑法修正案（八）》

将敲诈勒索罪构成要件由"数额较大"变为"数额较大或者多次敲诈勒索"。因此，对于黑恶势力经常使用的多次敲诈勒索，每次数额都不够立案标准的行为，应当适用"多次敲诈勒索"的罪状描述，以敲诈勒索入罪处罚。

2. 工程建设领域黑恶犯罪法律适用分析

（1）黑恶犯罪以自身的"恶名"和"淫威"为资本承揽工程项目的行为定性问题。实践当中，有的黑恶犯罪在行为过程中并没有采取强暴力、威胁手段，而是基于其本身的"恶名"和"淫威"而顺利承揽工程项目，对于此种行为的定性常会产生分歧。如某乡镇准备修建公路，张某召集当地地痞恶霸，以为村民谋利益为名要求承揽该项目，由于张某等人在当地早有恶名，因此，其他工程公司为不惹麻烦，被迫退出竞争，张某等人顺利拿到该项目。笔者认为张某等人的行为构成了强迫交易罪。《刑法修正案（八）》将以暴力、威胁手段强迫他人参与或者退出特定经营活动的行为规定为强迫交易罪的特定行为。所谓暴力是指对被强迫人的人身或者财产实施强制或者打击，而所谓威胁是指对被害人实施精神强制，其方式既可以是言语，也可以是动作，甚至利用某种特定的危险环境进行胁迫。本案中，张某等人虽然没有直接采取暴力的手段，但是其本身作为当地地痞恶霸的恶名，已经使其他竞争者的人身、财产置于危险当中，当其参与竞争并要求获得该项目时，其一切所作所为已经明显昭示其他人必须退出，而且其他竞争人也确是因为基于其淫威而退出竞争，可见其行为已经达到实现精神控制的目的，破坏了平等的商品交易市场秩序，因此应当以强迫交易罪定罪处罚。如果黑恶势力本身行为已构成组织、领导、参加黑社会性质的组织罪，应与强迫交易罪数罪并罚。另一种情况是工程公司主动邀请黑恶势力入股公司或者以其他方式与公司合作，从而以黑恶势力的"恶名"为资本顺利获取工程项目。从行为上讲，工程公司借助黑恶势力的"恶名"迫使他人退出特定经营活动的行为，与上文案例行为相同，应当以强迫交易罪定罪处罚。但是工程公司邀黑恶势力入股后实施的强迫交易行为不能单纯理解为单位行为，因为工程公司和黑恶势力行为之前都是出于犯罪的目的，因此应当以单位与个人的共同犯罪定罪处罚。如果黑恶势力本身行为已构成组织、领导、参加黑社会性质的组织罪，则应与强迫交易罪数罪并罚，但是工程公司邀请黑恶势力入股公司，公司本身并没有参与黑社会性质的组织，因此对工程公司只能以强迫交易罪定罪处罚。

（2）黑恶犯罪强行入股或挂靠他人公司行为定性问题。实践中有的黑恶势力深知工程公司利润丰厚，但是苦于本身没有能力独立成立公司，便强行要求入股他人公司，或者在他人准备成立公司之际强行要求入伙。例如，以李某为首的恶势力犯罪团伙，在周某准备成立一砂石公司之际，强行要求入伙，并威胁周某如果不同意其入股，公司就别想成立。周某被迫同意其入股30%的股份。之后李某未与周某协商，未经公司同意，以公司名义逼迫他人高价购买砂石。《刑法修正案（八）》将强迫他人转让或者收购公司、企业的股份、债券或者其他资产的行为规定为强迫交易罪的特定行为，但是强行入股他人公司的行为并不符合《刑法修正案（八）》规定的行为特点，其目的不是促成交易的实现，而是为了进入公司以便分享公司利润。因此，此种行为笔者认为不能以强迫交易罪定罪处罚。李某强迫他人以高价购买砂石的行为，未与周某协商，也没有经公司同意，虽然其以公司名义，但完全属于个人行为，因此对其行为应当以个人犯罪定罪处罚。另一种情况是黑恶势力强行挂靠他人公司的问题。实践中由于建筑行业准入门槛较高，黑恶势力为顺利插手工程建设，往往挂靠其他有资质的建筑企业。但是由于挂靠过程中法律关系复杂，一旦出现问题被挂靠公司往往首先成为被起诉的对象，要承担较大的风险，一些资质较好的企业并不愿意被挂靠。因此，黑恶势力为了顺利进入工程建设领域，牟取利益，往往采取威胁手段强行缴纳挂靠费用，强行挂靠。建筑公司并非服务业，黑恶势力的行为并非强迫他人提供服务，也没有商品交易，因此并不符合强迫交易罪的犯罪构成。而黑恶势力强行挂靠的目的不外乎是借用被挂靠者的名称、企业公章、资质证书、营业执照等。如果黑恶势力采取暴力、威胁手段强行借取被挂靠公司的相关材料，笔者认为可以以寻衅滋事罪定罪处罚。

（3）黑恶势力强迫他人陪标行为的定性问题。司法实践中黑恶势力往往采用非法控制招投标的形式强行揽取工程，而他们非法控制招投标的方式是强迫他人陪标或者强迫招标方违规操作。《刑法修正案（八）》之前，刑法对破坏招投标行为的打击仅有串通投标罪一个罪名，而且串通投标是指投标人相互串通报价，损害招标人或其他投标人利益，情节严重的行为。因此串通投标实际上是几个投标人或者投标人与招标人之间在利益共享的基础上，自愿、共同实施的损害他人利益的行为。因此，采取暴力、威胁手段强迫他人陪标的行为，不符合串通投标罪的行为要件。而事实上这种行为就是强迫他人参与或者退出投标的行为，符合《刑法修正案（八）》规定的强迫交易罪的特定行为之一，因此应当定强迫交易罪。对于暴力、威胁方式强迫招标方违规操作的行为，如果行为人有随意殴打、辱骂、恐吓招标人或者评标人的行为，有破坏招投标文件等行为，情节恶劣或者情节严重的，可以寻衅滋事罪定罪处罚。

（4）黑恶势力强行收取堆土费、保护费的行为定性问题。实践中，一些黑恶势力瞄准工程建设施工单位处置建筑垃圾的利益需求，从当地村民手中购买部分土地使用权，强迫工程建设施工单位将垃圾倾倒到其指定地点，从而收取堆土费以获取利益。如果工程施工单位主动将垃圾倒入此地，并缴纳堆土费，黑恶势力的行为将不构成犯罪。但是如果黑恶势力采取暴力威胁的方式，强迫工程施工单位将垃圾倒入指定地点，从而收取堆土费的行为，符合强迫交易罪的行为要件，其目的就是在垃圾堆放和收取费用之间实现交易，因此可以强迫交易罪定罪处罚。但是，如果黑恶势力以工程施工单位堆放垃圾不符合规定为由，强迫工程施工单位缴纳堆土费或者保护费，这实际上是一种敲诈勒索的行为，因此应当以敲诈勒索罪定罪处罚。

（三）农村黑恶势力犯罪

随着我国新农村建设迅猛发展，农村经济得到了长足进步，黑恶犯罪也开始向农村渗透，主要体现在侵蚀农村基层政权、侵吞国有集体资产、欺压残害群众等几个方面。

1. 黑恶势力侵蚀农村基层政权法律适用分析

农村基层政权是我国国家政权在农村的基层组织，一些农村黑恶势力为了谋求非法利益和捞取政治资本，开始通过威胁、贿赂等非法手段向基层政权渗透，逼迫、引诱部分党政干部参加其组织的非法活动或者为其违法犯罪活动提供政治庇护和帮助。有的农村黑恶势力甚至通过投资、提供赞助、捐款等"合法"手段直接进入基层政权，从而使农村黑恶势力披上了"红色"外衣。如 2007 年笔者所在地查办的灌南县北陈集镇某村孙某为首的黑恶势力团伙犯罪案件。为了谋求非法利益和捞取政治资本，孙某等人通过威胁、贿赂等手段顺利地渗透到基层政权，2002 年孙某被选举为村委会主任，在其任职的 6 年间，孙某等人在村里横行霸道，经常殴打辱骂村民，鱼肉群众，当地村民敢怒不敢言。孙某在任期间，种种恶行严重损害了党政干部在群众中的威信和形象，激化了人民群众与基层党组织和基层政府的矛盾，从而导致"群体性事件"、"越级上访事件"频发。在案件办理过程中，对孙某等人通过非法手段渗入农村基层政权的行为如何定性处理遭遇了尴尬的局面。孙某等人通过威胁、贿赂等手段得以当选为村委会主任，是一种破坏选举的行为，但根据我国刑法第 256 条规定破坏选举仅指破坏各级人民代表大会代表和国家机关领导人的选举，而基层村组织的选举显然不属于这一范畴，因此无法将孙某等人破坏选举的行为纳入刑法规制的范畴，追究其刑事责任。根据《治安管理处罚法》的相关规定，对孙某只能处以行政拘留和一定数额的罚款，这显然失之过轻，不利于打击这些非法的选举活动。应当认识到，民主选举制度是农村人民群众实现话语权的制度保障，由于农村破坏选举的违法成本较低，对破坏选举的黑恶势力根本起不到威慑作用，导致农村黑恶势力破坏选举、践踏农村基层民主选举制度愈演愈烈。因此，我们认为应当将破坏农村基层选举的行为纳入我国刑法第256条的规制范围，加大对农村破坏选举的打击力度，以维护农村基层政权的稳定和民主选举制度的健康发展。

2. 黑恶势力侵吞国有和集体资产法律适用分析

一些地方的农村黑恶势力除了采用种种手段从事非法经营活动外，还大肆侵吞国有和集体资产，尤其是一些黑恶势力掌握了农村基层政权后，他们利用手中的一些特权，通过非法出让国有土地使用权，非法出卖矿产资源，虚报征地拆迁、青苗补偿款，私自承包建设工程等手段侵吞国有、集体资产。在获得一定经济实力的基础上，这些黑恶势力就会"招兵买马"，收买社会闲杂人员，扩充自身实力，进而大肆敛财，村里的一些投资建设项目，只要是有利可图的，这些黑恶势力就会牢牢控制，从中敛财。而绝大多数村民只能忍气吞声。如上面案例提到的以孙某为首的黑恶势力团伙，在孙某担任村委会主任期间，其利用职务之便，采取打白条等方式，将该村的铺路款11000元占为己有，严重损害了群众的利益。对于孙某等人侵吞国有和集体资产应如何定性，值得我们注意。由于孙某等人通过"不法手段"进入基层政权，已穿上了"红色"的外衣，其身份发生了变化，虽然其属于黑恶势力，但其行为属于利用其职务上的便利谋求非法利益，其已具备了基层组织人员的特殊身份。根据全国人大常委会的《关于〈中华人民共和国刑法〉第九十三条第二款的解释》作出的明确规定：当村民委员会等村基层组织人员协助人民政府从事行政管理工作时，属于"其他依照法律从事公务的人员"，其利用职务上的便利，非法占用公共财物的，以本条的贪污罪定罪处罚。也就是说，如果黑恶势力成为村基层组织人员后，在协助人民政府从事行政管理工作时侵吞国有和集体资产，应对其以贪污罪定罪处罚；但是，如果黑恶势力在担任村民小组长后是否可以成为贪污罪的主体呢？根据最高人民法院《关于村民小组组长利用职务便利非法占有共有财物行为如何定性问题的批复》作了不定性的规定，即村民小组组长利用职务上的便利，将村民小组集体财产非法占为己有，数额较大的，应以《刑法》第271条职务侵占罪定罪处罚。显然，黑恶势力成员在担任村民小组组长后，利用职务上的便利，侵吞国有和集体资产的，应以职务侵占罪定罪处罚。对于没有进入基层政权的黑恶势力侵吞国有和集体资产的，只能根据其实施的具体犯罪行为来定罪处罚。

3. 黑恶势力欺压、残害群众法律适用分析

一些农村黑恶势力为了获取经济利益或寻求精神刺激，漠视法纪、耍蛮使横、为非作歹、欺压残害百姓。他们经常动用暴力向个体工商户、贩卖农副产品的农民、餐馆及歌舞厅的老板等索要"保护费"或"地皮费"，他们用拳头开路，白吃、白喝、白拿，对稍有不从者便施暴殴打。一些农村甚至出现了

"菜霸"、"鱼霸"、"猪霸"等黑恶势力，他们或占据市场，或欺行霸市，或强取豪夺，群众受尽了折磨。如笔者所在地东海县黄川镇吴某为首的黑恶势力团伙，2011年3月份至2012年3月份期间，吴某伙同刘某、孙某、韩某等人以承包黄川草莓市场为名，向草莓收购户多次强行收取费用1万余元。因草莓收购户李某拒绝缴纳费用，吴某指使韩某、陶某等人用浇汽油的方式，将停放在草莓收购户李某家门前许某的东风牌货车和牛某的奥铃牌货车不同程度烧毁。对此类农村黑恶势力应直接以抢劫、伤害、故意毁坏公私财物等暴力犯罪定罪处罚。

还有一些农村黑恶势力为了规避法律打击，不再使用传统的砍砍杀杀，而更多的是通过言语恐吓、出场摆势等软暴力行为，对群众形成心理控制，扩大团伙影响力，即便实施暴力，也会把握"度"。如果孤立看待这些行为，很难认清其整体危害性，常常只能进行简单的治安处罚或者根本就不处罚。因为我国刑法中并未将农村黑恶势力犯罪作为具体罪名予以规定，如果要对其行为进行定罪，一般只能根据其行为的后果来定罪。例如，暴力讨债、"地下出警"等违法行为，如果没有造成严重后果就难以定罪处罚。

值得注意的是，由于办理农村黑恶犯罪案件涉及多个诉讼环节，并且实际情况差别较大，在各个诉讼阶段相关机关掌握的有关证据不尽相同，再加之各承办人对案件事实或案件性质会有不同的认识和理解，从而导致实践中公、检、法三机关对此类案件的定性存在一定的分歧。如笔者所在地办理的灌南县五队乡刘某为首的黑恶势力犯罪案件，2011年7月至11月期间，刘某伙同高某、张某、许某、缪某等人经常到灌南县堆沟港镇九队农贸市场的赌场上以报警、威胁、随意殴打他人等手段，强行向参赌人员索要钱财，后刘某、高某等人为了能够持续索要更多的钱财，又采取向赌场上抛大粪等手段强行控制该赌场，并在该赌场上强行抽头渔利。在此期间，刘某非法获利4万余元，高某等人非法获利1000—5000元不等。公安机关经侦查后认为刘某、高某等人的行为构成赌博罪，并以赌博罪向检察机关提请逮捕，检察机关经过审查后认为公安机关对刘某、高某等人行为的定性不够准确，因为刘某、高某等人虽然后期通过非法手段控制了赌场，并在赌场上强行抽头渔利，单独从这一行为来看，刘某、高某等人行为确实符合赌博罪的构成要件。但综观整个案情来看，刘某、高某等人行为应属于寻衅滋事中强拿硬要行为，赌场上强行抽头渔利应属于强拿硬要行为的特殊形式，如果将该案定性为赌博，根据我国法律对赌博罪处理的有关规定，对该案的一般参与者将难以定罪，而对刘某、高某的量刑也会比较轻，这显然不利于打击农村的黑恶势力。后检察机关以寻衅滋事罪对刘某、高某等人批准逮捕并以该罪名进行起诉，法院也最终以寻衅滋事罪对刘某、高某等人依法作出判决。因此，在办理此类犯罪时，必须全面收集相关证据，要用全局性视野来审视该类犯罪，确保定性准确。

　　本文力求从理论和实践两个层面对当前新型黑恶犯罪在法律适用方面的问题作一概括讨论，为此本文体例采用了总分模式。在写作过程中，课题组成员对实践中发生的黑恶犯罪情况作了充分的调研，文中亦采用了部分本地发生的典型案例，以期更直观地呈现惩治新型黑恶犯罪在实践中存在的法律适用方面的问题，从而寻求解决之道。但是惩治、预防黑恶犯罪是一项系统工程，本文受篇幅所限难以做到面面俱到，部分问题只是做了浅显的分析，对于如何预防黑恶犯罪，以及是否应当制定系统、专门的惩治黑恶犯罪的法律，是否应当成立专门的侦办机构等问题尚有待深入研究。

新型诈骗犯罪案件法律适用问题研究*

——以某市 2007—2010 年新型诈骗犯罪案例为标本

广州市人民检察院课题组

我国 1979 年刑法在第 151 条、第 152 条规定了诈骗罪和惯骗罪，现行 1997 年刑法吸收全国人大常委会的两个决定的立法内容①，在"侵犯财产罪"一章中规定了诈骗罪（刑法第 266 条），此外，根据诈骗对象、方法和侵犯客体的不同，还规定了两类特别诈骗犯罪，即在"破坏社会主义市场经济秩序罪"一章中规定了金融诈骗罪（刑法第 192—200 条）、合同诈骗罪（刑法第 224 条）。一般认为，诈骗罪与金融诈骗罪、合同诈骗罪之间是一般与特殊、普通法条与特别法条的关系。

本文所称的"新型诈骗犯罪"，不是规范意义上的概念，而是为了文本研究的方便创设的一个临时概念，其外延的界定，除了上述金融诈骗罪、合同诈骗罪两类特别诈骗犯罪之外，还包括近年来日渐频发的电信诈骗、诉讼诈骗等采取新型手段实施的诈骗罪。

从统计数据来看，某市 2007—2010 年起诉诈骗犯罪案件 1197 件 2074 人，金融诈骗犯罪案件 380 件 513 人，合同诈骗 444 件 619 人。案件数量总体上呈逐年上升趋势（见表一）。金融诈骗犯罪中的集资诈骗、信用卡诈骗犯罪案件上升趋势明显，贷款诈骗、票据诈骗犯罪案件一直在高位徘徊（见表二）。

---

* 课题负责人：廖荣辉，广州市人民检察院副检察长。课题组成员：何素梅、李启新、王树茂（执笔人）、郭琼。

① 全国人大常委会 1993 年 7 月 2 日颁发的《关于惩治生产、销售伪劣商品犯罪的决定》、1995 年 6 月 30 日颁发的《关于惩治破坏金融秩序犯罪的决定》。

表一 某市 2007—2010 年诈骗犯罪起诉案件统计表

	2007 年度	2008 年度	2009 年度	2010 年度
诈骗案件	199 件 350 人	269 件 467 人	376 件 633 人	353 件 624 人
金融诈骗案件	60 件 82 人	74 件 98 人	99 件 119 人	147 件 214 人
合同诈骗案件	120 件 154 人	98 件 149 人	118 件 150 人	108 件 166 人

表二 某市 2007—2010 年金融诈骗犯罪起诉案件分布表

	2007 年度	2008 年度	2009 年度	2010 年度
集资诈骗案件	7 件 9 人	8 件 11 人	11 件 16 人	14 件 36 人
贷款诈骗案件	11 件 21 人	4 件 5 人	4 件 4 人	9 件 11 人
票据诈骗案件	23 件 25 人	21 件 29 人	17 件 22 人	10 件 10 人
金融凭证诈骗案件	1 件 1 人	1 件 1 人	1 件 1 人	0 件 0 人
信用证诈骗案件	3 件 3 人	5 件 5 人	4 件 4 人	2 件 2 人
信用卡诈骗案件	15 件 23 人	34 件 46 人	60 件 70 人	111 件 152 人
保险诈骗案件	0 件 0 人	1 件 1 人	2 件 2 人	1 件 1 人

本文以上述犯罪案例为解剖标本，坚持刑法理论与司法实践相结合，以刑法理论为指导又不局限于理论思维，力求从实践中总结提炼理性认识，研究新型诈骗犯罪案件在法律适用中遇到的新情况、新问题，主要围绕主观上的"非法占有目的"认定、客观上的罪质构造辨析而展开。

一、新型诈骗犯罪案件"非法占有目的"的司法认定

"非法占有目的"属于诈骗罪、盗窃罪等取得型财产犯罪的主观构成要件，这是毋庸置疑的。然而，"非法占有目的"是否属于所有金融诈骗犯罪的主观构成要件，尚有争论。从立法上来看，《刑法》第 192 条集资诈骗罪、第 193 条贷款诈骗罪、第 196 条"恶意透支"型信用卡诈骗罪明文规定了"非法占有目的"，其他没有明文规定"非法占有目的"的金融诈骗罪，包括第 194 条票据诈骗罪、金融凭证诈骗罪、第 195 条信用证诈骗罪、第 196 条信用卡诈骗罪（"恶意透支"型信用卡诈骗除外），是否也必须具有"非法占有目的"？学界一直争论不止。

对此，学界大致有两种不同观点。否定说认为，刑法对有些金融犯罪没有明文规定"非法占有目的"，并非立法的疏漏，而是有意为之。理由是金融诈

骗罪置于"破坏金融管理秩序罪"一章,表明金融诈骗罪侵犯的主要客体是金融管理秩序,而不是财产,只要行为人的行为破坏了金融管理秩序,即使不具有非法占有目的,仍然构成金融诈骗罪。① 肯定说认为,金融诈骗罪作为诈骗罪的一种,而"非法占有目的"是取得型财产犯罪的必要构成要件,直接关系到行为的社会危害性(或法益侵害性)的有无和大小,具有区分罪与非罪、此罪与彼罪的界限作用,金融诈骗罪也不例外。"我国立法在集资诈骗、贷款诈骗和恶意透支的信用卡诈骗以及合同诈骗中明文规定非法占有目的,是基于非法占有目的的以下功能:非法占有目的不仅有确定社会危害性大小、说明对客体侵犯的程度、区分纠纷和犯罪的功能,而且具有确定刑法保护对象和改变行为危害性的作用。"② 除了刑法明文规定"以非法占有为目的"的犯罪外,"金融诈骗罪中的其他犯罪以及信用卡诈骗罪中的其他情形,其客观行为就清楚地表明行为人具有非法占有目的,刑法没有必要强调规定,而是有意省略规定。既然只是省略规定,就表明'以非法占有为目的'仍然是主观要素。"③ 金融犯罪中的"非法占有目的",属于直接目的犯,即只要行为人实施了骗取财物的行为,就自然而然地实现了非法占有的目的。"对于在法条上未规定以非法占有为目的的金融诈骗罪,并非不要求行为人主观上具有非法占有的目的,而是因为这种欺诈行为本身就足以表明行为人主观上具有非法占有的目的。""在集资诈骗罪和贷款诈骗罪的情况下,之所以刑法明确规定以非法占有为目的,主要是因为从其行为还不足以认为行为人主观上具有非法占有的目的。"④

肯定说是学界通说,也是司法实践的主流观点。最高人民法院 2001 年 1 月 21 日印发的《全国法院审理金融犯罪案件工作座谈会纪要》也明确指出,"金融诈骗犯罪都是以非法占有为目的的犯罪",为"非法占有目的"的必要性提供了明确的法源依据。

2007—2010 年,某市检察机关审结金融诈骗犯罪案件 196 件 278 人,撤案、不起诉、无罪判决案件等"三类案件"共计 14 件 18 人,占全部审结案件的 7.14% 和 6.47%,其中,12 件 17 人"非法占有的目的"难以认定。"非法占有目的"的认定成为困扰司法工作人员的一大难题,贯穿于案件的立案、起诉、审理全过程。换言之,如何认定"非法占有目的"成为金融诈骗犯

---

① 罗欣:《关于金融诈骗罪的两个问题》,载《法学研究》2000 年第 9 期。
② 吴贵森:《非法占有目的法律地位探究》,载《中国刑事法杂志》2005 年第 6 期。
③ 张明楷:《诈骗罪与金融诈骗罪研究》,清华大学出版社 2006 年版,第 408 页。
④ 陈兴良:《当代中国刑法新境域》,中国政法大学出版社 2002 年版,第 617 页。

案件的法律适用难题。

（一）金融诈骗类罪中"非法占有目的"的司法认定

司法实践中，根据"无证据则无事实"的证据裁判原则，认定案件事实，首先是运用证据证明的方法，认定"非法占有目的"这一主观构成要件，也不例外。比如，依据被告人的口供交代、证人证言证实，依据书证、物证等客观性证据予以证实。"犯罪行为是在行为人的主观心理支配下实施的，因此，应当根据行为人实施的客观行为以及相关事实来认定行为人是否具有非法占有的目的。"① 客观行为是主观目的的外化和表征，遵循从客观到主观的认识路径，首先证明外在的"非法占有的客观事实（行为和结果）"，进而证明行为人主观上具有"非法占有的主观目的"。但是，由于趋利避害的保护本能，司法实践中，被告人非但矢口否认"非法占有的目的"，还极力将非法占有的行为辩解为民事、经济纠纷。现代刑事诉讼活动禁止仅仅单凭口供定案②，"非法占有目的"作为主观的构成要件，未必外化为对应的客观行为和结果。因此，"非法占有目的"的认定往往很难采用证明的方法，只能退而求其次，采取证明之外的其他方法，亦即主要采用刑事推定的方法。

何谓推定？推定，是指根据法律规定或者经验法则，从基础事实推导出推定事实（待证事实）。推定的基础在于，经验表明，当出现一定事实时，通常又会出现相应的事实，两种事实之间存在高度盖然性的联系，以至于当出现某一事实时，即可预见另一事实的出现。推定包括基础事实、推定的根据、推定事实三个要素。推定作为认定事实的一种方法，是证据裁判原则的例外，主要运用于民事裁判领域。推定毕竟不是证明，在刑事诉讼中受到严格的范围限制。有学者认为："刑事推定的适用范围包括'人类的心理内容'；被告人'独知'的事实；封闭环境或场所中发生的事件；一些特定种类的事件。"③ 其中，"人类的心理内容"，主要指对行为人主观故意、主观明知、非法占有目的，等等。"推定往往是能够证明被告人心理状态的唯一手段，因而在刑事司法中起着非常重要的作用。"④ 在金融诈骗犯罪中，鉴于"非法占有目的"

① 张明楷：《诈骗罪与金融诈骗罪研究》，清华大学出版社 2006 年版，第 416 页。
② 根据《刑事诉讼法》的规定，只有被告人供述，没有其他证据的，不能认定被告人有罪和处以刑罚；没有被告人供述，证据确实、充分的，可以认定被告人有罪和处以刑罚。
③ 参见李富成：《刑事推定研究》，中国人民公安大学出版社 2008 年版，第 19—21 页。
④ ［英］鲁珀特·克罗斯等：《英国刑法导论》，中国人民大学出版社 1991 年版，第 56 页。

的主观特性和认定难度，刑事推定成为司法证明之后、退而求其次的选择。

最高人民法院 2001 年 1 月 21 日印发的《全国法院审理金融犯罪案件工作座谈会纪要》，对金融诈骗犯罪中"非法占有目的"的刑事推定，作出了方向性的规范指引："在司法实践中，认定是否具有非法占有的目的，应当坚持主客观相一致的原则，既要避免单纯根据损失结果客观归罪，也不能仅凭被告人自己的供述，而应当根据案件具体情况具体分析。根据司法实践，对于行为人通过诈骗的方法非法获取资金，造成数额较大不能归还，并具有下列情形之一的，可以认定为具有非法占有的目的：（1）明知没有归还能力而大量骗取资金的；（2）非法获取资金后逃跑的；（3）肆意挥霍骗取资金的；（4）使用骗取的资金进行违法犯罪活动的；（5）抽逃、转移资金、隐匿财产以逃避返还资金的；（6）隐匿、销毁账目，或者搞假破产、假倒闭以逃避返还资金的；（7）其他非法占有资金、拒不返还的行为。"特别强调"在处理案件的时候，对于有证据证明行为人不具有非法占有目的的，不能单纯以财产不能归还就按金融诈骗罪处罚。"由于"非法占有目的"是一个主观构成要件，上述《纪要》对"非法占有目的"的认定采取了司法推定的方法，它改变了从证据到待证事实的证明过程，采用了转化证明对象的方法，通过证明一些法定的基础事实，从列明的已知的"基础事实"推导出"待证事实"（非法占有目的）的存在。

司法实践中，对"非法占有的目的"的推定，主要涉及推定标准、证明对象、举证责任的理解和把握。上述《纪要》规定了主客观相统一的综合标准，只有同时证明"通过诈骗的方法非法获取资金"＋"造成数额较大不能归还"＋"具有上列（1）至（7）情形之一"三个基础事实，才能推定行为人具有"非法占有的目的"。其中，第一个基础事实是指"诈骗行为"，第二个基础事实是"危害后果"，第三个基础事实属于导致资金不能归还的恶意或者违法行为、逃避返还资金行为或者拒不返还资金的行为。"推定的事实无须证明就可以被看作是已经得到证明的真实性事实，但这种真实性来源于基础事实的真实性。"① 因此，上述三个方面的基础事实必须同时具备，并且有充分的证据予以证明。

按照上述《纪要》的规定，除了运用证据证明"存在诈骗行为"、"造成数额较大不能归还的危害后果"这两个基础事实之外，尚需证明"具有上列（1）至（7）情形之一"，但是，司法实践中，符合一种或者多种情形，尚不

---

① 张永清：《合同诈骗罪主观目的的探析》，载《临沂师范学院学报》2006 年第 1 期。

足以推定行为人的主观目的，往往采取更为严格的标准，要求证明上列（1）至（7）中的多种情形后，综合分析案件事实，排除其他可能性，方可推定行为人具有非法占有的目的。

刑事诉讼中，刑事推定与证明、司法认知并列为认定案件事实的三大方法。"推定作为一种以'忽略个别可能与结论相反'为代价或基础的思维模式和证罪方法，已被我国司法实践广泛认可和运用。"① 但是，推定并非免除了公诉机关的举证责任，而是转换了证明对象和证明方法，仍然需要由公诉机关举出确实充分的证据（举证责任），证明作为推导前提的基础事实，如果未能举证或者举证不足（说服责任），则不能由此推定行为人具有"非法占有的目的"。由于推定是根据基础事实，经过符合经验和逻辑法则的推论，推导出具有高度盖然性的待证事实，降低了证明标准，缓和了证明要求，因此，在运用证据证明基础事实真实性的前提下，允许被告人对推定结论提出反证。"推定必须以客观事实为根据，应允许被告人提出相反证据以克服推定在特殊情况下的虚假性。"② 反证有两个方面，一方面是基础事实不真实的反证，另一方面是基础事实与推定事实没有联系的反证。需要注意的是，允许反证，赋予行为人质疑和反驳推定结论的权利，也要求被告人对自己的积极抗辩主张提供必要的证据。如果行为人未作任何辩解，则推定结论成立。

（二）金融诈骗个罪中"非法占有目的"的司法认定

如上所述，立法对"非法占有目的"未作明确规定的金融犯罪罪名，包括票据诈骗罪、金融凭证诈骗罪、信用证诈骗罪、有价证券诈骗罪、保险诈骗罪以及"恶意透支型"之外的信用卡诈骗罪，并非不要求行为人主观上具有非法占有的目的，而是认为只要行为人实施了法定的客观情形之一，就可以认定为主观上具有非法占有目的，无须进行专门证明、予以特别认定。因此，本文主要研究集资诈骗罪、贷款诈骗罪、恶意透支型信用卡诈骗罪、合同诈骗罪中明文规定的"非法占有目的"的认定。

1. 集资诈骗罪中的"非法占有目的"认定方法

集资诈骗罪，是指行为人以非法占有为目的，使用诈骗方法非法集资，数

---

① 肖中华：《论合同诈骗罪认定中的若干问题》，载《政法论丛》2002 年第 2 期，该文作者认为，尽管推定在某种程度上存在有罪推定、弱化犯罪指控机关举证责任和加重被告人无罪证明责任之嫌，但在目的犯和持有型犯罪的司法认定中，它"无奈"地被广泛运用。

② 张明楷：《诈骗罪与金融诈骗罪研究》，清华大学出版社 2006 年版，第 416 页。

额较大的行为。非法集资犯罪案件，即使在集资过程中采取了虚假、欺诈的方法，如果不具有非法占有的目的，有可能构成欺诈发行股票、债券罪，非法吸收或者变相吸收公众存款罪，擅自发行股票、公司、企业债券罪，而不构成非法集资罪。是否存在"非法占有的目的"，成为非法集资犯罪案件定性的关键。

最高人民法院 2001 年 1 月 21 日印发的《全国法院审理金融犯罪案件工作座谈会纪要》，针对集资诈骗罪中"非法占有目的"的认定，指出"集资诈骗罪和欺诈发行股票、债券罪，非法吸收公众存款罪在客观上均表现为向社会公众非法募集资金。区别的关键在于行为人是否具有非法占有的目的。对于以非法占有为目的而非法集资，或者在非法集资过程中产生了非法占有他人资金的故意，均构成集资诈骗罪。但是，在处理案件时要注意两点：一是不能仅凭较大数额的非法集资款不能返还的结果，推定行为人具有非法占有的目的；二是行为人将大部分资金用于投资或生产经营活动，而将少量资金用于个人消费或挥霍的，不应仅以此便认定具有非法占有的目的。"该《纪要》强调了认定"非法占有目的"的构成要件意义和两条区分界限。

针对司法实践中出现的新情况、新问题，2010 年 12 月 13 日最高人民法院颁发的《关于审理非法集资刑事案件具体应用法律若干问题的解释》，将具有"非法占有目的"的非法吸收公众存款的行为认定为集资诈骗罪，对集资诈骗罪中的"非法占有目的"认定作了更为明确的推定指引，"使用诈骗方法非法集资，具有下列情形之一的，可以认定为'以非法占有为目的'：（一）集资后不用于生产经营活动或者用于生产经营活动与筹集资金规模明显不成比例，致使集资款不能返还的；（二）肆意挥霍集资款，致使集资款不能返还的；（三）携带集资款逃匿的；（四）将集资款用于违法犯罪活动的；（五）抽逃、转移资金、隐匿财产，逃避返还资金的；（六）隐匿、销毁账目，或者搞假破产、假倒闭，逃避返还资金的；（七）拒不交代资金去向，逃避返还资金的；（八）其他可以认定非法占有目的的情形。"

上述所列情形之（一）和（二）是指集资款的实际用途，并未用于生产经营，而是用于肆意挥霍；情形之（二）"肆意挥霍集资款"，是指将大部分集资款用于个人消费或挥霍；情形之（三）"逃匿"必须与"携款"并存，如果是为了躲避债务、筹集资金而逃匿的，并不足以证明存在拒不返还集资款的目的；情形之（四）"将集资款用于违法犯罪活动"，与非法占有目的本无必然联系，但是，集资款一旦用于违法犯罪活动，就变成了犯罪资金，严重危害了资金的安全，极有可能造成无法归还的后果。此外，基于刑事政策考虑，出于对此类行为从严打击的需要和导向，将其拟制为推定情形；情形之

（七）"拒不交代资金去向"，客观上造成集资款不能返还的后果，主观上表明行为人具有非法占有的目的。

根据上述《解释》的精神，认定是否具有"非法占有目的"，必须坚持主客观相统一的原则，既要避免以诈骗方法的认定代替非法占有目的的认定，又要避免仅仅根据集资款不能返还的危害后果客观归罪。对于非法集资行为，需要综合集资时的归还能力和目的、集资款的实际用途和去向、造成集资款不能归还的真实原因、案发前归还行动和案发后的归还努力，等等，以便分别以集资诈骗罪和非法吸收公众存款罪等论处。对于因经营不善、市场风险等客观原因，造成较大数额的集资款不能返还的，不应当认定为集资诈骗罪。对于行为人使用诈骗方法非法集资，具有上述《解释》规定的情形之一，致使数额较大的集资款不能返还或者逃避返还的，应当认定为集资诈骗罪。

在集资诈骗犯罪中，行为人采取欺诈手段非法获取了集资款，在客观上造成数额较大的资金不能返还的后果，如果行为人具备以下情形之一的，应当认定为具有非法占有的目的：行为人以支取高额回扣、介绍费或提成等方式非法获取集资款，并由此造成大部分资金不能返还的；从资金的用途和去向看，行为人将非法获得的集资款不是用于经营和其他正当用途，而是用于拆东墙补西墙、弥补亏损、偿还债务、挥霍、赠予、高风险的营利性活动，乃至违法犯罪活动的；从事后行为来看，行为人携带集资款潜逃，或者转移、隐匿集资款，有能力归还而不归还，或者通过销毁、隐匿账簿、假破产等手段以逃避返还。考虑到支付本息是非法集资的一个基本特征，在一定意义上，按期支付本金和高额回报反而有可能说明行为人主观上没有非法占有的目的，因此，对于"以旧还新"、"以后还前"的行为不能一概而论，关键要看行为人是否将集资款用于具体的生产经营活动。

从某市中级人民法院审结的案例分析，司法实践中，对于被告人夸大宣传、以高额回报为诱饵非法集资，将集资款用于业务员提成比例高达15%÷20%不等，用于个人消费开支，案发后携款逃匿，导致集资款不能返还的行为；被告人名下并无任何财产、设立空壳公司、没有任何生产经营活动，虚构集资用途，以高额回报为诱饵，非法集资后采取用后款支付前款高回报、高提成的诈骗模式，资金链断裂后携款潜逃的行为；被告人设立空壳公司后，采取收取加盟费、预存消费款、预购款等方式非法集资，集资款除了少部分用于约定的投资项目外，大部分用于非法集资活动的日常支出、提成报酬、返还被害人到期的本金红利和个人非法占有，导致巨额集资款不能返还的行为，均认定为主观上具有非法占有集资款的目的。

举一案例：被告人颜某辉、颜某龙集资诈骗一案，某市中级人民法院审理认为，被告人并非完全虚假设立集资公司，存在实际运作经营，以被告人将收取的股权款用于公司的生产经营为由，认定被告人非法占有集资款的目的不能成立，最后以非法吸收公众存款罪定罪处理。公诉机关认为被告人虚假出资、以欺骗手段骗取工商登记设立股份有限公司，为发行空头股票实施集资诈骗行为准备条件，虽然存在一定的经营行为，但只是进行非法集资诈骗的幌子，所收集资款汇入个人账户，绝大部分由被告人任意支配，用于个人投资和挥霍，导致非法集资款不能返还，用于公司经营业务的非法集资款仅占5%左右，足以证实被告人没有回报投资者的意图，具有明显的非法占有目的，因此决定抗诉。

本案主要涉及证据的采纳和采信问题，以及在案证据对基础事实达到的证明程度，亦即证明标准的把握问题，检、法两家对推定的基础事实和原则并无异议。

2. 贷款诈骗罪中的"非法占有目的"认定方法

贷款诈骗罪，是指行为人以非法占有为目的，采取虚构事实或者隐瞒真相的方法，骗取银行或者其他金融机构的贷款，数额较大的行为。《刑法》第193条规定了贷款诈骗罪："有下列情形之一，以非法占有为目的，诈骗银行或者其他金融机构的贷款，数额较大的……（一）编造引进资金、项目等虚假理由的；（二）使用虚假的经济合同的；（三）使用虚假的证明文件的；（四）使用虚假的产权证明作担保或者超出抵押物价值重复担保的；（五）以其他方法诈骗贷款的。"本罪的成立，客观上行为人必须采取欺骗手段骗取银行或者其他金融机构数额较大的贷款，主观上必须具有非法占有的目的，两者应当同时具备、缺一不可。

最高人民法院2001年1月21日印发的《全国法院审理金融犯罪案件工作座谈会纪要》，针对贷款诈骗罪中"非法占有目的"的认定，提出严格的限制条件，即"对于合法取得贷款后，没有按规定的用途使用贷款，到期没有归还贷款的，不能以贷款诈骗罪定罪处罚；对于确有证据证明行为人不具有非法占有的目的，因不具备贷款的条件而采取了欺骗手段获取贷款，案发时有能力履行还贷义务，或者案发时不能归还贷款是因为意志以外的原因，如因经营不善、被骗、市场风险等，不应以贷款诈骗罪定罪处罚。"可见，区分贷款欺诈行为与贷款诈骗罪的关键，在于行为人是否具有非法占有的目的。司法实践中，不能单纯以行为人使用欺诈的手段获取了贷款或者贷款到期不能归还，就认定行为人主观上具有非法占有贷款的目的。对于行为人贷款时有履约还款能力，贷款后没有因挥霍贷款、恶意处分贷款而造成贷款无法归还的，即使采取了编造引进资金、项目等虚假理由、使用欺诈手段获得贷款，也不能据此就认定行为人具有非法占有的目的。

对于"非法占有贷款目的"的认定，应坚持主客观相统一的原则，在考虑行为人贷款时的资信情况和还款能力、贷款的实际用途和去向、贷款无法归还的原因、偿还贷款的举措等客观事实的基础上，判断行为人是否具有非法占有贷款的目的，以准确区分贷款欺诈行为和贷款诈骗犯罪。

判断行为人主观上具有非法占有贷款的目的，必须同时具备以下客观事实：一是行为人通过欺诈手段取得贷款；二是行为人到期没有归还贷款；三是行为人贷款时明显不具备归还能力或者贷款后实施逃避返还贷款的行为。"对此，首先应以行为时的各种事实为依据进行客观判断，同时也要参考行为前、后的各种事实，还要善于运用推定方法。""行为时的事实是判断行为是否成立诈骗罪的基本依据。"如无业人员没有任何经营活动，采取欺诈手段获得贷款的行为。"行为前、后的各种事实，有助于判断行为人在行为时是否具有非法占有目的。"① 如携款潜逃、肆意挥霍、抽逃资金、隐匿财产，以逃避返还贷款的行为。上述三个方面的客观事实缺一不可。如果查明行为人没有非法占有贷款的目的，只是弄虚作假、虚报材料，以欺骗的手段骗取银行或者其他金融机构的贷款，给银行或者金融机构造成重大损失或者有其他严重情节的行为，需要追究刑事责任的，则按照《刑法》第175条的规定以骗取贷款罪定性处罚。

举一案例：公诉机关指控，1995年至1997年，被告人罗某宁以不具备独立法人资格的"广东长城建设总公司第七房产开发处"的名义以及假冒"广东长城建设总公司"的名义，编造虚假的贷款理由，先后骗得广州银行股份有限公司芳草支行发放贷款12笔，共计人民币3545万元，用于偿还债务等，至案发前仅偿还人民币45万元。公诉机关以被告人的行为构成贷款诈骗罪提起公诉。辩护人提交了相关书证认为：起诉书认定的贷款总次数、还款总金额、贷款过程、去向、是否存在担保、抵押等事实不清；"借新还旧的"贷款直接由银行划走，被告人没有实际占有、控制、使用过这部分款项；被告人一直积极偿还贷款，没有逃避债务，主观上没有非法占用银行贷款的目的，是客观原因造成涉案贷款未能按期归还。一审法院判决理由认为：被告人罗某宁承包第七房产开发处的目的并非为了实施贷款诈骗，在案证据证明该房产开发处确实经营了房地产项目，贷款金额也投入了工程项目；被告人罗某宁涉案期间还向其他金融机构贷款几十笔，金额达几千万元，在多数贷款已经偿还的情况

---

① 张明楷：《诈骗罪与金融诈骗罪研究》，清华大学出版社2006年版，第540—541页。

下不能认定被告人明知没有归还能力而大量骗取资金；没有证据排除涉案贷款不属于"借新还旧"的用途，也没有证据证实被告人转移、隐匿、挥霍了涉案贷款；在银行催收贷款的过程中，被告人没有不承认、躲藏、滞留境外不归还等逃避债务的行为。综上所述，被告人虽然以私刻公章、假冒签名、编造虚假的贷款理由等欺骗手段取得贷款，但是由于现有证据不能充分证实被告人主观上具有非法占有的目的。据此，对于被告人以虚构事实、隐瞒真相的欺骗手段取得银行贷款，给银行造成特别重大损失的行为，按照《刑法》第 175 条的规定，以骗取贷款罪定罪处罚。

本案判决紧紧围绕被告人贷款时的还款能力、贷款的用途和去向、还款意愿、是否具有逃避债务行为等基础事实，认为在案证据证实的基础事实，尚不能推定被告人具有"非法占有贷款的目的"，因此认定贷款诈骗罪不能成立。

3. 恶意透支型信用卡诈骗罪中的"非法占有目的"认定方法

《刑法》第 196 条第 1 款将"恶意透支"规定为信用卡诈骗罪的一种形式，第 2 款解释为"恶意透支，是指行为人以非法占有为目的，超过规定限额或者规定期限透支，并且经发卡银行催收后仍不归还的行为。"我国刑法理论通说认为，恶意透支行为是具有诈骗性质的行为。有个别学者认为，"恶意透支行为并非是诈骗而是滥用信用，即滥用信用卡发行者给予会员（持卡人）的信用，侵害了信用卡发行者与会员（持卡人）之间的信赖关系，从根本上破坏了信用卡制度，妨碍了民众利用信用卡从事正常的交易活动。"① 且不论这一论点正确与否。虽然现行刑法将"恶意透支"规定为信用卡诈骗罪的一种行为方式，但是，"恶意透支"确实不同于其他四种诈骗行为方式。

透支是信用卡的基本功能，善意透支与恶意透支都是透支行为，善意透支是信用卡的一项重要功能，"恶意透支"则是信用卡诈骗的客观行为方式之一。根据刑法规定，行为人超过规定期限或限额透支，但在发卡银行催收归还的期限内还清了透支款及支付了利息的，就不能认定为恶意透支。实践中，"恶意透支"行为，主要表现为透支后在发卡银行催收后拒不归还的，或者超出催收期限不予归还的，或根本无力偿还的或逃避追查的行为。两者客观上的区别是：善意透支主动归还或者经发卡银行催收后归还本息，而恶意透支经发卡银行催收后仍不归还；主观上的区别是：前者具有归还的意图，没有非法占有的目的，后者则具有非法占有的目的。因此，"非法占有的目的"是区分善意透支和恶意透支的一个重要标志。

---

① 刘明祥：《中国刑法中的信用卡诈骗罪》，载《刑事法热点问题的国际视野》，北京大学出版社 2010 年版，第 165 页。

《刑法》第196条第1款将"恶意透支"规定为信用卡诈骗罪的一种形式，第2款解释为"恶意透支，是指行为人以非法占有为目的，超过规定限额或者规定期限透支，并且经发卡银行催收后仍不归还的行为。"为了防止将善意透支行为认定为信用卡诈骗罪，《刑法》第196条第2款特意规定了"以非法占有为目的"的主观构成要件。

2009年12月3日最高人民法院、最高人民检察院《关于办理妨害信用卡管理刑事案件具体应用法律若干问题的解释》对"恶意透支"行为作了更为具体的界定，对如何认定其中的"非法占有目的"作了明确的规范指引，其第6条规定："持卡人以非法占有为目的，超过规定限额或者规定期限透支，并且经发卡银行两次催收后超过3个月仍不归还的，应当认定为刑法第一百九十六条规定的'恶意透支'。有以下情形之一的，应当认定为刑法第一百九十六条第二款规定的'以非法占有为目的'：（一）明知没有还款能力而大量透支，无法归还的；（二）肆意挥霍透支的资金，无法归还的；（三）透支后逃匿、改变联系方式，逃避银行催收的；（四）抽逃、转移资金，隐匿财产，逃避还款的；（五）使用透支的资金进行违法犯罪活动的；（六）其他非法占有资金，拒不归还的行为。"

从刑法和司法解释的规定来看，构成恶意透支型信用卡诈骗罪必须同时具备主观上的"非法占有目的"和客观上的"超过规定限额或者规定期限透支，并且经发卡银行两次催收后超过3个月仍不归还"两个构成要件，前者即为主观上的"恶意"，后者为客观上的"透支不还"，两者缺一不可。"如果将证明行为人客观要件的事实同时又将其作为证明主观故意的证据，则实质上取消了刑法对该犯罪主观要件上的要求，使恶意透支型的信用卡诈骗罪从故意型犯罪演变成严格责任型犯罪。"[①] 如果持卡人"超过规定限额透支"或者"超过规定期限透支"，到期后只是催收不还，没有非法占有目的，则只是一般的恶意透支行为；反之，如果持卡人具有非法占有目的，但是银行没有进行催收，或者在两次催收后3个月之内归还，则没有"透支不还"的行为。上述两种情形均不构成恶意透支型信用卡诈骗罪。

对于推定情形中"无法归还"的理解，要正确区分有归还能力拒不归还，还是因客观原因所致不能归还，如果持卡人在透支后，确有不可抗力等正当因素而不能归还透支本息，则不能作为犯罪处理。对于透支行为是否具备"非法占有的目的"的认定，必须慎重。以上述法定情形推定持卡人是否具有

---

① 张红梅：《恶意透支信用卡的定性分析》，载《人民法院报》2008年7月9日第6版。

"非法占有的目的",除了考虑持卡人的还款能力、款项用途去向、隐匿财产等客观情形外,还要综合考虑行为人是否具有还款意愿和还款行为。允许持卡人对未能接到催收通知(透支后逃匿、改变联系方式,逃避银行催收的除外)、不能还款的不可抗力因素、具有积极还款的意愿、筹措资金还款的努力等提出反证,进而证明没有"非法占有的目的"。

举一案例:2008年5月至7月间,被告人黄某荣向广东发展银行申请信用卡两张进行消费,欠款本金人民币10565.4元;向兴业银行申请信用卡一张进行消费,欠款本金人民币4227.4元;向交通银行申请信用卡一张进行消费,欠款本金人民币9750.9元;向深圳发展银行申请信用卡一张进行消费,欠款本金人民币4991.6元;向中信银行申请信用卡一张进行消费,欠款本金人民币9841.6元;共计欠上述五家银行本金人民币39377.1元,经上述银行多次催收,超过3个月仍拒不归还。辩护人提出的辩护意见认为,透支期限在2009年1月至7月间,被告人于2009年7月因涉嫌其他犯罪被刑事拘留,还款意愿因突发事件未能实现,涉案银行也没有报案,由于被告人主动供述而案发,从透支行为和时间长短来看,被告人的行为只是一般违法性的恶意透支,应承担相应的行政责任和民事责任,社会危险性小,不构成犯罪。

一审判决最后以信用卡诈骗罪论处,判决书中并未查实和阐述被告人未能如期归还透支款的真实原因,即究竟是"有归还能力拒不归还",还是"由于刑事拘留而未能履行还款义务",忽视了被告人主观上的"非法占有目的"的构成要件意义,对于被告人是否具有非法占有透支款的目的证明不足,只是充分证明了恶意透支的客观事实,主要根据被告人超过透支期限,经发卡银行催收后仍不归还的客观情形予以定罪。

(三)合同诈骗罪中"非法占有目的"的司法认定

合同诈骗罪中"非法占有目的"的认定,直接影响到罪与非罪的认定,也是区分合同诈骗罪与合同欺诈行为的关键所在。司法实践中,行为人很少主动供述自己的犯罪目的,加上合同诈骗行为尚有"合同"的合法外衣,因此,"非法占有目的"的认定更是个司法难题。

2007—2010年,某市检察机关审结合同诈骗犯罪案件406件574人,其中,撤案、不起诉、无罪判决案件等"三类案件"共计40件52人,占全部审结案件的9.85%和9.06%,"三类案件"都是由于"非法占有目的"难以认定。

1997年刑法将合同诈骗罪从诈骗罪分离出来,第224条规定:"有下列情形之一,以非法占有为目的,在签订、履行合同过程中,骗取对方当事人财物，数额较大的……（一）以虚构的单位或者冒用他人名义签订合同的；（二）以伪造、变造、作废的票据或者其他虚假的产权证明作担保的；（三）没有实际履行能力，以先履行小额合同或者部分履行合同的方法，诱骗对方当事人继续签订和履行合同的；（四）收受对方当事人给付的货物、货款、预付款或者担保财产后逃匿的；（五）以其他方法骗取对方当事人财物的。"刑法明文规定构成合同诈骗罪，行为人主观上必须具备"非法占有的目的"，客观上应当具备"在签订、履行合同过程中，骗取对方当事人财物的行为"，并且列举了在签订、履行合同中五种虚构事实、隐瞒真相，进而骗取对方当事人财物的行为。主观上的"非法占有的目的"和客观上的"骗取对方当事人财物的行为"必须同时具备。如果不具备"非法占有的目的"，即使在签订、履行合同过程中存在欺诈行为，造成了合同不能履行而带来了财物损失，也只能作为合同纠纷处理。

如何认定合同诈骗罪的"非法占有（对方当事人）财物的目的"？司法实践中，应当采取主客观相统一的标准，既要避免单纯依据合同不能履行造成损失的后果径直推定，也不能仅凭行为人的供述予以否认，应当综合考虑行为人的合同主体资格是否真实合法、有无履行合同的能力、有无履行合同的行为、合同不能履行的真正原因、履行合同的诚意和努力、对合同担保物和标的物的处理情况等客观事实，判断行为人是否骗取进而非法占有了对方当事人的财物。

举一案例：2006 年 4 月，被告人罗某江、刘某红（夫妻关系）伙同同案人刘某合伙成立广州市增城财顺吉制衣厂。2008 年 6 月，罗某江与刘某签订退股协议，约定该厂的债权债务全部由罗某江承担。后财顺吉制衣厂因经营不善歇业。2008 年 7 月，罗某江登记成立了广州市增城财丰制衣厂，继续使用原财顺吉制衣厂房屋、设备及其原来的银行账户开具支票。2008 年 1 月至 10 月，在该厂经营亏损、银行资金不足的情况下，罗某江、刘某红通过开具远期支票的方式支付客户的货款和加工费等款项。由于无法支付到期货款，其中，因银行账户余额不足而无法兑现的支票 44 张，合计金额 2257116 元。此外，尚有货款 896105.1 元未能支付。2008 年 10 月 3 日，罗某江、刘某红逃匿至云南，10 月 16 日财丰制衣厂关闭。后经增城市新塘镇劳动管理所主持处理工厂剩余资产，才得以遣散 100 多名工人。据此，公诉机关指控被告人罗某江、刘某红构成合同诈骗罪。

被告人及其辩护人提出的无罪辩解辩护意见是：（1）2007 年 9 月开始，财顺吉制衣厂因经营亏损、流动资金不足，就采取了开具远期支票延期付款的经营办法。至 2008 年 5 月，财顺吉制衣厂亏损已经达到 4359007 元。2008 年

6月，被告人罗某江参与管理后，采取多方借款、注入流动资金80多万元、更换厂长等多种措施，希望扭转亏损局面，终因全球金融危机及工厂负债太重而失败，财顺吉制衣厂因正常亏损造成欠款未能及时偿还；（2）至于财丰制衣厂成立后，一直延用财顺吉制衣厂的银行账户的原因，一是因为财丰制衣厂的账户未办妥，二是为了对长期合作的客户负责，财顺吉制衣厂并没有清算，从未拒绝偿还财顺吉制衣厂的原有债务；（3）所收货物全部投入企业生产经营中，并没有变卖货物以骗取他人财物，开具远期支票本意不是诈骗，只是希望通过努力扭转企业亏损，等支票到期时就能兑现，至2008年9月25日之前，财顺吉制衣厂仍然能够兑现供应商的支票；（4）财顺吉制衣厂直至2008年10月倒闭，仍有300万元的资产（汽车、衣车、电脑、半成品、成品裤等），还有大量货款没有回笼，只是流动资金链断裂，不能由此认定工厂没有合同履行能力；（5）因债主逼债，人身安全受到威胁，不得已才躲避云南，随身仅携带5000元现金，没有带走工厂任何资产，躲避时一直使用自己的真实身份。

一审判决认定，被告人在没有履约能力的情况下，仍然继续购进大量布匹原料等生产经营，并通过延期结算或开具远期支票等方式拖欠货款或者加工费，最终导致工厂债务庞大。此后，二被告人并没有偿还到期债务，而是外出逃匿，致使工厂倒闭，其行为构成合同诈骗罪。据以认定上述事实的证据，主要是被害人的报案材料和未能支付的支票、货款数额。

笔者认为，被告人及其辩护人提出的上述五点辩解辩护意见，涉及合同未能履行的真正原因、被告人的履约能力和履约行为、货款去向、逃匿后工厂的资产情况等案件事实，进而关系到"非法占有目的"的认定、罪与非罪的判定，判决书中并没有相应的证据予以证实或者排除。在这些基础事实尚未证实的情况下，推定行为人具有"非法占有的目的"，有客观归罪之嫌。

需要特别指出的是，非法占有的目的，既可能发生在签订、履行合同之前，也可能发生在签订、履行合同过程中。签订合同的主体是否真实合法、有无履行合同的能力，这些静态的客观事实表明履行合同是否具备现实物质基础；事前有无履行合同的行为、事中有无履行合同的行为、合同不能履行的真正原因，这些客观事实则反映了行为人履行合同的诚意，但是，这些客观事实只是反映是否具有"非法占有目的"的外在表征，并非一定就能据此推定行为人具有"非法占有的目的"。实践中，行为人采取欺诈行为签订、履行合同，可能一开始就具有非法占有的目的。反之，采取合法手段签订后，在履行合同过程中，也可能产生非法占有的目的，关键要看行为人事后对取得的合同财物的使用、处置和不履行合同后对财物的偿还情况，以及行为人对合同不能履行的补救措施,这是推定行为人主观目的的最重要的基础事实。"行为人的事后态度,也是区分行为人主观上有无诈骗故意的重要标志。"① 如果取得对方当事人的财物后,不是用来履行合同,或者大部分挪作他用、用于偿还其他债务、违法犯罪活动或者大肆挥霍,合同不能履约后,不是主动承担违约责任,采取积极的补救措施减少、避免对方当事人的财产损失,而是隐匿财产、逃避履行合同义务、拒不返还对方当事人的财物、拒绝承担赔偿义务甚至携款潜逃,就可以推定行为人具有非法占有的目的。

从 2007—2010 年度某市中级人民法院审结的合同诈骗案例来看,认定非法占有目的难以成立宣告无罪或者改变定性的案例主要有:被告人在非法经营境外黄金、外汇期货交易、非法经营证券咨询业务中,存在夸大宣传公司业绩,但是提供一定服务后收取代理费、服务费、保密费的行为(最终以非法经营罪定性处罚);因被害人出资不足、导致合同约定的合作项目无法履行,被告人退回了无争议的绝大部分款项、未能退回的合同预付款不能排除属于中介费和公关费的行为;因客观原因导致合同项目失败、因被告人被刑事拘留而未能退回预付款的行为;被告人案发之前已经履行绝大多数货款给付义务,因货物价格持续走低导致经营亏损、流动资金意外被抵扣、公司因涉及其他经济犯罪被立案侦查影响正常经营等客观原因,致使涉案合同货款不能如期给付,且案发后,被告人采取积极措施配合追回部分合同货物、给付部分合同货款的行为;行为人签订合同时没有欺骗行为、在案证据难以证实合同款的去向和用途、难以证实被告人存在关闭公司并逃匿的行为、难以证实合同未能履行的真实原因等。

司法实践中,对于行为人签订合同的目的,不是为了履行合同,但也不具有非法占有的目的,不是想占有对方当事人的财物,而是为了解决眼前经营困难"借鸡生蛋"型非法占用行为,如利用签订经济合同,骗取对方的预付款,用于经营活动或者用于其他牟利活动,属于合同欺诈行为,不构成合同诈骗行为。但是,对于行为人长期占用、拒不归还,或者隐匿潜逃的行为;行为人在出现严重亏损,仍然通过开具大额远期空头支票,签订合同获取大量货物后低价销售套现,所得款项用于偿还公司债务或者个人消费,案发后逃匿的行为,则"非法占用"已经转变为"非法占有",某市中级人民法院对于类似案例,均以合同诈骗罪定罪处罚。

---

① 夏朝晖:《试论合同诈骗罪》,载《法商研究》1997 年第 4 期。

二、新型诈骗犯罪案件的罪质构造辨析

普通诈骗罪的成立，除了行为主观上必须具有"非法占有的目的"以外，客观上的基本构造是"行为人实施欺骗行为—对方陷入或者继续维持认识错误—对方基于认识错误处分财产—行为人取得财产或者使第三者取得财产—被害人遭受财产损失"，"行为人实施诈骗行为"、"被害人处分财产行为"与"被害人遭受财产损失"三者之间具有前后承继、引起和被引起的刑法上的因果关系。

绝大部分金融诈骗犯罪（票据诈骗罪、金融凭证诈骗罪、信用证诈骗罪、有价证券诈骗罪、保险诈骗罪）符合普通诈骗罪的客观构造和因果流程，具备诈骗犯罪的典型行为特征。

电信诈骗犯罪采用电信等科技手段，被害人为不特定多数，行为人和被害人时空分离，诈骗行为与处分财产行为间隔，虽然不具备传统诈骗犯罪的即时性特征，但究其本质来看，仍然符合诈骗犯罪的罪质构造。电信诈骗犯罪行为有可能同时触犯招摇撞骗罪。招摇撞骗罪除了骗取职位、荣誉、婚姻等社会政治利益外，是否还包括骗取财物甚至"数额巨大的财物"，这涉及与诈骗罪的界限区分问题。

诉讼欺诈行为，属于财产处分人（被骗人）和被害人并非同一的"三角诈骗"行为，以诈骗罪论处是否符合罪刑法定原则，学界上尚有较大争议，司法实践基本持否定态度。

一般诈骗犯罪中，被害人是自然人，信用卡诈骗罪中使用伪造的信用卡或者拾得信用卡在特约商户进行消费，犯罪对象是自然人，无疑构成信用卡诈骗罪。然而，使用伪造的信用卡或者拾得信用卡在 ATM 机上使用，由于机器不能作出处分财产的意思决定，此种利用信用卡诈欺获取财物的行为是否构成信用卡诈骗罪，即"机器是否能够成为被骗的对象"，在刑法学界争议较大，司法解释持肯定态度。

至于集资诈骗罪、贷款诈骗罪，采取非法手段或者欺诈手段取得集资款或者贷款后，非法占有目的有可能之前就已经产生，也有可能之后才产生。因此，不同于诈骗犯罪中"欺骗行为"在前、"处分财产行为"在后的因果流程，需要具体案情具体分析。对于合同诈骗罪，也不能一概而论。诚然，有的行为人一开始就具有非法占有的目的，采取欺诈行为签订合同后，在履行合同过程中实施诈骗行为，有的则是以合法行为签订合同，在履行合同过程中取得对方当事人的财物后，才产生非法占有的目的，逃避或者拒绝履行对应的合同义务，进而实现非法占有的目的。因此，因果流程也不同于普通诈骗罪。合同

诈骗罪的客观行为，是指在签订、履行合同过程中，利用合同非法占有对方当事人合同财物的行为。

（一）电信诈骗的行为定性

所谓电信诈骗，是指利用电信手段实施的诈骗犯罪行为，通常表现为利用广播、电视、电话、网络、短信等手段，冒充公安司法机关、金融、工商、税务等部门或者被害人的亲友，编造并群发中奖、退税、银行卡消费异常、遭遇危难等虚假信息，诱骗不特定多数人财物、数额较大的犯罪行为。在行为手段上，电信诈骗主要利用移动电话、计算机网络等通讯媒介，除了包括普通诈骗犯罪行为的语言诈骗外，大量的是编造虚假电信信息，行为人与被害人时空分离，行为手段具有隐蔽性、团伙性。在犯罪对象上，针对不特定多数人实施欺骗行为，随机性和广泛性非常大，诈骗数额巨大甚至特别巨大，社会影响面广，危害后果严重。

电信诈骗行为手段虽然具有上述诸多特点，但是本质上仍然构成诈骗罪，符合"行为人实施欺骗行为—对方陷入或者继续维持认识错误—对方基于认识错误处分财产—行为人取得财产或者使第三者取得财产—被害人遭受财产损失"的客观罪质构造。"两高"联合颁布的《关于办理诈骗刑事案件具体应用法律若干问题的解释》明确规定，通过发送短信、拨打电话或者利用互联网、广播电视、报刊杂志等发布虚假信息，对不特定多数人实施诈骗的，依照《刑法》第266条（诈骗罪）的规定酌情从严惩处。从实定法的角度对电信诈骗犯罪行为的定性处理作了明确规定。

由于电信诈骗经常冒充国家工作人员实施诈骗，有可能同时构成招摇撞骗罪，因此，《关于办理诈骗刑事案件具体应用法律若干问题的解释》第8条规定："冒充国家机关工作人员进行诈骗，同时构成诈骗罪和招摇撞骗罪的，依照处罚较重的规定定罪处罚。"这一规定牵涉到诈骗罪与招摇撞骗罪的区分问题。在两罪的关系问题上，学界大致有三种不同观点。第一种是想象竞合说。此说认为，"冒充国家机关工作人员招摇撞骗，客观上也是采用欺骗手段，而且谋取的非法利益也可能是财物，容易与诈骗罪混淆。两者的主要区别是：诈骗罪骗取的对象仅限于财物，并且要求达到一定数额，侵犯的是公私财物的所有权；招摇撞骗谋取的非法利益不限于财物，还包括地位、待遇等，侵犯的是国家机关的威信和形象。如果行为人冒充国家机关工作人员是为了骗取财物，属于一行为触犯数罪名，应适用想象竞合犯的处罚原则，择一重罪处罚，即按诈骗罪处罚重时定诈骗罪，如果按招摇撞骗罪处罚重时就定招摇撞骗罪。"① 第二种是法规竞合说。此说认为，"招摇撞骗罪与诈骗罪的关系不是想象竞合犯，而是法条竞合的关系。""在招摇撞骗骗取数额较大的公私财物的情况下，招摇撞骗罪与诈骗罪之间存在法条竞合的关系，应按照重法优于轻法的原则处理……具体而言，可分为三种情况：（1）骗取财物数额较大的，诈骗罪的法定刑为 3 年以下有期徒刑、拘役或者管制，并处或者单处罚金；招摇撞骗罪无数额的限制，当招摇撞骗行为情节严重时，法定最高刑为 10 年有期徒刑，因此应以招摇撞骗罪论处。（2）骗取财物数额巨大的或者有其他严重情节的诈骗罪的法定刑重于招摇撞骗罪，应以诈骗罪论处。（3）骗取财物数额特别巨大或者有其他特别严重情节的，诈骗罪的法定最高刑为无期徒刑，并处罚金或者没收财产，应以诈骗罪论处。"② 第三种是不同的犯罪构成说。此说认为，"招摇撞骗，是指以假冒的身份进行炫耀、欺骗，如骗取爱情、职位、荣誉、资格等，原则上不包括骗取财物。""招摇撞骗罪与诈骗罪所侵犯的法益不同，前者侵犯的是国家机关的威信及其正常活动；后者侵犯的是财产，因此两者的构成要件不同：（1）客观要件不同：本罪（招摇撞骗罪）必须是冒充国家机关工作人员进行招摇撞骗；而诈骗罪的行为可以是虚构事实、隐瞒真相的任何手段。（2）主观要件不同：本罪原则上包括骗取财物的目的；而诈骗罪以不法占有他人财物为目的。""诈骗罪的法定最高刑为无期徒刑，而招摇撞骗罪的法定最高刑为 10 年有期徒刑，如果对冒充国家机关工作人员骗取财物的行为均以招摇撞骗罪论处，则会造成明显的罪刑不均衡现象。因此，应当认为，冒充国家机关工作人员招摇撞骗，原则上不包括骗取财物的现象，即使认为可以包括骗取财物，但也不包括骗取数额巨大财物的情况。"③

从刑法的立法旨意和相关犯罪侵犯的客体来看，诈骗罪置于"侵犯财产罪"一章，侵犯的是财产权。招摇撞骗罪置于"妨害社会管理秩序罪"一章，侵犯的是国家机关的形象、威信和社会公共秩序。两罪的犯罪客体、行为客体无疑是不同的，如果认为招摇撞骗罪的行为客体也包含了"数额巨大的财物"，就难以真正区分两罪的界限，不可避免地带来司法适用的恣意和混乱，不利于维护法律适用的统一。因此，上述第三种观点（不同的犯罪构成说）

---

① 周道鸾、张军主编：《刑法罪名精释——对最高人民法院关于罪名司法解释的理解和适用》，人民法院出版社 1998 年版，第 590、880 页。

② 王作富主编：《刑法分则实务研究》（中），中国方正出版社 2007 年版，第 1207页。

③ 张明楷：《刑法学》（第 2 版），法律出版社 2003 年版，第 799—800 页。

在学理逻辑上无疑是正确的。

上述第一、二种观点的立论不同，想象竞合说认为两罪是包容的竞合关系，法规竞合说则认为是交叉的竞合关系，但是殊途同归，得出的解释结论却是一致的，可以视为"两高"联合颁布的《关于办理诈骗刑事案件具体应用法律若干问题的解释》的学理基础。法规竞合说还对两罪竞合时"处罚较重的规定"作了详细的阐述，对适用法条作了明确的规范指引，在司法实践中可以参照执行。

针对电信诈骗犯罪的手段特征，为了惩治和规制易发、高发的共同犯罪行为，"两高"联合颁布的《关于办理诈骗刑事案件具体应用法律若干问题的解释》第 7 条规定："明知他人实施诈骗犯罪，为其提供信用卡、手机卡、通讯工具、通讯传输通道、网络技术支持、费用结算等帮助的，以共同犯罪论处。"需要特别指出的是，这一提示性的共犯规定，在刑法理论上属于注意规定。"注意规定是在刑法已作基本规定的前提下，提示司法工作人员注意，以免司法工作人员忽略的规定。"[①] 换言之，在电信诈骗犯罪行为中，除了上述提供技术支持等提示性的帮助行为构成诈骗罪共犯外，其他符合刑法总则关于共同犯罪成立要件的帮助行为也构成诈骗罪共犯。上述提示性的帮助行为只是司法实践中多发易发的一种共同犯罪现象，基于刑事政策的考虑，是需要着重惩治和打击的共犯行为，并不排斥或者否定其他存在犯意联络的帮助行为也成立诈骗罪的共犯。反之，如果没有事前或者事中的犯意联络，为诈骗犯罪分子实施转移资金、费用结算行为的，则有可能构成掩饰、隐瞒犯罪所得罪，而不构成诈骗罪。

无独有偶，保险诈骗罪也有类似规定。《刑法》第 198 条第 4 款规定也属于注意规定。该款规定："保险事故的鉴定人、证明人、财产评估人故意提供虚假的证明文件，为他人诈骗提供条件的，以保险诈骗罪的共犯论处。"有学者认为："本款旨在引起司法人员的注意，对于上述行为不得认定为中介组织人员提供虚假证明文件罪，必须以保险诈骗罪的共犯论处。"[②] 按照这一规定，列举的"鉴定人、证明人、财产评估人"构成保险诈骗罪的共犯，其他为实施保险诈骗罪提供条件的人，是否就不构成保险诈骗罪的共犯？回答当然是否定的。除了"鉴定人、证明人、财产评估人"等特殊主体外，一般人与投保人、被保险人、受益人存在犯意联络，为实施保险诈骗行为提供帮助的，也应

---

① 张明楷：《刑法分则的解释原理》（第 2 版），中国人民大学出版社 2011 年版，第622 页。

② 张明楷：《保险诈骗罪的基本问题探究》，载《法学》2001 年第 1 期。

当按照刑法总则的规定，以保险诈骗罪的共犯论处。最高人民法院在发布的指导性案例认为：《刑法》第198条第4款规定，实质是一项提示性规定，即提示司法者，对上述主体的上述行为，应当以保险诈骗罪的共犯论处，而不能以其他罪如提供虚假证明文件罪等论处……其他明知保险诈骗行为人意欲进行保险诈骗而为其提供其他条件或帮助的人，同样也成立保险诈骗罪的帮助犯。①

司法实践中，除了依照法律和司法解释规定，惩治诈骗罪、保险诈骗罪的上述提示性共犯之外，还要注意依法打击其他符合共犯成立条件的犯罪行为，避免犯一叶障目、以偏概全的法律适用错误。

（二）"诉讼欺诈"的刑法规制

诉讼欺诈，是指行为人利用伪造的证据，虚构纠纷事实，通过提起虚假的民事诉讼，欺骗人民法院作出胜诉判决，借助法院裁判的强制力非法占有对方当事人财物的行为。诉讼欺诈行为中，被害人并非"自愿"交付财物，而是被迫交付财物，"财产处分人"（被骗人）并非被害人，而是作出判决的人民法院，客观上的罪质构造明显不同于一般的诈骗犯罪行为。对于此类诈骗行为，是否应当以诈骗罪论处，涉及对诈骗罪构成要件的理解，尤其是"财产处分人"与"被害人"是否必须同一的问题。

2002年9月25日最高人民检察院研究室《关于通过伪造证据骗取法院民事裁判占有他人财物的行为如何适用法律问题的答复》规定："以非法占有为目的，通过伪造证据骗取法院民事裁判占有他人财物的行为所侵害的主要是人民法院正常的审判活动，可以由人民法院依照民事诉讼法的有关规定作出处理，不宜以诈骗罪追究行为人的刑事责任。如果行为人伪造证据时，实施了伪造公司、企业、事业单位、人民团体印章的行为，构成犯罪的，应当依照刑法第二百八十条第二款的规定，以伪造公司、企业、事业单位、人民团体印章罪追究刑事责任；如果行为人有指使他人作伪证行为，构成犯罪的，应当依照刑法第三百零七条第一款的规定，以妨害作证罪追究刑事责任。"上述答复意见认为，"诉讼欺诈"侵犯的主要是人民法院的正常审判活动，通过"诉讼欺诈"骗取公私财产的行为不构成诈骗罪，可以通过民事诉讼法作出处理。如果欺诈行为涉及伪造印章、指使他人作伪证行为，则分别以伪造公司、企业、事业单位、人民团体印章罪、妨害作证罪定罪处罚，对"诉讼欺诈"行为是否以诈骗罪论处持否定态度。

---

① 《中国刑事审判指导案例》（破坏社会主义市场经济秩序罪），法律出版社2009年版，第226页。

学界对"诉讼欺诈"的定性处理大致有三种观点。第一种观点认为，构成敲诈勒索罪。理由是诉讼欺诈是借助法院判决的强制力迫使被害人交付财物，而不是骗取被害人的财物，符合敲诈勒索罪采用胁迫手段、迫使他人交付财物的行为特征。① 第二种观点认为，"诉讼欺诈"无罪。"诉讼欺诈"行为虽然也属于诈骗行为，但是行为方式明显不同于诈骗罪，诈骗罪的"处分财产行为"与"财产损失"具有前后承继、引起和被引起的因果关系，而"诉讼欺诈"通过国家司法机关的职权行为达到诈骗公私财产的目的，不符合诈骗罪的罪质构造，按照罪刑法定原则，在现行立法背景下，"诉讼欺诈"行为应当作无罪处理。② 第三种观点认为，"诉讼欺诈"构成诈骗罪。理由是"诉讼欺诈"属于典型的三角诈骗，虽然被害人交付财产是被迫的结果而不是被骗的结果，但是法院之所以被骗，是行为人欺骗行为所致，将三角诈骗排除在诈骗之外，缺乏法律依据，因为刑法并没有要求受骗人与被害人为同一人。既然刑法规范完全包含了诉讼诈骗，现实中的诉讼诈骗也需要刑法规制，就没有理由将诉讼诈骗排除在诈骗罪之外。③

司法实践中，对于"诉讼欺诈"行为，有的作无罪处理，有的以伪证罪处罚，有的以诈骗罪论处，定性处理结论必将混乱，看以下两个案例：④

案例一：甲为朋友从 A 公司购买一辆桑塔纳轿车因未付款，便以自己的名义打了一张欠条，该车被甲的朋友卖掉，车款用于吸毒。A 公司派出三名代理人向甲索款，得知甲无任何财产偿还，又了解到甲数年前曾经承包过 B 公司，手中留有一些盖有 B 公司印章的空白信笺，三名代理人便说服甲利用空白信笺伪造了 B 公司向 A 公司的"还款计划"，并以此为证据向法院起诉 B 公司。法院依照"还款计划"判处 B 公司向 A 公司支付车款，并多次冻结 B 公司的账户。1998 年 11 月，检察机关以伪证罪对三名代理人提起公诉，法院最后判决三人无罪。

案例二：乔某霞是甘肃海欣公司的法人代表。1997 年 3 月至 1999 年 6 月，乔某霞先后以公司的名义与青岛澳柯玛集团公司签订购销合同协议书，成为兰

① 参见王作富：《恶意诉讼侵财更符合敲诈勒索罪特征》，载《检察日报》2003 年 2 月 10 日第 3 版。

② 参见潘晓甫、王克先：《伪造民事证据是否构成犯罪》，载《检察日报》2003 年 10 月 10 日第 3 版。

③ 张明楷：《论三角诈骗》，载《法学研究》2004 年第 2 期。张明楷：《诈骗罪与金融诈骗罪研究》，清华大学出版社 2006 年版，第 109—112 页。

④ 两起案例均出自王雨田：《"诉讼诈骗"的刑法分析》，载《石油大学学报（社会科学版）》2005 年第 1 期。

州地区的家电销售商。1999 年 10 月，澳柯玛集团发现海欣公司拖欠货款不还，向青岛市法院起诉，要求海欣公司偿还货款及利息。2000 年 3 月，乔某霞反将澳柯玛集团告上了兰州市法院，并提交了 7 份她与澳柯玛集团公司签订的合同。2001 年 5 月 29 日，兰州市法院一审判决澳柯玛集团偿还原告钱款 1557 万元。澳柯玛集团不服，上诉至甘肃省高院，遭到了驳回。青岛市法院审理该案过程中，发现乔某霞提交的合同有的是伪造的，遂移交公安机关处理。后青岛市法院以诈骗罪判处乔某霞无期徒刑，剥夺政治权利终身。

笔者认为，"诉讼欺诈"中被骗人与被害人不同，但是被骗人与财产处分人同一，都是基于被告人虚假诉讼行为而产生错误认识并作出裁判（财产处分行为）的人民法院，其行为构造与诈骗罪的犯罪构成存在一定的包容关系，在目前法无明文规定的情况下，对于这种具有严重社会危险性，并且通过文理解释《刑法》第 266 条可以涵盖的行为，以诈骗罪定性处罚，不失为一种最佳选择。

2011 年 5 月，某市检察机关对一起黑社会性质组织案中以"诉讼欺诈"方式追逃高利贷本息、非法侵害公司财产的犯罪行为，以诈骗罪提起公诉。

案例基本情况如下：被告人李某刚系黑社会性质组织的组织者和领导者。李某刚为了非法占有广州市顺安房地产开发有限公司（以下简称顺安公司）财产，以被告人蔡某也、蔡某拖欠其高利贷无法归还为由，利用蔡某也、蔡某担任顺安公司法定代表人、股东的身份，在顺安公司已经起诉要求蔡某也、蔡某返还股权的时候，强迫蔡某也、蔡某出具以顺安公司的名义向被告人李某刚借款人民币 2300 万元的借据。尔后，李某刚凭借该借据向广东省茂名市电白县人民法院起诉，通过法院作出的民事调解书，确定了顺安公司的还款义务。在广州市中级人民法院已经判令被告人蔡某也等人向顺安公司返还股权的情况下，被告人李某刚、蔡某也、蔡某将顺安大厦交给茂名市茂港区人民法院执行。在法院顺利变卖了顺安大厦土地使用权及建筑物之后，被告人李某刚伙同他人通过直接分配变卖款、侵吞拆迁款以及伪造证据进行虚假民事诉讼等手段，将大部分变卖款据为己有。

检察机关认为，本案被告人李某刚通过虚假民事诉讼的方式实施诈骗行为、实现非法占有的目的，虽然作出财产处分的被骗人与遭受财产损失的被害人分离，与一般诈骗犯罪中被骗人与被害人同一的典型模式有所不同，但是，这种通过虚假诉讼间接诈骗的方式，仍然属于以虚构事实、隐瞒真相骗取财物的行为，并且严重侵害了公私财产权，本质上符合《刑法》第 266 条诈骗罪的规定，于是以诈骗罪提起公诉。目前，本案尚未作出判决。

诚然，对"诉讼欺诈"实施的诈骗财产犯罪行为，可以诈骗罪予以规制。

但是，必须清醒地看到，现实生活中，"诉讼欺诈"的情形比较复杂，有的诉讼欺诈目的在于占有财物或者财产性利益，涉嫌诈骗犯罪；有的诉讼欺诈目的在于获得非财产性利益，比如荣誉名誉、抚养权等利益，属于民事法律、行政法律调整的范畴。即使是侵犯财产权（包括财产性利益）的"诉讼欺诈"行为，除了侵犯公私财产权外，还扰乱了正常的司法秩序，直接欺骗的是人民法院，交付财产的却是被害人，罪质构造不同于普通的诈骗犯罪行为，尤其在侵犯的客体、对象和行为方式毕竟有别于普通的诈骗犯罪行为，目前，以诈骗罪定性处罚也是无奈之举。"诉讼诈骗在国外是一个很典型的犯罪，在很多国家的刑法里对诉讼诈骗有专门规定，没有规定的情况下按照普通诈骗罪来处理。"[1] 应对日趋多发的诉讼欺诈行为，长远之计是立法增设"诉讼欺骗罪"予以制裁，这是立法论上的问题，另作他论。

至于最高人民检察院研究室作出的《关于通过伪造证据骗取法院民事裁判占有他人财物的行为如何适用法律问题的答复》，无视"诉讼欺诈"行为对公私财产权的严重侵害，只是针对"诉讼欺诈"的手段行为进行规制，对非法获取财物的行为却没有作出刑法评价，在内容上有本末倒置、舍本求末之嫌。不可否认，在实施"诉讼欺诈"过程中，伪造公司、企业、事业单位、人民团体印章的手段行为，或者指使他人作伪证、妨碍作证的手段行为，可能涉嫌构成犯罪，但是这些行为与"诉讼欺诈"之间存在手段与目的上的牵连关系，应当视为虚构事实、隐瞒真相手段的一个组成部分，刑法上没有单独评价的必要，应当按照牵连犯的原则处理。况且，从形式上来看，最高司法机关的内设机构作出的答复系针对个案而言，既不是规范性指导文件，更不是司法解释，不具备正式的法律拘束力。

（三）信用卡诈骗罪的"信用卡"界定

对信用卡诈骗罪中的"信用卡"的界定，关乎信用卡诈骗的客观行为方式的理解，涉及罪与非罪、此罪与彼罪的区分问题。

我国金融法规对于信用卡的范围界定，有一个演变过程。中国人民银行1996年4月1日颁发的《信用卡业务管理办法》第3条规定："本办法所称信用卡，是指中华人民共和国境内各商业银行（含外资银行、中外合资银行，以下简称商业银行）向个人和单位发行的信用支付工具。信用卡具有转账结算、存取现金、消费信用等功能。"并没有区分信用卡和借记卡的概念，当时

---

[1] 张军、姜伟、郎胜、陈兴良：《刑法纵横谈》（分则部分），北京大学出版社2008年版，第243—244页。

各商业银行发行的信用卡，事实上也包括了部分借记卡。中国人民银行 1999 年 1 月 27 日颁发的《银行卡业务管理办法》废止了上述法规，对银行卡作出了明确的规定，其第 2 条规定，银行卡，是指由商业银行向社会发行的具有消费信用、转账结算、存取现金等全部或部分功能的信用支付工具。第 5 条规定，银行卡包括信用卡和借记卡。第 6 条规定，信用卡具备透支功能。第 7 条规定，借记卡不具备透支功能。自此，信用卡的范围发生了变化，信用卡和借记卡被区分为两种不同的银行卡。由于金融法规中的"信用卡"范围发生了变化，司法实践中，对于冒用银行借记卡取款的行为，有的以信用卡诈骗罪定罪，有的以金融凭证诈骗罪定罪，有的以诈骗罪定罪，定性处理结论不一。

为了准确界定刑法意义上"信用卡"范围，保证执法的统一，2004 年 12 月 29 日全国人大常委会《关于〈中华人民共和国刑法〉有关信用卡规定的解释》规定："刑法规定的'信用卡'，是指由商业银行或者其他金融机构发行的具有消费支付、信用贷款、转账结算、存取现金等全部功能或者部分功能的电子支付卡。"据此，我国刑法中的信用卡，与金融法规规定的"银行卡"范围基本一致，既包括具有透支功能的信用卡，也包括不具有透支功能的银行借记卡，属于"广义的信用卡"，因为借记卡也具有消费支付、存取现金功能，理应包括在"信用卡"范围之内。

有学者认为，从上述全国人大常委会《关于〈中华人民共和国刑法〉有关信用卡规定的解释》可以看出，我国刑法中的信用卡已不仅仅只是限于"银行卡"，而是还包含"银行卡"之外的其他"电子支付卡"。有必要将刑法中的信用卡改为"电子支付卡"，将"信用卡诈骗"改为"电子支付卡诈骗罪"。[1] 可以预见，随着科技的进步和金融手段的发达，新的电子支付卡将不断出现，运用刑法规制相对应的诈骗犯罪行为将提上日程，这种追求名至实归的学术观点，不仅在司法上坚持了"广义的信用卡"观点，而且在立法论上也具有前瞻性的指导意义。

司法实践中，对于伪造、冒用借记卡取款的犯罪行为，应当以信用卡诈骗罪定性。对于伪造银行存折取款的犯罪行为，则构成金融凭证诈骗罪。最高人民法院发布的指导案例，对于被告人拾得他人银行借记卡进行取款的行为，也是以信用卡诈骗罪追究刑事责任。[2] 需要特别指出的是，《刑法》第 196 条第

---

① 刘明祥：《中国刑法中的信用卡诈骗罪》，载《刑事法热点问题的国际视野》，北京大学出版社 2010 年版，第 159 页。

② 参见《中国刑事审判指导案例》（破坏社会主义市场经济秩序罪），法律出版社 2009 年版，第 245—247 页。

1 款第（四）项规定的恶意透支型信用卡诈骗罪中的"信用卡"，是指狭义的具有透支功能的信用卡，不包括不具有透支功能的电子借记卡，第（一）项至第（三）项规定的其他类型的信用卡诈骗犯罪中的"信用卡"则包括电子借记卡在内。

根据有关金融法规的规定和刑法对不同罪名的界定，金融凭证包括委托收款凭证、汇款凭证、银行存单和其他银行结算凭证，不包括信用卡。某市中级人民法院审结的个别案例，将被告人伪造信用卡的行为，认定为伪造金融凭证罪，就是源于对"信用卡"规范意义的片面理解，司法实践中必须引起高度注意，避免因解释法律不当导致法律适用错误。

（四）信用卡诈骗罪的"欺骗对象"

按照我国刑法和立法解释规定，信用卡具有消费支付、信用贷款、转账结算、存取现金等电子支付功能，既可以在特约商户对自然人使用，也可以在自动取款机（ATM 机）上使用。在特约商户进行消费，犯罪对象是自然人，无疑构成信用卡诈骗罪。伪造或者非法取得他人的信用卡之后，在自动取款机（ATM 机）上使用的行为，犯罪对象是机器，有别于能够作出意思决定的自然人，对于这种犯罪行为如何定性处理，学界有两种不同观点。

第一种观点认为，伪造或者拾得他人信用卡，在自动柜员机上取款的行为，构成盗窃罪。有学者认为，信用卡诈骗罪也必须具有诈骗罪的基本特征，必须要有自然人受骗和因受骗而处分财产的行为。《刑法》第 196 条中的"使用"、"冒用"应限定为对"人"使用、冒用。换言之，利用信用卡从自动取款机上非法取得财物的，很难认定为"诈骗"。机器不能被骗，冒用他人信用卡获取财物的行为实际上是秘密窃取他人财物的行为，应当构成盗窃罪。① 第二种观点认为，使用、冒用他人信用卡，在自动柜员机上取款，与在银行柜台取款或特约商户购物、消费，本质上没有区别，也构成信用卡诈骗罪。所持理由有所不同。有的认为，我国刑法之所以特别规定信用卡诈骗罪，也是因为信用卡诈骗具有不同于普通诈骗的特殊性，如信用卡可以在自动取款机上（计算机上）使用等，因此，对"信用卡诈骗"不能与普通"诈骗"做完全相同的要求。"冒用"他人信用卡是信用卡诈骗罪的基本形式，但并未明确将在自动取款机上"使用"、"冒用"的情形排除在外，因此，在自动取款机上使用

---

① 参见张明楷：《也论用拾得的信用卡在 ATM 机上取款的行为性质》，载《清华法学》2008 年第 1 期。张明楷：《机器不能成为诈骗罪的受害者》，载刘宪权主编：《刑法学研究》第 2 卷。张明楷：《刑法学》（第 2 版），法律出版社 2003 年版，第 635 页。

信用卡恶意取款同样可能构成信用卡诈骗罪。行为人使用信用卡在自动取款机上恶意取款，应当视为因有人交付而取得财物，具有"交付罪"的特性，而不具有直接夺取他人占有下财物的"窃取罪"的特性，自然也就不构成盗窃罪。① 另有学者转变思维方式，另辟蹊径地认为，"'机器不能被骗'并不意味着机器的主人不能被骗。在机器主人充分相信机器，将某些工作交由机器代为处理，而机器由于技术层面的缺陷以及设计者主观能力等因素的影响，不能充分应对机器主人所赋予的任务时，行为人利用这种先天的不足，让机器作出的错误判断，实际上就是让机器背后的机器主人及自然人所作出的错误判断。机器实际上是代其主人交付财物，由机器作出的交付财物的效果，直接转嫁给机器的主人即自然人，应当构成诈骗罪，而不是盗窃罪。"②

上述第一种观点坚持信用卡诈骗罪仍然具有诈骗罪的一般特征，从诈骗罪的罪质构造立论，强调"自然人才能受骗"和"自然人因受骗而处分财产"两个环节的不可或缺，得出不构成信用卡诈骗罪的结论，可谓贯穿了学理逻辑的彻底性。第二种观点突出信用卡诈骗犯罪不同于诈骗罪的特殊性，对"冒用"二字作了规范意义上的诠释，从特殊意义上理解自动取款机的"处分财产行为"，得出了构成信用卡诈骗罪的结论，维护了法律适用的统一性。

2008年4月18日最高人民检察院《关于拾得他人信用卡并在自动柜员机（ATM机）上使用的行为如何定性问题的批复》指出，"拾得他人信用卡并在自动柜员机（ATM机）上使用的行为，属于刑法第196条第一款第（三）项规定的'冒用他人信用卡'的情形，构成犯罪的，以信用卡诈骗罪追究刑事责任。"究其法理依据，有学者的见解可谓一语中的，"使用偷来的信用卡，是诈骗，因为他不是银行信任的那个人，他冒充了那个人"。③ "两高"2009年12月3日联合颁发的《关于办理妨害信用卡管理刑事案件具体应用法律若干问题的解释》明确规定："刑法第一百九十六条第一款第（三）项所称'冒用他人信用卡'，包括以下情形：（一）拾得他人信用卡并使用的；（二）骗取他人信用卡并使用的；（三）窃取、收买、骗取或者以其他非法方式获取他人信用卡信息资料，并通过互联网、通讯终端等使用的；（四）其他冒用他人信用卡的情形。"上述两个规范性指导文件或司法解释，秉承的是第二种学界观点，即对"冒用他人信用卡"做了规范意义上的解释，对信用卡的"使用对

---

① 刘明祥：《中国刑法中的信用卡诈骗罪》，载《刑事法热点问题的国际视野》，北京大学出版社2010年版，第159—164页。

② 黎宏：《欺骗机器取财行为的定性分析》，载《人民检察》2011年第12期。

③ 储槐植：《美国刑法》（第3版），北京大学出版社2005年版，第186页。

象"、不论是在特约商户使用还是在机器上使用没有限定，一律纳入信用卡诈骗罪的规制范围。

从 2007 年至 2010 年某市中级人民法院审结的案例来看，司法实践中，对于使用伪造的信用卡在 ATM 机上提取现金的案例，均以信用卡诈骗罪定性处理，自始至终贯彻了"两高"司法解释的立场。

值得一提的是，根据上述"两高"联合颁发的司法解释的规定，窃取他人信用卡信息资料，并通过互联网、通讯终端使用的，属于"冒用他人信用卡"的情形之一，应当以信用卡诈骗罪论处。而《刑法》第 196 条第 3 款规定，"盗窃信用卡并使用的，依照本法第二百六十四条的规定定罪处罚。"从本质上来看，盗窃他人信用卡并使用的，与窃取他人信用卡信息资料，并通过互联网、通讯终端使用，对财产法益的侵害本质和行为方式没有本质差异，也应当以信用卡诈骗罪论处，只是法律拟制为盗窃罪，则只能依照实定法处理。

（五）合同诈骗罪的行为方式

论及合同诈骗罪的行为方式，首先必须界定"合同"的范围，这关系到合同诈骗罪与诈骗罪的区分界限。

合同法律制度是维护社会经济秩序的基本保证。刑法将合同诈骗罪置于分则第三章"破坏社会主义秩序罪"中的第八节"扰乱市场秩序罪"当中，表明合同诈骗犯罪行为不仅侵犯了公私财产所有权，而且侵犯了合同管理制度，破坏了社会主义市场经济秩序。因此，合同诈骗罪中的"合同"，必须能够体现一定的财产流转或交易关系，属于平等民事主体订立的具有财产履行内容的协议。

具体来说，不仅包括《合同法》规定的 15 类有名合同，而且包括物权法、知识产权法、人格权法等法律确认的抵押合同、质押合同、专利权或商标权转让合同等。不具有财产关系的协议，如婚姻、监护、收养、抚养等有关身份关系的协议，受行政法调整的行政合同，不属于合同诈骗罪中的"合同"。《合同法》规定的赠与合同是否属于合同诈骗罪中的"合同"，不能一概而论，要视具体情况而定。如果是不具有交易性质的赠与合同，不存在双向的合同履行义务，难以成立合同诈骗罪。然而，《合同法》第 190 条规定，赠与可以附义务。如果受赠人实施欺诈行为，以非法占有为目的，不按照约定履行附加的义务却骗取赠与标的物，则有可能构成合同诈骗罪。至于利用劳务合同，骗取或者免除劳务报酬的欺诈行为，由于财产性利益也可以成为合同诈骗的犯罪对象，故也有可能构成合同诈骗罪。

举一案例：在上海务工的梁某因急于到广东省广州市看望其朋友，但身无分文，没有钱承担从上海至广州的交通费用，于是萌发了骗乘出租车的念头。2010年8月29日，梁某在上海市金山区找到黄某，商定以人民币6000元租乘其驾驶的出租小汽车到广州市番禺区。出发前，梁某提出因身上没钱待到达后再由番禺的朋友支付车费，为了获得黄某的信任，梁某带黄某到上海联盟塑料板厂找多名老乡证实其在该厂工作。在取得黄某信任后，黄某及其侄子宴某二人轮流驾驶出租小汽车从上海市搭载梁某，于8月30日许抵达目的地。梁某趁黄某打电话之际逃离现场。后被黄某和附近执勤的保安人员当场抓获。一审法院以合同诈骗罪定罪处罚。

从本案的实际情况来看，当事人之间已经形成合同关系，在被害人已经按照约定提供劳务服务的前提下，被告人以非法占有为目的，采取欺骗行为，逃脱支付对价的劳务报酬的行为，符合合同诈骗罪的构成要件。一审法院以合同诈骗罪定性处理是完全正确的。

从骗取财物的手段来看，合同诈骗罪，是指在签订、履行合同过程中实施的诈骗行为，本质特征是"利用合同诈骗"。如果只是打着签订、履行合同的幌子，实际上并没有签订合同、成立合同关系，行为人签订的合同不具有财产关系，或者只是以合同为诱饵实施诈骗行为的，以合同形式掩盖诈骗目的，发生在合同签订、履行过程之外的诈骗行为，也不能定合同诈骗罪，只是构成诈骗罪。

举一案例：2009年12月，被告人李某栋使用化名，假冒广州股海神州有限公司股评分析师身份，以向被害人姜某杰提供股票信息可获高额利润为名，骗取被害人"咨询费"人民币26万元。2010年1月，被告人李某栋又伙同被告人刘某华，继续假冒广州股海神州有限公司股评分析师身份，由被告人刘某华使用化名，虚构跨年度创业板投资行情，与被害人姜某杰签订《跨年度创业板合作协议》，以收取"保证金"、"投资款"的名义，共骗得被害人姜某杰人民币300万元，之后两被告人将赃款挥霍。公诉机关指控，被告人李某栋实施的第一宗犯罪行为构成诈骗罪，被告人李某栋伙同被告人刘某华实施的第二宗犯罪行为构成合同诈骗罪。一审法院审理认为，两被告人邮寄给被害人的《跨年度创业板合作协议》，既没有权利义务规定条款，也没有一方当事人签名盖章。两被告人主要通过播放电视媒体广告的形式骗取被害人的信任，引诱被害人与其联系，再假冒股评分析师以高额回报为诱饵，以收取"保证金"、"投资款"名义诱骗被害人向其指定账户汇款，其行为应当以诈骗罪定罪处罚。

再举一案例：2007年3月至9月间，被告人钟某胜在明知自己没有实际履行能力的情况下，利用虚假的国有土地使用证书作为担保，分别骗取被害人钟某生等 3 人借款 3735200 元。之后，为隐匿潜逃外地。公诉机关以被告人的行为构成合同诈骗罪提起指控。一审法院审理认为，被告人与被害人签订的借款协议书、借条属于一般民间借贷合同，不属于刑法规定的合同诈骗罪中的合同，被告人在明知没有偿还能力的情况下，以伪造国有土地使用证的虚假手段获取被害人信任，并以借款为名获取被害人巨额借款后，所得款项任意处分，在无法偿还的情况下逃匿，造成被害人的巨大损失，其行为构成诈骗罪。

上述两起案例要么以合同为诱饵实施诈骗行为、以合同形式掩盖诈骗目的，要么实际上并没有签订合同、成立事实上的合同关系，并不符合合同诈骗罪"利用合同诈骗"的行为方式，本质上仍然是通过虚构事实、隐瞒真相的方式骗取财物，法院以诈骗罪定性处理是准确的。

《刑法》第 224 条规定的"在签订、履行合同过程中，骗取对方当事人财物"，限定了诈骗行为的时间条件和"利用合同"的行为方式，也就是行为人在与被害人订立、履行合同的过程中实施了诈骗行为。没有利用签订、履行合同的手段骗取他人财物的，不构成合同诈骗罪。《刑法》第 224 条规定了五种合同诈骗行为方式，第（一）至（四）项列举式方式比较明确，如何理解第（五）项"以其他方法骗取对方当事人财物的"这一概括式的兜底条款？总结司法实践经验，所谓"其他方法"，主要有以下几种：伪造、篡改合同，骗取对方当事人的财物的；虚构合同标的，签订空头合同的；设置合同陷阱，制造违约事项，利用合同责任条款骗取定金、违约金的；隐匿合同货物、货款、预付款或者定金、抵押物等担保财产，拒不返还的；采取合法的方法签订合同后，在履行合同过程中产生"非法占有的目的"，取得对方当事人的合同财物后，逃避或者拒绝履行相应的合同义务，进而骗取对方当事人的合同财物，如合同标的物、定金、预付款、担保财产、货物、货款，等等。如被告人许某强、李某文合同诈骗一案，某市中级人民法院认定，被告人骗取被害人款项后，无正当理由既不履行合同又不予退还，而是用于其他经营活动或者个人挥霍，致使无法返回，符合"以其他方法骗取对方当事人财物"的情形，遂以合同诈骗罪定罪处罚。

侵犯知识产权犯罪司法实务问题研究*

——以 2009 至 2011 年海淀区人民检察院办理案件为对象

王振峰　戚进松　邱志英　吕晓华

　　海淀区是全国闻名的科教文化区、国家高新技术产业基地，是中关村国家自主创新示范区核心区。区情特点决定了海淀区检察院每年办理大量侵犯知识产权刑事案件，在办案过程中会不断遇到法律适用等司法实务难题。本文从 2009 年到 2011 年间海淀区人民检察院办理的侵犯知识产权犯罪案件分析入手，分析当前此类犯罪的主要特点，指出实务中惩治此类犯罪存在的困境，并尝试提出一些针对性的建议，以期对完善侵犯知识产权犯罪惩治与预防工作有所裨益。

一、近三年北京市海淀区侵犯知识产权犯罪案件情况分析

　　2009 年至 2011 年 11 月，海淀区人民检察院共受理侵犯知识产权犯罪案件 111 件 180 人，依法提起公诉 89 件 136 人。共受理含侵犯知识产权行为的犯罪案件 187 件 283 人，依法提起公诉 155 件 225 人，这其中主要是因为证据、追诉标准等原因而未被认定为侵犯知识产权罪，而是认定为生产、销售伪劣商品罪、非法经营罪等。

（一）侵犯知识产权犯罪的主要特点

1. 发案率较为平缓，呈逐年下降趋势
如图一所示，2009 年至 2011 年，侵犯知识产权犯罪的发案率比较平缓，

---

　　* 课题负责人：王振峰，北京市海淀区人民检察院原检察长。课题组成员：戚进松、邱志英、吕晓华。

呈逐年下降趋势。①

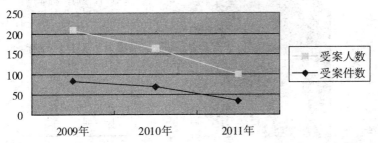

图一　2009—2011 年海淀区人民检察院受理侵犯知识产权类犯罪案件情况

2. 商标侵权犯罪突出，下游犯罪占比例较大

从统计数据来看，侵犯商标权犯罪案件受案数占绝大多数，侵犯著作权案件较少，侵犯商业秘密案件极少，侵犯专利权案件数为零（参见图二）。其中，在侵犯商标权犯罪中，属于下游犯罪的销售假冒注册商标的商品罪又占据了相当大的比例（参见图三）。

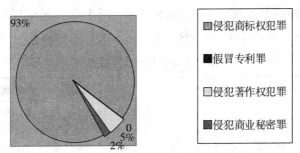

图二　2009—2011 年海淀区人民检察院受理的
侵犯知识产权各类型犯罪比例分布图

---

① 下降原因有二：第一，2006 年至 2009 年海淀区对出售盗版光盘的行为进行集中打击，2010 年、2011 年该类案件大幅度减少；第二，虽然 2010 年至 2011 年开展了专项行动，但由于 2010 年最高人民检察院、公安部出台《关于公安机关管辖的刑事案件立案追诉标准的规定（二）》，销售假冒注册商标的商品罪未遂的入罪标准为货值 15 万元，导致大量未达该标准的销售者被认定无罪而无法处理。在海淀区以往的司法实践中，只要金额为 5 万元（无论销售金额或者货值金额）即可入罪，既未遂的标准都是 5 万元。2010 年由于《关于公安机关管辖的刑事案件立案追诉标准的规定（二）》出台，海淀区人民检察院有 11 件案件因不够入罪标准退回公安机关处理。

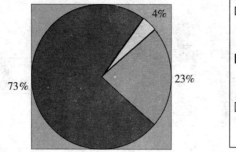

**图三　2009—2011 年海淀区人民检察院受理的
侵犯商标权犯罪各类型比例分布图**

3. 侵权对象多为国内外知名品牌，部分犯罪造成国际影响

从查获的假冒商标的商品看，目前国内外较有名气的商标都存在不同程度被假冒的现象，尤其是利润高、社会需求大、销路好的商品被假冒的情况更为严重。被假冒的商品样式繁多，多数是与老百姓生活密切相关的生活必需品。侵犯著作权案件绝大多数为盗版光盘和图书，近来盗用他人计算机软件的案件成为一种新动向。下表比较直观地反映了办案过程中经常遇到的一些侵权产品。

部分常见侵权产品一览表

罪 名	产品种类	常见侵权产品示例
假冒注册商标罪 销售假冒注册商标的商品罪 非法制造、销售非法制造的注册商标标识罪	日化用品	如宝洁公司洗发水、沐浴液、洗涤产品等
	电子产品	如思科、惠普、三星、诺基亚、苹果等产品
	建材类	如龙牌龙骨等
	汽车配件类	如现代、大众等产品
	名烟、名酒	如中华、玉溪、茅台、五粮液、轩尼诗等
	运动用品	如尤尼克斯、威尔森、本·哈根高尔夫球具
	服饰鞋帽	Adidas、Nike 等
侵犯著作权罪	光盘	如美国"大片"、热播电视剧等
	图书	如学生辅导教材等畅销书籍
	计算机软件	如医疗行业软件等

随着知识产权保护的日益国际化，知识产权保护领域极易引起跨国纠纷，侵犯知识产权犯罪也容易造成不良的国际影响。如海淀区院办理的许某销售假冒注册商标商品一案，许某伙同他人成立网络技术公司，从他人处购买假冒美国思科技术公司商标的商品，并通过网络向美国、巴西等数十个国家和地区进行销售，波及面甚广。

4. 假冒商品呈现"南产北销"格局，不利于打击源头犯罪

经对近年来海淀区院办理的侵犯知识产权犯罪案件进行统计分析，发现侵犯知识产权犯罪主要集中在销售领域，而从事销售假冒注册商标商品的犯罪分子进货渠道大部分来自广东、浙江、福建地区。可见，制假犯罪多发生在经济活跃地区，而假冒产品一般流向北京、上海这样购买力旺盛的大中城市，从而形成了"南产北销"的独特局面。由于产销分离，本地司法机关只能对销售领域的犯罪实施打击，却不能有效打击上游犯罪。

5. 犯罪地点集中，呈现明显的地域特征

海淀区院办理的侵犯知识产权犯罪案件，犯罪活动的主要实施地集中在中关村电子商城区、锦绣大地市场或动物园服装批发市场。涉及电子网络产品的犯罪行为地基本都在中关村一带，如在海龙大厦、鼎好电子商城、中关村科贸大厦；而涉及服装和洗护用品的犯罪行为或进货地点多发生在本市的锦绣大地或动物园服装批发市场；涉及汽车配件的犯罪基本发生在西郊汽配城；涉及烟酒的犯罪行为地则相对比较分散。

6. 犯罪手段隐蔽性与专业性强，查处难度大

侵犯知识产权犯罪的隐蔽性表现在：一是犯罪场所较为隐蔽，如在销售假冒注册商标的商品犯罪中，较多的行为人没有门店，而是通过发送名片、主动打电话给购买者并送货上门。假冒注册商标案件中，行为人一般会在城市郊区或农村寻找隐秘地点进行较大规模的生产。二是犯罪形式较为隐蔽，行为人常通过注册公司的方式以单位行为为由规避刑事处罚。如销售假冒注册商标的商品的犯罪行为人多组织设立公司，后设立门市或者租赁摊位进行销售，以公司为名，但真实的犯罪主体基本都是个人。

同时，侵犯知识产权犯罪手段日趋专业化，犯罪活动过程中所使用的生产设备和生产技术越来越先进，制假水平越来越高。如一些犯罪行为人利用雄厚的经济实力购置价格昂贵的先进仪器，如光盘生产线、刻录仪、扫描仪、彩色复印机等。这些先进的设备使其能在很短的时间内生产出防伪标识，贴在假冒产品上，以假乱真。

隐蔽性强的特征使得此类案件不容易案发，而专业性强的特征使得此类犯罪证据难以收集，知识产权侵权案件上升为刑事案件的数量极为有限，实践中司法机关所受理的知识产权民事侵权案件与刑事案件的比例极不协调（参见图四）。

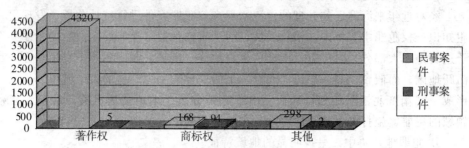

图四　2009—2011 年海淀区人民法院受理的一审
知识产权民事和刑事案件情况对比图

7. 犯罪网络化趋势明显，新型案件逐渐凸显

侵犯知识产权犯罪智能化的特征在信息时代中的重要体现是网络犯罪的增加。随着电子商务的兴起以及国内网民群体的日益壮大，网络销售成了商家的主要销售渠道之一。除涉及烟酒的犯罪外，其他行业的犯罪如果有销售行为，大都采用店铺和网上同步销售的形式。同时，由于网络销售具有客户不能及时验货以及相关部门监管难等缺点，网络售假也成了侵犯知识产权犯罪的重灾区。最近几年出现了开发游戏"外挂"并进行销售牟利的新型案件，如海淀区院办理的谈某销售网游外挂案，是认定为侵犯著作权罪还是非法经营罪，在检法两家产生了较大的分歧，给案件办理带来了不小的难度。①

8. 犯罪主体以自然人为主，共同犯罪、尤其是家族犯罪特征明显

根据数据统计，在侵犯知识产权犯罪主体方面，自然人占据绝对的比例，单位犯罪被追诉的仅有 3 件。由于侵犯知识产权类犯罪都是市场经营行为，制假分工、进假渠道、销假对象以及售假分赃都需要各人明确分工、相互配合，故共同犯罪比例较高，尤其是家族式共同犯罪现象严重。如海淀区院办理的魏东某、魏福某销售假冒注册苹果商标的手机案，魏东某是老板，魏福某是其弟弟，史晓某是其弟弟女朋友，王新某和吴某都是魏东某表亲。上述家族人士分工合作，从深圳购买二手苹果手机及零配件，经过翻新、组装、贴标后，冒充新的苹果牌手机向外销售（参见图五）。

---

① 关于本案的具体案情和法院的裁判理由可参见罗鹏飞：《谈文明等非法经营案》，载《刑事审判参考》（第 60 期），法律出版社 2008 年版，第 16—25 页。

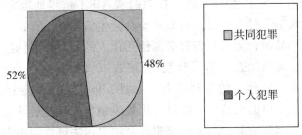

图五　2009—2011 年海淀区人民检察院受理的侵犯知识产权
犯罪案件中共同犯罪所占比例图

(二) 影响打击侵犯知识产权犯罪的因素分析

通过对近三年来海淀区院受理侵犯知识产权犯罪案件的整体分析发现，当前影响打击侵犯知识产权犯罪的因素，既有外部环境的客观障碍，也有司法实践的困惑。

1. 立法不完善是打击不力的根本原因

从前述的数据统计中可以发现，海淀区对知识产权犯罪的打击主要集中在侵犯商标权类犯罪方面，对侵犯著作权、商业秘密犯罪的打击处理数量较少，而侵犯专利权案件数竟然为零，这显然是不正常的。一方面说明打击侵犯知识产权案件的类型单一，打击广度有待提升；另一方面也促使我们思考这种局面形成的背后原因。

以侵犯专利权行为为例，我国《专利法》对第 60 条规定的非法实施他人专利的侵权行为未设置刑罚条款，而只对第 63 条规定的假冒他人专利的行为设置了刑罚条款。具体反映在刑法中，也仅仅设立了假冒专利罪这一罪名。实际上非法实施他人专利的侵权行为比假冒他人专利的侵权行为发生的更多，给权利人造成的损失更大，社会危害性也更大。对此，仅作为民事侵权行为而不规定为犯罪，这对于保护专利权人的合法权益显然是不利的。

此外，最高人民法院、最高人民检察院于 2004 年颁布的《关于办理侵犯知识产权刑事案件具体应用法律若干问题的解释》（以下简称 2004 年《解释》）第 10 条对"假冒他人专利"行为的解释①不适当地限定了假冒行为的范围，极大地缩小了打击范围，也显然与社会生活实践不符，试想：销售侵犯他人专利权的产品时行为人是否有必要使用他人的专利号或伪造、变造他人的专利证书？仅仅实施了在产品（包装）、广告（宣传材料）、合同中使用他人专利号，伪造或变造他人的专利证书（文件、申请文件）等行为，如何能为犯罪行为人带来丰厚的利益？立法没有像规定销售假冒注册商标的商品罪那样规定销售侵犯专利的商品的行为构成犯罪，加之司法解释的不当规定，这是为什么海淀区乃至北京市从 1997 年刑法颁布实施以来至今无一起判决假冒专利罪案件的最主要的原因。

2. 司法惩治存在困境影响了犯罪的认定

实践中惩治侵犯知识产权犯罪存在诸多困境，在实体方面，存在犯罪数额如何认定、竞合关系如何处理等困惑，在程序方面，存在证据和鉴定方面的难题，这些都制约了打击效果。这部分内容将在下文予以详细展开。

3. 相关机制不完善影响了打击的力度

这里面较为突出的问题是行刑衔接机制不顺畅，知识产权刑事案件来源单一。进入侦查环节的案件主要系被害人或知识产权代理人向公安机关报案而案发，其次系公安机关在工作中自行发现，极少出现在行政执法中发现并移送公安机关的案件。2009 年至 2011 年，海淀区院受理的知识产权刑事案件中，因行政执法机关移送而进入批捕起诉程序的每年仅有 2—3 件，这与辖区侵权案件多发的形势显然不符。出现这种现象的原因有很多：一是违法与犯罪的界限不清。刑法对某些罪名的规定较为模糊，对于某些侵权行为是以刑法规制还是以行政法处理存在争议，导致此种情况下的一些行政执法案件很多无法进入刑事司法程序。加之，也给行政机关执法造成了困惑。二是行政执法与刑事司法所采取的证据标准不同。行政执法采取的是行政违法事实清楚、证据确凿，而刑事司法对证据要求是确实、充分、排除合理怀疑。这在行为人主观故意的认定和侵权产品价值计算上表现得尤为明显。行政执法机关一般在执法时不考虑主观过错，重点考察违法行为和结果，而司法机关必须考虑行为人的主观罪过；行政执法机关因执法手段有限难以查清侵权产品的标价和实际销售平均价

---

① 具体包括：（1）未经许可，在其制造或者销售的产品、产品的包装上标注他人专利号的；（2）未经许可，在广告或者其他宣传材料中使用他人的专利号，使人将所涉及的技术误认为是他人专利技术的；（3）未经许可，在合同中使用他人的专利号，使人将合同涉及的技术误认为是他人专利技术的；（4）伪造或者变造他人的专利证书、专利文件或者专利申请文件的。

格，只能以被侵权产品（正品）的市场中间价计算案值，而司法机关必须以查清标价和实际销售价格为前提，在穷尽侦查手段的情况下方以正品价格计算案值。计算方式的差异会导致结果的巨大悬殊甚至是罪与非罪的差异。三是案件信息共享渠道不畅。信息共享和流转是行刑有效衔接的关键所在，目前海淀区还没有"网上衔接、信息共享"平台，以及公安机关和人民检察院不能随时了解行政执法机关的执法情况，难以及时发现涉嫌犯罪线索，行政执法机关如果不主动移送，公安机关就很难主动地进行立案侦查。同时，检察机关也缺乏必要的手段对行政执法机关移送涉嫌犯罪的情况，以及公安机关的受案、立案、破案和处理情况进行及时了解，导致立案监督处于被动状态，不能积极主动挖掘案源。

此外，缺乏有效的打击合作机制也是影响打击力度的一个原因。侵犯知识产权犯罪普遍存在"南产北销"的体系，中关村的一些大型电子卖场中的侵权电子产品多是从广东省尤其是从深圳流入北京，由于产销分离，北京市司法机关只能对销售领域的犯罪实施打击，却不能有效打击其上游犯罪，在很大程度上削弱了打击犯罪的力度。

4. 权利企业和社会民众的观念淡漠为犯罪滋生了土壤

虽然我国政府对知识产权的保护和宣传力度现在已经大大加强，但由于起步较晚，影响还远远不够。同时，我国知识产权犯罪人、受害人和一般民众的知识产权观念匮乏、知识产权保护意识薄弱。许多权利企业不知道如何保护已有的知识产权，当出现员工离职时将商业秘密带走等权利受到侵害的情况时，许多权利人不知道救济途径。更多民众对侵犯知识产权不认为是违法犯罪，更谈不上反对和抵制，这为知识产权犯罪提供了便利条件。

二、侵犯知识产权犯罪司法惩治之困境

（一）犯罪数额难以认定

刑法和有关司法解释对知识产权犯罪定罪量刑的数额标准上存在"非法经营数额"、"销售金额"、"违法所得数额"、"损失数额"等概念，这些概念的内涵和外延不尽相同，而且实践中对于如何认定这些犯罪数额存在不小的争议，这些都影响着对犯罪的认定，因而值得进一步研究。需要指出的是，"销售金额"的认定和计算可以包括在"非法经营数额"的认定中，故下文不再单独论述。

1. "非法经营数额"的认定

在刑法关于知识产权犯罪的规定中，并未使用"非法经营数额"这一术

语，使用的是"情节严重"、"情节特别严重"等。"非法经营数额"是司法解释和相关文件在解释"情节严重"时使用的一个术语，并作为认定假冒注册商标罪、非法制造、销售假冒注册商标的商品罪、销售非法制造的注册商标标识罪和假冒专利罪的标准。

2004年《解释》第12条明确规定了"非法经营数额"的概念，即行为人在实施侵犯知识产权行为过程中，制造、储存、运输、销售侵权产品的价值。该解释分三个层次规定了"非法经营数额"的计算方法：一是已销售的侵权产品的价值，按照实际销售的价格计算；二是制造、储存、运输和未销售的侵权产品的价值，按照标价或者已经查清的侵权产品的实际销售平均价格计算；三是侵权产品没有标价或者无法查清其实际销售价格的，按照被侵权产品的市场中间价格计算。

司法解释的上述规定，对认定"非法经营数额"，办理知识产权犯罪案件起到了重要的指导作用。但在实践操作中仍有一些问题值得论及，主要表现在以下几个方面：

（1）取证难度大。以查明实际销售价格为例，需要查清实际销售价格的分为已经销售侵权产品的和制造、储存、运输和未销售侵权产品的两种情况。对于已经销售的侵权产品，可查证侵权产品的销售记录（账本）、销售发票、销售合同、提货单证等书证，若不能起获上述书证并且未能找到购买下家，则难以查明实际销售价格。实践中能够起获销售记录（账本）、销售发票等书证的案件很少，并且侵权产品一旦销售出去，除非嫌疑人能够供述查找下家的有关线索，否则侦查机关找到下家调取证言很困难，实践中对行为人已经销售的部分常常因为取证困难而难以认定。并且即使能够找到下家取得证言，由于没有起获相应侵权产品，对已经销售的部分能否认定为犯罪法院也持谨慎态度。实践中的做法是：对实际销售价格的认定，如果起获销售记录（账本）、销售发票、销售合同、提货单证等书证，以起获的书证认定实际销售价格。没有书证的，具有以下两种情形之一的，则以供述价格确定实际销售价格：一是能够找到购买侵权产品的下家，其证言同犯罪嫌疑人供述一致；二是没有下家，但是案件存在多名犯罪嫌疑人，在没有串供可能情况下，各犯罪嫌疑人供述的销售价格基本一致。

对于制造、储存、运输和未销售侵权产品的"非法经营数额"的认定，首先应以标价或已查清的侵权产品的实际销售平均价格计算。这里的标价是指市场上该侵权产品的正常标价，与该产品的实际销售价格相差不大；如果侵权产品的标价明显不合理，与正常的标价相比过高或者过低，或者没有标价，则应当按照已经查清的侵权产品的实际销售平均价格计算。[①] 实践中侵权产品一般少有标价，且行为人为逃避罪责，一般不会承认自己已经销售侵权产品，除非起获相关的销售凭证，否则实际销售价格难以确定。实践中的做法是：对于没有标价或者确实查不清实际销售价格的侵权产品，且行为人拒不提供实际销售价格或提供不实无法查清的，则参照被侵权产品的市场中间价格进行计算非法经营数额。实践中一般是采信有权鉴定机构出具的价格鉴定结论[②]为依据认定，行为人可能承担比实际销售侵权产品更重刑罚的不利后果。

（2）证据确认困难。其一，由于知识产权犯罪案件间接证据较多，直接证据相对难取得，一旦相互之间存在矛盾，往往产生分歧意见。主要表现为：实践中，某些案件既有涉案财产价格鉴定结论，又有各犯罪嫌疑人对涉案物品价格的供述，还有账本、出入库清单等可能记载销售价格的销售记录，但是这些证据在反映销售价格上可能有所不同，甚至差别较大，在此种情况下，采信哪种证据，实践中的做法不一。其二，标价和实际销售价格无法确定的，"非法经营数额"按照被侵权产品的市场中间价格计算。实践中，某些案件计算"市场中间价"时既有价格鉴定机构的鉴定结论，又有被害人出具市场平均销售价格证明，此情况下是否必须采信有权鉴定机构的鉴定结论存在争议。我们认为应当以有利于被告为原则，在采信价格方面"就低不就高"。这样既有利于司法操作上的统一，也有利于提高诉讼效率。

（3）存在罪刑不适应问题。如前所述，标价和实际销售价格无法确定的，"非法经营数额"按照被侵权产品的市场中间价格计算。"市场中间价格"是指真品的销售价格。受市场供求关系影响，侵权人实际销售的情况复杂，有的低于真品的价格，有的就是真品的价格，有的高于真品的价格，但是实践中绝大多数侵权产品的销售价格低于真品价格，甚至远远低于真品价格。对于尚未销售的侵权产品，由于查不清实际销售价格，只能以真品价格认定"非法经营数额"，因而导致侵权产品已经销售并实际危害社会的，其数额计算标准反而低；侵权产品没有销售尚未对社会造成实际危害的，其数额计算标准反而高，最终导致罪刑不适应。

（4）存在处罚的"真空"。如果查不清实际销售价格的侵权产品没有对应的被侵权产品即真品生产或者没有在国内市场销售，即不存在"市场中间价格"的情况下，如何计算"非法经营数额"是一难题。例如，行为人实施了

---

① 陈国庆、韩耀元、张玉梅：《"两高"〈关于办理侵犯知识产权刑事案件具体应用法律若干问题的解释〉的理解与适用》，载《人民检察》2005年第1期，第39页。

② 2012年修改后刑事诉讼法，将"鉴定结论"改为"鉴定意见"，下同。

销售假冒飞利浦公司注册商标移动硬盘的行为，实际上飞利浦公司不生产移动硬盘，因此无法出具价格证明，鉴定机构也因没有鉴定依据无法作出价格鉴定，故无法计算"市场中间价格"，因而出现处罚"真空"。

2. "违法所得数额"的认定

"违法所得数额"是假冒注册商标罪、非法制造、销售非法制造的注册商标标识罪、假冒专利罪、侵犯著作权罪、侵犯商业秘密罪的认定标准之一，并且是销售侵权复制品罪的唯一认定标准。因此，如何认定"违法所得数额"就显得尤为重要。实践中，认定"违法所得数额"存在两个难点：

（1）认定违法所得数额缺乏统一标准。由于刑法没有明文规定如何认定违法所得数额，司法解释甚至有相互矛盾的情况，学术界和实务界均存在较大争议。1993 年 12 月 1 日最高人民检察院《关于假冒注册商标犯罪立案标准》中，将"违法所得数额"解释为销售收入，销售收入即销售金额，该司法解释已废止，相关的追诉标准被 2010 年最高人民检察院、公安部《关于公安机关管辖的刑事案件立案追诉标准的规定（二）》（以下简称 2010 年《追诉标准（二）》）所替代，但追诉标准仍然没有解决如何认定"违法所得数额"问题；1995 年 7 月 5 日最高人民法院《关于审理生产、销售伪劣产品刑事案件如何认定"违法所得数额"的批复》中明确规定，违法所得数额是"生产、销售伪劣产品获利数额"；1998 年最高人民法院《关于审理非法出版物刑事案件具体应用法律若干问题的解释》（以下简称 1998 年《出版物解释》）也规定"违法所得数额"为获利数额。检、法两家的"销售收入"与"获利数额"的范围显然不同，前者除包含违法行为人通过违法行为所获利的数额外，还包含其实施违法行为时所投入的成本。最近的司法解释采用的是"获利数额"说。

目前理论界对违法所得的认定也存在分歧意见。有观点认为，违法所得数额是行为人在经营活动中非法获得的利润数额，是扣除了成本和费用后的利润。[①] 还有观点认为，违法所得是指非法生产、经营中所得毛利，减除正当的运输费、保管费、差旅费等直接费用，已交税的扣除税款，剩余部分即为违法所得，因此，违法所得数额是违法收入中扣除成本、费用、税收等支出后的余额。[②] 同时还有学者认为，在计算侵犯知识产权犯罪的违法所得数额时，

---

① 廖晓虹：《完善侵犯著作权罪的犯罪构成要件》，载《特区经济》2010 年第 2 期，第 254 页。

② 陈兴良：《知识产权刑事司法解释之法理分析》，载《人民司法》2005 年第 1 期，第 15 页。

不应当减掉行为人为犯罪而付出的各种投入。① 因此，如何认定违法所得数额，目前尚缺乏统一标准。

（2）确定违法所得数额的证据难以取得。司法实践中，行为人在实施犯罪时，极少数有犯罪投入、产出的财务账目的记录，侦查机关查获待销售的侵权产品，无法查获记载犯罪成本、收入的财物凭证，导致违法所得金额无法查清。因此，"违法所得数额"虽然是假冒注册商标罪、非法制造、销售非法制造的注册商标标识罪、假冒专利罪、侵犯著作权罪的定罪标准之一，但在实践中几乎没有以"违法所得数额"定罪的。作为销售侵权复制品的唯一定罪标准，这也是导致以销售侵权复制品罪定罪处罚的案件极少的重要原因之一。某些地方的司法机关对此作出变通规定，对于销售盗版光盘达 1.5 万张或者待销售光盘达 3 万张的可以认定为"违法所得数额巨大"。② 虽然地方的变通规定存在设定上的正当性疑问，但也足以说明将违法所得数额作为定罪标准的可操作性需要反思。

3. "损失数额"的认定

"损失数额"是假冒专利罪和侵犯商业秘密罪的认定标准。根据 2010 年《追诉标准（二）》的规定，假冒专利罪使用了"直接经济损失"的术语，侵犯商业秘密罪中使用了"损失数额"和"重大损失"术语。知识产权的损失不同于可以直接计量的有形财产的减损，这种损失必须是可以明确计算的，能够为司法活动证明，因而不应当包括间接损失。

以侵犯商业秘密罪为例，对何谓"损失数额"和"重大损失"以及应该如何计算，理论界主要有四种意见：第一种意见是成本说，即根据权利人研究该商业秘密所投入的研发费用、保密费用等成本来计算损失；第二种意见是价值说，即根据商业秘密的经济价值计算权利人的损失；第三种意见是损失说，即根据商业秘密被侵犯后权利人失去的利润来计算损失；第四种意见是获利说，即根据行为人侵犯商业秘密后实际获得的违法所得数额计算权利人的损失。③ "损失说"和"获利说"的认定方法源于民法规定，并在《著作权法》、《商标法》、《专利法》中得到体现。将适用于民事案件损害赔偿认定标准的方

---

① 胡云腾、刘科：《知识产权刑事司法解释若干问题研究》，载《中国法学》2004 年第 6 期，第 139 页。

② 张本勇：《侵犯知识产权犯罪司法认定若干问题研究》，载《上海大学学报（社会科学版）》2007 年第 5 期，第 137 页。

③ 张本勇：《侵犯知识产权犯罪司法认定若干问题研究》，载《上海大学学报（社会科学版）》2007 年第 5 期，第 135 页。

法引入刑事案件中是否合理值得商榷，尤其是"损失说"是将行为人的侵权获利推定为权利人的经济损失，我们认为这种推定损失引入刑事案件应持谨慎态度。以权利侵害人的获利作为权利人的损失，前提必须是同一商业秘密的权利主体在市场上具有唯一性。"价值说"和"成本说"将商业秘密的价值等同于侵权人给商业秘密权利人造成的损失，实质上是将《刑法》第 219 条解释成：侵犯商业秘密，在商业秘密自身价值极高时，即构成犯罪，这一理解显然有违反罪刑法定的嫌疑。①

司法实务界认定"重大损失"有两种基本模式：一是从行为人因侵权所获得的利益角度来认定重大损失。具体方法包括：以行为人因犯罪获得的利润认定；以行为人的销售收入减去权利人的成本认定；以第三人的销售收入乘以同行业的平均利润率认定；以行为人侵权产品的销售量乘以被侵权产品的平均销售利润认定；以行为人生产出来的产品价值认定。二是从商业秘密的价值角度来认定重大损失。具体方法包括：将商业秘密自身价值认定为重大损失；将商业秘密的形成成本认定为重大损失；将商业秘密的许可使用费认定为重大损失；按商业秘密的市场价格来认定重大损失。

我们认为，实务界注意到具体案件具体分析，根据案件的不同情况采用不同的计算方法是可取的，但是相同情况下采用多元的认定模式将不利于司法的统一。在现有的立法框架下，侵犯商业秘密的重大损失应采取以侵权行为人以商业秘密的价值为主、以侵权所获得的利益为辅的模式进行认定，具体方法包括：侵权人已将不当获取的商业秘密自行投入产品生产或者销售的，根据其违法所得（侵权产品销售后的获利）或者非法经营数额（侵权产品的生产或者销售总量×权利人在被侵权前的平均销售所得）来认定重大损失；侵权人将不当获取的商业秘密有偿转让给第三人使用的，无论第三人是否使用，根据侵权人和第三人达成的商业秘密转让价格或者许可使用价格，或者该商业秘密的正常市场转让价格或者许可使用费来认定重大损失；侵权人仅不当获取权利人的商业秘密而未使用或者披露，或者虽然无偿向第三人披露，但第三人并未使用或者披露的，根据该商业秘密的正常市场转让价格或者许可使用费来认定重大损失；② 侵权行为发生时，被侵犯的商业秘密尚没有正常的市场转让价格或者许可使用费，由专门的鉴定机构根据商业秘密自身的价值来认定重大损失。

---

① 周光权：《侵犯商业秘密罪疑难问题研究》，载《清华大学学报（哲学社会科学版）》2003 年第 5 期，第 67 页。

② 田宏杰：《侵犯知识产权犯罪的几个疑难问题探究》，载《法商研究》2010 年第 2 期，第 113 页。

（二）罪数关系错综复杂

侵犯知识产权犯罪的罪数关系错综复杂，体现在：一是在侵犯知识产权犯罪的内部，此罪与彼罪的界限复杂，突出地表现在侵犯著作权罪与销售侵权复制品之间的界限难以厘清；二是侵犯知识产权犯罪与外部的生产、销售伪劣产品罪、非法经营罪存在一定的交叉与竞合。如何处理这些罪数关系，影响着定罪以及最终的量刑。

1. 侵犯著作权罪与销售侵权复制品的关系

我国刑法在第三章"破坏社会主义市场经济秩序罪"中针对侵犯著作权犯罪规定了侵犯著作权罪和销售侵权复制品罪，并规定了轻重不同的刑事责任。这两种犯罪在实践中常常并合发生，当行为人同时实施了侵犯著作权行为和销售侵权复制品的行为时如何处理，1998年《出版物解释》第5条作了规定，即"实施刑法第217条规定的侵犯著作权行为，又销售该侵权复制品，违法所得数额巨大的，只定侵犯著作权罪，不实行数罪并罚。实施刑法第217条规定的侵犯著作权的犯罪行为，又明知是他人的侵权复制品而予以销售，构成犯罪的，应当实行数罪并罚。"究其背后的原理，行为人既实施了侵犯著作权的行为又将该侵权复制品予以销售，是行为人在一个主观目的支配下实施的两个相互关联的行为，应根据吸收犯"择一重"的处断原则处理，以处罚较重的侵犯著作权罪定罪量刑；而如果行为人除实施了侵权著作权的行为外，又对他人实施侵犯著作权所产生的侵权复制品予以销售的，则是行为人在两个不同的主观目的支配下实施的两个行为，两种行为都构成犯罪的，应当对行为人分别定侵犯著作权罪和销售侵权复制品罪，实行数罪并罚。

应当说，上述规定对两罪之间的界限本来是清晰的，其适用的基础各自建立在"复制发行"与"销售"之上，但是司法解释不断出现的新规定打破了这种局面。2004年《解释》第11条第3款规定，通过信息网络向公众传播他人文字作品、音乐、电影、电视、录像作品、计算机软件及其他作品的行为，应当视为刑法第217条规定的"复制发行"。2007年"两高"《关于办理侵犯知识产权刑事案件具体应用法律若干问题的解释（二）》（以下简称2007年《解释》）第2条第2款规定，侵权产品的持有人通过广告、征订等方式推销侵权产品的，属于刑法第217条规定的"发行"。2011年最高人民法院、最高人民检察院、公安部《关于办理侵犯知识产权刑事案件适用法律若干问题的意见》（以下简称2011年《意见》）第12条规定："发行"包括总发行、批发、零售、通过信息网络传播以及出租、展销等活动。2011年3月25日《出版物市场管理规定》也作了内容相似的规定：发行包括总发行、批发、零售以及出租、展销等活动。从上述规定不难发现，司法解释对于"发行"不断地进行扩张解释，使"发行"的概念包括了批发和零售的行为，进而完全取代了"销售"的概念。在新的解释条件下，如果行为人实施了侵权著作权的行为，又销售了他人侵犯著作权所产生的侵权复制品，那么只能定为侵犯著作权罪，而非侵犯著作权罪和销售侵权复制品罪的数罪并罚。

为了解决这一问题，有学者主张对"发行"作限制解释，即可以将之理解为批量销售或者大规模销售（但不限于第一次销售），而将销售侵权复制品中的"销售"理解为零售。论者认为，这样解释既符合"发行"在日常用语中的含义，也能协调刑法第 217 条与第 218 条的关系，"不至于从理论上否定第二百一十八条的存在"[1]。学者的善意是值得肯定的，其意图平衡侵犯著作权罪和销售侵权复制品罪的适用空间也是恰当的，然而其将销售中"批量销售或者大规模销售"的情况归入"发行"，而将"零售"情况归入销售侵权复制品罪中的"销售"却存在问题。何谓批量销售和大规模销售？何谓零售？概念比较模糊，实践中缺乏具体可操作性标准，仍然不能准确区分侵犯著作权罪和销售侵权复制品罪。

还有观点认为，"发行"仅指复制者自身实施的销售行为，不包括他人实施的销售行为。[2] 但是如前文所述，2007 年《解释》已明确规定"发行"的主体并不限于复制者本人，因此这种解读与目前的司法解释规定相悖。

这样一来，在现行司法解释没有修订之前，销售侵权复制品罪的规定实际上被虚置了。如何解决这种刑法司法解释蚕食刑法的困境，值得我们深入思考。

2. 侵犯知识产权犯罪与生产、销售伪劣产品罪、非法经营罪之间的关系

曹建明检察长曾在一次答记者问时谈道："在我们的司法实践当中，有大量的侵犯知识产权犯罪，按照另外两个罪名处理，这两个罪名就是刑法规定的生产、销售伪劣产品罪和非法经营罪……这两个罪的统计加起来比侵犯知识产权犯罪的数据还要多。"[3] 因此，对如何处理好侵犯知识产权犯罪与生产、销售伪劣商品罪、非法经营罪之间的关系需要研究。

从我国现行法律规定看，侵犯知识产权罪、生产、销售伪劣商品罪与非法

---

① 张明楷：《刑法学》（第 4 版），法律出版社 2011 年版，第 735 页。

② 刘福谦、逄锦温、王志广、从媛：《〈关于办理侵犯知识产权刑事案件适用法律若干问题的意见〉的理解与适用》，载《人民检察》2011 年第 9 期，第 22 页。

③ 征宇：《规范市场经济，惩治知识产权犯罪》，载《今日中国论坛》2005 年第 4 期，第 89 页。

经营罪之间存在交织关系。2001年4月9日最高人民法院、最高人民检察院《关于办理生产、销售伪劣商品刑事案件具体应用法律若干问题的解释》第10条规定:"实施生产、销售伪劣商品犯罪,同时构成侵犯知识产权、非法经营等其他犯罪的,依照处罚较重的规定定罪处罚"。而2011年《意见》第16条则规定:行为人实施侵犯知识产权犯罪,同时构成生产、销售伪劣商品犯罪的,依照侵犯知识产权犯罪与生产、销售伪劣商品罪中处罚较重的规定定罪处罚。比较前后两个规定,应当说"以处罚较重的规定定罪处罚"具有普遍意义,同时需要注意的是后者将非法经营罪排除在外。下文拟对假冒注册商标罪(销售假冒注册商标的商品罪)与生产、销售伪劣产品罪、侵犯著作权罪(销售侵权复制品罪)与非法经营罪之间的关系展开探讨。

(1)假冒注册商标罪(销售假冒注册商标的商品罪)与生产、销售伪劣商品罪的关系。对假冒注册商标罪(销售假冒注册商标的商品罪)与生产、销售伪劣商品罪的关系问题,实务界和学术界存在争议。

第一个问题是行为人生产伪劣商品时又在该商品上假冒他人注册商标的应如何处理。对此主要有四种观点:第一种观点认为,"在这种情况下,假冒他人注册商标的行为是行为人为了达到获利目的而实施的手段行为或方法行为,属于刑法理论上的牵连犯";[①] 第二种观点认为,生产、销售伪劣商品罪与假冒注册商标罪、销售假冒注册商标的商品罪实际上存在着法条竞合关系,对这种情形应当按照重法优于轻法的原则处理;[②] 第三种观点认为,是数罪,应当实行数罪并罚;[③] 第四种观点认为,该行为属于一行为触犯数罪名的想象竞合犯。[④] 我们认为,正确理解和处理此情况的关键,在于判断行为人实施了几个行为。在实际生活中,"假冒"和"伪劣"常常交织在一起,行为人为了能够顺利销售伪劣商品,以获取非法利益,往往在生产的伪劣商品上冒用他人在社会上具有一定知名度的注册商标;而假冒注册商标(销售假冒注册商标的商品),往往是行为人将自己生产的质量较次的商品冒充他人信誉较好的商品,实质上就是以次充好的行为。行为人在生产的伪劣商品上非法使用他人的注册

---

① 刘家琛:《新罪通论》,人民法院出版社1998年版,第193页。赵秉志:《侵犯知识产权犯罪研究》,中国方正出版社1999年版,第99页。

② 高晓莹:《论假冒注册商标罪与生产、销售伪劣商品罪的界限》,载《中国刑事法杂志》2000年第2期,第39页。

③ 朱孝清:《略论假冒注册商标犯罪额几个问题》,载《法学》1994年第2期,第20页。

④ 张明楷:《市场经济下的经济犯罪与对策》,中国检察出版社1999年版,第34页。

商标时，在商品上加标的行为是生产伪劣商品行为不可分割的一部分，该行为在形式上符合数个犯罪构成，是观念上的数罪，属于想象竞合犯，应择一重罪从重处罚。

第二个争议问题是行为人销售的伪劣商品又是假冒注册商标的商品应如何处理。对此要分为两种情况：一是行为人销售的伪劣商品本身是他人假冒注册商标的商品；二是行为人购进伪劣商品后将他人的注册商标非法使用在伪劣商品上。我们认为，对于第一种情况，由于行为人实施的只有一个销售行为，所以成立想象竞合犯，应"择一重"处理。对于第二种情况，有人认为对行为人应当认定为销售伪劣商品罪和假冒注册商标罪的吸收犯，而不应认定为销售伪劣商品罪和假冒注册商标的商品罪的想象竞合犯。① 我们认为，该情况下，行为人实施了两个行为，即假冒注册商标的行为和随后的销售行为，其中，假冒注册商标是手段，销售是目的，二行为之间存在牵连关系，应当按照牵连犯的原则择一重罪处断。当然，上述结论是就同一种商品而言，若行为人既在商品上假冒他人注册商标，又销售他人假冒注册商标的商品，则应数罪并罚。

（2）侵犯著作权罪（销售侵权复制品罪）与非法经营罪的关系。关于侵犯著作权的行为，是否也是非法经营行为，学术界早有争论，由于当时销售侵权复制品罪仍然有适用空间，所以主要探讨的是销售侵权复制品罪与非法经营罪之间的关系，当然这种探讨也适用于侵犯著作权罪与非法经营罪的关系。

对于销售侵权复制品罪与非法经营罪之间是否存在竞合关系，理论上主要有肯定说和否定说两种观点：肯定说认为二者存在竞合关系，销售侵权复制品行为本身也是一种非法经营行为，二者是特殊法与普通法的关系；虽然在一般情况下，如明显罚不抵罪，根据案件具体情况，也可适用重法优于轻法的原则，由于非法经营罪的法定刑比销售侵权复制品罪的法定刑重，因此对销售侵权复制品的行为，也可适用非法经营罪。② 销售行为是经营行为的一种，如果无经营资格销售某种产品，或者超出经营范围销售某种产品，其行为本身首先符合违法经营的特征，当然是否进而具有非法经营的性质，还需从其他方面综合分析。③ 否定说认为二者不存在竞合关系，因为二者在犯罪对象、犯罪手段

① 于改之、包雯：《生产、销售伪劣商品犯罪若干问题研究》，载《河北法学》2005年第11期，第32页。

② 朱平、王莉君：《非法经营罪的法律适用》，载《中国刑事法杂志》2002年第5期，第118页。

③ 曹坚：《非法经营罪与销售侵权复制品罪之界定》，载《华东政法学院学报》2005年第2期，第100页。

上都有所不同，如果肯定销售侵权复制品与非法经营罪法条之间存在竞合，就会导致刑法规定的销售侵权复制品罪虚设。①

对于这一问题，司法解释也有不同规定。1998 年《出版物解释》第 11 条规定：违反国家规定，出版、印刷、复制、发行本解释第 1 条至第 10 条规定以外的其他严重危害社会秩序和扰乱市场秩序的非法出版物，情节严重的，以非法经营罪定罪处罚。该解释第 1 条至第 10 条对具有反动性政治内容出版物、侵权复制品、淫秽物品作了规定。因此，非法出版、印刷、复制、发行侵权复制品的行为，不能以非法经营罪定罪处罚。但是该解释第 15 条规定：非法从事出版物的出版、印刷、复制、发行业务，严重扰乱市场秩序，情节特别严重，构成犯罪的，以非法经营罪定罪处罚。该规定实际上使非法经营罪又涵盖了侵犯著作权罪（销售侵权复制品罪）。2011 年《意见》第 12 条作出了与此内容相异的规定："非法出版、复制、发行他人作品，侵犯著作权构成犯罪的，按照侵犯著作权罪定罪处罚，不认定为非法经营罪等其他犯罪"。显然，新司法解释排除适用非法经营罪，更类似于否定说。

我们认为，从立法沿革和以往的司法实践看，肯定说具有一定的合理性。1987 年 11 月 27 日最高人民法院、最高人民检察院《关于依法严惩非法出版犯罪活动的通知》规定：以牟取暴利为目的，从事非法出版物的出版、印刷、发行、销售活动，非法经营或者非法获利的数额较大，情节严重的，以投机倒把罪论处。1997 年刑法将投机倒把罪细化，规定了侵犯著作权罪、销售侵权复制品罪等犯罪，同时将投机倒把罪规定为非法经营罪。因此侵犯著作权罪（销售侵权复制品罪）是从投机倒把罪中分离出来的，与非法经营罪应当是特殊法与普通法的关系。过去由于实践中认定侵犯著作权罪（销售侵权复制品罪）存在取证和鉴定的困难，为防止打击不力，退而求其次地适用了证据标准较低的非法经营罪进行了处理。② 但是 2011 年《意见》出台后，应当转而坚持否定说，这是因为：一是以侵犯著作权（销售侵权复制品罪）定罪符合该类犯罪的本质特征。非法经营罪打击的是违反国家规定，情节严重的扰乱市场秩序的行为，重在行为的经营性、非法性；而侵犯著作权罪，顾名思义，打击的是侵犯著作权人权利的犯罪行为，该罪设立的宗旨在于保护著作权人的各项合法权利免受不法侵害。因此，对非法出版、复制、发行他人作品，侵犯著作权构成犯罪的，

---

① 谷翔、柏浪涛：《销售侵权复制品罪若干问题澄清》，载《法学论坛》2004 年第 12 期，第 32 页。

② 如 2008—2010 年，北京市海淀区人民检察院以侵犯著作权罪起诉的案件仅为 1 件 1 人，绝大多数的案件被以非法经营罪起诉。

理应按照侵犯著作权罪定罪处罚。① 因此,应当认为,二罪各有适用的界限,并不存在竞合的关系。当然,对于非法出版、复制、发行他人不受法律保护的著作权的作品的,因为根本不构成侵犯著作权罪故仍有适用非法经营罪的空间。二是认定侵犯著作权罪的证据标准有所松动,尤其是 2011 年《意见》规定不再要求所有的案件都需要获取"未经著作权人许可"的证据,对于特定的案件可以实行举证责任的转移,如果被告人无法提供著作权人相关的许可证明即可推定为"未经著作权人许可",大大地减轻了公诉机关的证明负担,因此有利于认定为侵犯著作权罪,为不再适用非法经营罪提供了实际上的可能。实际上,2010年最高人民法院《关于被告人凌永超非法经营、贩卖淫秽物品牟利一案的批复》也明确指出,"对于无证贩卖盗版光碟侵犯著作权构成犯罪的,按照侵犯著作权罪定罪处罚,不再认定销售侵权复制品罪和非法经营罪。"从这一批复公布之后的实践来看,司法机关的确也改变了以往多认定为非法经营罪的习惯做法,以侵犯著作权罪起诉和审判的案件比以往有所上升。

当然,有学者也对 2011 年《意见》的规定提出了质疑,认为排除非法经营罪适用的解释可能导致刑罚的不均衡。即非法出版、复制、发行他人作品,侵犯著作权构成犯罪的,认定为侵犯著作权罪,最高只能判处 7 年以下有期徒刑;而非法出版、复制、发行没有著作权的作品,没有侵犯他人著作权的,认定为非法经营罪,最高可能处 15 年有期徒刑。② 本文认为,这一类比并不恰当,因为非法出版、复制、发行没有侵犯他人著作权的非法出版物,其社会危害性较侵犯他人著作权的行为并不一定低。并且,将符合侵犯著作权罪的行为纳入侵犯著作权罪调整,有利于还原行为的本质,也是有利于被告人的选择。

(三) 证据的收集和认定困难

在侵犯知识产权犯罪案件中,证据是否收集全面、准确和充分直接关系到犯罪是否能够受到应有的追究、知识产权能否得到有效保护。由于知识产权犯罪具有"智能型"的表征,组织化、专业化水平高,隐蔽性强,犯罪证据易于隐匿销毁,加之我国法律没有针对侵犯知识产权犯罪案件特点制定相应的侦查强制措施和证据保全制度,使得司法机关在打击侵犯知识产权犯罪,特别是应对新型侵犯知识产权犯罪的工作中,发现、收集、审查、判断和运用证据的难度很大,问题也很多。

---

① 刘福谦、逄锦温、王志广、从媛:《〈关于办理侵犯知识产权刑事案件适用法律若干问题的意见〉的理解与适用》,载《人民检察》2011 年第 9 期,第 22 页。

② 张明楷:《刑法学》(第 4 版),法律出版社 2011 年版,第 737 页。

1. 收集单位犯罪主体证据存在困难

实践中，以注册的公司名义实施侵犯知识产权犯罪的情形较为多见。虽然2007年《解释》统一了单位犯罪与个人犯罪的定罪量刑数额标准，但是单位犯罪的双罚制以及具体承担刑事责任的人员范围决定了其与自然人共同犯罪还是有很大的不同，可以说定单位犯罪还是一般主体犯罪不单单是定性的问题，也关系到具体追责的范围。而要证明系单位犯罪，必须明确公司的设立目的，是否有正常的业务，犯罪所得收入是否归公司使用，必须查明各成员在单位犯罪中的地位和作用等问题。要取得这方面的证据需要侦查机关调查公司的经营账目和管理制度，但是涉案公司多没有相对正规的经营账目和公司治理制度，并且涉案公司的员工较少、流动性大，对公司的运营资金情况基本不知情，故在调取其证言上也存在很多困难。即便有充分证据证明涉案公司为单位犯罪，但由于案发主要负责人到案，员工离开公司，难以找到合适的诉讼代表人参与诉讼，也导致在诉讼过程中追诉单位难以实现。从前文的数据统计来看，近三年来侵犯知识产权单位犯罪被追诉的仅有1件，也恰恰证实了这一问题。

2. 认定主观"明知"的证据存在困难

销售假冒注册商标的商品罪和销售侵权复制品罪都规定了"明知"，而侵犯商业秘密罪规定了"应知"，这些内容都需要司法机关提出证据来证明。虽然2003年最高人民法院、最高人民检察院、公安部、国家烟草专卖局《关于办理假冒伪劣烟草制品等刑事案件适用法律问题座谈会纪要》（以下简称2003年《座谈会纪要》）、2004年《解释》专门就"明知"的认定作出规定，但不能涵盖司法实践中的所有情形，仍然需要司法人员进一步解释适用。如在销售假冒注册商标的商品案中，行为人通过秘密交易、低价买、低价卖等方式贩卖，按照上述2003年《座谈会纪要》，前三款都无法直接适用，而"其他情形"又没有详细的操作规定。又如共犯的"明知"问题，如事中明知能否认定为共犯，司法解释都没有明确规定，也需要司法人员运用证据认定。实践中，常常由于缺少直接证据，司法人员不得不结合间接证据，使用推定的方法对"明知"予以证明。

3. 追诉犯罪既遂证据规格过高

由侵犯知识产权犯罪构成要件罪量要素的字面含义可知，侵犯知识产权犯罪大多是在结果意义上设立治罪标准。而侵权行为的流动性，往往给犯罪证据的收集、固定、鉴定带来困难。如假冒注册商标的商品、侵权复制品一旦被销售出去，其数量、价格、去向等事实均难以查证。如果没有起获实物，调取买家证言，即使有账本、销售记录等证据也难以认定，因为难以对已经销售出去的一一进行真伪和权源鉴定，也就无法确定是否属于侵权产品，也无法确定销售金额和违法所得金额。司法实践中法院对犯罪既遂的证据标准把握就相当严格，一要有已售产品的账本，证实销售金额情况；二要起获库存货物，鉴定为假冒商品；三要有上下家在案相互印证，证实犯罪分子具有销售行为，上述环节缺一不可。相反，查处尚未销售出去的未遂，因为人赃俱获，证据收集和认定则相对容易得多，这也是司法实践中侵犯知识产权刑事案件查处既遂的少，绝大部分都是惩治未遂的主要原因。本来，销售假冒侵权产品的既遂给权利人造成的侵害和对市场经济秩序的破坏实际已经发生，社会危害性显然较未遂更大，但是由于证据的原因，只能委曲求全降格从查处未遂入手。由此，从知识产权刑事保护的实际需要看，适度惩治侵犯知识产权犯罪的未遂行为是必要的。2011 年《意见》明确了销售假冒注册商标的商品罪未遂的定罪量刑标准，但对销售侵权复制品没有规定，需要另寻出路。

4. 电子证据的取证和审查困难

近年来，利用互联网销售侵权产品的、私自开发网络游戏外挂并销售牟利的、利用计算机信息技术窃取商业秘密的案件呈上升的趋势。网络环境下侵犯知识产权犯罪具有高科技性、高隐蔽性、高智商性特征，为成功指控犯罪，司法工作人员必须运用电子证据。而电子证据的特点决定其取证的困难：第一，电子证据的存在具有虚拟性，一切文件和信息都以二进制编码表示的电子数据形式存储于磁性介质中，与传统的以有形方式表现的证据相比，具有较强的非直观性。第二，电子证据容易被人为地改动和破坏，不留痕迹，当事人和相关单位必须具有较强的保留电子证据的意识。第三，电子证据具有高科技性，其生成、传送、接收、存储都必须借助于计算机技术、网络技术等，如果缺乏用于电子取证的专业工具，取证将十分困难。第四，由于相关法律没有对电子取证制定相关的操作规程①，在调取计算机数据过程中，如果凭借侦查人员或技术人员的主观能动性和个人经验进行，不仅可能会遗漏一些重要检查事项，也很容易导致越权取证，从而侵犯公民的通信自由、通信秘密、个人隐私、商业秘密等私权。

除了取证难外，对于电子证据的审查也十分困难。电子证据的特点之一就是其"海量性"，往往涉及大量的电子证据内容，量大但不能直接看见，侦查机关往往只是对此类证据简单收集，装订成册，移送了事。

5. 取证不规范致使认定犯罪困难

（1）"陷阱取证"不合法。由于知识产权侵权犯罪行为具有隐蔽性高、收集证据困难等特点，因而在一些案件的侦查中需要采取"陷阱取证"的方式。

---

① 公安部在 2003 年曾制定了《计算机犯罪现场勘验与电子证据检查规则》。

"陷阱取证"分为"机会提供型"与"犯意诱发型",一般来说,理论和实务界对于"机会提供型"较为宽容,但对"犯意诱发型"则根本否定。司法实践中,"犯意诱发型"陷阱取证仅在贩毒、假币等少数犯罪侦查中可以使用,对于其他犯罪包括侵犯知识产权犯罪中侦查机关使用"犯意诱发型"陷阱应当严格禁止。侦查机关在侦查一些侵犯知识产权案件中,为了获取证据,由便衣民警采用假意购买的方式,与犯罪嫌疑人达成交易,在交付时查获赃物并缉捕犯罪嫌疑人。如张某、李某销售假冒注册商标的商品案,群众向公安机关举报张某经营的摊位涉嫌销售假冒宝洁公司的洗发液,便衣民警遂前往该摊位,以集团客户名义向张某约购210箱洗发液,销售价共计人民币57150元,张某并无货,遂又向另一售假嫌疑人李某约购,待李某给张某送货时民警将二人抓获并起获涉案洗发液210箱,经鉴定均为假冒宝洁公司的洗发液。严格地说,张某事先并无涉案假冒洗发液,只是在民警假意购买下才联系李某购进洗发液,侦查人员有诱发张某犯意的嫌疑。

(2)取证行为不规范。公安机关的一些取证行为不规范,使得一些有效证据未能提取或提取的证据并无效力,实践中多表现在:一是不能及时固定账本、价签、价目表、销售单据、电脑记录等证据。现场搜查到的账本、单据等都是指证犯罪的有力证据,但在一些案件中公安机关没有及时组织犯罪嫌疑人进行辨认,并进行有针对性的讯问,以确认有关书证中记载内容的详细含义,查明既往销售假冒产品的数量和销售价格。否则,一旦犯罪嫌疑人辩解书证中记载的是二手产品,所以售价低于正品,如不及时对相关证据进行固定,对其辩解将很难排除。二是一些案件中公安机关不进行当面清点,以致出具的起赃经过、扣押物品清单中记载的品种、数量与实际扣押的品种、数量以及与鉴定意见书中载明的有出入,有的甚至只有查获经过,没有清点、扣押手续①。

(3)收集证据不全面。如在办理侵犯商标权案件中:一是不能有意识地区分成品与半成品,配件是用于单独销售还是用于翻新、组装,一并扣押鉴定,由于未贴标的半产品、用于组装的配件不能计入非法经营数额,如果不加区分就会造成难以认定犯罪嫌疑人的行为是否达到追诉标准。二是不能有意识地收集证据,对行为人的包装、贴标的行为进行界定,以区分假冒注册商标和

---

① 如徐国洋生产销售伪劣产品一案,侦查卷宗中就没有清点记录和扣押物品清单,公安机关出具办案说明该案系北京市烟草专卖局公路运输专卖分局主动与海淀分局四季青派出所联系配合其工作,起赃、清点、扣押等工作均由烟草工作人员进行。后烟草工作人员向四季青派出所提供了"9·6"案涉案假冒卷烟标值表、检验报告及查获经过各一份,并称该单位并无相关清点、扣押手续,上述物品即可替代。

销售假冒注册商标的商品行为。根据审判实践，并非只要有包装、贴标的行为就一概认定为假冒注册商标罪：如果行为人在购进假冒商品时已经贴好商标，包装盒、防伪标识等物品都是随进货配套送来的，行为人对假冒商品本身并不实施贴标行为，而只是将已经贴好商标的商品装进包装盒里再贴上防伪标，这种情形就不宜认定为假冒注册商标罪；相反，如果行为人从不同地方分别购进产品、产品包装、防伪标识等物品加以组装，则认定为假冒注册商标罪。三是不注意审核注册商标内容，不能根据商标内容有意识地搜集证据。假冒注册商标罪要求在同一种商品上使用与注册商标相同的商标，商标注册证上载明了注册商标的核定使用商品类别，因此，只有行为人在他人注册商标使用范围内的商品上使用该注册商标，才构成犯罪，如果行为人在该类别之外的商品上使用注册商标，则不能构成假冒注册商标罪。一般情况下，核定使用商品类别比较容易理解区分，但有些商品则需要专业或者权威部门认定①。

又如在办理侵犯商业秘密案件中，仍然沿用基本民事证据规则的"相似＋接触－合法来源"的认定思路，即按照"被告产品与原告产品实质相似，被告接触过原告的产品技术，被告没有其他合法技术来源"来收集和认定证据。虽然这种认定模式在证明知识产权民事侵权行为存在是可行的，但在刑事案件中，犯罪嫌疑人在什么时间、什么地点，以什么手段，怎样实施侵权，才导致产品、技术相同、近似等相关证据，还需要公安机关进一步收集，实践中这方面的证据收集的并不全面。

（四）鉴定方面缺乏规范

在侵犯知识产权犯罪中，鉴定结论对案件的认定至关重要。实践中侵犯商标权案件的鉴定一般涉及产品真伪鉴定和产品价值鉴定两项内容，前者关系到涉案产品是否假冒他人注册商标，而后者关系到认定案件的非法经营数额和销售金额。侵犯著作权案件则涉及出版物的版权鉴定，侵犯商业秘密案件则涉及秘密性、同一性和损失鉴定。从目前司法实践来看，这几种鉴定目前都不够规范，存在不少问题。

1. 鉴定主体不适格

在办理假冒注册商标、销售假冒注册商标的商品案件时，除卷烟、笔记本电脑等少数产品由中立权威的第三方（烟草由烟草质量监督检测站、电脑由国

---

① 如海淀院办理的一件假冒"Vertu"手机的案件，"Vertu"商标及其图形商标的核定使用商品类别中没有"移送通信装置"一项，但有"用于录制、传输和复制声音或图像的仪器"一项，对于手机是否属于这一种商品，就需要商标局作出认定。

家电子计算机质量监督检验中心）出具真伪鉴定外，侦查机关一般提供被侵权单位出具的鉴定证明或未授权嫌疑人生产、包装和销售任何带有其注册商标产品的证明，来证实查获的涉案物品为假冒注册商标的商品。有的甚至是被侵权单位委托知识产权代理公司、律师事务所或者专业打假人士出具鉴定真伪的证明。[①] 这些知识产权代理公司或者个人作为被害人的代理人进行报案以及出具鉴定产品真伪、权利人有无授权被告人生产经营、正品价格等证明文书，但这些所谓的代理人有时不能提供符合法律要件的授权手续以证明其有代理资格，有的仅有委托书复印件，有的委托书没有委托期限。从证据的充分性上来看，由于被害单位与案件有着直接利害关系，该鉴定证明的客观性和实际效力往往受到质疑。上述证明实质上只是被害方单方面的证据，且被侵权者往往是从有利于自身的角度出发而提供相关证明，实践中，辩护律师提出存在由无权单位出具鉴定结论的效力问题，给公诉工作带来不小的麻烦。

2. 鉴定方法单一、片面

（1）价格鉴定的方法单一。根据价格鉴定的理论及其他地区的实践操作规范，价格鉴定方法除市场法之外，还有收益法、成本法及专家咨询法等。但是通过审查，我们发现公安机关办理侵犯知识产权案件价格鉴定结论中的鉴定方法几乎均为市场法。一方面，单一的鉴定方法会导致价格鉴定结论的不全面；另一方面，单一的鉴定方法因缺少必要的不同鉴定方法之间的比较、检查，从而可能导致鉴定结论的结果容易出现偏差。

（2）涉案赃物的价格计算方法片面。根据现行规定，共有三种涉案赃物的价格计算方法：第一种是按照假冒、伪劣产品的实际价值计算；[②] 第二种方

[①] 如犯罪嫌疑人郭某雷假冒注册商标罪一案，起获的 4167 张微软软件经微软公司鉴定均属于未经微软公司授权且非法使用微软公司"Microsoft"注册商标的软件。犯罪嫌疑人胡某平、鄢某印涉嫌销售假冒注册商标的商品一案，销售的假酒均由被假冒的酒厂或者自行委托打假人员作出真伪鉴定。

[②] 根据 1992 年 12 月 11 日最高人民法院、最高人民检察院《关于办理盗窃案件具体应用法律的若干问题的解释》第 3 条第（六）项的规定，对于假货、劣货，要按照假、劣货的实际价值计算。此规定与最高人民法院、最高人民检察院、公安部、国家计委 1994 年《关于统一赃物估价工作的通知》第 4 条规定相一致。在此意义上，最高人民法院、最高人民检察院《关于办理侵犯知识产权刑事案件具体应用法律若干问题的解释》第 9 条规定"销售金额"是指销售假冒注册商标的商品后所得和应得的全部违法收入。如果根据其实际使用价值计算，则应当综合采用成本法、收益法及市场法进行鉴定。

法是按照成新率、实际使用价值或者残值计算;① 第三种是按照同类合格产品或者被侵权产品的市场中间价格计算。② 在目前的办案实践中,对于公安机关查获的假冒注册商标的商品,涉案财产价格鉴定结论的市场价格一般是按照被侵害单位提供的原厂正品价格予以认定,其原因一方面是原厂正品价格较高,因此就很容易达到侵犯知识产权犯罪的追诉标准,另一方面主要在于售假者为逃避法律制裁,往往不做销售记录或者隐匿实际销售情况,多数案件也无法取得其他证明销售价格的书证或雇员、购买者的证人证言等证据,市场上又没有针对伪劣产品的统一的价格标准,因此多偏向于依据被害单位提供的价格认定。但是,由此带来的问题是,售假者在现实中一般销售价格远远低于正品的销售价格,特别是对一些知假买假的销售行为,消费者一般也明知是假名牌,不可能支付正品的价格,如果以正品价格认定犯罪金额对犯罪嫌疑人相当不公平。

3. 鉴定结论描述过于简单

鉴定结论书是是司法人员了解鉴定过程、判断鉴定结论的证据效力的主要载体。内容是否完整、描述是否详细直接关系到司法人员对鉴定结论的准确判断和正确采信。反观实务中的有关鉴定,被害单位出具的真伪鉴定,对于其证明材料的内容是否符合真实情况,是否依照实物鉴定③,鉴定的方法④、程序是否科学⑤,依据什么事实得出的结论,得出的结论是否确实、客观、公正,

---

① 根据 1999 年北京市人民政府令第 46 号《北京市涉案财产价格鉴定管理办法》第 11 条第(三)项的规定,对有使用价值的伪劣物品,按成新率、实际使用价值或者残值折合计算。

② 根据最高人民法院、最高人民检察院《关于办理生产、销售伪劣商品刑事案件具体应用法律若干问题的解释》第 2 条以及 2004 年最高人民法院、最高人民检察院《关于办理侵犯知识产权刑事案件具体应用法律若干问题的解释》第 12 条规定。

③ 如犯罪嫌疑人谢某河、谢某章、谢某安销售假冒大众公司汽车配件一案,鉴定结论本身看不出来是否依据实物鉴定,且鉴定书中有"不真实、不全面、多数匹配"等含混不清的相关措辞。

④ 如陈某永销售假冒宝洁公司洗发露一案,采用抽检的方式鉴定,宝洁(中国)有限公司出具的《鉴别报告书》:证实抽检的在陈某永处查获的海飞丝海洋活力型洗发露等 8 类物品,均系假冒宝洁公司注册商标专用权的产品。

⑤ 如犯罪嫌疑人朱某辉、朱某明、胡某阳销售假冒大众汽车配件一案,形式上缺少"送检单位、查获时间和地点、鉴定时间"等关键信息。

鉴定证明均没有说明或者描述不充分。① 价格鉴定机构出具的鉴定书中，基本没有对所依据材料的说明。同时，鉴定书对鉴定标的、鉴定过程和鉴定结论部分的描述过于简单，对涉案物品的物质实体状况，如品牌、名称、型号、用途、质量、数量、材质、状态等外表特征及其他细节特征并无详尽描述，导致无从了解涉案财物的实际使用状况及价值特征。鉴定结论描述简单化的表象背后实质是知识产权刑事案件相关鉴定缺乏规范、程序设计不科学的现实，知识产权刑事案件鉴定均由公安机关单方面委托鉴定机构作出，犯罪嫌疑人、被告人对于检材的固定、鉴定方法均无法提出意见，也没有提供相应检材的权利。犯罪嫌疑人、被告人收到公安机关的鉴定报告后，可能会因为不同意该鉴定结论而另行委托鉴定，但多半会因鉴定是由被告人单方委托的原因而无法获得采信。

4. 鉴定结论不符合证据标准

这方面的问题突出表现在盗版图书的鉴定结论上，目前一般给出的鉴定结论为两种：一是为内容未经过相关审批而出版的非法出版物；二是为复制其他已经公开发行的出版物的侵权复制品。根据相关规定，著作权鉴定需要提供权利人对鉴定作品的认证材料、出版和制作合同、权利登记证明等一系列手续。由于取证的问题，新闻出版部门往往对一些原应出具侵权复制品的鉴定结论，直接出具"非法出版物"的鉴定结论，造成对案件定性起决定作用的鉴定结论难以符合侵犯著作权罪的证据标准，只能以非法经营罪定罪处罚。这样的做法使得著作权人不能作为直接被害人提起刑事附带民事诉讼，不利于著作权人维权。又如在办理出售非法制造的注册商标标识案件时，根据法律规定，认定非法制造的注册商标标识的单位为"件"，但一些鉴定结论中对于起获注册商标标识的数量有的表示为"件"，有的表示为"个"，鉴定结论本身也没有对"件"或"个"的认定方法予以说明。

在鉴定方面，除了文中重点提到的规范性问题外，还存在鉴定成本高、技术复杂等颇为现实的问题。在一些涉案标的较大的案件中，对查获的假冒商品

---

① 对于数码产品的鉴定，需要明确说明为何认定涉案产品系假冒注册的产品，涉案产品具体系何种假冒行为。如犯罪嫌疑人黄某臣涉嫌销售假冒的诺基亚品牌手机一案，鉴定结论应当对手机的机芯、电池、外壳等零部件是否系诺基亚产品的情况加以说明，因为如果是将低端的诺基亚手机非法升级为高端手机，是否也要认定为假冒注册商标罪的假冒行为，实践中争议很大，根据以往经验，这种情况一般不被认定为犯罪。如犯罪嫌疑人朱某辉、朱某明、胡某阳销售假冒大众汽车配件一案，价格鉴定结论就只有一个笼统价格，缺少具体财物价格清单，无法完整显示鉴定对象的具体品牌、名称、数量及每类物品的总价格等信息。

作价格鉴定、对于侵犯著作权的电子证据进行鉴定的费用高达几万元、几十万元甚至上百万元，办案单位无力承担巨额鉴定费①，实践中曾发生办案民警凑钱垫付鉴定费的情形，严重制约了对于此类犯罪的打击。另一个难题就是技术挑战。实践中涉及侵犯技术信息的案件，尤其是侵犯计算机程序（软件程序）的案件，比较疑难复杂，由于计算机程序——用计算机语言编写的，以计算机源代码为形式固化在芯片当中，比对被侵权的和侵权的两个软件之间的一致性，需要计算机搭载特殊的软件程序进行运算完成。但目前我国尚未出台统一的电子数据鉴定标准，不同鉴定机构作出鉴定结论采取的方法、使用的术语、对过程的分析常常不同，在一个案件中，针对一个鉴定事项，不同鉴定机构作出相互矛盾的鉴定结论也经常发生。

三、侵犯知识产权犯罪惩治对策研究

（一）加强刑事立法工作

对于是否有必要加强立法，完善对知识产权的刑法保护，在理论上存在分歧。传统的观点认为，如果对知识产权的法律保护过于严格，则会遏制知识产权的传播和应用，会影响本国经济、贸易的发展，由此激烈反对刑事领域的干预，这种观点被称为"弱保护理论"。实行"弱保护"有利于降低成本；有利于节省国家资金；有利于减少依赖性；有利于推进地方工业。与"弱保护理论"相对的是"强保护理论"，"强保护"的目的在于保证知识资产生产者的私人收益在正常情况下不少于其私人投入，从而提供生产之激励。②"强保护"理论积极主张完善刑事立法，对严重侵犯知识产权的行为予以犯罪化。

知识产权的"弱保护"与"强保护"之争主要存在于发展中国家与发达国家之间。发展中国家为促进本国民族工业的发展，摆脱对发达国家的技术依赖，一般力主"弱保护"战略；而发达国家由于占有了世界上绝大多数知识财产而力推"强保护"战略，以期获取更多的技术垄断利润。我国尽管属于发展中国家，但无论是从学术研究领域的动向看，还是从接二连三颁布的司法解释来看，目前普遍存在的一个倾向是，通过不断地犯罪化以及降低打击门槛，

---

① 如徐某洋等三人生产、销售伪劣香烟一案，为查明生产、销售伪劣香烟的价值，四季青派出所民警到市物价局对其进行价格认证。市物价局答复价格认证需要支付生产、销售伪劣烟草的总价值的 10% 作为鉴定费用，40 余万元。后四季青派出所请示海淀分局费财处，其答复不能提供这笔鉴定费用，因此对徐某洋等三个人生产、销售伪劣的烟草的价值不能认证。

② 参见刘茂林：《知识产权法的经济分析》，法律出版社 1996 年版，第 83 页。

想方设法地加大对知识产权犯罪的打击力度，以适应西方发达国家为主导的国际社会对我国知识产权保护的要求。从"弱保护"逐渐向"强保护"转型，已经成为我国对知识产权保护不争的事实。

我们认为，从立法上对侵犯知识产权犯罪予以完善是解决当前打击不力的一项根本途径，如前所述，鉴于司法实践中假冒专利罪几乎被虚置的现实，建议今后在修正刑法时应当考虑修改假冒专利罪的构成要件，废除司法解释中的不当的限制性规定，扩大调整范围，将销售侵犯专利权的商品行为纳入刑法的范围调整中，以解决假冒专利罪被虚置的尴尬境地。同时，鉴于销售侵权复制品罪难以认定的情况，建议增设"情节严重"条款，如将制售侵权产品的数量作为判断情节轻重的标准之一，并可以考虑增设行政处罚前置条款，即规定侵权行为人曾经因为侵犯知识产权的行为受到二次行政处罚以后又实施了侵权行为的亦属于"情节严重"，在符合其他构成要件时追究刑事责任。这种立法模式有利于避免僵化地规定此罪认定标准单一的弊端。

这里需要提及的是，有人认为我国目前知识产权犯罪打击不力的根本原因在于刑事处罚不具备应有的力度，而建议应当提高刑罚幅度使刑法更具有威慑力。但是，本文不赞同这样的观点，考察欧陆、英美等国家的立法例，多数国家对侵犯知识产权犯罪的刑罚要轻于我国，且单处罚金刑的比例较高。以假冒专利的犯罪为例，英国规定处以 200 英镑以下的罚金，德国规定判处罚金或一年以下的监禁，法国规定处以 2000—5000 法郎的罚金。[①] 本文认为，加强保护并不意味着刑罚的严厉，而在于法网的细密。今后我国应当改变对侵犯知识产权犯罪规制"厉而不严"的局面，应当在严密法网上下功夫，真正做到"严而不厉"。

（二）完善取证和鉴定工作

1. 进一步规范和提高证据的取得和运用水平

（1）规范运用"陷阱取证"。首先，基于知识产权侵权犯罪行为易于复制、易于删除、不可逆推、隐蔽性强、证据收集固定困难的特点，对于司法机关或权利人在没有其他更好的取证方式的情况下，通过"机会提供型"陷阱取证获取的证据应予以承认。其次，"陷阱取证"应当仅限于机会提供型的运用，严格禁止犯意诱发型的陷阱取证。具体案件中一般要求公安机关提供证据证明售假者已持有大量侵权产品待售，或者曾经大量售假，或者向社会发布相

---

① 参见赵秉志、田宏杰：《侵犯知识产权犯罪比较研究》，法律出版社 2004 年版，第144—148 页。

关售假的信息或向特情人员主动作出的售假意思表示。再次，"陷阱取证"只能用于查明犯罪，不得违背社会公序良俗。如"线人"不得利用出售运用"陷阱取证"所获证据赢利，或以明显高于市场的价格诱使他人实施侵权行为。最后，"陷阱取证"获得的侵权犯罪证据应予以补强，不宜单独作为定案的根据。

（2）规范电子证据的取得和运用。首先，立法应当合理、明确地界定搜查、扣押电子证据的范围，从而既能保证侦查机关有效侦查电子证据，又能避免公民的合法权利受到不当侵害。其次，鉴于电子证据的无形性和易破坏性特点，在取证时，首先要尽早搜集证据，并保证其没有受到任何破坏。在取证时必须保证证据连续性，即在证据被正式提交给法庭时，必须能够说明在证据从最初的获取状态到在法庭上出现状态之间的任何变化，当然最好是没有任何变化。必要时应当赋予侦查机关在搜查、扣押电子证据时拥有一定的特殊权力，包括可以考虑扩大在办理网络犯罪、侵犯知识产权犯罪等案件中技术侦查手段的使用范围。最后，应当明确第三方的技术协助义务，建立搜查、扣押电子证据的技术协助制度，明确规定侦查机关有权指令任何知道计算机系统功能或用于保护其中计算机数据的应用措施的人，提供合理的、必要的信息，确保搜查、扣押措施的实施。①

（3）正确运用推论、推定破解"明知"等证明难题。对于"明知"，通常应在行为人具有这种认识的情况下，司法上去认定该明知是否存在，而不是在行为人缺乏认识时，司法上推定其存在明知。② 如判断销售假冒注册的商品罪的行为人是否具有"明知"，可从商品进货渠道、买卖价格、会计账目、销售手段、获利情况、行为经营史等多方面搜集调查客观证据，结合犯罪嫌疑人的行业惯例及心智水平来认定。国家工商行政管理局1994年11月22日发布的《关于执行〈商标法〉及其〈实施细则〉若干问题的通知》第6条③也可以作为认定"明知"的重要参考。又如对于共犯"明知"的认定，必须收集证据证明其接触侵权事实的密切性、参与侵权行为的长期性、反复性，以及被

---

① 华占梅：《论惩治知识产权犯罪的证据困境及其对策》，载正义网2011年4月15日。

② 周光权：《明知与刑事推定》，载《现代法学》2009年第2期，第111页。

③ （1）更改、调换经销商品上的商标而被当场查获的；（2）同一违法事实受到行政处罚后重犯的；（3）事先已被警告，而不改正的；（4）有意采取不正当进货渠道，且价格大大低于已知正品的；（5）在发票、账目等会计凭证上弄虚作假的；（6）专业公司大规模经销假冒注册商标商品或者商标侵权商品的；（7）案发后转移、销毁物证，提供虚假证明、虚假情况的；（8）其他可以认定当事人明知或应知的。

告知犯罪事实的直接性等情况。对于事中故意，即行为人没有与他人共同从事侵犯知识产权犯罪的预谋故意，只是受他人雇佣在从事业务活动过程中，曾经意识到他人可能在从事侵犯知识产权犯罪，也没有多想继续为他人提供了便利或帮助，收取了一定的报酬的情形，不宜认定其成立共犯。

特定情形下出于打击侵犯知识产权犯罪的客观需要，对于某些构成要件事实极易被被告人辩解，而控方证明其罪过明显困难或者几乎不可能时，可以通过立法或者司法解释设立推定规范，即要求被告人提供证明，如果未能提供，则推定其具备构成要件事实。如 2011 年《意见》第 11 条第 2 款就规定特别情形下可以采用推定方式认定"未经著作权人许可"。但是推定应有两个前提：第一，控诉方需要承担基础事实的证明责任；第二，被告人对推定事实的反驳证明需要达到高度盖然性的程度。

（4）尝试转变办案思路。侵犯知识产权各罪在犯罪对象上存在一定的竞合，如计算机软件，既可以登记为著作权，也可以借助一定的物理介质如光盘贴上商标作为商品出售，还可以表现为技术信息形式的商业秘密。对于生产、销售盗版计算机软件的行为，认定侵犯著作权需要认定复制、发行，同时还需要被害单位提供权利证明，需要中立的第三方对盗版和正版软件进行同一性鉴定，如果追诉侵犯著作权罪比较困难，但如果有注册商标的，可以考虑认定假冒注册商标罪。如海淀区院办理的郭某雷生产销售假冒微软操作系统软件一案，其行为在侵犯微软公司著作权的同时也侵犯了其商标权，在无法认定构成著作权犯罪时，以假冒注册商标罪起诉，得到法院判决支持。再如实践中有行为人秘密窃取所在单位开发的系统软件非法出售给他人，如果认定侵犯商业秘密需要进行秘密性、同一性鉴定和经济损失鉴定，比较困难，但如果被害方能提供计算机软件著作权登记证书，则只需将涉嫌侵权的系统软件的源程序文件、目标程序文件与权利人的计算机软件进行同一性鉴定，即可以认定侵犯著作权罪。

2. 推动鉴定改革，建立科学的知识产权司法鉴定机制

（1）明确鉴定主体。产品真伪鉴定由被害人作出的现实情况，很难达到程序公正的要求，在部分案件的处理上甚至会背离实体正义的初衷。在现有条件下，当犯罪嫌疑人与被害人在产品真伪及产品型号等问题上出现争议时，可以尝试由中立的第三方鉴定机构对涉案产品进行重新鉴定。如"相同商标"的鉴定可由商标评审委员会负责——考虑到其评审职能和专业性，另外其还掌握着全国注册商标的备案。对商业秘密的鉴定，可以考虑设定技术委员会作为商业秘密的鉴定主体，该委员会聘请有关技术专家作为鉴定人，设常设鉴定人员和临案的鉴定人员（根据有关案件涉及专业知识确定），对有关商业技术进

行鉴定。在条件成熟的情况下，可以考虑建立由国家知识产权行政主管部门统一认证的知识产权鉴定机构，由该机构对涉案产品进行鉴定，从而保证鉴定的中立性和客观性。

（2）规范鉴定过程。在完善鉴定程序方面，首先，有必要引入当事人参与，一方面可以起到监督司法鉴定的作用；另一方面可以兼听则明，对涉及秘密性、专业性的问题适当听取当事人的意见，有利于保障鉴定的客观公正，但是这种参与的前提是不能妨碍鉴定人作出独立的判断。其次，鉴定结论书的格式应当符合规范要求，特别是内容要系统全面，客观反映检验所见，鉴定文书中应详细述明鉴定标的具体规格特征；分析说明要符合科学原理，论据可靠充分，特别是要细化"鉴定过程"描述和据以作出鉴定结论的专业分析、判断、意见等，提高鉴定结论书的说理性。再次，为避免重复多头鉴定对司法鉴定公信力的损害，应严格限定重新鉴定的适用条件。在鉴定结论有缺陷的情况下，如果可以通过补充鉴定、重新质证或者补充质证等方法解决的，就一般不应适用重新鉴定。① 最后，鉴定结论的意见应当具体明确，符合相关罪名的证据标准，但鉴定结论中不应载有案件定性和确定当事人法律责任的内容。针对新闻出版单位通常不对盗版书籍、音像制品进行实质审查（即对是否侵犯著作权作出鉴定）的现象，需要进一步加强与鉴定部门的沟通，强化鉴定人员的证据意识。

（3）选择适宜的鉴定方法。如对于侵犯知识产权类犯罪案件中的假冒、伪劣产品，除采取市场法通过比较鉴定标的在基准日近期有过交易的类似物品从而作出相应的结论外，分析涉案假冒、伪劣产品的未来的正常净收益，分析其在基准日的重置成本（包括复原重置成本和更新重置成本），并扣除鉴定标的的各种贬值等对合理确定涉案假冒、伪劣产品的价格也有重要意义。很多地方性的价格鉴定操作规程，都规定要采取不同的鉴定方法，并对不同的鉴定方法测算出的价格鉴定结果进行比较分析，从而确保价格鉴定结论的正确性。②

对于计算机程序这一特定的技术信息而言，毕竟它不同于技术图纸、设计方案等有形的技术资料，应当通过对比构成该程序的源代码相似度来认定是否存在抄袭，在程序的结构、程序流程、子程序调用等方面是否有很大的同一性，甚至有大块的程序相同，包括相同的计算机语言错误等，而避免从功能性

① 李少坤：《对我国当前刑事司法鉴定程序的思考》，载《华东刑事司法评论》（第6卷），第50—59页。

② 庄伟、李巧芬：《亟待规范侵犯知识产权案件价格鉴定》，载《检察日报》2007年4月24日第3版。

的角度进行鉴定，注意不能从软件编程的思路、软件编程实现的原理等方面认定是否存在抄袭，对于不同鉴定机构出具的相互矛盾的鉴定结论要走访权威的技术人员和鉴定人员，听取专家意见，慎重对待，仔细甄别，必要时可以采取专家和鉴定人出庭作证的方式，避免证据采信上的轻率。①

（三）完善相关机制建设

1. 促进行政执法和刑事司法的有效衔接

（1）加强个案协作。对于行政执法机关已掌握一定线索的重大复杂案件，可以建立联合执法制度，邀请公安机关会同参与联合执法，在查明涉案金额已达到刑事追诉标准的情况下直接移送公安机关立案侦查，完善衔接沟通和案件磋商机制，通过检察机关提前介入执法、共同研讨案件等，保障涉罪案件移送的质量和成效。司法机关应与知识产权行政管理部门共同建立重点领域知识产权预警应急机制，对涉及重点企业、行业的重大知识产权争端和突发事件，启动应急预案，提早介入，提供法律帮助。

（2）建立案件通报制度。行政执法机关、公安机关、检察机关建立案件通报制度，及时通报本系统查处知识产权违法犯罪情况，特别是要明确行政执法机关向司法机关提供行政执法信息的范围、内容和时限。行政机关对有可能涉嫌犯罪的案件（如案值达到相关追诉标准的80%以上）应当在作出行政处罚决定后及时向公安机关、人民检察院通报行政处罚案件的简要案情。现场查获的涉案价值或者案件其他情节明显达到刑事追诉标准的，应当立即通报公安机关、人民检察院。对于行政机关通报或移送的案件，公安机关、人民检察院应当反馈处理结果。

（3）建立"网上衔接、信息共享"平台。2010年，北京市顺义区、昌平区检察院依托政务网，在区公安、工商、税务、国土、烟草等22家行政执法与刑事司法机关之间搭建了信息共享、案件移送及监督的平台，形成基础数据、案件办理、综合统计、法律法规查询、廉政建设等功能模块，基本实现了案件咨询、移送、办理、监督和法规查询等工作网上衔接，有力地推动了行政执法与刑事司法衔接工作。下一步要加大平台建设宣传协调工作力度，尽早完成全市统一的网络衔接平台，依托平台建立完备的案件移送长效机制，实现案件处罚及移送的网上备案、案件流程的全程跟踪与监控、执法动态的公开与交流、职务犯罪预防工作的宣传与推广，推动行刑衔接工作向整体化、高效化方

---

① 何柏松：《怎样审查侵犯计算机程序的技术鉴定结论》，载《检察日报》2011年6月26日第3版。

向发展。

2. 完善检察环节打击侵犯知识产权长效机制

（1）专业办理机制。应对人民法院知识产权"三审合一"审判模式对检察保护工作提出的要求，检察机关应积极探索对涉及知识产权的刑事、民事和行政申诉案件由同一机构履行三项检察职能的专业化办案模式，设立独立建制的知识产权案件办理机构，配备引进具有知识产权专业背景的办案人员，提高知识产权检察保护的总体效能。强化专业化培训，组织干警到高校、知识产权保护机构参加培训，了解知识产权前沿理论；聘请高校知名的知识产权教授担任专家咨询委员会委员，借助外部智力和专家智囊解决理论困惑和实务难题；选派干警到法院知识产权庭交流锻炼，提高运用民事、刑事分析方法分析涉案法律关系的能力。

（2）捕诉合一制度。办理知识产权案件实行捕诉合一制度，即由同一部门的检察人员承担同一案件的审查逮捕和审查起诉工作。在审查逮捕环节，承办检察官细化对证据审查、强化对证据分析、增加量刑情节考量、详列补充侦查提纲，以起诉案件的标准积极引导公安机关侦查取证，这种模式有利于提前对知识产权案件进行全面的了解，同时对巩固案件证据、侦破上游及源头型犯罪都具有积极意义。

（3）提前引导侦查机制。为确保侵权犯罪案件侦破方向明确、证据确实充分，检察机关要加强与公安机关的配合协调，通过侦捕诉衔接机制，及时掌握公安机关在办的重大、有影响的侵犯知识产权和制售假冒伪劣商品犯罪案件信息，指派主诉检察官提前介入侦查，就犯罪嫌疑人的讯问、不同作用涉案人员的区别处理、现场物证的固定、会计账簿等书证的调取等问题提出专业意见，尤其关注在侦查阶段不收集就会遗失且日后难以获得的证据，引导公安机关在侦查阶段尽早固定，督促侦查活动依法有序进行，确保案件依法起诉。

（4）检察联络制度。海淀院在这一方面进行了有益的探索，并形成了初步的经验。一是在中关村等自主创新企业云集地区建立知识产权检察保护站，定期联络企业，了解企业的诉求和需求，提供有针对性的法律帮助，帮助建立完善知识产权保护内控制度。二是同知识产权重点企业和代理机构建立检察联络员制度，在办案程序上对被害单位予以特别的保护，强化对被害单位诉讼权利和诉讼信息的告知，认真听取被害单位的诉求和意见；在法律允许范围内随时向被害权利企业通报案件进展情况，调取案件所需证据；案件办结后，对被害单位，特别是高新技术企业被害单位进行回访，听取被害单位对案件处理的意见，提供法律咨询，针对办案中发现的问题，提出建章立制、堵塞漏洞的检察建议。

3. 完善多方配合的合力打击犯罪机制

（1）建立跨地方、跨部门执法协作机制。建议各地方工商、公安、检察机关出台联合查办侵犯知识产权犯罪的工作办法，建立办案配合协调机制及信息通报机制，制定切实可行的实施细则，保证异地查办案件合作渠道畅通，扩大惩治侵犯知识产权犯罪成果。针对法律适用方面存在的分歧，应充分发挥公、检、法会商机制，寻求区域内协调统一。

（2）加强侦查机关与被侵权单位及知识产权代理机构的配合。可以借鉴目前被侵权单位与知识产权代理机构先期进行市场调查，摸清相关业务流程和营销网络，再由工商、公安等部门适时介入的成功做法，进一步强化侦查机关与上述单位在各地分支机构的配合，以便于侦查机关异地办案，做到有的放矢。

（3）加强对商业经营场所的监管和执法，控制售假的源头。商业流通领域是知识产权保护的重要关口，侵犯知识产权的商品如果没有了市场，也就没有了生存的空间，因此，加强流通领域知识产权保护显得尤其重要，有关部门应当加强对营业场所的监督和管理，尤其是小商品商铺集中的大型市场。

（四）大力开展宣传工作

"你们想预防犯罪吗？那么你们就应该让光明伴随着自由。知识传播的越广泛，它就越少滋生弊端，就越加创造福利。"① 加强宣传和培训，提升民众的法治观念，是预防侵犯知识产权犯罪的有效途径。

1. 强化公民的法律意识

相关职能部门都要注重加强知识产权保护的宣传力度。检察机关可以结合办案，通过电视、报纸、网络等大众媒体，宣传普及保护知识产权的法律法规，向社会公布检察机关打击侵犯知识产权犯罪的职责，选择典型案例，以案释法，威慑知识产权违法犯罪活动，教育公众和企业尊重知识产权，自觉遵法守法。通过普通公民对于侵权产品危害的宣传，引导正确健康的消费观念，切勿为攀比盲目追求品牌仿冒品，或为贪图便宜而购买侵权产品，切断犯罪分子的利益链条。

2. 强化受害单位的维权意识

通过选取成功案例进行广泛宣传，增强权利人的维权信心，使更多人加入到与侵权犯罪斗争的队伍中来。此外，在办案中发现企业在生产经营中存在商

---

① ［意］贝卡利亚：《论犯罪与刑罚》，黄风译，中国大百科全书出版社1993年版，第105页。

标使用不规范的情况及时与企业沟通，就规范使用商标提出建议。还应当充分发挥检察建议的作用，及时对企业经营管理中的问题进行分析并提出改进建议，阻塞企业管理漏洞。

指定居所监视居住的适用与完善措施[*]

北京市人民检察院反贪污贿赂局
北京市东城区人民检察院反贪污贿赂局

刑事诉讼法修改是司法体制改革的产物，对于反贪侦查业务来讲，出现了一些难得的机遇，同时也对侦查工作提出了新要求，如何抓住机遇，学好、用好新的方法、措施，成为我们亟待解决的课题。随着贿赂案件的日趋隐蔽，侦查难度越来越大，修改后刑事诉讼法规定的指定居所监视居住的强制措施为侦查工作增添了新手段。

监视居住作为刑事诉讼法规定的五种强制措施之一，是对犯罪嫌疑人、被告人不予关押但不得离开住处或者指定居所，对其行动自由加以监视的一种强制措施。[①] 从过去的反贪侦查实践看，适用监视居住的情况虽然不多，但涉及使用监视居住的情况多是在指定的住所进行监视居住，例如北京市检察机关从2008年到2012年，共对24起案件的犯罪嫌疑人适用监视居住，全部都是在指定的住所执行，这说明指定居所监视居住在实践中一直存在，只是在具体的适用上法律和司法解释没有明确的规定。修改后刑事诉讼法明确将指定居所监视居住的强制措施纳入到法律体系中，最高人民检察院颁布的《人民检察院刑事诉讼规则（试行）》（以下简称《刑诉规则》）对指定居所监视居住也作了较为详细的规定，但在具体适用和实施方面还有许多需要解决和完善的地方。

修改后刑事诉讼法第73条第1款规定：监视居住应当在犯罪嫌疑人、被告人的住处执行；无固定住处的，可以在指定的居所执行。对于涉嫌危害国家安全犯罪、恐怖活动犯罪、特别重大贿赂犯罪，在住处执行可能有碍侦查的，经上一级人民检察院或者公安机关批准，也可以在指定的居所执行。但是，不得在羁押场所、专门的办案场所执行。这说明指定居所监视居住的适用有两种

---

* 课题负责人：朱小芹，北京市人民检察院反贪污贿赂局局长。课题组成员：刘培勇、焦姝珩、夏志军、段晓博、郑明晓。

① 全国人大常委会法制工作委员会刑法室编著：《中华人民共和国刑事诉讼法解读》，中国法制出版社2012年版。

情形，一是犯罪嫌疑人、被告人无固定住处的；二是涉嫌危害国家安全犯罪、恐怖活动犯罪和特别重大贿赂犯罪，在住处执行可能有碍侦查的。本课题主要针对与检察机关反贪部门关系较大的特别重大贿赂犯罪指定居所监视居住的适用进行研究，基本思路是按照规范性文件的体例，从适用条件、主体、审批与监督、执行与保障、权利救济五个部分对指定居所监视居住的相关适用问题进行研究，同时根据实践中暴露出的问题，提出合理的完善建议。

一、指定居所监视居住的适用条件

（一）指定居所监视居住强制措施的立法意义

1. 监视居住强制措施的立法沿革

新中国成立以来最早关于监视居住的全国性法律文件见于 1954 年施行的《拘留逮捕条例》，其第 2 条第 2 款规定："应当逮捕的人犯，如果是有严重疾病的人，或者是正在怀孕、哺乳自己婴儿的妇女，可以改用取保候审或者监视居住的办法。""追溯这项制度的本源可以发现，最初的监视居住与取保候审一样是作为逮捕的替代执行方案而出现的，即针对那些应当逮捕，但因为种种原因不应执行的'人犯'而适用。"[①] 1979 年刑事诉讼法进一步发展了《拘留逮捕条例》的表述，将监视居住与拘传、取保候审并列作为一种独立的非羁押性强制手段，并对其适用对象进行规定。1979 年刑事诉讼法第 38 条规定："人民法院、人民检察院和公安机关根据案件情况，对被告人可以拘传、取保候审或者监视居住。被监视居住的被告人不得离开指定的区域。监视居住由当地公安派出所执行，或者由受委托的人民公社、被告人的所在单位执行。"这说明在此之前，监视居住与取保候审在法律上均是作为逮捕的补充性措施存在，在适用上并无二致，区别仅仅在于有无保证人。1996 年刑事诉讼法也并未对监视居住的条件作出重大修改，只是在对犯罪嫌疑人的人身控制强度方面，规定了比取保候审更为严格的限制。在执行机关方面，严格控制在由公安机关执行。2012 年修改刑事诉讼法时，将监视居住与取保候审的适用条件做了较大的区分，正如有学者指出："监视居住经历了一个从混同于取保候审到区别于取保候审的过程，实际上已在立法上被定义为一种高于取保候审却低于羁押的强制措施。"[②]

---

① 左卫民：《反思监视居住：错乱的立法与尴尬的实践》，载《学习与探索》2012 年第 8 期。

② 左卫民：《反思监视居住：错乱的立法与尴尬的实践》，载《学习与探索》2012 年第 8 期。

2. 监视居住的实践效果和问题

根据 1996 年刑事诉讼法的规定，监视居住的适用范围和条件与取保候审完全相同，凡是能够适用取保候审的，也都可以适用监视居住，两者择一而用。通常认为，监视居住的强制性弱于逮捕而强于取保候审，与取保候审一起构成我国的羁押替代性措施。监视居住在逮捕和取保候审之间提供了一种过渡手段，对于不宜取保候审的，可以采用监视居住；对于不具备逮捕必要性的，也可以采用监视居住，因而从理论上讲监视居住应当被大量适用，但实践情况却恰恰相反。立法没有对监视居住与取保候审的适用条件作出明确界分，导致监视居住和取保候审在适用上的混同。在具体案件中，是采用监视居住还是取保候审，取决于办案机关的自由裁量。司法实践中，对于那些社会危险性非常小，符合取保候审或者监视居住条件的犯罪嫌疑人、被告人，办案机关一般选择取保候审；对于那些适用取保候审不足以防止社会危险性的犯罪嫌疑人、被告人，办案机关在确定不宜采取取保候审的同时，也就排除了适用监视居住的可能，从而导致监视居住长期被搁置不用，本应具有的过渡和缓冲功能无从发挥。只有在犯罪嫌疑人、被告人无法提供保证人或者保证金且不符合逮捕条件的情况下，才会采用监视居住，而这种情形在实践中又是非常少见的。① 如前所述，在 2008 年至 2012 年的 5 年里，北京市检察机关每年立案侦查案件几百件，但 5 年间仅对 24 件案件适用了监视居住措施。

事实上，监视居住案件在过去的反贪侦查实践中虽然适用的特别少，但那些适用监视居住的案件均取得了不错的办案效果。北京市院下属一分院、东城院、西城院、延庆院等检察机关在适用监视居住的案件中，均迅速突破案件，并很快扩大了办案规模。这与职务犯罪的特点有关，"此类（职务犯罪）案件的犯罪嫌疑人、被告人一般具有较高的知识，其反侦查的能力较强，要想突破其心理防线获取口供难度较大。侦查实践表明，绝大多数的职务犯罪嫌疑人只有在与外界隔绝一段时间之后，才会交待犯罪事实。"②实践中检察机关的很多自侦案件在初次讯问时难以达到理想效果，但在与纪检监察机关合作办案的过程中，如果用纪检监察机关的"双规"、"两指"的时间进行谈话，则往往能取得较好的效果。过去实践中采用监视居住也多是在与纪检监察机关合作办案的过程中。北京市检察机关 2008 年至 2012 年适用监视居住的 24 件案件中，

---

① 王贞会：《羁押替代性措施的涵义、模式与功能省思》，载《比较法研究》2013 年第 2 期。

② 何延鹏：《指定居所监视居住的理解、适用与完善》，载《第八届国家高级检察官论坛论文集：强制措施制度的修改及执行》2012 年。

有 20 件是在与纪检监察机关合作办案的过程中采用的。

在过去监视居住的适用实践中，同样暴露出很多问题。因而刑事诉讼法修改之前，理论界和司法实务界很多人认为应该废除监视居住。主要理由有：①第一，监视居住与取保候审难以区分，而且有时还成为变相羁押，使监视居住失去应有的独立存在的价值；第二，监视居住执行难度很大，成本很高；第三，监视居住制度在实务工作中适用率极低，基本起不到作用；第四，原刑事诉讼法规定，取保候审、监视居住由公安机关执行，公安机关是执行监视居住的唯一机关。但在实际工作当中，检察机关在办理自侦案件时往往并不将犯罪嫌疑人交由公安机关执行，而是由自己对其执行监视居住；第五，办案机关采取监视居住的程序不规范，比较随意。而且，原刑事诉讼法对监视居住制度的决定和执行程序缺乏必要的监督，导致监督缺位，出现权力"真空"。

而修改后刑事诉讼法对于监视居住强制措施并没有予以废除，而是采纳了予以修改并加以完善这个意见。"这至少在立法者看来，目前监视居住作为一种非羁押性强制措施在刑事诉讼过程中尤其是侦查阶段具有其独立和独特的存在意义和价值。"②

3. 指定居所监视居住的入法意义

刑事诉讼立法是以实现刑事司法公正为目的，平衡国家司法权与犯罪嫌疑人、被告人及其他诉讼参与人人权的产物。刑事强制措施是保障诉讼活动正常进行的重要方法，就指定居所监视居住而言，单纯强调侦查需要，忽视尊重和保障人权，或者脱离现实国情和刑事侦查的基本需求，单纯强调保障人权，都是片面的。只有全面了解立法背景，以刑事诉讼的基本价值、任务和基本原则为依据，才能正确把握指定居所的监视居住。③ 修改后的刑事诉讼法与1996年刑事诉讼法相比，一个突出的特点就是对监视居住与取保候审的适用条件作出了重大调整。应当说，这不仅是监视居住司法实践的需要，更是强制措施比例性原则的需要，是设置监视居住这一措施目的的需要。立法机关在修改刑事

① 参见徐静村主编：《21 实际中国刑事程序改革研究》，法律出版社 2003 年版，第 255 页；徐静村主编：《中国刑事诉讼法（第二修正案）学者拟制稿及立法理由》，法律出版社 2005 年版，第 45 页；田文昌、陈瑞华主编：《〈中华人民共和国刑事诉讼法〉再修改律师建议稿与论证》，法律出版社 2007 年版，第 270 页。

② 李京生、张云霄：《进一步完善监视居住措施适用的理性思考——以在反贪侦查实践中的具体适用为视角》，载《第八届国家高级检察官论坛论文集：强制措施制度的修改及执行》2012 年。

③ 尹吉：《"指定居所监视居住"的法律适用问题研究》，载《中国刑事法杂志》2012 年第 6 期。

诉讼法的过程中，充分注意了这一问题，王兆国副委员长在《关于〈中华人民共和国刑事诉讼法修正案草案〉的说明》中强调："监视居住同取保候审类似，都是限制犯罪嫌疑人、被告人人身自由的强制措施，但限制自由的程度不同。现行刑事诉讼法（1996 年）对这两种强制措施规定了相同的适用条件。考虑到监视居住的特点和实际执行情况，将监视居住定位于减少羁押的替代措施，并规定与取保候审不同的适用条件比较妥当"。[①] 全国人大常委会法工委刑法室也解释道："经过反复研究，认为根据监视居住对人身自由的限制程度和实际执行情况，将监视居住措施定位于羁押的替代措施更为妥当，并单独规定和进一步严格了监视居住的适用条件，减少了适用范围……"[②] 这说明立法机关认可监视居住作为一项独立存在的强制措施，并认为其存在是十分必要和可行的。

至于对特别重大贿赂犯罪指定居所监视居住，则是最高人民检察院提出的修法建议。该建议的出发点之一就是：针对一些特殊案件中符合立案条件而不符合逮捕条件，采取取保候审或者普通监视居住可能有碍侦查的犯罪嫌疑人，需要借鉴《行政监察法》第 20 条关于"二指"的规定即"责令有违反行政纪律嫌疑的人员在指定的时间、地点就调查事项涉及的问题作出解释和说明……"[③] 从司法实践上讲，指定居所监视居住也确实为检察机关借用纪委"双规"、"两指"办案提供了切实可行的现实出路（下文将详细论述）。

但是，指定居所监视居住毕竟在立法上还存在很多不完善的地方，实践中也有很多难以操作的地方，因而，在适用条件上，其只能作为实践中一种非常规适用的强制措施，在适用诸如逮捕、取保候审等其他强制措施能够达到办案效果的情况下，要慎重使用指定居所监视居住。

（二）对特别重大贿赂犯罪的理解

刑事诉讼法和《刑诉规则》对检察机关适用指定居所监视居住的情形作了明确规定，第一种情形是无固定住处，第二种情形是涉嫌特别重大贿赂犯罪，在住处执行可能有碍侦查的。实践中检察机关办理自侦案件中犯罪嫌疑人

---

① 童建明主编：《新刑事诉讼法理解与适用》，中国检察出版社 2012 年版，第 129 页。

② 王尚新、李寿伟：《〈关于修改刑事诉讼法的规定〉释解与适用》，人民法院出版社 2012 年版，第 83 页。

③ 参见尹吉：《"指定居所监视居住"的法律适用问题研究》，载《中国刑事法杂志》2012 年第 6 期。

无固定住处的很少，因此指定居所监视居住多适用于第二种情形。对何为"可能有碍侦查"，《刑诉规则》规定得比较详细，本课题不作详细探讨，下文将对特别重大贿赂犯罪适用监视居住的必要性以及如何理解"特别重大"进行详细论述。

1. 特别重大贿赂犯罪适用指定居所监视居住的必要性

刑事诉讼法将特别重大贿赂犯罪作为适用指定居所监视居住的一个重要罪名，是有深刻的实践原因的。图1是北京市检察机关2008年至2012年适用监视居住的24件案件所涉嫌的罪名分布，其中涉嫌受贿罪主犯2人，受贿罪共犯7人，单位行贿罪12人，行贿罪2人，贪污罪1人。

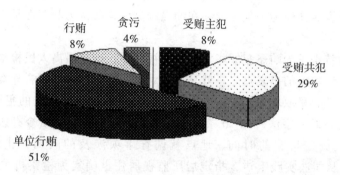

图1

从该图可以看出，以往采取监视居住的案件中，绝大多数系贿赂类案件，主要原因是此类案件的受贿方通常是具有一定级别的国家工作人员，行贿方通常也是采用极为隐秘的手段来达到其目的，此类犯罪行为大多是采用"一对一"的方式进行，没有具体的侵害对象，案件的具体情况只有当事人了解，物证非常少，指控犯罪主要依靠犯罪嫌疑人、被告人供述和证人证言。通过采用监视居住的措施也取得了较好的办案效果，这也是修改后刑事诉讼法将"特别重大贿赂犯罪"列为可以适用指定居所监视居住的三类案件之一的主要实践原因。

长期以来，反贪侦查囿于受贿案件的特殊性和侦查手段落后的现状，侦查模式摆脱不了通过在有限的传唤、拘留时限内突破口供，再依据口供收集相关证据的套路。这导致了在实践中存在大量违法超时限滞留犯罪嫌疑人、证人的情形，增大了办案风险，也迫使检察机关在某些案件中倾向于借助纪委、监察机关"双规"、"两指"办案。实践中大量事实证明，检察机关借助"双规"、"两指"开展初查工作，大大减轻了后续刑事诉讼程序负担，也避免了错误立案、错拘错捕的危险。① 同样以北京市检察机关为例，2008 年至 2012 年适用监视居住案件 24 件，其中 2008 年 1 件，2009 年 3 件，2010 年 2 件，2011 年 14 件，2012 年 4 件。如图 2 所示：

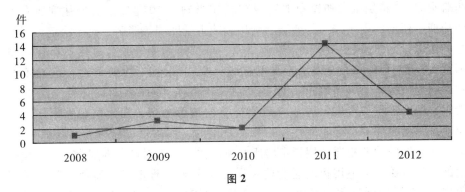

图 2

上述 24 件案件，除了 2012 年适用的 4 件案件是在修改后刑事诉讼法通过之后，北京市人民检察院统一部署进行"指定居所监视居住"试点工作选取案件自行适用外，其余 20 件案件都是在配合各级纪委机关进行联合办案时对有关人员适用监视居住措施。其中 2011 年适用监视居住措施明显高于其他年份的原因，在于当年北京市东城区检察院反贪局整建制配合中纪委查办铁道部专案，对立案查处的 23 名犯罪嫌疑人中的 14 人采取了监视居住措施。

但是"双规"、"两指"具有适用对象的特定性，即其只能针对中共党员、国家干部等具有一定职务的人员适用，无法对普通百姓适用。在检察机关与纪委联合办案的过程中，通常是纪委对具有职务身份的受贿人采取"双规"措施，检察机关对没有职务身份的受贿共犯和行贿方采取监视居住措施。如图 1 所示，在上述 24 件案件中，有 90% 以上案件系受贿罪共犯和行贿类犯罪，其中对贪官妻子、情妇等受贿共犯适用的占 29% 左右，此次刑事诉讼法修改为反贪侦查模式转变提供了重要契机。指定居所监视居住在很大程度上能够满足检察机关突破复杂重大贿赂犯罪的办案期待，有助于获取证据，缓解办案时间上的压力，也为解决检察机关对"双规"、"两指"的依赖提供了可行的现实路径。②

---

① 宋英辉：《职务犯罪侦查中强制措施的立法完善》，载《中国法学》2007 年第 5 期。

② 高松林、刘宇、师索：《指定监视居住的功能分析与制度完善》，载《西南农业大学学报（社会科学版）》2013 年第 4 期。

2. 特别重大贿赂犯罪的范围

何为"特别重大贿赂犯罪",在新《刑诉规则》出台之前,理论界做过很多探讨,有人认为"特别重大"应当理解为刑法第八章规定需要判处重刑的贿赂犯罪,"特别重大贿赂犯罪"仅包括应当判处 10 年以上有期徒刑或者无期徒刑、死刑的受贿罪、行贿罪、利用影响力受贿罪等罪名,对于法定最高刑在 5 年以下的单位行贿罪和介绍贿赂罪、单位受贿罪等罪名显然不存在"特别重大"。[1] 笔者认为,以法定刑的高低来区分是否"特别重大"显然不合理,因为将特别重大贿赂犯罪纳入指定居所监视居住的范围目的就是防止出现毁灭、伪造证据或者串供等"有碍侦查"的情形出现,而贿赂犯罪属于对合犯罪,受贿犯罪和行贿犯罪往往是相伴发生的,如果仅仅对可能判处 10 年以上有期徒刑的受贿犯罪适用指定居所监视居住,而不对最高刑期为 5 年有期徒刑的单位行贿犯罪适用指定居所监视居住,则无法防止"有碍侦查"的情况出现。《刑诉规则》主要是以数额来区分是否重大,并补充以其他条件,其第 45 条列举了三类案件为特别重大贿赂犯罪:一是涉嫌贿赂犯罪数额在 50 万元以上,犯罪情节恶劣的;二是有重大社会影响的;三是涉及国家重大利益的。但对这三类案件的理解还有很大出入。

(1) 对涉嫌贿赂犯罪数额在 50 万元以上的理解。《刑诉规则》规定涉嫌贿赂犯罪在 50 万元以上,情节恶劣的为特别重大贿赂,但该条规定在实践中存在很大的操作障碍,"涉嫌贿赂犯罪在 50 万元以上"从表面上看是一项有具体量化数额的标准,但实际上它存在多种不同的理解,可以理解为立案时经过初查已有明显证据证明犯罪数额在 50 万元以上,也可以理解为举报线索数额在 50 万元以上,甚至可以理解为侦查机关怀疑犯罪嫌疑人可能受贿 50 万元以上。如果不对"涉嫌贿赂犯罪在 50 万元以上"作出明确的解释,则这条规定将可能被随意解释。例如检察机关以贪污罪对犯罪嫌疑人立案侦查,但却可以以"可能涉嫌 50 万元以上的受贿"为由对犯罪嫌疑人采取指定居所监视居住,这种做法虽然看似违反了立法的本意,但从目前情况看算是合理利用了法律规定的漏洞。如果这样理解,则所有的案件都能解释为犯罪嫌疑人可能涉嫌 50 万元以上的贿赂犯罪,《刑诉规则》的规定将变得毫无意义。

下表是 2013 年 1—3 月全国检察机关对职务犯罪案件犯罪嫌疑人采取指定居

所监视居住措施情况统计表。① 据统计 2013 年 1 月到 3 月，全国检察机关共对 108 名职务犯罪案件犯罪嫌疑人采取了指定居所监视居住，其中涉嫌贿赂的为 85 人，涉嫌贪污的为 16 人，涉嫌挪用公款的为 4 人，涉嫌私分国有资产的为 1 人，涉嫌渎职侵权的为 2 人。可以看出上述案件中，有两成多的指定居所监视居住对象都不是涉嫌贿赂犯罪，更谈不上是否构成"特别重大贿赂犯罪"。

2013 年 1—3 月全国检察机关对职务犯罪案件嫌疑人
采取指定居所监视居住措施情况统计表

	合计（人）	贪污（人）	贿赂（人）	挪用公款（人）	私分国有资产（人）	渎职侵权（人）
全　国	108	16	85	4	1	2
高检院						
北　京						
天　津						
河　北	1		1			
山　西	4		2	2		
内蒙古						
辽　宁	5		4			1
吉　林						
黑龙江						
上　海						
江　苏	2		2			
浙　江	1		1			
安　徽	7	3	4			
福　建	3		3			
江　西	1		1			
山　东	1		1			

---

① 该表由最高人民检察院侦查监督厅制作，源自高检院侦查监督厅下发的《关于核查自侦部门关于指定居所监视居住决定相关情况的通知》（高检侦监〔2013〕26 号），统计表中数字来自高检院案件管理办公室案件统计信息管理处。

续表

	合计（人）	贪污（人）	贿赂（人）	挪用公款（人）	私分国有资产（人）	渎职侵权（人）
河 南	18	8	10			
湖 北	1		1			
湖 南	13	4	8		1	
广 东	3		3			
广 西						
海 南	1		1			
重 庆	10		10			
四 川	4		4			
贵 州	15		15			
云 南	11		10			1
西 藏						
陕 西	1		1			
甘 肃	2			2		
青 海						
宁 夏	1	1				
新 疆	3		3			
兵 团						
军 检						

鉴于上述原因，需要对"涉嫌贿赂犯罪在50万元以上"作出明确的解释。"涉嫌"从字面意思上理解是"有跟某事发生牵连"，所以笔者认为50万元以上贿赂犯罪必须是确实可能存在的，或者来自举报线索，或者来自犯罪嫌疑人的供述，而不是侦查机关凭空怀疑的，对此要求侦查机关在向上级侦查机关报送指定居所监视居住请示报告时，应附上相关举报材料或犯罪嫌疑人供述，负责审批的上级侦查机关必须认真进行审查，严格禁止无任何材料证明涉嫌50万元以上贿赂犯罪即对犯罪嫌疑人采取指定居所监视居住，更严格禁止对涉嫌其他罪名的犯罪嫌疑人采取指定居所监视居住。

另外，实践中经常存在由于关键证人潜逃或者关键证据灭失或者其他原因，导致立案数额和结案数额不一致。比如某受贿嫌疑人供述自己收受多人贿赂共计 50 余万元，但其中某行贿人潜逃国外无法对其取证，最后侦查终结查实的数额仅为 30 万元。笔者认为，应该以立案时的数额来认定涉嫌犯罪数额，即使结案时犯罪数额未能达到 50 万元，只要立案时有材料表明犯罪嫌疑人可能涉嫌 50 万元以上贿赂犯罪，对其适用指定居所监视居住即没有错误。

综上所述，笔者认为，"涉嫌贿赂犯罪在 50 万元以上"应理解为在立案时有材料证明犯罪嫌疑人涉嫌贿赂犯罪在 50 万元以上。

有观点认为，"特别重大"的界定在数额上不宜"一刀切"。由于全国各地经济发展不平衡，如果仅从犯罪的数额上划定一个统一的标准，则可能出现很多经济发展相对薄弱的地区存在当地人民群众认可的"特别重大的贿赂犯罪"，由于在立案时犯罪数额不够而不能适用指定居所监视居住的情况，从而放纵了一些重大贿赂犯罪。[1] 这种观点认为对特别重大的界定数额应该有所区分。有的人主张以立案检察机关行政级别来区分，"基层院、省辖市院立案时涉嫌贿赂犯罪数额在 50 万元以上，或省级院立案时涉嫌数额在 80 万元以上的"[2]；有的人主张以经济发展程度区分，"经济发达地区，个人贿赂犯罪 50 万元以上，单位贿赂犯罪 100 万元以上；经济欠发达地区，个人贿赂犯罪 20 万元以上，单位贿赂犯罪 50 万元以上"[3] 笔者认为，上述两种划分方法并不科学，首先从立案检察机关行政级别上看，实践中基层检察机关办理的一些贿赂案件无论是从数额上、级别上并不比省级检察机关差，但从立案机关的行政级别来区分对犯罪嫌疑人差别适用强制措施并不科学；其次，从地区经济发达程度上看，由于经济发展水平难以明确的量化，在实践操作上具有较大的难度。目前《刑诉规则》规定的以 50 万元为标准来确定重大贿赂的标准，在实践中易于操作，也能保证法律适用的权威性。由于指定居所监视居住投入的人力、物力资源大，耗费的司法成本较高，从节约司法成本的角度考虑，一些经济欠发达地区，如果涉嫌贿赂犯罪未达到 50 万元，就不要考虑适用指定居所监视居住了。

（2）对"有重大社会影响"的理解。"有重大社会影响"的构成要素应

---

① 赵学刚：《如何界定"特别重大贿赂案件"指定居所监视居住的适用条件》，载《法制博览》2012 年第 7 期。

② 尹吉：《"指定居所监视居住"的法律适用问题研究》，载《中国刑事法杂志》2012 年第 6 期。

③ 罗议军、谢平江、吴静：《检察机关指定居所监视居住措施适用问题探讨》，载贵州检察网 http：//www.gz.jcy.gov.cn/jcwh/201212/t20121205_1003341.shtml。

当是多方面的，从某些方面说，犯罪数额也是其中一项重要的考量因素，既然《刑诉规则》已经将犯罪数额 50 万元以上单列出来，此处的"有重大社会影响"应该从行政级别、犯罪情节、犯罪规模、社会舆论等其他方面来考量。

第一，从行政级别上看，一般来说，省（市、自治区）管辖的厅级以上国家工作人员、中央管辖的部级以上国家工作人员定为"特别重大贿赂犯罪"应该是没有争议的。至于其他什么级别的干部受贿可以构成"有重大社会影响"，有人认为"特别重大"应以查办案件的检察机关级别来加以确定，例如，作为县（市、区）检察机关，其单位行政级别为正科，能够查办一起正科级的国家工作人员贿赂案件，对于基层检察机关来说就是查办了"特别重大贿赂犯罪"，立案时在具备一定数额和恶劣情节情况下，应可作为"特别重大贿赂犯罪"适用指定居所监视居住的强制措施。① 笔者认为，指定居所监视居住作为一项对人身自由有重大限制且人力、财力耗费较高的强制措施，在实践中应严格限制，不宜适用过宽，因而如果没有其他考量因素，不宜对科级干部适用。在对处级干部的适用上，也仅应限定在党政机关"一把手"这个范围内。在对国有企业领导的适用上，也应限定在国有大中型企业党政"一把手"的范围内。大中型国有企业的标准可参考 2003 年国家统计局发布的《统计上大中小型企业划分办法》。综上所述，厅局级以上干部、县处级党政机关"一把手"及国有大中型企业党政"一把手"涉嫌的贿赂犯罪可以理解为"有重大社会影响"。

第二，从犯罪情节看，有的贿赂犯罪分子的级别不是很高，数额不是特别大，但犯罪分子的犯罪情节和社会影响很恶劣，例如，故意刁难、要挟有关单位、个人，造成恶劣影响的；强行索取财物的；充当黑恶势力"保护伞"的；因受贿放纵走私、逃税、骗税骗汇、逃汇等违法犯罪活动的；为非法办理金融、证券业务提供方便，致使国家利益遭受重大损失的；在工程、项目的开发、承包过程中收受贿赂，致使公共财产、国家和人民利益遭受重大损失的；因受贿放纵假冒伪劣产品的生产、销售，造成严重后果的。这些案件都可以被看作"有重大社会影响"。

第三，从犯罪规模看，"特别重大"的界定还应着眼全案综合考虑。对查办的贿赂窝案、串案，应以全案犯罪金额、行政级别、犯罪情节，界定适用指定居所监视居住。例如，贿赂窝案、串案中的行贿犯罪嫌疑人一般没有行政级别，而且往往一起贿赂案件会牵涉多个行贿人和受贿人，这种情况下的贿赂犯

---

① 赵学刚：《如何界定"特别重大贿赂案件"指定居所监视居住的适用条件》，载《法制博览》2012 年第 7 期。

罪一般较为复杂，不采取有效的强制措施，犯罪分子很容易达成串供、结成攻守同盟等，所以，对窝案、串案、涉案人员较多的复杂的贿赂案件，可以被看作"有重大社会影响"，对有关人员适用指定居所监视居住。为了便于实践操作，笔者认为，可以将涉案人数超过 5 人的案件认定为"有重大社会影响"。

第四，从社会舆论看，目前新的社会形势下，社会舆论更加开放、多元，微博、微信等自媒体越来越发达，有些案件虽然数额不大、级别不高，但是由于新闻媒体或者网络舆论的宣传，在社会上受到了较高的关注度，对于此类贿赂案件，笔者认为应当认定为"有重大社会影响"。

（3）对"涉及国家重大利益"的理解。国家利益，是满足或能够满足国家以生存发展为基础的各方面需要并且对国家在整体上具有好处的事物。① 从这个定义可以看出国家利益必须是以国家为利益主体的利益，一项事务是否涉及国家利益标准非常严格，那么"涉及国家重大利益"的要求则更为严格。关于涉及国家重大利益的贿赂案件，笔者认为可以从以下方面考虑：严重影响改革发展稳定和危害民生的案件；发生在宏观调控、结构调整、新农村建设和城镇化建设、资源节约和环境保护、自主创新、知识产权、交通、水利等工程建设中危害中央重大决策实施的案件；发生在教育、医疗、就业、社保、住房拆迁、食品安全和侵犯人权等危害民生民利的案件；发生在重大责任事故、执法司法不公、群体性事件的案件等，以及其他一些重要领域涉及国家政治、军事、外交以及国家重点工程或项目等关系国家重要利益的贿赂犯罪案件，实践中对该规定必须从严把握，严防随意适用。

（三）指定居所监视居住是否需要符合逮捕条件

修改后刑事诉讼法第 72 条规定了监视居住的条件："人民法院、人民检察院和公安机关对符合逮捕条件，有下列情形之一的犯罪嫌疑人、被告人，可以监视居住……"其第 73 条又规定了指定居所监视居住的条件。从逻辑关系上讲，指定居所监视居住作为监视居住的一种特殊形态，当然要符合监视居住的条件，即"符合逮捕条件"。

然而在长期的刑事司法实践中，之所以采取监视居住就是因为达不到逮捕的证据条件。前文已经提到，最高人民检察院对特别重大贿赂犯罪指定居所监视居住的立法建议出发点之一就是针对一些特殊案件中符合立案条件而不符合逮捕条件，采取取保候审或者普通监视居住可能有碍侦查的犯罪嫌疑人，需要借鉴《行政监察法》第 20 条关于"二指"的规定即"责令有违反行政纪律嫌

① 刘跃进主编：《国家安全学》，中国政法大学出版社 2004 年版。

疑的人员在指定的时间、地点就调查事项涉及的问题作出解释和说明……"因而严格地将指定居所监视居住的条件限定为符合逮捕条件，既有违该条规定的立法初衷，又有悖于司法实践需求，很可能使得该条规定在实践中失去存在的价值，难以实施。

刑事诉讼法修改后，公安部于2012年12月13日颁布了新的《公安机关办理刑事案件程序规定》，该规定第105条规定了指定居所监视居住的适用条件，该条第1款规定："公安机关对符合逮捕条件，有下列情形之一的犯罪嫌疑人，可以监视居住……"，可见公安部对通常情况下指定居所监视居住需符合逮捕条件是不持异议的，但紧跟着其第2款又规定："对人民检察院决定不批准逮捕的犯罪嫌疑人，需要继续侦查，并且符合监视居住条件的，可以监视居住。"人民检察院决定不批准逮捕犯罪嫌疑人，意味着检察机关侦监部门认为该嫌疑人不具备逮捕条件，公安部如此规定即认为在这种条件下公安机关仍可以适用指定居所监视居住。

公安机关的这条规定在理论和实践界引起了很多争议，实践中有这样一起案例，广州市佛山市公安局南海分局于2013年4月21日以伪造公司印章罪对郑某刑事拘留，5月南海检察院以证据不足为由作出不批准逮捕决定，当天南海分局对郑某进行指定居所监视居住。2013年6月，人民大学律师学院召开《佛山指定监视居住模式与人权保障研讨会》，对该案涉及的有关问题进行了讨论，如检察院不批捕应视为"不符合逮捕条件"，根据刑事诉讼法第72条规定，是否不应监视居住，只能取保或释放？刑事诉讼法第73条指定监视居住是否必须符合第72条监视居住的一般条件？与会的专家都认为在检察院没有批捕的情况下，根据刑事诉讼法第72条的规定，公安机关不能再对犯罪嫌疑人指定居所监视居住。《公安机关办理刑事案件程序规定》第105条的规定违背了刑事诉讼法的规定。①

如果将指定居所监视居住的适用限定为符合逮捕条件，即要求符合刑事诉讼法第79条中的"有证据证明有犯罪事实"，根据相关司法解释，必须同时符合下列三个条件：（1）有证据证明发生了犯罪事实；（2）有证据证明该犯罪事实是犯罪嫌疑人实施的；（3）证明犯罪嫌疑人实施犯罪行为的证据已有查证属实的。如此，指定居所监视居住在很多情况下就失去了实践中存在的意义。由于贿赂案件多采用一对一的隐蔽方式，取证难度较大，因此实践中也多采用了较为严格的立案标准，侦查机关至少掌握了一定的证据材料，根据合理怀疑有理由相信犯罪行为系犯罪嫌疑人所为，并经过层层审批才能立案。但由

---

① 参见中国人民大学律师学院网站 http://lawyer.ruc.edu.cn/html/xydt/7499.html。

于取证手段的有限和报捕时间的短暂，可能在短时间内一些关键证据难以很快收集，导致在较短时限内暂时达不到逮捕标准，因此笔者认为，在上级机关审批侦查机关报送的对重大贿赂犯罪案件适用指定居所监视居住时，并不需要严格要求"符合逮捕条件"，只要对重大贿赂犯罪嫌疑人，上级机关认为证明其犯罪的事实证据尚未达到批准逮捕的一般标准，但确实具备补充、完善证据的条件和可能，侦查机关已有侦查计划与方案的，可作出批准决定，同时要求侦查机关进一步提供补充证据材料。但同时笔者认为，为了保证刑事诉讼法的权威性，如果侦查机关一旦对重大贿赂犯罪案件报请逮捕，就失去了适用指定居所监视居住的自主权，如果侦监部门作出不批准逮捕决定，侦查机关就不能再次报请上级机关对该案件适用指定居所监视居住。

同样，在指定居所监视居住期间遇到需要对犯罪嫌疑人报请逮捕的情况，如果上级侦查监督部门未予批准，同样意味着侦查监督部门认为该案不符合逮捕条件，则不能继续对犯罪嫌疑人采取指定居所监视居住，而必须转为取保候审等其他强制措施。2013 年 5 月，北京市人民检察院第一分院反贪局办理的"5·17 专案"，先后对 5 名犯罪嫌疑人采取了指定居所监视居住，在办案过程中，案件承办人认为其中一名已经采取监视居住的犯罪嫌疑人采取逮捕强制措施更为合适，就向市检察院报请逮捕，市检察院侦监部门以该嫌疑人不符合逮捕条件为由，不予批捕。该嫌疑人的监视居住尚未到期，但因为不符合逮捕条件也就不再适宜继续采取监视居住的强制措施了。从全案角度又不宜采取取保候审的强制措施，造成了办案上的被动。遇到这种情况，建议对正在被监视居住又需要逮捕的犯罪嫌疑人，先不要正式上报提请逮捕，可以将证据情况以及案件情况与侦监部门进行充分沟通，在有逮捕把握之后再上报，避免因不能逮捕也不能继续监视居住给办案带来被动。

从长远看，为适应实践需要，建议立法者对刑事诉讼法监视居住的部分内容进行修改，对指定居所监视居住的适用不要求其必须"符合逮捕条件"。

二、适用指定居所监视居住的相关主体研究

（一）概述

刑事诉讼法第 72 条规定"人民法院、人民检察院和公安机关对符合逮捕条件，有下列情形之一的犯罪嫌疑人、被告人，可以监视居住……监视居住由公安机关执行。"这说明有权决定适用监视居住的主体包括人民法院、人民检察院和公安机关。刑事诉讼法第 73 条规定的对涉嫌危害国家安全犯罪、恐怖活动犯罪、特别重大贿赂犯罪三类犯罪"指定居所监视居住"，其适用的条件

是在住处执行可能有碍侦查，说明有权决定适用指定居所监视居住的主体只能是有侦查权的检察机关或者公安机关，从而排除了人民法院。

按照《刑诉规则》的规定，对于涉嫌特别重大贿赂犯罪的案件适用指定居所监视居住，涉及的相关主体有以下几个：（1）根据《刑诉规则》第110条的规定，决定适用指定居所监视居住的决定主体是办理案件的人民检察院侦查部门；（2）根据《刑诉规则》第111条第2款的规定，指定居所监视居住的批准主体是上一级人民检察院侦查部门；（3）根据《刑诉规则》第111条第4款的规定，指定居所监视居住的执行主体是下级检察院的同级公安机关，根据《刑诉规则》第115条第1款的规定，执行主体是监视居住地的公安机关；（4）根据《刑诉规则》第118条第2款和第120条的规定，指定居所监视居住的监督主体有上一级人民检察院侦查监督部门和本院监所检察部门，前者对指定居所监视居住的决定进行监督，后者对指定居所监视居住的执行活动进行监督。本部分将对上述几项主体中涉及的问题一一进行论述。

（二）批准主体

《刑诉规则》已明确规定，指定居所监视居住的批准机关是办案检察机关的上一级人民检察院侦查部门。

实践中对指定居所监视居住批准机关的争议主要表现在，理论和实践中很多观点认为将指定居所监视居住的批准权交给上级侦查机关并不合理。有学者指出，"根据《刑事诉讼法》第73条的规定，指定监视居住的审批主体为侦查办案机关的上级机关——上一级人民检察院或者公安机关。尽管这样规定体现了侦查机关系统内部上下级之间的层级控制，具有一定的合理性，但将这种意味着被适用者人身自由会受到较高强度、长期性限制的强制措施，交由与侦查利益具有直接关系的侦查机关一体行使决定权和执行权，权力是否会被滥用，不能不令人怀疑。"[1] 因此，有人提出应将指定居所监视居住的决定权交由上级人民检察院侦查监督部门。[2] 更有人提出，从权力制约的角度出发，应将公安机关适用指定居所监视居住的决定权交由人民检察院，检察机关适用指定居所监视居住的决定权交由人民法院。[3]

---

① 左卫民：《指定监视居住的制度性思考》，载《法商研究》2012年第3期。

② 参见李京生、张云霄：《进一步完善监视居住措施适用的理性思考——以在反贪侦查实践中的具体适用为视角》，载《第八届国家高级检察官论坛论文集：强制措施制度的修改及执行》2012年。

③ 参见左卫民：《指定监视居住的制度性思考》，载《法商研究》2012年第3期。

前文已经论述，对涉嫌特别重大贿赂的犯罪嫌疑人进行指定居所监视居住，是根据侦查实践需要，便于获取证据，缓解办案时间压力，其适用标准应略低于"逮捕标准"，因此笔者认为，在《刑诉规则》已经明确规定侦监部门可以对指定居所监视居住进行监督的情况下，将指定居所监视居住的决定权交由上级侦查部门并无不妥。

（三）执行主体

1. 执行机关现状与问题

关于监视居住的执行主体，1979 年的刑事诉讼法曾规定，监视居住由当地公安派出所执行，或者由受委托的人民公社、被告人的所在单位执行。1996 年刑事诉讼法修订时修改为监视居住只能由公安机关执行，本次修订后延续了由公安机关执行的规定。早期的监视居住执行主体多样化的特点在一定程度上导致了在 1997 年以后相当一部分监视居住不是由公安机关执行的局面。另外，根据最高人民检察院、公安部联合制定的《关于适用刑事强制措施有关问题的规定》（高检会〔2000〕2 号）规定，人民检察院决定对犯罪嫌疑人采取取保候审、监视居住措施的，由当地公安机关执行，必要情况下，人民检察院可以协助执行。《刑诉规则》第 115 条也明确规定，监视居住由监视居住地的公安机关执行，"必要时人民检察院可以协助公安机关执行"，但这些规定都表明人民检察院只是可以协助公安机关执行监视居住，最终的执行单位仍然是监视居住地的公安机关。

显然这些规定不能满足实际需要，因为对一名犯罪嫌疑人采取监视居住措施，至少需要安排三个班次的警力进行监视，每个班次两个人。在基层派出所警力严重不足的情况下，要想让公安机关抽调 6 名警力来执行检察机关的监视居住，是不具有可操作性的。[①] 同时由于监视居住时间较长，因此，公安机关通常极不情愿执行检察机关和法院的监视居住决定，即便勉强接受，也可能敷衍塞责，不认真监管，不能达到监视居住的预期目的。[②] 鉴于这种情况，在实践中执行主体虚化现象经常存在，由于警力不足和执行成本较高，公安机关对检察机关作出的监视居住决定的执行都不太积极，很多情况下公安机关只是办理相关法律手续，执行全靠有关机关自己组成的工作班子轮流负责。时常还会

---

① 何延鹏：《指定居所监视居住的理解、适用与完善》，载《第八届国家高级检察官论坛论文集：强制措施制度的修改及执行》2012 年。

② 余辉胜：《现行监视居住制度的隐忧与省思》，载《西南政法大学学报》2007 年第 6 期。

出现检察机关不通知公安机关而由内部人员自己来执行。部分检察机关在无奈情况下，会雇用保安等不具有执法权的人员来执行监视居住。

以北京市检察机关为例，在 2008 年至 2011 年间采取监视居住的 20 件案件，都是与纪委联合办案，这些案件均是由纪委协调武警部门或者是雇用保安进行看守。2012 年刑事诉讼法修改后，北京市人民检察院将东城检察院和延庆检察院选为指定监居的试点。试点工作中，东城院指定居所监视居住 2 人，曾就执行问题分别与北京市公安局东城分局看守所、监居地派出所协商，对方均以警力不足、责任划分不清等原因拒绝介入，使执行问题陷入困境，最终由检察院法警部门协助执行。延庆院指定居所监视居住 2 人，是在与纪委合作办案的基础上，由纪委协调公安人员与检察干警联合进行看守。2013 年修改后刑事诉讼法正式实施后，北京市检察机关共有 2 家单位适用了指定居所监视居住，其中一分院在"5·17 专案"中适用指定居所监视居住 5 人，因涉案人员包含公安干警，由公安机关协调武警部门派人看守，西城院适用指定居所监视居住 1 人，因涉及向军队人员行贿，具体由军队派人看守，辖区所在地公安人员不定期巡视，其他拟采取指定居所监视居住的犯罪嫌疑人，因协调公安机关执行均未成功最终采取了其他强制措施。

在上述案件中，公安机关多是签署相关法律文书，象征性执行，实际并不派人到场看守，检察机关立案侦查并决定对犯罪嫌疑人采取监视居住的，多是将监视居住执行通知书、有关法律文书、情况材料等向公安机关一送了之，长此以往，不仅有损法律、规定的严肃性，也极易产生混乱，出现一些新法律问题：一是加大了自侦部门、案件承办人的办案风险，增加了办案人员出现渎职行为的机会；二是犯罪嫌疑人在监视居住期间，一旦出现自残、自杀、脱逃或意外伤亡等重大责任事故，难以划清有关责任，使检察机关陷入被动局面；三是弱化了对监视居住的法律监督，造成执行和监督职能的混同；四是不利于提高检察人员的执法规范化意识。① 同时，随着犯罪嫌疑人及其亲属权利意识的增强，如果这种情况得不到改变，则被告一方完全可以利用"强制措施执行违法"的理由来抗辩监视居住期间控方的证据，使控方陷入极其被动的境地。

2. 完善措施

针对上述种种问题，许多人提出了完善措施，主流的观点是扩大指定居所监视居住的执行主体，使检察机关成为合法的执行主体。有同志指出，"可以先从指定居所监视居住进行改革，规定由决定此类监视居住的部门指定本机关

① 高松林、刘宇：《职务犯罪侦查适用监视居住有关问题研究》，载《第八届国家高级检察官论坛论文集：强制措施制度的修改及执行》2012 年。

具有正式执法权的公务人员来执行该监视居住。"① 有同志进一步指出，检察机关自己执行监视居住的主体应是司法警察。"司法实践中，公安派出所因警力有限，职能繁多，无法对被监视居住人实行有效监督，而检察机关本身拥有司法警察队伍，且其工作任务并不繁重，因此，由检察机关派司法警察执行监视居住较之由公安机关的派出所执行监视居住更为合理。"②

另一种观点认为，应当将监视居住的执行权交由司法行政机关，"公安机关是大部分刑事案件的侦查主体，又是强制措施的执行主体，有违侦押分离的原则。建议将监视居住中心以及将来看守所等管理任务交由司法行政部门，这虽然涉及权力部门之间的分工调整和地方政府的负担，但是侦羁分离是确保司法正义和人权保障的重要原则。同时，人权保障和司法正义虽然需要强大的物质基础，但我国改革开放 30 多年的发展应该具备了解决这一问题的物质基础。"③ 这种观点还认为，交由司法行政机关执行监视居住，"不仅能够有效地将决定机关和执行机关分离，保证执行机关的中立性、公正性，还可以根除监视居住过程中的刑讯逼供和超期羁押等现象。"④

笔者同意上述第一种观点，上面已经提到公安机关存在警力不足等问题，在执行过程中出现了不少问题，建议在将来立法时增加检察机关可以成为自侦案件监视居住的执行主体，具体由检察机关的法警来执行检察机关的监视居住决定。检察机关自侦的案件是职务犯罪案件，这样的案件对保密性要求比较高，如果由公安机关来执行，可能会导致案情泄密的情况，尤其当案件涉及公安机关内部人员时。此外，检察机关在职务犯罪案件中适用监视居住强制措施的目的是保证侦查工作的顺利开展，职务犯罪侦查工作具有很强的时效性和紧迫性，如果公安机关由于警力不足而不能及时执行监视居住，必将对侦查工作的开展造成不利的影响。可以通过扩充编制增加司法警察数量、加强培训提高司法警察素质等方式，使检察机关司法警察队伍成为合格的、有能力执行指定居所监视居住的主体，这样更有利于打击职务犯罪。在司法实践中，已经存在不少检察机关完全由自己来执行监视居住的现象，而且取得了不错的效果，但是这种做法现在并没有法律的依据，需要将来立法时将这种做法予以法律明确

① 何延鹏：《指定居所监视居住的理解、适用与完善》，载《第八届国家高级检察官论坛论文集：强制措施制度的修改及执行》2012 年。
② 王奎、马雅静：《新刑事诉讼法监视居住制度评析》，载《安徽广播电视大学学报》2012 年第 4 期。
③ 汪云波：《强化监视居住措施适用的现实思考》，载《人民检察》2012 年第 11 期。
④ 陈雷：《试论新刑诉法中的监视居住制度》，载《上海公安高等专科学校学报》2012 年第 6 期。

规定，使检察机关独立执行监视居住有法可依，这样能够减轻公安机关警力不足的压力，避免推诿和扯皮，同时使监视居住真正得到切实执行，发挥其应有的作用。

在法律未明确赋予检察机关对自侦案件进行监视居住的自主执行权之前，应根据《刑诉规则》第115条的规定，公安机关、检察机关等相关职能部门共同研究制定关于监视居住执行的实施细则，建立监视居住执行配合机制，尤其是解决指定居所监视居住中，检察机关自侦人员与负责监视居住的公安人员配合不够密切的问题。通过统一思想认识，明确各方责任，严格实施流程，完善工作细节，确保监视居住能够"及时、准确、有效、规范"执行。

3. 需要说明的问题

根据《刑诉规则》第111条第4款的规定，执行机关是下级检察院的同级公安机关，根据《刑诉规则》第115条第1款的规定，执行机关是监视居住地的公安机关。在很多情况下，监视居住指定的居所并不在办案检察机关的辖区内，此时下级检察院的同级公安机关和监视居住地的同级公安机关就不是一个机关，《刑诉规则》的两条规定出现了矛盾的地方。笔者认为这是《刑诉规则》制定上的一个疏漏，从立法原意上讲，为了便于监视，执行机关应当是监视居住地的公安机关。

（四）监督主体

《刑诉规则》规定的指定居所监视居住的监督机关有两个，对指定居所监视居住的决定进行监督的是上一级人民检察院侦查监督部门，对指定居所监视居住的执行活动进行监督的是办案人民检察院的监所检察部门。本文接下来将对这两个部门的监督内容、如何监督进行详细论述。

三、指定居所监视居住的审批与监督

（一）指定居所监视居住的审批

1. 审批流程

指定居所监视居住的审批流程应当遵照以下程序进行：

（1）侦查机关内部请示。检察机关对特别重大的贿赂案件侦查过程中，需要对犯罪嫌疑人指定居所监视居住的，应当由案件办案组提出对特别重大贿赂案件犯罪嫌疑人采取指定居所监视居住的案件请示报告（内部），逐级交处室负责人、侦查部门负责人、院分管领导三级签署意见，必要时报检察长或检察委员会决定。

（2）制作对外呈批表及准备有关材料，报送上级检察院侦查部门决定。承办案件的检察机关侦查部门应向上级检察机关侦查部门制作相关呈批表（外部），写明采取指定居所监视居住的相关理由、监视居住时间期限、监视居住地点、执行主体与配合部门、安全责任人等内容，并提交立案手续、犯罪嫌疑人涉嫌重大贿赂犯罪的相关证据、指定监视居住场所的安全防范措施与应急预案，对于敏感案件同时要有应对舆论炒作的工作方案。将上述材料一起上报上一级检察机关侦查部门决定。

（3）上级检察院侦查部门审查并决定。上一级检察机关侦查部门收到下级检察机关报送的有关材料后，对有关材料进行审查，上一级人民检察院要严格标准，审慎批准，具体来说要根据刑事诉讼的目的进行妥当性审查，根据案件的具体情况进行必要性审查，根据具体的法定条件和程序进行规范性审查。对于符合指定居所监视居住条件的，应当填写同意适用指定居所监视居住的审查意见，经主管检察长审核，由检察长作出同意适用指定居所监视居住的决定，并通知请示的下级检察院反贪部门交由监视居住地公安机关执行。上一级检察院反贪部门在审查中发现案件不符合指定居所监视居住条件的，应当书面说明理由，经主管检察长审核，由检察长作出不同意指定居所监视居住的决定，并通知请示的下级检察院执行。对上级检察院的决定，下级检察院应当执行，并将执行的情况报告上级检察院反贪部门。下级检察院认为不同意指定居所监视居住的决定确有错误的，可以向上一级检察院反贪部门提出复议申请，但是不能停止对上级检察院决定的执行。

2. 审批时限

《刑诉规则》第 111 条第 3 款规定："对于下级人民检察院报请指定居所监视居住的案件，上一级人民检察院应当在收到案卷材料后及时作出是否批准的决定。"至于"及时"到底是几日并未作出明确的说明。立案后需要及时控制嫌疑人，在等待审批期间怎么办？适用指定居所监视居住既可起到分化瓦解的作用，又可减少其串供、逃跑可能，特别是对行贿人采取指定居所监视居住既表示对其如实交代的肯定，又使其感到在检察院控制下不敢翻供、不能串供，还可保障其不受干扰。对已有悔罪心理准备交代罪行的嫌疑人，适用指定居所监视居住有利于减少对抗心理。但如果审批期间采取其他强制措施，往往会对其后的指定居所监视居住造成影响。目前北京市检察机关内部通过随时电话沟通的方式来解决，使得指定居所监视居住强制措施的报请很快得到批准。实践中尚未出现北京市院适用指定居所监视居住需向反贪总局报批的情况，所以目前还不了解总局的相关规定。

笔者认为，考虑适用指定居所监视居住的案件应该是特别重大贿赂案件，此类案件在实践中大多是上级领导和上级侦查机关关注的案件，在立案前往往已听取多次汇报，对案情有相当程度的了解，因此有利于及时决策。具体办案人员在做立案前汇报时，可以借鉴侦监部门先行介入公安机关对重大复杂案件的报捕程序，邀请上级侦查机关审批部门先期介入，参与听取汇报，将审批环节前移，上下级机关随时沟通，大大缩短审批时间，对需要采取指定居所监视居住的案件在第一时间迅速作出决定。为了保证适用指定居所监视居住案件的侦查有效性，上级侦查机关应与下级侦查机关随时沟通，在下级侦查机关报请适用指定居所监视居住的同时就能作出是否批准的决定，避免出现审批前不知适用何种强制措施的问题。

3. 针对人大代表的特殊审批程序

《全国人民代表大会和地方各级人民代表大会代表法》第 32 条规定："县级以上的各级人民代表大会代表，非经本级人民代表大会主席团许可，在本级人民代表大会闭会期间，非经本级人民代表大会常务委员会许可，不受逮捕或者刑事审判。如果因为是现行犯被拘留，执行拘留的机关应当立即向该级人民代表大会主席团或者人民代表大会常务委员会报告。对县级以上的各级人民代表大会代表，如果采取法律规定的其他限制人身自由的措施，应当经该级人民代表大会主席团或者人民代表大会常务委员会许可……乡、民族乡、镇的人民代表大会代表，如果被逮捕、受刑事审判、或者被采取法律规定的其他限制人身自由的措施，执行机关应当立即报告乡、民族乡、镇的人民代表大会。"显然，对县级以上人民代表大会代表采取指定居所监视居住，属于该条中"采取法律规定的其他限制人身自由的措施"，除现行犯外，应当经过同级人民代表大会主席团或者人民代表大会常务委员会的许可。"人民代表若被指定居所监视居住，则失去了人身自由，已不能依法行使代表的职权、履行代表的义务和发挥代表作用，应当参照采取拘捕措施履行相关的许可或者报告的法定手续。"[①]

(二) 指定居所监视居住的监督

1. 立法与实践

检察机关在重大贿赂犯罪案件的指定居所监视居住中，承担了决定者与监督者的双重身份，这就特别需要强化监督环节的作用，《刑诉规则》规定指定居所监视居住除了由上级侦查部门审批外，还需由侦监部门对决定是否合法进

---

① 尹吉：《"指定居所监视居住"的法律适用问题研究》，载《中国刑事法杂志》2012 年第 6 期。

行监督，由监所部门对执行活动是否合法进行监督，但对上述两部门如何进行监督、监督效力等内容均未作出明确规定，导致实践中的监督无据可依，流于形式，无法实质介入。北京市检察机关 2013 年适用指定居所监视居住的 6 件案件，侦监部门和监所部门均未实质介入监督。

有观点认为，侦监部门与监所检察部门如果要介入监督，程序繁琐，实践中操作难度大，因而在监督方式上以被动监督为主，即由犯罪嫌疑人、家属或者律师向上述监督部门提出申诉时，监督部门再介入监督，监督部门无必要主动介入监督。笔者认为《刑诉规则》规定了侦监部门与监所部门对指定居所监视居住的监督，是为了更好地确保指定居所监视居住在决定环节和执行环节的合法性，如果监督部门只是被动地进行监督，则难以达到监督效果，使《刑诉规则》的规定意义落空，因而必须明确上述监督部门应积极履行监督职责，及时介入监督，以达到法律规定的效果。

2. 指定居所监视居住决定的监督

侦查监督部门应当负责对指定居所监视居住决定的监督，这也是侦查监督工作的应有之义。具体而言，上一级检察机关的侦查部门在决定批准指定居所监视居住后，应当将呈批表、立案手续、犯罪嫌疑人涉嫌重大贿赂犯罪的相关证据抄送至本院的侦查监督部门。侦查监督部门应对以下内容作重点监督：（1）是否符合指定居所监视居住适用条件；（2）是否按规定程序履行了审批手续；（3）是否有其他违反刑事诉讼法规的行为。如果在审查中发现指定居所监视居住的决定违反法定的监视居住条件，或者不属于法定的几种特殊情形，或者决定主体和审批程序有误，应当向决定机关提出撤销、变更指定居所监视居住决定的意见或者纠正执法不当等检察建议，有关机关接到通知后应立即执行，并将执行情况通知人民检察院侦查监督部门。

3. 指定居所监视居住执行的监督

监所检察部门应当负责对指定居所监视居住执行的监督。因为对强制措施执行的监督是监所检察部门的职责之一，对拘留、逮捕等强制措施的监督目前也是由监所检察部门负责，基于对各种强制措施的执行监督要由一个部门统一履行的原理，指定居所监视居住当然也应当由监所检察部门来负责。下一级人民检察院将指定居所监视居住案件交公安机关执行后，应当将监视居住地点、执行情况等内容形成书面材料，报送本院监所检察部门。本院监所检察部门应每周派员到指定的居所进行巡视，发现问题及时提出纠正意见。

监所检察部门应当重点纠正以下违法行为：（1）在执行指定居所监视居住开始后的 24 小时内，没有法定理由而不通知被监视居住人的家属的；（2）指定居所监视居住地点设在羁押场所、检察机关或公安机关的专门办案场所的；

（3）办案机关没有及时告知被监视居住人有权委托辩护人的，或者被监视居住人要求委托辩护人，但办案机关没有及时转达相关要求的；（4）被监视居住人及其法定代理人、近亲属或辩护人申请变更强制措施的，办案机关没有及时转交的。另外，监所检察部门应当在指定居所监视居住地安排工作人员，重点对以下行为进行监督：（1）办案单位或个人是否为被监视居住人通风报信、伪造立功材料或者私自传递信件、物品；（2）相关人员是否有对被监视居住人刑讯逼供、体罚、虐待或者变相体罚、虐待的行为。当然，如果被监视居住人及其法定代理人、近亲属或辩护人认为办案单位或个人存在上述违法行为进而提出控告的，应由检察机关的控告申诉部门受理。

4. 指定居所监视居住法律监督的效力

人民检察院要对指定居所监视居住的决定和执行是否合法实行有效的法律监督，需要赋予法律监督的手段和效力，以确保修改后刑事诉讼法关于指定居所监视居住立法意图和价值的实现。检察机关法律监督的手段比较传统和单一，监督的效力对监督对象并没有应有的约束力或强制力，基本上是靠监督对象自愿接受监督来实现监督目的和效力，但对于监督对象拒不接受法律监督意见的，实际上并无有力的手段和做法，这在一定程度上影响了监督的权威和效力，也降低了监督的效果。

为了确保修改后刑事诉讼法增加规定的指定居所监视居住的依法、规范和正确适用，切实保障犯罪嫌疑人、被告人的合法权利，通过法律监督有力纠正不当执法行为，笔者认为，在保留传统意义上的法律监督手段及救济途径的基础上，增加规定对决定机关和执行机关具体执法人员故意严重违反法律规定，决定和执行指定居所监视居住造成严重后果的，监督机关可以建议更换办案人员，建议给予纪律处分，对构成犯罪的依法追究刑事责任等，以确保法律监督的权威和效力，有效规范侦查执法活动。

四、指定居所监视居住的执行与保障

（一）执行场所的选择

1. 修改后刑事诉讼法及相关司法解释的规定

修改后刑事诉讼法第73条规定，指定居所不得在羁押场所、专门的办案场所执行。《刑诉规则》第110条规定，采取指定居所监视居住的，不得在看守所、拘留所、监狱等羁押、监管场所以及留置室、讯问室等专门的办案场所、办公区域执行。这里的羁押场所应理解为公安机关的看守所、拘留所、留置室、监狱等场所；专门的办案场所是指检察机关、公安机关专门用于办公、办案的处所，包括检察机关的办案工作区。指定的居所，应该能在保证办案安全的情况下，满足具备正常的生活休息条件，同时便于监视和管理。

按照立法原意，这样规定是为了防止办案机关将指定居所监视居住变成变相的羁押，规避修改后刑事诉讼法关于拘留、逮捕犯罪嫌疑人、被告人应当及时送看守所关押、讯问必须在看守所进行等方面的规定，防止刑讯逼供等非法取证行为，保障犯罪嫌疑人、被告人的诉讼权利和其他合法权益。

2. 关于执行场所的意见和观点

解决指定居所的问题，有人认为指定的"居所"主要是指宾馆或者招待所，但是，侦查人员普遍反映指定宾馆或者招待所作为"居所"进行监视居住，首先要解决好安全问题，指定"居所"的安全标准需要达到或者超过 2004 年 7 月 12 日颁布的《公安机关适用继续盘问规定》第 27 条的规定，即留置"候问室的建设必须达到以下标准：（一）房屋牢固、安全、通风、透光，单间使用面积不得少于六平方米，层高不低于二点五五米；（二）室内应当配备固定的坐具，并保持清洁、卫生；（三）室内不得有可能被直接用以行凶、自杀、自伤的物品；（四）看管被盘问人的值班室与候问室相通，并采用栏杆分隔，以便于观察室内情况。对有违法犯罪嫌疑的人员继续盘问十二小时以上的，应当为其提供必要的卧具。候问室应当标明名称，并在明显位置公布有关继续盘问的规定、被盘问人依法享有的权利和候问室管理规定。"① 很多人认为，如果检察机关或者公安机关按照上述规定对宾馆或者招待所的一些房间进行安全改造，则无异于"专门的办案场所"，不符合修改后刑事诉讼法的规定。

不少实务工作者认为，纪检监察机关用于"双规"、"两指"的场所，可以作为检察机关和公安机关指定的"居所"，因为它不属于刑事诉讼意义上"专门的办案场所"，同时，其安全设施条件也较好。实践中纪检监察机关用于"双规"、"两指"的场所多是经过安全改造的"培训中心"、招待所，通过长期实践证明这种场所作为被调查对象短期的居住场所确实是行之有效的。但这种方式同样存在检察机关与纪检监察部门沟通协调问题，检察机关采用指定居所监视居住的自主性必然不高。

3. 实践现状

在修改后刑事诉讼法实施之前，北京市检察机关采取监视居住的案件多是与纪委合作办理专案，相当一部分是借用纪委的"双规点"进行监视居住。中纪委、北京市纪委在北京郊区的培训中心均建有专门用于"双规"的楼宇，

---

① 尹吉：《"指定居所监视居住"的法律适用问题研究》，载《中国刑事法杂志》2012 年第 6 期。

配备有谈话室、休息室、医疗室，以及专业的监控设备、监控中心，同时配套有看守人员的住宿区、用餐区，设施齐备、功能分区合理。同时，外部与其他楼宇相对隔离，内部谈话室、休息室等房间墙壁、桌椅、洗浴设备均全部软包，充分保证办案安全，这些地点因系一次投入建成、多次重复使用，每个案件办案人员、看护人员直接进驻，成本相对较低、效率相对较高。另外还有一些案件，是在租用的宾馆或招待所进行监视居住，但每次都需要将现有房间与外界相对隔离，对房间进行软包处理，架设监控设施，单次投入成本较大，同时影响办案效率。

因专案规模大、被调查对象多，为集中进行监视居住创造了条件。但在对单一案件进行指定居所监视居住执行地的选择上，还存在集中专门地点还是个案分散选择的问题。如果个案选择，前期成本高、资源浪费；如果集中建点，可能会被理解为专门的办案场所。另外，修改后刑事诉讼法规定，不得在专门的办案场所执行监视居住，但又未禁止在监视居住地进行讯问，如果在监视居住地进行讯问，该地也有可能被理解为专门的办案场所，这也是一个矛盾。

4. 本文观点

笔者认为，对执行监视居住的"住处"、"居所"的理解，应当以修改后刑事诉讼法和有关司法解释、规定为依据，既要不非法损害犯罪嫌疑人的合法权利，又要有利于司法机关办理案件。不能仅强调为了方便或不影响犯罪嫌疑人、被告人正常生活、工作和学习，而背离法律规定，增加监视居住执行的难度，减弱对犯罪嫌疑人、被告人的强制力。因此，就指定居所监视居住执行的场所，可以考虑遵循以下几点意见：

（1）根据修改后刑事诉讼法的明确规定，对特别重大贿赂犯罪的犯罪嫌疑人，检察机关可以指定居所执行监视居住，但不得在羁押场所、专门的办案场所执行。《刑诉规则》明确列举了专门的羁押场所有"看守所、拘留所、监狱"等，专门的办案场所有"留置室、讯问室"等，因此以后应坚决杜绝在上述场所指定监视居住。

（2）为了保证指定居所监视居住的效果，从现实可行性角度考虑，以省市级检察院统一建点、统一管理为宜。其优势在于一方面"量身定制"的执行场所的硬件环境将更符合监视居住强制措施在控制犯罪嫌疑人、被告人以及保障人权方面的要求；另一方面集约化更有利于缓解执行监视居住投入警力、物力过大的现实压力。建好的监视居住点，应将办案工作区和生活服务区严格物理隔离，以适应不同功能的需要，指定的居所应限定在生活服务区内，如需对犯罪嫌疑人进行讯问，需将其从生活服务区带至办案工作区。这样做有利于防止将指定的居所异化为专门的办案场所。生活区的改造要符合指定监视居住的条件，整体区域对外还可作为预防警示教育基地使用。经过研究和慎重考虑，北京市院已决定在本市东西片各确定一处地点，相对固定用于指定监视居住的居所。

（3）对于没有条件统一建点的地方，在选择指定居所监视居住场所时，应考虑环境僻静、交通便利且能够与外界相对隔离的地点，以保证办案安全和办案方便。

（4）作为指定的居所应当符合《刑诉规则》第110条关于指定居所条件的要求，具备正常的生活、休息条件。通俗地说，要保障犯罪嫌疑人、被告人吃、喝、拉、撒、睡的权利，为这种权利的实现提供便利。如保证一日三餐、饮水、上厕所、洗澡等满足日常生活的条件，同时保障饮食、居住环境的卫生。

（5）配备医务室和医务人员。为保证办案安全，在指定居所监视居住过程中犯罪嫌疑人、被告人很可能身体出现问题，因此要设置医务室，配备常用的急救药品，同时与就近医院要有联系，在紧急情况下由就近医院及时到达进行救援。

（二）监视方式的创新

1. "监视"制度的缺失与理论上的探求

我国刑事诉讼法以及司法解释等规范性文件中并没有具体规定监视居住的执行方式，修改后刑事诉讼法第76条规定可以采取"电子监控、不定期检查等监视方法"，"侦查期间，可以对被监视居住的犯罪嫌疑人的通信进行监控"，但也没有规定明确的监视方法，也就是说，如何"监视"，在法律规定方面几乎是空白。虽然"监视"一词的意思明白易懂，似乎不需要进一步详细解释，然而，涉及程序内容的制度，如果缺乏具体的规定，实践中的操作就会根据各自的理解而各行其是，执行的方式也会千差万别。因此，监视居住中的"监视"如何执行，需要法律作出明确规定。

理论上对监视居住的"监视"方式作出了探讨，认为监视方式主要有以下几种：

（1）直接监视与间接监视。直接监视是设置专人进行监视，监视人对犯罪嫌疑人、被告人的行动自由直接监控。间接监视的方式是被动的、定期的进行监视，监视者不主动去监视犯罪嫌疑人和被告人，而是让其在指定的时间到指定地点报到，以此来监视其是否脱离指定区域及其行为是否适当。① 直接监视的优点在于，监视人能够及时发现被监视居住人行为是否违反法律规定，并能够阻止其实施违反法定义务的行为，缺点则是执行的耗费大，执行难度大。间接监视虽然较为简单，但监视效果不如直接监视的效果好。

（2）持续性监视与间断性监视。持续性监视是指监视人员对被监视人进行全天候的、不间断性的监视，使被监视人一直处于被监控之中。持续性监视的效果好，但也有难度和警力不足等问题。间断性监视是指监视人员不进行持续性的监视，可以间断性地对被监视居住人进行监视。间断性监视可以定期进行，也可不定期进行，根据具体情况而定。

修改后刑事诉讼法第76条集中规定了监视居住中"监视"的执行方式。根据该条规定，监视居住的"监视"方式主要有：电子监控、不定期检查、通信监控，以及其他监视方式。若按照上述理论分类，不定期检查属于直接的、间断性监视方式，电子监控属于直接的、持续的监视方式。可见，修改后刑事诉讼法总体上对监视居住的监视方式采取的是倡导直接的、主动的进行监视。修改后刑事诉讼法规定的监视方式并非要求在每一个监视居住案件中同时使用，执行机关可以根据案件的实际情况，选择采用合适的监视方式。该条规定也对执行机关创新"监视"的执行方式留有余地。

2. 实践现状

指定居所监视居住对于犯罪嫌疑人的自由是限制而不是剥夺，理论上限制强度应弱于羁押，但实践中执行人员又要对案件和被执行人员的安全负责，犯罪嫌疑人被指定居所监视居住后，必然产生思想波动，如不有效控制，难免会发生事故，为了避免办案安全事故的发生，仍需对被执行人员予以有效控制，这就涉及控制强度的松紧度如何把握？对被监视居住人是贴身监控还是电子录像监控？实践中很多监视居住是由监管人员24小时贴身看护被监管人，同时电子录像24小时进行监控，监控强度远远高于一般的羁押场所。

这种传统监视居住中的"监视"方式主要是执行人员对被监视居住人的近距离监视，其优势在于直观、迅速应变，但其局限性也显而易见，如人力消耗大、执行难度大。

实践中很多观点认为，现阶段因涉及被监视居住人的人身安全问题，为防止其自杀、自残，发生办案安全事故，仍适宜对被监视居住人采取轮班贴身看护。因指定居所监视居住并不是普遍适用的强制措施，往往发生在特殊案件的特殊阶段，因而贴身看护虽短期人力耗费较大，但不会对司法机关正常办案产

---

① 林楠：《监视居住若干问题思考》，载《人民检察》1998年第9期。

生过大影响。笔者认为，从理论上讲，监视居住作为逮捕的一项替代性措施，应属于非羁押性强制措施，其对人身的控制程度应弱于拘留、逮捕；从法律规定上讲，监视居住场所应具备被监视居住人正常的生活、休息条件，如果对被监视居住人 24 小时贴身看护，则很难说能够保证被监视居住人正常的生活和休息，因而指定居所监视居住不宜对犯罪嫌疑人 24 小时贴身看护。实践中可借鉴有的地方检察机关对立案以后送看守所之前暂押犯罪嫌疑人的看管方式，将犯罪嫌疑人置于四面墙壁全部软包的暂押室，暂押室配备多角度的监控摄像头和音频对话设备，犯罪嫌疑人在暂押室内可以自由活动，司法警察在监控室对暂押室进行监控，犯罪嫌疑人如果有需要可以直接通过音频对话设备与司法警察通话。笔者认为在指定居所监视居住中，可以采用这种看护方式，比较符合立法本意，也能满足实践需要，但前提是对指定的居所进行全面的安全隐患排查，四面墙壁及所有家具座椅、卫浴设施都必须进行软包处理，被监视居住人员进驻前进行严格的随身附物检查，确保被监视居住人的人身安全。

3. 未来可以利用的"监视"方式

现代科技发展迅速，科技手段对刑事诉讼的贡献力增大。域外也已经尝试利用科技手段对被追诉人进行审前监视，并取得了一定的成效。另外，域外保释制度中注重社会组织对被保释人的监管。我国监视居住中的"监视"方式在寻求创新中，可以借鉴这些经验。

近年来，英美国家的保释制度中使用电子监控对被保释人进行监视。据介绍，监视装置的种类有五种：[①]

其一，连续信号技术。该装置由一个小型发射器、接收机—电话自动拨号机和中心计算机或中心接收机组成。小型发射机安装在被监视人身上，接收机—电话自动拨号机安装在被监视人家里，中心计算机或中心接收机安装在社区矫正机构。小型发射机按照一定时间间隔向接收机发射信号，接收机接受信号并通过电话线传递到中心计算机，社区矫正官据此判断被监视人所处位置。

其二，程序接触技术。这种技术的原理是，一台有固定程序的计算机随机或者有规律地向被监视人家里打电话，通过被监视人是否接听电话，了解其是否在家。具体的接触技术有四种：一是通过声音识别技术，了解接听电话者是否是被监视人；二是中心电话机呼叫时，被监视人按压佩戴在其手腕处的装置，向电话机发射信号，对中心计算机作出回应；三是当中心电话呼叫时，被监视人将安装在其手臂上的塑料装置插入一个与电话机连接的检验盒中，对中心的呼叫作出回应；四是可视电话技术，中心呼叫时，被监视人应站在可视电

---

① 郭建安、郑霞泽主编：《社区矫正通论》，法律出版社 2004 年版，第 273—274 页。

话的摄像头前接受监视。

其三，混合技术。上述两种技术的结合，与连续信号技术相似。当中心计算机发现被监视人可能在规定的时间之外离开了其住所，就会打电话给被监视人，查证对呼叫作出回应的人是否为被监视人本人。

其四，便携式电话技术。被监视人佩戴一种发射器，发射器向当地监控部门发射电子信号，监控部门根据接收到的信号，了解被监视人的位置。

其五，被监视人佩戴一种连续信号发射器，监控人随时驾车经过被监视人的住所，利用便携式接收机接收发射器发射的信号，了解被监视人是否在其住所。

虽然域外的电子监控主要适用于犯罪人，但是电子监控的技术可以运用于我国的监视居住。目前，域外通常使用的电子监控装置具有简便易行、费用低廉、牢固安全、灵敏度高等特点，实践中取得了较好的经验和效果。目前这些技术虽然在我国还缺乏实行的条件，但未来可以成为我国执行监视居住"监视"的手段。

（三）指定居所监视居住执行流程

上述域外经验为我们如何进行"监视"提供了一种开放性的视角，在各方面条件还暂时不具备的今天，实践中对监视居住更多的还是得采用传统的监控手段，这就要求执行机关要制定完备的执行流程，确保监视居住的有效性和安全性。

1. 建立联席会议制度，职能部门分工负责

人民检察院作出指定居所监视居住决定后，应当与执行机关建立联席会议制度，通报情况，协商解决执行中存在的问题，研究改进措施，必要时可随时召开。联席会议成员应包括：公安机关，人民检察院的侦查、行装、法警、技术、监所、侦监等部门，医疗卫生机构等。同时，设立指定居所监视居住办公室负责综合管理、组织协调、监督检查、服务保障，根据需要召集联席会议。在指定监视居住期间，成立相关职能部门在办公室领导下各司其职、各负其责。

各职能部门职责包括：看管人员安排被监视居住人员进入、就医、生活、休息、安全等，审查相关审批手续，督促被监视居住人员遵守规定；技术人员负责电子监控技术保障，对监控设施进行日常维护，对监视居住过程全程录音录像，并做好音像资料保存工作；医护人员对监视居住对象进行体检、建立医疗档案、诊断用药、突发疾病的前期处置，日常饮食把关，负责保障其健康状况；联络人员负责传达办公室提出的各项要求，联系案件承办人与看管人员，

安排律师会见等事宜；生活保障人员负责监视居住期间所需的车辆和食宿等物质保障。

2. 完善相关制度

被监视居住人员进入前，应对起居室、谈话室、监控设备进行检查；进入后，应当对其人身和携带的物品进行严格检查。非日常用品应当登记，代为保管。违禁物品予以没收。发现犯罪证据和可疑物品，要当场制作记录，由其签字捺指印后，送案件承办人处理。对女性人犯的人身检查，由女工作人员进行。被监视居住人进入指定居所后，应当建立看管档案。包括：入住记录；进出居所记录；提讯记录；现金物品保管簿；律师会见记录；疾病治疗及送医登记簿；监督检查簿。

监视居住场所应当建立防疫和清洁卫生制度，不能有重物、硬物，送餐时不得使用坚硬器具，做好每日三餐登记。配备必要的医疗器械和常用药品。犯罪嫌疑人患病，应当给予及时治疗；需要到医院治疗的，应与当地医院建立绿色通道予以治疗。

3. 对看管人员的要求

看管人员应遵守保密纪律，不与外界谈案情，不主动打听案情，不与被监视居住人员谈及案件相关问题。看管时实行24小时值班制度，全程监控与约束监居对象。值班人员应当坚守岗位，不得随意出入监视居住房间，不得将电子通讯设施带入监视居住房间，不做一切有碍值班的活动；值班时注意观察被监视居住对象身体状况、情绪变化，及时发现异常情况和安全隐患，确保被监视居住人员人身安全不受各种因素侵害或伤害，防止发生意外事故。看管人员应熟悉监视居住场所环境，熟知电器开关、应急照明、消防设施、报警装置的位置及使用方法；并制定并掌握处置突发事件预案。

看管人员应提前到岗，做好交接班准备工作，按时接班；看管人员要督促被监视居住对象遵守监视居住规定和一日生活制度；做好被监视居住对象的洗澡、洗换衣服等生活方面工作；遇被监视居住对象患病要及时通知医生；有效制止被监视居住对象破坏监视居住规定的行为；一日三餐、夜间和交接班等重点时段，要加强警惕性，严密监控。

做好值班登记，详细填写值班期间被监视居住对象饮食起居情况，交接班时将值班中发生、发现的问题及处理情况向接班人员说明，并在《交接班记录》中予以注明。

（四）指定居所监视居住经费的保障

前文已多次论述，无论是在专门修建的地点还是在单独选择的地点进行指定居所监视居住,都涉及大量的人力、物力和财力投入。且不论安全上的需要,对指定居所监视居住地点进行的物理改造、监控器材的购买和铺设费用,单是看管人员的食宿费用就是一笔不小的开支。北京市指定居所监视居住试点工作中,延庆检察院某区对政协副主席等 2 人进行指定居所监视居住,1 人执行 32 天,另 1 人执行 10 天。执行人员为每人配 3 名公安干警、9 名协助人员。协助人员由保安和检察干警组成。上述人员食宿费和保安雇佣费日均 5220 元。可见,对犯罪嫌疑人采取指定居所监视居住是一项不菲的支出。

在过去的侦查实践中,监视居住多发生在与纪委联合查办专案的过程中,由纪委申请专案办案经费,监视居住的费用由纪委从专案经费中支出,有的一个专案办理下来,办案经费支出可能达到数百万元。因为涉及到专案办理,由纪检机关统一结算,这并不会对检察机关造成较大的影响。刑事诉讼法修改后,检察机关必将会更多地独立适用指定居所监视居住强制措施,检察机关办案经费能否承担如此巨大的财力耗费是我们必须面临的问题。同时根据修改后刑事诉讼法的规定,监视居住的执行机关是公安机关,这又涉及到检察机关与公安机关在经费支出上的协调问题。在监视居住的具体执行过程中,公安机关对于检察院决定的监视居住之所以不愿积极配合执行,很重要的原因是公安机关自身任务繁重警力捉襟见肘,并且监视居住需要花费相当多的资金,这些资金来源如何解决法律缺乏相应规定。尤其对于检察机关自侦的案件,公安机关在自身任务已经自顾不暇的情况下,谈何投入足够的人力、时间、财力为检察机关"做嫁衣"。这些因素使得检察机关决定适用监视居住后,交由公安机关执行面临不少现实困难,执行效果也不甚理想。

要使刑事司法变得有意义就要求我们严肃考虑它的成本问题。既然修改后刑事诉讼法保留并强化了监视居住的刑事诉讼功能,其作为国家司法机关主动追诉犯罪所采取的强制措施之一,执行相关费用应当由国家财政统一负担。指定居所监视居住的经费问题应明确为"谁决定,谁支出",避免实践中出现决定机关与执行机关相互推诿的现象,也避免了公安机关以经费不足作为不积极配合执行监视居住的理由。建议决定机关向地方财政对执行监视居住的经费进行专项拨款申请,一方面减轻决定机关负担,另一方面也杜绝执行机关利用监视居住变相收费。同时,要配备必要的监视器材和设备。各级人大要把监视居住执行情况纳入工作监督范围,督促相关部门落实有关法律和政策规定。

五、被指定居所监视居住人的权利救济

(一) 被监视居住人权利的保障

长期以来,注重口供的侦查办案手段一直未从根本上扭转,而由于指定监

视居住可能彻底将犯罪嫌疑人置于侦查机关的控制之下，在缺少外部约束和监督的环境下，一切可以利用的侦查讯问手段和技巧都可以在完全控制犯罪嫌疑人的情况下实施，不当讯问极易发生。"没有救济就没有权力，一项没有救济的权力根本不是法律意义上的权力，其最多是一种资格。"因此，笔者认为应进一步细化指定居所监视居住的法律救济程序。

1. 家属通知

1996 年刑事诉讼法没有规定办案机关在指定居所监视居住后应当通知家属，实践中，被监视居住人在很长一段时间内"杳无音信"，给其家属造成较大心理伤害。根据修改后刑事诉讼法及《刑诉规则》的规定，指定居所监视居住后，除无法通知的以外，应当在执行监视居住后 24 小时以内，将指定居所监视居住的原因通知被监视居住人的家属。"通知被监视居住人的家属，是被追诉人及其家属的合法权益。通知不仅是为了保障其家属的知悉权，也是保障被监视居住人辩护权的有效行使，因为被监视居住人的家属可以代为委托辩护人，可以为其提供有价值的辩护证据等。"①《刑诉规则》对"无法通知的情形"作出了具体细化，规定了三种具体情形。结合反贪侦查实践需求，笔者建议可以作出以下进一步修改：一是要明确"被监视居住人无家属"的"家属"的法律含义，笔者认为，这里的"家属"应主要包括：父母、夫妻、子女和同胞兄弟姐妹；二是将"与其家属无法取得联系"修改为"经过依法查证后，确实与其家属无法取得联系"；三是增加一款，即"当无法通知的情形消失后，侦查人员应当立即将监视居住的情况通知犯罪嫌疑人家属"。这一修改的最主要目的还是最大限度地保障犯罪嫌疑人的诉讼权利。

另外，在实践中有的侦查部门认为为防止犯罪嫌疑人家属到指定监居地点闹事、纠缠，增加办案难度，对于指定居所监视居住的地点应进行保密，在通知家属时仅通知对犯罪嫌疑人进行了指定居所监视居住，不通知执行的地点。笔者认为这是符合立法精神和实际情况的，对于指定居所监视居住执行的处所不必通知被监视居住人的家属。

2. 指定居所监视居住的解除

根据《刑诉规则》第 112 条规定，人民检察院侦查部门应当自决定指定居所监视居住之日起每两个月对指定居所监视居住的必要性进行审查，没有必要继续指定居所监视居住或者案件已经办结的，应当解除指定居所监视居住或

---

① 李建明、汤茂定：《监视居住措施及其适用》，载《华东政法大学学报》2012 年第 5 期。

者变更强制措施。笔者建议本条应当再具体细化：人民检察院侦查机关对指定居所监视居住的必要性审查应当形成书面报告，连同相关案卷材料提交上一级人民检察院予以审查监督。

另外，在指定居所监视居住期间，检察机关或者公安机关不得中断对案件的侦查；对于发现不应当追究刑事责任或者监视居住期限届满的，应当及时解除监视居住，并且及时通知被监视居住人和有关单位。

3. 严格依法讯问，防止指定监视居住期间的刑讯逼供

刑讯逼供植根于封建社会权力本位的思想，在内部追求破案率或者成案率的侦查工作绩效考评机制，外部公众压力、侦查人员自身急功近利和业务素质不高等多重因素的共同作用下，刑讯逼供屡禁不止，重大冤案时有发生，严重侵犯了犯罪嫌疑人、被告人的人权。从以往的侦查实践看，刑讯逼供主要发生在看守所之外的"办案点"或者其他场所。

侦查人员在指定的"居所"讯问犯罪嫌疑人时，发生刑讯逼供的风险比以往更大。因此，为有效杜绝刑讯逼供，侦查人员在讯问时，应当依法对讯问活动进行全程录音或者录像，切实保证犯罪嫌疑人的饮食和必要的休息时间。讯问聋、哑的犯罪嫌疑人，依法应当有通晓聋、哑手势的人参加，并且将这种情况记明笔录。人民检察院和公安机关的负责人应当经常巡视指定的"居所"，人民检察院的监所检察部门应当派员进行重点监管。

4. 保障辩护权

辩护权是保障犯罪嫌疑人、被告人合法权利的主要内容，是与侦查权、起诉权相对应的权利；保障辩护权就是"尊重和保障人权"，实现惩罚犯罪与保障人权有机统一才能维护刑事司法公正。一些重大冤案之所以发生，都与辩护权保障不足有密切关联。在指定居所监视居住过程中，应当严格按照修改后刑事诉讼法第33条第2款和第37条的规定，依法及时告知犯罪嫌疑人有权委托辩护人。

参照刑事诉讼法关于辩护律师在侦查期间会见在押犯罪嫌疑人的规定，对于特别重大贿赂犯罪案件，在侦查期间辩护律师会见被指定居所监视居住的犯罪嫌疑人，应当经侦查机关许可。辩护律师在侦查期间提出会见被指定监视居住的犯罪嫌疑人的，侦查部门应当在3日以内作出是否许可的决定并答复辩护律师。在侦查终结前应安排辩护律师会见一次。辩护律师会见犯罪嫌疑人时不被监听。此处的"不被监听"应当解释为"执行机关既不得在会见场所内设置窃听、窃录设施，也不得派员在场旁听，而只能在看得见但听不见的地方进行监视，以切实保障犯罪嫌疑人、被告人与其辩护律师之间的会见权利和会见

效果。"① 应当向辩护律师告知犯罪嫌疑人涉嫌的罪名和案件有关情况，并且认真听取辩护律师提出的申诉、控告、申请变更强制措施和其他各项意见。由于指定居所监视居住场所与看守所毕竟有差别，因此，对被监视人获得律师帮助的权利包括律师会见的方式、场所等应作出明确规定。

（二）国家赔偿的实现

完善国家赔偿法。根据《国家赔偿法》第 17 条的规定，违反刑事诉讼法的规定对公民采取拘留措施的，或者依照刑事诉讼法规定的条件和程序对公民采取拘留措施，但是拘留时间超过刑事诉讼法规定的时限，其后决定撤销案件、不起诉或者判决宣告无罪终止追究刑事责任的，或对公民采取逮捕措施后，决定撤销案件、不起诉或者判决宣告无罪终止追究刑事责任的，受害人有取得赔偿的权利。修改后刑事诉讼法中监视居住制度缺乏关于救济手段的规定，而《国家赔偿法》也只将"错拘"、"错捕"列入国家赔偿范围，违反规定适用监视居住侵害被监视居住人合法权利的，则不在国家赔偿范围之列。这不利于保护被监视居住人的合法人身自由权利。

修改后刑事诉讼法规定，指定居所监视居住具有折抵刑期的效果，说明了这种强制措施与羁押之间的近似关系。正确采取指定居所监视居住的，可以折抵刑期，那么错误采取指定居所监视居住的行为，被监视居住人应当有权申请国家赔偿，二者之间的推理才能相互呼应。② 笔者认为，根据修改后刑事诉讼法的规定，指定居所监视居住是折抵刑期的强制措施，犯罪嫌疑人处于限制人身自由的状态，检察机关或者公安机关违反刑事诉讼法的规定对公民采取指定居所监视居住的，或者依法采取指定居所监视居住后决定撤销案件、不起诉或者判决宣告无罪终止追究刑事责任的，应当将其纳入国家刑事赔偿范围。由于指定居所监视居住是由上一级检察机关决定，下一级和上一级检察机关应当共同承担赔偿责任。

此外，在修改后刑事诉讼法实施后，国家赔偿法修改之前，建议全国人大常委会依据《立法法》第 42 条"法律解释权属于全国人民代表大会常务委员会。法律有以下情况之一的，由全国人民代表大会常务委员会解释：（一）法律的规定需要进一步明确具体含义的；（二）法律制定后出现新的情况，需要明确适用法律依据的"的规定，由全国人大常委会对违法采取

---

① 周长军：《从基本权干预原理论指定居所监视居住——兼评新〈刑事诉讼法〉第 73 条》，载《山东社会科学》2013 年第 4 期。

② 程雷：《刑事诉讼法第 73 条的法解释学分析》，载《政法论坛》2013 年第 7 期。

指定居所监视居住应给予犯罪嫌疑人国家赔偿作出立法解释。具体的赔偿机关应为决定、批准机关。具体的赔偿标准应与错误刑事拘留、逮捕的赔偿标准一致。

检察机关自侦案件指定居所
监视居住的适用及完善措施[*]

太原市人民检察院课题组

指定居所监视居住是指人民检察院、公安机关在刑事诉讼中限令犯罪嫌疑人、被告人在规定的期限内不得离开住处或者指定的居所，并对其行为加以监视、限制其人身自由的一种强制措施。2012 年 3 月 14 日，全国人大通过了《关于修改〈中华人民共和国刑事诉讼法〉的决定》，以立法的形式，针对监视居住制度在实施过程中所暴露出的问题，明确提出了指定居所监视居住的制度构建，使之成为在性质上和适用范围上区别于以往的一项新的强制措施。修改后刑事诉讼法第 73 条规定，监视居住应当在犯罪嫌疑人、被告人的住处执行；无固定住处的，可以在指定的居所执行。对于涉嫌危害国家安全犯罪、恐怖活动犯罪、特别重大贿赂犯罪，在住处执行可能有碍侦查的，经上一级人民检察院或者公安机关批准，也可以在指定的居所执行。为了确保修改后刑事诉讼法的"指定居所监视居住"措施在司法实践中得到正确的贯彻和落实，同年 10 月 16 日最高人民检察院通过了《人民检察院刑事诉讼规则（试行）》，11 月 5 日最高人民法院通过了最高人民法院《关于适用〈中华人民共和国刑事诉讼法〉的解释》，12 月 13 日公安部全面修订了《公安机关办理刑事案件程序规定》，12 月 26 日最高人民法院、最高人民检察院、公安部、国家安全部、司法部、全国人大常委会法制工作委员会修订和公布了《关于实施刑事诉讼法若干问题的规定》。这些根据刑事诉讼法立法精神制定的具体司法解释对"指定居所监视居住"措施实施中所谓特别重大贿赂犯罪、固定住处、有碍侦查、指定的居所等概念的含义进行了进一步的界定，对监视居住的检察监督、决定与变更、执行、指定居所监视居住费用等具体事项进行了进一步细

---

* 课题负责人：周茂玉，山西省太原市人民检察院党组书记、检察长。课题组成员：韩少峰、李麒、马秀娟、吴杨泽、王金华、李晓燕、陈丽丽、陈兰、孙寅平、张卫民、褚尔康、苏兴庆、杨丽。

化，在一定程度上增强了"指定居所监视居住"措施的可操作性。

作为新一轮司法改革和2012年修改刑事诉讼法的一个重要亮点，指定居所监视居住自法律修改征求意见稿公布之日起就成为社会各界关注焦点和理论界研究热点。对该制度是否能够有效解决当前羁押侦查措施实施过程中的弊端，对制度执行过程中是否存在执行成本高、是否存在变相羁押、辩护律师会见通信权利的行使是否受到限制等方面存在诸多争议。为解决这些现实紧迫问题，应当首先界定"指定居所监视居住"措施的理论定位，在历史与发展、逻辑与现实、理论与实务的多重维度中探寻这项制度的形成渊源。

一、指定居所监视居住制度概述

（一）指定居所监视居住制度的历史沿革

作为一项具有中国刑事司法政策特色的强制措施制度，"监视居住"的提法最早出现在1954年施行的《中华人民共和国拘留逮捕条例》中，其第2条第2款规定，对应当逮捕的人犯，如果是有严重疾病的人，或者是正在怀孕哺乳自己婴儿的妇女，可以改用取保候审或者监视居住的办法。1963年《中华人民共和国刑事诉讼法草案（初稿）》吸收并进一步发展了这项制度规范，成为指定居所监视居住制度的最早立法渊源。

1. 制度的雏形——1979年刑事诉讼法"指定居所监视居住"立法规范

1979年刑事诉讼法第38条规定，人民法院、人民检察院和公安机关根据案件情况，对被告人可以拘传、取保候审或者监视居住。被监视居住的被告人不得离开指定的区域。监视居住由当地公安派出所执行，或者由受委托的人民公社、被告人的所在单位执行。该条文中"被监视居住的被告人不得离开指定的区域"的规定，是以法律禁止的语言形式提出了对被监视居住的犯罪嫌疑人和被告人的强制措施"指定一定的区域"，同时也成为"指定居所监视居住"的制度雏形。但是，在此部刑事诉讼法并未对何为"指定的区域"进行进一步解释。这是因为，按照当时的立法思想和社会经济发展状况，此处的"指定区域"可以理解为包括被告人的住所，也包括工作场所等其他指定的区域。这是基于以下两种考量：首先，此部刑事诉讼法颁布之时，我国正处于改革开放的起步阶段，户籍管理制度仍然较为严格，人口的流动性较低，多数公民的住所都相对固定，活动范围一般局限于工作和生活的场所，因此指定的区域一般是被监视居住人居住或者工作的场所。其次，此部刑事诉讼法规定监视居住由当地公安派出所执行，或者由受委托的人民公社、被告人的所在单位执行，显然住所监视居住由公安机关执行，公安机关警力不足时可以由基层组织代为执行；工作场所的监视居住由被监视居住人所在单位执行。所以，1979 年刑事诉讼法中规定的监视居住在执行中事实上已经包括了指定居所监视居住制度的基本雏形。①

2. 制度的发展——1996 年刑事诉讼法"指定居所监视居住"立法规范

在 1996 年刑事诉讼法修改过程中，理论界主张废除监视居住制度。但是，司法实践中对于大量的犯罪嫌疑人、被告人符合逮捕条件，因为案件的特殊情况以及办理案件的需要不适宜采取逮捕措施的情形，缺乏必要的替代措施。因此，作为非羁押性强制措施的监视居住制度在一定程度上具有减少与替代羁押的功能，出于案件侦查需要，以及对逮捕羁押强制措施的替代性功能，在立法上仍然采取了保留加完善的立法策略。② 并在 1979 年刑事诉讼法规定的基础上，进一步细化了有关监视居住的规定，增加了被监视居住人的义务及违反义务的法律后果、监视居住期限以及变更等内容。该法第 51 条规定，人民法院、人民检察院和公安机关对于可能判处管制、拘役或者独立适用附加刑，可能判处有期徒刑以上刑罚，采取取保候审、监视居住不致发生社会危险性的犯罪嫌疑人、被告人，可以适用取保候审或者监视居住。从监视居住的执行来看，与拘留、逮捕等羁押性强制措施在看守所集中统一执行所不同的是，监视居住只能分散在被追诉人的住处或者指定的居所。所以，该法第 57 条进一步规定"被监视居住的犯罪嫌疑人……未经执行机关批准不得离开住处，无固定住处的，未经批准不得离开指定的居所"。这一规定表明监视居住的执行可以有两种形式，即"住所监视居住"和"指定居所监视居住"。可以看出，尽管 1996 年刑事诉讼法虽然并未明文提出"指定居所监视居住"，但其关于被监视居住人应当遵守义务的规定事实上明确了监视居住的执行场所包括了"指定的居所"。③

在司法实践中，由于取保候审作为强制措施的实际约束力明显不足，监视居住制度事实上成为取保候审的替补性措施。但是，在市场经济条件下，传统的户籍制度形成的稳定的城乡二元结构被打破，与之相伴的是大量的流动人口没有固定的居住场所，基于这一社会现实，司法实践中大量使用了指定的居所进行监视居住。例如，在《公安机关办理刑事案件程序规定》中将"固定住处"解释为被监视居住人在办案机关所在的市、县内生活的合法住所，将

---

① 顾昂然：《关于刑事诉讼法修改情况和主要内容》，1996 年 1 月 15 日在刑事诉讼法修改座谈会上的讲话，载顾昂然：《新中国改革开放三十年的立法见证》，法律出版社 2008 年版，第 440—441 页。

② 参见徐静村、潘金贵：《我国刑事强制措施制度改革的基本构想》，载《甘肃社会科学》2006 年第 2 期。

③ 参见孙长永：《比较法视野中的刑事强制措施》，载《法学研究》2005 年第 1 期。

"指定的居所"解释为办案机关在所在的市、县内为被监视居住人指定的生活居所。按照这一解释，无论住所监视居住还是指定居所监视居住，被监视居住人的活动范围均应当为满足其生活需要所必需，其在执行场所内的自由程度应当是完全相同的。这一方面是对法律执行的扩大解释，导致司法实践中出现大量的侵犯诉讼参与人权益的现象；另一方面也以倒逼的机制对法律的修改提出了现实的紧迫性要求，直接促成了刑事诉讼法关于"指定居所监视居住"制度的建立。

3. 制度的形成——2012 年刑事诉讼法"指定居所监视居住"立法规范

2012 年刑事诉讼法修改，是在 1979 年和 1996 年两部刑事诉讼法基础上，对指定居所监视居住的适用范围、适用条件、适用主体、执行场所、法律效果等方面的进一步规范和完善，并从执行场所、通知义务、法律监督等方面对指定居所监视居住的适用进行了严格的规制。① 其第 73 条规定，监视居住应当在犯罪嫌疑人、被告人的住处执行；无固定住处的，可以在指定的居所执行。对于涉嫌危害国家安全犯罪、恐怖活动犯罪、特别重大贿赂犯罪，在住处执行可能有碍侦查的，经上一级人民检察院或者公安机关批准，也可以在指定的居所执行。这一规定不仅细化了相关的概念和程序，也为检察机关适用指定居所监视居住提供了明确的操作规范。根据这一规定，指定居所监视居住的适用包括两种情形，即因被监视居住人无固定住处适用指定居所监视居住和涉嫌危害国家安全犯罪、恐怖活动犯罪、特别重大贿赂犯罪而适用的。这就从立法层面增强了对监视居住执行方式与执行场所的限制，有利于保障刑事被追诉人的合法权利。而且修改后刑事诉讼法对指定居所监视居住增设了一系列的具体规则规范其适用，在决定适用之后检察机关需要对适用的必要性进行检察监督，根据具体情况变更或者解除监视居住强制措施，从而避免了指定监所居住制度被错误定位成一种新的变相羁押措施。可以看出，修改后的刑事诉讼法通过严格限制指定居所监视居住的适用对象，为指定居所监视居住设置了实体条件与操作规则，进一步规范了这种非羁押性强制措施的适用原则和具体条件，将案件的特殊情况或者办理案件的需要作为监视居住的适用条件。根据立法机关的解释，"案件的特殊情况"主要是指案件的性质、情节等表明虽然犯罪嫌疑人、被告人符合逮捕条件，但采取更为轻缓的强制措施不致发生本法第 79 条规定的社会危险性，或者因案件的特殊情况，对犯罪嫌疑人、被告人采取监视居住措施能够取得更好的社会效果的情形。这种立法模式的建立，不仅有利于进一步侦查犯罪，确保诉讼活动的依法进行，并且保障了犯罪嫌疑人、被告人的合

---

① 参见潘金贵：《监视居住保留论：反思与出路》，载《人民检察》2007 年第 14 期。

法权益。①

（二）指定居所监视居住制度的域外经验

纵观我国指定居所监视居住的历史发展历程可以看出，2012 年刑事诉讼法中规定的监视居住，与 1979 年、1996 年刑事诉讼法中业已存在的对无固定住处的被监视居住人适用的指定居所监视居住之间存在一定的历史联系。但是，作为一项新的侦查强制措施，其制定依然体现了一系列新的制度差异性，这不仅体现在执行场所上的区别，更为重要的是对人身自由程度的限制和检察机关的监督等方面的差异。这是因为在立法过程中，该项制度的制定和实施大量参考了域外的成功立法经验，包括以下几个国家的立法实例：

1. 意大利：住地逮捕

《意大利刑事诉讼法典》第 284 条规定：（1）在实行住地逮捕的决定中，法官规定被告人不得离开自己的住宅、其他私人居住地、公共治疗场所或扶助场所。（2）必要时，法官限制或者禁止被告人与其他非共同居住人或非扶助人员进行联系。（3）如果被告人不能以其他方式满足基本的生活需要或限于特别困难的境地，法官可以批准他在白天离开逮捕地，在严格的时间限度内设法满足上述需求或者进行有关工作。（4）公诉人或者司法警察可以随时检查被告人执行有关规定的情况。（5）处于住地逮捕状态的被告人被视为处于预防性羁押状态。

2. 俄罗斯：具结不外出

《俄罗斯刑事诉讼法》第 102 条规定，具结不外出和行为保证在于犯罪嫌疑人或刑事被告人以书面形式保证做到：（1）未经调查人员、侦查员、检察长或者法院的许可不离开经常或临时住所地；（2）在指定期限内听候调查人员、侦查员、检察长或者法院的传唤到案；（3）不以其他方式妨碍刑事案件的进行。

3. 法国：司法监督

预审法官可以对受司法监督的人设置以下义务：（1）涉及行动自由的有：不得离开预审法官所规定的地域；除非存在特定原因或理由，不得离开其住所或指定的居所；不得前往某些场所，或只能前往某些规定的场所；离开规定的地域时必须报告预审法官。（2）定期到预审法官所指定的负责对被审查人的行为进行严格管束的部门或机关报到，并服从其传唤，接受其对被审查人的职

---

① 参见王贞会：《刑事强制措施的基本范畴——兼评新〈刑事诉讼法〉相关规定》，载《政法论坛》2012 年第 3 期。

业活动和受教育情况的监督。（3）停止接待或会见预审法官指定的某些人，或停止与他们进行任何形式的联系。（4）服从某些检验、治疗和康复措施，甚至入院治疗，尤其是戒毒治疗。（5）禁止从事某些职业活动或社会活动。如果受审查人恶意或者故意逃避其应履行的义务时，预审法官可签发押票或逮捕令，对其实行临时羁押。

4. 德国：延期执行逮捕

《德国刑事诉讼法》第116条第1款规定：如果采取不那么严厉的措施，也足以达到待审羁押之目的的，法官应当命令延期执行仅根据逃亡之虞签发的逮捕令。尤其可以考虑的有：（1）责令定期在法官、刑事追诉机关或者由他们所指定的部门地点报到；（2）责令未经法官、刑事追诉机关许可，不得离开住所或者居所或者一定区域；（3）责令只能在特定人员监督下才可离开住宅；（4）责令被指控人或者其他人员提供适当的担保。

5. 英国：附条件保释

有实证研究表明，1/4被告人被附条件保释，其中，78%是要求被保释人居住在明确固定的住址，46%被要求不得与指定人员联系，24%被要求不得去特定地方。

6. 美国：附加非金钱条件的保释

根据《美国法典》第3142条的规定，法官可以附加的条件包括：遵守对其社交、居住和外出的限制；不得与本案被害人和可能就本案的犯罪问题作证的证人有任何接触；定期向指定的执法机关、审前服务机关或其他有关部门汇报情况；等等。

7. 加拿大：有附条件的承诺、附条件的保证书等

按照《加拿大刑法典》第515条（4）的规定，包括：（1）按照指令不得离开某个特定的区域；（2）除非法官在命令中明确表示同意，不能直接或间接接触任何被害人、证人或者其他指定的人，或者进入任何明令不能涉足的场所；等等。

8. 日本：附加条件的保释

无例外附有的条件是指定住所（限制住所），（《日本刑事诉讼法》第93条第3款规定："在准许保释时，可以限制被告人的住居或附以其他认为适当的条件"）传唤时没有正当理由必须到场，以及将符合《日本刑事诉讼法》第96条规定的事项作为附加条件予以列举。

9. 韩国：保释条件

接受法院为防止犯罪嫌疑人逃跑而采取的措施，如限制居住范围等；不得接近被害人、证人或其亲属的居住地和工作场所。

综上可以看出，域外制定居所监视居住的立法模式分为两种：一种是单独规定，如意大利、俄罗斯；另一种是作为保释的附加条件，如法国、日本。前者表明其性质是代替羁押、延缓逮捕的一项理由，是羁押性强制措施的替代。我国的指定居所监视居住政策参考了第二种立法模式，即暂时免除对其实施羁押，代之以在正式羁押场所外执行的监禁，其本质是一种代替羁押的手段。

（三）指定居所监视居住制度的价值目标

正如前文所述，无论是历史发展还是域外经验，指定居所监视居住的制度设计与规范运行，以及其价值追求都并不简单是保障诉讼，而是以保障人权为其根本价值目标，充分体现和贯彻了刑事诉讼法尊重与保障人权的基本精神，因此"指定居所监视居住"制度的价值目标是复合型、综合型的。[①]

1. 人权保障价值

刑事诉讼法原理认为，强制措施的羁押造成刑事被追诉人在一定期限内人身自由的完全失去，而羁押替代性措施是以非羁押的方法来取代对人身自由的剥夺，为刑事被追诉人留存一定的人身自由。作为一种羁押强制措施的替代机制，指定居所监视居住的强制性弱于羁押性的逮捕措施，仅仅是限制而非剥夺人身自由。从立法原则来讲，被指定的监视居住人享有的最低待遇不得低于羁押的被追诉人。可以说，指定居所监视居住既是对具有相当人身危险性的被追诉人人身自由更加严格的限制，又避免了羁押性强制措施的适用。因此，指定居所监视居住的执行处所应当满足最基本的生活条件，在被监视居住人隐私权的保护与其人身自由的限制之间寻求适当的平衡，不能完全剥夺其人身自由，形成变相或实质羁押。所以，监视居住与羁押的本质区别之一就在于被限制自由的地点之间的差异：看守所虽然具备各种生活功能，但本质上是工作场所，而指定居所的地点本质上是正常生活的居住场所。[②] 对此，《人民检察院刑事诉讼规则（试行）》中明确了"指定的居所"应当具备正常的生活、休息条件，而且应当便于监视、管理、能够保证办案安全，强调了指定的居所是生活的场所，保障被监视居住人能够在适宜居住的场所正常的生活，确保其享有的待遇不低于被羁押的刑事被追诉人。指定的居所是指除了被追诉人固定住处、羁押场所、专门办案场所以及其他可能转化为专门办案场所的临时办公场所外，适宜被监视居住人临时居住的场所。在遵守基本义务的前提下被监视居住

---

① 参见易延友：《刑事强制措施体系及其完善》，载《法学研究》2012年第3期。

② 参见王贞会：《刑事强制措施的基本范畴——兼评新〈刑事诉讼法〉相关规定》，载《政法论坛》2012年第3期。

人还应当享有一定限度的自由，其基本的人权应当得到充分保障，这不仅包括诉讼权利告知制度、律师会见制度、畅通司法救助渠道，切实保障犯罪嫌疑人的诉讼权利，还包括保障其正常的生活，具备正常的生活、休息条件。犯罪嫌疑人在居所内的人身权利不受非法侵犯，人格尊严得到充分尊重；饮食、起居与办案人员一致，休息时间足够合理、生病及时得到救治，从而确保犯罪嫌疑人基本的生活保障。

2. 诉讼保障价值

在刑事司法实践活动中，案件情况纷繁复杂，大量刑事案件中存在被追诉人符合羁押条件却不宜羁押、具备取保条件却无法取保的情况。从对刑事被追诉人人身自由的限制程度来看，监视居住是介于取保候审的轻微干预和逮捕的完全剥夺之间的羁押程度。其价值意义在于，既是对具有相当人身危险性的被追诉人人身自由更加严格的限制，又避免了羁押性强制措施的适用。同时，对于存在相当人身危险性，对刑事诉讼的顺利进行构成了一定的威胁而又不宜羁押的刑事被追诉人而言，监视居住对人身自由的限制比取保候审更为严格，在一定程度上弥补了取保候审在实践中执行不力，无法有效实现强制措施防卫社会功能的缺陷。因此，修改后的刑事诉讼法不仅完善了监视居住的独立适用条件，使其具备了在强制措施体系中的独立地位与空间，还适当拉开了其与取保候审之间的差距，减小了其与逮捕的落差，实现了监视居住从非羁押性强制措施到羁押替代措施的定位变化。正如全国人大常委会《关于修改〈刑事诉讼法〉草案的说明》指出的那样，修改和完善监视居住的初衷和立法精神是："考虑到监视居住的特点和实际执行情况，将监视居住定位于减少羁押的替代措施，并规定与取保候审不同的适用条件比较妥当。"从刑事诉讼法实施以来的实际执行情况看，指定居所监视居住还改变了以往犯罪嫌疑人、被告人自由居住或者变相羁押的状况，使其真正成为一种介乎取保候审与逮捕之间的非羁押性强制措施。这一转变增强了强制措施限制人身自由的层次性，赋予强制措施体系以科学性和合理性，能够很好地满足司法机关办理不同案件的需求，确保了诉讼保障价值的实现。

3. 侦查保障价值

强制措施本身就属于侦查活动的重要组成部分，但是强制措施保障诉讼顺利进行的功能仅仅是有效防止被追诉者逃跑、逃避侦查、起诉和审判；排除被追诉者制造假象、窝赃销赃、互相串供、伪造、变造、隐匿、毁灭罪证的可能性。监视居住这一制度设计的本意即在保障刑事被追诉人能够在适宜居住的场所正常生活的前提下对其行动自由予以约束，防止被追诉人实施妨碍诉讼进行的行为，保证侦讯及起诉、审判等诉讼活动的顺利进行。因此，指定居所监视居住的本质是强制措施，立足于实现程序保障功能的目的而适用，应当严格避免实践中异化为变相侦查措施。即指定居所监视居住是一种诉讼程序保障方法而不仅仅是侦查取证的手段。为了预防被追诉人实施新的危害行为、妨碍诉讼顺利进行或者逃避审判，要求被监视居住人必须遵守一定的义务，包括未经执行机关批准不得离开执行处所、不得会见他人或者通信；在传讯的时候及时到案；不得以任何形式干扰证人作证、不得毁灭、伪造证据或者串供等。但是，在指定居所监视居住之下，限制被追诉人人身自由的限度、确保其遵守相关义务主要通过有效的监控措施予以保证。对于保障刑事诉讼的顺利进行而言，监控措施的运用必须在合理的限度之内，即对被指定居所监视居住人适用监控方法不仅应注重有效性，也应当注重其合法性、合理性。侦查期间的通信监控，主要通过对被监视居住人通信行为的审查来规制被监视人与他人之间的通信行为，防止其使用手机、网络或者其他新型通信手段实施妨碍诉讼的行为，仅仅是监督其履行未经批准不得通信义务的公开监控手段，不包括对通信内容的检查，不是侦查取证行为。电子监控以确保其不擅自离开指定的居所，不实施破坏、毁灭证据、干扰作证的行为为限，不得随意扩张为电子监听、电子监视等技术侦查措施，如果在办案过程中需要采取上述技术侦查措施则应当严格按照技术侦查的适用程序进行。对此，《人民检察院刑事诉讼规则（试行）》规定，"指定的居所"可以作为接受讯问的场所，而且要求能够确保办案安全，但是笔者认为，监视居住仅仅是诉讼保障措施而非侦查取证的手段，其功能不包括设置讯问的地点，需要讯问时可以到办案场所进行。在修改后刑事诉讼法规定了电子监控、通信监控等较为严厉的执行措施，对被指定居所监视居住人人身自由的限制程度大为增加的情况下，如何有效预防非法取证与变相羁押是指定居所监视居住适用中的关键。

因此，正是由于指定居所监视居住强制措施制度的价值目标的特殊性，这就必须在理论准确定位和深度剖析基础上，探索构建指定居所监视居住的具体操作工作机制，细化审批流程、规范适用及执行、增强可操作性，以期更好地发挥指定居所监视居住的功能，体现其在实践中的价值。

二、指定居所监视居住制度的实证考察

（一）指定居所监视居住的适用情况

本课题组先后考察了江苏省、云南省、山西省等地的检察机关适用指定居所监视居住（以下简称指监）的情形，根据掌握的资料，指监适用的基本情况包括以下几点。

1. 比重不高，各地不均匀

以山西省为例，截止到 9 月底，全省检察机关办理的指监案件为 18 件，占同期贪污贿赂案件总数的 2.26%；其中晋中市 12 件，长治市 3 件，晋城市 3 件，太原市 1 件，其余市院没有一起。在适用的数量上，各地均有意加以控制，其原因有四个方面：一是新制度，很多地方还在探索经验，没有全面推开；二是担心出现安全事故，不敢用；三是都认为指监措施是把"双刃剑"，适用过多可能会侵犯人权，最后导致立法取消检察机关的指监权，这不利于检察事业长远发展；四是指监措施具有负面作用，在修改后刑事诉讼法实施以前，南京市院曾经大规模适用指监措施，结果发现侦查人员离开了指监措施就不会办案，严重阻碍了侦查能力的建设，因此该院有意压缩指监案件的数量，今年控制在 10% 以内。

2. 犯罪性质主要是贿赂犯罪

山西省检察机关所办理的 18 起指监案件，其中 17 起包括贿赂犯罪，只有 1 起是贪污犯罪。在考察中，各地检察人员普遍反映，贿赂犯罪的证据多数属于一对一，为了取得口供，必须保证必要的时间投入。南京市江宁区院的干警甚至认为，指监措施主要是用来办理贿赂案件，因此，让不让适用指监措施是一个导向，人为控制指监措施就是人为控制贿赂案件查办数量。

3. 采取指监的目的主要是取证，时间长短不一

在考察过程中，各地检察人员均表示，采取指监的目的就是为了取得犯罪嫌疑人的口供。正如某地检察机关在情况说明中承认，"在初查时，该案系纪委移送，证据不足，但案情重大，根据当时紧急情况，需立即控制住犯罪嫌疑人以做进一步侦查……"江苏省南京市院反贪局的负责人也表示，该院的指监措施主要适用于两种情况，一是案情复杂、核证难度大、短时间拿不下来的案件；二是要深挖窝案、串案的重大案件。采取指定居所的时间，也是因案而异，山西省的指监案件最短的仅 1 天，最长的达到 108 天，每案平均用时 22.8 天，也有检察人员统计修改后刑事诉讼法实施以前，当地的指监期限一般不超过 15 天。①

4. 采取指监的依据主要是修改后刑事诉讼法第 73 条

以山西省晋中市办理的 12 起指监案件为例，其中贿赂数额超过 50 万元以上的有 2 起，犯罪嫌疑人在当地无住所的有 3 起，其余 7 起均为异地管辖，也就是在办案机关所在地没有住所。

---

① 李钟、刘浪：《监视居住制度评析——以 2011 年〈刑事诉讼法修正案（草案）〉为视角》，载《法学杂志》2012 年第 1 期，第 17 页。

5. 指监的地点、监视方式多种多样

在指监地点的选择上，有的利用纪委的办案点，有的在宾馆，有的在度假村，有的在专门的检察机关办案基地。在执行过程中，所有的案件基本都采用专人、全程看护的方式，辅助以电子监控的手段；关于监视主体，有的以公安人员为主，有的以检察人员为主，仅有个别案件是公安机关单独执行。

6. 采用指监的成本因案、因地而异

在人力成本投入方面，1 名犯罪嫌疑人需要投入 10 名以上的办案人手，主要是用于全天候看护犯罪嫌疑人，防止发生安全事故，除此之外，还包括食宿、设备等各种费用，因此，采用指监时间短的案件成本就小，时间长的案件成本就大。在此过程中，是否在专门的办案基地，是影响成本的重要因素之一。以南京市院为例，由于实行集约化管理，在该院的办案基地适用指监措施，每案的平均成本是 1.5 万元，相反，没有专门办案基地的检察机关，适用指监案件的成本在每案 10—20 万元，两者相差较大。高昂的办案费用成为一些地方适用指监措施的主要障碍，一些检察长坦言自己"用不起"。

（二）指定居所监视居住措施存在的问题

在考察过程中，发现各地在适用指监措施的过程中，存在一些不合法、不规范的问题。

1. 适用条件被简化

修改后刑事诉讼法规定了适用指监措施的前提条件，其中第 72 条第 1 款规定，公检法三机关对于符合逮捕条件，有下列五种情形之一的犯罪嫌疑人、被告人，可以监视居住：一是患有严重疾病、生活不能自理的；二是怀孕或者正在哺乳自己婴儿的妇女；三是系生活不能自理的人的唯一扶养人；四是因为案件的特殊情况或者办理案件的需要，采取监视居住措施更为适宜的；五是羁押期限届满，案件尚未办结，需要采取监视居住措施的。第 2 款规定，对符合取保候审条件，但犯罪嫌疑人、被告人不能提出保证人，也不交纳保证金的，可以监视居住。总结该条的规定，可以将监视居住的适用条件概括为两种情况：A——符合逮捕条件（刑事诉讼法第 79 条），并且满足五种情形之一；B——符合取保候审条件（刑事诉讼法第 65 条），并且既不能提出保证人也不交纳保证金。

修改后刑事诉讼法第 73 条规定："监视居住应当在犯罪嫌疑人、被告人的住处执行；无固定住处的，可以在指定的居所执行。对于涉嫌危害国家安全犯罪、恐怖活动犯罪、特别重大贿赂犯罪，在住处执行可能有碍侦查的，经上一级人民检察院或者公安机关批准，也可以在指定的居所执行。"总结该条的规定，同样可以将指定居所监视居住所必须的条件概括为两种情况：C——无固定住处；D——涉嫌三种特殊犯罪类型之一，在住处执行可能有碍侦查的。关于特别重大贿赂犯罪，《人民检察院刑事诉讼规则（试行）》第45条进行了细化，包括三种情形：一是涉嫌贿赂犯罪数额在50万元以上，犯罪情节恶劣的；二是有重大社会影响的；三是涉及国家重大利益的。

综合上述规定，我们可以归纳出检察机关适用指监措施的四种类型。一是A＋C型，即符合逮捕条件，并且满足五种情形之一，同时没有固定住所。二是A＋D型，即符合逮捕条件，并且满足五种情形之一，同时涉嫌特别重大贿赂犯罪，在住处执行可能有碍侦查的。三是B＋C型，即符合取保候审条件，既不能提出保证人也不交纳保证金，并且无固定住处的。四是B＋D型，即符合取保候审条件，既不能提出保证人也不交纳保证金，同时涉嫌特别重大贿赂犯罪，在住处执行可能有碍侦查的。

不难看出，指监措施的适用必须同时满足法律的多项规定。但是，这些规定在实践中被大大简化，各地检察机关普遍只看是否满足了条件C或者D，即有无固定住所或者是否属于特别重大贿赂犯罪，只要满足了其中一个，就认为具备了适用指监措施的条件，这就导致法律规定的很多限制条件被忽略，其后果就是指监的适用条件被大大放宽，这无疑与修改后刑事诉讼法的立法目的相悖。

2. 侦查一体化机制导致部分法律规定被规避。

根据刑事诉讼法规定，检察机关在办理特别重大贿赂犯罪案件的过程中，如果适用指监措施，需要上一级检察机关批准。在实践中，部分检察机关采用侦查一体化机制，广泛采取指定管辖、提办、交办、参办等各种方式领导指挥下级院办案。同时，有的地方还采取异地交叉办案的模式开展工作，并且取得了积极效果。[①] 侦查一体化机制虽然对查办案件十分有利，但却导致指监措施的部分法律规定被规避，比如，有的检察机关初查后，为了采取指监措施而有意将案件指定到下级院管辖，然后自己再批准下级院采取指监措施，这变相地规避了刑事诉讼法的规定，使上级院监督下级院的立法目的落空。

3. 监督机制不完善，实效不明显

《人民检察院刑事诉讼规则（试行）》第118条第2款规定："对于下级人民检察院报请指定居所监视居住的案件，由上一级人民检察院侦查监督部门依

---

① 张龙、王军和：《积极推行异地交叉办案机制》，载《检察日报》2012年3月21日第2版。武威市检察院采取指定管辖，跨区域办案模式，提高了查办案件的成功率，自2009年以来，有85%的案件都是通过异地交叉办案成功查处的。

法对决定是否合法进行监督。"第 120 条第 1 款规定："人民检察院监所检察部门依法对指定居所监视居住的执行活动是否合法实行监督"。但是，在实践中，由于监督机制不健全、信息流通不及时不平衡，再加上对侦查保密等方面的顾虑、领导对侦查破案的高度重视，这些因素都导致侦查监督部门和监所检察部门很难及时参与到对指监措施的监督过程中，往往是听信侦查部门的一家之言，检察机关内部机构之间的监督沦为形式，效果不明显。

4. 犯罪嫌疑人被执行的实际状况和立法精神不符

根据法律规定，监视居住是介于取保候审和拘留、逮捕等羁押措施之间的一种强制措施，被指定居所监视居住人虽然人身自由受到限制，但显然没有被完全剥夺，他应当享有一定的人身自由权，最低限度是要保证其在生活所必需的区域、在衣食住行方面有自由选择、自由活动的空间。但在实际执行过程中，为了尽最大可能保障犯罪嫌疑人的人身安全，防止出现安全事故，所有案件都采用的是贴身看护的方式，一般两人一组、三班倒不间断地看护犯罪嫌疑人，在这种情况下，别说犯罪嫌疑人的私密空间，就连睡觉也有人看护，不能关灯。在南京、无锡等地检察机关的办案基地，由于生活设施经过专门改造，消除了安全隐患，犯罪嫌疑人可以洗澡，生活条件相对较好。在其他地方，由于场所限制，犯罪嫌疑人基本上处于羁押状态，这种情况与立法目的显然不符。

5. 一些具体做法还不统一规范

一是对法律条款的理解不统一。比如，如何理解"特别重大贿赂犯罪 50 万元"的规定，有的认为是确定性标准，必须要掌握足够的数额，有的认为是可能性标准，经过侦查达到 50 万元就可以了；在一案多人的情况下，有的认为每个犯罪嫌疑人都必须达到这个数额，有的认为全案达到这个数额就可以了。又如，如何理解"有重大社会影响的"、"涉及国家重大利益的"内容，有的认为应该依据行业而论，有的认为应该依据犯罪主体的身份而论，还有的认为要一案一论。由于认识不统一，导致适用不统一，司法解释的规定并没有起到约束效果。

二是执行地点不统一。修改后刑事诉讼法第 73 条规定，指监措施"不得在羁押场所、专门的办案场所执行"。实践中，有的选择在宾馆，有的选择租住在烂尾楼里，有的在纪委办案点，还有的在检察机关的办案点。由于考虑办案的安全性，这些地方均会进行安全改造。特别要提到南京、无锡等地检察机关的办案基地，由于修改后刑事诉讼法作了明文禁止，这些办案点也相应进行了改造，将被监视居住人的生活场所和办案场所进行了物理隔离，生活场所类似于普通宾馆，办案场所类似于检察机关的办案工作区。没有专门办案点的检察机关，在执行过程中则没有这么规范。

三是执行主体、方式不统一。《人民检察院刑事诉讼规则（试行）》第115条第1款规定，人民检察院应当制作监视居住执行通知书，将有关法律文书和案由、犯罪嫌疑人基本情况材料，送交监视居住地的公安机关执行，必要时人民检察院可以协助公安机关执行。这样规定有一定的合理性，因为实践中公安机关因为警力有限或者其他原因，并不一定能够及时承担执行任务，但是案件办理又具有紧迫性和时效性，此时由检察机关协助执行就显得非常必要。但是实践中，为了达到合法执行的目的，有的采取由公安机关委托检察机关执行的方式，签订委托执行书；有的邀请公安机关在办案点设置警务室，需要时邀请公安机关参与；有的与公安机关签订协议，以支付报酬的方式购买公安机关执行指监措施这种"服务"。

三、完善检察机关自侦案件指定居所监视居住制度的思考

为了准确把握指定居所监视居住强制措施的性质与定位，解决好指定居所监视居住的具体适用和实际操作问题；并积极回应社会各界所关注的侦查权力强化与嫌犯人权保障不足的质疑；同时在侦查办案中规范行使这项职权，充分发挥检察机关打击特别重大贿赂犯罪的功能。课题组经过前期的理论探讨和实证考察，在指定居所监视居住强制措施的制度构建方面进行了积极的探索。

（一）进一步明确指定居所监视居住的适用原则

在指定居所监视居住具体适用中既要保障人权，又要防止放纵犯罪或造成社会不安定因素，应在两者之间的权衡、博弈中准确把握其平衡点。在具体的司法实践中，有的检察机关出于种种顾虑，对于符合指定居所监视居住情形，而且也有必要适用的，不敢或不愿适用。有的检察机关存在简化适用条件，甚至借助侦查一体化人为制造"无固定住处"的条件来适用指定居所监视居住。因此在"完善人权司法保障制度，国家尊重和保障人权"① 的指导思想下，遵循打击犯罪与保障人权相统一这一普遍原则，坚持指定居所监视居住适用必要性原则。

必要性原则的实质是最少侵害性和不可替代性。即在能达成法律目的诸方式中，应选择对人民权利最小侵害的方式，而且没有其他能给人民造成更小侵害而又能达成目的的措施能够取代该项措施。检察机关在适用指定居所监视居

---

① 《中共中央关于全面深化改革若干重大问题的决定》，2013年11月12日中国共产党第十八届中央委员会第三次全体会议通过。

住强制措施时，要基于控制犯罪、保证刑事诉讼活动顺利进行与保障人权的客观需要，充分考虑犯罪嫌疑人、被告人涉嫌犯罪的轻重程度和人身危险性程度等因素，尽可能做到谨慎适用和适度适用，对有必要适用该措施的要规范其适用程序和执行方式，尽可能减少和避免对当事人合法权益直接造成不利影响。

（二）严格指定居所监视居住的适用条件

为防止随意扩大适用范围，甚至导致滥用，在具体的司法实践中有必要严格其适用条件。

1. 明确"特别重大贿赂犯罪"这一条件

刑事诉讼法规定的"三种"适用情形中，检察机关指定居所监视居住主要发生在对特别重大贿赂犯罪案件的侦查中。为防止在实践中"借鸡生蛋"，有必要进一步明确这一必备条件，即嫌疑人涉嫌包括贿赂犯罪等多项罪名的，在适用指定居所监视居住前，部分贿赂犯罪事实已经有证据证明且符合特别重大标准。

2. 明确特别重大贿赂犯罪的内涵

《人民检察院刑事诉讼规则（试行）》已经从涉案金额和犯罪情节（50 万元以上，犯罪情节恶劣的）、嫌疑人级别（县处级以上）予以了明确；但对其他"有重大社会影响"的情形并没有细化，给司法实践带来一些不便，也给随意扩大范围适用留下了一定空间。将"发生在重要领域"、"涉及重点工程"、"社会关注度高"、"涉及群体性利益"等情形明确下来，符合我国社会当前实际，也为司法实践活动指明了方向。

（三）明确指定居所监视居住的执行场所

关于指定居所的具体场所的规定，修改后刑事诉讼法和《人民检察院刑事诉讼规则（试行）》都采取了否定式方法予以规定，即不得在羁押场所、专门的办案场所执行。《人民检察院刑事诉讼规则（试行）》更为明确：不得在看守所、拘留所、监狱等羁押、监管场所以及留置室、讯问室等专门的办案场所、办公区域执行。另外，中央政法委《关于加强办案安全防范工作防止涉案人员非正常死亡的规定》第 3 条明确规定："严禁在办案场所、办公场所或者宾馆、酒店、招待所等其他场所执行监视居住措施。"

在指定居所监视居住的具体施行中，遇到了非常大的现实性问题，因实在找不到现实可行的执行场所，具体的司法实践中，极可能仍会在宾馆、酒店、招待所进行，但一旦发生安全事故（客观上极个别事故是防不胜防的），办案人员及领导将直接面对中政委"规定"的惩处，办案人员及领导本身将面临极大风险；为确保办案安全，具体的司法实践中，极可能对被指定居所监视居住人采取"人盯人"的贴身看护方式，可能在一定程度上形成变相羁押，一旦被辩护律师攻击，极可能因程序违法而引发非法证据的责难，案件本身将面临极大风险。

排除上述地点，从现实看，可能符合"具备正常的生活、休息条件；便于监视、管理；能够保障办案安全"要求的地点有：一是租用居民住宅。首先，租用民宅可能会影响周围邻居、其他公民的正常生活；其次，为便于监管、确保安全必然要对租用的民宅进行改造，且能否重复利用的不确定性较大，司法成本过高；最后，租用的民宅经改造后，是否属于办案场所容易引起争议。二是建立专门的指定居所场所。首先，建立专门的指定居所场所相对独立，一般不会给周边造成影响；其次，专门场所一旦建成，可重复使用，可以有效节约司法成本；再次，专门场所更加便于监管，且安全防范效果更好；最后，专门场所也会面临是否属于办案场所的争议。

在充分研究和借鉴兄弟单位经验的基础上，我们认为，可以考虑建立专门的执行场所，但应当注意以下问题：

一是应当有较好的生活和休息条件，但建设规模不宜过大。较好的生活条件更能体现人文关怀和文明办案；限制建设规模符合当前例行从简节约的宗旨，更能有效抵制浪费司法资源的责难。

二是应当十分注重保障犯罪嫌疑人的合法权益。具体表现在监督方法上，严格遵守法律规定的"两个方法"："电子监控"的全天候是符合法律规定的，"随时检查"频率的加大也不违反法律规定。对犯罪嫌疑人通信进行监控的，要特别注意不要剥夺其通信权，但具体监控的方法法律没有规定，应当采取更加符合实际的办法。

三是严格区分监视居住场所和办案场所，讯问犯罪嫌疑人应传唤到办案工作区进行，监视居住场所就是监视和居住，不做任何办案工作。虽然这样客观上会造成司法警察和办案人员压力的增大，但这样的付出是值得的。

四是具体建设中，还要十分注意资源优化和方便办案，总体原则是一定辖区内建立统一的场所而不能搞"小而全"所有的检察院都建，同时还不能离办案工作区过远，造成不便和安全隐患。

因现实中，除上述场所外再无其他可供执行的场所，在现行法律规定下，我们只能在权衡中做"有利"选择，否则刑事诉讼法关于指定居所监视居住的规定只能流于空文。

（四） 切实强化指定居所监视居住的监督制约机制

修改后刑事诉讼法规定了人民检察院对指定居所监视居住的决定和执行是否合法实行监督，但并未明确具体由哪个部门监督、通过何种途径进行监督的问题。对于指定居所监视居住重点应监督两个环节：一是决定的合法性。由于法律对"无固定住处"、"有碍侦查"没有明确的规定，实践中决定机关可能会为了办案的需要，将"无固定住处"、"有碍侦查"作扩大化解释。二是执行的规范性。如执行场所是否合法；执行后是否及时通知被监视居住人的家属；是否履行告知义务等。我们认为：坚持监督与决定、执行同步是确保监督效果的有效办法。

1. 对于指定居所监视居住措施的决定，侦查监督部门应当介入

具体到程序的运行中，上级院侦查部门在收到下级院提请指定居所监视居住报告的同时，应将副本抄送本院侦查监督部门。侦查监督部门应及时向检察长报送意见，使审批与监督同步进行，切实增强监督的实效。

2. 在执行环节，应建立指定居所监视居住案件动态跟踪机制

检察机关应积极行使监督权，通过案件动态跟踪机制了解情况。应定期进行检查，通过查阅卷宗、走访现场、倾听被监视居住人的意见等方式，了解监视居住的执行情况。

检察机关开展电子数据
取证工作的调查与思考[*]

湖南省人民检察院
湖南省长沙市芙蓉区人民检察院

一、检察机关开展电子数据取证工作中存在的问题

职务犯罪侦查是电子数据在检察工作中应用的主要领域，而应用率最高的则是反贪污贿赂部门。笔者组织对湖南省检察机关反贪污贿赂部门开展电子数据取证工作进行了调查。2013 年 1—10 月，湖南省检察机关反贪污贿赂部门在办案中开展了电子数据取证工作的案件共 64 件，只占贪污贿赂犯罪案件总数 824 件的 7.7%。检察机关开展电子数据取证工作还面临很多困难和问题。

（一）对电子数据的作用和价值认识不足

随着科技的迅猛发展，人们大量的案头工作都通过计算机来完成，书面材料日益减少。电子数据的广泛应用，客观上加速了职务犯罪智能化、科技化、隐蔽化的趋势。但职务犯罪侦查模式还没有完全实现相应的转型，仍然注重对言词证据和书证的收集，对电子数据的内涵、范围、取证方法等认识模糊，对电子数据在职务犯罪侦查中的作用和价值认识不到位，缺乏主动收集、固定、运用电子数据的意识，导致错失电子数据收集的良机。

（二）电子数据取证力量薄弱

全省检察机关侦查部门绝大多数没有配备专门的电子数据取证技术人员，普通的侦查人员普遍缺乏电子取证知识，特别是在遇到文件被删除或加密的情

---

* 课题负责人：常智余，湖南省人民检察院党组副书记、副检察长。课题组成员：湖南省人民检察院朱国详、朱必达、易志斌、陈秋华、罗雅琴、龙清、刘丁炳、王泉、黄辉军、雍志航、杨帆、李争春、闻周娟；湖南省长沙市芙蓉区人民检察院黄子皿。

况下，往往束手无策，让关键证据流失掉。而检察技术部门的技术人员缺乏侦查知识和经验，很难在复杂的现场环境中找到办案所需要的电子数据。一方面，至少市一级检察院侦查部门应配备一到二名专门的电子取证技术人员；另一方面，需要对普通的侦查人员进行电子数据取证知识的专业培训。

（三）电子数据收集、固定难

由于电子数据具有海量性、可灭失性和可修改等特点①，收集与案件事实有关的电子数据难度大，时效性强，且在固定前容易被人修改，从而导致失真。因此，侦查人员收集电子数据、固定电子数据的难度非常大。

（四）缺乏电子数据专门的搜查、提取规则

修改后的刑事诉讼法虽然从基本立法的高度将"电子数据"作为证据的种类之一作出了明确的规定，但该法以及《人民检察院刑事诉讼规则（试行)》并没有专门针对电子数据的特点制定特殊的搜查、提取规则，导致办案实践中对电子数据的搜查、提取缺乏明确的程序规范，影响了电子数据来源的可靠性、合法性的认定。

（五）没有明确规定网络服务单位不履行协作义务的法律后果

立法上对网络服务单位及其他持有电子数据的单位配合检察机关开展电子数据取证工作的义务没有明确规定不履行义务的法律后果，导致网络服务单位及其他持有电子数据的单位对检察机关要求提供的电子数据往往以上级单位没有文件规定为由不提供，或者以提供困难为由推诿，影响检察机关对涉案电子数据的调取。

（六）电子数据取证的技术手段落后

目前，全省检察机关反贪污贿赂部门和检察技术部门对电子数据取证的装备还非常落后，不能适应办案的需要。如对手机电子短信记录的恢复，目前全省检察机关检察技术部门只能对近年生产的几种新款手机的短信记录进行恢复和鉴定，造成扣押有关当事人其他型号手机中的短信资料因无法恢复而流失，影响了电子数据的收集。

---

① 魏从金：《浅谈修改后刑事诉讼法中的电子数据》，载《法制与社会》2013 年第 2 期。

二、电子数据的基础理论

随着信息技术的迅猛发展和普遍运用，电子数据与人类活动日益密不可分，关于人们活动的信息也越来越多地打上了电子数据的印迹。与此同时，电子数据在诉讼活动中发挥的作用也越来越大，甚至被称为未来信息社会的"证据之王"。

修改后刑事诉讼法第 48 条第 2 款规定，证据包括"视听资料、电子数据"，正式将电子数据规定为法定证据种类之一，首次明确了电子数据的法律地位和证据资格。但是，不仅修改后刑事诉讼法没有对电子数据作出任何界定，实务界对其概念、种类也理解不一。有的认为，所谓电子数据，是指随着计算机及互联网的发展，在计算机或者计算机系统运行过程中，因电子数据交换等产生的以其记录内容来证明案件事实的电磁记录物。[①] 有的认为，电子数据是指与案件事实有关的电子邮件、网上聊天记录、电子签名、访问记录等电子形式的证据。[②]

从 20 世纪 90 年代至今，信息技术迅猛发展，由于电子证据的形式随着技术的发展在不断更新、不断变化，对其认识各界还存在不少争议。美国、加拿大、澳大利亚、菲律宾、联合国等国家和国际组织对电子证据的相关概念及其审查、认定规则进行过一定程度的规范，但是，这些规范对"电子证据"的界定也并不一致。

我国有关规定对"电子数据"、"电子证据"早有所涉及，比如：公安部 2005 年颁布的《公安机关电子数据鉴定规则》第 2 条规定："本规则所称的电子数据，是指以数字化形式存储、处理、传输的数据。"公安部同年颁布的《计算机犯罪现场勘验与电子证据检查规则》第 2 条规定："在本规则中，电子证据包括电子数据、存储介质和电子设备。"2009 年最高人民检察院颁布的《人民检察院电子证据鉴定程序规则（试行）》第 2 条规定："电子证据是指由电子信息技术应用而出现的各种能够证明案件真实情况的材料及其派生物。"2010 年"两高三部"的《关于办理死刑案件审查判断证据若干问题的规定》第 29 条规定"对于电子邮件、电子数据交换、网上聊天记录、网络博客、手机短信、电子签名、域名等电子证据……"这些法律规范从不同角度对电子数据或电子证据的内涵或者外延作出了定义。

上述规定中涉及"电子数据"和"电子证据"两个概念，这两者的内涵

---

① 李秀琴、陈明：《检察环节电子证据的审查》，载《人民检察》2011 年第 22 期。

② 熊皓、郑兆龙：《如何审查运用电子数据》，载《检察日报》2012 年 6 月 5 日。

和外延究竟是什么，两者是否指代同一事物，两者的相互关系是什么，这是需要首先廓清的问题。

（一）电子数据的概念

从广义的角度来说，电子数据是指以电子形式存在的信息数据。其中，电子形式是指由介质、磁性物、光学设备、计算机内存或类似设备生成、发送、接收、存储的任一信息的存在形式。

电子数据的本质是信息，强调的是这种信息以电子形式存在。由于电子形式具有抽象性，所以，电子数据也具有抽象性，其本身不能直接为人所感知，需要借助于电子计算机等电子设备才能转化成为人们能够直接识别和认知的形式，比如文字、符号、图形、图像、声音等。

（二）电子证据的概念

1. 电子证据的定义

在综合比较"电子证据"诸多定义的基础上，结合修改后刑事诉讼法对证据概念的界定，我们认为，电子证据是指以电子数据为基础的能够证明案件事实的各种存在形式。

电子证据的定义包含了以下几层含义：

（1）电子证据是电子数据的外在表现形式，其本质上是电子数据。电子数据是电子证据各种表现形式的内在属性和共同特性。由于电子数据的抽象性，电子证据的存在需要依赖于一定的存储介质，如磁盘、光盘、硬盘、软盘、芯片等，并且也需要通过电子设备和相应的技术才能转换成为人直接感知的形式。

（2）电子证据的表现形式多种多样，我们常见的有手机短信、电子邮件、网上聊天记录、系统日志、IP 地址、数据库等。此外，表现形式多样性还意味着，电子证据还包括由电子证据转化而来的派生物。比如将存储介质中的电子文件打印输出在纸面或者胶片上而形成的书面材料，该书面材料同传统的书证表面上没有区别，但其所包含信息的原始存在方式是电子数据，不能将其直接视为书证，而应该区分情况不同对待。

（3）电子证据是能够证明案件事实的根据，也就是说电子证据所包含的信息必须与案件事实相关，这是电子证据的法律属性，也是其区别于一般的电子数据的关键所在。一般的电子数据要成为电子证据，必须具备与案件事实相关联这一属性。

2. 电子证据与传统证据种类的关系

（1）两者可以相互转化。电子数据强调信息的存在方式，对信息内容没有要求，因此，各种传统证据种类都可以转化为电子证据。例如，讯问犯罪嫌疑人笔录、询问证人笔录、勘验、检查笔录、辨认笔录等都可以转化为电子数据储存在介质中。而有些电子证据也可以转化为传统的证据形式，例如电子文档通过打印输出可以转化为书证。

（2）两者的区别主要在于信息载体不同，由此导致两者在证据的发现、提取、固定和保管方式上不同，而在证据的作用和证明机制方面，两者并无本质区别。

因此，为了更好地认识和运用电子证据，要将对电子证据的研究重点放在其发现、提取、固定和保管方式上。

（三）电子数据与电子证据的相互关系

从严格意义上说，电子数据与电子证据指代的并非同一事物。只有电子证据这个概念才能表示一种法定的证据种类，电子数据只能表示电子证据所包含的信息，不能用于表示一种法定证据种类。

但是，修改后刑事诉讼法没有使用"电子证据"这个概念，而是将"电子数据"明确规定为第八类法定证据种类，导致实践中混淆了电子数据与电子证据的区别，直接用"电子数据"来表示一种证据种类。

鉴于这种现状，我们认为，在法律实践中过于强调两者的区别意义不大，有可能引起更多不便。因此，大部分场合可以将两者等同使用；只是在个别场合，需要对两者进行区别。

（四）电子证据的特点

为了更好地认识和运用电子证据，我们有必要对其特点进行归纳。电子证据主要具有以下八个方面的特点：

1. 依赖性及表现形式和存储介质的多样性

依赖性是指电子证据的生成、发送、接收、存储都必须依赖于一定的电子设备，不借助一定的电子设备转化就无法被人所察觉；有的电子证据还必须依赖于特定的系统软件环境才能显现，如果系统软件环境发生变化，则存储在电子介质上的信息就可能显现不出来或者不能正确显现。电子证据的表现形式和存储介质的多样性是指电子证据可以表现为电子邮件、聊天记录、手机短信、视频资料、数据库、系统文件、IP地址等多种形式；可以存在于计算机硬盘、内存、手机、SIM卡、银行卡、网络服务器、通信线路等多种存储介质中；其至是空气中传输的无线电波和微波中也可能存储着电子证据，比如，可以通过电子监听等技术捕获传输过程中的电子数据信息。电子证据的这一特性要求侦查人员在收集证据过程中，必须加强对电子证据本质的认识，善于通过电子证据表现出来的多种形式和赖以依存的多种存储介质来发现电子证据。比如，在打印机、复印机、扫描机、传真机等电子设备的内存中储存了一定量的电子数据信息，记载着这些设备处理过的资料信息。对这些数据进行提取和恢复，就能够获取相关资料的内容、处理方式和处理时间等信息，为案件查办提供线索信息。此外，办案人员在收集电子证据的同时，还要注意保存相应的系统软硬件和运行环境，确保电子证据能够正确重现。

2. 脆弱性

脆弱性是指电子证据很容易被伪造、篡改，甚至灭失，由于有些破坏只是针对电子数据而非存储介质，导致破坏过程不容易被人察觉和识别。破坏电子证据的因素多种多样，既有非人为的，也有人为的。一是操作人员的误操作或者电源故障、通信网络的故障等；二是行为主体故意进行的裁剪、拼凑、篡改、添加、删除等伪造、变造措施等。此外，网络的开放结构也是导致电子证据脆弱性的一大因素，开放性导致连入互联网的电子设备中的数据很容易成为网络黑客和计算机病毒的攻击对象，使电子证据遭到破坏。脆弱性使得对电子证据真实性、完整性的认定成为诉讼中的一大难题，也对电子证据的提取提出了特别的要求。侦查人员要注意根据电子证据的不同形式采取相应的取证方式，防止取证过程中对电子证据真实性的破坏，最大限度地保证电子证据的原始性和证明力。此外，还应当设置提取电子证据的特别程序，保障侦查人员在电子证据遭受毁损、灭失危险的紧急情况下，可以及时收集、提取证据。比如，电子证据的搜查、扣押，原则上应当持有搜查证才能进行，而在紧急情况下，应当允许侦查人员进行无证搜查、扣押，以保证及时固定证据。

3. 可复制性与可恢复性

电子证据可以实现精确复制，而且复制品和原件在内容上没有任何差异。可复制性为保证电子证据的原始性和完整性提供了基础，取证时首先对电子证据进行复制，再在复制件上进行各项分析操作，避免直接在原件上操作而导致对原件原始性的破坏。可恢复性是指电子证据在遭受伪造、变造、删除等破坏，或者被采取隐藏、加密等措施后，甚至在其存储介质遭受物理损毁之后，可以通过一定的技术手段将其内容予以恢复，重新显现。可恢复性增加了电子证据的取证途径，要求侦查人员提高意识，在取证时善于综合多种因素分析电子证据是否遭到了破坏，是否需要进行恢复等。有的犯罪嫌疑人在利用电子计算机作为工具进行犯罪后，往往会进行一些销毁证据的行为，将计算机中存储的信息删除，或者将计算机进行物理毁损，但在具备一定电子设备和相应专业知识的前提下，这些被销毁的电子证据是可以被恢复的。如果在办案中发现犯罪嫌疑人被扣押的电脑中相关内容已经被删除或者硬盘被格式化，往往预示着电脑内原来保存的信息可能与犯罪事实有关联，此时就需要技术人员将电脑中的数据进行恢复。还有些犯罪嫌疑人会将电子设备中的关键信息设置成隐藏格式或进行加密，企图隐瞒信息内容，这些被隐藏的信息通过搜索、解密等技术手段都可以恢复。

4. 高速流转性

高速流转性指电子数据的传输速度很快，网络技术和通讯技术的发展使得电话、电报、电子邮件等数据能够以光的速度传播，并且没有地域范围的限制，理论上可以传递至地球上的任何一个角落。基于这一特点，使得犯罪侦查中的"远程取证"成为可能。远程取证是指侦查人员可以利用特定的软件来远程检查犯罪分子的硬件系统，而没有必要亲临犯罪现场或将犯罪嫌疑人的硬盘送到实验室去检验。高速流转性还导致电子证据具有比传统书证、物证大得多的扩散能力，比如短信群发和邮件群发功能，使短信息和电子邮件能在瞬间扩散至多数主体，这在一定程度上也扩大了电子证据的收集对象和范围，增加了电子证据的发现途径。

5. 海量存储性

电子证据存储的信息容量是传统证据种类无法比拟的，尤其是随着技术的发展，电子证据的存储容量更是以几何级数在膨胀。前几年 U 盘刚面世时，其容量一般是 128MB，而现在普通的 U 盘容量基本上都在 8GB 以上（注：1GB = 1024MB），容量增加了 63 倍。与传统书证相比，一个小小的移动硬盘就可以存储下一个传统图书馆存储的所有图书信息，电子证据的信息容量是传统书证不可企及的。电子证据的信息容量大，存储的信息内容多，导致电子取证的范围大大扩展，在为侦查工作提供更多信息资源的同时，一方面增加了公民隐私泄露的风险，从而要求侦查人员遵循比例原则，严格控制取证对象的范围，防止对公民隐私权的侵犯；另一方面也增加了取证工作的难度，要求侦查人员在海量信息中筛选出与案件具有关联性的信息，并进行适当取舍，既大大增加了工作量，也对信息筛选工作的效率提出了更高的要求。

6. 客观性

客观性指电子证据的形成依赖于一定的电子设备和电子技术，在没有遭到破坏的情况下，其记载的信息内容稳定性较强，既不像被害人陈述、证人证言等言词证据那样容易受到人的生理方面的影响而发生偏差，也不像物证那样会随着周围环境和时间的变化而产生形状上的改变，一旦生成就能保持长时间的稳定性，不会轻易发生变化，具有较强的客观性。

7. 综合性

综合性指电子证据在证明案件事实的作用上具有综合性。一方面，各种传统证据种类都能够转化成电子证据，使得电子证据具有所有传统证据种类的证明作用：电子证据既能像书证一样以其记载的内容证明案件事实，同时犯罪嫌疑人在电子设备中留下的痕迹也能像物证那样以其物理属性来证明案件事实，而多媒体技术的发展，又使电子证据能够发挥视听资料的作用。此外，由于电子证据包含的信息本身具有综合性，电子证据也能够对案件事实起到综合的证明作用：电子证据不但记载着与一定案件事实相关的信息内容，还记载了该信息内容在形成、处理、存储、传输、输出等过程中相关的环境和适用条件等附属信息，这些附属信息对电子证据包含的与案件事实相关的信息内容的真实性和客观性能够起到一定的证明作用，因此电子证据本身就具有综合性。所以，办案人员要充分重视对电子证据这一新的证据形式在办案过程中的运用，还要注意全面收集证据，重视对附属信息的提取。

8. 技术性

技术性指电子证据是随着信息技术的发展而不断发展的，电子证据的读取、提取和复制等操作，都需要操作人员具备一定的专业知识，否则就可能达不到正确读取、提取和复制的目的，还有可能造成电子证据的毁损和灭失，破坏证据的原始性。因此，承担电子证据取证任务的侦查人员应当具备一定的专业技术知识，了解常用术语（比如信息、数据、数据库、电子文档、IP 地址、复制等）的意义，掌握基本的操作技能；在一些复杂的电子证据提取过程中，应当有专业技术人员甚至是业务专家的参与，配合侦查人员完成整个取证过程。此外，电子证据的生成、发送、接收、存储都依赖于一定的电子设备，必须借助于一定的电子设备和相应的系统环境才能显现为能为人所直接认知的形式，因此在电子证据的发现和提取过程中都需要高科技电子设备和相应技术手段的支持。

以上列举了电子证据的一些主要特点，随着技术的发展，不久的将来，人类社会将全面进入信息时代，通过数据复制、恢复、解密、分析等技术手段获取的电子证据将在所有证据形式中占据重要地位，在刑事侦查和审判中发挥巨大作用，成为新的"证据之王"。

首先，电子证据具有一切传统证据种类的证明作用，能够起到传统证据种类的证明作用。

其次，由于电子证据的特点，其能够发挥其他传统证据种类所不具备的重要作用。电子证据具有客观性、综合性、海量存储性等特点，相比于传统证据，信息容量大、稳定性强、综合证明作用明显。例如电子监控录像不但能够对录像中录制的事实起到证明作用，其所包含的附属信息还能证实该事实发生的时间；有的电子证据记载了声音、文字、图像等多方面的信息，能够从多个方面更全面、更准确地揭露和证实犯罪事实。

最后，随着信息技术逐渐渗透到社会生活的各个角落，人类的一切活动（包括犯罪活动）都将留下电子痕迹，将这些电子痕迹进行收集并转化为电子证据后，就能获取广泛的电子证据，形成完整的证据锁链，证实犯罪事实的各个环节。例如，监控摄像系统、车载导航系统、门禁系统等可以记录犯罪嫌疑人的活动轨迹甚至是具体的犯罪事实；通话记录、手机短信、电子邮件、聊天记录等可以记录犯罪嫌疑人的社会关系、与犯罪事实相关的信息；而银行卡的消费记录、转账记录、充值卡消费记录等既可以记录犯罪嫌疑人的资金往来情况，也可以在一定程度上记录其活动痕迹。办案过程中，如果能有意识地对这些电子证据进行收集和综合分析、运用，就能够为案件的侦破、认定提供关键信息和证据，有力地支持案件查办工作。

因此，检察机关的侦查人员应高度重视和积极探索电子证据在查办职务犯罪案件中的重要功能，增强对电子证据的发现、提取、保管、保存和运用的能力，充分利用电子数据信息，同时与技术侦查相结合，自觉、主动运用包括电子证据在内的现代科技手段和方法，拓展案件突破的新途径和新方法，将侦查信息与侦查谋略融合，以信息引导侦查，实现职务犯罪侦查破案信息化，推动职务犯罪侦查模式和机制的转型。

（五）电子数据的种类

从职务犯罪侦查实践经验来看，可以从不同的视角对电子数据种类及其具体表现形式进行分析，以便于进一步掌握不同种类电子数据的特点，从而进一步分类探索不同的取证方式方法。

1. 从电子数据的内容结构分析

从电子数据的内容结构分析，可以将电子数据划分为内容数据信息和附属数据信息。

（1）内容数据信息。即主要以数据电文的形式记载一定社会经济活动内容的电子数据，例如电子邮件的正文、网上聊天记录、手机短信、电子交易数据、电子图片、电子视频等。内容数据信息通过转化为各种形式，可以体现为书证、物证、视听资料等传统证据类型。在侦查实践中对内容数据信息的取证工作，核心是如何确保其提取件与原件的同一性，以确保该数据电文内容所描述法律事实的真实性与客观性。

（2）附属数据信息。即记录电子文件形成、处理、存储、传输、输出等与内容数据信息相关的环境和适用条件等附属信息的电子数据，例如文档文件大小、文件位置、修改时间、电子邮件的发送、传输路径、邮件的 ID 号、电子邮件的发送者、接收者、日期等数据信息。附属数据信息又称说明性数据信息，在侦查实践中主要用以说明该电子数据产生的系统环境要素与主体要素。附属数据信息与内容数据信息相结合，可以进一步证明内容数据信息所反映的法律事实所处的系统环境、执行主体，以此证明该数据所反映法律事实的真实性与客观性。例如，附属数据信息包括"哈希值"和"元数据"。哈希值是一个以适用于数据组特点的标准数学算法为基础的专属数字识别码，可以分配给一个文件、一组文件或一个文件中的一部分，是一种可以对电子文件进行同一认定的计算方法。而元数据是描述电子文件历史、踪迹或管理的信息，又被称为"关于数据的数据"，即用于描述数据及其环境的数据，可以将之视为电子文件的"档案"。因此，虽然电子证据的外在表现形式是多样的，但都可以还原为电子数据的本质，并以此为基础进行认证。例如，电子文档可以打印为书证，而两份生成时间、制作主体不同的电子文档，只要内容相同，那么在转化为书证后就已经无法体现出任何区别。此时，就需要通过附属数据，如哈希值、元数据等对电子证据进行认证。

2. 从电子数据的证明对象分析

围绕侦查职务犯罪实践中电子数据所证明对象的不同法律属性，将电子数据划分为不同应用种类：

（1）证明犯罪构成要件的电子数据。如证明犯罪嫌疑人主体身份的电子数据、证明涉案人与犯罪行为相关联的电子数据、证明犯罪行为事实的电子数据、证明掩盖犯罪事实的电子数据、证明犯罪行为侵害客体的电子数据、证明共同犯罪主观通谋的电子数据、证明犯罪嫌疑人社会关系的电子数据等。

（2）证明犯罪所处阶段或状态的电子数据。如证明犯罪预备、犯罪中止、犯罪既遂或未遂等阶段或状态的电子数据。

（3）证明法定从轻、减轻情节的电子数据。包括证明犯罪嫌疑人自首、立功、如实供述等情节的电子数据。

围绕不同类型电子数据的不同特点与侦查工作实际需求，需要分类探索不同的取证方式方法，立足于侦查实践检验和提升电子取证工作质量。

3. 从电子数据本身存在状态或取证方式进行分析

（1）从人们感知的角度，可分为能够直观感知的电子数据和无法直观感知的电子数据。前者如音频、视频、文档、照片、电子邮件、数据库的数据等电子数据可以直接通过计算机信息系统来读取，通过输出设备来展示，甚至有些可以通过设备打印出来。后者如木马程序、逻辑炸弹、逻辑后门等，如果没有运行或者不在特定的环境下，用户很难感知它们的存在，只能通过专业人员利用专业工具分析才能发现，或者在特定环境下触发某些条件才能运行被用户感知。

（2）从电子数据本身保存方式，可分为动态存储数据和静态存储数据。所谓动态数据就是保存在随机存储器（RAM）中的数据，一旦断电，数据将会丢失。如正在计算机内存中运行的数据，一旦关机断电数据就消失了，必须在开机的状态下用专业方法将数据进行固定和保存。静态数据就是保存在只读存储器（ROM、光盘等）和外存储器（硬盘、U 盘、MP4、手机存储卡）中，ROM 和外存储器的特点是所存储的数据在断电后不会丢失，比如光盘和硬盘中的数据，在关机后仍然可以提取，不会灭失。

（3）从取证方式的角度，可分为公开途径获取的电子数据和秘密方式获取的电子数据。公开途径获取是指证证过程按照合法的流程进行公开获取电子证据的过程，包括现场取证和将电子物品扣押后进行的离线数据分析取证等。而秘密取证方式是指通过秘密或者技术侦查手段获取电子数据的过程，如利用网络攻防技术获取犯罪嫌疑人非法入侵的电子数据或者进入特定对象的信息系统获取电子数据的过程；利用网络蜜罐技术诱使犯罪嫌疑人进入侦查人员事先搭建好的系统，从而对犯罪嫌疑人的进入和攻击进行分析取证的过程；利用网络技术侦查手段获取的电子数据过程。

4. 从电子数据外在表现形式分析

从电子数据在社会经济生活中的具体表现形式上进行分析，侦查职务犯罪实践中接触较多的电子数据主要有以下种类：

（1）互联网上交流的电子数据，如网页、域名、QQ 和 MSN 等网上即时通讯软件中有关用户注册信息、通讯信息等电子数据，论坛贴、博客、微博、网络社区等在线即时数据等。

（2）电子商务中的电子合同、电子提单、电子保险单、电子交易数据、电子发票、电子签名等。

（3）存储在计算机中的电子数据，包括电子文章、电子邮件、电子表格、Word 文档、数据库、文本文件、日志文件、图片、视频文件、声音文件、访问过的网页、访问过的邮箱、聊天记录等，终端计算机文档内容及其附属信息、上网记录、文档操作痕迹等。

（4）手机和电信运营中的电子数据，其中手机中的电子数据包括短信、文档、照片、音频、视频资料等，电信运营中的电子数据包括通话记录、信息记录、号码规则等电子数据等。

（5）数码摄像机、多功能一体机、录音器、GPS、无绳电话、卫星电话、硬盘刻录机中的数码照片、音频、视频资料，打印机、复印机、扫描仪、传真机缓存卡内的记录等。

（6）网络金融业务中的网上炒股记录、网上转账、网上购物、第三方支付平台等。

（7）行业、单位内部业务管理数据库中存储的电子数据，包括门禁卡、就餐卡、一卡通、干部（职员）基本信息表、考勤记录、电子日志等。

（8）公安、工商、税务、人大、组织、国土、规划、民政、房产、移动、联通、电信、铁通、海关等职能部门业务管理数据库中的人大代表信息、政协委员信息、干部组织人事信息、诉讼参与人信息、政府采购信息、公共投资信息、重点项目信息、招投标管理信息、人口基本信息、交通管理信息、高速公路收费及机动车通告视频信息、治安案件处理结果信息、劳改劳教人员信息、学校学生信息、专家人才信息、重点学科带头人信息、婚姻登记信息、社团信息、机构编制信息、社会保障信息、医疗保险信息、卫生健康信息、矿产资源信息、土地管理信息、供水信息、供电信息、林业资源信息、审计资料信息、审计违规信息、国有企业信息、国有资产管理信息、国有企业工作人员及国有单位委派人员信息、银行网点信息、银行监管信息、企业和个人开设银行账户信息、金融业征信信息、证券监管信息、保险公司投保信息、工商登记信息、工商企业税务登记信息、工商执法信息、税务稽查信息、组织机构代码信息、法人数据信息、环境监管信息、旅行社组团信息、住房公积金管理信息、固定和移动电话注册登记及通信信息、海关资料信息、海关缉私信息、房产管理信息、行政案件处理信息等公众信息。

（9）视频监控系统记录的电子数据，如在押场所、金融机构、高速公路、娱乐场所、高速公路以及社会公共区域监控录像资料。

（10）购物卡金额、消费及运行轨迹等。

此外，还有相关附属数据信息，即记录电子文件形成、处理、存储、传输、输出等与内容数据信息相关的环境和适用条件等附属信息的电子数据，例如文档文件大小、文件位置、修改时间、电子邮件的发送、传输路径、邮件的ID号、电子邮件的发送者、接收者、日期等数据信息。

三、电子证据取证的路径

（一）侦查实践中如何发现电子数据

1. 根据相关人员的特点

（1）犯罪嫌疑人的年龄特点。根据调查显示，中国的网民年龄结构中

10—39 岁之间的占据主要比例。中青年的犯罪嫌疑人比较熟悉网络，使用腾讯 QQ、MSN 等即时聊天软件和电子邮件传递信息的可能性大些；而年纪比较大些的老年犯罪嫌疑人使用手机电话或手机短信的可能性要更大些。可以根据这样的特点选择调查的项目，如果是中青年犯罪嫌疑人，在其聊天软件或电子邮件中发现电子数据类证据的可能性会比老年犯罪嫌疑人大，所以对于中青年的犯罪嫌疑人电话和即时聊天软件等都是发现电子数据必查的项目，而对于老年犯罪嫌疑人来讲，一般要根据其对电脑网络的了解程度进行分析，判断是否可能在这些项目中发现电子数据证据。

（2）犯罪嫌疑人的爱好特点。根据犯罪嫌疑人的爱好，可以帮助侦查人员发现电子数据证据。例如，犯罪嫌疑人喜欢购物，那他就可能在网络商场上进行交易，将其犯罪所得进行挥霍；犯罪嫌疑人喜欢炒股，他就可能将单位的资金挪用进行股票买卖。例如，2011 年长沙市芙蓉区检察院侦查其所在区卫生局出纳管某及其丈夫张某共同挪用公款案时，管某和张某沉迷于网络游戏，并通过网银挪用大量公款用于购买网络游戏用的元宝虚拟货币，查找到的网络生成资金转账信息就是证明涉案赃款去向的电子数据证据。所以应当对犯罪嫌疑人的爱好有所了解。

（3）犯罪嫌疑人的职务特点。根据犯罪嫌疑人具有某一特定职务，也可以帮助侦查人员发现电子数据证据。具有管理单位财务职能的公务员，一般都会有报表、账目等 Excel 或 Word 文档储存于电脑或移动存储工具中，而且犯罪嫌疑人实施犯罪的证据就隐藏在这些文档当中，所以找到这些文档就可能发现证明犯罪嫌疑人有罪的电子数据证据。例如，近日，兰州市某区检察院在侦查某单位统计员涉嫌贪污的犯罪案件时，由于涉案电子证据被删除而无法及时固化提取，为破案带来极大的难题，该院充分发挥科技优势，迅速抽调科技骨干协助侦查人员进行电子证据取证，在对涉案计算机进行数据恢复后，成功将涉案电子证据收集、固化。在铁证面前犯罪嫌疑人如实交代了犯罪事实，并以此为突破口成功破获了多起职务犯罪串案。

（4）犯罪嫌疑人的行为习惯。根据犯罪嫌疑人行为习惯，有时有利于侦查人员迅速找到电子数据证据。例如，在电脑使用习惯上，一般比较谨慎小心的犯罪嫌疑人会将自己在网络和电脑系统上使用的痕迹进行删除，这时要发现其犯罪的电子数据证据必须寻求技术人员的支持；而另外一些犯罪嫌疑人没有这样的习惯，侦查人员就可以从其使用电脑和网络中的痕迹迅速地发现电子数据证据。当然，这需要对犯罪嫌疑人比较熟悉和了解。

2. 根据不同职业领域的特点

（1）通信或电子计算机专业领域犯罪。这个领域的电子数据证据的发现与取证较为困难，犯罪嫌疑人对这些领域较为熟悉，实施犯罪行为时会格外注意隐蔽。对于此类案件一般要获得犯罪嫌疑人使用的电脑及电脑中的信息平台，然后对电脑及其信息平台进行检测，发现证明案件事实的电子数据证据。例如，2010年长沙市芙蓉区检察院侦查的中国电信湖南公司李某等人受贿系列案，涉案人员内外勾结，通过网络和信息联系，利用相关技术占用电信部门的资源，以低于公司定价的价格私揽短信群发业务，收取回扣。该院统一时间在不同地方提取犯罪嫌疑人各自使用的电脑并查找到其中的网络信息平台，通过对该信息平台程序功能的测定，证明了该信息平台即为犯罪嫌疑人犯罪所用的作案工具。

而对于电子计算机专业领域犯罪，典型的是破坏电子计算机信息系统的案件。要发现这类案件的电子数据证据一般需要根据破坏信息系统的病毒进行分析研究，寻找病毒传播的源泉，在找到源泉后对犯罪嫌疑人的电脑硬盘进行检测。例如，2007年6月，某市公安局网监支队破获一起破坏网络安全管理系统的案件，并依法对涉案的10家经营性互联网单位进行查处。该案中，技术员汪某使用Visual Basic语言编写了一个针对网吧安全管理系统的破解程序，并免费提供给多家网吧使用。该程序通过对计算机信息系统中存储、传输的数据进行删除、修改，使得网络实名制安全管理系统功能无法正常发挥作用。后来该市公安局网监支队将扣押的服务器送至某司法鉴定所，对服务器硬盘内的电子数据进行鉴定后才将案件成功告破。

（2）非专业领域犯罪。除涉及电信或电子计算机领域外的犯罪，在电子数据证据的发现上并没有专业领域犯罪那么隐蔽，不需要像电信案件中那样对信息平台进行检测，也不需要像电子计算机领域犯罪那样对计算机硬盘进行鉴定。大部分案件都可以在电脑硬盘或者外接移动存储工具中发现电子数据证据，或者是在电话、网络使用痕迹中找到电子数据。但是有些犯罪嫌疑人可能对于自己不利的信息进行破坏、删除或者加密，在这种情形下就需要相关技术人员的支持。例如，重庆市合川区公务员邓某利用职务之便，贪污失业保险金10万余元，但重庆市合川区检察院2009年开始调查时，却发现邓某电脑上经加密的失业保险金发放表电子档都被删改了，而邓某在银行的取款监控资料也被修改了。关键时刻，该院检察技术专家出手进行数据恢复。结果，在完整的电子证据面前，邓某不得不如实供述了自己的罪行。

（二）发现电子数据的措施和途径

1. 初查阶段依职权要求第三方提供电子数据

修改后刑事诉讼法第52条第1款规定：人民法院、人民检察院和公安机关有权向有关单位和个人收集、调取证据。有关单位和个人应当如实提供证据。该款虽然没有直接规定命令提交电子证据的措施，但实质上涵盖了这一内容。侦查机关依照法定程序命令有关单位和个人（这种措施的适用对象限于与该刑事案件无利害关系，不会故意损毁证据的第三方单位或个人）提交与案件相关的电子数据。如要求银行提供其查询系统中的交易流水、交易凭证照片，要求通信部门提供电话详单、手机短信、通信基站地点，要求某些网络平台运营商提供网络交易资料、游戏账号归属信息等。

2. 通过信息平台查询发现电子数据

职务犯罪侦查中，需要掌握的犯罪嫌疑人基本信息主要包括特定资产动向信息、证件执照信息、企业信息等信息资源。由于这类信息涉及个人或单位的信息保密，可以与公安机关、国家安全机关协商，实现长效的信息共享查询机制，利用对方的信息平台，对包括住房信息、人口信息、车辆登记、住宿登记资料、工商、税务资料、企事业单位注册代码、地籍资料、土地拍卖、招投标信息、建筑招投标、证券、保险等信息进行全面综合分析判断，能更有效把握犯罪嫌疑人性格特征、家庭背景、社会关系、资产情况等重要信息，可以为线索初查、领导决策、案件突破、是否存在深挖可能性等提供全面信息支撑，更有利于明确案件侦查方向和突破口，促进侦查工作的开展。

3. 侦查人员通过现场搜查发现电子数据

（1）制定提取工作预案：现场物理位置、现场人员、提取技术和装备规划、现场保护规划与准备。

（2）现场调取：记录现场情况、识别潜在证据、全面搜查证据、固定易灭失证据、设备封存和包装。

（3）制作现场勘验笔录、封存证据清单、同步双录、现场人员签名。

（4）侦查机关自行提取的电子数据只有通过司法鉴定才能赋予其证据效力。侦查人员将收集到的存储电子数据的介质送交鉴定机构时，应以文字记录、照片、全程摄像相结合的方式，对存储介质的外观特征和可用性进行检查和记录。

4. 电子数据的保全和固定

电子数据的保全、固定可以有多种形式，一般有以下几种形式：

（1）打印。将载体上记载的数据或信息通过输出设备，将其以文本的形式打印在纸张等物品上。打印后，按照提取书证的方式予以保管固定，并注明打印时间、数据或信息在载体中的位置、取证人员。

（2）拷贝。将数据或信息拷贝到软盘、移动硬盘或光盘中，并确认没有被病毒感染。

（3）拍照、摄像。对电子数据及取证的过程以拍照或摄像方式进行保全、固定，可以增加其证明力。

（4）制作司法文书。包括：勘验检查笔录和鉴定意见。勘验检查笔录是指对于取证证据种类、方式、过程、内容等在取证中的全部情况进行的记录。鉴定意见是电子数据鉴定机构对电子数据涉及专业技术问题进行的认定。

虽然电子数据通过打印、拷贝、拍照、摄像、制作司法文书等形式转化为书面、视听的形式，但并不意味着这些证据变成了书证或视听资料，电子数据的本质并未因此而改变，仅仅是保全、固定电子数据的手段。

（三）发现电子数据的技术手段

职务犯罪中涉及电子数据的案件逐渐呈现由简单到复杂、单机向网络、PC 终端向多类型智能终端、普通人员向专业人员、个体作案向团伙和犯罪产业链化作案、本地向跨区域和境外作案的发展趋势。种类繁多的系统和接口、以 TB 计的海量数据、数据隐藏、数据删除、加密技术等反取证技术，都大大增加了取证的复杂性和时效性。动态取证、数据挖掘、云计算、互联网等相关知识、技术、设备更新频率快，技术要求高。侦查实践中可能运用到的主动发现电子数据的专门技术主要有：

1. 边界进入技术以及信息获取技术

主要研究网络攻击技术及原理，如 SQL 注入、缓冲区溢出、各种自动脚本执行技术、弱配置和弱密码的发现等。研究各种定位、信息搜索和获取技术。

2. 蜜罐技术

网络攻击诱骗系统要求保证入侵在进入系统后，不能利用诱骗主机对网络中其他主机构成潜在的威胁；监控入侵者在系统中的一举一动，甚至每一次击键的记录；隐藏监控的手段使其不被入侵者发现；确保诱骗主机的日志不能被入侵者修改、删除。因此，网络攻击诱骗系统在现实上需要考虑引诱和伪装、记录和取证、分析和评估、响应、告警和自我防护等关键技术。

3. 动态监听与日志保全技术（入侵取证系统）

针对网络入侵状态的动态性和信息网络证据的易毁性，入侵取证系统的目标是完整地记录网络上所有流量，同时对所保护的主机的日志进行实时转移和保护，并对记录的所有信息进行加密封存，达到在将网络上发生的事件完全相同的同时，还能保证记录的原始性、完整性、不可更改性。入侵取证系统实现的功能应包括：对所有流经被取证网段的网络数据进行高效、完整的记录；对被取证主机的系统日志实时记录，以防篡改；集中、安全地存放网络和被取证

267

机器的系统信息；通过多种技术实现所记录数据的原始性和不可更改性，以符合法律对证据的要求；IP 数据还原应用，重现入侵过程，随时可以对所有数据进行入侵分析。入侵取证系统对网络必须是透明的，入侵者不能察觉它的存在，因此，也被称为"网络黑匣子"，它可以应用在政府、金融、保密机构等重要部门，就像摄影机一样完整记录并能再现入侵过程和提供有效信息网络证据。

4. 密码分析与破解技术

研究各类密码分析技术，包括明文密码、密文密码以及密码文件的分析和破解。研究各类密码加密解密算法，针对各种不同的密码算法和具体应用设计各种不同的破解系统，组建密码分析破解平台，通过智能化分析自动判断应用的加密算法并进行密码分析与破解，从而获取有效的信息网络证据。

研究各种口令的搜索与加密口令的暴力破解技术，掌握常用软件的加密方式，以在反向追踪时帮助获取犯罪主机的有关信息。

（四）发现电子数据的理念更新

应该最大限度应用手中的科技设备发现电子数据，充分发挥检察技术在电子数据取证工作中的实际功效，坚持有效应用，形成良好的长效机制。运用技术手段发现电子数据以辅助侦查，实际上是介于检察技术与职务犯罪侦查之间的混合领域，是对技术手段的凝练使用。技术本身是客观物体，只有将其与侦查有机结合，才能使科技手段精彩到位，发挥高科技手段在侦查中的作用。不能简单地将检察技术停留在检验鉴定上，应进一步拓展立体侦查范畴，使电子数据取证手段真正发挥揭露犯罪、证实犯罪的功效。这种在高科技背景下的取证理念必须牢固树立。

四、职务犯罪侦查中常见电子数据的提取与保存

电子数据作为一种新的证据形式，与书证、物证等传统证据形式相比，具有海量性、可灭失性、可修改性、高科技性等特点，对取证主体和取证方式都提出了新的要求。

（一）电子数据取证主体

1. 侦查人员

从法律上讲，职务犯罪侦查人员都具有电子数据取证的主体资格。修改后刑事诉讼法第 50 条规定，"审判人员、检察人员、侦查人员必须依照法定程序，收集能够证实犯罪嫌疑人、被告人有罪或者无罪、犯罪情节轻重的各种证

据。"第52条第1款规定,"人民法院、人民检察院和公安机关有权向有关单位和个人收集、调取证据。"《人民检察院刑事诉讼规则(试行)》第231条规定,"检察人员可以凭人民检察院的证明文件,向有关单位和个人调取能够证明犯罪嫌疑人有罪或者无罪以及犯罪情节轻重的证据材料,并且可以根据需要拍照、录像、复印和复制。"从这些规定可以看出,职务犯罪侦查人员作为检察人员的组成部分,在代表检察机关行使侦查权的过程中有权收集、调取包括电子证据在内的各种证据,其具备电子证据取证的法律资格是毫无疑问的。但是职务犯罪侦查人员必须具备电子数据知识,否则很可能由于技术上的操作不当,导致电子数据损毁、灭失,给侦查工作带来不可逆转的后果。因此,不具备电子数据知识的侦查人员不能直接进行电子数据取证,但是他们对一些存有电子数据的手机、电脑、U盘等电子设备,可以进行搜查、扣押、查封等电子设备的实物提取活动;具备一定电子数据知识的侦查人员,可以进行简单取证,如通过打印、拷贝等形式固定证据。

2. 检察技术人员

检察技术人员也有很多种,这里仅指具备电子数据专业知识的检察技术人员。目前这类人员主要在检察机关技术部门,职务犯罪侦查部门很少。关于检察技术人员进行电子数据取证的主体资格,除上述修改后刑事诉讼法规定外,高检院制定的《人民检察院电子证据勘验程序规则(试行)》第3条也明确规定:电子证据勘验是检察技术人员为办案部门判断案件性质,确定办案方向,提供线索和证据,根据相关理论和方法,利用各种技术手段,协助办案人员及时发现、提取、固定与犯罪相关的电子证据或者其他证据材料,并进行检验的活动。可以说,检察技术人员不仅具备对电子数据取证的法律主体资格,同时也具备对电子数据取证的实际能力。但是要注意一点,检察技术人员在电子数据取证时主要是从技术方面协助配合侦查人员。当前检察机关熟悉电子数据的人才可以说非常匮乏,特别是既有法律知识和侦查经验,又有电子数据专业知识的复合型人才几乎没有,需要抓紧培养。

3. 专业技术人员

这里的专业技术人员是指具备电子数据知识和实践经验的专业人员,是检察技术人员以外的专业技术人员。这类人员能否成为刑事侦查主体,包括能否成为职务犯罪的侦查主体,实践中有争议,但我们认为是可以的。修改后刑事诉讼法第126条规定,侦查人员对于与犯罪有关的场所、物品、人身、尸体应当进行勘验或者检查。在必要的时候,可以指派或者聘请具有专门知识的人,在侦查人员的主持下进行勘验、检查。电子数据作为一种证据形式,它必然存在于一定的电子介质,如手机、电脑、U盘、服务器等,这些电子介质实际上就是犯罪的场所和物品，在必要的时候，可以指派或者聘请具有专门知识的人进行勘验、检查。当然在这种情况下，要注意办理有关"指派"或者"聘请"的手续，同时还要在侦查人员的主持下进行。

（二）电子数据取证的基本方式

电子数据的提取和固定是一个非常关键的环节，直接关系到电子数据的合法性、客观性。提取和固定电子证据时，一个重要的原则就是确保对原始数据不产生任何改动和破坏。对电子数据如何进行提取和固定，目前法律和相关司法解释都没有明确规定，但是最高人民法院、最高人民检察院、公安部、国家安全部、司法部联合下发的《关于办理死刑案件审查判断证据若干问题的规定》对电子证据的审查提出了要求，其第 29 条规定："对于电子邮件、电子数据交换、网上聊天记录、网络博客、手机短信、电子签名、域名等电子证据，应当主要审查以下内容：（一）该电子证据存储磁盘、存储光盘等可移动存储介质是否与打印件一并提交；（二）是否载明该电子证据形成的时间、地点、对象、制作人、制作过程及设备情况等；（三）制作、储存、传递、获得、收集、出示等程序和环节是否合法，取证人、制作人、持有人、见证人等是否签名或者盖章；（四）内容是否真实，有无剪裁、拼凑、篡改、添加等伪造、变造情形；（五）该电子证据与案件事实有无关联性。对电子证据有疑问的，应当进行鉴定。对电子证据，应当结合案件其他证据，审查其真实性和关联性。"因此，我们在提取和固定电子数据时，既要结合以前对书证和物证的传统取证要求，又要结合《关于办理死刑案件审查判断证据若干问题的规定》的要求，通过多种方式对电子数据进行取证。

一般来讲，电子数据取证可分为一般取证和技术取证。

1. 一般取证

（1）打印。对网络犯罪案件在文字内容上有证明意义的情况下，可以直接将有关内容打印在纸张上的方式进行取证。打印后，可以按照提取书证的方法予以保管、固定，并注明打印的时间、数据信息在计算机中的位置（如存放于哪个文件夹中等）、取证人员等。如果是普通操作人员进行的打印，应当采取措施监督打印过程，防止操作人员实施修改、删除等行为。打印文件时，取证人员必须现场监督打印过程。

（2）拷贝。这是一种将计算机文件拷贝到软盘、活动硬盘或光盘中的方式。首先，取证人员应当检验所准备的软盘、活动硬盘或光盘，确认没有病毒感染。拷贝之后，应当及时检查拷贝的质量，防止因保存方式不当等原因而导致的拷贝不成功或感染病毒等。取证后，注明提取的时间并封闭取回。为避免计算机病毒的感染，取证人员应当自备计算机，并在拷贝完毕后进行复查，保证电子证据的完整性和安全性。

（3）备份。对电子证据备份可有效防止源数据的丢失与人为破坏等问题，保证电子证据的真实性、完整性和安全性。在取证过程中，应在对与案件有关的计算机中的数据和资料不进行任何改动或损坏的前提下进行备份，记录备份的时间、地点、数据来源、提取过程、使用方法、备份人及见证人名单并签名。

（4）拍照、摄像。如果该证据具有视听资料的证据意义，可以采用拍照、摄像的方法进行证据的提取和固定，以便全面、充分地反映证据的证明作用。同时对取证全程进行拍照、摄像，还具有增加证明力、防止翻供的作用。

（5）制作司法文书。一般包括检查笔录和鉴定。检查笔录是指对于取证证据种类、方式、过程、内容等在取证中的全部情况进行的记录，包括：案由；参加检查的人员姓名及职务；检查的简要过程，主要包括检查时间、检查地点及检查顺序等；检查中出现的问题及解决方法；取证方式及取证份数；参与人员签名。鉴定是专业人员就取证中的专门问题进行的认定，也是一种固定证据的方式。使用司法文书的方式可以通过权威部门对特定事实的认定作为证据，具有专门性、特定性的特点，具有较高的证明力，主要适用于对具有网络特色的证据的提取，如数字签名、电子商务等，目前在我国专门从事这种网络业务认证的中介机构尚不完善，尚处于建立阶段。

（6）查封、扣押。对于涉及案件的计算机、U 盘等电子数据载体，为了防止有关当事人进行损毁、破坏，可以采取查封、扣押的方式，置于司法机关保管之下。可以对通过上述几种方式导出的证据进行查封、扣押，也可以对一些已经加密的证据采取查封、扣押。对于已经加密的数据文件进行查封、扣押，往往需要将整个存储器从机器中拆卸出来，并聘请专门人员对数据进行还原处理。对查封、扣押措施应注意以下几点：一是必须相当审慎，以免对原用户或其他合法客户的正常工作造成侵害，一旦硬件损坏或误操作导致数据不能读取或数据毁坏，其带来的损失将是不可估量的。二是查封、扣押时除履行一般扣押手续外，还要注意按照《人民检察院扣押、冻结涉案款物工作规定》的有关规定作出相应处理。按照该规定第 18 条要求，办案部门扣押、冻结录音带、录像带、磁盘、光盘、优盘、移动硬盘等磁质、电子存储介质，应当注明案由、内容、规格、类别、应用长度、文件格式、制作或者提取时间、制作人或者提取人等。三是对单位的涉密电子设备、文件等物品，应当在拍照或者录像后当场密封，由检察人员、见证人、单位有关负责人在密封材料上签名或者盖章。启封时应当有见证人、单位有关负责人在场并签名或者盖章。对于有关人员拒绝按照前款有关规定签名或者盖章的，人民检察院应当在相关文书上注明。四是电子数据扣押后，在保管方面与一般扣押款物也有所不同，根据《人民检察院扣押、冻结涉案款物工作规定》第25条和第26条规定，办案部门扣押款物后，应当在3日内移交管理部门，并附扣押清单复印件。但是对扣押单位的涉密电子设备、文件等物品，可以不移交本院管理部门，由办案部门拍照或者录像，进行密封后交被扣押物品的单位保管。

（7）公证。由于电子证据极易被破坏，一旦被破坏就难以恢复原状，所以，通过公证机构将有关证据进行公证固定是获取电子证据的有效途径之一。请公证机构对操作电脑的步骤，包括电脑型号、打开电脑和进入网页的程序以及对电脑中出现的内容进行复制等全过程进行现场监督，在现场监督和记录的同时，对现场情况进行拍照，并由公证人员出具保全证据公证书。

2. 技术取证

电子证据的技术取证方式，是指需要专业技术人员协助进行的电子数据的收集和固定活动。多使用于电子数据不能顺利获取，如被加密或被人为地删改、破坏的情况下，如计算机病毒、"黑客"的袭扰等。取证方式包括以下几种：

（1）解密。所需要的证据已经被行为人设置了密码，隐藏在文件中时，就需要对密码进行解译。在找到相应的密码文件后，请专业人员选用相应的解除密码口令软件。如用Word软件制作的密码文件，选用Word软件解译；解密后，将对案件有价值的文件，进行一般取证；在解密的过程中，必要的话，可以采取录像的方式。同时应当将被解密文件备份，以防止因解密中的操作使文件丢失或因病毒损坏。

（2）恢复。大多数计算机系统都有自动生成备份数据和恢复数据、剩余数据的功能，有些重要的数据库安全系统还会为数据库准备专门的备份。这些系统一般是由专门的设备、专门的操作管理组成，一般是较难篡改的。当发生网络犯罪，其中有关证据已经被修改、破坏的，可以通过对自动备份数据和已经被处理过的数据证据进行比较、恢复，获取定案所需证据。如果数据连同备份都被改变或删除，可以在系统所有者的协助下，通过计算机系统组织数据的链指针进入小块磁盘空间，从中发现数据备份或修改后的剩余数据，进行比较分析，恢复部分或全部数据。另外，也可以使用一些专门的恢复性软件进行数据恢复。

（3）测试。电子证据内容涉及电算化资料的，应当由司法会计专家对提取的资料进行现场验证。验证中如发现可能与软件设计或软件使用有关的问题时，应当由司法会计专家现场对电算化软件进行数据测试（侦查实验）。主要是使用事先制作的测试文件，经测试确认软件有问题时，则由计算机专家对软件进行检查或提取固定。

（三）手机及 SIM 卡类电子数据的取证

手机及 SIM 卡类电子数据的取证（以下简称手机取证），从概念上讲，就是从手机 SIM 卡、手机内存以及外置存储卡、移动网络运营商数据库中收集、保全和分析相关的电子数据，并最终从中获得具有法律效力的、能被法庭所采信的证据的过程。

1. 手机及 SIM 卡类电子数据的来源

手机及 SIM 卡类电子数据的来源有三类，一是手机；二是 SIM 卡；三是移动电话网络运营商。

（1）手机（包括手机内存及外部存储卡）

手机内置中的存储芯片，称之为手机内存，分为动态存储区和静态存储区两部分。动态存储区中主要存储执行操作系统指令和用户应用程序时产生的临时数据，而静态存储区保存着操作系统、各种配置数据以及一些用户个人数据。

从手机调查取证的角度来看，静态存储区中的数据往往具有更大的证据价值。GSM 手机识别号 IMEI、CDMA 手机识别号 ESN、电话簿（通讯录）资料、收发与编辑的短信息、主/被叫通话记录、手机的铃声、日期时间以及网络设置等数据都可在此存储区中获取。另外，许多品牌型号的手机都提供了外置存储卡来扩充存储容量。外置存储卡本质上类似于 U 盘的存储，其取证方法与 U 盘的取证相同。

（2）SIM 卡

手机与 SIM 卡共同构成移动通信的终端。SIM 是每个使用者的识别模块，它也被称为用户身份识别卡。移动通信网络通过此卡来对用户身份进行鉴别，并且同时对用户通话时的语音信息进行加密。目前，SIM 卡中所存储的数据信息大致可分为五类：

①SIM 卡生产厂商存储的产品原始数据；

②手机存储的固有信息；

③在手机使用过程中存储的个人数据，如短消息、电话簿、行程表、通话记录信息和有关视频、照片、文档资料及时间等大量的附属信息（哈希值）；

④移动网络方面的数据中包括用户在使用 SIM 卡过程中自动存入和更新的网络服务和用户信息数据；

⑤其他的相关手机参数，其中包括 PIN 码，以及解开锁定用的个人解锁号

（PUK）等信息。

（3）移动电话网络运营商

移动电话网络运营商的通话记录数据库与用户注册信息数据库存储着大量的潜在证据。通话数据记录数据库中的一条记录信息包括主/被叫用户的手机号码、主/被叫手机的 IMEI 号、通话时长、服务类型和通话过程中起始端与终止端网络服务基站信息。另外，在用户注册信息数据库中还可获取包括用户姓名、证件号码、住址、手机号码、SIM 卡号及其 PINPUK、IMSI 号和所开通的服务类型信息。

2. 手机及 SIM 卡类电子数据获取的一般方法

（1）SIM 卡中电子数据的获取

SIM 卡存储芯片的文件系统可由一个三层树结构来表示（见下图），在此结构中，树节点包括三种文件。

类型：主文件（Master File）、专用文件（Dedicated File）与基本文件（Elementary File）。在整个树形文件系统中树的根节点由主文件构成，主文件中包含了专用文件和基本文件。

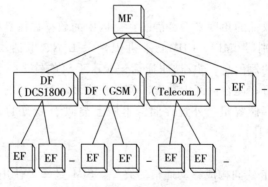

SIM 卡文件系统架构图

在 GSM 移动网络标准中定义了一些重要的专用文件作为主文件的子节点，其中有 GSM 专用文件、DCS1800 专用文件和 Telecom 专用文件。此标准在这些专用文件下又定义了一些与之对应的基本文件。

在从属于 GSM 专用文件和 DCS1800 专用文件的基本文件中分别含有 GSM 900MHz 频率和 DCS（Digital Cellular System）1800MHz 频率下的移动网络信息，而 Telecom 专用文件下的基本文件则含有与网络服务相关的信息。虽然通过严格的标准定义使 SIM 卡的文件系统架构具有一定程度上的通用性，但是不同移动网络运营商发行的 SIM 卡的文件系统架构还是存在一定的差异性。

对手机 SIM 卡进行取证的常用方法有两种。一是通过智能读卡器的设备来提取 SIM 卡中的数据。在此方法中读卡器只要使用符合欧洲电信标准协 TS31. 101 和 TS51. 011 标准的数据访问指令集就可获取 SIM 卡中的数据。另外一种方法是直接通过指令操作来获得 SIM 卡中的数据。在 GSM 手机的 TS27. 007 标准中特别定义了一个指令集来访问 SIM 卡上的数据。

（2）手机扩展存储卡中电子数据的获取

手机的扩展存储卡类似于 U 盘的存储，可使用诸如 Encase、FTK、取证大师等取证工具软件来获取存储卡上的数据（包括恢复已经被删除的数据）。

（3）手机内置存储卡（ROM）中电子数据的获取

目前有多种通过物理途径获取手机内置存储卡 ROM 中数据的方法，一是使用专门的手机取证设备，这些设备都是专门针对手机取证而设计的硬件与软件的组合，如著名的 Cellebrite 手机取证箱、CellDEK 手机取证箱、AX – Mobile 手机取证箱、DC – 4500 手机取证箱等，另一个是使用一整套的软件集针对手机进行取证分析，再一个是通过拆解手机取出其电子芯片，再使用专门的芯片读取设备来获得其数据镜像，这种方法是在手机硬件损坏，手机不能使用的情况下的取证办法。

（4）移动电话网络运营商保存的与手机相关的电子数据的获取

侦查取证人员可根据手机号码到移动电话网络运营商处调取手机中的数据。移动电话网络运营商的数据库中，保存着在一定的时间内手机的所有通话记录与短消息记录，以及手机的用户注册信息。

3. 手机及 SIM 卡类电子数据取证的技术步骤

（1）制作 SIM 卡复制件

如果移动电话处于开机状态，直接进行检验。如果处于关机状态，则从移动电话中取出 SIM 卡，参照"移动电话 SIM 卡检验方法"制作移动电话 SIM 卡复制件。制作完成后，将 SIM 卡复制件装入移动电话中，原件封存。

（2）设置设备参数

启动移动电话取证系统，选择获取移动电话及 SIM 卡的全部数据，使用专用 U 盘保存系统报告。

（3）连接设备

根据系统的提示，选择匹配的数据线，将移动电话连接至系统。

（4）提取数据

连接成功后，执行数据提取操作，并将生成的系统报告保存到专用 U 盘中。

（5）断开设备

提取完成后，先关闭设备电源，再拔下移动电话、专用 U 盘。

（6）分析报告

将专用 U 盘连接到分析工作站相应的只读接口，对专用 U 盘中的系统报告进行分析。

①移动电话机身基本信息：包括 IMEI（International mobile equipment identity，国际移动设备识别码）、移动电话生产厂商、型号等信息。

②SIM 卡基本信息：包括 ICCID（Integrated circuit card identity，集成电路卡识别码，SIM 卡卡号）、IMSI（International mobile subscriber identity，国际移动用户识别号）、电话号码等。

③通话记录分析：对移动电话中提取的已拨打、已接听、未接听等通话记录进行分析，包括电话号码、姓名、通话的时间和通话时长等。

④短信息分析：对移动电话中提取的发送短信息、接收短信息、删除短信息等进行分析，包括电话号码、姓名、时间、收发类型、内容、网络服务商等。

⑤通讯录分析：对移动电话中提取的联系人的相关信息进行分析，包括姓名、电话号码等相关信息。

⑥照片、视频、音频文件分析：对移动电话中提取的照片、视频、音频文件等进行分析。如果需要对扩展卡中的信息进行提取和恢复，可以参照电子证据数据恢复、条件搜索等作业指导书进行分析。

⑦保存、打印结果：保存并打印系统报告，并对整个操作进行工作记录。

（四）计算机类电子数据的收集、提取、保存

计算机类电子数据主要包括文档、图片、日志、访问过的网页、访问过的邮箱、聊天记录、视频等。下面对上述七类主要的计算机类电子数据的收集、提取和保存方式分别进行介绍。

1. 文档的收集、提取和保存

（1）文档的收集

文档是指通过文字处理系统形成的文件，由文字、标点、表格、各种符号或其他编码文本组成。

所有这些软件、系统、代码连同文本内容一起构成了字处理文件的基本要素。其中，文本内容通常称为电子数据。例如：后缀为 Word 文档、Excel 表格文档等。

（2）文档的提取

文字记录类的尽量采用现场打印的方式同时拷贝文件，打印出的纸质文件和设备中内容核对，并按照书证的取证方法予以固定，注明时间、地点、人员和设备运行情况，制作笔录，将电子数据转换为实物书证。

对于不便打印或不可打印的电子数据，如没有打印条件、海量数据的，应当制作两份复制件，核对复制件与原文件内容无异，经取证人员和提供证据单位的计算机操作人员签字确认将其中一份复制件进行封存，按物证的取证方法予以固定，注明时间、地点、人员、复制件制作方法过程、文件核对方法和设备运行情况。

在固定采集系统数据及用户数据时，为保护原始数据，确保证据的有效性不被破坏，通常情况下，采取以下三种方法进行数据备份，对系统进行完整复制：

①利用磁盘镜像工具对移交的证据介质进行复制；

②通过添加一个硬盘驱动器的方法创建映象；

③通过网络发送映象。

无论以上述哪种方式固定采集系统数据，创建数据副本，都需要对原始驱动器和最后的映象文件执行数据完整性校验。

数据完整性校验可以通过专用的校验工具软件进行。如使用专用的电子取证硬盘复制机进行硬盘复制。上述设备均支持 MD5256 位校验功能，确保原始数据与复制数据的一致性。

（3）文档的保存

①对所有的介质进行写保护和病毒检查

写保护软件可以防止介质被添加数据。这种措施可以保证收集到的证据工作时，证据不会被删改。因此使用证据之前一定要对它们进行写保护。

同样，病毒检查也可以防止证据被改写并且也是必须对所拥有的证据进行的处理。而使用最新版本的查毒软件是尤为重要的。如果发现病毒，就应记录全部信息然后立即通知该介质的制造者。不要擅自对该介质进行清理，否则会改变原有的证据。

②保留监视链

监视链能从最初始的证据追踪到当庭提供的证据。对于电子数据而言，监视链是至关重要的，因为以电子方式存储的证据修改起来相对容易，证明这条锁链是电子数据鉴别过程中的重要工具。

保留电子数据的监视链至少需要证实下列内容：任何信息未被添加或更改；已制作了完整的拷贝；复制过程可靠；所有的介质都是安全的。对所有的介质进行写保护和病毒检测是保留监视链的众多环节中的首要要求，其次就是要制作镜像拷贝。

而可靠的拷贝程序有三个特征：第一，该程序的质量和可靠性必须符合行业标准。这包括用来创建拷贝的软件和拷贝所依存的介质。一个基本标准就是司法机关是否应用并信赖这种软件。第二，制作的拷贝必须能够作为独立的证据。第三，拷贝必须能防篡改。

给介质加上安全防护措施能保证原始拷贝不被篡改。正如建立任何文档后都会制作工作备份一样，也要创建数据的工作备份。当从备份介质上调取数据使用时，一定要确定能追踪到每一个文档或文件的源头。

2. 图片的收集、提取和保存

（1）图片的收集

图片是指通过专门的计算机应用软件系统，运行相应的辅助设计或辅助制造功能所得到的图形数据。通过图形人们可以直观地了解非连续性数据间的关系，使得复杂的信息变得清晰。例如，运用 Photoshop 软件、AutoCad 软件生成的图形文件。

（2）图片的提取

图片类的提取可以采用现场打印的方式同时拷贝文件，打印出的纸质文件和设备中内容核对，并按照书证的取证方法予以固定，注明时间、地点、人员和设备运行情况，制作笔录，将电子数据转换为实物书证。

（3）图片的保存

与文档的保存相同。

3. 日志的收集、提取和保存

（1）日志的收集、提取

在 Windows 系统里，几乎计算机的每一项事物，比如安装软件、卸载软件、程序的修改或者安装一些权限的修改，都会被计算机予以记录和审计，并生成相应的日志。通过这种日志可以证明计算机在什么时候有什么更改的信息，有谁登录过这台计算机。通过访问 Windows 系统各种日志我们至少可以获得以下信息：

第一，确定计算机在某一时间段被使用，或登录的客户，因为在使用的时候要登录这些客户名和客户的密码，这些是会被计算机电脑日志所记录的。比如这是公用电脑个人有不同账户，那么这个时间段内谁使用了可能会被锁定。

第二，跟踪登录者对特定应用程序的使用，比如说我要证明一个工程师在某个时间段从计算机里拷贝了某个程序，那么可以通过日志来证明他的身份是谁来登录的，证明对跟踪特定程序使用，证明在这个时间段登录者完成了什么行为。

第三，可以跟踪选择策略的变更，看是否有防御性的策略变化。

第四，通过日志可以跟踪用户权限，比如说非法提高防护权限，本来数据不应该由登录的客户访问，登录者通过改变用户权限的方式来获得数据，那么就可以通过跟踪用户权限的变化来获取登录者的侵权证据。

（2）日志的保存

通过查看日志获取的电子数据，记录或保存所有操作步骤的方法通常有：

①书面记录每个操作步骤及所获得的内容于纸质载体上；

②对每个操作步骤所获内容进行截屏保存或打印至纸质载体上；

③用其他电子设备对操作步骤进行同步摄像。

上述方法可以根据实际情况组合使用，但所获电子数据内容均应保存在存储介质中（如 CD 光盘、U 盘等）。

在对计算机进行截屏过程中，需保持所截屏内容的完整性。如因纸张尺寸问题，不能将所截屏内容打印在同一页纸张上的，可用数页纸张连续打印截屏内容，以避免截屏的内容缺失导致其证明力下降或丧失。

4. 访问过的网页的收集、提取和保存

（1）访问过的网页的收集

对于通过 IE 上网浏览之方式，从互联网上获取相关的电子数据，在 Windows 系列操作系统下，须运行查看本地计算机系统内的 host 文件，并对该 host 文件内容予以固定。对该文件内容的固定，能确定当前计算机访问的网站或获得之电子数据来源于互联网，确保电子数据来源的唯一性，并进而保证相关电子数据的有效性与证明力。

（2）访问过的网页的提取

不同系统的 host 文件存放路径如下：

WinXP/2003/Vista：C：\ Windows \ System32 \ Drivers \ etc

WinNT/2000：C：\ WINNT \ System32 \ Drivers \ etc

（3）访问过的网页的保存

通过登录互联网固定采集相关来源于互联网的电子数据时，记录或保存所有操作步骤的方法通常有：

①书面记录每个操作步骤及所获得的内容于纸质载体上；

②对每个操作步骤所获内容进行截屏保存或打印至纸质载体上；

③用其他电子设备对操作步骤进行同步摄像。

上述方法可以根据实际情况组合使用，但所获电子数据内容均应存储在存储介质中（如 CD 光盘、U 盘等）。

在对计算机进行截屏过程中，需保持所截屏网页内容的完整性。如因纸张尺寸问题，不能将所截屏网页内容打印在同一页纸张上的，可用数页纸张连续打印截屏网页内容，以避免截屏网页的内容缺失导致其证明力下降或丧失。

对网站网页首屏及网页次屏的截屏应当满足无缝衔接的要求。

5. 访问过的邮箱的收集、提取和保存

（1）访问过的邮箱的收集

电子邮件服务是互联网应用最为广泛的服务之一。对电子邮件信息而言，其邮件内容往往证明了一定的法律事实或行为。

对电子邮件信息的固定采集，除邮件内容外，对电子邮件信头的固定采集也同样重要。

（2）访问过的邮箱的提取

电子邮件信息除了保存在电子邮箱使用人的个人电脑终端上，还保存在提供电子邮件服务的网络服务提供者的服务器上。

在知悉电子邮箱（E-mail）地址，但无法掌握电子邮箱使用人计算机的情况下，要求提供电子邮件服务的网络服务提供者提供相关的电子邮件证据。如电子邮件服务来源于委托人或对方当事人自行设立的网站，需首先查明该网站所存放的物理服务器位置。如该网站的服务器系租用电信服务器或由电信部门托管的服务器，可要求提供电子邮件服务的网络服务提供者提供相关的电子邮件证据。如该网站的服务器系委托人或对方当事人自行保管控制，可通过证据保全之方式调取相关的电子邮件证据。

（3）访问过的邮箱的保存

与网页的保存相同。

6. 聊天记录的收集、提取和保存

（1）聊天记录的收集

网上聊天记录的内容是当事人的法律行为或意思表示，以文字方式借助于电子形式的外在表现，具有动态证明有关法律事实、法律行为、当事人意思表示的特点。

美国微软公司（Microsoft）的即时通信软件 MSN 及腾讯公司（Tencent）的 QQ 是目前国内使用最广泛的两款即时通信软件，已形成了一个较为完善、具有相当规模的互联网即时通信体系。

（2）聊天记录的提取

固定采集网上聊天记录内容时，不仅应以双方个人电脑中的聊天记录为主体，还应包括即时通信软件使用人的个人资料、聊天好友资料。

鉴于现阶段在互联网上没有实行网络实名制，因此在固定采集此类电子数据时，应当扩大数据收集范围，尤其是反映聊天记录的用户网名与现实中自然人身份相对应的相关数据。

通过某一方电脑终端固定对方使用人网络身份与真实身份相对应的电子数据时，可以通过对方在互联网上的 ID、上网计算机的 IP 地址、在即时通信软件上登记的个人资料等方式单独或结合使用固定对方的真实身份这一事实。必要时，通过网络聊天所获得的对方自认的真实身份也可以起到一定的证明作用。

从理论上看，行为人通过即时通信软件所产生的电子数据都会在有关的网络服务提供者提供的聊天服务器上中转、保存。但由于网上聊天系统具有用户成员多、信息流量大等特点及时性相关规定，这些电子数据保存时间不低于 60 天。因此，对此类电子数据固定采集具有一定的时间要求。

（3）聊天记录的保存

聊天记录的保存与电子邮件的保存方法相同。

7. 视频的收集、提取和保存

（1）视频的收集

视频文件格式有不同的分类，如：

微软视频 ：wmv、asf、asx

Real Player：rm、rmvb

MPEG 视频 ：mpg、mpeg、mpe

Sony 视频 ：mp4. m4v

其他常见视频：avi、dat、mkv、flv、vob

（2）视频的提取

视频的提取应当制作两份复制件，核对复制件与原文件内容无异，经取证人员和提供证据单位的计算机操作人员签字确认将其中一份复制件进行封存，按物证的取证方法予以固定，注明时间、地点、人员、复制件制作方法过程、文件核对方法和设备运行情况。

（3）视频的保存

由于视频文件相对文档文件来说不能打印，而且容量较大，所以只能通过镜像拷贝方式保存。一般保存在移动存储介质或光盘中。

（五）存储介质中电子数据的取证和保存

存储介质是指存储电子数据的物理载体，除了前面研究的计算机、手机及 SIM 卡外，其他存储介质主要有移动硬盘、光盘、U 盘、CF 卡、SD 卡、SDHC 卡、MMC 卡、SM 卡、记忆棒（Memory Stick）、XD 卡等。这些存储介质主要用于数码摄像机、数码照相机、GPS、MP3 等数码设备，以及打印机、传真机、扫描仪等办公设备。

根据这些存储介质的工作原理和性能，我们可以对上述存储介质进行分类，并介绍主要的存储介质中电子数据取证和保存的方法，同时对其他电子设备进行探讨。

1. 存储介质的主要类型

（1）移动硬盘（和计算机内硬盘同类）

移动硬盘（Mobile Hard Disk）是以硬盘为存储介质，可以与计算机之间进行大容量数据交换，具有便携性的存储设备。绝大多数的移动硬盘都是以标准硬盘为基础，数据的读写模式与标准硬盘是相同的。移动硬盘需要有供电、数据连接接口，接口可以是 USB、火线、网线或者无线连接。

①硬盘的物理结构

a. 硬盘是由若干个表面镀有磁性物质的金属或玻璃等物质盘片以及盘片两面所安装的磁头和相应的控制电路组成。

b. 盘片与磁头必须要完全密封在无尘的环境中。

c. 写数据时，磁头的电流产生磁场，改变盘片表面的磁性物状态，并保持下来。

d. 读数据时，磁头经过相应的盘片区域，那里的磁场使磁头产生感应电流，继而经过固定电路还原成数据。

②硬盘常见接口分类

a. IDE（P－ATA）：包括 ATA、Ultra ATA、DMA、Ultra DMA 等接口的硬盘。属于早期接口。

b. S－ATA：即串行 ATA，目前主流的硬盘接口，具有结构简单、传输速率高、纠错能力强等优点。

c. SCSI：应用于小型机上的传输技术。具有应用范围广、多任务、带宽大及 CPU 占用率低等优点，但较高的价格使它难以普及，所以目前主要应用于中、高端服务器和高档工作站中。

③硬盘的基本原理

a. 硬盘上的数据按照特点与作用的不同，可以分成五部分：主引导扇区（MBR）、操作系统引导扇区（OBR）、文件分配表（FAT）、目录区（DIR）、数据区（DATA）。其中数据区是真正存储信息的地方，二进制代码占据了硬盘绝大部分空间，它们必须与前面的三部分关联到一起，才变得可以识别，否则仅仅是一堆 0 与 1。

b. 文件的读取：先读取某一分区的 BPB（分区表参数块）参数至内存，

然后从目录区读取文件的目录表（包括文件名、后缀名、文件大小、修改日期和文件在数据区保存的第一个簇的簇号），找到相对应的首扇区和 FAT 表的入口。再从 FAT 表中找到后续扇区的相应链接，移动硬盘的磁臂到相应的位置进行文件读取，当读到文件结束标志"FF"时，表示文件结束，这样就完成了某一个文件的读取操作。

c. 文件的写入：操作系统首先在目录区（DIR）中找到空闲区写入文件名、大小和创建时间等相应信息。然后在数据区找到空闲区将文件保存，再将数据区的第一个簇写入目录区，同时完成 FAT 表的填写（具体的动作和文件读取动作相似）。

d. 文件的删除：操作系统只是将目录区（DIR）中该文件的第一个字符改为"E5"来表示该文件已经删除，同时改写引导扇区的第二个扇区，用来表示该分区可用空间大小的相应信息，而文件在数据区中的信息并没有删除。对一块硬盘重新分区，只是修改了 MBR 与 OBR 部分。重新格式化，也仅是重新建立 FAT 表而已。以上操作并不会将数据从 DATA 区直接删除。因此，文件被删除后，只要其本身的数据区没有被覆盖，那么它就有被恢复的机会。恢复软件通常就是重写该文件在目录区的第一个字符，并且修改文件分配表中的记录，以达到恢复的效果。

对于被格式化后的磁盘文件，只要恢复软件能搜寻并分析原来目录区的内容，就有可能据此来关联文件原来所占用的簇，来恢复删除的文件。如果文件的数据区被部分覆盖，那么即使软件强行把这个区域内的簇连接起来恢复，所得到的文件也往往无法使用，因为中间某些簇已不是该文件的数据。

（2）闪存

①闪存的种类

a. 闪存卡（Flash Card）是利用闪存（Flash Memory）技术达到存储电子信息的存储器，一般用于数码相机、掌上电脑、MP3 等小型数码产品中作为存储介质。根据生产厂商的不同和应用的不同，闪存卡可分为 Smart Media（SM 卡）、Compact Flash（CF 卡）、Multi Media Card（MMC 卡）、Secure Digital（SD 卡）、Memory Stick（记忆棒）、XD – Picture Card（XD 卡）和微硬盘（MICRODRIVE）等。

b. U 盘也称为闪盘，小巧、轻便，带有 USB 接口，便于携带和隐藏。生产厂商为了满足个人对 U 盘的个性化需求，除了日常我们所看到的传统外观式样，个性化和定制 U 盘已经成为时尚。

这些闪存虽然外观、规格不同，但其技术原理都是相同的，因此可以归纳在一起。

②闪存的基本原理

闪存的存储方式是将二进制信号读写到控制芯片接口，再分配给存储芯片的相应地址来保存。其原理是电压控制栅晶体管，并长期保守住高低电位，使数据以 0、1 代码的形式得以保存。虽然闪存不同于磁介质，但其数据存储的方式与传统硬盘是相同的。如数码相机，对闪存的操作方式和 PC 对磁盘的操作方式一样，都是通过扇区、簇等分割方式管理存储空间，通过 FAT 文件系统管理照片文件等。

（3）光盘

光盘是以光信息做为存储数据的载体。光盘只是一个统称，它分成两类，一类是只读型光盘，其中包括 CD - Audio、CD - Video、CD - ROM、DVD - Audio、DVD - Video、DVD - ROM 等；另一类是可记录型光盘，其中包括 CD - R、CD - RW、DVD - R、DVD + R、DVD + RW、DVD - RAM、Double layer DVD + R 等各种类型。

根据光盘结构，光盘主要分为 CD、DVD、蓝光光盘等几种类型，这几种类型的光盘，在结构上有所区别，但主要结构原理是一致的。而只读的 CD 光盘和可记录的 CD 光盘在结构上没有区别，它们主要区别在于材料的应用和制造工序的不同。

我们常见的 CD 光盘非常薄，只有 1.2mm 厚，但却包括了很多内容，CD 光盘主要分为五层，其中包括基板、记录层、反射层、保护层、印刷层等。

（4）缓存芯片

目前大部分打印机、复印机、传真机、扫描仪等办公设备采用嵌入式芯片作为数据缓存，不同设备厂商自行设计，并进行加密，没有统一的标准化要求。

2. 存储介质中电子数据的提取

（1）存储介质中电子数据取证的一般方法

移动硬盘、光盘、U 盘作为移动存储设备，可以存储各种电子数据，已经被广泛应用，同时也为大家所了解。CF 卡、SD 卡、SDHC 卡、MMC 卡、SM 卡、记忆棒（Memory Stick）、XD 卡等存储介质，作为数码摄像机、数码照相机、GPS、MP3 等数码设备的存储装置，既可以存储这些设备所产生的音频、视频、图片等文件，同时，通过数据线与电脑连接即可作为移动存储介质，存储其他各种文件。如数码影像设备，除了视频、图像外，存储卡中可能会留有数码相机、视频摄制的时间等内容，同时也可能存储其他文件；有些读卡机中可能存有信用卡的卡号、有效期、用户姓名、用户地址等内容。因此，当侦查人员搜查相关现场时，应该留意在现场出现的一切潜在的电子设备，在这些电子设备上可能存在有价值的潜在电子证据。

搜查时还要注意其他电子设备,如录音器、GPS、无绳电话、卫星电话、硬盘刻录机、打印机、多功能一体机、智能卡、磁带、扫描仪、电话卡等。

存储介质中电子数据取证一般采取实物获取和现场取证两种方式。实物获取是指通过对犯罪嫌疑人的工作、住宅等场所进行搜查,发现并提取存储介质实物证据,提交电子证据实验室进行数据提取和检验分析。

(2)存储介质中电子数据取证的原则

①尽早地搜集、整理证据,能够得到第一手的数据信息,并做到取证的过程公正和公开。

②不要破坏或改变证据,尽可能少地改变系统状态,在不对原有物证进行任何改动或损坏的前提下获取证据。

③证明所获取的证据和原有的数据是相同的。必须保证"证据连续性",即在证据被正式提交给法庭时,必须能够说明在证据从最初的获取状态到在法庭上出现状态之间的任何变化。

④在不改变数据的前提下对其进行分析。

⑤在取证时使用的软件应是合法的。

(3)存储介质的实物获取及具体步骤

存储介质实物获取的优点在于:原始证据不受任何破坏;电子证据真实、可靠、完整;现场取证耗时短;对取证人员的技术要求低。电子数据取证应遵循明确的、严格定义的方法和程序。

存储介质实物获取的具体步骤:

①收集、封存现场内存储介质,记录当前的运行状态、系统结构与配置、主要技术参数等。在搜集这些电子设备时,务必连带保存这些设备的电源适配器、线缆等附件。

②询问主要当事人,了解电子设备使用情况,有什么异常,做过哪些操作等。

③拍摄现场:现场概貌拍摄应反映系统运行的环境,拍摄时不得将人员和勘查器材拍入画面;系统状态拍摄应反映系统的运行情况,包括屏幕显示状态、设备之间各电缆的连接情况等;重要证据(设备)拍摄应从不同角度对设备上的信息,如序列号、主要技术指标等拍摄清楚,重点证据较多时应在拍摄前进行编号,并将号码标签拍入画面。

④绘制现场图、网络拓扑图。对系统中的各种设备的型号、主要技术指标、设备之间的连线等均要做出明确的标识,真实反映证据的原始状态。

（4）存储介质中电子数据的现场取证

①现场取证的准备工作

了解相关案情，与承办人讨论取证要求，确定对涉案电子设备的处理方式，并制定现场取证实施方案，做好相关设备和法律文书的准备工作。

②现场取证步骤

a. 收集现场内存储介质，记录当前的运行状态、系统结构与配置、主要技术参数等。

b. 询问主要当事人，了解电子设备使用情况，有什么异常，做过哪些操作等。

c. 确定取证对象，选择适当的取证工具。取证时，取证人员应对取证的全部操作步骤进行记录，对整个取证过程进行录音录像。

d. 提交结果。取证结束后，应对证据进行封存，以保证取证结果可以提交实验室做进一步的分析与检验。

③存储介质中电子数据的获取

存储介质中电子数据的获取是指运用硬件、软件和固件对存储的数据进行精确复制。目前现场取证设备比较成熟，各种硬盘复制设备以及软硬件集成的现场勘查箱等，能够针对计算机类的各种存储介质，在现场完成数据获取，并可以在现场对电子数据进行快速的固定、提取、保全，操作安全可靠，取证合法有效，同时还可以配合侦查需要，在现场进行快速综合分析和查找取证。如e - DEC 增强型勘查箱、DC - 8810 取证魔方等。

虽然闪存不同于磁介质，但其数据存储的方式，与传统硬盘相同。如数码相机，几乎都遵循 DCIM 标准，也就是说，它们对闪存的操作方式和 PC 对磁盘的操作方式一样，都是通过扇区、簇等分割方式管理存储空间，通过 FAT 文件系统管理照片文件。因此，各类闪存介质的取证方法和设备与硬盘相同或相类似。以下以硬盘取证为例进行阐述。

A. 硬盘数据获取主要采取硬盘复制的方式，主要有：

a. 硬盘对拷：实现硬盘完整的复制；

b. 镜像拷贝：以镜像拷贝方式获取硬盘全部数据；

c. 智能拷贝：自动拷贝硬盘中特定类型的数据文件；

d. 选择性拷贝：利用拷贝工具选择性地拷贝硬盘中的特殊文件和目录。

B. 硬盘数据恢复

数据恢复的基本要求：

a. 从证据角度来看，数据恢复是电子证据取证中的一个步骤，所以要选择符合司法行业标准的取证设备，操作过程要符合规范，以保证所得证据的法律效力。

b. 用于司法取证的数据恢复与社会上一般的数据恢复是存在一定区别的，社会上所强调的是尽可能地还原数据，而司法取证最重要的是保证证据的原始性，从而确保完整的法律效力。

数据恢复的主要内容：

a. 文件恢复：针对存储介质上被删除，或部分覆盖的文件，利用软件工具进行恢复；

b. 数据块恢复：已经被覆盖严重破坏的文件，仍可能有部分零散的数据残留在存储介质上，可以根据多种信息来判断，并且运用综合分析软件找出这些残留的数据块；

c. 阵列重组：当涉及磁盘阵列时，还要对其进行重组还原其环境，然后再对里面的数据进行恢复；

d. 文档内部数据删除改动，也存在恢复的可能。如打开一个 Word 文档，删除掉一些文字后再保存；

e. 保存在分区根目录下的文件，相对是最容易被覆盖、破坏的。有时恢复出的数据会大于原始硬盘。

C. 其他存储介质中电子数据的获取

a. 光盘数据的获取：由于光盘的特殊性，目前只能对光盘中存储的文件和隐藏文件进行复制和查找，对于可擦写光盘中删除文件还不能进行恢复。

b. 以嵌入式芯片作为缓存的各种计算机附属设备，如打印机、复印机、扫描仪、传真机等，其缓存数据的获取首先要从设备电路版上拆下存储芯片，然后用芯片读取座读取 0、1 代码，再利用专用软件将 0、1 代码还原成文件。

由于这些嵌入式存储芯片没有统一的标准，各设备厂商自行研发或设计，并进行加密处理。在获取数据时，通常要设计专门的硬件和软件，因此相对难度较大。

随着科技的发展，打印机、复印机、传真机、扫描仪等计算机附属设备的新产品，有的已经开始采用硬盘作为数据存储，对于这些电子设备中存储数据的获取方法与其他硬盘相同。

3. 存储介质的包装、运输和储存要求

存储介质和电子设备对温度、湿度、振动、静电、磁场都很敏感，因此提取后包装、运输和储存都应当注意，避免造成对数据的损害。所有对作为证据使用的电子数据、存储介质和电子设备采取的任何行为都应该有备案可查。

（1）包装要求

作为证据使用的电子数据、存储介质和电子设备应当在现场固定或封存。

封存的原则是：

①采用的封存方法应当保证在不解除封存状态的情况下，无法使用被封存的存储介质和启动被封存的电子设备。

②封存前后应当拍摄被封存存储介质和电子设备的照片，并制作《封存电子证据清单》，照片应当从各个角度反映设备封存前后的状况，清晰反映封口或张贴封条处的原状。

③所有电子检材需包装在防静电袋内，纸袋、信封、纸盒也可以使用，但切忌用塑料材质包装（因塑料材质容易产生静电），并确保所有包装可以保护电子检材不受弯曲、挤压、划伤等损害。

④注意收集电子设备的电源。

（2）运输要求

在运输过程中，应当保持电子设备远离磁场，避免在车内停留过长时间，过热、过冷、湿度都可能毁坏电子设备中保存的数据。在运输过程中，对电子设备的交替保管要进行备案。

（3）储存要求

储存电子设备时，确认所有登记入库的设备符合法律法规；将电子设备存放在气候可控的环境里，温度、湿度都要适中；保证电子设备不暴露在电磁、潮湿、灰尘、振动或其他可造成毁坏的环境下。

通常的数据恢复技术已经比较成熟，但基于痕迹特征的数据恢复、残缺文档（数据块）的恢复，仍然是电子取证行业的难题，是目前研究的重点，也是一线操作的关键。从理论上讲，原来位置上的数据虽然被覆盖，但相对于磁介质晶体来说，仍然会有"残影"留在深层部位，使用不同的射线去照射，分析反射、折射信号，就可能得到原来记录的数据。美国目前可恢复覆盖过6—9次的数据，俄罗斯可恢复覆盖过3—4次的数据。数据恢复的研究和实验成本极高，需要科研技术人员不断总结，积累经验，配合不断更新的软件工具，可望电子取证有新的突破。

五、电子数据在职务犯罪侦查中的运用

职务犯罪侦查指发现、收集与犯罪事实相关的信息材料和证据，揭露和证实犯罪，使犯罪事实从不确定到确定的过程。因此，侦查破案的关键在于发现与收集尽可能多的关联信息。职务犯罪尤其是贪污贿赂犯罪与一般刑事犯罪相比，隐蔽性强，犯罪嫌疑人的反侦查能力强，导致破案信息的发现也更加困难。修改后刑事诉讼法明确了"电子数据"独立的证据地位，对于职务犯罪侦查而言，这一规定将极大地推动电子数据在侦查实践中的运用，扩展侦查信

息的来源方式和渠道，在一定程度上破解职务犯罪信息发现难的问题，有助于职务犯罪侦查信息化的实现。

在修改后刑事诉讼法作出明确规定之前，虽然办案中接触过一些电子数据，也积累了一定的运用经验，但对很多职务犯罪侦查人员而言，电子数据还是比较陌生的一项新生事物，对其在职务犯罪中的具体运用也缺乏必要的了解。为了加强对电子数据的认识和运用意识，根据侦查实践，以下将从三个角度对电子数据的运用进行探讨。

（一）电子数据在职务犯罪案件侦查中的运用方式

1. 涉案信息和定案证据

侦查过程中，需要运用各种各样与案件事实相关的信息。根据运用方式，可以将这些信息分为涉案信息和定案证据。涉案信息指办案中获取的对案件侦破有利用价值的所有信息；定案证据指具有真实性、相关性和合法性，能够用来证明案件事实的证据。

涉案信息与定案证据都是与案件事实有关、有利于案件侦破的信息，区别主要在于以下几个方面：一是在性质上，涉案信息一般不能直接作为证据使用；定案证据本身就是证据。二是在作用上，涉案信息一般不直接证明案件事实，但是通过对涉案信息的分析和运用往往能发现或转化为定案证据；定案证据能够直接证明案件事实。三是在数量上，与一个案件相关的涉案信息往往是海量的；定案证据则比涉案信息的数量少得多。四是在表现形式上，涉案信息可以表现为任何形式，比如道听途说、推测甚至是直觉等；定案证据必须表现为法律规定的八种证据形式，比如犯罪嫌疑人供述和辩解、被害人陈述、证人证言、书证、鉴定意见等。五是在收集方式上，涉案信息可通过任何形式进行收集，法律对此没有要求；而定案证据实质上是八类法定证据种类中的一种，在收集主体、收集程序上必须符合法律规定，否则就可能作为非法证据被排除。例如人民检察院收集证人证言需要满足以下条件和程序：必须由两名以上检察人员在法定的地点进行，必须个别进行，应当出示工作证件或者检察机关的证明文件，应当履行告知义务，制作询问笔录，不能采取非法方法获取证言等。这也是两者区分的主要意义所在，由于收集方式不同，直接导致两者在收集过程中耗费的人力、物力和时间上的不同。

2. 电子数据在职务犯罪侦查中的运用方式

电子数据在职务犯罪侦查中也有涉案信息和定案证据两种运用方式。由于具有隐蔽性、脆弱性、技术性等特征，作为定案证据使用时，电子数据的提取过程更复杂，要求更严，耗费的人力、物力和时间更多。因此，根据侦查破案的需要，只有在必要时，才将电子数据作为定案证据使用，而在大部分场合，仅将其作为涉案信息，无须特别关注其来源和获取方式，只要具备条件，侦查人员可以采用任何方式收集电子数据，以节约办案资源，提高侦查效率。例如，如果一封电子邮件的内容只与赃款的去向有关，对犯罪事实没有直接证明作用，则无须作为定案证据，侦查人员可以采取自行下载、打印或复制、保存的方式进行提取；如果该电子邮件的内容能够证明犯罪嫌疑人的犯罪意图或者犯罪行为，则需将其提取作为定案证据，此时就需依照法律规定的方式对电子邮件进行提取固定，牵涉的人员更多，环节更多，过程更复杂。

在今后的职务犯罪侦查过程中，需要运用的电子数据越来越多，在整个运用过程中，首先是发现，然后是收集，最后才是运用。其中，区分电子数据的运用方式将成为非常关键的一环，因为其决定着电子数据的收集方式，进而影响其运用效果。尤其是在需要将电子数据作为定案证据运用的情况下，如果不作区分，没有采取法定收集方式，将导致电子数据由于提取程序非法而受到排除，起不到证据效果，影响案件质量。因此，要求侦查人员具有区分涉案信息和定案证据的意识，其目的就是要求侦查人员在收集电子数据时，一定要注意根据不同的运用方式，采用不同的收集方式，既不会因为将作为涉案信息使用的电子数据采用法定的方式收集导致浪费时间、人力和物力，也不会因为将作为定案证据使用的电子数据采用随意的方式收集导致丧失证据效力，达不到运用目的，从而既保证电子数据的运用效果，又能节约办案资源，提高侦查效率。

(二) 职务犯罪中常见电子数据的运用

电子数据在日常生活中的运用越来越广泛、深入，手机、电子计算机（电脑）、银行卡、视频监控等电子设备已逐渐进入每个人的生活领域，个人活动多少都会留下一些电子痕迹（表现为电子数据）。这些电子数据将成为职务犯罪破案信息的重要来源。生活中电子数据的表现形式和载体形式十分丰富，以下我们仅对职务犯罪中常见电子数据的运用进行说明，具体包括手机及相关通信设备、电子计算机、互联网、银行卡、视频监控、移动存储设备（硬盘、软盘、光盘、U盘等）、打印机、复印机、扫描仪、摄像机、照相机等。

技术的发展促进电子设备不断升级换代，功能越来越强大，包含的信息内容越来越丰富，其运用范围和方式也在不断发展。以下仅基于现有经验对常见电子数据的运用方式进行了一定程度的探讨，目的是通过介绍，增强侦查人员对电子数据这一重要信息来源的发现和运用水平，提高侦查破案的能力。由于电子数据的运用具有很强的实践性，无论是电子数据的形式，还是其运用方式，以下介绍都是粗浅的，随着实践的发展需要不断进行补充和完善。

1. 手机等通信设备中电子数据的运用

手机等通信设备主要指手机、固定电话（包括传真机）等通信工具。手机内存储了大量的信息，通话记录、短信息记录、微博、飞信、通讯录等都是信息来源，在揭示被调查人的社会关系网络和行动踪迹的同时，还能为获取其他涉案信息提供线索。

（1）手机、固定电话的通话记录详单

通话记录详单包含了以下信息：主叫号码、被叫号码、呼叫类型、通信日期、通话时间、通话时长、地区代码、小区代码等内容。通过对通话记录详单的分析，能够发现被调查人的人际关系网和活动轨迹，挖掘出大量可用信息。例如，通过对通话时间、时长、频率的分析，可以判断通话双方之间的关系密切程度，锁定关键号码。进一步查询该关键号码的持有人，就可能发现被调查人的情人、行贿人等关键人物；通过对通话的地区代码和小区代码的分析，能够反映出被调查人在该段时间的活动场所和活动规律；此外，两个号码通话次数的多少往往能反映两人交往的密切程度。调取通话记录详单并加以分析基本上已成为职务犯罪侦查的常用手段，很多案件就是通过对通话记录详单的分析，发现犯罪嫌疑人的情人、行贿人等关键人物进而突破案件的。侦查人员可以直接到各地的移动、联通、电信等通讯运营商处进行查询，或者通过省院的信息平台进行获取。对通话记录详单的分析可以通过专门的分析软件进行，或者直接利用 EXCEL 表的排序、查找、筛选等功能进行。

（2）手机收发的短消息、飞信、QQ、微博记录以及手机存储的照片、文档、上网记录等信息

如果被调查人对手机的功能比较了解，使用手机较频繁，则手机相当于"私人日记"，存储的信息会非常丰富，也非常直观，关键在于获取。目前，检察机关已不能从通讯运营商处直接获取手机的短消息记录，上述信息只能通过调查人的手机获取。需要注意的是，在现有条件下，即使手机内相关信息内容被删除，技术人员通过一定的技术手段也可以将部分型号手机中被删除的信息内容进行恢复。因此，侦查人员在控制犯罪嫌疑人的同时，要注意对其随身携带的手机等通信工具的搜查和扣押，及时恢复、解读、掌握手机中的涉案信息和材料。

（3）手机相关信息以及手机定位技术

手机相关信息主要包括手机号码段、手机串号、机主资料等。

①对手机号码段的利用。手机号码的前 7 位，代表着特定的地区和特定的

手机卡类型。在互联网上专门的查询网站输入手机号码前7位，就可以获知该号码所属的区位信息，判断手机用户的大概位置。

②对手机串号的利用。手机串号是每部手机的身份号码，具有唯一性。在不更换手机的情况下，即使更换了手机卡，也能查出与该手机匹配的新号码。因此，没有更换手机的前提下，即使嫌疑人更换了手机号码，通过手机串号也可以查找到其更换后的手机号码。

③对机主资料的利用。有的手机卡在出售时，要求购买人提供机主资料，包括姓名、身份证号码、通讯地址等。机主资料可以在该手机所属的通讯运营商处查询，通过手机号码找机主主要是通过这种方式。

④对手机定位技术的利用。手机定位指通过特定的定位技术来获取移动手机或终端用户的位置信息（经纬度坐标），在电子地图上标出被定位对象位置的技术。通过手机定位技术追查到手机，就能追查到持有手机的人，这项技术被广泛运用于抓捕和追逃。目前，检察机关主要通过公安或者国安部门来运用这一技术。

2. 电子计算机中电子数据的运用

电子计算机俗称电脑，既是高科技工具，也是大容量存储设备，功能强大，蕴含信息丰富。首先，计算机作为高科技工具，通过不同的软件可以实现多种不同功能，生成新的信息或者对原有信息进行修改等加工形成新的信息。例如：通过常用 Office 软件中的 Word 程序，可以生成和修改文字文档；通过 Excel 程序可以生成和修改数据文档；利用 Photoshop 或者"图画"程序可以对图片进行修改等编辑。其次，计算机还是大容量存储设备，在其硬盘中不仅存储了自身生成的各种信息，还能存储其他电子设备生成的电子数据信息。最后，通过计算机可以访问互联网（俗称"上网"），获取并利用互联网上海量的信息资源。

（1）对电子计算机硬盘中存储的电子数据的利用

计算机硬盘中存储了大量信息，包括文档、照片、图片、数据库、录音录像等视频、应用软件等，这些信息有的与使用者的工作相关，有的与其个人生活相关，还有的甚至直接与犯罪事实相关。这部分信息是计算机中最常用，也是最直观的信息，一般打开相应的硬盘就能直接发现。如在湖南省长沙市芙蓉区院侦办的原中国电信湖南公司李某某等人受贿窝案中，涉案人员内外勾结，通过网络和信息联系，占用电信部门的资源，以低于公司的定价私揽短信群发业务，收取回扣。作案中短信群发业务的委托和实施都是通过远程登录等方式在互联网上完成，电子数据往来涉及深圳、东莞、武汉、郴州、长沙等地，多名犯罪嫌疑人分处各地。该院统一时间在不同地方提取犯罪嫌疑人各自使用的电脑并查找到其中的网络信息平台，通过对该信息平台程序功能的测定，证实了该信息平台即为犯罪嫌疑人犯罪所用的作案工具。[①]

但是，有的行为人在案发后往往采取删除、硬盘格式化、文件加密等手段对信息内容进行隐藏和破坏，企图毁灭原始证据。此时，需要请技术人员通过数据恢复和解密等手段对这部分信息进行恢复和获取。例如：河南郑州市中原区检察院在办理某药品生产企业驻河南办事处谢某行贿一案中，办案人员得知谢某的电脑内存有销售药品去向、数量以及给每一位药品接收人员回扣金额的流水记录，但谢某在案发前已将这些记录删除。为了获取这部分数据，该院用技术手段，对整个电脑进行扫描和数据恢复，最终找出了该办事处行贿的流水记录，案件顺利侦破。

（2）对电子计算机内存信息的恢复和利用

内存是计算机的重要部件之一，是暂时存储程序以及数据的地方，计算机中所有程序的运行都是在内存中进行的。我们平常使用的程序，如操作系统、办公软件、游戏软件等，一般都安装在硬盘等外存上，不能直接使用，必须将它们调入内存中，通过内存才能运行其功能。比如，使用 Word 等软件处理文稿时，输入字符、修改文字等操作都是先存储在内存中，只有选择"保存"时，内存中的数据才会被存入硬盘。通常我们把要永久保存的、大量的数据存储在硬盘等外存上，而计算机在运行时会自动将相关信息从外存调入内存并临时存储在内存中。因此，利用计算机进行的任何操作都会在内存中留下痕迹，通过对内存中的信息进行恢复和提取，能够发现行为人最近一段时间通过计算机进行的活动内容，比如登录了哪些网页，发送过哪些邮件，进行了哪些聊天，处理了哪些文件等，甚至还能获取其登录网上银行、使用银行卡以及进行其他网络支付的信息。通过对这些信息的获取，可能分析出被调查人的性格、爱好、兴趣等个人特点，也可能直接发现与犯罪相关的行为，比如转移赃款、实施串供反侦查、毁灭证据等。

但是，内存与硬盘等外存有一个显著区别：硬盘中存储的信息都是永久性的，除非人为进行删除，否则一般不会被计算机自动覆盖；但是内存中的信息是临时性的，计算机会对内存信息随机进行覆盖，因此，内存通常只能保存最近一段时间的操作信息。另外，内存中存储的信息不如外存那么直观，也不常用，因此，一般的侦查人员通常不具备获取的知识和能力，需要专业技术人员才能发现和获取。同时，由于内存信息存在被随机覆盖的问题，侦查人员在发

---

① 常智余：《检察机关推进电子数据取证工作的实践思考》，载《人民检察》2013 年第 2 期。

现与犯罪相关的计算机时，不要随意打开计算机进行操作，这样会导致内存中原有信息被新的操作信息所覆盖，致使原有信息的灭失；最好及时对该计算机进行封存，交给专门的技术人员进行处理。

（3）对电子计算机系统日志信息的利用

所谓日志是指系统所指定对象的某些操作和其操作结果按时间有序的集合。为了维护自身系统资源的运行状况，计算机系统都会有相应的日志文件记录系统日常事件或者误操作警报的日期及时间戳等。每个日志文件由日志记录组成，每条日志记录描述了一次单独的系统事件。简单来说，日志就是对计算机某些特定操作的记录信息。日志信息对计算机犯罪调查人员非常有用。在职务犯罪侦查中，如果犯罪嫌疑人利用计算机进行贪污、挪用等犯罪，则系统日志有可能提供大量有利于案件侦破的直接信息，比如犯罪嫌疑人登录相关系统的账号、时间、进行的具体操作等，直接证实犯罪行为的内容和时间。但是，系统日志信息也不如硬盘存储信息那么常用和直观，一般人通常看不懂其所代表的含义。因此，系统日志信息也需要通过技术人员来帮助获取，同时对其进行分析、解读，将日志信息翻译成侦查人员能够理解，并且可以直接利用的内容。

3. 互联网的运用

计算机、智能手机等上网工具的普及，QQ、博客、论坛、微博等的广泛运用，使互联网成为人们活动的重要场地，通过互联网收发电子邮件、即时消息互动、视频交流、网络购物、网络支付、网络游戏、发表评论等在日常生活中十分普遍。在互联网中，大量的网站上存储有海量的静态信息，利用QQ、博客、论坛、微博等通讯工具能获取大量的动态信息，通过互联网获取信息还能突破时间、空间的限制，这些都是互联网的优势。在职务犯罪侦查中，通过互联网开展办案调查，实现对涉案信息的获取、研判和有效运用，对跨行业、跨部门、跨地区的涉案信息资源进行整合，转化为实战效能，是推进职务犯罪侦查途径拓展的有效措施。

（1）通过互联网接受举报，收集、经营犯罪线索

互联网交流具有隐蔽性，一定程度上消除了举报人担心遭受打击报复的顾虑。举报人可以通过互联网隐瞒身份进行举报，还能方便地与办案人员进行即时交流，增加了举报线索的来源渠道，也拓展了收集、经营举报线索的途径和方式。一方面，检察机关可以建立互联网举报平台，接受网络举报，拓宽案件线索来源渠道。另一方面，办案人员还能通过QQ、电子邮件等工具与举报人交流，在取得举报人的信任后，进一步引导其配合调查取证，提供更为详细的举报内容和有关被举报人的性格、爱好、经济情况、情感状况、交往范围等方

面的信息，对举报线索进行经营。由于举报人往往就是被举报人身边、熟悉被举报人的人，其提供的信息针对性强、可信度高、价值大，往往能成为案件突破的关键信息。近年来，网民力量的壮大，通过互联网牵扯出的职务犯罪案件越来越多，比如被称为"微笑局长"、"表哥"的陕西省安监局党组书记、局长杨达才案件，在 2012 年 "8·26" 特别重大道路交通事故现场，杨达才不当 "笑脸" 的行为在网上曝光后，被网友搜索出其在不同场合先后佩戴 11 块名表，并引发了网络炒作。陕西省纪委随即对其进行调查，查明其存在严重违纪问题。9 月 22 日，陕西省委决定撤销杨达才陕西省第十二届纪委委员、省安监局党组书记、局长职务。2012 年 7 月，因铁道部天价宣传片牵扯出的腐败夫妻，即铁道部运输局车辆部副主任刘瑞扬及其妻铁道部文联副秘书长陈宜涵的落马，也归功于互联网强大的 "围观" 力量。

此外，针对部分职务犯罪线索内容含糊、不具体的问题，可以利用互联网对线索长期经营，培育、丰富线索内容。比如，浏览被举报人所在行业、单位的相关网站、论坛、博客，了解该行业、单位的职权、职责范围，经营、管理状况等背景资料，以及相关的热点、重点问题，增加线索的信息含量。还可以有意识地引导网民对相关问题进行围观、讨论，利用人们在网上发表意见顾虑较少，能够畅所欲言的特点，促使网民提供与举报线索有关的信息。

（2）利用互联网获取具体、准确的涉案信息

互联网具有开放性，不同类型、不同操作系统的计算机、智能手机等上网工具都能通过网络实现信息的交流和资源的共享。互联网的开放性意味着任何人都能够在互联网上发布消息，也能够得到在网络上发布的任何消息，互联网是信息的宝库。例如：各级政府机构、部门以及具有一定规模的公司、企业都在互联网上建有专门网站，用于公布其组织机构、人员结构、职权职责或业务范围、重要活动等信息，有的还建有专门的论坛供人们自由发言；互联网上论坛、社区等各种交流网站林立，还有大量的个人博客、微博等。互联网上的信息具有发布及时性、内容丰富性、获取便捷性等特点，这给侦查人员通过互联网获取各种类型的涉案信息提供了条件。比如，通过互联网，可以获知被举报人的简历、阅历、文化程度、任职经历、联系方式、参与的重大活动等信息，还可能获知其更多的被举报事实，进一步丰富举报线索的内容；可以获取行贿人、特定关系人等相关人员的年龄、联系方式，及其开办公司、承揽工程等信息。通过互联网除了能获知有关人员的特定信息外，有时还可能会意外发现其他关键的涉案信息。因此，侦查人员在办案过程中，一定不可忽视互联网这一重要的信息来源。

利用互联网获取具体、详细涉案信息的方法比较简单，就是要善于利用

"搜索"功能，通过对"关键字"的选择，在浩如烟海的信息海洋中快速、准确地查找到相关内容。例如实践中，举报线索对行贿人、特定关系人的称呼往往不准确，无法直接确定相关人员的具体身份，此时，可尝试利用互联网对有关信息进行明确。在湖南省检察院反渎局办理的原湘潭市公安局党组书记、局长黄某某涉嫌徇私枉法、受贿一案中，举报线索提到的一个关键行贿人是黄某某的侄儿黄某翔，而侦查人员通过户籍查询等方式查找到的"黄某翔"明显不是黄某某的侄儿。为了确定该人的准确身份，侦查人员转换思路，通过互联网搜索，最终确定其名字不是"黄某翔"，而是"黄某"。由于确定了关键行贿人，以此为突破口，该案顺利告破。

（3）利用互联网进行网络追踪

在网络中，为了区别不同的计算机，需要给计算机指定一个连网专用号码，这个号码就是"IP 地址"。像家庭住址一样，IP 地址是连入互联网的计算机的地址，也具有唯一性。利用互联网一方面可以追踪到在网络上实施具体活动的行为人的身份：行为人利用计算机在互联网上进行 QQ 聊天、收发电子邮件、论坛发言、更新微博留下电子痕迹后，可以利用技术手段获取其在活动时所使用计算机的 IP 地址，进而锁定该计算机。IP 地址的分布具有规律性，与特定的物理地址相对应。利用该物理地址以及被锁定的计算机，大致可以确定使用该计算机的行为人。另一方面，利用互联网还可以追踪到具体行为人的位置，为实施抓捕和追逃提供信息：行为人在互联网上活动需要使用 QQ 号码、邮件账号、微博账号等身份标记，用技术手段对行为人的这些身份标记进行监控，一旦行为人利用这些标记在互联网上活动，就能查找到行为人所在的位置。目前，网络追踪在公安机关的侦查活动中运用比较普遍，必要时，检察机关可借助公安的人员和技术实施网络追踪。

（4）利用互联网开展通缉、网上追逃以及网上协查等

通缉指公安机关发布通缉令，通令缉拿批捕在逃的犯罪嫌疑人的一种侦查行为。网上追逃，又称为网上通缉、虚拟通缉，是与"通缉"含义不同的一个概念，指公安机关各部门、各警种在日常业务工作中，发现可疑人员时，及时与公安网"全国在逃人员信息系统"或"全国在逃人员信息光盘"进行快速查询、比对、抓获在逃犯罪嫌疑人员的侦查机制。网上追逃与通缉的主要区别在于适用对象和适用后果不同。网上追逃只需满足刑事犯罪、犯罪事实清楚、案犯在逃三个条件，适用的对象包括批捕在逃、刑事拘留在逃的犯罪嫌疑人，并且网上追逃信息只能在公安网上发布，对外是保密的。而通缉是执行逮捕的一种特殊形式，只适用于批捕在逃的犯罪嫌疑人，且通缉令可以通过广播、电视、报刊、计算机网络等公开媒体对外发布，为广大公众所知晓。两者

虽然有区别，但都能通过互联网实现追逃、通缉信息的快速、广泛传播，发挥更好的效果。网上追逃和通缉都是公安机关利用互联网协助破案的侦查机制，运行效果较好，尤其在实现对犯罪嫌疑人跨区域的追捕上发挥了巨大作用。在职务犯罪侦查过程中，检察机关通过与公安机关建立协作平台，借助公安机关开展网上追逃、通缉等，实现对犯罪嫌疑人的跨区域、实时控制，而无须侦查人员亲自跟踪、蹲点，有效节约办案资源，提高办案能力。

网上协查，指侦查机关将办案过程中需要市民提供协助的协查通报挂在专门网站上的一种侦查措施。网民的力量是巨大的，网络上频频出现的"人肉搜索"就是很好的例子，行为人在互联网上活动时其真实身份信息都是隐藏的，但是通过"人肉搜索"，可以挖掘出该行为人的具体身份信息，包括姓名、单位、住址、家庭成员等，使其无所遁形。网上协查就是侦查机关通过网络发动网民，鼓励网民参与搜寻、提供信息，利用网络的力量协助侦查的活动。由于互联网的开放性，同一时间参与的网民数量没有限制，每个网民都有其独特的知识和资源，能够通过其特有的渠道获取信息，并通过交流将分散的信息进行整合，推动信息收集过程向前发展，直至获取到侦查破案所需要的信息。相较于传统的调查走访，网上协查可以节约大量的侦查资源。但是，由于互联网可控性较差，一旦失控，就可能导致对公民隐私权和名誉权的侵犯。因此，在目前尚无具体法律进行规范的情况下，开展网上协查需要非常谨慎，严格控制协查事项的范围，并对由此引发的后果作出充分的预测。

（5）利用互联网与相关行业、部门建立信息协作平台，实现对信息的共享和实时查询

为获取涉案人员的个人基本情况、职权职责情况、婚姻家庭情况、资金资产情况、通讯情况、出入境情况等信息，侦查人员需到多个行业、部门查询、调取资料。传统上，侦查人员需亲自到单位所在地开展查询，工作量大，费时又费力。由于职务犯罪的特点，在侦查过程中，尤其在追逃追赃时，需要频繁、反复开展查询工作，传统的查询方式效率低下，很难满足侦查的需要。互联网的利用可以有效地改变这种现状。为了对相关信息实现及时的查询和共享，多地检察机关已经在探索建立职务犯罪侦查信息协作平台，就是通过互联网，在检察机关设立专用的查询端口，或者设立专门的对接窗口，通过网络发送查询请求和回复查询结果，实现信息传递，而无须侦查人员亲自到单位所在地进行查询。省院目前正在建设的职务犯罪侦查信息平台，建成后将能极大地提高全省检察机关职务犯罪的侦查效率。

（6）利用互联网与行政执法部门建立信息共享平台，畅通职务犯罪案件信息移送渠道

纪检监察、审计、公安、工商、税务、国土、海关等行政执法部门在执法过程中掌握着大量贪污贿赂等职务犯罪线索，但是向检察机关移送的并不多。检察机关在办案过程中，对尚不构成犯罪的渎职侵权行为，也有必要向有关单位和部门进行移送。为进一步加强检察机关与行政执法部门的合作，可以开发专门的"行政执法与刑事司法信息共享平台"软件，将检察机关与各行政执法单位通过网络联系起来，实现双方对相关案件的信息共享，畅通职务犯罪案件信息的移送渠道，加强检察机关对行政执法行为的监督，拓宽线索来源渠道，形成对职务犯罪的打击合力。

4. 对行政事业单位、社会机构等单位所有的电子数据运用

信息社会的发展，推动了计算机技术和网络技术在各行各业的广泛应用。公安机关、工商行政管理局、房产局等具有社会管理职能的行政事业单位，银行、证券公司、保险公司等具有社会服务职能的社会机构，基本上都实现了电子化办公。这些单位保管了大量的公民个人信息，实行电子化办公后，对信息的保管和查询都变得更加方便和快捷。职务犯罪侦查中，为了获取被调查对象的个人基本情况、财产状况、出行状况等信息，需要有针对性地对相关信息开展查询工作。

职务犯罪侦查中可以利用的行政事业单位、社会机构等单位所有的电子数据主要有：

（1）公安机关的户籍管理信息、出入境管理信息、护照办理登记信息、车辆管理信息、驾驶证信息。

（2）民政局的婚姻登记信息。

（3）工商部门的公司注册登记信息。

（4）税务部门的税收征管信息。

（5）房产局的房产信息。

（6）银行的个人、公司的资金信息。通过查询个人或公司在银行开立的账户或者在银行开设保管箱的情况，能够获取到其资金信息。银行卡，是由银行发行、供客户办理存取款业务的新型服务工具的总称，主要包括储蓄卡（也叫借记卡，不能透支）和信用卡（也叫贷记卡，可以在银行限定的额度内透支）两种。

（7）证券公司的证券交易信息。

（8）保险公司的投保信息。

（9）民航机场的个人进出港信息。

（10）铁路系统的个人出行信息。

（11）酒店、旅馆的个人住宿信息。

（12）车辆的 GPS 导航信息。

（13）水、电、煤气公司的水、电、煤气使用信息。

（14）高速公路出入口的车辆出行信息。

（15）电信运营商的通话记录信息、上网信息。

（16）商场的购物卡信息。

（17）社会各单位的视频监控录像信息。

（18）网吧的个人上网记录。

（19）国土局的土地交易信息。

上述信息通常情况下需要侦查人员持检察机关的证明文件到该单位所在地进行查询，部分信息可以通过公安机关的系统进行调取，比如酒店、旅馆的个人住宿信息等。在检察机关的职务犯罪侦查信息平台投入使用后，其中的部分信息将可以直接通过信息平台进行查询调取。

5. 对存储介质中电子数据的运用

移动硬盘、U 盘等存储介质具有存储容量大、存取数据方便等特点，在日常生活中应用越来越普遍。常见的存储介质有移动硬盘、光盘、U 盘、CF 卡、SD 卡、SDHC 卡、MMC 卡、SM 卡、记忆棒（Memory Stick）、XD 卡等。这些存储介质在功能和性质上相当于电子计算机的硬盘，都能存储电子数据，因此也是职务犯罪侦查中重要的信息来源。

但是，在运用这些电子数据时，有一个问题尤其需要注意，各种存储介质的区别在于其存储数据的格式和输入、输出的接口不同，因此只能和配套的电子设备结合才能顺利实现对数据的读取、修改等操作，比如不同型号的数码摄像机、数码照相机、打印机、复印机、传真机、扫描仪等设备都需与相应型号的存储介质配套使用，如果两者型号不匹配，轻则不能顺利使用，重则可能损坏电子设备或者存储介质。

根据职务犯罪侦查实践，侦查人员需注意对以下常见电子设备所存储的数据的运用：

（1）数码摄像机、数码照相机

这些设备存储的录像、照片都与被调查人有联系，合影能反映合影人之间的关系，照片背景、时间能反映其到过的地点和时间；有的被调查人有将重要信息拍照、摄像保存的习惯，这时的照片、录像就是犯罪的直接证据。

（2）打印机、复印机、传真机、扫描仪

这些设备配套的存储介质保存着一定时期内处理过的资料信息，能够反映被调查人近期处理过的资料情况。

（3）移动硬盘、光盘、U 盘等可移动存储介质

有的被调查人有将重要信息利用存储介质保存的习惯。这些介质中存储的信息种类和数量相当丰富，包括电子文档、数据库、图片、照片、音频、视频文件等。

（三）电子数据在职务犯罪侦查中的综合运用

侦查的中心工作是利用各种侦查措施和手段收集涉案信息，通过对信息的分析、研判和运用，获取定案证据，查明犯罪事实真相，最终证实犯罪行为。电子数据具有高科技性，是信息技术发展的产物，因此，运用电子数据的侦查措施本身就具有技术性，需要技术装备的支持。实行电子数据、技术装备与侦查谋略相结合，拓宽侦查思路、创新侦查措施，在职务犯罪的线索摸排、初查和侦查等各个环节中都能够发挥重要作用。结合办案实践，重点探讨电子数据在职务犯罪侦查中的"追逃"、"追赃"、"审讯"几个环节中的综合运用。

1. 电子数据在职务犯罪"追逃"中的综合运用

"追逃"是指对在逃的犯罪嫌疑人的追捕，本文使用广义上的"追逃"概念，泛指确定涉案对象的身份和位置，并将其抓捕归案的过程。电子数据在追逃中的运用已经比较广泛，也比较有效。因为在逃的涉案对象不是一个孤立的个体，一般情况下，总有其在乎的人和事，其在出逃后，迟早会与其具有千丝万缕联系的人联络，了解相关人和事的情况，这就为"追逃"提供了机会。

（1）运用电子数据确定涉案对象的身份

在职务犯罪侦查过程中，出于办案需要，有时要根据姓名、所在公司、手机号码等信息首先确定涉案对象的确切身份，并且姓名、所在公司等信息还不一定完全准确。在此情形下，可以综合运用电子数据与传统的侦查方式首先确定涉案对象的确切身份。一般来说，一个人的确切身份由其身份证决定，但为了"追逃"的需要，除身份证外，还需要掌握其照片、家庭成员，所在单位（公司）、工作地、经常居住地、联系方式、驾驶车辆等信息。

以下是实践中采用较为普遍的一些确定涉案对象身份信息的方式：

①互联网搜索。将已经获取到的涉案对象的姓名、公司等信息作为关键词在互联网上搜索，有可能获取更多相关信息。比如涉案对象的联系电话，所在公司的地址、联系方式、运作过的有关项目情况等。

②信息平台查询。包括利用公安机关的户籍管理信息平台查询涉案对象的身份证号码、户籍地址、家庭成员信息，以及利用工商部门的公司注册登记管理和税务部门的纳税管理信息系统收集涉案对象开办公司的情况。

③通讯运营商查询。现在我国的主要通讯运营商有移动、联通和电信。通过涉案对象的身份证号码可以查询其在各个通讯运营商处办理的手机或者固定电话的情况。另外在仅得知涉案对象联系方式的情况下，通过反查机主资料，可以收集涉案对象的更多信息。

以上只列举了一些比较常用的方式，在办案实践中，需要根据案情需要选择或者综合运用其中的一种或多种方式。

（2）运用电子数据确定涉案对象的位置

在确定涉案对象的照片、联系方式、工作地、居住地等信息后，在涉案对象没有察觉、没有防备的情况下，通常通过对其手机号码进行监控，或者采取蹲守在其工作地或居住地的方式对其实施抓捕。但是职务犯罪中，经常会遇到关键涉案对象（通常是行贿人）闻风而逃的情况，而这样的涉案对象对案件的突破往往又起着极其重要的作用。因此，在涉案对象逃跑、有意躲避办案机关的情况下，如何采取措施对其成功实施抓捕就显得十分重要。抓捕的关键是先确定位置，通常可以采用以下方式确定涉案对象的位置。

①对涉案对象的手机号码进行监控。这是目前运用最多的一种方式，通过对涉案对象的手机号码进行监控，能确定该手机的大致位置，就能确定涉案对象的大致位置。运用这一手段的前提是需要知道涉案对象所使用的手机号码，并且是其正在使用的手机号码。

②对涉案对象重要关系人的通讯监控。此处所谓的"涉案对象重要关系人"是指侦查人员根据掌握的信息，推断出可能与涉案对象进行联系的关联人员，比如涉案对象的配偶、父母、子女、情人、朋友等。随着反侦查能力的提高，越来越多的涉案对象都学会了逃避手机监控。涉案对象通过有意识地使用多个不同的手机和手机号码，并随时进行更换，使办案机关无法掌握其实时使用的手机号码，也无法对其手机实施监控。此时，可以采取对涉案对象的重要关系人的通讯进行监控的方式，守株待兔，获取与涉案对象有关的信息，例如联系号码、所在地点等，进而发现其行踪。

③对网络进行监控。由于通讯技术的发展，有的涉案对象非常谨慎，不再使用传统的通讯方式，而采用利用互联网发展起来的多种通讯方式进行联系，例如：QQ，电子邮件、飞信、微信、微博等。在必要的情况下，可以对涉案对象重要关系人的网络进行监控，发现涉案对象所使用电子计算机的 IP 地址，进而查询到其行踪。

④追踪涉案对象的车辆行踪、银行卡消费信息等。城市的重要交通路口、高速出入口一般都装有监控视频，有的车辆还装有 GPS 导航仪，这些信息都可用来追踪涉案对象的车辆行踪。通过调取涉案对象银行卡的流水记录，通过

银行卡的消费记录，再结合其他信息，可以推断出涉案对象的行踪。

此外，民航、铁路的个人出行记录，宾馆、旅店的个人住宿记录，网吧的个人上网记录，煤电水气的使用记录，小区门禁卡的使用记录，视屏监控记录等信息均可收集用来分析判断涉案对象的行踪。

有的涉案对象具有较强的反侦查能力，往往在逃避抓捕的过程中使用虚假的身份信息，致使无法通过民航、铁路、宾馆、旅店等途径发现其行踪；同时，其还频繁更换使用的手机和号码，并且减少甚至干脆不与其重要关系人联系，致使无法对其手机进行监控。但是，无论涉案对象如何逃避，大部分的涉案对象最终都会忍不住通过各种渠道打听相关信息，比如案件的查办进展情况、家人的情况、公司的状况等。侦查机关要抓住涉案对象的这一弱点，善于利用各种手段，包括运用侦查谋略，比如故意制造假象，欲擒故纵，促使涉案对象放松警惕，暴露行踪，从而将其抓捕归案。

"追逃"是一项综合性高、技巧性强的侦查工作。以上只是列举了一些常见的利用"电子数据"确定涉案对象行踪的方式，办案实践中，往往需要综合运用多种方式，广泛收集各种信息，同时要能在纷繁复杂的信息中，敏感地捕捉到有用信息，对各种信息综合分析研判，进而发现涉案对象的行踪。

2. 电子数据在职务犯罪"追赃"中的综合运用

"追赃"是指侦查、检察、法院等司法机关对与犯罪行为及其相关行为所联系的赃款、赃物所进行的查找、控制、处理等一系列活动。在贪污贿赂等职务犯罪中，追赃往往是指司法机关对与贪污贿赂等职务犯罪行为及其相关行为相联系的赃款、赃物的查找、控制和处理活动。职务犯罪中的赃款、赃物不仅是发现犯罪、突破犯罪的重要武器，更是证实犯罪的重要证据，因而追赃工作在职务犯罪侦查工作尤其是案件突破工作中占据着重要地位。

从阶段上划分，追赃工作分为查找、控制和处理三个阶段。查找是指为控制和处理赃款、赃物而进行的查询、搜查、讯问、询问等活动。控制是指暂时改变赃款、赃物的占有状态，使其处于司法机关掌控之中而进行的查封、扣押、冻结等活动。处理是指司法机关对赃款、赃物根据法律规定或者司法判决而进行的没收上缴国库、返还被害人或者被扣押人的司法处分等活动。其中，查找是控制和处理阶段的基础，只有先查找到赃款、赃物，才能对其进行控制和处理。由于贪污贿赂等职务犯罪的隐蔽性越来越高，反侦查能力越来越强，犯罪嫌疑人会采取各种手段对赃款进行隐匿或者转移，或者将赃款"漂白"变为合法收入，以逃避查处和追赃。侦查机关如何利用侦查手段尽可能多地查找到犯罪嫌疑人的赃款、赃物是职务犯罪侦查工作的重要环节，也是最考验侦查机关的侦查技巧和能力的环节。

电子数据在职务犯罪"追赃"中的运用也主要体现在查找赃款、赃物这一阶段。

查找赃款、赃物的方法主要有查询、搜查、讯问犯罪嫌疑人和询问证人。赃款往往混迹于犯罪嫌疑人的财产之中，难以区分。实践中，对赃款的查找通常是在先查清涉案对象家庭财产状况的基础上，结合其家庭收入状况等分析、判断其家庭财产和支出是否明显超过其家庭收入，进一步判断其中是否有赃款。因此，在立案前，往往通过对涉案对象及其重要关系人的银行账户、证券、房产、车辆、公司等查询工作调查了解涉案对象的财产状况，进而分析判断是否有赃款及其去向；在立案之后，可以对有关场所进行搜查，对涉案款物进行扣押，还可以对犯罪嫌疑人进行讯问，对证人进行询问，此阶段往往通过对犯罪嫌疑人的办公室、住处等场所或者人身进行搜查，或者根据从犯罪嫌疑人、证人等涉案对象处获取的信息开展有针对性的银行、证券等查询工作，进一步调查涉案对象的财产状况，或者直接调查具体的赃款去向。

电子数据在职务犯罪"追赃"中能够发挥重要作用，因为只要涉案对象将赃款用于以自己或家人、情人等的名义购房、购车、开办公司、炒股、购买保险等用途或者是通过银行进行转移，都会在相应的信息系统中留下痕迹，通过开展查询工作，侦查人员就能直接发现这些痕迹，并进一步追踪到赃款去向。例如，在开展银行查询工作时，不仅要关注涉案对象的银行存款余额，更要重点关注交易流水中的大额交易，对这些大额交易的来源、去向进行追踪，很可能就会发现赃款的踪迹。

目前，湖南省人民检察院正在建设职务犯罪侦查信息平台，要善于利用信息平台开展查询工作进行追赃。此外，最高人民检察院已经与中国人民银行反洗钱中心建立了协作关系，在立案后，通过中国人民银行反洗钱中心的信息平台进行查询，也能了解到涉案对象银行账户的一些重要信息，有可能发现赃款的踪迹。

但是，由于我国金融体制不健全，大量的经济行为未能得到有效监控，电子数据在职务犯罪"追赃"中发挥的作用也很有限。涉案对象可以采取多种手段对赃款进行转移、隐匿，例如：以他人名义在银行开户、进行购房、购车、开办公司、炒股等经济行为，或者进行民间投资、借贷，或者直接将现金隐匿或转移到亲戚朋友处等。近年来，由于电子银行业务的兴起，以及"地下钱庄"的存在，资金的跨国转移变得更为方便和快捷，还有的涉案对象将赃款大量转移海外。在现有条件下，通过直接开展电子数据查询工作是难以发现这些赃款的，必须综合运用侦查谋略，结合审讯、知情人爆料等方式发现赃款的蛛丝马迹之后，再开展针对性的查询工作。

3. 电子数据在职务犯罪审讯中的综合运用

相比于其他刑事犯罪，职务犯罪通常没有可供勘验、检查的犯罪现场，没有具体的受害人，也没有证人提供直接证据，因此，言词类证据尤其是犯罪嫌疑人口供在职务犯罪特别是贪污贿赂犯罪的证据体系中起着关键性作用。虽然近年来，随着《律师法》、《刑事诉讼法》等法律的修改和人权保障意识、规范执法意识的加强，我们提出了职务犯罪侦查要实现"由供到证"向"由证到供"模式的转变，但这仍然没有否定口供在侦查中的重要作用。审讯是获取口供的直接方式，因此，审讯对于职务犯罪的侦查突破有着重要意义。职务犯罪案件能否成功办理以及能否进行纵深扩展，很大程度上取决于是否开展了成功的审讯。

电子数据在职务犯罪审讯中的运用主要体现在为审讯人员提供大量涉案信息。审讯的首要条件就是切断犯罪嫌疑人的信息获取渠道，造成一个信息相对封闭的环境，审讯人员利用与犯罪嫌疑人之间的信息不对称，对犯罪嫌疑人施加压力，突破其心理防线，促使其消除抗拒、侥幸、畏罪心理，如实供述犯罪事实。审讯是一门综合性很强的侦查技能，而在审讯中，充分掌握犯罪嫌疑人的基本情况，敏感察觉其心理状态的变化，并适时运用掌握的犯罪证据突破其心理防线对侦破案件具有非常重要的作用。

具体而言，电子数据主要能为职务犯罪审讯提供以下几个方面的信息：

（1）犯罪嫌疑人的基本情况信息。由于信息技术在社会生活中应用的广泛性，通过利用信息协作平台和互联网，以及与案件相关的存储介质中的电子数据，通过对这些电子数据的提取和分析，通常能够获知犯罪嫌疑人的基本情况的详细信息，包括姓名、年龄、所在单位、籍贯、住所、文化程度、工作经历、工作业绩、是否受过违法违纪查处、兴趣爱好、感情生活、社交圈子、人生观、价值观等。

（2）与犯罪事实相关的信息。电子数据可以作为涉案信息或者定案证据使用，无论是涉案信息还是定案证据，都能提供与犯罪嫌疑人涉嫌的犯罪事实有关的信息，包括犯罪的主体，犯罪的时间、地点、具体过程等，还包括犯罪嫌疑人实施反侦查行为的相关信息。在审讯中，适时向犯罪嫌疑人抛出这些信息，尤其是一些细节信息，一方面能够揭露犯罪嫌疑人的谎言，打击其抗审的嚣张气焰；另一方面也能使犯罪嫌疑人形成其犯罪证据已经被全部掌握的假象，对其起到强大的震慑作用，促使其进一步放弃侥幸心理，如实供述。

（3）犯罪嫌疑人心理状态的变化信息。在审讯过程中，随着审讯的不断推进，犯罪嫌疑人的心理状态会产生多种变化，通常会经历反感抗拒、犹豫反复和如实供述三个阶段。密切关注并准确把握犯罪嫌疑人心理状态的细微变化，是及时审讯突破的必要条件。口头语言和面部表情、身体动作等肢体语言是观察犯罪嫌疑人心理状态的主要渠道。审讯人员除了在审讯过程中自己注意观察外，还可以借助同步录音录像设备、视频监控设备等记录犯罪嫌疑人的一言一行。由于电子数据的特性，还可以对录制下来的影像进行慢放、快进、放大、重播等操作，更方便、更细致地观察犯罪嫌疑人的言语和行为，从而更准确地把握其心理状态的变化。例如：犯罪嫌疑人在反感抗拒阶段通常会头部高昂、以挑剔的眼光看着审讯人员，而在犹豫反复阶段则通常会面色凝重、低头沉思、沉默不语；而供述之后则显得如释重负等。

审讯中，综合运用电子数据和传统的侦查谋略，如化装侦查、跟踪侦查、狱中侦查等获取到大量的涉案证据和信息，能为审讯突破打下坚实的基础。例如，在湖南省人民检察院反贪污贿赂局查办的南航湖南分公司总工程师张某某涉嫌受贿案中，在初查阶段就调取了张某某 500 多天的住宿和消费记录，从互联网上下载了相关的企业规章，还依托侦查信息平台收集了张某某本人及利害关系人的背景信息、财产情况、短信和通话记录，获取了大量的涉案信息；此后又通过使用化妆侦查和动态监控等技术手段捕捉了大量的再生证据。由于掌握的涉案信息和案件证据非常充分，在后续审讯过程中，对犯罪嫌疑人张某某的突破异常顺利。

六、对检察机关加强电子数据取证工作的思考

检察机关职务犯罪侦查部门应主动适应信息化时代的新要求，加强信息化运用基础工作，切实提高发现、获取和运用电子数据的能力，充分发挥电子数据揭露犯罪、证实犯罪的作用。

（一）深化对电子数据揭露犯罪、证实犯罪重要作用的认识

在信息化时代，电子数据在职务犯罪侦查中的重要性日益凸显，职务犯罪特别是贪污贿赂犯罪嫌疑人往往利用计算机和网络进行信息交流和数据交换，甚至通过网上银行交付贿赂，在现实生活中找不到的犯罪线索，有时却能在网络电子世界找到，电子数据已成为案件侦破的重要线索来源，电子数据的收集与运用已成为开辟侦查途径、完备证据体系的重要组成部分，有时更是打破侦查僵局的有力武器。职务犯罪侦查人员要切实提高对电子数据在揭露犯罪、证实犯罪中的重要价值和作用的认识，牢固树立电子数据证据意识，在办案过程中，有意识地、主动地收集、运用电子数据证据。

（二）切实强化科技强检工作

开展电子数据取证工作是修改后刑事诉讼法的的新要求，是有效惩治犯罪的新需要。检察机关必须以提高法律监督能力和执法公信力为中心，以全面提升科技应用能力为重点，切实强化科技强检工作力度。特别是要配合修改后刑事诉讼法的实施，紧密结合查办职务犯罪工作的客观规律，抓紧推进以需求为主导、以侦查为主线、以应用为核心、以安全为保障的电子数据取证工作体系建设，全面推进电子数据的实践应用与经验总结。要加强电子数据取证先进设备的配置，大胆引进科技人才，大力提高现有检察人员科技素能，培养侦查、技术型复合人才，切实提高检察队伍运用电子数据与科技手段突破案件、证实犯罪的能力。

（三）全面推进侦查工作模式转型

修改后的刑事诉讼法从基本立法的高度，对采用刑讯逼供等非法方法收集的犯罪嫌疑人、被告人供述和采用暴力、威胁等非法方法收集的证人证言、被害人陈述，采取了绝对排除的严厉态度。最高人民法院 2013 年 10 月 9 日印发的《关于建立健全防范刑事冤假错案工作机制的意见》又进一步明确了非法证据的范围，明确规定对于采用刑讯逼供或者冻、饿、晒、烤、疲劳审讯等非法方法收集的被告人供述，应当排除。这对检察机关传统的"由供到证"侦查模式下证据链的稳定性产生了巨大冲击，过去简单的"犯罪嫌疑人承认、两个证人证明"的"三对口"定案方法已经受到严重挑战。面对刑事诉讼证据改革的新标准、新要求，检察机关必须牢固树立不依赖口供的侦查理念，不断提高收集、运用实物证据的能力和水平，更加重视口供以外的电子数据等客观证据的收集，确保案件证据符合证明标准。

（四）抓紧制定电子数据取证规程

紧紧围绕电子数据的真实性、取证的合法性和电子数据来源的可靠性，对电子数据现场的勘查、电子数据的提取、复制、固定、封存、保管以及对电子数据载体的查封、扣押、开启、封存、保管等流程作出统一、明确的规定，确保电子数据的证据力和证明力。

（五）强化电子数据取证工作的理论支撑与案例指导

要围绕电子数据取证实务中的典型问题，注重总结经验教训，强化理论研究与工作指导，为全面推进电子数据取证工作提供理论支撑与对策。针对绝大多数侦查人员缺乏电子数据取证知识的现状，必须在大力引进电子取证专业人才的同时，组织电子数据取证专门培训，积极开展电子数据取证案例汇编等案例指导工作，通过以考促学、以学促战的方式提升检察机关侦查队伍开展电子取证工作的能力和水平。

完善检察机关查封、扣押、冻结财物处理工作机制研究[*]

湖北省人民检察院反贪污贿赂局

刑事诉讼活动中的查封、扣押、冻结财物作为强制性侦查措施,对收集和保全证据、打击犯罪以及保障诉讼活动顺利进行具有重要的作用。检察机关查封、扣押、冻结以及处理涉案财物的做法,既影响到案件的侦查办理,还直接关系到当事人、涉案单位的合法权益,影响到检察机关的执法公信力和形象。为完善人民检察院扣押、冻结款物工作,近年来,最高人民检察院专门部署开展了扣押、冻结款物专项检查工作,2010 年 5 月最高人民检察院出台《人民检察院扣押、冻结涉案款物工作规定》,对检察机关扣押、冻结以及处理涉案款物作出了较为完备的规定。2012 年 3 月 14 日,第十一届全国人民代表大会第五次会议审议通过了《关于修改〈中华人民共和国刑事诉讼法〉的决定》,修改后的刑事诉讼法进一步完善了扣押物证、书证的程序,扩大了查询、冻结财物的范围,规定了救济途径,并赋予检察机关法律监督职责。但在司法实践中,由于制度设计、执法理念、保障机制等各方面的原因,检察机关违规违法查封、扣押、冻结和处理当事人财物的现象仍时有发生,完善对查封、扣押、冻结财物的处理机制,已成为检察机关一个不容忽视的问题。

一、检察机关查封、扣押、冻结财物制度设计及实践中的问题

查封、扣押、冻结财物作为司法实践中常用的对物的强制性措施,应当严格依照法定范围和程序进行,其适用情况直接影响到后期的处理。从当前实践中的情况看,查封、扣押、冻结制度设计上尚有缺陷,相关配套制度不完善,导致在适用过程中出现了诸多问题。

---

* 课题负责人:龚举文,湖北省人民检察院副检察长。课题组成员:王磊、王朝阳、李璞光、张雪晴、吕松峰。

（一）对查封、扣押、冻结措施的司法控制不足

1. 对象范围不明确。原《刑事诉讼法》第 114 条第 1 款规定："在勘验、搜查中发现的可用以证明犯罪嫌疑人有罪或者无罪的各种物品和文件，应当扣押；与案件无关的物品、文件，不得扣押。"① 《人民检察院刑事诉讼规则》第 189 条规定："在勘验、搜查中发现的可以证明犯罪嫌疑人有罪或者无罪的各种文件、资料和其他物品，应当扣押；与案件无关的，不得扣押。"2010 年最高人民检察院颁布的《人民检察院扣押、冻结涉案款物工作规定》第 2 条规定："本规定所称扣押、冻结的涉案款物，是指人民检察院在依法行使检察职权过程中扣押、冻结的违法所得、与犯罪有关的款物、作案工具和非法持有的违禁品等。" 以上规定的标准取决于是否与案件有关，而且由检察机关自行把握，同时还缺少限制或禁止性规定，如对于哪些财物不宜查封、扣押、冻结等。如此导致一些不规范的现象，如有的将"与犯罪有关的款物、作案工具"的弹性规定加以扩大适用，对涉案企业与案件无关的财物随意予以扣押；有的为办案便利，往往将所有涉及物品不加以区分全部扣押、冻结，事后又不及时进行审查和退还，严重侵害了公民的财产权利；有的将扣押、冻结涉案款物与追缴赃款财物不加区分，无论是否构成犯罪，统统上缴财政，不移送有处理权的部门处理，等等。

2. 事后审查不到位。原《刑事诉讼法》第 114 条第 1 款规定："在勘验、搜查中发现的可用以证明犯罪嫌疑人有罪或者无罪的各种物品和文件，应当扣押；与案件无关的物品、文件，不得扣押。"② 《人民检察院刑事诉讼规则》第 189 条规定 "不能立即查明是否与案件有关的可疑的文件、资料和其他物品，也可以扣押"。根据以上规定，在办案中无论能否判定与案件的关系，都可以先行扣押，扣押之后再审查。应该说这一规定符合办案需要，由于办案活动的渐进性，有时候在搜查现场很难判决是否与案件相关。但是在事后必须加

---

① 修改后《刑事诉讼法》第 139 条第 1 款规定："在侦查活动中发现的可用以证明犯罪嫌疑人有罪或者无罪的各种财物、文件，应当查封、扣押；与案件无关的财物、文件，不得查封、扣押。" 也没有对查封、扣押的对象范围作进一步细化的规定。

② 修改后《刑事诉讼法》第 139 条第 1 款规定："在侦查活动中发现的可用以证明犯罪嫌疑人有罪或者无罪的各种财物、文件，应当查封、扣押；与案件无关的财物、文件，不得查封、扣押。"将"在勘验、搜查中"修改为"在侦查活动中"；根据实际需要增加了"查封"措施；将"物品"修改为"财物"。根据修改后刑诉法的这一规定，刑事扣押的适用将不仅限于"勘验、搜查"活动中，而是在整个侦查活动过程中均可以适用，适用范围大大扩展。

强对扣押行为的审查。当前对于事后审查未作严格规定,对于扣押措施没有经过法定程序审查和认定,落实中存在问题,即使确实与案件无关的物品,检察机关侦查部门也往往延迟退还,导致司法实践中对措施适用的随意性甚至滥用。

3. 权利救济渠道不完善。《人民检察院扣押、冻结涉案款物工作规定》第9条第2款规定:"当事人、其他直接利害关系人或者其近亲属认为人民检察院扣押、冻结、保管、处理涉案款物侵犯自身合法权益或者有违法情形的,可以向该人民检察院投诉,也可以直接向其上一级人民检察院投诉。接到投诉的人民检察院应当按照有关规定及时进行审查并作出处理和答复。"当事人对检察机关的扣押行为不服时只能向同级或上级检察机关投诉,无法诉请中立的第三方确认扣押决定违法或者是扣押具体执行过程中检察机关的某项活动不符合法律规定,这等于要求检察机关自己否定自己,难度可想而知。① 同时对于当事人权利受到侵害后的救济不足。对查封、扣押、冻结财物非法处分行为没有纳入行政诉讼的范围,只在《国家赔偿法》中规定:"违法对财产采取查封、扣押、冻结、追缴等措施的,受害人有权获得赔偿的权利。"但我国的国家赔偿委员会决定程序不是诉讼程序,从制度设计上还难以保障客观与公正。

(二)对查封、扣押、冻结财物的管理处理规范性不强

1. 执行过程不规范。《人民检察院扣押、冻结涉案款物工作规定》,对检察机关扣押、冻结款物工作作了较为完备的规定,但在执行中还存在不规范的问题。如有的侦查人员对开列扣押、冻结物品清单的重要性认识不足,造成开列的清单太过笼统、随意、不规范,扣押冻结的法律手续、法律文书制作不完善,导致从案卷中难以看出扣押、冻结款物的数量、类别和去向,也就无法在

---

① 修改后《刑事诉讼法》第115条规定:"当事人和辩护人、诉讼代理人、利害关系人对于司法机关及其工作人员有下列行为之一的,有权向该机关申诉或者控告:……(三)对与案件无关的财物采取查封、扣押、冻结措施的;(四)应当解除查封、扣押、冻结不解除的;(五)贪污、挪用、私分、调换、违反规定使用查封、扣押、冻结的财物的。受理申诉或者控告的机关应当及时处理。对处理不服的,可以向同级人民检察院申诉;人民检察院直接受理的案件,可以向上一级人民检察院申诉。人民检察院对申诉应当及时进行审查,情况属实的,通知有关机关予以纠正。"这一规定强化了检察机关、公安、法院查封、扣押、冻结、处理财物行为的法律监督力度,完善了当事人的权利救济渠道,但对于检察机关直接受理案件中查封、扣押、冻结、处理财物行为的监督,仍然难以说有大的突破。

判决中对扣押、冻结的款物作出处理，在返还财物时也容易产生争议。

2. 管理专业性不强。《人民检察院扣押、冻结涉案款物工作规定》规定，人民检察院"扣押、冻结、保管、处理涉案款物，实行办案部门和保管部门分工负责、相互制约的原则"，"财务装备的部门是扣押款物的管理部门，负责对扣押款物统一管理"，但在具体执行过程中，由于缺乏内部分工负责、互相配合、互相制约的保障机制和责任追究机制，在实务中执行起来难免存在障碍或摩擦，在移交、管理、处理等环节的衔接上容易脱节，出现保管不善、不及时移交或不完全移交等操作层面的实际问题。同时扣押、冻结后的管理工作专业性不够。如有的对容易腐烂变质的及其他不易保管的物品应当商请有关部门作价处理的不作价处理；有的对扣押的贵重物品、违禁品应当密封的不密封；有的对作为证据使用的需要采取特殊保全措施的扣押物品只作一般的保管，结果导致该物品证据力的丧失，如物品的遗失、损坏、变质，附着在物品上的痕迹物证自然消亡或被人为破坏，给案件的侦破和审判工作带来不可挽回的损失；有的对于应当随案移送的扣押物品不随案移送，这种情况比较严重，且长期得不到解决；[①] 有的在法院作出判决之前擅自挪用或处理；有的由于自行处理不当引起新的诉讼纠纷，而使法院无从判决等。

3. 财物处理不及时。《人民检察院扣押、冻结涉案款物工作规定》及有关规定，在案件作出生效判决或者作出撤销案件决定、不起诉决定后，有关机关应当在法定期限内及时处理扣押款物。但实践中往往重视对案件的实体处理而忽视对扣押财物的处理，法院判决书中只认定犯罪数额，多数未对检察机关查封、扣押、冻结财物的处理作出规定，[②] 导致案件已经法院判决，可是扣押款物却迟迟得不到处理，该上缴的不上缴，该返还的不返还。尤其对于已经撤销案件的或者不起诉的案件，如何处理查封、扣押、冻结财物存在很大弹性。同时，检察机关侦查与公诉两部门对查封、扣押、冻结的涉案款物在处理上缺乏

---

① 修改后《刑事诉讼法》第234条第1款规定："公安机关、人民检察院和人民法院对查封、扣押、冻结的犯罪嫌疑人、被告人的财物及其孳息，应当妥善保管，以供核查，并制作清单，随案移送。"第2款规定："对作为证据使用的实物应当随案移送，对不宜移送的，应当将其清单、照片或者其他证明文件随案移送。"根据上述规定，这种情况有望得到改善和解决。

② 修改后《刑事诉讼法》第234条第3款规定："人民法院作出的判决，应当对查封、扣押、冻结的财物及其孳息作出处理。"但并没有规定如果判决没有对查封、扣押、冻结的财物及其孳息作出处理，将会产生什么样的后果。而且这一规定只是对提起公诉案件的查封、扣押、冻结的财物及其孳息的处理作出了规定，而没有对检察机关撤销案件或者不起诉案件的查封、扣押、冻结的财物及其孳息的处理作出规定。

相应的衔接配合，容易造成互相推诿的现象，导致案件侦结随案移送的扣押款物得不到及时处理。

（三）对查封、扣押、冻结措施的监督制约不到位

根据刑事诉讼法和相关司法解释的规定，目前我国刑事扣押、冻结的决定权和执行权都归侦查机关享有，使得扣押程序的启动缺乏司法控制，扣押、冻结程序的公开和透明度不够，再加上受经济利益的驱动，导致侦查机关在实施刑事扣押、冻结过程中容易出现暗箱操作的情况，不能有效地保障公民的私有财产权不受非法扣押的侵害，不能有力地追究非法扣押的执行人员的相关责任，使得刑事扣押活动的合法性缺乏有力的保障。在司法实践中容易产生诸多问题，如有的侦查部门滥用权力，采取刑事扣押、冻结手段插手经济纠纷案件，违背刑事扣押、冻结的法律目的，强制扣押经济纠纷当事人的财产，以帮助利害关系人实现债权，并从中提成牟利；有的侦查部门随意扩大扣押物品范围，对与案件无关的被追诉人合法持有的物品也采取查封、扣押，给当事人带来不必要的损失。

二、检察机关查封、扣押、冻结财物处理工作制度设计的价值取向

任何法律规则的制定都有其自身存在的理论基础和价值目标，并在价值目标的不断实现中推动实践的发展。完善我国的查封、扣押、冻结款物处理工作机制也应该确立相应的价值和法治原则，并在此前提下进行制度设计。

（一）坚持程序法定原则

程序法定原则是指法律活动只有在法律规定的实体要件和程序要件都具备的情况下方能启动和进行。该原则基本含义包括两个方面：一是立法方面，启动法律程序应当由法律事先明确规定；二是司法方面，法律活动应当按照法律规定的程序来进行。程序法定原则要求侦查人员在实施侦查行为过程中，不得采取宪法、法律没有明文规定的强制侦查行为，且采取强制侦查行为应依照法律规定的程序进行，不得随意滥用国家强制力。在查询、扣押、冻结活动中，程序法定原则具体表现为：第一，法律应明文规定查封、扣押、冻结作为一种强制性侦查措施，并对其使用加以严格规制；第二，法律应明确规定查封、扣押、冻结的启动、执行程序，避免这一强制性措施被滥用而给公民权利带来侵害；第三，法律应明确不依照既定规则执行的不利后果，这是程序法定原则得以贯彻的保证。

（二）坚持比例原则

查询、扣押、冻结款物是以国家强制力对公民财产权利的限制，其适用可能会给公民权利保护带来很大危险。为防止国家权力滥用，保障公民个人的合法权利，在刑事查询、扣押、冻结款物的适用上要严格遵循比例原则的要求，以免对公民权利造成不必要的损害。比例原则的核心含义在于平衡社会公益和秩序保护与公民个人权利保护之间的比例关系，要求国家权力对公民权利的侵犯不得超越基本的底线。比例原则可细分为必要性原则、适当性原则和相称性原则。必要性原则是指国家机关履行职能时如果需要侵犯公民权利，则应选择对公民权利损害最小的方式进行；适当性原则要求国家机关为一定的行为时必须有法律既定的目标，且所采取的行为有利于该目标的达成；相称性原则是指国家机关采取的特定行为所损害的法益不应大于该行为所带来的法益。

在刑事查询、扣押、冻结款物中，必要性原则要求侦查机关在执行刑事查询、扣押、冻结款物时要尽可能采取对相对人权利损害最小的措施，具体体现为：第一，法律应对查封、扣押、冻结执行的时间作出合理限定，以不影响公民生活和生产为原则，紧急情况下可例外；第二，在查封、扣押、冻结执行之前考虑查封、扣押、冻结物品与待证事实之间关联性的大小，确定查封、扣押、冻结物品的范围，以免对公民权利造成不必要的侵犯。适当性原则要求侦查机关所采取的具体措施要与所追求的目的相适合，具体体现为：第一，确实存在可用以证明犯罪嫌疑人有罪或者无罪的各种物品和文件的情况时，有关机关方可启动查封、扣押、冻结程序，即程序的启动必须有相当的理由根据，且这种理由必须是从案件的事实情况出发，不能主观臆断；第二，查封、扣押、冻结程序的启动必须以证据保全、财产保全和社会保全为目的，否则不应当随意启动程序；第三，侦查机关所采取的具体查封、扣押、冻结措施要与其保全目的相适应，以证据保全为目的不能将与证明案件事实情况无关的物品予以查询、扣押、冻结，以财产保全为目的应以执行将来生效判决所需要的限额为度，以社会保全为目的应以法律限制个人私自持有的物品为限。相称性原则要求执行查封、扣押、冻结程序时衡量不同位阶法益之间的冲突关系，对明显有价值优越性的法益要予以保护，具体体现为在确定查封、扣押、冻结对象的范围时，要衡量国家利益、行业利益与个案公正之间的利益对比关系，对涉及国家秘密的物品和律师因职业原因而获得的与案件有关的物品不得查封、扣押、冻结。

（三）坚持程序参与原则

程序参与原则是指程序所涉及其利益的人或者他们的代表，能够参与诉讼活动，对自己的人身财产等权利相关的事项，有知悉权和发表意见权。程序参与原则要求国家保障相对人的程序参与权，相对人在办案机关作出与其利益相关的决定时，能够到场并陈述意见，并能对办案机关的决定产生实质性的影响。程序参与原则保障了当事人在刑事诉讼中的知悉权、陈述权，平衡了诉讼各方的力量关系，优化了诉讼结构，有利于形成更为客观、公正的案件结果。刑事查封、扣押、冻结措施涉及对公民财产权、隐私权等宪法性权利的强制性处分，因而在刑事查封、扣押、冻结过程中也需要保障公民的程序参与权。具体来说：第一，要保障当事人及时获得通知的权利，在查封、扣押、冻结程序执行时要以适当的方式通知当事人，使当事人知晓来意；第二，在查封、扣押、冻结执行环节中，要保证当事人的在场权。侦查人员在实施查封、扣押、冻结措施时，要确保当事人在场，并会同当事人当场开列物品清单交由当事人保管；第三，在查封、扣押、冻结物品保管环节，要充分保证当事人参与对物品实质性处分的机会。对于需要紧急处理的物品进行处分时，要通知当事人并征求当事人意见，需要变更查封、扣押、冻结物品保管场所或保管主体时，要让当事人知晓；第四，在查封、扣押、冻结物品的处理环节，要保证当事人及时知晓处理结果。通过让当事人参与查封、扣押、冻结程序的各个环节，增强当事人的主体性，保护当事人自身的各项权益，同时也对侦查人员的活动形成监督，有效的防止权力滥用。

（四）坚持监督制约原则

凡有法律调整的领域，就需要建立相应的控制权力合法运行的法律监督机制。查封、扣押、冻结措施是基于社会公共利益，利用国家权力强制调整私有财产的活动，必须坚持有效的监督制约，以免其被滥用而侵害公民的合法权益。在进行查封、扣押、冻结活动中，要坚持监督制约原则，具体要求如下：第一，监督制约必须有明确的法律依据。要将侦查机关所决定的查封、扣押、冻结措施纳入法律监督的范围，明确对侦查机关查封、扣押、冻结措施的启动、执行、处分结果等决定和过程进行监督的主体，明确监督的实施程序、监督方式，建立监督的信息渠道等。第二，监督的内容要全面具体。除了将查封、扣押、冻结的款物及其孳息的行为列入监督对象，对于违反比例性原则所采取的明显不当行为，或是严重不负责任致使被查封、扣押、冻结的财物毁损严重等侦查行为，以及违反程序参与原则的行为均应纳入监督的范围，不给任意性执法留下任何空间。第三，监督制约必须要有刚性。除了适用检察机关对违法侦查活动实行的口头通知纠正、书面发送纠正违法通知书、督促回复、移送上级、部门审查等常规手段外，要强化对侦查机关违法进行查封、扣押、冻结措施法律责任的规定，赋予监督机关一定的处罚权，使监督制约的效果最终得以实现。

三、构建完善检察机关查封、扣押、冻结财物处理工作机制

（一）强化对查封、扣押、冻结措施的司法控制机制

1. 建立专门审查机制。考虑到目前我国的司法体制和侦查工作实际情况，对于检察机关在直接立案侦查案件中自行侦查、自行决定查封、扣押、冻结强制性措施，需要加强合法性及适当性审查，切实防止检察机关权力滥用。可以考虑在职务犯罪侦查部门内部设立专门审查组，审查启动扣押的标准和理由。同时，对于查封、扣押、冻结的财物，应在3日内审查完毕，对不需要扣押的财物立即返还，对确需扣押的物品，应当制作"扣押物品决定书"予以扣押，并增设当事人异议程序，保障当事人程序性救济权利。

2. 明确适用对象范围。具体包括：（1）进一步明确法律用语的含义，对赃款赃物、违法所得和"与案件有关"等一系列用语进行规范化、具体化的解释。对涉及查封、扣押、冻结的财物的规范性文件进行协调和整合，突出解决效力冲突、内容矛盾、法律用语不规范等问题，明确限定适用主体、适用条件、适用标准及适用范围，并明确在有争议的情况下，由何部门来进行认定。（2）明确规定不得扣押的物品范围。出于对公共利益以及特殊群体权益保护的需要，应该在有关规定中明确不得查封、扣押、冻结的财物范围，主要包括涉及国家秘密的物品、维护社会公共利益需要的物品和因职务原因持有的物品。对于因职务原因而享有拒绝扣押权的主体应当包括辩护律师在内。根据我国现行法律法规，辩护人、律师与被指控人之间的通信及对被指控人向他们告知的事项所作的记录在可扣押物品之列。这就导致被指控人向其辩护人、律师因信赖而告知的情况有可能成为自己被定罪量刑的证据，造成被指控人对其辩护人信任感的缺失，妨碍了被指控人获得充分的辩护权。应当规定，立案后，对于律师与其委托人之间的通信及对其委托人因信赖而告知的事项所作的记录

不得扣押，贯彻落实修改后刑事诉讼法保障律师辩护权的有关规定，① 切实保障律师的会见权、调查取证权，从而使当事人获得充分有力的辩护。（3）明确查封、扣押、冻结财物与追缴赃款赃物的性质区分。实践中存在对在侦查阶段根据认定的犯罪嫌疑人涉嫌犯罪的金额，通知其本人或家属上交的涉案款等同于扣押款物的做法，造成在法律适用上的问题，对此应当严格加以区分。按照刑事诉讼法的有关规定，查封、扣押、冻结的财物与案件之间具有密切关系，能够对案件起到证明作用，证明违法犯罪行为的发生以及违法犯罪行为的严重程度，查封、扣押、冻结的主要目的在于取得和保全证据，防止其被毁坏或隐匿。与案件无关的物品侦查机关不得扣押、冻结，正是扣押、冻结款物具有证据价值，司法机关才有权对其采取查封、扣押、冻结的强制措施。而追缴的法律含义是指公安司法机关依法对违法所得的一切财物勒令缴回，二者具有法律性质的区别。修改后刑事诉讼法增加规定了违法所得没收程序，在执行时也要注意区分在侦查过程中查封、扣押、冻结财物和依法追缴违法所得在执行和处理程序上的不同要求。

3. 细化执行程序要求。为确保侦查机关依法适用刑事强制性措施，我国刑事诉讼法应完善在场见证人的相关规定，对于扣押的物品，侦查人员应当会同在场见证人和被扣押款物持有人查点清楚，当场开列扣押清单一式四份，注明扣押物品的名称、型号、规格、数量、质量、颜色、新旧程度、包装等主要特征，由检察人员、见证人和持有人签名或者盖章。在条件允许的情况下，对已聘请律师的当事人，可以赋予其律师在侦查机关实施相关扣押、冻结行为时的在场权，实现控辩双方内部权力的制约。进一步规范扣押、冻结文书的制作和填写，明确相应填写的要求及不执行应承担的责任。建立相关的程序，如建立对扣押、冻结款物发还、没收的异议程序、相关第三人参加程序、不予及时处分的程序性制裁机制等。

4. 完善权利救济渠道。应明确规定，犯罪嫌疑人、被告人对人民检察院采取的查封、扣押、冻结措施不服的，有权向作出决定的机关申请复议一次，人民检察院应在接到复议申请后及时作出复议决定。人民检察院在进行复议时，应召集案件承办人、被采取强制措施人及其聘请的律师到场，由案件承办人说明采取强制措施的事实依据和法律根据，被采取强制措施人及其聘请的律

① 修改后刑事诉讼法进一步完善了辩护制度，将律师辩护人的身份提前至侦查阶段，规定第一次讯问或者采取强制措施之日起律师即可以会见犯罪嫌疑人，同时还规定除"三类案件"外，律师凭"三证"即可会见，无须许可且不被监听；扩大了辩护律师的阅卷范围；增加了阻碍辩护人、诉讼代理人行使诉讼权利的救济渠道等。

师可以对此进行反驳。可以考虑对某些涉及重大生产活动和对人民生活产生重大影响的案件，引入司法审查机制，即对复议决定仍不服的，犯罪嫌疑人、被告人有权在法律规定的期限内，按照法定程序，向法院申请复议或诉讼。建立对查封、扣押、冻结财物发还、没收的异议程序和外部监督等救济机制。司法机关对于发还或者没收扣押、冻结和追缴款物有异议的相对人，应当听取其陈述，允许其发表意见，必要时可申请公开听证。同时，依法接受人民监督员的监督。

（二）完善查封、扣押、冻结财物的分类处理机制

根据刑事诉讼法及相关司法解释的规定，我国对查封、扣押、冻结财物的处理主要包括三种方式：一是通过刑事诉讼程序处理。对于需要人民法院判决的案件，对扣押、冻结的款物如何处理由人民法院在判决书中予以确定。二是检察机关、公安机关自行作出处理决定。如返还被害人的合法财产、销毁违禁品等，由两机关自行处分。三是移送有关机关予以处理。对于仅属于一般违法行为的情况，检察机关应当提出检察意见，然后移送有关机关处理。多元化的处理模式，导致司法实践中出现了对财物处理法定性不强、处理不及时、最终处理机关不确定等一系列问题。对此，在侦查阶段引入司法审查机制短期内难以实现的情况下，根据我国立法和司法实践的现状，应当采取一种在法院最终处理原则指导下，侦控机关在一定条件下享有一定处理权的模式，渐进式地改革完善我国检察机关的查封、扣押、冻结财物处理程序。法院最终处理原则与司法审查原则有所不同，其主要是针对查封、扣押、冻结财物的处理主体而言的，是对查封、扣押、冻结财物的最终处理权处理原则上应该由法院享有，同时，考虑到诉讼效率和侦查工作实际，侦控机关在一定条件下也可以享有一定的处理权。

1. 完善定罪情况下查封、扣押、冻结财物的处理程序。在定罪前提下，查封、扣押、冻结财物的处理通常应由法院判决确定。在修改后刑事诉讼法作出明确规定的情况下，法院在判决书中应该写明扣押、冻结款物的处理及理由；应当设立认定扣押、冻结款物性质的证据标准；在法庭的审理中，相关的利害关系人可以参加法庭的审理并享有同被告人相同的权利。在当前实践中，需要注意法院认定犯罪数额之外的查封、扣押、冻结财物的处理。检察机关对于此部分财物应分别情况处理，对于起诉书中未认定为违法所得以及起诉书中已经认定但人民法院判决书、裁定书中未认定为违法所得的财物，检察机关认为需要没收的，应当参考量刑建议的做法，在起诉时提出检察意见，由法院作出处理决定。如果短时期内此种模式实现有困难，也应写出检察意见连同查

封、扣押、冻结的财物一并移送主管机关处理；违法所得无主管机关移送的，应当上缴国库。检察机关在办案中为单位和个人挽回的经济损失，不属于应当上缴国库范围的，应当直接发还给有关单位和个人。

2. 完善未定罪情况下查封、扣押、冻结财物的处理程序。未定罪情况是指因法定原因而作出撤销案件或者不起诉决定的案件以及由于事实上的原因（如犯罪嫌疑人逃跑或者死亡，不能对其进行追诉或者判决的；行为人的追诉已过诉讼时效或者由于法律上的原因无特定的人可以追诉但存在法律上的刑事追诉利益的等），对犯罪不需要追诉或者难以追诉的案件两种情形。

（1）依法撤销案件或者不起诉案件查封、扣押、冻结财物的处理。对此，《人民检察院扣押、冻结涉案款物工作规定》已作出详细的规定，在严格执行规定的同时，需要注意的是，对于撤销案件当事人、被不起诉人违法所得建议主管机关没收的，侦查部门、公诉部门应当在撤销案件决定书、不起诉决定书中写明没收款物的数量、种类及没收的法律依据，填写《移送扣押、冻结财物、文件决定书》和《移送扣押、冻结财物、文件清单》，由计划财务装备部门将撤销案件决定书、不起诉决定书及款物一并移送有关主管机关处理。扣押、冻结的款物处理后，侦查部门、公诉部门应当制作查封、扣押、冻结财物处理报告，详细列明每一项物品的来源、去向并附涉及查封、扣押、冻结、处理的所有法律文书复印件，报部门负责人、检察长审核后存入内卷。

（2）犯罪嫌疑人、被告人逃匿、死亡案件查封、扣押、冻结财物的处理。在犯罪嫌疑人、被告人逃匿、死亡情形下，对查封、扣押、冻结财物的处理应当由检察机关提请法院进行裁决。检察机关提请法院裁决处理的对象应当是查封、扣押、冻结的全部财物，而不仅仅是现行规定的汇款、存款。检察机关在提请法院裁决时应通知犯罪嫌疑人、被告人的近亲属或财产继承人以及其他利害相关人，并听取他们的意见。法院在处理中可以进行调查并听取相关人员的意见。人民法院应当在合理期限内作出裁定。如果对法院的裁决不服，相关人员可以向上级法院申诉。值得注意的是，对于犯罪嫌疑人、被告人逃匿、死亡的案件，在修改后的刑事诉讼法规定了犯罪嫌疑人、被告人逃匿、死亡案件违法所得的没收程序①的情况下，如果在侦查过程中查封、扣押、冻结的财物符合违法所得没收程序的适用条件，应当按照违法所得的没收程序的要求对查封、扣押、冻结的财物进行处理，同时保障当事人和相关权利人的参与权。

---

① 具体参见修改后《刑事诉讼法》第 280 条至第 283 条的规定。

(三) 加强和完善对查封、扣押、冻结措施的监督制约机制

1. 完善经费保障机制。完善检察机关经费保障机制，尤其是有区别、有计划、有重点地加大对欠发达地区基层检察院的经费扶持力度，为基层检察院规范执法提供坚实的物质基础；坚持收支两条线制度。基层检察院上缴扣押处理款物，必须严格纳入财政预算管理，统筹使用，让财政拨入经费与上缴扣押财物完全脱钩。

2. 完善监督制约机制。一是完善领导监督机制。扣押、冻结处理涉案款物实行逐级把关，由办案人员层报检察长或检察委员会审批。二是完善部门之间的监督制约。侦查监督部门在审查决定逮捕工作中，发现侦查部门不应当扣押、冻结款物的，应当建议侦查部门纠正。侦查部门有异议的，报请检察长决定；公诉部门在受理侦查部门移送审查起诉的案件时，应当审查随案移送的查封、扣押、冻结财物清单、物品和其他有关证据。发现不应当扣押、冻结的，应当建议侦查部门纠正。侦查部门有异议的，报请检察长决定；侦查部门与财务保障部门要做到扣押和保管分开，收入和支出分开，款物和账目相符，账目和案卷相符。三是完善纪检监察、检务督察部门的监督制约。充分发挥纪检监察、检务督察等部门在扣押、冻结、管理和处理款物中的作用，对于相关人员反映、投诉的违法问题，依法依规及时审查，对于违法违纪的严肃处理。四是加强上级院对下级院的监督制约。充分发挥上级院相关职能作用，加强对下级院扣押、冻结、管理和处理款物问题的监督制约，特别是上级院在职务犯罪审查逮捕等环节要加强审查，发现问题及时纠正。五是自觉接受外部监督制约。自觉接受人民监督员、人民群众、社会各界的监督，使扣押、冻结、管理和处理涉案款物活动在"阳光"下运行，以公开促公正，以公正赢公信。

3. 严肃责任追究，确保侦查权的正确行使。检察机关在查办职务犯罪过程中，严禁下达追缴赃款赃物的指标、任务。区分违法违规查封、扣押、冻结、处理财物的各种情形，如不依法返还查封、扣押、冻结财物，或者侵吞、挪用、私分、私存、调换、外借、压价收购、故意损毁、丢弃或者擅自处理查封、扣押、冻结财物及其孳息；隐瞒、截留、坐支应当上缴国库款物；由于不正确履行职责或者严重不负责任，致使错误扣押、冻结或者致使扣押、冻结的款物灭失、严重毁损或者错误处理，造成较大损失或者恶劣影响；因违反规定导致国家赔偿；利用工作上的便利，私自向发案单位或者案件当事人及其近亲属借用房屋、财物或者交通、通信工具；利用查封、扣押、冻结财物的便利，乱收费、乱罚款、拉赞助等情形。依照最高人民检察院《检察人员纪律处分条例（试行）》的规定，严肃追究主要责任者和其他直接责任人员的责任；负有领导责任的人员，追究其领导责任。

逮捕条件中的社会危险性问题研究[*]

内蒙古自治区人民检察院法律政策研究室、
内蒙古自治区和林格尔县人民检察院课题组

刑事法治的历史和刑事司法实践表明，逮捕是刑事诉讼中一种非常重要的手段。然而，由于逮捕直接涉及公民最基本权利——人身自由权的限制，现代世界绝大多数国家对逮捕权的使用都采取了极为审慎的态度，规定了严格的适用条件，防止由于逮捕权的不当使用，使公民的人身权利受到侵害。我国修改后刑事诉讼法进一步细化了逮捕的条件，使逮捕措施的适用更趋规范和严谨。本课题组认为，准确掌握逮捕条件，一个关键的问题是正确认识逮捕条件中的社会危险性问题。这也是司法实践中容易忽视或者把握不准确、不一致的问题，因而影响了逮捕措施的正确适用。

一、司法实践中逮捕措施适用的现状

以内蒙古检察机关为例，课题组抽取了五年全区检察机关的工作情况进行分析，以此窥见一斑。

（一）从检察机关批捕总量看

2009 年、2010 年、2011 年、2012 年全区检察机关受理提请逮捕案件的人数分别为 18267 人、18066 人、19531 人、19549 人，检察机关审查后分别批准逮捕 16260 人、15875 人、16953 人、16332 人。批捕人数占受理总数的比例（以下简称占比）分别为 89%、87.9%、86.8%、83.5%。由此可以看出，虽然批捕占比在逐年减少，但是占比仍然较高。从统计学意义上看，这四年逮捕的平均占比达 86.8%，"羁押为主，取保为辅"是刑事侦查活动中的常态。

---

* 课题负责人：王传红，内蒙古自治区人民检察院法律政策研究室主任。课题组成员：徐荣生，内蒙古自治区和林格尔县人民检察院检察长；张艾珉，内蒙古自治区和林格尔县人民检察院法律政策研究室主任。

修改后刑事诉讼法实施后，这种状况有所改变。2013 年 1—10 月，全区检察机关受理提请逮捕 14806 人，批准逮捕 11681 人，占比为 78.9%，与前四年的平均水平相比减少了 7.9 个百分点。

（二）从逮捕审查的要件看

在逮捕审查中，检察官审查更多的是够罪审查，以确保无罪的人不受法律追究。对社会危险性的审查实际上是逮捕恰当性的审查，检察官在这方面的审查是明显不够的。2009 年、2010 年、2011 年、2012 年全区检察机关作出不批捕决定的人数分别为 2029 人、2177 人、2547 人、3209 人，检察官认为没有逮捕必要的分别为 241 人、203 人、236 人、175 人。没有逮捕必要的占比分别为 43.8%、46.4%、49.2%、48.4%。从这一组数据可以反映出无逮捕必要审查分量呈现增加的趋势，但是占比仍然没有超过 50%，表示这方面审查仍然没有成为审查的主要方面。

（三）从捕后不起诉情况看

考察逮捕后不起诉情况，能够比较准确地衡量逮捕的恰当性问题。在一定程度上看，捕后不起诉案件基本上是没有必要逮捕的案件当初作出了逮捕的决定。2009 年、2010 年、2011 年、2012 年全区检察机关作出不起诉决定的人数分别为 958 人、1027 人、1417 人、1151 人，其中被逮捕的人数分别为 241 人、203 人、236 人、175 人，占比分别为 25.1%、19.8%、16.7%、15.2%，这四年的平均占比为 19.2%。从这一组数据可以反映出，捕后不起诉的占比虽然逐年在减少，但是仍然有相当一部分案件没有把好社会危险性审查这一要件。2013 年 1—10 月，全区检察机关作出不起诉决定的人数为 854 人，其中被逮捕的人数为 96 人，占比为 11.2%，与前四年的平均水平相比减少了 8 个百分点。这表明修改后刑事诉讼法实施后，特别是其中第 79 条对执法办案的规制作用是明显的。

（四）从捕后案件的判决情况看

2009 年、2010 年、2011 年、2012 年全区检察机关捕后案件，经过人民法院审判判决 10 年以上刑期的人数分别为 1554 人、1864 人、1837 人、1428 人，占相应年份批捕总数的比例分别为 9.6%、11.7%、8.3%、8.7%，这四年的平均占比为 9.6%。实践中，这些案件的被告人从侦查阶段开始就始终处于羁押状态。从另外一个角度看，这表明在统计学意义上，逮捕的案件中平均有 90.4% 的犯罪嫌疑人、被告人被判处 10 年以下刑罚。通过进一步的统计数据分析，逮捕的案件中判处 3 年以下有期徒刑的占比在这四年的样本中分别为 45.1%、49.7%、57.4%、57.9%。这表明至少有 45% 的逮捕案件的被告人被判处 3 年以下有期徒刑。这一部分人羁押比例如此之高，无疑向我们提出了一个逮捕适当性的问题，因而也使得加强对逮捕条件中社会危险性问题的研究，显得更为必要，对于司法实践的意义也显得极为重要。

二、逮捕合理性及其在刑事诉讼中不可或缺性的价值分析

自从人类进入阶级社会产生犯罪这一社会现象以来，国家与犯罪人之间侦查与反侦查、惩罚与反惩罚的较量就从来没有停止过，甚至有水涨船高愈演愈烈之势。为什么会这样？原因当然是多方面的，但是犯罪人犯罪前后寻求自我保护的心理动因，不能不说是其中一个主要原因。

心理学家认为，一个人的行为动机来自他的需要，没有需要就不会产生行为动机，也就不会存在有目的的行为。著名心理学家美国的亚伯拉罕·马斯洛（Abraham Masow）把人类的需要由高到低分为七个等级，分别是：生理的需要；安全与经济的需要；爱与亲密的需要；尊重与名望的需要；审美的需要；求知与理解的需要；自我实现的需要。并且认为，低一级的需要得不到满足，则不可能产生高一级的需要①。依据马斯洛的分类方法，安全的需要处于人类需要的第二个等级，仅高于人类最低级需要——生理需要，属于基本需要层面。

日本著名刑法学家牧野英一曾言："犯罪人也是人"②。犯罪人的需要结构不可能超越人类一般需要结构，对于犯罪人来讲，安全的需要同样是仅高于生理需要的第二等级的需要。也就是说，犯罪人犯罪后，只要一息尚存，安全的需要将会是他所面临的最大需要。由于犯罪是最严重的违法行为，任何国家对犯罪都持明确否定态度，并明确宣示对犯罪人将以最严厉的刑事处罚的方法予以处置。因此，犯罪人在犯罪前或者犯罪后，会预期国家将会动用司法工具对其所犯罪行展开侦查和审判，下一步其所面临的将是法律的严厉惩罚。这种惩

---

① 转引自罗大华：《犯罪心理学》，群众出版社 1984 年版，第 20—21 页。
② ［日］中山研一：《牧野英一的刑法思想》，载［日］吉川经夫等编：《刑法理论史的综合性研究》，日本评论社 1994 年版，第 295 页。

罚最直接的后果将是全部或者部分地剥夺其人身安全①。对于犯罪人来讲，如果不采取积极有效的措施对抗即将展开的侦查和审判，无异于坐以待毙，无异于放弃对安全需要的保护。这既不符合人类的认识理性，也不符合犯罪人的实践经验。所以，犯罪人犯罪后，往往会极尽其能事阻挠司法机关对其犯罪所展开的侦查和审判。如果其对抗活动得逞，犯罪行为被掩盖，那么他就会成为这场侦查与反侦查、审判与反审判博弈中的赢家，其犯罪所获利益就将得到保护。费尔巴哈（A. Feuerbach）的心理强制说也说明了这一问题。费尔巴哈认为，一切犯罪的心理成因均在人的感性之中，人们对行为或者从行为中所产生的快感的欲望驱使其实施犯罪行为。因此，具有理性的人在实施犯罪前，总要考虑实施该犯罪行为将会获得多大的物质与精神上的利益（愉快）。由于实施犯罪行为而受刑法处罚所形成的痛苦大于因犯罪行为本身所产生快感，因此犯罪人明确知道，如果犯罪被发现，那么他的犯罪将是得不偿失的②。

然而，正如希腊早期哲学家斯拉雪麦格（Thrasymachus）所言，犯罪者"如果能绕开法律，那么他为非正义的行为便是值得的"③。这是一个显而易见的道理，犯罪人的犯罪经验证实也确实如此。这一点学者知道，司法官员知道，犯罪人也知道。于是，犯罪人犯罪后为了绕开法律实现其保护犯罪利益的目的，毁灭证据，伪造证据，贿买证人，威胁证人，想方设法脱离与侦查机关的接触，为毁灭证据而杀人，为逃避法律惩罚而自杀，就成为司法实践中一种不可避免，甚或是一种必然的情形。如果放任这种情形的发展，国家将很难实现其打击犯罪、保卫社会的目的。于是，采取何种方式对抗犯罪人犯罪后的反侦查和反审判活动，确保刑事诉讼顺利进行的司法实践，就成为国家所必须面对并需要切实解决的问题。

---

① 安全对于人类来讲主要表现在以下几个方面：首先是生命的安全，其次是身体健康的安全，最后是人身自由不被限制。安全对于人类来讲是非常重要的，所以古往今来的刑事惩罚也往往都是针对剥夺被剥夺者的安全展开的。从历史的角度考察，刑罚方法主要有三种：一是死刑，二是肉刑，三是自由刑。死刑是对犯罪人生命直接的赤裸裸的剥夺，当然是最大的不安全；肉刑是对犯罪人身体健康的剥夺，健康是生命的组成部分，可以说对健康的剥夺是对人的生命完整性的剥夺；而对人身自由的剥夺的最主要方法是对人身自由的限制，人的生命是有限的和不可逆转的，因此对人身自由的限制，从某种意义上讲也可以说是对生命的部分剥夺。所以对犯罪人来讲，保护安全的需要就显得更为现实和迫切了。

② 参见张明楷：《刑法的基本立场》，中国政法大学出版社 2003 年版，第 4 页。

③ ［美］博登海默：《法理学、法哲学与法律方法》，邓正来译，中国政法大学出版社 1998 年版，第 6 页。

千百年来司法实践经验表明，尽早地将犯罪人拘捕囚禁于一定的场所，限制其活动自由，是阻断犯罪人进行反侦查和反审判活动，保证刑事诉讼顺利进行最有效的手段。

我国古代很早就开始了这方面的探索。我国最早的文化典籍《尚书》中，有"要囚，服念五六日至于旬时，不蔽要囚"的记载。要囚就是审查被拘禁的犯罪嫌疑人的供词。服念是思索、考虑的意思。整句话的意思是，对于犯罪嫌疑人要先拘禁起来，然后经过五六天到十天的思索，才作出判决。《周礼·小司寇》也有"至于旬乃蔽之"的记载①。可见至少在周代，我国就有了审前对犯罪嫌疑人进行拘禁的做法。我国历史上最早的一部成文法典，战国时魏国李悝所著《法经》更有了专章的《捕法》篇，规定捕获和拘押犯罪人等问题。秦时商鞅改法为律，《秦律》将《捕法》篇更名为《捕律》篇。在以后的我国封建社会各王朝中有时称之为《捕亡律》，有时称之为《捕断律》，有时称之为《逃捕律》②。这些篇目的内容虽然与我们今天法律中"逮捕"规定不完全一样，但多数是关于如何对拘捕犯罪嫌疑人和限制其人身自由的一些程序性规定。西方国家的法律传统是以罗马法为基础形成的。我们知道罗马法以调整"民事法律关系"著称，其有关刑事诉讼方面规定比较粗陋③。即便如此，也仍然有关于审前对犯罪嫌疑人进行拘押的规定。《十二铜表法》第 1 表第 1 条规定："原告传被告出庭，如被告拒绝，原告可邀请第三者作证，扭押同行"。虽然这种拘押权不是直接由国家司法机关行使，而是授权原告行使，但是仍然不失为审前对被告人进行拘押的规定。这种由原告扭送被告到庭的做法一直延续到中世纪。美国学者孟罗·斯密在他的《欧洲法律发达史》曾言，古日耳曼的刑事诉讼程序是"无论在侵权行为案件或刑事案件中，皆须由原告一人或同时偕同血亲数人，亲传唤被告到庭"④。

三、逮捕非合理性及其可能被滥用的现实危险性分析

逮捕在保障刑事诉讼顺利进行方面的巨大价值，为逮捕权的存在提供了充分的合理性，这只是它的一个方面，是从其工具性价值方面考察的。如果换个

---

① 参见张晋藩：《中国法制史》，群众出版社 1985 年版，第 50 页。

② 参见程树德：《九朝律考》（第 1 卷），中华书局 1963 年版，第 14 页。

③ 恩格斯曾经说过："罗马法是纯粹私有制占统治的社会的生活条件和冲突的十分经典性的法律表现。"参见《马克思恩格斯全集》（第 21 卷），第 545 页。

④ ［美］孟罗·斯密：《欧洲法律发达史》，姚梅镇译，中国政法法学出版社 1999 年版，第 43 页。

角度考察，我们会发现逮捕同时具有非常明显的非合理性以及可能被滥用的现实危险性。

（一）逮捕与现代法治理念不相符合

现代法治社会崇尚无罪推定，崇尚人权保障，特别是最近 20 年，人权保障越来越成为国际社会广泛关注的问题。任何国家的现代宪法几乎都把禁止随意逮捕、禁止不按照正当法律程序的逮捕与人权保护写在一起①。反对不当逮捕与人权保障不仅成为一个重要的法律问题，而且成为一个重要的社会问题、道德问题，甚至成了社会文明进程中的一个标志性问题。依照无罪推定原则，任何人在未经法院审判之前，都不得被视为有罪和处以刑罚。从这一理念上讲，犯罪嫌疑人当然应当被视为一个无罪的人，对于无罪之人是不应当处以任何刑罚的。而逮捕却正是在法院判决之前，将犯罪嫌疑人拘禁于一定的场所的一种诉讼活动。如果我们不考虑逮捕与刑罚在概念上的区别，仅从实质内容考察，逮捕对于犯罪嫌疑人人身自由的剥夺与刑罚中自由刑对犯罪人人身自由的剥夺并无二致。一方面对犯罪嫌疑人推定为无罪的人；另一方面却采用逮捕的方式剥夺犯罪嫌疑人的人身自由，施予其与自由刑一样的刑罚处遇，显然是不符合无罪推定和人权保障这样一些现代法治的基本理念。

（二）逮捕具有无法回避的逻辑缺陷

从概念上讲，逮捕是对怀疑犯有某一罪行的犯罪嫌疑人所采取的限制其人身自由的诉讼活动。如果不考虑其他价值因素，只从概念角度考察，我们会发现这样一个问题。逮捕的根据为怀疑有罪，仅仅因为怀疑，就采用类似刑罚的剥夺公民人身自由的方法予以处置，显然缺乏充分的逻辑根据。因为，只要是怀疑，不论怀疑的程度有多大，都不会是百分之百的真实。怀疑有罪的所谓犯罪嫌疑人，可能就是犯罪人，也可能不是犯罪人。对于最终被法院认定有罪的人，为保障侦查和审判顺利进行，提前限制其人身自由，似乎还说得过去。因为对于犯罪人来讲，其所面临的将是刑罚的惩处，现代各国刑罚方法主要有生命刑和自由刑两类。对于最终被处以死刑和无期徒刑的犯罪人来讲，在法院判决前剥夺其一段时间的人身自由，于情于理，都没有什么不妥之处。对于最终被判处有期徒刑的犯罪人，通过折抵刑期的方法，在判决所确定的徒刑期限内将会扣除其被限制自由的时间，对犯罪人来讲，只是存在一个先拘押与后拘押

---

① 参见孙谦、樊崇义、杨金华：《司法改革报告——检察改革·检察理论与实践专家对话》，法律出版社 2002 年版，第 157 页。

的时间前后问题，也不存在不公正问题。难以处理的是被法院最终判处无罪的人，对一个无罪的人所进行的逮捕无论如何都是不公正的。

（三）逮捕权被扩大使用是司法实践中一个难以避免的问题

正如法国思想家孟德斯鸠所言："自古以来的经验表明一切被授予权力的人都容易滥用权力"。逮捕权亦然。我们可以设想，如果对逮捕权不加控制，警察机关随意地、大量地使用逮捕权就会成为一种当然的状态。因为逮捕对于帮助侦查和保障诉讼顺利进行的意义实在是太大了。我们作一个假设，假设一起杀人案，现有的证据可以确认是一人作案，侦查人员在侦查过程中发现有 5 个人有作案可能，如果不加限制，仅仅从方便侦查和审判角度考虑，最好的办法就是将 5 个人都全部予以逮捕。逮捕之后再逐个进行排查，当确定其中一人为犯罪人后，再将另外 4 人释放。这种做法，对于保证侦查和审判顺利进行，无疑有着非常积极的作用。如果不考虑其他价值因素，这种做法无疑是成本最低、效益最好的方法。但是，其代价是 4 个无辜的人的人身自由受到了限制，他们的人权受到了侵害。从这样一个简单的假设中，我们可以明显地看出，如果对逮捕权不加限制，侦查人员滥用逮捕权，侵害公民基本人权就会成为一种必然。

四、缓和逮捕内在价值冲突的途径：严格逮捕适用条件

显然，逮捕在刑事诉讼中具有非常强烈的两面性，一方面是犯罪侦查和刑事审判中不可或缺的工具性价值，另一方面是难以避免的可能侵害人权的现实危险性，逮捕制度陷入了进退两难的境地。特别是随着社会的发展和文明进步，逮捕制度的这种两面性所带来的价值冲突越来越强烈。于是，找到一种能够最大限度克服逮捕权的非合理性，同时又不因此过分影响其在方便侦查和审判的工具性价值，就成了人们必须要解决的一个问题。

"鱼"与"熊掌"不可兼得，怎么办？只能二者都部分地予以舍弃。既要发挥逮捕在方便侦查、审判方面无可替代的巨大工具性价值，又要克服逮捕可能侵犯人权的现实危险性。于是乎，"慎用"逮捕就成为这一问题延续下的一个自然而然的事情。就是说要最大限度限制逮捕强制措施的适用，不到万不得已，绝不适用。如何实现这一目标呢？一方面要在执法理念上确立"慎捕"理念，慎用逮捕措施，可以不逮捕的，尽量不逮捕，并使之成为侦查机关，特别是检察机关办理审查批捕案件的思想基础和基本原则。另一方面为逮捕设定严格的适用条件，没有达到规定条件，坚决不捕。设定严格的适用条件，主要应从以下四个方面考虑：

（一） 事实条件

即必须有犯罪事实存在。犯罪事实就是犯罪的客观情况。犯罪人—犯罪动机—犯罪行为—危害后果，是典型意义上犯罪构成要素，而且有着时间上的先后性和内容上的连贯性。没有前者，就不会有后者；后者没有，当然也就没有前者。也就是说，没有犯罪事实，也就没有犯罪嫌疑人，当然也就没有对犯罪嫌疑人的逮捕问题。所以，对犯罪人实施逮捕，首要的就是必须要有犯罪事实。

（二） 证据条件

即必须有证据证明。这里包括以下几个方面的事项：（1）有证据证明存在危害后果；（2）有证据证明存在犯罪行为；（3）有证据证明危害后果与犯罪行为之间有因果联系；（4）有证据证明犯罪行为系犯罪嫌疑人所为。

（三） 刑罚条件

即可能判处徒刑以上刑罚。满足了前两个条件说明犯罪嫌疑人实施了某种犯罪行为，即犯罪嫌疑人的行为构成了犯罪。那么，是否够罪即捕呢？显然不是。轻微犯罪一般情况下是不需要逮捕的。只有犯罪嫌疑人的行为达到了一定的程度，可能判处徒刑以上刑罚时才可以逮捕。需要注意的是，这里的判处徒刑以上刑罚是侦查人员、检察人员在当时证据情况下的预断，不具有判决效力。

（四） 风险条件

即采取取保候审、监视居住尚不足以防止社会危险性。有证据证明犯罪嫌疑人实施了某种犯罪，并且达到了判处徒刑以上刑罚的程度，而且其采取取保候审、监视居住尚不足以防止社会危险性时，才可对犯罪嫌疑人采取逮捕措施。这里的风险条件就是社会危险性，而且其危险程度要足够大，达到了采取取保候审、监视居住尚不足以防止社会危险性的发生的程度。

以上四个方面的条件是层层递进的关系，一层比一层更严格，一层一层压缩着逮捕权的适用空间。只有同时满足了以上四个方面的条件，犯罪嫌疑人才可以被逮捕。这样制度设计的目的，在于通过为逮捕权设定严格的适用条件，将其权力活动范围限定在了一个狭小的空间，实现逮捕权内在价值冲突的最小化，最大限度地保障公民人身权利免受侵害。

五、逮捕内在价值冲突缓和的关键：正确评估社会危险性

在上面所述的四个方面的适用条件中，前三个条件非常明确。其实质是侦查人员、检察人员在已有证据情况下，依据法律对犯罪嫌疑人的一种"定罪"和"量刑"的预判断。这种预判断，形式上不要求太多的程序要件，内容上也不要求太过精细，只要证明犯罪嫌疑人构成犯罪，且可能判处徒刑以上刑罚即可。从某种意义上讲，它是对既往行为的定性和判断，客观性比较强。而第四个条件，即风险条件，则与前三个条件具有很大的差别。它不是对既往行为的定性和判断，相反是对未来行为的预判和推断，具有很强主观性和不确定性。因此，社会危险问题也就成为逮捕条件中一个难以界定的问题。课题组认为，首先，要确立不逮捕为首选，逮捕为不得已的观念，只要采取取保候审、监视居住，可以防止社会危险性的，就不采取逮捕措施。这一观念也可以阐释为以保释为一般原则、以逮捕为例外的观念。其次，要对社会危险性进行准确研判。对社会危害性的判断可以从以下三个方面展开：

（一）犯罪嫌疑人所涉犯罪是否达到了足够严重的程度

所涉嫌犯罪达到一定程度，即可推定为具有社会危险性，应予逮捕。在我国刑罚体系中，主刑分为：管制、拘役、有期徒刑、无期徒刑、死刑五种，其中有期徒刑划分1年以下有期徒刑、2年以下有期徒刑、3年以下有期徒刑、5年以下有期徒刑、1年以上7年以下有期徒刑、2年以上5年以下有期徒刑、2年以上7年以下有期徒刑、3年以上7年以下有期徒刑、3年以上10年以下有期徒刑、5年以上10年以下有期徒刑、5年以上有期徒刑、7年以上10年以下有期徒刑、7年以上有期徒刑、10年以上有期徒刑，共计14个量刑区域。在14个量刑区域中，去掉重合部分，概括地可以划分为3年以下有期徒刑，3年以上10年以下有期徒刑，10年以上有期徒刑三个区段。其中3年以下为轻度有期徒刑，3年以上10年以下为中度有期徒刑，10年以上有期徒刑为重度有期徒刑。从罪刑相适应原则角度讲，犯罪嫌疑人的罪行越重，社会危险性也就越大，可能判处徒刑的刑期越长。人生是有限的，除去少年和老年之外，一般讲青、壮年期。如果从16—18岁成年，到55—60岁退休，大约40年的时间。10年，人生黄金期的1/4，没有哪一个犯罪嫌疑人对这样的处罚会不在乎。课题组有理由推定，可能判处10年有期徒刑以上刑罚的犯罪嫌疑人其社会危险性将很大。因此，对有证据证明有犯罪事实，可能判处10年有期徒刑以上刑罚的犯罪嫌疑人，应当予以逮捕。

（二）犯罪嫌疑人所涉犯罪是否具有某种特定情形

一种情况是犯罪嫌疑人存在既往犯罪史。虽然犯罪嫌疑人所涉嫌犯罪具有应受惩罚性，也达到一定严重的程度，并且具有既往犯罪史，可以推定为具有社会危险性。如我国修改后刑事诉讼法第 79 条第 2 款中规定的，有证据证明有犯罪事实，可能判处徒刑以上刑罚，曾经故意犯罪的，就属于这种情形。

另一种情况是犯罪嫌疑人存在身份不明情况。犯罪嫌疑人所涉嫌犯罪具有应受惩罚性，但是未达到一定严重程度，然而由于身份等情况不明而推定为具有社会危险性。如修改后刑事诉讼法第 79 条第 2 款中规定的，有证据证明有犯罪事实，可能判处徒刑以上刑罚，身份不明的，就属于这种情形。

（三）对犯罪嫌疑人不采取逮捕措施是否具有某种风险

这是一个逆向式判断，是前面所述的"不逮捕为首选，逮捕为不得已"观念在逻辑上的必然结果。其实是在考虑对犯罪嫌疑人不采取逮捕措施时，所要考虑的风险问题。主要包括以下几个方面：

一是再犯罪的风险。人的思维、行为具有一定的习惯性，人们通常称其为思维定式和行为定式。从犯罪学的角度讲，犯过罪的人再犯罪的可能性，比没有犯过罪的人的可能性要大。因此，在考虑对犯罪嫌疑人不采取逮捕措施时，一定要考虑其再犯罪的可能性。如果其所涉嫌犯罪的主观恶性比较大，而且从其既往生活经历看，形成了一定的犯罪习性，表明其再犯罪的可能性比较大。比如犯罪嫌疑人多次作案、连续作案、流窜作案的，应当认定犯罪嫌疑人具有较大再犯罪的风险，考虑采取逮捕措施。当然如果有一定证据证明犯罪嫌疑人已经开始策划、预备实施犯罪的，更应当考虑采取逮捕措施了。

二是国家安全、公共安全的风险。随着信息、交通、技术等现代科技的发展，国家安全、公共安全所面临的问题越来越多，而且越来越呈现出有组织犯罪的特征。这一类犯罪危害的是国家安全和社会安全，损害的是不特定多数人的生命财产，其主观恶性强，社会危害大。因此，如果有证据证明犯罪嫌疑人所涉嫌犯罪是危害国家安全、公共安全或者社会秩序类犯罪，应当考虑采取逮捕措施。如果涉嫌的不是国家安全、公共安全类犯罪，而是其他类型的犯罪，但是如有一定证据证明或者有迹象表明犯罪嫌疑人在案发前或者案发后正在策划、组织或者预备实施危害国家安全、公共安全或者社会秩序的重大违法犯罪行为的，仍然应认定为具有危害国家安全、公共安全的风险，应当采取逮捕措施。

三是证据灭失的风险。任何国家对犯罪都持明确否定的态度。犯罪人在犯罪前或者犯罪后，自然会预见到国家将会对其所犯罪行展开侦查。对于犯罪人来讲，如果不采取积极有效的措施加以对抗，无异于坐以待毙。而在现代法治国家，认定犯罪的唯一根据就是证据。因此，犯罪人实施犯罪后，为了实现自我保护，常常会在证据上做文章，毁灭证据、伪造证据、干扰证人作证或者串供就成为司法实践中一种常见的现象。在司法实践中，如果存在这样的一些迹象，应该对犯罪嫌人采取逮捕措施。

四是特定人安全的风险。一些犯罪嫌疑人实施犯罪后，为了逃避侦查和审判，常常会在证据上做文章，毁灭证据、伪造证据、干扰证人作证或者串供，更有甚者会直接威胁证人的安全。还有一些犯罪嫌疑人，不能正确、客观地认识自己受到法律追究是由于其行为触犯了法律，而认为是被害人、举报人、控告人的揭发、控告、举报，甚至是证人作证而导致，因而常常对这些人进行打击报复。因此，如果有迹象表明犯罪嫌疑人可能对被害人、举报人、控告人、证人实施打击报复的，可以认定为存在风险，应当对犯罪嫌疑人采取逮捕措施。

五是犯罪嫌疑人灭失的风险。犯罪人实施犯罪后，受到刑事追究，接受审判应该是逻辑上的应然状态。但是应然状态和实然状态并不是完全等同的。犯罪嫌疑人，往往会采取多种方式逃避刑事追究。这其中，犯罪嫌疑人常常采取的也是最简单的方式，就是逃跑。更有采取自杀的极端方式永久性地逃避刑事追究。因此，如果有一定证据证明或者有迹象表明犯罪嫌疑人试图自杀或者逃跑的，或者犯罪嫌疑人在归案前或者归案后曾经自杀的，应当认定可能存在社会危害风险。应当对犯罪嫌疑人采取逮捕措施。

六、建立健全缓和逮捕内在价值冲突的工作机制

课题组认为，检察机关在进行审查逮捕工作中，应该把社会危险性审查放在重要位置，高度重视。为保证检察机关对每案社会危险性审查的明确性和规范性，应建立健全一套工作机制，使检察官在审查案件中对于保障刑事诉讼顺利进行的价值和保障犯罪嫌疑人人权的价值、对于捕和不捕的价值判断有一个可供依托的客观公正考量。

（一）建立公安机关对社会危险性说明工作机制

逮捕强制措施是深入开展侦查工作的需要，公安机关有开展对所提请批捕案件说明社会危险性的动力。因而在制度设计上可以将说明的责任交由公安机关承担。说明责任交由公安机关承担，可以促使公安机关在对犯罪嫌疑人采取拘留措施后，及时掌握其个人信息，以及对其生活经历、工作、教育程度、家

庭和社会关系、居住地、财产状况、前科、脱保记录等个人情况展开调查，并结合侦查工作情况和业已存在的客观证据，对可能发生社会危险性作出一种推断，证明依据现有事实足以认定犯罪嫌疑人所具备的社会危险性的程度。

再从法律规定上看。我国修改后刑事诉讼法，虽然没有规定公安机关对逮捕条件中"社会危险性"要件进行相应论证的义务，但其第 85 条规定，公安机关要求逮捕犯罪嫌疑人的时候，应当写出提请批准逮捕书，连同案卷材料、证据，一并移送同级人民检察院审查批准。这里的"案卷材料"应当包含哪些材料，"证据"又应当提交何种证据等实质性内容并未见有关规定进行细化。课题组认为，可以在修改《人民检察院刑事诉讼规则（试行）》时，高检院与公安部协商一致后，将修改后刑事诉讼法第 85 条规定的"案卷材料"、"证据"进行细化，将"社会危险性的说明材料"纳入"案卷材料"的范畴，予以明确。这样可以促进公安机关对社会危险性要件的重视，解决实践中公安机关过分注重证明犯罪事实的证据收集的偏向性。

但是，如果犯罪嫌疑人否定公安机关的说明理由，提出自己不具备逮捕必要性，那么，就应当由犯罪嫌疑人对该无逮捕必要事由承当证明责任，这样有利于发现案件真实，提高诉讼效率。

（二）建立健全检察机关对社会危险性审查制度

检察机关侦查监督部门在办理审查逮捕案件时，应当根据公安机关移送的"社会危险性的说明材料"，以及相关事实、证据，设立专门的办案环节对有无逮捕必要性进行审查，无论作出逮捕决定还是作出不捕决定都必须对"社会危险性"要件的审查意见进行说明。这样可以促使公安机关在案件侦查过程中注重对证明有无逮捕必要证据的收集，同时督促检察机关在回应公安机关所说明的"社会危险性"理由时更具针对性，对于破解司法实践中检察机关在作出逮捕决定时对"社会危险性"要件审查不足，以及在说明不捕理由时过于简单、笼统的难题提供了有效途径。

建立健全检察机关对社会危险性审查制度，还可以促进提讯力度的加大，促进审查方式的变革。检察机关对逮捕必要性的审查如果沿袭完全依赖公安机关所移送的案卷的案卷式审查方式，仅听侦查机关一面之词，难免陷入"偏听则暗"的境地。实践中，因公安机关基于其追诉倾向一般只移送犯罪嫌疑人有罪供述及不利证据，检察机关在时间不长的审查逮捕期间行之有效的举措是提讯犯罪嫌疑人，听取其意见以印证、核实公安机关对于社会危险性的理由说明。《人民检察院刑事诉讼规则（试行）》第 305 条规定，对于是否符合逮捕条件有疑问的，侦查监督部门应当讯问犯罪嫌疑人。并且规定，这里的

"是否符合逮捕条件有疑问"中把"有无社会危险性难以把握"作为一个主要方面加以规定。建立健全检察机关对社会危险性审查制度，可以更好地推进该项法律规定的执行。

（三）建立健全犯罪嫌疑人的知情、异议及申诉权的保障机制

在审查逮捕中应当保证犯罪嫌疑人的知情权，让犯罪嫌疑人知晓自己被逮捕的理由，是其依法行使其权利的前提与基础。有权利就应当有救济。救济方式不外乎两种：主动救济与被动救济。审查逮捕中，异议权是犯罪嫌疑人提出异议的主动性救济手段，而当此种救济途径不畅时，得以转而依靠外部被动救济，即申诉权。异议权及申诉权的存在，是为防范恣意采取逮捕措施而采取的合理的程序对抗手段与权利主张方式。犯罪嫌疑人人身权利作为遭受国家公权力处理的主体，理应有提出自己不被逮捕的理由与主张的权利。我国目前审查逮捕所作出的决定具有终局性，仅在公安、司法机关发现采取强制措施不当时予以撤销或者变更。依据修改后刑事诉讼法第 97 条规定，犯罪嫌疑人仅对超期羁押有权要求解除强制措施。可以说，面对公安、检察机关采取的强制措施，犯罪嫌疑人基本上处于一种无助的状态。被逮捕犯罪嫌疑人作为刑事诉讼当事人却无明确正当的救济途径，造成捕与不捕之间的监督制约机制不均衡、不合理、不科学。因而，在我国现有批捕权由检察机关享有的体制下，应当赋予犯罪嫌疑人对批准逮捕决定有异议及申诉权，可向作出批准逮捕决定的人民检察院提出，如果异议不被接受，可向上一级人民检察院申诉的权利。此举遵循正当程序理论，可以保障犯罪嫌疑人诉讼权利。可喜的是，修改后刑事诉讼法增加了人民检察院审查批准逮捕时听取辩护律师意见的规定。《人民检察院刑事诉讼规则（试行）》规定得更为细致，规定在审查逮捕过程中，辩护律师提出不构成犯罪、无社会危险性、不适宜羁押、侦查活动有违法犯罪情形等书面意见的，办案人员应当审查，并在审查意见书中说明是否采纳的情况和理由。这无疑在保障犯罪嫌疑人的异议及申诉权上迈出了重要的一步。

逮捕措施的适用牵涉犯罪嫌疑人、被告人享有的宪法所赋予的人身自由权利的剥夺，因而此项制度的完善与否直接成为衡量一国法治建设程度的重要标尺。作为逮捕、不捕、少捕之间的分水岭，明确并把握好社会危险性或者逮捕必要性要件，重视并加强对社会危险性或者逮捕必要性要件的审查，对于保障逮捕措施的准确适用意义重大，它将更加契合建设社会主义法治国家和建设社会主义和谐社会对于刑事司法工作提出的新要求、新任务。

附条件不起诉制度研究[*]

重庆市北碚区人民检察院课题组

附条件不起诉是指对一些犯轻罪的未成年人，有悔罪表现，人民检察院决定暂不起诉，对其进行监督考察，根据其表现，再决定是否起诉的制度。这是修改后刑事诉讼法对未成年人设定的一项新的诉讼制度，其目的在于给犯轻罪的未成年人一次改过自新的机会，有效消除未成年犯罪嫌疑人的社会危险性，使未成年犯罪嫌疑人重新融入社会，切实保障未成年人的顺利成长，避免执行刑罚对其造成的不利影响。附条件不起诉制度的确立，完善了我国不起诉制度的立法结构，给未成年人刑事检察工作带来了有利条件，同时由于附条件不起诉制度本身及其相关配套机制存在的一些问题，其在实践中的运行尚存种种纷争与疑难，导致其在司法实践中的推行存在相当的难度。因此，我们应该进一步明确做好工作的方向和路径，完善相关工作措施，加强相关制度建设，逐步构建与我国法律制度相适应的附条件不起诉模式。

一、附条件不起诉的含义解读

在我国，有关附条件不起诉制度含义的表述大同小异，一般认为附条件不起诉是指检察机关根据法律的授权，在对法律规定的一定事项综合考虑后，对犯罪应当起诉的轻微刑事犯罪分子作出暂时不起诉的处分，同时规定一定期限的考验期或要求满足一定的条件，视其表现再决定是否提起公诉的制度。^① 国内部分学者称其为"暂缓起诉制度"。从这两个称谓的字面分析，附条件不起诉突出"附条件"，检察机关既可以附条件，也可以不附条件，只要所附条件被满足即可对犯罪嫌疑人作出不起诉决定；暂缓起诉强调一个"缓"，即要求

---

* 课题负责人：戴萍，重庆市北碚区人民检察院检察长。课题组成员：赵靖、万毅。

① 樊崇义：《刑事诉讼法实施问题与对策研究》，中国人民公安大学出版社 2006 年版，第 156 页。

给予被暂缓起诉人一定的考验期，期满后再根据考验期内表现决定是否起诉。修改后刑事诉讼法在未成年人刑事程序中引入了更具外延性的附条件不起诉制度。

附条件不起诉实际上是在起诉和不起诉之间作了一个缓冲，对不起诉附加了在一定期限内进行考察的条件，既体现了检察机关对于具体案件处理的慎重性，同时又赋予了检察机关一定的起诉自由裁量权，使刑事追诉符合刑事诉讼的目的。从诉权的角度来看，检察机关的附条件不起诉是一种待诉权。由于延缓的起诉"期限"（即起诉犹豫期间）的存在，起诉程序并未终结，仍然处于开启状态。因此，附条件不起诉本质上是检察机关享有的一种暂时搁置其起诉权的自由裁量权。①

（一） 附条件不起诉的含义

修改后刑事诉讼法第 271 条、第 272 条及第 273 条确立了我国的附条件不起诉制度，根据上述规定我国的附条件不起诉制度包含了以下几层含义：

1. 适用对象是未成年人。有人认为对未成年人适用附条件不起诉有违法律平等适用原则，笔者对此有不同看法。未成年人具有不同于成年人的心理、生理特点，对未成年人犯罪和成年人犯罪采取相同的处理措施看似平等，但实际上是无视未成年人的特殊性，是一种实质上的不平等。未成年人犯罪固然有其自身的原因，但更多地也有家庭、社会的原因，未成年人本人也是犯罪的受害者。附条件不起诉制度正是充分考虑到了这个特殊性，而对未成年人采取了特殊的处理办法，与平等原则并不矛盾，并且与有关国际公约中的儿童最大利益原则完全相符。

2. 案件是比较轻微的刑事案件。建立附条件不起诉制度，目的就在于对那些行为触犯刑法，应予起诉，但情节较轻，本人确有悔罪的表现，又不具有不起诉的法定条件的犯罪嫌疑人，给予一个悔过自新的机会。因而附条件不起诉的适用对象主要是轻微犯罪人，对重罪一般不适用。

3. 检察院享有附条件不相诉的决定权。有人认为附条件不起诉制度，不可避免地将一部分案件转由人民检察院来行使"审判权"，是对法院审判权的侵害。笔者不同意这种观点。附条件不起诉符合程序分流的理念，检察官通过审查对案件进行过滤，将一些无须进入审判程序的案件分离出去，亦可节约诉

---

① 温小洁：《对未成年人案件暂缓起诉的适用》，载《刑事诉讼法实施问题与对策研究》，中国人民公安大学出版社 2004 年版，第 59 页。

讼资源。检察院作出的附条件不起诉决定并不意味着对犯罪嫌疑人作了有罪的实质性认定。因为如果犯罪嫌疑人在考验期内履行了规定的义务，那么检察院最终会作出不起诉的决定，犯罪嫌疑人不构成犯罪；如果犯罪嫌疑人没有履行规定的义务，那么检察院可以提起公诉，由法院依法最终作出有罪与否的判决。

（二）附条件不起诉与微罪不起诉、绝对不起诉和存疑不起诉的区别

关于附条件不起诉和微罪不起诉的关系，目前有包含说、交叉说和并列说三种观点，故厘清两者之间的关系是当务之急。我们认为，两者之间是并列关系或者梯级关系。微罪不起诉是对犯罪情节轻微，依法不需要判处刑罚或者免予刑罚的犯罪人作出的不起诉决定，这类案件即使起诉，审判机关一般只能作无罪或者免予处罚决定。而附条件不起诉是指本身应当起诉的案件，在正常起诉情况下，审判机关可能判处 1 年以下有期徒刑、拘役或者单处罚金等刑罚。只是因为犯罪人是未成年人，又有悔罪表现，作为一种教育、挽救未成年人的特殊措施才实施的附有条件的不起诉，并保留起诉的可能性。总之，附条件不起诉与酌定不起诉适用的案件，都属于人民检察院有起诉权并且在起诉后一般也能够获得胜诉的案件，在决定是否起诉的环节，人民检察院都有自由裁量的权力。两者的区别在于：酌定不起诉不附加任何条件，按照法律规定适用于犯罪情节轻微的案件，酌定不起诉作出后，除非发现不符合法定条件，一般不能撤销不起诉决定提起公诉。附条件不起诉适用于情节较轻的未成年人刑事案件，并且在不起诉的同时附加一定条件，当条件得到满足时，诉讼将不再提起；若条件得不到满足，不起诉决定应当被撤销，人民检察院将会提起公诉。① 应当说，附条件不起诉适用于比微罪不起诉更严重的犯罪人，两者的适用对象没有交叉或者包容关系。

之所以出现这种认识分歧，主要是因为近几年检察机关在实施宽严相济刑事政策、创新社会管理过程中，扩大适用微罪不起诉的现象比较突出，而忽略了微罪不起诉的前提，即"犯罪情节轻微，依照刑法规定不需要判处刑罚或者免除刑罚的"。按照法律规定，只有两种情况才能作出微罪不起诉：一是具有法定免除处罚情节的；二是根据刑法第 37 条规定，犯罪情节轻微不需要判

---

① 陈光中、张建伟：《附条件不起诉：检察裁量权的新发展》，载《人民检察》2006年第 7 期。

处刑罚的。实践中，对于未成年人犯罪或者因亲戚、邻里纠纷引起的轻伤害犯罪等可能判处 3 年有期徒刑以下的案件，即使不具备上述两个条件之一，被作微罪不起诉的俯拾即是。由于微罪不起诉的扩大化，导致了将大量本应起诉，或者按照修改后刑事诉讼法只能作附条件不起诉的案件作了微罪不起诉处理。附条件不起诉制度的设立，将使检察人员在适用微罪不起诉时会更加谨慎，一定程度上限缩了微罪不起诉的适用空间。很难想象，同样的案情，对未成年犯罪嫌疑人适用附条件不起诉，却对成年犯罪人适用微罪不起诉。

原刑事诉讼法规定的不起诉类型有三种，即法定不起诉、存疑不起诉和微罪不起诉。修改后刑事诉讼法规定的附条件不起诉决定，只是一个附监督考察条件的具有临时效力的决定。经过监督考察可能产生两种结果：如果被附条件不起诉人有刑事诉讼法第 273 条第 1 款规定情形之一的，即在考验期内实施新的犯罪或者发现漏罪需要追诉的；违反治安管理规定或者考察监督管理规定，情节严重的，检察机关应当提出公诉；如果被附条件不起诉人没有前述情形的，考验期满，检察机关应当作出不起诉决定。考察期满后所作的不起诉决定不同于前述三种不起诉类型，应当是修改后刑事诉讼法所规定的第四种不起诉类型，即依据修改后刑事诉讼法第 273 条第 2 款所作出的不起诉决定。

此外，附条件不起诉不同于绝对不起诉。绝对不起诉没有斟酌决定的余地，附条件不起诉有自由裁量的空间。附条件不起诉也不同于存疑不起诉，存疑不起诉针对的是经过补充侦查，证据仍然不足的情形，检察机关同样没有自由决定起诉或者不起诉的选择权，而必须作出不起诉决定。人民检察院遇有证据不足的未成年人刑事案件，不得为了"找台阶下"而作出附条件不起诉的决定。

二、附条件不起诉制度在域外的适用

世界各国在提起公诉的活动中所遵循的原则可以概括为起诉法定主义和起诉裁量主义。如果具备犯罪嫌疑与诉讼条件则一定起诉，这是起诉法定主义。与此相对，虽然具备犯罪嫌疑和诉讼条件，但在不必要起诉时，由检察官裁量作出不起诉决定，这是起诉裁量主义。我国一贯采取的是以起诉法定主义为主的方针，起诉裁量的空间极为狭小，不起诉的诉讼分流功能较弱，不起诉制度在司法实践中的问题和不足逐渐显现出来。结合刑事诉讼法的修改，刑事审判方式改革的方向和路径也悄然发生变化，其中附条件不起诉是重要表现之一。

当今，实行附条件不起诉制度比较典型的有德国、日本、荷兰、美国和我国的澳门和台湾地区，虽然其称谓各不相同，如"暂时不予起诉"、"诉讼程序之暂时中止"、"缓起诉"、"暂缓起诉"等，但基本内容是一致的。

（一）德国

德国刑事诉讼法第153条a规定了暂时不予起诉，即附条件暂时不予起诉制度。该条规定：经负责开始审理程序的法院和被指控人同意，检察院可以对轻罪暂时不予提起公诉，同时要求被指控人：（1）作出一定给付，弥补行为造成的损害；（2）向某公益设施或者国库交纳一笔款额；（3）作出其他公益给付，或者；（4）承担一定数额的赡养义务，以这些要求、责令适合消除追究责任的公共利益，并且责任程度与此相称为限。该条还规定，检察院应确定履行上述要求、责令的期限，被告人履行要求、责令时，对其轻罪不予追究。

德国附条件暂时不予起诉的适用，是基于检察机关对于轻罪案件享有一定的起诉与否的裁量权，但其暂缓起诉权的行使，必须符合法律规定的各项条件，主要包括：（1）罪质条件。被指控人所犯罪行为轻罪。德国根据因犯罪而被科处的刑罚的严重程度将犯罪划分为重罪、轻罪和违警罪，暂缓起诉只适用于轻微犯罪，对重罪和违警罪不予适用。（2）实质条件。必须是基于公共利益的考虑。所谓"基于公共利益的考虑"，就是考量对被告人是否有必要追究刑事责任、公众是否有兴趣对被告人起诉等因素。（3）程序条件。必须经负责开始审理程序的法院和被指控人的同意。（4）必须履行一定的要求、责令。

虽然德国刑事诉讼法规定了附条件暂时不予起诉制度，但暂缓起诉制度在德国国内有很大的争议。从这一制度最终在立法上得到确认的情况来看，持肯定论者的主张在立法时处于主导地位。而德国刑事诉讼法相关实践情况表明，暂缓起诉在德国的刑事诉讼实践中发挥着一定的作用。据有关资料统计，自1981—1997年，在德国，提起公诉的案件所占比率相对较低，最高的起诉率为19%，最低时仅为12.3%，绝大多数案件由检察机关采取包括不起诉、撤销案件等其他方式予以处理。而在不起诉案件中，根据第153条a作出的不起诉案件在这些年均案件中占较稳定的比率，大约是检察机关处理案件总数的5.6%—6.2%。[①]

---

① 刘桃荣：《对暂缓起诉制度的质疑》，载《中国刑事法杂志》2001年第3期，第14页。

（二）日本

日本的起诉犹豫制度是一项非常具有特色的重要刑事诉讼制度，它是起诉裁量主义的表现，这一制度的产生完全是基于司法实务上的客观需要。日本现行刑事诉讼法第 248 条规定：根据犯人的性格、年龄、境遇、犯罪的轻重及情节和犯罪后的情况，没有必要追究犯罪时，可以不提起公诉。这种以法律的形式公开宣布把起诉裁量主义作为起诉的基本原则，是日本公诉制度的一大特色。日本的起诉犹豫制度实际上有四种类型，即微罪处分型、保留起诉型、附加保护观察的不起诉型和放弃起诉型，其外延明显宽于"附条件不起诉"，它还包括了不附加条件的不起诉。日本的起诉犹豫制度在刑事诉讼实践中也有明显效果。根据宋英辉教授的介绍，在 20 世纪 90 年代期间，暂缓起诉占日本全部不起诉案件的 90% 左右，占全部刑事案件的 25%—30%。1994 年，日本检察厅共办理案件 2126988 件，其中不起诉案件为 658163 件，占全部案件的 30.9%；暂缓起诉案件 621463 件，占全部案件的 29.2%，占全部不起诉案件的 94.4%。①

（三）荷兰

荷兰刑事诉讼法第一编第一章第五节专节规定了暂缓起诉制度（附条件不起诉制度），法律明确赋予检察官可以因为技术原因或者政策原因而放弃起诉权，如果犯罪严重，弃权一般要附加条件，犯罪人只有满足条件才被免入法庭。这些条件可以是支付赔偿，或者是履行一定的服务。如果犯罪人没有履行以上条件，他将被法庭传唤。

（四）美国

美国有称之为延缓起诉的制度，是指指控的提起被无限期推迟，以给立功被告人一个第二次机会。延缓起诉以被告人同意参加一些积极的活动为交换（比如自愿毒品治疗、安置于常住治疗中心内、报名参加工作培训项目或获得高中同等学历和被雇用），检察官同意延缓起诉。适用暂缓起诉的案件通常是未成年人犯罪、吸食毒品类的犯罪和营利性的法人犯罪。被告人被要求参加专门的归复活动，并被监管是否遵守规定。检察官或者法院定期被告知有关被告人参与

---

① 宋英辉：《日本刑事诉讼的新发展》，载《诉讼法论丛》（第 1 卷），法律出版社 1998 年版，第 159 页。

项目及取得的进步情况。如果被告人在项目中表现不好，检察官就恢复刑事起诉。

（五）我国澳门和台湾地区

我国澳门刑事诉讼法第 263 条、第 264 条规定了诉讼程序之暂时中止。其规定的适用范围为：检察院对可处以最高限度不超逾 3 年徒刑的犯罪，得向预审法官建议暂时中止诉讼程序。我国台湾地区刑事诉讼法经过变革，于 2002 年 1 月增修缓起诉制度之条文，其将适用范围规定为：限于被告所犯为死刑、无期徒刑或最轻本刑 3 年以上有期徒刑以外之罪。

课题组将通过比较考察，总结附条件不起诉制度的适用主体、适用范围、适用条件、适用效力、制约救济措施等方面的异同，为健全完善我国附条件不起诉制度奠定了基础。

三、修改后刑事诉讼法施行前附条件不起诉在我国的实践探索

为了适应国内刑事犯罪居高不下的态势，贯彻宽严相济刑事政策和恢复性司法的要求，自 20 世纪 90 年代末开始，检察机关从两条路径探索未成年人刑事案件轻缓化办案机制：一是扩大适用微罪不起诉，特别是中央确定刑事案件"两扩大、两减少"政策后，刑事犯罪不起诉率呈逐年上升趋势；二是探索附条件不起诉。

附条件不起诉，又称暂缓起诉，是指"检察机关对某些符合起诉条件的案件，考虑到犯罪嫌疑人的自身状况、公共利益以及刑事政策的需要，设立一定的考验期，要求嫌疑人履行一定的义务，考察期满后如果嫌疑人没有出现违反义务情形，检察机关将不再对其提起公诉；如果嫌疑人出现违反义务情形，检察机关将对其提起公诉的一项制度"。[①] 关于附条件不起诉制度的改革探索，最早是从基层检察院开始的。由于附条件不起诉主要针对未成年人，也符合世界不起诉制度改革的发展趋势，附条件不起诉的探索获得了学术界的充分肯定和理论支撑。2008 年，中央司法体制改革意见明确提出"设立附条件不起诉制度"后，各地检察机关附条件不起诉经历了从个案试点到规模扩大，再到制度规范的过程，案件适用范围从未成年人犯罪扩大到老年人、在校大学生等特殊人群的轻微犯罪案件，适用刑罚一般掌握在可能判处 3 年以下有期徒刑、拘役、管制、单处罚金或者缓刑案件，并确定 6 个月至 3 年不等的考察期限，

---

① 葛琳：《附条件不起诉之三种立法路径评析》，载《国家检察官学院学报》2011 年第 6 期，第 75 页。

对被附条件不起诉人进行帮助教育。①

对于检察机关的这种尝试和探索，理论界进行了热烈争论。赞同的观点认为，现行不起诉制度具有局限性，需要建立附条件不起诉制度加以弥补，同时，也有助于缓解应对刑事案件的高发态势及办案机关不堪重负的现状。② 反对的观点主要有四个方面的理由：（1）附条件不起诉实际上是有罪不起诉，侵犯了法院的定罪权。（2）我国刑事司法制度与西方国家有巨大差别。国外实行犯罪与违法的一元体制，需要运用不起诉制度处理相当于我国治安管理处罚案件；而我国则实行犯罪与违法的二元化体制，轻微的违法行为都已经行政处罚或治安处罚了；而构成犯罪的都是性质严重的，如果犯罪了不予起诉的话，会带来很多问题。（3）西方国家不论案件大小，从立案到拘留、侦查措施、保释等程序都是经过法院批准的，而我们国家强制性侦查措施都没有受到法院的制约，所以赋予检察机关不起诉裁量权太大的话，很难保证这些权力不被滥用，也无法对其进行有效的监督。（4）我们国家法律制度已经有了管制、缓刑，这与附条件不起诉没有实质性区别。法院多适用些缓刑、管制的话，也完全符合处罚轻微犯罪要求的非监禁化、非机构化、非刑罚化的国际趋势，能够满足当前处理这类犯罪的需要，没有必要设立新的制度。③ 我们认为，附条件不起诉并不存在侵犯审判权的问题。附条件不起诉与酌定不起诉在本质上都是起诉裁量主义的要求和体现，既符合国际刑事诉讼制度的发展方向，也符合我国宽严相济的刑事政策，可以给更多的偶尔失足且罪行较轻的未成年人提供改过自新、尽早回归社会的机会，有利于及时有效地化解社会消极因素，是弥补现有起诉制度不足、严密刑事诉讼体系的积极举措。

在修改后刑事诉讼法将附条件不起诉制度作为一项刑事司法制度规定下来之前就有部分地区已经进行了积极探索工作。如 2004 年上海市浦东新区检察院与共青团浦东新区区委联合启动的"诉前考察制度"。根据其规定，对未成年人犯罪案件，首先由检察院未成年人刑事检察处查清犯罪事实，认为符合适用附条件不起诉条件的，向犯罪嫌疑人发出《社区矫正建议书》，向犯罪嫌疑人的家庭发出《家庭帮教建议书》，以征求他们的同意。然后，未成年人刑事

① 参见邓思清：《建立我国的附条件不起诉制度》，载《国家检察官学院学报》2012年第 1 期，第 101 页。

② 顾永忠：《附条件不起诉制度的正当性与必要性刍议》，载《人民检察》2008 年第9 期。

③ 陈国庆：《不起诉制度的观点争议回应》，载《人民检察》2007 年第 24 期。

检察处向社区工作服务站发出《社区矫正通知书》，并由未成年人刑事检察处、社区工作服务站和犯罪的未成年人及其法定代理人签订《社区服务协议书》。同时成立一个由未成年人刑事检察处、社区工作服务站各派一名代表组成的考察小组，负责对该未成年人进行日常考察。在考察期内，由社区工作服务站指定专业社工督促罪错未成年人在社区从事公益劳动，安排他们参加社区的有关活动。每周安排他们与其家庭成员进行交流、沟通以了解其思想状况。考察小组每月对罪错未成年人的情况进行小结。考察期满后，由考察小组写出书面的考察总结，提交给未成年人刑事检察处。该处以考察小组的考察总结为基础，查看犯罪嫌疑人是否有良好的认罪态度和悔改表现，根据社区服务记录，并综合家庭、被害人等各方面因素，对有悔改意向并表现良好的未成年犯罪嫌疑人决定免予起诉。而对没有悔改意向，表现不好的未成年犯罪嫌疑人则立即提起公诉。[①] 蓬莱市检察机关从 2007 年开始试点附条件不起诉。再如 2010 年 5 月温州市检察机关制定的《关于对轻微犯罪依法适用附条件不起诉的意见》，并在辖区部分检察院开展附条件不起诉。修改后的刑事诉讼法实施之后，我国各地根据该法的规定进一步落实附条件不起诉制度。由于原刑事诉讼法对附条件不起诉制度未作规定，各地的"实验"性做法因此显示了不统一的局面。但也有基本相同的内容，这些内容主要体现在某人民检察院《关于对犯罪的未成年人实行暂缓起诉制度的规定》中。根据该规定，我国"实验"中的缓诉制度包括以下几个方面的内容：（1）对象是未成年人。（2）实体条件有：①犯罪情节较轻，可能被判处 3 年以下有期徒刑；②具备较好的帮教条件；③在确定的 3—12 个月的考察期间未犯新罪。（3）程序条件是：①涉嫌犯罪的未成年人写出保证书；②家长出具担保书，并与检察机关签订帮教协议书；③通过检察长审批决定是否暂缓起诉；④办理取保候审手续；⑤定期帮教与考察。（4）结果有两种：未犯新罪就作出不起诉决定或又犯罪而移送起诉。[②] 总体来说，附条件不起诉制度与我国的刑事司法制度有很好的契合度。

首先，我国实行附条件不起诉制度与起诉便宜主义相契合，也符合我国现有的刑事司法制度。根据刑罚报应刑的观念，有罪必罚在刑事诉讼法上必然要

---

① 龚瑜：《上海浦东新区开展未成年犯罪嫌疑人"诉前考察"》，载《中国青年报》2004 年 4 月 18 日。

② 刘桃荣：《对暂缓起诉制度的质疑》，载《中国刑事法杂志》2001 年第 3 期，第 15 页。

求实行有罪必诉的起诉法定主义，即对于有罪的嫌疑人必须起诉。起诉法定主义对于保证有效追究犯罪、维护法制的统一和法律的权威具有重大意义，而且在历史上也确实起到了积极作用。但是，刑罚的目的观在历史和实践中已经发生了转变，即由仅仅强调报应向兼顾报应和功利的双重目的转变。目前的刑罚目的观认为，刑罚的目的既要包含刑罚原始的报应观念，也要兼顾刑罚的预防犯罪的目的。因此，绝对的起诉法定主义并不符合各国的诉讼现实，而起诉便宜主义则因在刑事诉讼法上兼顾了刑罚的双重目的而为各国所普遍采纳。附条件不起诉强调在没有起诉必要的情况下，赋予检察机关以不起诉的裁量权，由此可以实现预防犯罪的目的，因而与起诉便宜主义是相契合的。

其次，附条件不起诉制度符合"谦抑主义"的"慎刑"思想。现代犯罪学的研究表明，犯罪是一种社会现象，有其社会根源。只要有人类存在，犯罪现象就不会消失，因此，指望通过刑罚来消灭犯罪纯属幻想。我们应当理性地看待刑罚的目的和作用。"谦抑主义"在刑法上要求对一些违法行为能够采用非刑罚的法律手段调整的，则不将其视作犯罪行为而施加刑罚，表现在刑事诉讼法上则要求实行附条件不起诉制度，即将一些本来构成犯罪的行为人不付诸审判，而以让其履行一定义务的方式来代替刑罚的惩罚。而刑罚替代性惩罚方式主要有三方面的作用：一是可以对犯罪嫌疑人予以惩戒，对其进行教育，令其悔过；二是可以避免犯罪嫌疑人在看守所内被羁押或因为服短期自由刑而导致相互之间"交叉感染"，从而引发更多的犯罪；三是可以避免嫌疑人由于被贴上罪犯的"标签"，导致其在今后生活中因难以融入社会而导致更多的社会问题或者引发其他潜在的社会矛盾。

再次，附条件不起诉制度体现了"恢复性司法"理念。恢复性司法一方面是谴责、惩罚和教育犯罪人，促使其回归社会；另一方面则强调恢复被犯罪人所破坏的社会关系，弥补被害人的损失。附条件不起诉制度中对犯罪嫌疑人设定了一定的义务，如赔偿被害人或者让嫌疑人进行一定的社会公益服务等，这些义务一方面使嫌疑人受到了惩罚和教育，另一方面对被害人损失也有一定的弥补，从而能够较好地化解社会冲突。

最后，附条件不起诉制度符合"诉讼效益"原则。由于我国在刑事审判前普遍采取了拘留、逮捕的审前羁押强制性措施，常常使看守所人满为患，因而司法成本高昂。因此，如何降低诉讼成本、节约司法资源，就成为摆在我们面前的重要问题。司法资源的相对稀缺性决定了必须将最有限的资源投入到最能产生效益的地方，这样才能更好地实现整个司法系统的效益和公正。可以作为附条件不起诉处理的案件一般都是轻罪案件，而对于这些案件在审查起诉阶段作附条件不起诉，可以尽早地结束诉讼程序，缩短诉讼流程，实现程序分流。这就可以节省司法资源，从而使司法机关能将更多的司法资源投入到重大、疑难和复杂的刑事案件中，实现个案公正和整个司法资源的合理分配。

从各地的试点情况看，附条件不起诉充分考虑了被害人与犯罪嫌疑人的利益，有利于社会矛盾化解，修复因犯罪行为所破坏的社会关系，构建和谐社会；有利于对轻微犯罪嫌疑人实行教育、感化、挽救政策，预防和减少犯罪；有助于解决刑事犯罪居高不下与诉讼资源有限之间的矛盾，分流一部分轻微刑事案件，减轻司法机关和当事人的诉讼压力。因此，试点得到了社会各界的广泛认可和支持。但是，也有学者认为附条件不起诉制度与现行法律存在冲突，其合理性和正当性于法无据，是"违法实验"。① 一些地方在试点过程中也存在适用范围扩大化、适用程序不规范、考察帮教不得力等问题。如果适用不当，更对审判权构成威胁。

四、修改后刑事诉讼法关于附条件不起诉的立法规定解读

附条件不起诉是指对一些犯轻罪的未成年人，有悔罪表现，人民检察院决定暂不起诉，对其进行监督考察，根据其表现，再决定是否起诉的制度。② 这是修改后刑事诉讼法对未成年人设定的一项新的诉讼制度，其目的是给犯轻罪的未成年人一次改过自新的机会，避免执行刑罚对其造成的不利影响。

修改后的刑事诉讼法第 271 条、第 272 条及第 273 条确立了我国的附条件不起诉制度，是我国刑事诉讼制度改革的重大成果。立法者在构建该制度的时候，将附条件不起诉作为办理未成年人刑事案件的一项制度，设定了严格的范围限制，并规定了相应的程序。最高人民检察院根据修改后刑事诉讼法的相关规定，结合司法实践中的一些经验和做法，在《人民检察院刑事诉讼规则（试行）》（以下简称《刑诉规则》）第 492 条至第 501 条中对附条件不起诉制度作了相关细化规定。

---

① 参见郭斐飞：《附条件不起诉制度的完善》，载《中国刑事法杂志》2012 年第 2 期，第 63 页。

② 郎胜主编：《中华人民共和国刑事诉讼法释义》，法律出版社 2012 年版，第 593 页。

（一）适用范围

附条件不起诉只适用于犯罪嫌疑人为未成年人的刑事案件。将附条件不起诉的适用限制在犯罪嫌疑人是未成年人的情形，既适应了对犯罪的未成年人切实贯彻"教育、感化、挽救"的方针，强化教育、矫治效果的特殊需要，又体现了审慎的态度。

（二）适用条件

修改后刑事诉讼法第271条规定，对于未成年人涉嫌刑法分则第四章、第五章、第六章规定的犯罪，可能判处1年有期徒刑以下刑罚，符合起诉条件，但有悔罪表现的，人民检察院可以作出附条件不起诉的决定。根据该规定，适用附条件不起诉应当同时满足以下四个条件：

1. 未成年人涉嫌的罪名限于刑法分则第四章、第五章、第六章规定的犯罪。即侵犯公民人身权利、民主权利罪，侵犯财产罪以及妨害社会管理秩序罪，实践中未成年人犯罪案件所涉及的罪名主要也是这三种。

2. 该未成年人所涉嫌罪行可能判处1年有期徒刑以下刑罚。有学者指出，刑法分则中法定最高刑为1年以下有期徒刑的只有两条，一条是刑法第252条规定的侵犯通信自由罪，另一条是《刑法修正案（八）》规定的危险驾驶罪。在实践当中可能判处1年以下有期徒刑的案件也是比较少的，这样写意义不大。① 我们认为，该观点混淆了法定最高刑与可能判处的刑罚这两个概念。法定最高刑是刑法针对某一犯罪规定的刑罚的上限。本条规定的可能判处的刑罚并不是法定最高刑，而是检察机关根据案件情况进行的量刑可能性的推断。

3. 犯罪事实已经查清，证据确实、充分，符合起诉条件。如果是犯罪情节轻微，依照刑法规定不需要判处刑罚或者免除刑罚的，人民检察院可以直接作不起诉决定（酌定不起诉），不需要适用附条件不起诉。如果是事实不清、证据不足，经过补充侦查仍然不符合起诉条件的，人民检察院应当作出不起诉决定（存疑不起诉），而不能适用附条件不起诉。

4. 未成年人有悔罪表现。表现为认罪态度好，向被害人赔礼道歉，积极赔偿等。悔罪表现反映了犯罪的未成年人的主观恶性不深，可以从轻处理，给出路，留余地，为进一步实施教育、矫治创造条件。

人民检察院只有在上述条件都具备时，才能对涉案未成年人作出附条件不

---

① 陈卫东：《构建中国特色刑事特别程序》，载《中国法学》2011年第6期。

起诉的决定。

（三） 对人民检察院的监督制约

对任何权力都必须实施有效的监督和制约，才能防止滥用。为了保证检察机关正确、规范行使附条件不起诉裁量权，《刑诉规则》规定了以下几个方面的监督制约措施：

1. 听取各方意见。人民检察院在作出附条件不起诉的决定以前，应当听取公安机关、被害人、未成年犯罪嫌疑人的法定代理人、辩护人的意见。

2. 公安机关可以要求复议、提请复核对附条件不起诉的决定，公安机关认为不起诉决定有错误的时候，可以要求复议。如果意见不被接受，可以向上一级人民检察院提请复核。

3. 被害人可以申诉。被害人如果对附条件不起诉不服，可以向上一级人民检察院申诉，上一级人民检察院应当进行复查并将复查结果告知被害人。对人民检察院维持附条件不起诉决定的，被害人可以向人民法院起诉，也可以不经申诉，直接向人民法院起诉。这里需要注意的是，在检察机关内部，负责对被害人就附条件不起诉提出的申诉进行审查的部门不是刑事申诉检察部门，而是公诉部门或者未成年人犯罪检察工作机构。之所以作这样的分工，是由于刑事申诉检察部门负责办理的是对终结性程序的申诉，而附条件不起诉系非终结性程序，对其进行的申诉由公诉部门或者未成年人犯罪检察工作机构办理较为适宜。

4. 犯罪嫌疑人及其法定代理人可以提出异议。未成年犯罪嫌疑人及其法定代理人对人民检察院决定附条件不起诉有异议的，人民检察院应当作出起诉的决定。

上述四重监督机制，可以制约人民检察院规范、正确行使附条件不起诉裁量权。

（四） 对被附条件不起诉人的监督考察

在附条件不起诉的考验期内，需要对被附条件不起诉的未成年犯罪嫌疑人进行监督考察，并根据监督考察的情况决定是否不起诉。最高人民检察院根据修改后刑事诉讼法的有关规定，在《刑诉规则》中对监督考察的主体、考验期限、被附条件不起诉的未成年犯罪嫌疑人应当遵守的规定等作了明确规定。

1. 监督考察的主体。修改后刑事诉讼法将对被附条件不起诉的未成年犯罪嫌疑人进行监督考察的职责赋予了人民检察院。此外，最高人民检察院在

《刑诉规则》中还对未成年犯罪嫌疑人的监护人、所在学校、单位等的配合义务作了规定。未成年犯罪嫌疑人的监护人，应当对未成年犯罪嫌疑人加强管教，配合人民检察院做好监督考察工作。人民检察院可以会同未成年犯罪嫌疑人的监护人、所在学校、单位、居住地的村民委员会、居民委员会、未成年人保护组织等的有关人员，定期对未成年犯罪嫌疑人考察、教育，实施跟踪帮教。

2. 考验期限。人民检察院作出附条件不起诉决定的，应当确定考验期。考验期为6个月以上1年以下，从人民检察院作出附条件不起诉的决定之日起计算。实践中，检察机关应当综合考虑未成年犯罪嫌疑人罪行的轻重、主观恶性的大小等因素，确定具体的考验期限。

3. 被附条件不起诉的未成年犯罪嫌疑人应当遵守的规定。被附条件不起诉的未成年犯罪嫌疑人，应当遵守下列规定：

（1）遵守法律法规，服从监督。遵纪守法、服从监督是对被附条件不起诉未成年犯罪嫌疑人最基本的行为要求，如果发现其在考验期内实施新的犯罪或者严重违法的，应当承担被撤销附条件不起诉、提起公诉的法律后果。

（2）按照考察机关的规定报告自己的活动情况。考验期内，检察机关应当掌握被附条件不起诉未成年犯罪嫌疑人的活动情况，以及时掌握其思想、行为动向，为评估考验效果提供参考依据。

（3）离开所居住的市、县或者迁居，应当报经考察机关批准。考验期内，检察机关需要随时掌握被附条件不起诉未成年犯罪嫌疑人的行踪，因此，离开所居住的市、县或者迁居，必须报经考察机关批准。

（4）按照考察机关的要求接受矫治和教育。考察机关会针对被附条件不起诉未成年犯罪嫌疑人的具体情况，决定采取一定的矫治和教育措施，帮助其认识错误、改过自新。考察机关可以要求未成年犯罪嫌疑人接受的矫治和教育措施包括：完成戒瘾治疗、心理辅导或者其他适当的处遇措施；向社区或者公益团体提供公益劳动；不得进入特定场所，与特定的人员会见或者通信，从事特定的活动；向被害人赔礼道歉，赔偿损失；接受相关教育；遵守其他保护被害人安全以及预防再犯的禁止性规定。

（五）撤销附条件不起诉提起公诉

附条件不起诉从性质上说，是一种结果待定状态，只有符合所附带的条件，才发生不起诉的效力。因此，附条件不起诉又称为起诉犹豫或者暂缓起诉。《刑诉规则》规定，被附条件不起诉的未成年犯罪嫌疑人，在考验期内发现有下列情形之一的，人民检察院应当撤销附条件不起诉的决定，提起公诉：

实施新的犯罪的；发现决定附条件不起诉以前还有其他犯罪需要追诉的；违反治安管理规定，造成严重后果，或者多次违反治安管理规定的；违反考察机关有关附条件不起诉的监督管理规定，造成严重后果，或者多次违反考察机关有关附条件不起诉的监督管理规定的。《刑诉规则》对修改后刑事诉讼法第273条第1款第（二）项中的"情节严重"作了解释，这里所说的"情节严重"是指违反相关规定，造成严重后果，或者多次违反相关规定。人民检察院撤销附条件不起诉、提起公诉的主要依据是办案人员制作的附条件不起诉考察意见书。《刑诉规则》规定，考验期届满，办案人员应当制作附条件不起诉考察意见书，提出起诉或者不起诉的意见，经部门负责人审核，报请检察长决定。

（六）不起诉

《刑诉规则》规定，被附条件不起诉的未成年犯罪嫌疑人，在考验期内没有实施新的犯罪，没有发现决定附条件不起诉以前还有其他罪需要追诉；没有严重违反治安管理规定或者考察机关有关附条件不起诉的监督管理规定，考验期届满的，人民检察院应当作出不起诉的决定，这个不起诉决定才是案件的最终决定。需要注意的是，对于该不起诉决定，公安机关不能再要求复议、提请复核，被害人、被不起诉人也不能再提出申诉。

五、重庆市检察机关适用附条件不起诉的实践考察

（一）重庆市检察机关适用附条件不起诉的基本情况

2013年1月至11月，重庆市检察机关共对13名未成年人犯罪嫌疑人适用了附条件不起诉。在38个区县检察院中只有7个区县院适用附条件不起诉制度，而5个分院中只有1个分院拟对1名未成年犯罪嫌疑人适用附条件不起诉制度，且还需征求公安机关意见。

重庆市检察机关适用附条件不起诉情况统计表

检察院	姓名	罪名	年龄	性别	是否为在校生	是否共同犯罪	所附条件	考察期限	是否撤销	撤销原因	起诉后的判决情况	备注
长寿区检察院	李×	盗窃罪	17	男	否	是	1. 每两个月向本院汇报近况并提交书面材料；2. 参加三次社会公益活动。	6个月	否			
	喻××	贩卖毒品罪	16	男	是	否	1. 每月书面向检察院汇报学习、生活情况；2. 在考察期内读三本有意义的书，并写三篇读后感；3. 参加三次社会公益活动。	6个月	否			

续表

检察院	姓名	罪名	年龄	性别	是否为在校生	是否共同罪	所附条件	考察期限	是否撤销	撤销原因	起诉后的判决情况	备注
渝北区检察院	罗×	故意伤害	17	男	否	否	1. 遵守法律法规，不得有违法犯罪行为；2. 应具结悔过，递交悔过书；3. 向被害人李×赔礼道歉；4. 定期阅读法律相关书籍，每两个月写一份心得体会。	6个月	否			
铜梁县检察院	尹×	抢劫	14	男	是	是	1. 遵守法律、行政法规，服从监督；2. 每月向本院报告自己的活动情况；3. 离开所居住的县或者迁居，应当报本院批准；4. 积极接受社区矫正和教育；5. 不得与社会闲杂人等和不良人员进行交往；6. 非经本院允许且有正当理由，不得与除就读学校之外的在读中小学生发生接触。	6个月	否			
	欧×	抢劫	15	男	是	是	同上	6个月	否			
	罗××	抢劫	17	男	是	是	1. 遵守法律、行政法规，服从监督；2. 每月向本院报告自己的活动情况；3. 离开所居住的县或者迁居，应当报本院批准；4. 积极接受社区矫正和教育；5. 不得与社会闲杂人等和不良人员进行交往。	6个月	否			
	秦××	抢劫	17	男	是	是	同上	6个月	否			
沙平坝区检察院	雷×	盗窃	17	男	是	是	1. 应当自觉遵守国家各项法律规定和所在学校的各项规定，服从考察帮教小组的管教；2. 离开所居住的市、县或迁居的，应当报经检察机关批准；3. 每月向帮教考察小组口头或书面报告学习、生活情况；4. 接受法制教育；5. 参加公益团体组织的公益活动三次或累计时长12小时。	6个月	否			
九龙坡区检察院	胡×	传播淫秽物品罪	16	男	是	是	1. 遵守法律法规，服从监督；2. 在校认真学习，参加学校安排的公益活动；3. 每月定期向我院汇报思想动态和活动情况；4. 未经我院批准不得离开本市；5. 接受我院安排的心理辅导；6. 阅读六本中外名著，记录阅读体会。	6个月	否			
合川区检察院	陈×	抢劫罪	15	男	是	是	1. 不与社会人员联系；2. 遵纪守法	10个月	否			
	陈××	抢劫罪	17	男	是	是	不与社会人员联系，遵纪守法	6个月	否			
大渡口区人民检察院	邓××	故意伤害	16	男	是	否	1. 在考察期间内，遵守《中华人民共和国刑事诉讼法》第272条第3款的规定；2. 每月16日至社区参加义务劳动；3. 考察期限内接受社区安排参加义务活动4次。	1年	否			
二分院	张××	抢劫	14	男	否	是						征求意见阶段

（二）重庆市检察机关适用附条件不起诉中遇到的问题

1. 观念上存在排撤

附条件不起诉对于化解社会矛盾、减少当事人和人民法院的讼累，其效果是比较直观的。但对于直接承办的检察机关来说，附条件不起诉不仅要经过内部复杂的审批程序，其半年以上的监督考察也需要承办人付出极大的心血。司法实践中，许多承办人观念上存在排撤附条件不起诉制度的问题。他们宁愿"一诉了之"，而不愿意承担过多的工作量和社会责任。在当前本来就案多人少的情况下，这一矛盾更加突出。

2. 适用范围过窄

与专家和实务界建议将附条件不起诉的适用范围定位于 3 年有期徒刑以下刑罚的设计不同，修改后刑事诉讼法最终将适用对象定位于可能判处 1 年有期徒刑以下刑罚的未成年人。这一制度设计，导致不起诉工作两个方面的萎缩：一方面，由于附条件不起诉本身适用范围较窄，又只针对未成年人，导致附条件不起诉在实践中的适用率很低；另一方面，附条件不起诉制度的设立进一步压缩了实践中逐步在扩大的微罪不起诉的适用空间，间接导致微罪不起诉适用率的降低。这与创设附条件不起诉制度以分流轻微刑事案件、减轻诉讼压力、化解社会矛盾的立法初衷是背道而驰的。当然，立法者创设该制度时是带着谨慎稳妥的态度的。因此，我们认为随着附条件不起诉制度的日益规范和成熟，在适当的时候扩大其适用范围是必然的。

3. 附条件不起诉所附条件没有细化规定

刑事诉讼法仅规定了附条件不起诉制度，但是对附条件不起诉的条件本身并未作出详细规定，那么附条件不起诉制度在司法实践中运行时，所附条件的有效性和合理性将关系到附条件不起诉制度在现实中的作用和功效。要做到所附条件的有效性必须考虑附条件不起诉本身的功能与价值，而合理性问题则要兼顾共性与个性。

4. 内部审批程序烦琐

司法实践中，鉴于附条件不起诉案件的特殊性，从慎重、规范适用的角度考虑，目前附条件不起诉决定一般要经过下列复杂的内部审批程序：承办人员提出审查意见—部门负责人审核—分管副检察长复核—检察长决定—检察委员会讨论决定。而根据《刑诉规则》第 499 条规定：考验期满后，是否起诉还需要经过下列程序：承办人员应当制作附条件不起诉考察意见书，提出起诉或不起诉的意见—部门负责人审核—检察长决定。综上可以看出，附条件不起诉需要经过复杂繁琐的内部审批程序，这也是导致一些承办人不愿意适用附条件不起诉制度的一个重要原因。

5. 被害人自诉对附条件不起诉的影响

修改后刑事诉讼法规定，检察机关作出附条件不起诉决定之前应当听取被害人的意见。被害人如果不服，可以向上一级检察机关申诉，请求提起公诉；也可以不经申诉，直接向人民法院起诉。如果被害人对附条件不起诉决定坚决不服而直接向人民法院起诉，而同时检察机关作出附条件不起诉决定并对其进行监督考察，那么法院的审判是否违反"一事不再理原则"？

6. 检察机关在帮教工作中遇到很大的困难

修改后刑事诉讼法将对被附条件不起诉的未成年犯罪嫌疑人进行监督考察的职责赋予了人民检察院。但是我们知道，由于种种原因，检察机关在人力资源、时间、精力等方面有较大的限制。在许多基层检察院案多人少的情况下，如何做好对被附条件不起诉嫌疑人的监督考察是一个不小的挑战。鉴于此，《刑诉规则》第496条对未成年犯罪嫌疑人的监护人、所在学校、单位等的配合义务作了规定。未成年犯罪嫌疑人的监护人，应当对未成年犯罪嫌疑人加强管教，配合人民检察院做好监督考察工作。人民检察院可以会同未成年犯罪嫌疑人的监护人、所在学校、单位、居住地的村民委员会、居民委员会、未成年人保护组织等的有关人员，定期对未成年犯罪嫌疑人考察、教育，实施跟踪帮教。由此可以看出，《刑诉规则》将帮教的主体规定为检察机关，而未成年犯罪嫌疑人的监护人、所在学校、单位、居住地的村民委员会、居民委员会、未成年人保护组织等的有关人员只是起配合的作用。我们认为，这样的规定在实际操作中会遇到很大的困难。检察人员要承办大量的刑事案件办理工作，精力非常有限，特别是在基层检察院案多人少的矛盾非常突出，同时往往又缺乏必要的考察帮教经验。因此，我们认为应当专门建立配套的对被附条件不起诉人的帮教体系，依靠社会力量的广泛参与，才能保障帮教工作的顺利开展。

7. 考验期性质不明

修改后刑事诉讼法第272条第2款规定："附条件不起诉的考验期为六个月以上一年以下，从人民检察院作出附条件不起诉的决定之日起计算。"而刑事诉讼法规定的案件审查起诉期限为1个月，因案情重大、复杂的案件可延长15日。附条件不起诉案件的审查期限和考验期远远超过了法定的审查起诉期限，那么，该类案件的考验期应如何界定性质？是否计入案件审查起诉期限之类？众所周知，附条件不起诉决定作出之日起就计算考验期，但该决定不具有终局性效力。如将考验期内检察机关的工作视为审查起诉案件，将考验期计入审查起诉期限内，前者明显长于后者。如将考验期内的工作视为独立于审查起诉案件的程序，考验期可不计入审查起诉期限，但如对案件中止审查又于法无据。故考验期的性质处于一种尴尬境地。

8. 刑期标准不易把握

关于"可能判处一年有期徒刑以下刑罚"的判断，对检察官在量刑标准的把握上提出了更高要求。未成年犯罪嫌疑人的法定、酌定从轻、减轻或从重处罚情节较为复杂，检察官的自由裁量权在此时就发挥着重要作用，如何做到相对精准地判断出未成年犯罪嫌疑人所涉罪行是否可能判处 1 年有期徒刑以下刑罚，这不仅要求办案人员对有关量刑情节的法律规定有着熟练的掌握，还要求办案人员有着丰富的日常办案经验，以便准确地在某一个量刑幅度内确定可能的刑期，保证执法活动的公正、公平。

9. 附条件不起诉与相对不起诉界限不明

修改后刑事诉讼法对相对不起诉的标准作了较为笼统的规定，即"对于犯罪情节轻微，依照刑法规定不需要判处刑罚或者免除刑罚的，人民检察院可以作出不起诉决定"。就未成年人犯罪而言，附条件不起诉的适用范围与相对不起诉的适用范围有所重合、界限不明，而相对不起诉制度有其自身的优越性，只要召开一次检委会就可以决定，而附条件不起诉的案件还需要听取公安机关和被害人的意见、与社区帮教机构联系签订协议、定期对犯罪嫌疑人进行回访考察等多项工作，一方面导致司法成本的增加，另一方面也人为地加重了对涉罪人员的处罚力度，办案人员在面临附条件不起诉与相对不起诉之间的选择时，更容易选择后者。

10. 考察期间监管不力

未成年犯罪嫌疑人主要分为两类：在校生和社会闲散人员。附条件不起诉有 6 个月以上 1 年以下的考验期，这段时间内如何落实这些未成年人的监管问题就摆在相关部门面前。对于在校生，特别是一些高中生，很多会收到学校劝转、劝退甚至开除的通知，很多家长在这种情况下会为孩子办理转学手续。能找到接收学校的，就转到新学校上学；不能找到接收学校的，孩子只能失学在家，成为新的社会闲散人员。对于正处考验期的社会闲散未成年人，他们所面临的问题是缺少相关职业培训，找工作处处碰壁，一旦接触社会不良青年，就有可能再次犯罪。即便在考验期内安分守己，但相关监管不力，其再次犯罪的可能性仍然很大。

11. 考察条件较为随意性

根据法律规定，被附条件不起诉人应当遵守四项规定，第一项是遵守法律法规，服从监督；第二项是按照考察机关的规定报告自己的活动情况；第三项是离开所居住的市、县或者迁居，应当报考察机关批准；第四项是按照考察机关的要求接受矫治和教育。检察机关也应根据以上四项规定的范围来要求附条件不起诉人遵守，但是司法实践中存在着检察机关往往扩大了被不起诉人需要遵守的规定，加重被不起诉人的法定义务，增加了检察机关自由权的随意性。如某县检察院对系高三学生的李某作附条件不起诉一案中，检察机关附加了一项条件即刘某必须考上专科以上学校。显然检察机关在这件附条件不起诉案件中，以被不起诉人是否成为大学生来作为考察期满后作出不起诉的标准。深思这起案件，且不论考大学有诸多主客观因素的影响以及学历高低是否就能完全代表嫌疑人考验期内的表现，检察机关的做法欠妥，法律并没有赋予这样的权力，所附条件也不属于法律明确的被不起诉人需要遵守的四项规定，超过了合理范围。目前，各地检察机关适用附条件不起诉标准的不统一必然导致司法的混乱，出现同种情况不同处理结果的可能，最终会对法制的统一和法律的尊严造成严重的损害。

12. 被害人的申诉权利是否存在于附条件考察期的全过程

大渡口区人民检察院办理的邓某某故意伤害中，在嫌疑人与被害人就民事赔偿数额达成一致并约定分期付款，且被害人一方出具谅解书的情况下，对涉罪未成年人作出附条件不起诉的决定。但在向被害人一方宣读并送达附条件不起诉决定书时，其法定代理人表示对文书内容及处理决定暂无异议，但希望检察机关能有效督促被附条件不起诉人一方按约支付赔偿。

此处的问题在于，检察机关可以帮助被害人一方催促附条件不起诉人按约履责，但不具有强制执行的权力。则在被害人一方已出具谅解书，但附条件不起诉人违反关于民事赔偿约定的情况下，被害人一方在考察期内是否可以随时提出申诉。同时，该院对涉罪未成年人所附条件中并未明确"要按约履行民事赔偿义务"，若被害人一方仅因民事赔偿问题而提起申诉是否能够导致附条件不起诉的撤销？

13. 如何为非在校涉罪未成年人创造考察监管环境

实践中，存在不少符合《刑事诉讼法》第271条第1款的涉罪未成年人，但其家庭多缺乏监管条件且非在校学生，放归社会具有较大的不稳定性，故在处理时更倾向于提起公诉，经由法院判决来达到惩戒及强制监管的目的。如此一来，是否系在校生就成了一些检察院是否启动附条件不起诉程序的一个重要条件，但这对那些因家贫或者其他原因而在外打工的涉罪未成年人而言就显得不甚公平。因此，如何为非在校涉罪未成年人创造一个长效的监管考察环境已成为亟须探索的一个问题。

14. 如何听取公安机关意见

首先，根据修改后刑事诉讼法第271条的规定，人民检察院作出附条件不起诉决定前，应当听取公安机关意见，但刑事诉讼法并没有对听取意见的方式作出明确规定。《诉讼规则》第 492 条规定：人民检察院在作出附条件不起诉决定以前，应当听取公安机关意见，并制作笔录附卷；而《公安机关办理刑事诉讼案件程序规定》第 318 条规定：人民检察院作出附条件不起诉的决定前，听取公安机关意见时，公安机关应当提出书面意见，经县级以上公安机关负责人批准，移送同级人民检察院，二者规定的不统一，造成听取意见到底采用何种形式存在疑问。此外，听取公安机关意见是听取公安机关办案部门的意见？听取案件侦查人员的意见？还是公安机关法制科的意见也不明确。

其次，听取公安机关意见，如果公安机关明确表示不同意作附条件不起诉，检察院还能否作出附条件不起诉决定？

最后，分院在办理未成年人附条件不起诉的案件时，应当如何与基层院就相关工作搞好协调、协作？

15. 附条件不起诉与相对不起诉区分适用的问题

从修改后刑事诉讼法规定的附条件不起诉的条件来看，对符合条件的犯罪嫌疑人完全可以直接作出相对不起诉的决定，而附条件不起诉制度中并未明确何种情况下可直接不起诉、何种情况下适用附条件不起诉。在实践中，为了规避繁杂的法律程序和帮教监督职责，基层检察机关往往不愿意启动附条件不起诉，而只是选择性地开展此项工作，导致附条件不起诉的案件不多，同时，由于是选择性地开展附条件不起诉，是否又会导致新的诉讼不公正？

16. 其他问题

一是处于全案平衡和整体社会效果的考虑，对于成年人和未成年人共同犯罪案件中的未成年人，很难单独适用附条件不起诉。二是轻罪前科封存降低附条件不起诉的适用价值。三是内部程序上的问题。对于不起诉的案件目前实行上级院备查制度，但附条件不起诉案件却未执行这一规定，而是作正式不起诉时才上报备案，若上级院此时发现不起诉有误，一旦纠正势必损害当事人的权益。四是外来未成年犯罪嫌疑人难以帮教考察。五是被附条件不起诉未成年人的家长对监督考察重视力度不够。

六、我国附条件不起诉制度的完善建议

检察官的自由裁量权不只是刑诉法学研究的一个专门课题，在西方法理学著作中，它还是一个经常被论证、剖析的问题。西方法学家对检察裁量权的兴趣大大超过了对审判裁量权的兴趣。起诉裁量权不是从来就有的，它是在起诉法定主义到起诉便宜主义转变的过程中应运而生的，并且不断发展壮大。大陆法系国家曾一度实行严格的起诉法定主义，这与传统的罪刑法定思想和报应刑理论有关。但是自 19 世纪 20 年代开始，目的刑思想开始出现并逐渐取代报应

刑思想。加之经济社会的迅速发展引致的犯罪数量攀升、司法资源匮乏，这些都使一些长期坚持起诉法定主义的国家向起诉便宜主义作出了富有成效的转变。在起诉便宜主义思想的影响下，各国都赋予了检察官充分的自由裁量的权力，这种权力通过不起诉制度表现出来，成为不起诉制度的权力基础。我国顺应世界司法发展和本国司法实践的需要，不断调整、完善刑事司法政策，继续贯彻落实宽严相济的刑事政策。刑事诉讼法关于附条件不起诉制度的修订充分地展现了这一立场。基于这一前提，我们将着重从起诉便宜主义入手，结合诉讼经济、刑事政策、刑罚目的和恢复性司法理念及实证调研结果来论证附条件不起诉制度的改革发展方向及具体完善措施。

（一）转变执法观念

附条件不起诉制度无疑代表着现代刑事诉讼的发展方向。这就要求检察机关和检察人员进一步转变执法观念，一方面增加公诉工作力量配备，另一方面从促进社会和谐发展、教育挽救未成年人的角度，克服人手不足和经验缺乏的困难，不断规范和加强附条件不起诉工作，保障该项制度的顺利实施。

（二）适时扩大附条件不起诉的适用范围

附条件不起诉在某种意义上扩大了检察机关的自由裁量权，也正是在此意义上，附条件不起诉，是我国刑事诉讼法的一种改革，也契合我国当下的刑事政策。我们认为适度扩张检察官的自由裁量权，将轻罪作为附条件不起诉的适用范围，值得肯定。并且我们认为，应当适时扩大适用范围。具体而言：
（1）犯罪主体上的限制。我国刑法已经将年满75周岁的老年人犯罪规定为从轻或者减轻处罚的范围，因此，在条件成熟时可以首先将这类人员的犯罪纳入附条件不起诉制度的适用范围内。此外，可以考虑将犯罪时正患有严重的精神或身体疾病、残疾的人以及处于怀孕或哺乳期不适宜执行刑罚的妇女也纳入适用范围。（2）犯罪类型上的限制。为了避免附条件不起诉的泛化，可以将适用的犯罪类型限定于过失犯罪、偶然犯罪等。（3）可以考虑在上述两个方面限制条件的基础上，设置一些实体性的限制条件，如有中止、未遂、自首、立功等法定从轻、减轻或者免除处罚等情形，犯罪嫌疑人平时一贯表现较好。此外，还有必要通过列举的方式，明确规定不适用附条件不起诉的情形。如以下几种情形：累犯、惯犯、认罪态度差的、实施故意杀人、强奸、放火、爆炸等严重危害社会秩序或侵犯人身财产安全犯罪的、犯罪后伪造证据或逃逸的。

（三） 附条件不起诉所附 "条件" 应明确化和具体化

对于附条件不起诉而言，所附的 "条件" 是什么，非常关键。因为条件过严，不利于附条件不起诉的适用，其存在的意义将大打折扣；但条件过宽，又难以得到被害人和社会的认可，从而引发更多的社会矛盾，最终不仅危及附条件不起诉制度本身，甚至整个刑事司法制度都会遭受质疑。因此，我们认为，附条件不起诉所附条件应包括以下几个条件：（1）书面悔过；（2）向被害人道歉；（3）对被害人损失作出赔偿或补偿；（4）向指定的公益团体支付一定数额的财物；（5）提供一定时间的公益劳动等；（6）获得被害人谅解。关于被害人的态度是否应当作为附条件不起诉的一个条件，不论是学术界还是实务界均持肯定态度。只是二者在制度设计上的目标上存在一定的差异。学者倾向于把犯罪嫌疑人向被害人道歉或赔偿作为条件。实务部门基于办案的社会效果与涉检信访问题的实际考虑，更注重考察犯罪嫌疑人是否取得了被害人的谅解。为了有效保障被害人一方的合法权益，我们认为将 "已获得被害人谅解" 作为条件之一比较适宜，体现了刑事和解的立法精神。

当然，在实践中，各地也可以依据本地区的特殊性作出不同的规定。但我们认为，以下两方面需要重点把握。一方面，应将刑事和解作为必要的前置条件，这既尊重了被害人的意见，有利于彻底化解矛盾，也能增加附条件不起诉制度的社会认可度。另一方面，可以将被告人的赔偿或赔偿意愿作为重要考虑因素。上述前置条件既符合中国的实际情况，也契合附条件不起诉制度的世界性发展趋势。例如，德国在 1999 年扩大附条件不起诉范围时，就引进犯罪人与被害人和解制度，规定如果被指控人诚挚地努力与被害人达成和解，并对其行为所造成的损害已作全部或大部分补偿，或是企图补偿的，检察官可对被指控人暂时不予起诉。

（四） 减化内部审批程序

从某种程序上来讲，附条件不起诉类似于缓刑[①]，两者在考察期内应遵守的规定和应当撤销的情形也基本相同。因此，附条件不起诉在操作程序上可以参考缓刑，即先由检察委员会对未成年犯罪嫌疑人作出附条件不起诉决定，检察机关制作《附条件不起诉决定书》，决定书中应当明确对未成年犯罪嫌疑人

[①] 《刑法》第 76 条规定，被宣告缓刑的犯罪分子，在缓刑考验期限内，依法实行社区矫正，如果没有本法第 77 条规定的情形，缓刑考验期满，原判的刑罚就不再执行，并公开予以宣告。因此，缓刑是对原判刑罚附条件不执行的一种刑罚制度。

作出附条件不起诉决定、考验期限和应当履行的义务，以及法律后果。被不起诉人在考验期内没有法定撤销附条件不起诉决定之情形的，检察机关应在考验期满后对未成年人宣告不起诉决定，无须再提交检察委员会讨论；如果未成年犯罪嫌疑人在考验期内有法定撤销附条件不起诉决定之情形的，检察机关应当依法撤销附条件不起诉决定，提起公诉。为了更准确地把握法定撤销附条件不起诉决定的情形；应当提交检察委员会讨论之后再予以撤销。当然，随着附条件不起诉工作的顺利开展和日益规范，应当逐步减化检察机关内部烦琐的审批程序。

（五）被害人不同意附条件不起诉的案件，检察机关应当提起公诉

我们认为，被害人的自诉权是其法定权利，不能被剥夺，涉罪未成年人的权益也同样需要法律保护。为了避免在实践中出现涉罪未成年人一边接受附条件不起诉的监督考察一边接受法院审判的尴尬局面，检察机关对于被害人坚决不同意附条件不起诉的案件，应当依法提起公诉。同时，检察机关在出席审判时应当建议人民法院坚持"教育为主，惩罚为辅"的原则，依法对未成年犯罪人从轻判处，或者判处缓刑。

（六）应当配套设立对被附条件不起诉人的帮教制度

由于在考验期内对未成年被附条件不起诉人并不予以羁押，而是让其回归社会接受教育改造，对未成年人进行教育帮助是十分必要的。帮教不同于附不起诉义务的履行。附条件不起诉义务具有法定性和强制性，义务人必须履行，且法律规定由检察机关对被附条件不起诉人履行附条件不起诉义务的情况进行监督考察。而帮教旨在帮助未成年人回归社会，由学校、社区、家庭、检察机关通过合议，达成一致的帮助教育行为，具有灵活性，可以根据具体情况进行调整。在考验期内，只有附条件不起诉义务和帮教措施共同发挥作用，才可能达到消除未成年人人身危险性和社会危害性的目的。[1]

关于帮教的主体，目前理论界和实务界均倾向于将帮教的主体定位于学校、社区、家庭等机构，由他们对未成年人进行帮教，未成年人易于接受，而且由于与未成年人几乎朝夕相处，这种帮教往往也会取得比较好的效果。学校、家庭、社区可以结合未成年被告人的心理特点，设计具体的帮教计划，比如对未成年人开展健康教育、组织未成年人参加学习等。

---

① 陈卫东主编：《刑事诉讼法修改条文理解与适用》，中国法制出版社 2012 年版，第119 页。

关于未成年人的帮教考察，目前全国有两种典型的模式可供借鉴。一种是重庆市检察机关近几年开展的微罪被不起诉人帮教管理工作机制。通过将附条件不起诉人纳入社会治安综合治理体系，依托广泛的社会力量加强对未成年犯罪嫌疑人的监督考察、帮助教育。① 另一种是上海等地开展的观护帮教机制，对附条件不起诉的未成年人，组建专门的观护帮教社团组织，吸纳富有社会责任感和观护能力的企事业单位、工读学校、救助中心、社区活动中心等作为社团成员，为观护对象提供食宿及文化知识学习、法制教育、劳动技能培训等帮教条件。② 这两种模式都将检察官从烦琐而具体的帮教事务中解脱出来，检察院主要通过跟踪回访了解帮教情况；而且专业的帮教组织更有利于保障未成年人的合法权益，帮助其顺利回归社会。从长远来看，将被附条件不起诉人的帮教工作上升到党委、政府工作层面，构建综治部门牵头、多部门参与的附条件不起诉帮教考察的系统，能够最大化地实现附条件不起诉的价值与功能。③

鉴于附条件不起诉非刑罚化的处理性质，附条件不起诉人并非犯罪分子，监督考察也不同于刑罚执行，对被附条件不起诉人的帮教考察一定要与社区矫正区别开来，不宜将被附条件不起诉人的考察纳入社区矫正体系。

（七）对错误适用附条件不起诉的承办人应启动执法过错责任追究程序

我们认为，被害人自诉或者因未成年犯罪嫌疑人在考验期内有刑事诉讼法第 273 条第 1 款规定之情形检察机关撤销附条件不起诉决定提起公诉后，如果人民法院判决被告人 1 年以上有期徒刑的，对附条件不起诉决定应当如何评价，是否启动执法过错责任追究程序？我们认为，如果法院判决刑罚在 3 年以下 1 年以上的，应当认定为办案质量有瑕疵，检察机关必须对附条件不起诉决定进行反思；如果法院判决刑罚在 3 年以上的，则必须启动执法过错责任追究程序，追究相关人员的错案责任。同时，我们建议将未成年人附条件不起诉工作纳入考评机制，从办案法律效果和社会效果相统一的角度构建办案质量考评指标体系，调动积极性。

---

① 参见盛宏文：《微罪被不起诉人社区帮教工作机制探索》，载《中国刑事法杂志》2012 年第 1 期，第 79 页。

② 参见王蔚：《未成年人附条件不起诉制度的构建》，载《上海检察机关未成年人刑事检察专业人才小组论文汇编》，第 71 页。

③ 参见左卫民：《通过试点与实践推进制度创新——以 L 县检察院附条件不起诉的试点为样本》，载《四川大学学报（哲学社会科学版）》2011 年第 5 期，第 135 页。

（八）完善附条件不起诉的启动程序

目前，在附条件不起诉的启动程序中，只有检察机关依据职权作出，这种方式的确给了检察机关最大的自由裁量权，但却不利于附条件不起诉制度的扩大适用。因此，可以考虑附加一种由犯罪嫌疑人或者其法定代理人、近亲属和辩护律师申请，请求检察机关根据案件情况对犯罪嫌疑人作出附条件不起诉。此外，在特殊案件或阶段可以考虑引入听证程序。如对被附条件不起诉人考察后的评价阶段等。

（九）附条件不起诉与基层检察室工作结合运行

基层检察室工作可对附条件不起诉运行提供帮助，在当前形势下，基层检察室建设正处于探索阶段，但不可否认，基层检察室是延伸法律触角、促进检力下沉的有效载体。在未成年人刑事案件附条件不起诉中，需要深入了解犯罪嫌疑人、被害人基本情况，及时对犯罪嫌疑人进行监督考察帮教，仅凭检察机关公诉部门之力，难免心有余而力不足，不利于附条件不起诉制度的真正落实。

（十）合理设置监督考察义务

监督考察义务是附条件不起诉制度的核心内容，但由于缺乏统一标准，各地在设定考察义务时显得捉襟见肘，因此，有必要对帮教考察义务的设定加以统一规范，具体包括以下几个方面：

1. 法定原则。即依照《刑事诉讼法》第 272 条第 3 款之规定，检察机关按照四项内容，设立被不起诉人考察义务，即遵守法律法规、服从监督，报告活动情况，离开所居住的市、县或者迁居批准，接受矫治和教育。

2. 合理原则。即所要求的考察义务必须是被不起诉人自己有能力完成的工作或事项，否则将会使考察义务因犯罪嫌疑人根本无法完成而失去意义。虽然这些负担不是刑罚，但性质上可以说是实质的制裁，并且也对被不起诉人的权利造成影响，因此，尽管检察官必须审酌负担的质与量，不得超过合理的范围。在附条件不起诉中，通常情况下应当有以下几项：（1）被不起诉人提交悔过书，审查其对自身错误的认识深度和思想转变情况；（2）被不起诉人应当通过口头或书面的形式向被害人道歉，获得被害人的谅解，恢复被破坏的社会关系；（3）被不起诉人应当缴纳的款额，包括给予被害人的赔偿或补偿和向国家、社会团体缴纳的款额；（4）鼓励和帮助被不起诉人接受矫治，并对其进行心理辅导；（5）开展多种形式的公益活动，如参加社区劳动等活动，提高被不起诉人的法律意识，促使其早日回归社会。

（十一）建立适用附条件不起诉的调查评估制度

未成年犯罪嫌疑人的"悔罪表现"应该通过三方面来判断：一是其过往的一贯表现；二是其实施犯罪过程中的表现；三是其在考验期内的表现。根据《人民检察院办理未成年人刑事案件的规定》（高检发研字〔2013〕7号）第9条第1款规定，可以对未成年犯罪嫌疑人进行调查，制作调查报告，作为办案和教育的参考。通过社会调查程序，可以全面了解未成年犯罪嫌疑人的成长经历、家庭环境、个性特点、社会活动等各种背景，从而为评判其在考验期悔罪表现的是否真实、自愿提供参考。

除了进行必要的社会调查，在进行调查评估时还应考虑以下情况：（1）未成年犯罪嫌疑人的主观危害程度，包括是预谋还是临时起意、是累犯还是初犯、是主犯还是从犯等。（2）未成年犯罪嫌疑人是否认罪，并真诚悔过，是否自愿向被害人赔礼道歉，并取得被害人谅解。未成年犯罪嫌疑人及其法定代理人是否履行了赔偿、补偿等义务。（3）未成年犯罪案件的社会影响大小，其恶性程度及社会危害性是否突破大多数人对一般未成年犯的预期。（4）有无损害国家、集体和其他公民的合法权利，有无损害社会公共利益，其中尤其要考虑有无损害被害人的合法权益。（5）有无良好的帮教条件。

（十二）建立附条件不起诉的监督制约机制

未成年人附条件不起诉制度的设立是检察机关自由裁量权的扩充，为防止执法的随意性，避免可能出现的起诉裁量权的滥用，制定完善监督制约机制是非常必要的。

1. 配备专业化的检察人员办理未成年人案件。目前各地基层院大都尚未设立专门的未成年人刑事检察科甚至没有在侦监、公诉科内指定专人办理未成年人刑事案件，而将未成年人案件混同于成年人案件。负责未成年人犯罪案件的审查起诉工作不仅要有专业的法学功底，更应熟知未成年人特点，并且具备一定的心理学、教育学知识，既保证能准确地适用法律，又能运用各方面的知识对未成年人进行教育、感化和挽救。

2. 附条件不起诉决定的听证程序。以往不起诉决定的作出都需经过承办人员提出意见，经检察长决定或检察委员会讨论决定，这一流程设计虽提高了办理不起诉案件的准确度，但同时也暴露出缺乏公开透明度的不足之处。因此制定附条件不起诉听证制度，在作出附条件不起诉决定前举行听证，让未成年犯罪嫌疑人及其法定代理人、被害人及校方代表等发表各自意见，即让未成年犯罪嫌疑人接受了教育，也听取了被害人的意见，并使各方都充分了解检察机关作出不起诉决定的理由。

3. 撤销适用不起诉案件比例的规定。为了避免裁量权的滥用从而放纵犯罪，检察机关对不起诉的适用比例作出了限制。甚至一些地方的检察院将不起诉率的高低作为考核起诉工作的一项重要指标，人为地降低了不起诉的使用率，实质上，这反而是对起诉裁量权的滥用。因此，对于未成年人附条件不起诉，只要检察机关严格遵照法定要求适用，不论对多少未成年犯罪嫌疑人决定附条件不起诉，都是必要的。

4. 检察机关自身的监督。包括本院对附条件不起诉案件的自查及上级检察机关自上而下的监督，一旦发现问题应当及时纠正。作出附条件不起诉后即报上级院备案审查，强化上级院的监督职责。

5. 人民监督员的审查监督。对拟决定附条件不起诉的未成年犯罪案件，人民检察院应认真听取人民监督员的意见。人民监督员应当独立进行评议，并提出监督意见。

（十三）建设未成年人不起诉帮教基地

由于检察机关对非本区的涉罪未成年人实施监督考察较困难，因此有必要加速建设未成年人不起诉帮教基地，为外来未成年犯罪嫌疑人的帮教创造良好的基础条件。

（十四）充分发挥社区、职业学校、企业等主体的作用，联合打造被附条件不起诉人考察监管阵地

我们认为，对涉罪未成年人的"教育、感化、挽救"绝非检察机关，或者说司法机关的一家之责，这应当是全社会共同承担的义务。附条件不起诉制度，不仅仅是通过对涉罪未成年人一段时间的行为约束来促使其改过，更重要的是通过一段时间的公益活动和技能培训来帮助其重塑自我，回归社会。

1. 打破地区限制。对于住所地在本区的涉罪未成年人，在订立所附条件时首要考虑并依靠的就是社区，不仅具有现实的可操作性，也便于检察机关案件承办人对被附条件不起诉人的追踪、回访。而目前社区活动形式较为单一，社区工作人员平均年龄也普遍偏大，难以与被附条件不起诉的未成年人进行深入的心理沟通。近来重庆市在一些社区试点成立"社工工作站"，启用专业社工参与社区矫正工作，在此种条件下，能否打破区域限制，将为数不多的专业社工实行"资源共享"，例如在被附条件不起诉人在本区参与义务劳动时，邀请专业社工到场与其沟通、交流。

2. 依托职业教育。在侵财类未成年人犯罪中，绝大部分涉罪未成年人都是因成绩不好而辍学，外出打工又没有一技之长，无固定生活来源而走上犯罪道路。如果将接受职业教育作为所附条件之一，一方面能使被附条件不起诉人在考察期间暂时与成人社会隔离，另一方面也让其习得一门谋生技能，自食其力，避免因生活拮据而再次走上犯罪道路。

3. 鼓励企业参与。对那些家境贫寒的被附条件不起诉人来说，要求其自费接受职业教育无疑是雪上加霜。如果能鼓励企业，特别是以劳动力为生产要素的企业参与进来，在附条件考察期间，由企业指派技术熟练、品行端正的"师傅"带着被附条件不起诉人学习操作，并由企业依具体情况给予被附条件不起诉人一定的生活保障。考察期满后，企业还可以与被附条件不起诉人缔结用工关系。

（十五）附条件不起诉与刑事诉讼法其他制度之间的对接

附条件不起诉制度只有与刑事诉讼法规定的其他制度之间很好地对接才能发挥该制度应有的功效。例如，附条件不起诉与刑事和解制度之间的对接；附条件不起诉与证人保护制度之间的衔接；附条件不起诉与社区帮教制度的衔接；附条件不起诉与犯罪纪录封存制度的衔接；等等。

（十六）制定适合未成年人的量刑规则，使附条件不起诉的刑罚条件更具可操作性

我们建议应当由省级检察院组织相关人员对所属辖区法院近 3 年作出的未成年人犯罪案件判决进行梳理总结，对抢劫、盗窃、故意伤害、寻衅滋事等未成年人犯罪高发罪名的犯罪数额、情节、罪后表现、民事赔偿等量刑因素进行了综合分析和研判，从而制定适合未成年人的量刑规则，使判断是否符合"可能判处一年有期徒刑以下刑罚"的标准更具可操作性、更为规范化。

附条件不起诉制度研究[*]

钦州市人民检察院课题组

    修改后刑事诉讼法在第五编特别程序中规定了附条件不起诉制度。这项制度在我国的最终确立，体现了国家对涉嫌犯罪的未成年人的特殊保护和人文关怀，有利于检察机关更好地行使起诉裁量权，贯彻落实刑法对未成年人犯罪"教育为主、惩罚为辅"的原则和"教育、感化、挽救"的方针。未成年人附条件不起诉制度虽然获得了明确的法律地位，但在观念上和实务操作层面仍存在不少问题，需要作进一步梳理和完善。课题组从附条件不起诉的涵义与实质入手，结合该制度在司法实践中出现的状况，重点分析制约附条件不起诉制度运行的因素和制度缺漏，并就完善该制度提出若干意见，从而使得附条件不起诉的制度功能得以充分发挥，最大限度地实现立法目的。

一、附条件不起诉的涵义解析

（一）附条件不起诉的命名与实质

    修改后刑事诉讼法规定的附条件不起诉制度，源于对德国的暂缓起诉制度、日本的起诉犹豫制度的借鉴，是指检察机关对移送审查起诉的犯罪嫌疑人，根据其犯罪行为和人身危险性，认为不起诉更有利于维护社会整体利益，在作出不起诉决定的同时附加一定条件，当被不起诉人满足这些条件并履行完毕时，不起诉决定即生效，追诉活动便到此终止的一种刑事不起诉制度①。我国学者对"附条件不起诉"的制度命名，曾经历了暂缓起诉到诉中考察制度的变迁。较早的"暂缓起诉"制度，源于前几年我国部分地方检察机关在司法实践中借鉴德国、美国、日本和我国台湾地区等国家和地区暂缓起诉制度的

---

  * 课题组组长：周信权，广西钦州市人民检察院检察长；副组长：李莉，广西钦州市人民检察院副检察长。课题组成员：罗兆丹、乐永兴、何君、巫世朋、刁树锋。

  ① 张智辉：《附条件不起诉制度研究》，中国检察出版社 2011 年版，第 42 页。

立法例，对暂缓起诉（有的地方叫作缓予起诉或诉前考察）进行了实践探索，后由于缺乏立法依据，这种做法被叫停①。在修改后刑事诉讼法未将附条件不起诉制度纳入之前，陈光中教授在修改后刑事诉讼法修改专家建议稿中提出要扩展不起诉制度的适用范围，在不起诉制度中增设"暂缓起诉"制度，但陈光中教授认为，无论暂缓起诉还是暂缓不起诉，其文意都与该制度的含义不贴切，容易望文生义还会产生误解，应当根据该制度的本意，将其定名为"附条件不起诉"制度。② 这一观点得到了学界的认同，修改后刑事诉讼法采纳了"附条件不起诉"的制度命名。

根据"附条件不起诉"这一制度命名，结合其写入刑事诉讼法的背景，我们可以觉察该制度的实质，是以教育、感化、挽救涉罪未成年人为目的。为避免执行刑罚给未成年人造成不利影响，从而给其一次改过自新的机会，以附加一定条件、设定一定的考验期的方式，中止刑事诉讼进程，待被附条件人满足这些条件后，再作出不起诉的决定。附条件不起诉制度是以不起诉、非诉处理为导向的，落脚点在"不起诉"。

（二）附条件不起诉的制度辨析：与缓刑制度、相对不起诉制度的比较

1. 附条件不起诉与相对不起诉的区分

附条件不起诉与相对不起诉都是检察机关基于诉讼经济、刑事政策与刑罚目的之综合权衡，运用起诉裁量权所作的放弃起诉的决定，两项制度的理论基础和价值内涵是一致的，在程序法上体现了起诉裁量主义③，在实体法上则体现了刑罚的谦抑性原则。

虽然附条件不起诉与相对不起诉的理论基础和价值内涵相同，但二者的性质却截然不同。相对不起诉是依照刑法规定犯罪嫌疑人不需要判处刑罚或者免除刑罚，可以不起诉，性质上是不起诉制度。而附条件不起诉的案件本身是符合起诉条件的，即符合刑事诉讼法第 172 条规定的"人民检察院认为

---

① 王守安：《刑事起诉裁量制度的立法、实践与展望》，载《检察日报》2008 年 7 月 11 日第 3 版。

② 陈光中、张建伟：《附条件不起诉：检察裁量权的新发展》，载《人民检察》2006 年第 4 期。

③ 起诉便宜主义在日本也称作起诉犹豫，是指虽有足够的证据证明确有犯罪事实，且具备起诉条件，但追诉机关斟酌各种情形，认为不需要处以刑罚时，可以裁量决定不起诉的起诉模式，其与起诉法定主义是相互对应的两种起诉模式。参见孙长永：《日本的起诉犹豫制度及其借鉴意义》，载《中外法学》1992 年第 6 期。

犯罪事实已经查清，证据确实、充分，依法应当追究刑事责任"的起诉条件，是本应当起诉，并且起诉后可能被判处 1 年有期徒刑以下的刑罚。只是由于未成年犯罪嫌疑人罪行较轻、有悔罪表现，才作出有条件的不起诉。附条件不起诉的案件在所附条件实现之前，具有起诉性质，只是该决定尚不具有实质确定力。

2. 附条件不起诉与缓刑制度的联系与区别

《人民检察院刑事诉讼规则（试行）》（以下简称《刑诉规则》）第 497 条规定："附条件不起诉的未成年犯罪嫌疑人，应当遵守下列规定：（一）遵守法律法规，服从监督；（二）按照考察机关的规定报告自己的活动情况；（三）离开所居住的市、县或者迁居，应当报经考察机关批准；（四）按照考察机关的要求接受矫治和教育。"这与刑法第 75 条规定的被宣告缓刑的犯罪分子在缓刑考验期应遵循的义务是基本一致的。① 附条件不起诉和缓刑制度在刑事政策导向上具有相同之处，都是基于宽严相济刑事政策的考虑，对行为作的轻缓化处理，契合了非监禁化的目的和诉讼经济原则。从各国立法例来看，附条件不起诉的实体条件和部分缓刑免刑的条件实质上也是一致的。②

但是，附条件不起诉制度与缓刑制度分别处于刑事诉讼程序的不同环节，二者的性质是明显不同的。附条件不起诉发生在刑事诉讼程序中的检察环节，行为人仍然属于"嫌疑人"，没有被贴上"犯罪人"的标签，是对犯罪嫌疑人的程序处分。缓刑发生在刑事诉讼的实体处分阶段，适用对象是已经被定罪判刑，被贴上了"犯罪人"的标签，是对行为人的实体处分。

二、我国附条件不起诉制度的立法特点

（一）附条件不起诉的适用条件严格

根据刑事诉讼法第 271 条至第 273 条以及《刑诉规则》第 492 条至第 501 条的规定，附条件不起诉的适用条件可概括为以下五个条件：（1）主体条件：适用附条件不起诉的主体只能是未成年人，而不能是成年人。（2）罪名条件：未成年人涉嫌的犯罪属于刑法分则第四章"侵犯公民人身权利、民主权利犯罪"、"第五章侵犯财产犯罪"、"第六章妨害社会管理秩序犯罪"规定的犯罪。

---

① 刑法第 75 条规定："被宣告缓刑的犯罪分子，应当遵守下列规定：（一）遵守法律、行政法规，服从监督；（二）按照考察机关的规定报告自己的活动情况；（三）遵守考察机关关于会客的规定；（四）离开所居住的市、县或者迁居，应当报经考察机关批准。"

② 陈国庆：《不起诉制度的观点争议回应》，载《人民检察》2007 年第 24 期。

（3）预期刑罚条件：未成年人可能被法院判处 1 年有期徒刑以下的宣告刑，对"1 年有期徒刑以下"的理解，应包括 1 年以下的有期徒刑、拘役、管制或者单处附加刑。① （4）悔罪条件：未成年犯罪嫌疑人必须有真实自愿的悔罪表现，并通过一定的外在行动表现出来。（5）犯罪嫌疑人及其法定代理人的同意条件：在具备前述四个条件的前提下，检察机关作出附条件不起诉决定，还必须征得未成年犯罪嫌疑人及其法定代理人的同意，如果未成年犯罪嫌疑人及其法定代理人对附条件不起诉决定有异议，检察机关也不能作出附条件不起诉决定。

以上五个条件，是适用附条件不起诉必不可少的条件。将上述适用条件与域外附条件不起诉制度比较，我国的附条件不起诉制度最为显著的区别在于适用范围上的不同。域外法治国家都是根据法定刑的轻重设定标准，没有刑种和行为主体的限制②。而我国刑事诉讼法将附条件不起诉制度的行为主体严格限定为未成年人，在刑种上也限制在刑法分则第四章、第五章、第六章规定的犯罪，并且限制在宣告刑可能判处 1 年有期徒刑以下的案件。根据立法机关的介绍，附条件不起诉制度在我国作为一项新生制度，需要经过实践的进一步检验，适用范围一开始不宜搞得过大，待有一定的实践经验后再逐步推进。③ 从立法者的解释看，立法机关认为过于扩大附条件不起诉的适用范围，检察机关的起诉裁量权过大，担心检察机关不当行使自由裁量权。

立法机关的此种疑虑是有现实原因的。前几年，部分检察机关对附条件不起诉（当时更多地称为暂缓起诉）进行探索的过程中，有的地方适用于未成年人和在校学生，有的地方还扩大到涉嫌职务犯罪、经济犯罪和其他普通刑事犯罪的犯罪嫌疑人（单位）④，有的地方甚至将适用范围扩大到没有任何法定

---

① 参见宋英辉、何挺、王贞会等：《未成年人刑事司法改革研究》，北京大学出版社 2013 年版，第 67 页。

② 叶肖华：《比较法视域下的附条件不起诉制度》，载《金陵法律评论》2007 年秋季卷。

③ 参见童建明主编：《新刑事诉讼法理解与适用》，中国检察出版社 2012 年版，第 260 页。

④ 无锡市检察机关在其《暂缓起诉办法（试行）》规定暂缓起诉适用对象是未成年人犯罪、在校学生犯罪或者涉嫌职务犯罪、经济犯罪和其他普通刑事犯罪，情节轻微、社会危害不大的犯罪嫌疑人（单位）。

从宽情节的 3 年以上的重罪案件①，而有的地方则没有任何适用范围和适用对象的限制②。这些做法由于缺乏立法依据，后被叫停。③

（二）赋予公安机关、被害人不服检察机关附条件不起诉决定的救济权

根据刑事诉讼法第 271 条第 2 款和第 3 款、《刑诉规则》第 494 条规定，公安机关认为附条件不起诉决定有错误的，可以要求复议，若意见不被接受，还可以提请上一级检察院复核。有被害人的案件，如果被害人不服检察机关作出的附条件不起诉决定的，可以在收到决定书后 7 日内向上一级检察院申诉，检察院维持不起诉决定的，被害人还可以直接向法院提起自诉；被害人也可以不经申诉，直接向法院提起自诉。

（三）被附条件不起诉人的监督考察期限在 6 个月至 1 年之间，检察机关是监督考察主体

设立考察期限的目的是为了检验被附条件不起诉人是否符合附条件不起诉的条件，以及其悔罪表现是否真实、自愿。在考察期结束前，未成年人犯罪嫌疑人仍可能被追诉。为了达到检验考察效果的目的，并尽量减少这种不确定状态期的时间，刑事诉讼法规定了 6 个月到 1 年的考验期。刑事诉讼法第 272 条规定，在考察期内，被附条件不起诉的未成年人犯罪嫌疑人的监督考察由检察院负责，未成年人犯罪嫌疑人的监护人予以配合。立法机关确定了检察机关作为附条件不起诉的考察主体地位，意味着对于被附条件不起诉人在考察期内是

---

① 2007 年 10 月 26 日晚，湖南信息科学职业学院常德籍学生陈某在校外溜冰场溜冰时与该校湘西籍学生张某强发生口角。后双方纠集数十名学生聚集在校外"友谊超市"前，进行持械殴斗，直到公安机关出警后双方才散去。经鉴定，在殴斗的过程中，被害人周某被打成轻伤，杨某等人被打成轻微伤。湖南省长沙县检察院考虑到其中 6 名犯罪嫌疑人系在校学生、一贯表现良好，如果上述学生因初犯偶犯而接受刑事处罚，学校会将其开除，不能继续完成学业，对孩子未来成长不利，为稳妥处理该案，2008 年 3 月 24 日，长沙县检察院对上述 7 名犯罪嫌疑人作出了附条件不起诉决定，考验期为 6 个月。参见《法制日报》2008 年 10 月 23 日。

② 南京市人民检察院于 2002 年 10 月 22 日通过《检察机关暂缓起诉试行办法》将暂缓不起诉条件限定为：一是无前科劣迹；二是犯罪情节较轻，不致再危害社会；三是能如实供述自己罪行，积极退赔或协助挽回损失；四是能够提出保证人或足额交纳保证金。参见 http：//www.chinanews.com.cn/2002-02-12/26/161881.htm。

③ 王守安：《刑事起诉裁量制度的立法、实践与展望》，载《检察日报》2008 年 7 月 11 日第 3 版。

否遵守法律法规、是否按规定接受矫治和教育，检察机关承担着监督管理的工作职责。《刑诉规则》还进一步细化了被附条件不起诉人在考察期内应当接受的矫治和教育内容，包括接受戒瘾治疗、心理辅导，提供公益劳动，禁止进入特定场所等。

（四）被附条件不起诉人在考察期内违反考察规定的，需撤销原附条件不起诉决定，并提起公诉

根据刑事诉讼法第273条的规定，被附条件不起诉人在考验期内实施新的犯罪或者发现决定附条件不起诉以前还有其他犯罪需要追诉的以及违反治安管理规定或者考察机关有关附条件不起诉的监督管理规定，情节严重的，应当撤销已经作出的附条件不起诉决定，提起公诉。对此处的"情节严重"，《刑诉规则》第500条予以细化：一是造成严重后果，二是多次违反治安管理规定或者多次违反考察机关有关附条件不起诉的监督管理规定。

三、我国附条件不起诉在运行中存在的问题

（一）附条件不起诉的适用率偏低，附条件不起诉的制度功能难以显现

根据刑事诉讼法对适用附条件不起诉的主体条件、罪名条件的限定，从理论上看，附条件不起诉可以适用于未成年人涉嫌侵犯公民人身权利、民主权利、侵犯财产、妨害社会管理秩序的所有犯罪案件。但刑法第四章、第五章、第六章规定的犯罪并非都是未成年人犯罪多发领域，有些犯罪实践中未成年人根本不可能触犯。以笔者所在的钦州市检察机关为例，2013年1—9月，未成年人触犯刑法第四章、第五章、第六章罪名的案件共有88人，主要分布在以下几类罪名（见下表）：

未成年人涉嫌刑法第四章、第五章、第六章犯罪罪名分布表

序号	罪名	涉罪人数	刑法章节
1	故意伤害	13	第四章
2	强奸	5	第四章
3	盗窃	17	第五章
4	抢夺	5	第五章
5	抢劫	34	第五章
6	走私、贩卖、运输、制造毒品	10	第六章
7	寻衅滋事	4	第六章

未成年人涉嫌上述犯罪的案件，因附条件不起诉的刑罚条件的限定，又过滤掉一批可能适用附条件不起诉的案件。以2013年1—9月钦州市检察机关提起公诉并作出生效判决的案件看，对未成年被告人判处1年有期徒刑以下宣告刑刑期的共有33人，所犯罪名主要为故意伤害、盗窃、抢夺、抢劫、贩卖毒品、寻衅滋事等案件。

只考虑附条件不起诉的罪名条件和刑罚条件，上述案件均可以适用附条件不起诉。但受涉案未成年人的悔罪表现、考察帮教条件的限制，实践中适用附条件不起诉的案件数量就相当有限了。再以钦州市检察院为例，2013年1—9月，全市检察机关适用附条件不起诉的案件仅有2件5人，而2013年1—9月该市受理审查起诉未成年人犯罪案件人数为135人，仅占受理审查起诉未成年人案件总数的3.7%，案由均为故意伤害。

附条件不起诉在实践中遭遇冷落不仅是笔者所处的西部欠发达地区检察院存在。据媒体报道，在北京市海淀区检察院，半年仅在3件6人中进行了附条件不起诉考察，仅占2.3%，且适用罪名均为盗窃罪。① 可见，附条件不起诉在实践中的适用率低，已经成为普遍现象。一些地方检察机关想落实修改后刑事诉讼法新增设的制度，实现办理附条件不起诉案件零的突破，却面临挑选不出合适案例进行试点的尴尬。

（二）实践中办案人员对附条件不起诉与相对不起诉的区分把握不准，二者的关系难以理顺

根据刑事诉讼法的规定，相对不起诉适用于"犯罪情节轻微，不需要判处刑罚或免除刑罚的犯罪嫌疑人"，附条件不起诉适用于"可能判处1年有期徒刑以下刑罚"的未成年人犯罪案件。从法律规定来看，附条件不起诉适用对象是应当判处刑罚的犯罪嫌疑人，适用于较重的犯罪，而相对不起诉的适用对象是依法不需要判处刑罚和免予刑事处罚的犯罪嫌疑人，适用于情节轻微的犯罪，二者的界限似乎是明确。但在实践中，如果未成年人涉嫌刑法分则第四章、第五章、第六章所规定的犯罪，犯罪情节轻微，依法不需要判处刑罚或可以免除刑罚，且宣告刑为1年有期徒刑以下刑罚的，就会与附条件不起诉存在适用范围上的重合。在这种情况下，实务部门在处理具体个案时，是该适用相对不起诉还是附条件不起诉就难以把握具体适用标准了。在检察实务中，不同的办案人员基于不同的出发点，对相同条件的案件，有的适用相对不起诉，有

① 参见《北京海淀半年仅2.3%涉未嫌疑人附条件不起诉》，载《法制日报》2013年5月9日第5版。

的适用附条件不起诉，影响了检察裁量权的统一行使。

此外，在实践中对可能判处 3 年有期徒刑以下刑罚的犯罪嫌疑人可以适用相对不起诉，对可能判处 1 年有期徒刑以下刑罚的犯罪嫌疑人却适用附条件不起诉，从而出现对轻罪适用较严厉的附条件不起诉，对重罪适用较轻的相对不起诉的不合理现象。这种不合理现象削弱了检察机关的不起诉裁量权利益平衡功能的发挥，也不能体现对未成年人的特殊保护。如何处理二者的关系，在司法实践中是一大难题。

（三）附条件不起诉中的"有悔罪表现"难以把握

根据刑事诉讼法第 271 条规定，涉嫌犯罪的未成年人有悔罪表现，是适用附条件不起诉的一个重要条件。"悔罪表现"是反映犯罪嫌疑人人身危险程度大小的一个重要因素，但如何认定犯罪嫌疑人有无"悔罪表现"，立法并未予以明确，对是否具有悔罪表现的判断，完全由办案人员自由裁量判断。实践中，办案人员往往只是根据犯罪嫌疑人是否认罪、是否向被害人赔偿损失和赔礼道歉来审查犯罪嫌疑人是否具有悔罪表现，如果具备这些条件，即认定其具有悔罪表现。这可能导致部分犯罪嫌疑人为了逃避刑罚处罚，而"虚假悔罪"，在缺乏明确裁判标准的情况下，这类犯罪嫌疑人很可能逃过了办案人员的审查，从而得以逃避刑事处罚。

（四）未成年人犯罪嫌疑人及其法定代理人对附条件不起诉制度缺乏正确认识，阻碍附条件不起诉的实施

附条件不起诉制度作为一项新制度，与相对不起诉、存疑不起诉等制度相比，社会公众对该制度的了解还不深入。实践中，检察机关办案人员根据案件情况，对符合条件的案件拟适用附条件不起诉，征求未成年犯罪嫌疑人及其法定代理人意见时，犯罪嫌疑人及其法定代理人往往会与相对不起诉制度作比较。在成年人犯罪案件中，赔偿了被害人的损失，取得了被害人的谅解，在检察机关作出相对不起诉决定后，嫌疑人即可以获得自由，无须接受考察，为何在同样的案件情况下，未成年人反而需要接受 6 个月到 1 年不等的考察，并且还得遵守各种考察规定。

（五）在考察期内被附条件不起诉人被采取的强制措施是解除还是变更做法不统一

在附条件不起诉案件中，检察机关对未成年犯罪嫌疑人作出附条件不起诉的决定后，其之前被公安机关采取的强制措施如何变更，由于缺乏明确的司法

解释指导，各地出台的附条件不起诉实施细则中存在不同做法。一种做法是，若犯罪嫌疑人之前被采取羁押性强制措施的，检察机关作出附条件不起诉决定后，直接解除原强制措施，对未成年犯罪嫌疑人直接予以释放；若犯罪嫌疑人之前被公安机关取保候审的，检察机关作出附条件不起诉决定后，通知公安机关予以解除。另一种做法是，若犯罪嫌疑人之前被采取羁押性强制措施的，检察机关在作出附条件不起诉决定的同时，将逮捕强制措施变更为取保候审的非羁押性强制措施①；若犯罪嫌疑人之前被公安机关取保候审的，继续执行。实践中各地做法的不统一，一定程度上影响了司法的权威性。

（六）附条件不起诉中的考察约束规定对涉罪未成年人的帮教效果不明显

根据刑事诉讼法第 272 条第 2 款规定，被附条件不起诉人在考察期内应当遵守的附加义务有四项：一是遵守法律法规，服从监督；二是按照考察机关的规定报告自己的活动情况；三是离开所居住的市、县或者迁居，应当报经考察机关批准；四是按照考察机关的要求接受矫治和教育。分别评析这四项义务发现：第一项是每个公民都应当遵守的基本义务，将其作为考察未成年犯罪嫌疑人的标准，能否起到教育、挽救未成年人的目的，是存有疑问的。第二项、第三项义务是对未成年犯罪嫌疑人活动范围、迁徙自由的限制，这种限制是否又能帮助涉罪未成年人回归社会，恢复损害，也心存疑虑。而第四项"按照考察机关的要求接受矫治和教育"过于笼统，对于按照哪个考察机关、接受何种矫治和教育没有规定，检察机关为了方便监管、考察，往往赋予其一些基本的考察矫治规定，如要求其定期参加公益劳动、由其监护人督促其按时报告心得体会、办案人员定期进行回访考察等简单易操作的方式进行，而这种帮教方式能否真正促进被附条件不起诉人认识到过错，达到真正悔改的效果，也是有待检验的。总之，对被附条件不起诉人的行为约束规定，过于笼统、单一，缺乏配套规定，未能充分彰显未成年人的特殊性。② 实践中被附条件不起诉人在考察期内实际上处于自我约束的状态，他们可能为了尽快恢复自由，摆脱监督考察的束缚，而在考察期内刻意地掩盖自我本性，服从考察规定，在考察期结束后，其行为是否真正得到矫正，缺乏制度保障。

---

① 上海市检察机关即采取此种做法，参见《上海市检察院附条件不起诉工作实施细则（试行）》第 14 条的规定。

② 张中剑：《检视与完善：我国未成年人附条件不起诉制度若干问题探讨》，载《中国刑事法杂志》2013 年第 7 期。

（七）附条件不起诉制度对有关当事人的权利救济保障不充分，缺乏外部监督制约

附条件不起诉扩大了检察机关的起诉裁量权，在附条件不起诉程序中，检察机关既是启动附条件不起诉程序的主体，又是适用附条件不起诉的决定主体和考察主体，撤销附条件不起诉决定也是由检察机关作出，检察机关拥有绝对的主动权。修改后刑事诉讼法虽然对附条件不起诉的适用对象、适用范围和程序作了严格的限制，但这只是内部的监督制约。公安机关、被害人对附条件不起诉决定不服的，虽然可以申请复议、复核或者申诉的权利，但也只是事后救济，并不能有效制约检察机关的决定权。尤其是附条件不起诉制度一定程度上限制了被害人自诉权的行使，根据刑事诉讼法的规定，被害人有证据证明对被告人侵犯自己人身、财产权利的行为应当依法追究刑事责任，而公安机关或者人民检察院不予追究被告人刑事责任的，被害人可以向法院提起自诉，根据这一规定，被害人对检察机关作出的附条件不起诉决定不服的，可以不经申诉，直接向法院提起自诉。但被害人提起自诉时，犯罪嫌疑人仍在检察机关的监督考察程序内，案件仍处于审查起诉阶段，原来的公诉程序并未完结，根据公诉权优于自诉权的原则，法院很可能不予受理，此时，被害人的救济权无形中受到剥夺。若被害人等到犯罪嫌疑人的监督考察期结束、检察机关最终作出不起诉决定后再向法院提起自诉，也不能及时保障被害人的权利，检察机关的附条件不起诉权缺乏有效的外部监督制约，容易导致公众对权力滥用、司法腐败的担忧，甚至会危及附条件不起诉这项新生制度的生存空间。

（八）被附条件不起诉人异地接受监督考察的司法协作机制不健全，导致其不能离开居所地，限制了监督考察效果的发挥

《刑诉规则》第497条规定，被附条件不起诉的未成年犯罪嫌疑人离开所居住的市、县或者迁居，应当报经考察机关批准。根据这一规定，被附条件不起诉人在考察期间只要经过检察机关批准，是可以离开居所地的。检察机关在考虑是否批准其离开居所地时，往往需要考虑其离开后是否具备条件继续对其实行监督考察。目前，被附条件不起诉人离开居所地后如何在异地接受监督考察，实践尚处于探索阶段，相关司法协作机制并未建立，检察机关为避免附条件不起诉人脱管造成严重后果，往往不会轻易批准其离开居所地。但从司法实践情况看，部分被附条件不起诉人属于外来人员，让其回到户籍所在地接受当地检察机关的考察帮教更有利于帮助其纠正行为偏差。实践中还遇到这种情况：被附条件不起诉人家庭经济困难，其为获得被害人的谅解赔偿被害人经济

损失后，家庭经济状况往往陷入困境，被附条件不起诉人为了改善家庭经济条件，向办案人员提出到沿海发达地区务工。面对这种局面，检察机关在是否批准其离开居住地问题上往往陷入两难境地，若批准其离开，因缺乏必要的监管条件和手段，检察机关作为考察监督机关面临诉讼风险；若不批准其离开，又将挫伤被附条件不起诉人真心悔过、回归社会的积极性。

四、我国附条件不起诉制度运行不畅的原因剖析

（一）附条件不起诉适用条件严格，适宜附条件不起诉的案件有限

立法机关基于对检察机关不正当行使自由裁量权的担忧，严格限制附条件不起诉的案件适用范围和适用条件，使得实践中适宜适用附条件不起诉的案件范围狭窄，是造成实践中附条件不起诉案件适用率低的直接原因。

（二）附条件不起诉与相对不起诉的逻辑关系不清，办案人员倾向于适用程序简单的相对不起诉

对于修改后刑事诉讼法中的附条件不起诉与不附条件的相对不起诉的逻辑关系，学界和实务部门存在不同的认识，归纳起来有以下四种观点：第一种观点认为，附条件不起诉与相对不起诉的界线是明确的，首先，二者的性质截然不同：相对不起诉是符合法律规定的条件可以不起诉，是不起诉制度；而附条件不起诉是本应当起诉但由于罪行轻，犯罪嫌疑人悔罪才作出有条件的不起诉，附条件不起诉本身就是起诉性质。[1] 其次，在案件适用范围上也不存在重合之处，附条件不起诉的刑罚适用条件要严于相对不起诉：前者适用于情节较轻、可能判处有期徒刑 1 年以下的特定罪名案件，后者适用于情节轻微、根据刑罚规定不需要判处刑罚或者免除刑罚的案件。检察机关在选择适用时，情节轻微、符合相对不起诉适用条件的，应当适用相对不起诉；情节较轻、符合附条件不起诉适用条件的，才适用附条件不起诉。第二种观点认为，附条件不起诉和无条件不起诉（相对不起诉）的上位概念是酌定不起诉，按照适用方式的不同将酌定不起诉划分为无条件不起诉和附条件不起诉，二者属于选择适用关系，由检察官根据犯罪嫌疑人的性格、年龄、境遇、犯罪的轻重及情节和犯罪后的情况，裁量适用相对不起诉还是附条件不起诉。[2] 第三种观点认为，附

---

[1] 参见陈卫东教授在《刑诉法实施与未成年人司法工作机制创新研讨会》上的发言，载 http://live.jcrb.com/html/2012/656.htm。

[2] 葛林：《附条件不起诉之三种立法路径评析——兼评刑诉法修正案草案中附条件不起诉之立法模式》，载《国家检察官学院学报》2011 年第 6 期。

条件不起诉和相对不起诉有交叉适用的案件范围，鉴于相对不起诉能使涉罪未成年人及早从诉讼中解脱出来，从维护未成年人合法权益角度考虑，对于既可相对不起诉也可附条件不起诉的，优先适用相对不起诉。① 第四种观点认为，从附条件不起诉与相对不起诉的制度功能出发，对于既符合相对不起诉又符合附条件不起诉适用条件的未成年人犯罪案件，应当优先适用附条件不起诉制度，为其设置一个缓冲考验期，有针对性地进行帮教、考察，达到真正矫正其不良行为的目的；超出范围的（例如有可能判处1年以上3年以下有期徒刑的情节轻微的犯罪），可以结合实际情况适用相对不起诉。不能因为相对不起诉制度可以立即决定不起诉，看似比缓起诉要轻，而放弃对未成年人适用附条件不起诉。② 因为从实践中相对不起诉和附条件不起诉的适用社会效果上看，后者比前者更能帮助犯罪嫌疑人矫正行为偏差，回归正常社会。

综观上述四种观点，分歧在于对附条件不起诉和相对不起诉两项制度的性质的不同认识、案件适用范围是否存在重合、是否有优先适用关系上。前两种观点是从不同阶段分析案件的性质区别的，所以得出的结论不一样。我们认为，附条件不起诉在所附条件成就前，其性质上的确是具有起诉性质的案件；而在所附条件成就后，其又转化为不起诉案件，就顺理成章地成为酌定不起诉的案件范畴了。因此，前两种观点不存在根本性分歧。后两种观点均承认附条件不起诉与相对不起诉在案件适用范围上存在重合，分歧在于当案件适用范围交叉时，应当如何选择适用？第三种观点从减少犯罪嫌疑人的诉累出发，主张优先适用相对不起诉；第四种观点则从对犯罪嫌疑人的帮教效果出发，主张优先适用附条件不起诉。

从司法实践情况看，由于相对不起诉程序相对简单、灵活，没有考察期限的规定，也没有适用范围、适用对象的限制，对于适用相对不起诉还是附条件不起诉把握不准的案件，实务部门办案人员更倾向于选择适用相对不起诉，从而出现应当适用附条件不起诉而适用相对不起诉的情况，使得附条件不起诉在实践中的适用空间受到侵蚀。

（三）附条件不起诉工作量大，适用程序繁琐，检察机关适用附条件不起诉的积极性不高

根据高检院办理未成年人案件机构专门化、人员专业化的要求，附条件不

---

① 《最高人民检察院关于进一步加强未成年人刑事检察工作的决定》（2012年10月29日）持此立场，参见苗红环、张寒玉：《关于附条件不起诉制度中争议问题》，载《中国检察官》2013年第8期。

② 张莉：《相对不起诉制度适应刑事诉讼法修改之革新——以附条件不起诉制度的确立为视角》，载《中国检察官》2013年第6期。

起诉案件均由未检部门办案人员办理，但目前全国检察机关的未检机构并不健全，未检部门的办案人员力量也非常有限，本身的办案压力大、人力不足的问题突出。办理一件附条件不起诉案件，既要组织双方当事人进行刑事和解，① 又要制作诸如附条件不起诉决定书、未成年犯罪嫌疑人的保证书、未成年犯罪嫌疑人监护人担保书，附条件不起诉考察教育协议书、考察意见书等诸多法律文书，还要负责监督考察，工作量是普通未检案件的两倍以上，案件处理周期更是普通未检案件的数倍，工作量显著增加。

除了工作量的增加外，附条件不起诉的适用程序也相当繁琐。检察机关为了削减立法机关对检察机关不当行使起诉裁量权的疑虑，也对附条件不起诉的适用程序设定了多方面的内部监督制约机制。如规定案件承办人拟决定作附条件不起诉的，在作出附条件不起诉决定前，应当经过检委会讨论决定。到附条件不起诉考验期满，犯罪嫌疑人没有违反监督管理规定，应当对其作出最终的不起诉决定时，仍需经过检委会讨论决定。② 这样一来，办理一件附条件不起诉案件，案件承办人往往面临着考察前、考察后两次汇报、上两次检委会的程序。附条件不起诉显著增加的工作量，加上繁琐的程序设置，很大程度上影响了未检部门办案人员主动适用附条件不起诉制度的积极性。附条件不起诉制度的最主要功能是实现程序分流，避免过多的诉讼案件进入司法程序，节约司法资源，但过于繁琐的程序设计，实质上等于把在法庭审理环节节省的司法资源转嫁到了检察环节，削弱了其制度功能的发挥。

（四）检察机关作为监督考察主体缺乏有效的监督手段，适用附条件不起诉存在风险，从而规避适用

除了前述的工作量大、程序繁琐的原因影响附条件不起诉的适用外，办案人员适用附条件不起诉还面临一定的风险压力，从而规避适用。这种风险主要来自被附条件不起诉人在考验期内重新犯罪或违反监管规定，给案件承办人带来的风险压力。检察机关很难有专门人员对被附条件不起诉人进行考察、监督

---

① 虽然刑事诉讼法没有明确规定将当事人的和解作为附条件不起诉的前提条件，却明确规定了检察机关作出附条件不起诉决定，应当听取被害人的意见。可见，被害人的意见对附条件不起诉的决定有重要影响。而被害人同意适用附条件不起诉，显然是因为与犯罪嫌疑人达成了谅解或刑事和解。因此，在有被害人的案件中适用附条件不起诉时，刑事和解程序显然是办案人员必须走的程序。

② 虽然《刑诉规则》没有明确附条件不起诉的决定应由检委会讨论决定，但从各地检察机关根据修改后刑事诉讼法规定出台的附条件不起诉制度实施细则中，一般也都规定对于附条件不起诉决定均须经检委会讨论决定。

和管理，对被附条件不起诉人的监管责任自然落到了案件承办人的身上。由于缺乏配套的监督管理考察机制，案件承办人对考察对象的考察往往流于形式，若被附条件不起诉人在考察期内违反考察管理规定，或者发现其有遗漏旧罪，甚至在考察期内重新犯罪，不管检察人员是否有过失，都将面临被追究办案责任的风险。过大的不可预期的司法风险的存在，促使检察人员规避适用附条件不起诉制度。①

（五）缓刑制度、犯罪记录封存制度侵蚀附条件不起诉制度的适用空间

1. 缓刑制度对附条件不起诉制度形成冲击

附条件不起诉制度与缓刑制度在性质和适用效果上截然不同，从是否具有定罪的效力看，理论上犯罪嫌疑人似乎更愿意被作附条件不起诉处理，而不愿意被法院定罪判刑。然而，在司法实践中，却出现了被追诉人宁可被法院定罪判刑，而不愿意被作附条件不起诉处理的怪象。根源在于，实践中适用附条件不起诉的案件，均需要听取被害人的意见，即犯罪嫌疑人需取得被害人的谅解。而这种谅解，一般是建立在物质赔偿的基础上的。当犯罪嫌疑人无能力赔偿被害人损失时，往往得不到被害人的谅解，被害人也就不可能同意对犯罪嫌疑人适用附条件不起诉。虽然被害人的意见并不能左右检察机关作出处理决定，但在被害人不同意适用附条件不起诉的情况下，检察机关顾及案件稳控风险，往往会考虑被害人的意见，不会轻易作出附条件不起诉的决定。高检院有关负责人也撰文指出，被害人不同意附条件不起诉的，检察机关应当慎重考虑是否作附条件不起诉。② 这样，案件被提起公诉，法院根据案件情节和被告人的社会危害性对其定罪并判处缓刑。被定罪判刑的被告人似乎更愿意接受法院的判决，因为与附条件不起诉相比，缓刑考验期应遵守的规定更为宽松，无须接受检察机关的矫治、教育，人身自由度更高。

2. 犯罪记录封存制度侵蚀了附条件不起诉的制度价值

在刑事诉讼法确立未成年人犯罪记录封存制度之前，涉罪未成年人及其家属往往努力寻求检察机关对涉罪未成年人作不起诉处理，原因在于不起诉不被视为犯罪嫌疑人的前科，其今后上学、就业基本不受影响。修改后刑事诉讼法

---

① 参见范仲瑾：《附条件不起诉制度的规范架构与完善建议》，载《人民检察》2013年21期。

② 苗红环、张寒玉：《关于附条件不起诉制度中争议问题》，载《中国检察官》2013年第8期。

明文确立未成年人犯罪记录封存制度后，对于被判处 5 年有期徒刑以下刑罚的未成年人的犯罪记录实行封存，除司法机关办案需要和有关机关依法查询外，任何单位和个人不得查询。在这一制度保障下，未成年人即使犯罪被判处 5 年有期徒刑以下的刑罚，其犯罪记录被封存起来了，对其复学、升学、就业不会产生影响，其可能不那么愿意积极去寻求检察机关对其作不起诉处理。因为，无论是作相对不起诉还是附条件不起诉，一般情况下均需要取得被害人的谅解，需要赔偿被害人的损失。对于那些家庭经济困难的未成年犯罪人家庭来说，即使被法院判处刑罚，也无能力赔偿被害人。从某种意义上审视，未成年人犯罪记录封存制度的存在，使得酌定不起诉制度的制度激励价值大打折扣，在这种情况下附条件不起诉的适用价值会大大降低。

（六）帮教条件缺乏，社会支持体系不健全，限制了附条件不起诉的适用

对被附条件不起诉的犯罪嫌疑人进行矫治和教育，是附条件不起诉制度的核心环节。虽然刑事诉讼法没有明确将"犯罪嫌疑人具备帮教条件"规定为附条件不起诉的前提条件，但从刑事诉讼法第 271 条规定来看，符合附条件不起诉条件的，检察机关是"可以"作出附条件不起诉决定，这一规定使得司法实践中很多地方将涉罪未成年人是否具备帮教条件作为考量是否适用附条件不起诉的前提条件。判断涉罪未成年人是否具备帮教条件，一方面是考察犯罪嫌疑人的人身危险性大小；另一方面是考量其是否具备监护条件或者社会帮教措施。在未成年人犯罪案件中，有一大部分的犯罪嫌疑人由于缺乏监护条件，往往需要作为附条件不起诉监督考察主体的检察机关及办案人员为涉罪未成年人创造帮教条件。但单凭检察机关的自身资源和检察官的个人力量不足以帮助被附条件不起诉人矫正行为偏差。因为诸如心理辅导、戒瘾治疗等行为矫治需具备专业的知识和技能，检察机关在短时间内难以配齐具备上述专业知识的办案人员。在人少案多矛盾普遍突出的背景下，检察机关自身也难以投入大量的人力到被附条件不起诉人的监督帮教工作中。从上海、江苏等地检察机关的实践来看，引入社会资源形成帮教力量对被附条件不起诉的犯罪嫌疑人开展帮教工作，是建立和完善附条件不起诉监督考察配套体系的趋势。《刑诉规则》对这一帮教模式也给予了肯定，其第 496 条规定，人民检察院可以会同未成年犯罪嫌疑人的监护人、所在学校、单位、居住地的村民委员会、居民委员会、未成年人保护组织等的有关人员，共同对未成年犯罪嫌疑人进行考察、教育。但在全国大部分地区，由于基层组织的不健全，社会组织的缺乏，对涉罪未成年人的社会支持体系不健全，缺少社会力量参与到对被附条件不起诉的犯罪人

的考察、帮教工作中来。在检察机关人少案多的矛盾普遍存在的这一现实背景下，检察机关及办案人员往往不愿意主动提出适用附条件不起诉，而是选择程序相对简单、不需要专门人员进行监督考察的相对不起诉制度，一定程度上影响了办案机关主动适用附条件不起诉。

五、附条件不起诉的制度完善路径：以制度功能发挥和教育、挽救涉罪未成年人为逻辑起点

附条件不起诉制度在实践中的适用率低、运行不畅，对附条件不起诉制度的最大伤害是侵蚀了附条件不起诉的制度功能。附条件不起诉最根本的功能在于对案件进行程序分流，减少司法资源的浪费，减轻国家财政负担，使有限的人力、物力、财力投入到遏制更为严重的犯罪中去，体现诉讼经济价值。附条件不起诉制度在我国作为一项新制度，立法机关考虑到民众的接受程度，将附条件不起诉的适用主体限定于涉嫌犯罪的未成年人，从而将附条件不起诉的制度价值与教育、感化、挽救涉罪未成年人的目的有机结合，因此，我国的附条件不起诉制度兼具程序分流和挽救涉罪未成年人、促进其回归社会的双重目的。针对我国附条件不起诉制度在运行中存在的问题，我们以兼顾修改后刑事诉讼法确立的附条件不起诉制度的这一双重目的为逻辑起点，提出相应的完善建议，既确保附条件不起诉制度功能得到有效发挥，节约司法资源，又能最大限度地实现教育、挽救失足未成年人的目标。

（一）逐步扩大附条件不起诉的案件适用范围，确保制度功能的发挥

从其他国家和地区看，美国、日本、法国等国家没有明确限制案件范围，德国和我国台湾地区主要根据法定刑的轻重来确定附条件不起诉的适用对象。[①] 我国立法机关在修改刑事诉讼法设立附条件不起诉制度时，考虑到附条件不起诉制度在我国作为一项新生制度，需要经过实践的进一步检验，适用范围不宜放得过宽，故对附条件不起诉的适用主体、罪名和刑罚作了限定。我国实行违法与犯罪的二元化的司法体制，与西方国家的违法与犯罪一元制的刑事司法制度存在重大区别，因此，不能简单地照搬国外制度来论证附条件不起诉制度。从我国的司法实际和群众对犯罪的认知出发，现阶段将附条件不起诉的适用对象限定于未成年人是符合我国国情的。但将附条件不起诉限定于未成年

---

① 参见陈光中主编：《〈中华人民共和国刑事诉讼法〉修改条文释义与点评》，人民法院出版社 2012 年版，第 399 页。

人涉嫌刑法分则第四章、第五章、第六章犯罪，可能被判处 1 年有期徒刑以下刑罚的案件，严重限制了检察机关适用附条件不起诉的裁量权，使得司法实践中符合附条件不起诉的案件非常有限。对于该问题，在刑事诉讼法修正案征求意见时，已有学者指出①，并建议将适用范围扩大至交通肇事罪、危险驾驶罪及过失犯罪，刑罚适用条件扩大为可能判处 3 年有期徒刑以下刑罚，使该制度与刑事实体法的衔接更为顺畅，也便于司法机关在实践中把握。② 但这些意见并未被立法机关采纳。

我们认为，从附条件不起诉制度在实践中实行的效果看，将附条件不起诉的刑罚适用条件扩大为可能判处 3 年有期徒刑以下刑罚的案件是有必要的，理由是：首先，将附条件不起诉的刑罚适用条件放宽至可能判处 3 年有期徒刑以下刑罚的案件，使之与相对不起诉的案件适用范围一致，便于检察机关根据犯罪嫌疑人的自身条件灵活掌握运用。刑事诉讼法第五编第二章新增的当事人和解程序中规定，因民间纠纷引起，涉嫌刑法分则第四章、第五章犯罪，可能判处 3 年有期徒刑以下刑罚的案件，以及除渎职犯罪以外的可能判处 7 年有期徒刑以下刑罚的过失犯罪案件，双方当事人可以进行和解；对于犯罪情节轻微，不需要判处刑罚的，可以作出不起诉的决定。这就意味着，犯罪嫌疑人可能被判处 3 年有期徒刑以下刑罚的故意犯罪案件和可能判处 7 年有期徒刑以下刑罚的过失犯罪案件（渎职犯罪除外），从理论上分析，检察机关均有可能对其作相对不起诉处理。虽然刑事诉讼法第 173 条第 2 款对相对不起诉的适用标准是"犯罪情节轻微，依照刑法规定不需要判处刑罚或者免除刑罚"的案件，但何为"犯罪情节轻微"，何为"不需要判处刑罚"，缺乏明确的标准，实践中检察机关往往根据犯罪嫌疑人的和解情况运用自有裁量权灵活掌握运用。在这种司法惯例下，相对不起诉的刑罚适用条件就由"不需要判处刑罚或者免除刑罚"异化成以"可能判处的刑罚"来掌握了。将附条件不起诉的刑罚适用条件中的可能判处的刑罚范围扩大至 3 年有期徒刑以下，使其与司法实践中的相对不起诉的预期刑罚一致，便于检察机关在司法实践中根据犯罪嫌疑人的性格、年龄、境遇、犯罪的轻重及情节和犯罪后的情况，裁量适用相对不起诉还是附条件不起诉。其次，将 3 年有期徒刑以下犯罪适用附条件不起诉，与我国

① 陈卫东教授指出，在实践中可能判处 1 年有期徒刑以下的案件是比较少的，这样的立法修改意义不大。参见陈卫东：《构建中国特色刑事特别程序》，载《中国法学》2011年第 6 期。

② 参见童建明主编：《新刑事诉讼法理解与适用》，中国检察出版社 2012 年版，第259 页。

现行的一些法律规定也比较协调。因为我国缓刑制度的适用、简易程序的适用条件，以及前述可进行刑事和解的案件范围，都是以3年有期徒刑作为划分重罪与轻罪的分界线。[①] 最后，扩大附条件不起诉的适用范围，有利于提高附条件不起诉案件的适用率，实现附条件不起诉制度程序分流的制度功能。陈光中教授曾鲜明地指出，"要实现程序分流，就要有一定的流量，流量太小应该节约的资源没有节约，节约出来的资源微不足道，同样无法从总体上实现提高效率的目标。"[②] 将附条件不起诉的刑罚条件扩大至3年有期徒刑以下，将有更多的案件可以适用附条件不起诉，过滤掉一些无刑罚必要的案件进入审判环节，实现了程序分流，节约了司法资源。在现行立法框架下，可以通过联合司法解释的方式，将附条件不起诉的适用范围扩大到"最高法定刑为3年有期徒刑的案件"。[③]

（二）准确界定附条件不起诉与相对不起诉的逻辑关系：以优先适用相对不起诉为原则，特别情形优先适用附条件不起诉为补充

除了适用主体不同外，附条件不起诉与相对不起诉在适用条件上的最大区别在于刑罚适用条件的不同：前者是"可能判处1年有期徒刑以下刑罚"的案件，而后者是犯罪情节轻微，不需要判处刑罚或免除刑罚的案件。但在检察实务中，对"是否需要判处刑罚"和其"可能判处的刑罚是否在1年有期徒刑以下"的判断，实质上全凭检察官的自由裁量决定，不同的办案人员的判断结果可能不同。具体到未成年人犯罪案件中，二者不可避免地存在交叉适用的案件范围，即某一案件既可以适用相对不起诉，又可以适用附条件不起诉。在这种情况下，附条件不起诉和相对不起诉二者的逻辑关系如何？是优先适用相对不起诉，还是附条件不起诉？

对于这一问题，《最高人民检察院关于进一步加强未成年人刑事检察工作的决定》第21条指出，"对于既可相对不起诉也可附条件不起诉的，优先适用相对不起诉"。这一指导意见明确了附条件不起诉与相对不起诉的逻辑关系，优先适用相对不起诉的目的在于，可以尽快将未成年人从诉累中解脱出来，更有利于未成年人的身心健康。但实务部门中对此二者的逻辑关系仍存在

---

① 赵秉志、王鹏祥：《论新刑事诉讼法对未成年人刑事诉讼制度的完善》，载《预防青少年犯罪研究》2012年第5期。

② 陈光中、严端：《中华人民共和国刑事诉讼修改建议稿和论证》，中国方正出版社1995年版，第309页。

③ 范仲瑾：《附条件不起诉制度的规范架构与完善建议》，载《人民检察》2013年第21期。

分歧意见，有观点认为，对于既符合相对不起诉又符合附条件不起诉适用条件的未成年人犯罪案件，应当优先适用附条件不起诉制度，为其设置一个缓冲考验期，有针对性地进行帮教、考察，达到真正矫正其不良行为的目的。"不能因为相对不起诉制度可以立即决定不起诉，看似比缓起诉要轻，而放弃对未成年人适用附条件不起诉"。[①]

我们认为，这一观点不无道理，对于附条件不起诉与相对不起诉的逻辑关系，不能简单化处理。"实践中具体适用附条件不起诉还是相对不起诉，主要应考虑未成年犯罪嫌疑人的主观恶性，对其直接作出相对不起诉是否放心，是否确有必要对其进行较长时间的考验。"[②] 因此，在某些案件中，如果适用附条件不起诉更有利于未成年人的改造、矫治和教育的，应当充分发挥附条件不起诉教育、挽救未成年人的功能作用，优先考虑适用附条件不起诉。因为从实践中相对不起诉和附条件不起诉的适用社会效果上看，后者比前者更能帮助犯罪嫌疑人矫正错误，回归正常社会。

（三）细化附条件不起诉的"悔罪表现"的审查标准

我们认为，应该从四个方面来审查犯罪嫌疑人是否具有悔罪表现，从而决定是否使用附条件不起诉。一是要考察犯罪嫌疑人实施犯罪前的一贯表现，如考察期其是否有故意犯罪的前科，是否曾经受过治安行政处罚等。二是审查犯罪嫌疑人犯罪的动机、主观恶性大小、手段、造成的犯罪后果等情节。三是要综合考量涉嫌犯罪未成年人的到案情况（包括是否投案自首、有无立功等法定情节）、认罪态度（是否主动如实供述犯罪事实）和行为表现（包括是否退赃、是否向被害人赔偿损失和赔礼道歉等）。四是考察犯罪嫌疑人在考验期内的表现，查看其是否严格遵守考验期的各项规定、是否自觉自愿地履行所附加的考察义务，将涉罪未成年人在考验期的表现作为证明其具有悔罪表现的补充证明。

（四）简化附条件不起诉的适用程序，合理约束检察机关自由裁量权

检察机关为了有效规范起诉裁量权的行使，普遍对附条件不起诉这一新生

---

① 张莉：《相对不起诉制度适应刑事诉讼法修改之革新——以附条件不起诉制度的确立为视角》，载《中国检察官》2013 年第 6 期。

② 苗红环、张寒玉：《关于附条件不起诉制度中争议问题》，载《中国检察官》2013 年第 8 期。

制度的运行设定了严格的内部监督制约机制。无制约就容易产生腐败，合理的监督制约机制对规范司法权力的运行是万古不变的法理。但司法实践已经表明，对于未成年人附条件不起诉制度的适用，存在的问题不是检察机关滥用权力，而是过于谨慎，不敢适用。① 从我国目前的起诉裁量权的行使现状来看，缺乏的不是内部的制约，而是外部的监督。笔者认为，应当适当简化附条件不起诉的决定程序，附条件不起诉程序可以由主诉检察官决定作出，不必完全由检察长或检委会决定，减少层级决策，提高诉讼效率。如案件承办人拟提出适用附条件不起诉的，经科室讨论，如意见一致，报请分管副检察长决定即可实施，无须经检察委员会讨论决定。考验期满后，犯罪嫌疑人未违反监督考察规定，也未发现遗漏罪行的，再由案件承办人提出作不起诉处理的意见，经科室讨论后报分管副检察长决定。这种"放权"可以促进检察官职业化程度，权责更加分明，检察长作为领导者更好地中立地行使监督职能，而不必事事躬亲。②

（五）出台指导性意见，统一附条件不起诉案件中强制措施的适用，维护法律的统一实施

作出附条件不起诉决定后，是否还需要采取强制措施的问题，我们认为，从减少被附条件不起诉人的诉累，更好地帮助涉罪未成年人回归社会的目的出发，检察机关作出附条件不起诉决定后，应当解除原来其所被采取的强制措施。理由如下：首先，我国的附条件不起诉制度是以教育、感化、挽救未成年人为导向的，检察机关综合考虑涉罪未成年人的主观恶性和客观条件后作出附条件不起诉决定，即表明涉罪未成年人的人身危险性已经在考察机关考量范围内，检察机关认为解除强制措施不会影响诉讼程序的顺利进行。其次，附条件不起诉制度专门规定了不诉考验期及其在考验期内所履行的义务，同样可以起到对未成年犯罪嫌疑人的约束作用，不会出现妨碍诉讼顺利进行的情形。③ 最后，若同时对被附条件不起诉人采取取保候审和约束性的监督考察措施，其同时需要接受公安机关和检察机关的考察约束，会显著增加其心理负担，且取保候审的约束性条件与考验期应遵守的规定大同小异，显然是浪费司法资源。因

---

① 参见高检院检察理论研究所编：《检察理论研究工作情况》2013 年第 3 期。

② 《刑诉规则》也简化了相对不起诉和存疑不起诉的适用程序，不再如之前规定都须经检委会决定，程序适用更加便捷。因此简化附条件不起诉适用程序也符合这种立法精神。

③ 参见苗红环、张寒玉：《关于附条件不起诉制度中争议问题》，载《中国检察官》2013 年第 8 期。

此，我们建议，最高人民检察院可以通过修订《人民检察院办理未成年人刑事案件的规定》①或出台专门指导性意见的形式，明确在附条件不起诉案件中，应当解除强制措施的适用。

（六）借助社会帮教力量完善帮教体系，建立附条件不起诉的社会支持和异地协作机制

完整的帮教体系和社会支持机制，是附条件不起诉制度顺畅运行、挽救涉罪未成年人的基础。检察机关既是办案机关，又是监督考察机关，在人少案多矛盾普遍突出的情况下，全部依靠检察机关对被附条件不起诉人进行监督考察是不实际的。检察机关应当充分发挥法律监督机关的职能优势，整合社会资源，借助更多的社会力量来支持附条件不起诉制度的实施。

1. 审查起诉阶段借助社会力量加强对涉罪未成年人成长背景、心理特征的调查评估，提高附条件不起诉教育、挽救涉罪未成年人的针对性。

对于符合附条件不起诉条件的未成年人犯罪案件，检察机关可以委托社工组织或合适成年人队伍，对涉罪未成年人的成长经历、社会背景、犯罪原因进行全面的调查了解，为检察机关提供有效参考。具备条件的地区，还可以委托具备心理专业知识的专门机构或专业人员，对未成年犯罪嫌疑人作人格心理测评，将评估结果作为考量判断犯罪嫌疑人人身危险性大小的依据，为检察机关是否作出附条件不起诉决定提供参考，以提高适用附条件不起诉的针对性，确保帮教效果。

2. 成立专门的帮教机构提升帮教效果，建立帮教基地为无帮教条件的涉罪未成年人创造帮教条件。

针对实践中涉罪未成年人不具备帮教条件而限制了附条件不起诉适用、检察机关帮教资源有限导致帮教效果不明显等问题，检察机关应当充分发挥职能优势，引入专业化的帮教力量加强对被附条件不起诉人的教育、引导。一是可以联合未成年人保护组织、共青团、妇联、关工委、司法部门等社会力量，与具体个案中的未成年人所在学校、单位、居委会或村委会组成专门的帮教、考察小组，帮教人员与涉罪未成年人家属、检察机关签订帮教协议书，共同负责涉罪未成年人的监督、考察、帮教工作。二是设立专门的观护帮教基地，接收无监护条件的涉罪未成年人，为那些符合附条件不起诉条件、认罪悔罪的外来涉罪未成年人提供平等保护。设立专门的观护帮教基地是北京、上海、江苏等

---

① 2013年12月19日最高人民检察院第十二届检察委员会第十四次会议通过了对《人民检察院办理未成年人刑事案件的规定》的第二次修订。

地检察机关创新未成年人帮教工作的新模式，实践证明，这种帮教模式对促进涉罪未成年人回归社会具有积极作用。各地检察机关可以借鉴这些地区的经验，结合本地实际，建立符合地方经济社会发展特点的观护帮教基地，对附条件不起诉的涉罪未成年人开展法制教育、行为矫正、公益劳动、技能培训并配合有关专业机构开展心理辅导、戒瘾治疗等帮教活动，帮助涉罪未成年人重新回归社会。

3. 建立附条件不起诉异地考察协作机制。

对于那些回到户籍地接受监督考察更有利或因涉罪未成年人因客观原因需离开居所地的被附条件不起诉人，检察机关应当积极联系涉罪未成年人户籍地或前往地的检察机关，委托当地检察机关对其实施考察帮教，并做好相关考察档案的移交工作，让符合条件的涉罪未成年人在异地接受考察。为建立全国统一的异地考察帮教协作机制，我们认为，最高人民检察院应当出台指导性意见，支持、鼓励各地检察机关建立异地考察协作机制，以实现帮教效果的最大化。

（七）在附条件不起诉启动程序和决定程序中充分保障有关当事人的权利，在附条件不起诉制度中引入外部监督制约机制

社会公众对检察机关滥用起诉裁量权的担忧，最主要是来自检察机关对当事人的权利保障不充分，起诉裁量权缺乏必要的外部监督制约。因此，为避免有关当事人在事后救济程序中救济权行使不到位的问题，在附条件不起诉的启动程序和决定程序中就应充分保障有关当事人的权利行使和诉求表达，并在附条件不起诉制度中引进外部监督制约，通过外部的监督消减社会对检察机关作出的附条件不起诉决定的质疑。

1. 建立附条件不起诉的外部申请启动机制

针对检察机关附条件不起诉启动权过于集中的弊端，应当赋予犯罪嫌疑人申请启动、公安机关建议启动附条件不起诉程序的权利。一是犯罪嫌疑人申请启动。犯罪嫌疑人及其法定代理人、辩护人认为涉罪未成年人符合附条件不起诉并愿意适用附条件不起诉的，可以向检察机关提出适用附条件不起诉的申请，检察机关对其申请进行审查，如无排除适用情形的，应启动附条件不起诉程序，并听取被害人、公安机关的意见。二是公安机关在侦查阶段认为犯罪嫌疑人符合附条件不起诉条件的，在移送审查起诉时可以向检察机关提出附条件不起诉的建议。通过赋予外部主体审查或建议启动附条件不起诉的权利，既符合当事人处分自己权利的正当性要求，也能削减外界对检察机关的滥用起诉裁量权的质疑。当事人申请附条件不起诉，其会更主动地配合监督考察工作，有

利于实现附条件不起诉的制度功能。

2. 建立附条件不起诉的公开审查机制，依法保障当事各方的权益

根据修改后刑事诉讼法要求，人民检察院在作出附条件不起诉的决定以前，应当听取公安机关、被害人、未成年犯罪嫌疑人及其法定代理人的意见。为了兼顾当事各方的利益，让当事人的利益诉求能得到充分表达，避免可能的利益失衡与不必要启动的后续救济程序，建立附条件不起诉决定前的公开听证、公开审查机制是提高执法透明度、促进决定结果被当事各方接受的有效方式。因此，我们认为，检察机关应当建立专门的听证室、宣告室，对拟作附条件不起诉的案件，由检察机关组织公安机关、被害人、犯罪嫌疑人及其法定代理人等共同参加公开听证会，听取公安机关、被害人、犯罪嫌疑人及其法定代理人的意见，检察机关综合考虑各方的意见后，再决定是否作出附条件不起诉的决定。对于被害人不同意适用附条件不起诉的，从确保办案的社会效果和法律效果的角度出发，检察机关应当慎重作出附条件不起诉决定。在监督考察期届满后，检察机关同样可以组织公安机关、被害人、犯罪嫌疑人及其法定代理人、辩护人、帮教小组成员等参与到案件的听证程序，检察机关根据有关各方的意见再作出起诉或者不起诉的决定。

3. 在附条件不起诉中引入人民监督员监督

检察机关应当将附条件不起诉案件列入人民监督员监督的案件范围，使附条件不起诉的程序更加公正、透明。具体而言，检察机关在作出附条件不起诉决定之前，应当将书面意见和相关材料通过人民监督员办公室送人民监督员进行评议，其评议意见附卷作为附条件不起诉的参考依据。如人民监督员的评议意见不被采纳的，应当书面说明理由。必要时，检察机关还可以邀请人民监督员参加附条件不起诉案件的公开听证会并发表评议意见。在附条件不起诉决定作出后，在涉罪未成年人的监督考察过程中，也可邀请人民监督员对其考察情况进行监督。考察期届满后检察机关决定是否作出终局性的不起诉决定时，也可以听取人民监督员的评议意见。

（八）健全考评制度，激励附条件不起诉的适用

根据修改后刑事诉讼法增设的未成年人诉讼特别程序，检察官办理未检案件与办理成年人犯罪案件相比，增加了社会调查、合适成年人到场等办案程序，需要付出更多的精力感化、挽救未成年人。在附条件不起诉案件中，工作量更是显著增加。然而，现有的检察官办案评价体系是以成人模式为主导的，未能结合未成年人检察工作的特殊职能，区别对待未成年人案件和成年人案件办理的特殊性，导致未检部门的检察人员在办理未检案件时付出的辛勤劳动得

不到应有的肯定，不利于未检工作的健康发展。因此，我们认为，应当建立符合未成年人检察工作特点的独立考评机制，以引导检察机关未检部门全面贯彻对涉罪未成年人"教育、感化、挽救"的方针和"教育为主、惩罚为辅"的原则，以优化办案效果，最大限度地挽救涉罪未成年人。具体到附条件不起诉制度中，我们认为，不能仅以案件数量作为评价工作的指标，而应以落实帮教措施、挽救涉罪未成年人情况等帮教考察效果为核心。对于创新帮教方式并取得突出效果的，应当建立激励机制，科学、全面地评价未成年人刑事检察工作实绩。

量刑建议机制研究[*]

张国轩　张玉华　张　昊　宋尚华

　　"规范自由裁量权，将量刑纳入法庭审理程序"是上一轮中央确定的重要司法改革项目。量刑程序改革，是规范和制约量刑裁量权、完善和强化公诉权、拓展和加强辩护权的一项重要措施，是我国刑事法治朝着程序的精细化与多样化方向发展的一个重要契机。^①

　　开展量刑建议有其独特的理论和实践价值。第一，开展量刑建议，是全面、充分履行控诉职责的要求。一旦案件进入审查起诉环节，办案人员就必须全面地审查案件，对定罪量刑的所有问题都会逐项审查，案件进入审判程序以后，公诉人又必须全力以赴准备出庭，特别是对案件在刑罚适用的相关问题进行充分的准备。同时可以使起诉的内容更加全面、更加具体。第二，开展量刑建议，可以增加庭审的对抗性和多样性。第三，开展量刑建议，有利于提高法庭的当庭宣判率，提高司法效率。有人认为，量刑建议有利于法院在审判中提高法庭的当庭宣判率，而且有利于提高当庭宣判的准确度，使它有一个更充分、更全面地兼听则明的机会，为合议庭在合议的时候提供一个参考。这从客观上说，与法院审判改革当中提高当庭宣判率是能够在客观上配套进行的。^②第四，开展量刑建议，可以促进法院统一量刑标准，促进司法公正。第五，开展量刑建议，可以保障当事人权益。陈兴良教授认为，现在庭审主要集中在定罪部分，量刑部分的辩论十分空泛，过分含糊。通过量刑建议可以让庭审活动更加丰富，可以充分保护被告人的权利。^③第六，开展量刑建议，可以减少检

---

　　* 课题负责人：张国轩，江西省人民检察院副检察长，法学博士。课题组成员：张玉华、张昊、宋尚华。

　　① 参见谢鹏程：《论量刑程序的张力》，载《中国法学》2011 年第 1 期。

　　② 参见赵志建：《专家学者纵谈"量刑建议制度"》，载《检察日报》2001 年 10 月 2 日。

　　③ 转引自肖玮、李若昕：《量刑建议，不仅防止司法擅断》，载《检察日报》2007 年 3 月 28 日。

察机关不必要的抗诉。周士敏教授认为，检察机关行使量刑建议，不仅配合法院正确行使刑罚权，而且也制约法院不当行使刑罚权。法院应当对检察机关或公诉人的量刑建议作出诉讼性质的处理；检察院对不采纳正确的量刑建议，也有权用诉讼手段作出反应。①由于检察机关对量刑建议的提出经过了充分的、全面的研究，同时该建议又在法庭审理中经过了全面、充分的调查和辩论，一旦法庭对被告人的量刑与法庭审理中的期望结果基本相同，这也必然减少检察机关对量刑问题的抗诉。

我们认为，关于量刑建议的机制问题包括两个方面的内容：一是制度层面的机制问题；二是工作层面的机制问题。本课题研究的重点应当是工作层面的机制问题。

量刑建议机制研究的内容和体系应当包括：第一，必须立足于开展量刑建议法律依据的确立和当前开展量刑建议存在的实际问题；第二，建立量刑建议工作机制必须实现观念和做法的许多转变；第三，应当对开展量刑建议的罪名和刑罚范围进行评估，建立量刑建议的评估机制；第四，应当对开展量刑建议的原则和条件等实体性标准进行确认，建立实体确认机制；第五，应当对开展量刑建议的过程、步骤等程序性标准进行确认，建立程序确认机制；第六，由于量刑建议书是开展量刑建议工作的重要文书，因此，应当对量刑建议书的性质、内容、形式等相关问题予以确认，建立量刑建议书的确认机制；第七，由于量刑建议是量刑规范化的重要内容，因此应当建立量刑建议与量刑规范化的相互促进机制。

一、开展量刑建议的法律依据

（一）刑事诉讼法修改之前开展量刑建议的依据

复旦大学法学院谢佑平教授认为，司法公正需要赋予了法官超常的权力，但如果任由此权力在社会中游走，自由将无法存在，于是人们将司法权一分为二，一部分为审判权，由法官独享，他方不得干涉、僭越；一部分为控诉权，主要由检察官执掌。在控审之间严格贯彻不告不理原则，不仅由检察官决定审判权是否启动，而且由检察官决定审判的范围即审判权的大小。因此，西方法治国家检察官的控诉，不仅针对是否定罪提出，还就如何量刑作出建议，这就是所谓的量刑建议权。法官在量刑时，应该斟酌检察官的量刑建议，如果不予考虑的话，应该明确论证理由。② 量刑建议又称求刑、量刑请求，长期以来，

---

① 参见周士敏：《专家学者纵谈"量刑建议制度"》，载《检察日报》2001 年 10 月 2 日。
② 参见《检察日报》2008 年 11 月 26 日。

由于我国法律对此没有明文规定，司法实践对此又有不同的认识，致使其长期在司法实践中难以全面和正常开展，只能在部分地方进行试点。同时，理论界对其是否应当开展和如何开展又一直存在争论。① 当然，在司法实践中有相当多的检察院早就在积极主动、规范有序地开展量刑建议的试点工作，并且积累了不少的经验。

最高人民检察院公诉厅 2010 年 2 月 23 日印发的《人民检察院开展量刑建议工作的指导意见（试行）》不仅明确了量刑建议的存在，而且涉及量刑建议的属性、遵循的原则、具备的条件、具体的建议要求、量刑评估、审批程序、制作量刑建议书、举证顺序、在法庭辩论阶段时提出、庭审中的调整、建议书的送达、救济方式、提高质量等内容。其第 1 条规定："量刑建议是检察机关公诉权的一项重要内容"，第 3 条规定："人民检察院对向人民法院提起公诉的案件，可以提出量刑建议"。2010 年 9 月 14 日最高人民法院、最高人民检察院、公安部、国家安全部、司法部联合制定印发《关于规范量刑程序若干问题的意见（试行）》，明确引入了量刑建议制度，强化了量刑的调查取证，强化了律师的量刑辩护等。其第 3 条第 1 款规定："对于公诉案件，人民检察院可以提出量刑建议。量刑建议一般应当具有一定的幅度"，第 5 条规定："人民检察院以量刑建议书方式提出量刑建议的，人民法院在送达起诉书副本时，将量刑建议书一并送达被告人"。最高人民检察院 2010 年 10 月 12 日印发的《关于积极推进量刑规范化改革全面开展量刑建议工作的通知》指出：检察机关对公诉案件提出量刑建议，是依法履行法律监督职能的重要内容，全面开展量刑建议是一项新的工作，要以量刑建议改革为契机，提高公诉水平。

可见，在刑事诉讼法修改之前，检察机关开展量刑建议虽然在法律上没有明确的规定，但是在司法解释中则有明确、具体的规定和具体实施要求。

（二）刑事诉讼法修改后开展量刑建议的依据

1. 量刑建议应属《刑事诉讼法》第 193 条的应有之义

2012 年 3 月 14 日修改后《刑事诉讼法》第 193 条第 1 款规定："法庭审理过程中，对与定罪、量刑有关的事实、证据都应当进行调查、辩论。"本款内容与修改前相比发生了较大的变化。王守安所长认为，修改后《刑事诉讼法》第 193 条的规定，是近年来检察机关量刑建议改革和法院量刑规范化改

---

① 参见张国轩：《检察机关量刑建议问题研究》，中国人民大学出版社 2010 年版，第 1 页。

革经验在立法上的巩固和升华，是对检察机关公诉权中量刑建议权的立法确认。[①] 郎胜等认为，其规定的意图是要表达，在法庭审理中不仅要对与定罪相关的事实、证据进行调查、辩论，对与量刑有关的事实、证据也要调查、辩论，从而为量刑规范化提供了法律依据。[②] 陈光中等认为，本款强调对与定罪有关的事实、证据和与量刑有关的事实、证据的全面调查和辩论，充分关注了定罪与量刑各自的特殊性，符合法庭定罪量刑的规律，有利于量刑的科学化、规范化。[③]

我们认为，虽然在修改后刑事诉讼法中没有直接对控方的量刑建议权作出规定，但是作为控方在出席法庭并参与法庭调查和辩论时，必然承担案件量刑的调查、举证和辩论等职责。同时根据控辩审三方在诉讼结构中不同角色及其功能，由控方提出量刑建议，这应当是起诉的应有内容之一。因此，本款内容应当包括或者包含控方在法庭上提出量刑建议。此外，修改后《刑事诉讼法》第 279 条规定："对于达成和解协议的案件……人民检察院可以向人民法院提出从宽处罚的建议……"那么根据本条的规定，在侦查阶段或者审查起诉阶段达成和解协议的，检察机关认为依法应当追究犯罪嫌疑人刑事责任的时候，就应当提起公诉，并根据案件情况提出从宽处罚的建议，连同案卷材料、证据、和解协议书一并移送人民法院。[④] 因此，公诉方对达成和解协议的案件，也有权根据案件情况提出从宽处罚的量刑建议。

2. 《人民检察院刑事诉讼规则（试行）》对量刑建议作出了明确、具体的规定

为了全面贯彻修改后的刑事诉讼法，最高人民检察院 2012 年 10 月 16 日通过了《人民检察院刑事诉讼规则（试行）》，2013 年 1 月 1 日起施行。其在第十一章审查起诉、第十二章出席法庭、第十三章特别程序中都有量刑建议的直接规定。

（1）审查起诉中量刑建议的内容

第 376 条第 2 款规定："办案人员认为应当向人民法院提出量刑建议的，

---

① 参见王守安：《立法完善推动检察制度向前发展》，载《检察日报》2013 年 6 月 3 日。

② 参见郎胜主编：《中华人民共和国刑事诉讼法释义》（最新修正版），法律出版社 2012 年版，第 421 页。

③ 参见陈光中主编：《〈中华人民共和国刑事诉讼法〉修改条文释义与点评》，人民法院出版社 2012 年版，第 280 页。

④ 参见郎胜主编：《中华人民共和国刑事诉讼法释义》（最新修正版），法律出版社 2012 年版，第 610—611 页。

可以在审查报告或者量刑建议书中提出量刑的意见，一并报请决定。"第 399 条规定："人民检察院对提起公诉的案件，可以向人民法院提出量刑建议。除有减轻处罚或者免除处罚情节外，量刑建议应当在法定量刑幅度内提出。建议判处有期徒刑、管制、拘役的，可以具有一定的幅度，也可以提出具体确定的建议。"第 400 条规定："对提起公诉的案件提出量刑建议的，可以制作量刑建议书，与起诉书一并移送人民法院。量刑建议书的主要内容应当包括被告人所犯罪行的法定刑、量刑情节、人民检察院建议人民法院对被告人处以刑罚的种类、刑罚幅度、可以适用的刑罚执行方式以及提出量刑建议的依据和理由等。"

（2）出席法庭中量刑建议的内容

第 434 条规定："公诉人在法庭上应当依法进行下列活动：……（五）对证据采信、法律适用和案件情况发表意见，提出量刑建议及理由，针对被告人、辩护人的辩护意见进行答辩，全面阐述公诉意见；……"第 435 条规定："在法庭审理中，公诉人应当客观、全面、公正地向法庭出示与定罪、量刑有关的证明被告人有罪、罪重或者罪轻的证据。定罪证据与量刑证据需要分开的，应当分别出示。"第 454 条规定："人民检察院向人民法院提出量刑建议的，公诉人应当在发表公诉意见时提出。"

（3）特别程序之"当事人和解的公诉案件诉讼程序"中量刑建议的内容

第 520 条规定："人民检察院对于公安机关移送审查起诉的案件，双方当事人达成和解协议的，可以作为是否需要判处刑罚或者免除刑罚的因素予以考虑，符合法律规定的不起诉条件的，可以决定不起诉。对于依法应当提起公诉的，人民检察院可以向人民法院提出从宽处罚的量刑建议。"此外，最高人民检察院 2013 年 2 月 6 日印发的《检察机关执法工作基本规范（2013 年版）》也对上述相关内容作出了规定。

因此，在修改后刑事诉讼法开始施行以后，检察机关提出和出庭支持量刑建议不仅有法可依，而且必须有法必依，控方不能再以无法无据为由不开展量刑建议，法庭也不能再以无法无据为由在庭审中对控方的量刑建议置之不理。

二、当前开展量刑建议的基本情况

（一）修改后刑事诉讼法的实施并没有对检察机关的量刑建议工作产生必然的影响

从修改后刑事诉讼法实施以来的情况看，量刑建议的开展并没有引起检察机关的足够重视，量刑建议是否开展以及如何开展并没有与刑事诉讼法的修改和实施产生必然的联系，也就是说，修改后刑事诉讼法的实施并没有直接带来检察机关量刑建议工作的正常开展，量刑建议的数量并没有明显的增加。

江西省检察机关 2013 年 1—10 月，共起诉 15570 件 22898 人，提出量刑建议 8211 人，占起诉总人数的 35.86%，采纳量刑建议 6991 人，采纳率 85.14%。其中，各市分院共起诉 439 件 998 人，占总人数的 4.36%，但提出量刑建议仅 18 人，仅占市分院起诉总人数的 1.80%，采纳量刑建议 8 人，采纳率 44.44%；各基层院共起诉 15131 件 21900 人，占总人数的 95.64%，提出量刑建议 8193 人，占基层院起诉人数的 37.41%，采纳量刑建议 6983 人，采纳率 85.23%。其具体分布情况见表 1 和表 2：

表 1：2013 年 1—10 月全省检察机关量刑建议基本情况表

地 区	起诉（件/人）	提出量刑建议		采纳量刑建议	
		数量（人）	占起诉人数比重（%）	数 量（人）	采纳率（%）
南 昌	2955/4292	1078	25.12	868	80.52
景德镇	904/1364	114	8.36	63	55.26
萍 乡	844/1475	326	22.10	273	83.74
九 江	1684/2282	98	4.29	83	84.69
新 余	575/958	134	80.38	691	89.74
鹰 潭	425/669	134	20.03	94	70.15
赣 州	2057/2938	1586	53.98	1300	81.97
吉 安	1579/2253	1025	45.49	920	89.76
宜 春	1478/2273	1196	52.62	1160	96.99
抚 州	1001/1316	527	40.05	376	71.35
上 饶	1991/2988	1272	42.57	1099	86.40
南 铁	77/90	85	94.44	64	75.29
合 计	15570/22898	8211	35.86	6991	85.14

表2：2013年1—10月各市分院、基层院量刑建议基本情况表

地 区		起诉（件/人）	提出量刑建议		采纳量刑建议	
			数量（人）	占起诉人数比重（%）	数量（人）	采纳率（%）
南 昌	市 院	98/256	3	1.17	3	100
	基层院	2857/4036	1075	26.64	865	80.47
景德镇	市 院	28/68	0	0	0	0
	基层院	876/1296	114	8.80	63	55.26
萍 乡	市分院	22/52	0	0	0	0
	基层院	822/1423	326	22.91	273	83.74
九 江	市 院	42/68	0	0	0	0
	基层院	1642/2214	98	4.43	83	84.69
新 余	市 院	19/46	15	32.61	5	33.33
	基层院	556/912	755	82.79	686	90.86
鹰 潭	市 院	14/24	0	0	0	0
	基层院	411/645	134	20.78	94	70.15
赣 州	市 院	59/116	0	0	0	0
	基层院	1998/2822	1586	56.20	1300	81.97
吉 安	市 院	20/47	0	0	0	0
	基层院	1579/2253	1025	45.50	920	89.76
宜 春	市 院	49/133	0	0	0	0
	基层院	1429/2140	1196	55.89	1160	96.99
抚 州	市 院	21/48	0	0	0	0
	基层院	980/1268	527	41.56	376	71.35
上 饶	市 院	66/139	0	0	0	0
	基层院	1970/2849	1272	44.65	1099	38.57
南 铁	分 院	1/1	0	0	0	0
	基层院	76/89	85	95.51	64	75.29
合 计	市分院	439/998	18	1.80	8	44.44
	基层院	15131/21900	8193	37.41	6983	85.23

（二）修改后刑事诉讼法实施后有相当多检察院的量刑建议工作反而不正常

与往年的量刑建议比较，2013 年的量刑建议工作变化不明显，有的检察机关的建议数量不升反而下降，并且下降幅度还很大。如南昌市的量刑建议虽然每年有所增加，但是总体比例都不高，同时其下辖的部分基层院提出的情况也参差不齐，特别是今年上半年，有的达到 100%，有的只占百分之十几。具体分布情况参见表 3 和表 4。

表 3：南昌市检察机关 2010—2013 年上半年提出量刑建议数统计表

2010		2011		2012		2013	
提出数①	比例②	提出数	比例	提出数	比例	提出数	比例
385/551	13.88%	802/1110	26.17%	1307/1748	35%	668/910	42.85%

表 4：南昌市所辖县区检察院③ 2010—2013 年上半年提出量刑建议数统计表

县区院	2010		2011		2012		2013	
	提出数	比例	提出数	比例	提出数	比例	提出数	比例
新建县	5/8	2.3%	6/7	3.7%	16/26	2.5%	16/18	6%
南昌县	25/54	6.25%	264/350	55%	202/280	35%	35/45	17%
安义县	38/62	90%	74/117	92%	61/85	93%	44/87	93%
进贤县			16/16	6.8%	178/280	70%	119/176	100%
东湖区	63/85	16.3%	216/295	50.34%	455/527	82.17%	172/213	86.4%
西湖区	60/62	8.20%	43/48	1.60%	50/62	5.90%	35/38	11.7%
青云谱区	259/391	100%	242/375	100%	300/437	100%	147/179	100%
湾里区	43/78	100%	37/60	100%	69/102	100%	16/21	100%
高新区			48/61	100%	127/183	100%	44/72	100%

赣州市检察机关 2010 年提出量刑建议的案件数为 1528 件 2424 人，占公诉案件总人数的 61.90%；2011 年共提出量刑建议 1816 件 2673 人，占总人数

---

① 单位为：件/人。
② 占当年公诉案件比例数。
③ 缺少青山湖区检察院和经济技术开发区检察院的统计数据。

的 68.98%；2012 年共提出量刑建议 2498 件 3712 人，占总人数的 72.99%。2013 年 1—10 月赣州市检察机关共起诉 2057 件 2938 人，提出量刑建议 1586 人，占起诉人数的 53.98%。

九江市所辖的两个检察院的量刑建议工作也是如此，九江县检察院：2010 年 19 份，2011 年 110 份，2012 年 140 份，2013 年上半年 19 份。共青城市检察院：2010 年 2 份，2011 年 8 份，2012 年 8 份，2013 年上半年 1 份。

再从其他有关省市来看情况也差不多，如四川省检察机关 1—6 月共起诉 25894 人，提出量刑建议 9466 人，占 36.56%，北京市检察机关 1—6 月共起诉 10267 人，其中提出量刑建议 6518 人，占 63.48%；山东省检察机关 1—6 月共起诉 34239 人，提出量刑建议 15238 件；广东省检察机关 1—6 月共起诉 56736 人，提出量刑建议 17676 件次；湖北省检察机关 1—6 月共起诉 19178 人，提出量刑建议 10983 件。[①]

三、当前建立量刑建议机制必须实现的几个转变

（一）从以定罪为主的公诉到定罪和量刑并重的公诉的转变

长期以来，检察机关在履行公诉职责时，无论是在审查起诉阶段还是在出庭支持公诉阶段，主要是以对犯罪行为和犯罪事实的罪质指控为主，涉及罪与非罪、此罪与彼罪、一罪与数罪等犯罪性质问题。而对罪态问题——刑罚适用标准的问题，亦即是否应适用刑罚和如何适用刑罚的问题，则明显重视不够。也就是说，公诉基本上是以定罪为主的公诉模式，或者说是以定罪为主兼顾概括性求刑的公诉模式，并且案件承办人办案的主要时间和精力也花在了对案件是否定罪以及如何定罪方面。龙宗智教授指出，长期以来，我国检察官不提出具体的量刑建议，除了因为缺乏法律根据外，大致是因为将判刑视为法官的权力和责任，不属于检察官的职责范围。[②] 在司法实践中，公诉人向法院提出的诉讼请求，多数情况下还仅仅限于罪名方面，对于案件的量刑只是限于向法庭说明案件中所具备的具体量刑情节以及可以适用的刑法条款，不涉及该条款的实质性内容，至于法院是否采纳，以及采纳后的具体处理结果是否合理、正当，则很少能够引起公诉人的关注。究其原因，就在于我国司法实践中尚未建立起量刑建议制度，公诉人所关注的仅是法院定性的准确性，而忽略了量刑的

---

① 由于收集的范围有限，其他省市的情况和全国的情况未作统计。

② 参见龙宗智主编：《徘徊于传统与现代之间——中国刑事诉讼法再修改研究》，法律出版社 2005 年版，第 259 页。

准确性，由此法律监督不周全的问题凸显出来。[①] 今年开庭审判的刘志军受贿、滥用职权案，检察机关在起诉和出庭支持公诉时，虽然当庭提出刘志军有坦白情节，滥用职权造成的损失和受贿赃款基本已挽回，可从轻处罚，但是仍然没有提出明确、具体的量刑建议。薄熙来案件的起诉和出庭支持也没有提出明确、具体的量刑建议。

但是，从实体法来看，刑法是关于犯罪、刑事责任和刑罚的法律，由于罪责刑是刑法典的有机整体，其中犯罪是前提，刑罚是后果。因此，检察机关在适用刑法时，应当将罪和刑统一适用，不可偏废。再从程序法来看，由于刑事诉讼法已对量刑规范化成果直接进行了确认，这就必然要求检察官在公诉中同时承担定罪与量刑并重的起诉和支持模式，只有这样，公诉权才算完整、充分。所以龙宗智教授认为，如果检察官提出量刑建议，公诉就更加完整、更加全面、更加明确、更加具体，可以促使司法人员把工作做得扎实一些。[②]《人民检察院刑事诉讼规则（试行）》第 435 条规定："在法庭审理中，公诉人应当客观、全面、公正地向法庭出示与定罪、量刑有关的证明被告人有罪、罪重或者罪轻的证据。定罪证据与量刑证据需要分开的，应当分别出示。"

（二）从粗放式量刑建议到精细化量刑建议的转变

总体而言，在开始量刑建议试点以前，检察机关在起诉书或者出庭支持公诉时的量刑建议具有概括性、粗放性等特征。如在起诉书或者公诉词中有关对被告人判处刑罚的建议多表述为："请依法对被告人追究刑事责任"、"请依法对被告人判处刑罚"、"由于被告人是累犯，请依法从重处罚"、"由于被告人是未成年人，请依法应当从轻或者减轻处罚"、"由于被告人有自首情节，请依法可以从轻或者减轻处罚"，等等。

在检察机关开展量刑建议试点的后期阶段开始，特别是中央政法各家参与量刑规范化改革开始，以及在修改后刑事诉讼法施行之后，检察机关的量刑建议必须从概括性、粗放性转向特定性、精细化，也就是说，当前检察机关的量刑建议必然具有特定性，必须转向精细化。《人民检察院开展量刑建议工作的指导意见（试行）》第 5 条规定："除有减轻处罚情节外，量刑建议应当在法定量刑幅度内提出，不得兼跨两种以上主刑……（二）建议判处有期徒刑的，一般应当提出一个相对明确的量刑幅度，法定刑的幅度小于 3 年（含 3 年）

---

① 参见肖玮、李若昕：《量刑建议，不仅防止司法擅断》，载《检察日报》2007 年 3 月 28 日。

② 参见龙宗智：《解读"量刑建议"》，载《检察日报》2002 年 11 月 14 日。

的，建议幅度一般不超过 1 年；法定刑的幅度大于 3 年小于 5 年（含 5 年）的，建议幅度一般不超过 2 年；法定刑的幅度大于 5 年的，建议幅度一般不超过 3 年。根据案件具体情况，如确有必要，也可以提出确定刑期的建议。（三）建议判处管制的，幅度一般不超过 3 个月。（四）建议判处拘役的，幅度一般不超过 1 个月。（五）建议适用缓刑的，应当明确提出。（六）建议判处附加刑的，可以只提出适用刑种的建议。对不宜提出具体量刑建议的特殊案件，可以提出依法从重、从轻、减轻处罚等概括性建议。"《人民检察院刑事诉讼规则（试行）》第 399 条规定："人民检察院对提起公诉的案件，可以向人民法院提出量刑建议。除有减轻处罚或者免除处罚情节外，量刑建议应当在法定量刑幅度内提出。建议判处有期徒刑、管制、拘役的，可以具有一定的幅度，也可以提出具体确定的建议。"

如何实现精细化量刑建议呢？目前有的检察院积累了许多有益经验。如天津市检察院第二分院对未成年人犯罪二审案件积极推行"五步工作法"，确保量刑建议精准化，即：对定性无异议的案件开展量刑评估；对未成年人上诉案件全部安排"亲情会见"；承办人认真听取被害人意见；释法说理促双方当事人和解；对宣告缓刑的案件，承办人要全面考量，确保量刑建议的质量。目前，法院对该院就未成年人犯罪二审案件提出的量刑建议总体采纳率在 95% 以上，缓刑建议采纳率 100%。① 江苏省泰州市姜堰区检察院，创新"二三四"机制，推动量刑建议工作精细化。第一，创新两项特色，推动量刑建议工作亮点化。一是首创禁止令量刑建议；二是创建非常见罪名量刑建议信息档案。第二，强化三个结合，力推量刑建议质量精准化。一是与保障律师辩护权相结合；二是与未成年人权益保护相结合；三是与刑事和解程序相结合。第三，构建四种机制，力推量刑建议程序精细化。一是建立系统分析机制；二是建立层级审查机制；三是建立动态量刑建议机制；四是建立跟踪监督机制。福建晋江市院对简易程序案件实行"二书合一"，即将量刑建议书作为起诉书的附件，在案件提起公诉时一并移送法院。庭审时，公诉人可以根据庭审需要对起诉书全文宣读或择要宣读案件事实和法律适用部分。规范简易程序出庭的量刑建议。针对简易程序同罪名数量大、案情简单的特点，力求对同罪名案件批量起诉，并通过横向比较，准确提出量刑建议。在近期对魏某某等 9 起醉酒驾驶简易程序案件集中出庭过程中，公诉人根据危险驾驶是否造成事故、酒精超标幅度、事故发生地点等情节，提出对其中 6 名被告人判处缓刑、3 名被告人判处实刑，量刑幅度均在 1 个月之内的精确量刑意见，全部得到法院采纳。

---

① 参见《检察日报》2013 年 5 月 21 日。

（三）从选择性量刑建议到规范性量刑建议的转变

在量刑规范化开展之前，检察机关的量刑建议突出表现为选择性开展。《关于规范量刑程序若干问题的意见（试行）》第 3 条第 1 款规定："对于公诉案件，人民检察院可以提出量刑建议。"《人民检察院开展量刑建议工作的指导意见（试行）》第 3 条规定："人民检察院对向人民法院提起公诉的案件，可以提出量刑建议。"有的检察院还明确了提与不提的范围，如江西省南昌县检察院规定："提"的范围为人民法院量刑指导意见中明确规定的罪名，"不提"的范围包括人民法院量刑指导意见规定罪名以外的案件、对法律适用有重大分歧的案件、对事实和证据有较大争议的案件、可能造成工作被动的案件、本院自侦案件等五类案件一般不提出量刑建议。但事实上《关于规范量刑程序若干问题的意见（试行）》的适用范围原则上可以适用于所有的刑事案件，既包括可能判处有期徒刑以下刑罚的案件，也包括可能判处死刑、无期徒刑的案件。[1]

在修改后刑事诉讼法施行后，选择性量刑建议仍然在相关规定和司法实践中大量存在：

第一，对量刑建议的提出不是"应当"而是"可以"，明显具有选择性。《人民检察院刑事诉讼规则（试行）》第 376 条第 2 款规定："办案人员认为应当向人民法院提出量刑建议的，可以在审查报告或者量刑建议书中提出量刑的意见，一并报请决定。"第 399 条规定："人民检察院对提起公诉的案件，可以向人民法院提出量刑建议。除有减轻处罚或者免除处罚情节外，量刑建议应当在法定量刑幅度内提出。建议判处有期徒刑、管制、拘役的，可以具有一定的幅度，也可以提出具体确定的建议。"基本上是用"可以"一词来表述开展量刑建议的。

第二，对有些案件、有些刑种明确规定要"慎重提出"。《人民检察院开展量刑建议工作的指导意见（试行）》第 5 条规定："除有减轻处罚情节外，量刑建议应当在法定量刑幅度内提出，不得兼跨两种以上主刑。（一）建议判处死刑、无期徒刑的，应当慎重……"在具体执行上，由于高检院量刑建议指导意见规定对死刑、无期徒刑应当慎重建议，因而在实际操作中，死刑和无期徒刑几乎不被建议，全国建议判处死刑的案件确实比较少见。

第三，量刑建议主要在基层检察院开展，市级检察机关基本不开展。因为

---

[1] 参见李玉萍：《程序与实体并行的量刑规范化改革》，载《人民法院报》2010 年 9 月 22 日。

市分院起诉的案件属于重刑犯，不宜提出量刑建议。江西省检察机关今年1—10月，共提出量刑建议8211人，占起诉总人数的35.86%。其中，分市院提出量刑建议仅18人，占市分院起诉人数的1.80%；基层院提出量刑建议8193人，占基层院起诉人数的37.41%。

第四，从起诉的案件类别看，自侦案件提出的量刑建议比例相当低。从江西省检察机关2013年1—10月的量刑建议来看，对检察机关侦查的职务犯罪案件提出量刑建议226人，占职务犯罪案件起诉人数的18.18%；对公安机关侦查的案件提出量刑建议7985人，占公安机关侦查案件起诉人数的36.91%；对安全机关侦查的案件提出量刑建议0人；对监狱管理机关侦查的案件提出量刑建议0人。有相当多的基层检察院还明确规定自侦案件不提出量刑建议。

关于自侦案件是否提出量刑建议的问题。如江西省南昌县检察院规定自侦案件不提量刑建议；江西省九江市永修县检察院3年多来没有对1起职务犯罪案件提出过量刑建议。2005年至2009年6月，全国被判决有罪的职务犯罪被告人中，判处免刑和缓刑的共占69.7%，而同期检察机关对职务犯罪案件的抗诉数却仅占职务犯罪案件已被判决总数的2.68%。[1] 因此，全国检察机关在对职务犯罪的量刑建议方面存在的问题也是十分突出的。我们认为，对职务犯罪开展量刑建议并以此加强量刑监督，可以有效降低职务犯罪案件的轻刑化，特别是适用缓刑、免刑偏多的现象，还可以全面、充分地体现检察机关在查办和惩处贪污贿赂犯罪和渎职侵权犯罪方面的作用。

因此，我们必须高度重视当前存在的选择量刑建议问题，必须规范、严格、全面地实施量刑建议，《关于积极推进量刑规范化改革全面开展量刑建议工作的通知》也涉及全面推进量刑建议工作、以量刑建议改革为契机提高公诉水平、确保量刑建议的质量和效果、加强协调配合促进量刑规范化、深入开展量刑建议等内容。根据修改后刑事诉讼法第193条第1款的规定，法庭调查和辩论都应当涉及量刑有关的事实和问题。根据《人民检察院刑事诉讼规则（试行）》第399条的规定，人民检察院对提起公诉的案件，可以向人民法院提出量刑建议。也就是说，凡是人民检察院向人民法院提起公诉的所有案件，都可以提出量刑建议。[2] 检察机关在起诉和出庭支持公诉时，都应当提出量刑建议，否则与量刑有关的事实和问题的法庭调查和辩论就无法展开。

---

[1] 参见《检察日报》2010年11月19日。
[2] 参见孙谦主编：《〈人民检察院刑事诉讼规则（试行）〉理解与适用》，中国检察出版社2012年版，第317页。

（四）从被动督促法院规范量刑活动到积极主动履行量刑建议职责的转变

在开展量刑规范化改革时，检察机关的量刑建议多具有被动地督促法院规范量刑活动的作用，所以建议的罪名和刑罚标准多与法院量刑指导意见的罪名和刑罚一致，这就使量刑建议工作受到极大的限制，并且检察院的量刑建议就表现为督促法院严格执行法院内部文件的工作，其存在价值就会大打折扣。目前除了少数检察院对起诉的犯罪全部开展量刑建议外，多数检察院在开展量刑建议的罪名上，仍然过多地依赖法院确定的量刑指导意见的罪名，所以建议范围极其有限。如果再继续这样下去，量刑建议的价值仍然会削弱，必须要尽快改变这一现状。

当前，在司法实践中，适用量刑建议的罪名应该不限于法院确定的量刑规范化的15个，有的检察院在这方面也做出了许多努力。九江市永修县检察院2010年起诉的罪名包括玩忽职守、受贿、行贿等27个罪名，提出量刑建议的罪名有交通肇事、贩卖毒品、故意伤害、盗窃、诈骗、抢夺、滥伐林木、聚众淫乱、抢劫共9个，占该院提起公诉案件所涉罪名的33.3%；2011年起诉的罪名共31个，但提出量刑建议的有滥伐林木、盗窃、诈骗、开设赌场、交通肇事、故意伤害、抢夺、抢劫、容留卖淫、掩饰隐瞒非法所得、赌博、敲诈勒索、猥亵儿童、非法采伐国家重点保护植物、故意毁坏公私财物、强奸、贩卖毒品、妨害公务共18个罪名，占提起公诉案件所涉罪名的61.2%；2012年提出量刑建议的罪名包括贩卖毒品、交通肇事、盗窃、故意伤害、强迫卖淫、盗伐林木、交通肇事、故意毁坏财物、聚众斗殴、抢劫、抢夺、失火、强奸、妨害公务、故意杀人、危险驾驶、合同诈骗、诈骗、开设赌场、寻衅滋事、容留他人吸毒共22个罪名。① 2013年上半年提出量刑建议并且获得法院判决的案件所涉罪名有盗窃、容留他人吸毒、故意伤害、抢夺、贩卖毒品、交通肇事、滥伐林木、危险驾驶、非法持有毒品、诈骗、聚众斗殴、妨害公务、信用卡诈骗、非法持有枪支、开设赌场、强奸、聚众扰乱社会秩序共17个罪名。江西省婺源县检察院2013年前10个月实际提出量刑建议的罪名已经达到了32个，包括了贪污、受贿、挪用公款、行贿、盗伐林木、滥发林木等。因此，作为履职要求，检察机关对办理的每一起案件提出量刑建议应当是原则，不提出量刑建议应当是例外。

① 由于案卷尚未归档，所以没有统计公诉案件所涉的全部罪名数。

（五）量刑建议的形式从不规范、不统一到规范、统一的转变

诉讼行为，特别是刑事诉讼行为直接关系到当事人的生命、自由、财产、名誉等基本权利，因而法律对诉讼行为的实施通常都设置了严格的形式要件，以规范和限制国家权力的行使，保护诉讼参与人特别是犯罪嫌疑人、被告人的合法权利。在诉讼过程中，对多数形式规则的违反会导致诉讼行为不生效，因形式上的瑕疵导致诉讼行为无效的情况在各国和地区比较普遍。[①]

作为与定罪的起诉形式、手续同样的量刑建议也必须具有相同的形式要件。由于对案件的量刑建议是以检察机关的名义向法庭提出或者在法庭提出的，因而其必须履行相关的审批手续。形式具备、手续齐全，要求办案人员增强责任感，不能随意提出量刑建议，更不能乱提量刑建议。一旦提出就必须履行相关的手续，并承担由此而产生的相关责任。我们认为，量刑建议的形式必须规范、统一。其书面形式包括：第一，独立存在的量刑建议书；第二，存在于起诉书中的量刑建议；第三，存在于公诉意见书中的量刑建议；第四，存在于抗诉书中的量刑建议。有学者认为："量刑建议应当在检察机关的起诉书中，以书面形式提交。"[②] 从实践来看，2009 年 3 月上海市浦东新区检察院开展量刑建议与法律文书改革同步，规定起诉书的事实部分涵盖定罪和量刑事实，证据部分分列定罪和量刑证据并阐明证明内容，起诉理由部分突出论证起诉理由、量刑建议。量刑建议的口头方式一般在法庭辩论阶段，公诉人发表公诉意见时提出或者修改、完善起诉时的建议标准。当然，由于法庭审理的严肃性，所以采取口头方式在庭审中提出的应当尽量少用、慎用，并且还应当在庭审笔录中记录。

（六）简易程序从不出庭、不开展到应出庭、应开展的转变

由于以往简易程序的案件都不出庭，一般也不提出量刑建议。江西省每年简易程序案件逾 4000 件，基本上不出庭，也不提出量刑建议。山东枣庄市检察机关 2008—2010 年，全市共办理适用简易程序案件 2800 余件，占提起公诉案件的 42%，其中派员出庭不足 500 件，仅占适用简易程序案件的两成不到。2011 年四川省检察机关全年适用简易程序审理案件 13568 件，同比上升

[①] 参见樊崇义主编：《诉讼原理》，法律出版社 2003 年版，第 395—396 页。

[②] 参见冀祥德：《量刑建议权：检察权的扩张与规制——辩诉交易移植与本土化的视野》，载徐静村主编：《刑事诉讼前沿研究》（第 3 卷），中国检察出版社 2005 年版，第 113 页。

9.84%，其中派员出席法庭 2337 次，占同期适用简易程序案件的 17.22%，而 2009 年 6 月以前，全省简易程序案件出庭支持公诉率不到 3%。广元市检察机关 2011 年适用简易程序审理 140 件，占 14%。其中检察机关建议适用简易程序 74 件，占 53%，派员出席法庭 26 件，占 18.5%，提出量刑建议 116 条，法院采纳 104 条，采纳率达 90%。2011 年福建省泉州市检察机关简易程序案件出庭率仅为 7.81%，2012 年 4 月已达 60.51%。自 2012 年 5 月 1 日起，全市 11 个基层院中的 9 个基层院已做到简易程序案件全部派员出席法庭，占 82%。

《关于规范量刑程序若干问题的意见（试行）》第 7 条规定："适用简易程序审理的案件，在确定被告人对起诉书指控的犯罪事实和罪名没有异议，自愿认罪且知悉认罪的法律后果后，法庭审理可以直接围绕量刑问题进行。"根据修改后的刑事诉讼法的要求，简易程序都应当出庭，都应当提出量刑建议。山东枣庄市检察机关确立了简易程序案件"集中管理、集中起诉、集中出庭、集中监督"的"四集中"工作法，强化量刑建议的使用。对每一起适用简易程序提起公诉的案件，均制作量刑建议书送达法院，并当庭阐述定罪量刑建议的法律依据和事实依据，一方面促使被告人自愿认罪服法，另一方面强化了审判监督职能的发挥。2011 年全市办理的简易程序案件中，提出量刑建议的占 95%，量刑建议基本都被法院采纳，法院量刑偏轻偏重的现象明显减少。2012 年以来河南省郑州市金水区检察院强化量刑建议的使用，对办理的 305 件简易程序案件全部提出量刑建议，均制作量刑建议书送达法院，并当庭阐述量刑建议的法律依据和事实依据。郑州市中原区检察院对简易程序的量刑建议采取以下做法：一是简化庭审程序。庭审时被告人对公诉人出示证据没有异议时，公诉人不再发表公诉意见，直接提出量刑建议。二是量刑建议告知。简易审案件审理前，依法向被告人及其辩护人、被害人及其诉讼代理人，送达起诉书副本和检察机关的量刑建议。三是关注庭审讯问坏节的监督。对每一起适用简易程序的案件，均制作量刑建议书送达法院，并当庭阐述量刑建议的法律依据和事实依据，一方面促使被告人自愿认罪服法，另一方面强化了审判监督职能的发挥。

四、开展量刑建议的犯罪范围和刑罚适用范围的评估机制

（一）犯罪范围的评估

1. 我国刑法规定的罪名总数
在 1979 年刑法通过后一直没有形成统一的适用标准；1997 年修订刑法

后，最高法和最高检分别解释确定为 413 个、414 个；修订刑法施行至今，全国人大常委会通过对刑法的修改和补充，新增罪名 41 个，变更罪名 32 个，减少原罪名 4 个，还修改了 38 个罪名的罪和刑；目前我国刑法共有罪名 451 个，其中刑法典有 450 个。具体变化和发布情况见表 5：

表 5：罪名数量变更情况表

分则 分类	1997 年修订刑 法时的罪名数	增加 罪名数	变更 罪名数	废止、减 少罪名数	修改部分罪 刑的罪名数	2011 年底 罪名数
第一章	12	0			2	12
第二章	42	5	5		1	47
第三章	94	16	17	2	20	108
第四章	37	6		1	1	42
第五章	12	1			2	13
第六章	119	6	6		11	125
第七章	21	2	1			23
第八章	12	1			1	13
第九章	最高法 33	4	3	1①		37
	最高检 34					
第十章	31					31
最高法总计	413	41	33	3	38	451
最高检总计	414	41	33	4	38	

2. 司法实践中常发、多见的犯罪，具有一定的规律性

虽然我国刑法规定的罪名有 400 多个，但是在司法实践中，常发、多见的犯罪，并不是很多。刑事犯罪的发生和犯罪存在一定的规律性，这一规律性也是可以认识和把握的。下面仅从几个方面来分析刑事犯罪发展的规律性。

第一，从全国检察机关批捕、起诉的犯罪来看。2008 年全国检察机关批

---

① 指《最高人民检察院关于适用刑法分则规定的犯罪的罪名的意见》中的"国家机关工作人员徇私舞弊罪"，不涉及最高法解释罪名数的减少。

捕犯罪嫌疑人 970181 人，起诉被告人 1177850 人，涉嫌的罪名构成比例见表 6：

表 6：2008 年全国检察机关批捕、起诉案件构成

罪名	批捕%	起诉%
盗窃	25.3	24.9
抢劫	12.8	11.8
故意伤害	12.1	12.7
毒品犯罪	7.8	6.3
诈骗	3.6	3.3
强奸	2.8	2.2
故意杀人	1.5	1.3
拐卖妇女儿童	0.5	0.3
其他罪	33.6	37.5

2009 年全国检察机关批捕犯罪嫌疑人 958364 人，起诉被告人 1168909 人，涉嫌的罪名构成比例见表 7：

表 7：2009 年全国检察机关批捕、起诉案件构成

罪名	批捕%	起诉%
盗窃	22.5	23.3
抢劫	10.3	9.3
故意伤害	12.4	13.3
毒品犯罪	8.8	7.1
诈骗	3.9	3.3
强奸	2.8	2.3
故意杀人	1.4	1.3
拐卖妇女儿童	0.4	0.4
其他罪	33.6	39.7

因此，在全国的批捕和起诉中，盗窃、抢劫、故意伤害、毒品犯罪、诈骗、强奸、故意杀人、拐卖妇女儿童这 8 类刑事案件的比例都至少达到了 60% 以上。其他的案件最多不超过 40%。

第二，从人民法院统计分析的犯罪来看。据最高人民法院统计，包括交通肇事、故意伤害、抢劫、盗窃和毒品犯罪共 5 个常见罪名在内，排在前 20 位的罪名，占全国刑事案件的 90% 以上。① 2012 年判处罪犯 1174133 人，比 2011 年上升 11.65%，比 2008 年上升 16.40%。2008 年至 2012 年，一审刑事收案、结案、判处罪犯人数年均分别递增 6.74%、6.45% 和 3.87%。说明刑事犯罪仍处于高发、多发时期。2012 年仅危险驾驶案件就增加 5.3 万件，盗窃案件增加 3.2 万件（2010 年盗窃案件同比下降 4.66%）；这两类案件的增长数占全部刑案增长数的 56.19%。2012 年，多年占刑事案件三成以上的放火、爆炸、涉枪、杀人、抢劫、绑架、强奸、重伤害等严重危害社会治安案件首跌至三成以下，占全部刑事案件的 29.33%；而涉及机动车犯罪的交通肇事、危险驾驶案件跃居各类犯罪案件的第三位和第四位，占全部刑事案件的 15.20%；盗窃和轻伤害案件居各类案件的第一位和第二位，占全部刑事案件的 30.78%，同比分别上升 16.67% 和 2.11%。这说明，无视交通规则的危害交通安全犯罪、因打架斗殴造成的轻伤害犯罪以及因社会管理和个人防范不严而造成的盗窃犯罪，几乎占了全部刑事案件的一半。②

第三，从 2013 年 1—10 月江西省检察机关量刑建议涉及的犯罪来看。一是起诉贪污贿赂案件 633 件、996 人，占起诉总人数的 4.35%，提出量刑建议 196 人，占贪污贿赂案件起诉人数的 19.68%。二是起诉渎职侵权案件 156 件 247 人，占起诉总人数的 1.08%，提出量刑建议 30 人，占渎职侵权案件起诉人数的 12.15%，采纳量刑建议 26 人，采纳率 86.67%。三是公安机关侦查的案件起诉 14760 件 21631 人，占起诉总人数的 94.47%，提出量刑建议 7985 人，占公安机关侦查案件起诉人数的 36.91%，采纳量刑建议 6798 人，采纳率 85.13%。四是安全机关侦查的案件起诉 1 件 4 人，占起诉总人数的 0.02%，提出量刑建议 0 人。五是监狱管理机关侦查的案件起诉 20 件 20 人，占总人数的 0.08%，提出量刑建议 0 人。具体构成见表 8：

---

① 参见《人民法院报》2009 年 6 月 1 日。
② 参见《人民法院报》2013 年 3 月 6 日。

表 8：2013 年 1—10 月江西省检察机关提出量刑建议的犯罪类别分布

			起诉（件/人）	提出量刑建议		采纳量刑建议	
				数量（人）	占起诉人数比重（%）	数量（人）	采纳率（%）
检察机关侦查案件		总　数	789/1243	226	18.18	193	85.40
	贪污贿赂案件	小计	633/996	196	19.68	167	85.20
		贪污案		110		93	85.55
		贿赂案		61		53	86.89
		挪用公款案		25		21	84
		其他		0		0	0
	渎职侵权案件	小计	156/247	30	12.15	26	86.67
		滥用职权案		12		10	83.33
		玩忽职守案		17		15	88.24
		徇私舞弊案		1		1	100
		其他		0		0	0
公安机关侦查案件		总　数	14760/21631	7985	36.91	6798	85.13
	危害公共安全案			932		808	86.70
	破坏市场经济秩序案			329		255	77.51
	侵犯人身、民主权利案			1755		1488	84.79
	侵犯财产案			3175		2718	85.61
	妨碍社会管理秩序案			1792		1527	85.21
	危害国防利益案			2		2	100
	其　他			0		0	0

　　第四，从抽样统计分析来看。我们收集了 2011—2013 年江西省南昌、九江、赣州、景德镇、宜春、上饶 6 个设区市院所辖的 13 个基层院和广东省广州市黄埔区院共计 929 份量刑建议书进行统计分析，罪名总共达到 64 个，在《人民法院量刑指导意见（试行）》列举的 15 个罪名内提出量刑建议的有 703 份，占 75.67%，其他罪名 226 份，比例占 24.33%。其中：

　　江西省 6 个地市 13 个基层院提出的 846 份量刑建议书涉及 58 个罪名，涵盖了《人民法院量刑指导意见（试行）》列举的全部 15 个罪名，另外还包括容留他人吸毒罪、挪用公款罪、非国家工作人员行贿罪、盗伐林木罪、非法经营罪、挪用资金罪、玩忽职守罪、开设赌场罪、赌博罪、非法采伐国家重点保护植物罪、行贿罪、猥亵儿童罪、放火罪、贪污罪、受贿罪、信用卡诈骗罪、伪造国家机关证件罪、包庇罪、危险驾驶罪、强制猥亵妇女罪、失火罪、容留他人卖淫罪、滥伐林木罪、非法倒卖土地使用权罪、销售有毒有害食品罪、生产销售伪劣产品罪、故意毁坏财物罪、合同诈骗罪、伪造公司印章罪、非法持有毒品罪、非法泄露国家秘密罪、窝藏罪、虚报注册资本罪、销售伪劣商品罪、串通投标罪、非法吸收公众存款罪、非法收购出售国家重点保护植物罪、聚众淫乱罪、强迫卖淫罪、故意杀人罪、非法持有枪支罪、聚众扰乱社会秩序罪、买卖国家机关印章罪等43个罪名。提出的量刑建议书包括《人民法院量刑指导意见（试行）》列举的15个罪名651份，比例占76.95%，其他罪名195份，比例占23.05%。

广州黄埔区院83份量刑建议书涉及22个罪名，包括《人民法院量刑指导意见（试行）》中规定的故意伤害罪、抢劫罪、盗窃罪、职务侵占罪、敲诈勒索罪、妨害公务罪、聚众斗殴罪、寻衅滋事罪、贩卖毒品罪等9个罪名。另外还有《人民法院量刑指导意见（试行）》未规定的13个罪名，它们分别是开设赌场罪、赌博罪、危险驾驶罪、合同诈骗罪、强迫卖淫罪、非法持有枪支罪、买卖国家机关印章罪、伪造国家机关印章罪、拒不支付劳动报酬罪、销售假冒注册商标的商品罪、非法获取公民个人信息罪、强迫交易罪、拐骗儿童罪等。《人民法院量刑指导意见（试行）》规定的罪名52份，比例占62.65%，其他罪名31份，比例占37.35%。

从数据中可以看出，各个检察院主要依据《人民法院量刑指导意见（试行）》规定的罪名提出量刑建议，但是罪名有扩大化的趋势。具体见表9：

表9：量刑建议涉及罪名统计表（单位：份）

序号	罪　名	江西省6地市13个基层检察院	广东省广州市黄埔区检察院
1	交通肇事	125	
2	故意伤害	105	13
3	强奸	17	
4	非法拘禁	7	
5	抢劫	65	1
6	盗窃	190	13

序号	罪　名	江西省6地市 13个基层检察院	广东省广州市 黄埔区检察院
7	诈骗	29	
8	抢夺	13	
9	职务侵占	1	1
10	敲诈勒索	7	1
11	妨害公务	8	1
12	聚众斗殴	8	1
13	寻衅滋事	24	1
14	掩饰隐瞒犯罪所得	8	
15	贩卖毒品	44	20
16	容留他人吸毒	24	
17	挪用公款	4	
18	非国家工作人员行贿	3	
19	盗伐林木	16	
20	非法经营	4	
21	挪用资金	1	
22	玩忽职守	2	
23	开设赌场	5	1
24	赌博	5	2
25	非法采伐国家重点保护植物	5	
26	行贿	1	
27	猥亵儿童	3	
28	放火	1	
29	贪污	3	
30	受贿	6	
31	信用卡诈骗	11	
32	伪造国家机关证件	1	
33	包庇	2	
34	危险驾驶	40	16
35	强制猥亵妇女	1	

续表

序号	罪　名	江西省6地市 13个基层检察院	广东省广州市 黄埔区检察院
36	失火	9	
37	容留他人卖淫	3	
38	滥伐林木	22	
39	非法倒卖土地使用权	1	
40	销售有毒有害食品	1	
41	生产销售伪劣产品	1	
42	故意毁坏财物	4	
43	合同诈骗	3	2
44	伪造公司印章	1	
45	非法持有毒品	4	
46	非法泄露国家秘密	1	
47	窝藏	1	
48	虚报注册资本	1	
49	销售伪劣商品	1	
50	串通投标	1	
51	非法吸收公众存款	2	
52	非法收购、出售国家重点保护植物	1	
53	聚众淫乱	1	
54	强迫卖淫	1	1
55	故意杀人	2	
56	非法持有枪支	1	1
57	聚众扰乱社会秩序	1	
58	买卖国家机关印章	1	2
59	伪造国家机关印章		1
60	拒不支付劳动报酬		1
61	销售假冒注册商标的商品		1
62	非法获取公民个人信息		1
63	强迫交易		1
64	拐骗儿童		1

因此，从司法实践和统计分析可以得出常见、多发刑事案件的范围，交通肇事罪，故意伤害罪，强奸罪，非法拘禁罪，抢劫罪，盗窃罪，诈骗罪，抢夺罪，职务侵占罪，敲诈勒索罪，妨害公务罪，聚众斗殴罪，寻衅滋事罪，掩饰、隐瞒犯罪所得、犯罪所得收益罪，走私、贩卖、运输、制造毒品罪是最常见多发的犯罪，但是对于其他类别的犯罪的评估也不容忽视。如容留他人吸毒、盗伐林木、滥伐林木、危险驾驶等罪名。

此外，犯罪信息档案的建立对量刑建议的开展非常重要。如江苏省泰州市姜堰区检察院积极创建非常见罪名量刑建议信息档案。收集非常见罪名指导案例和其他地区类案判决信息，分析提炼影响罪名量刑的变量要素，建立信息档案。办案中，参照信息档案提出非常见罪名量刑建议，并跟踪量刑建议采纳情况，不断充实完善非常见罪名量刑变量要素，目前该院已累计建立15个非常见罪名量刑建议信息档案。

（二）刑罚适用范围的评估

同刑事犯罪的发生和犯罪存在一定的规律性一样，对常发、多见的犯罪的具体处罚也存在一定的规律性，这一规律性也是可以认识的。江苏省泰州市姜堰区检察院在量刑评估上，建立系统分析机制，将量刑要素划分为应当型要素、可以型要素和酌定型要素，采取要素列举、分类汇总、系统分析的方法，准确定位各量刑要素的作用，把握其量刑规律。下面仅从两个方面来分析刑事犯罪刑罚适用标准的规律性。

1. 全国法院2002—2012年判刑情况的统计分析

表10：2002—2012年全国法院判决给予刑事处罚具体情况统计表

年份	判刑总人数①	5年有期徒刑至死刑		5年以下有期徒刑②		拘 役		管 制		判处有期徒刑、拘役并处缓刑		单处附加刑	
		人数	比例	人数	比例	人数	比例	人数	比例	人数	比例	人数	比例
2002	690506	160324	23.20%	345351	50%	45438	6.58%	9994	1.45%	117278	16.98%	12121	1.76%
2003	730355	158562	21.71%	357991	49.02%	53092	7.27%	11508	1.58%	134927	18.47%	14275	1.95%
2004	752241	146237	19.44%	363012	48.26%	59472	7.91%	12553	1.67%	154429	20.53%	16538	2.20%
2005	829238	150878	18.19%	395139	47.65%	64676	7.80%	14604	1.76%	184366	22.23%	19575	2.36%

① 表格中的判刑人数为给予刑事处罚的人数，不包括法院判决宣告无罪和免予刑事处罚的人数。

② 根据《最高人民法院公报》公布的数据，2011年、2012年表格中5年以下有期徒刑又具体细分为3年以下有期徒刑和3年以上不满5年有期徒刑。2011年：3年以下有期徒刑365073人，占35.36%；3年以上不满5年有期徒刑95043人，占9.21%。2012年：3年以下有期徒刑395574人，占34.27%；3年以上不满5年有期徒刑96039人，占8.31%。

续表

年份	判刑总人数	5年有期徒刑至死刑		5年以下有期徒刑		拘役		管制		判处有期徒刑、拘役并处缓刑		单处附加刑	
		人数	比例	人数	比例	人数	比例	人数	比例	人数	比例	人数	比例
2006	873846	153724	17.59%	409571	46.87%	65790	7.53%	16166	1.85%	206541	23.64%	22054	2.52%
2007	916610	151378	16.51%	430110	46.92%	66606	7.27%	15882	1.73%	227956	24.87%	24675	2.70%
2008	989992	159020	16.06%	463166	46.78%	73183	7.39%	18065	1.82%	249111	25.17%	27447	2.77%
2009	979443	162675	16.61%	459621	46.93%	66125	6.75%	16833	1.72%	250635	25.59%	23554	2.40%
2010	988463	159261	16.11%	461523	46.68%	63848	6.46%	16171	1.64%	265230	26.83%	22430	2.27%
2011	1032466	149452	14.48%	460080	44.56%	76683	7.43%	14829	1.44%	309297	29.96%	22125	2.13%
2012	1154432	158296	13.71%	491613	42.58%	112766	9.77%	12853	1.12%	355302	30.78%	23602	2.04%

从统计中可知，5年有期徒刑至死刑的比例从23%下降为13%左右；5年以下有期徒刑一直保持在42%至50%之间；缓刑从16%上升至30%。这三种处罚，特别是5年以下有期徒刑和缓刑的适用比例都是排在前几位。

同时，我们进一步统计判处轻刑（缓刑、单处附加刑、管制、拘役、5年以下有期徒刑）、重刑（5年以上有期徒刑至死刑）的人数和比例也是存在规律性的，11年来重刑的比例下降10%，而轻刑的比例则上升10%。见表11：

表11：2002—2012年全国法院判处轻刑和重刑的人数和比例

年份	判刑人数	轻刑	比例（%）	重刑	比例（%）
2002	690506	530182	76.77	160324	23.2
2003	730355	571793	78.29	158562	21.71
2004	752241	606004	80.57	146237	19.44
2005	829238	748360	81.8	150878	18.19
2006	873846	720122	82.41	153724	17.59
2007	916610	765232	83.49	151378	16.51
2008	989992	830972	83.93	159020	16.06
2009	979443	816768	83.39	162675	16.61
2010	988463	829182	83.88	159261	16.11
2011	1032466	883014	85.52	149452	14.48
2012	1154432	996136	86.29	158296	13.71

此外，2012年全国法院对故意杀人、强奸、绑架、拐卖妇女儿童等严重暴力犯罪分子判处5年以上有期徒刑至死刑的占54.67%，其中故意杀人案件

判处 5 年以上有期徒刑至死刑的占 82.02 %，绑架案件占 76.33%，强奸案件占 37.11%，拐卖妇女、儿童案件占 57.91%，并对有从重情节的坚持从严惩处。①

2. 江西省 2002—2011 年判处刑罚的统计分析

表 12：2002—2011 年全省轻刑、重刑的人数和比例

年 份	判刑人数	轻 刑						比例（%）	重刑（5 年有期徒刑至死刑）	
		缓刑	单处附加刑	管制	拘役	5 年以下有期徒刑	合计		人数	比例（%）
2003	9693	1596	162	195	1034	4206	7211	74.5	2428	25.0
2004	14190	2868	175	327	1490	5386	10246	72.2	3766	26.5
2005	17049	3234	279	534	1930	6784	12761	74.8	4099	24.0
2006	17687	3475	268	695	2041	6569	13048	73.8	4381	24.8
2007	19126	3802	283	747	2132	7236	14200	74.2	4668	24.4
2008	21752	4273	328	954	2622	8549	16726	76.9	4718	21.7
2009	21995	4233	312	840	2233	9040	16658	75.7	4972	22.6
2010	22095	4324	343	865	2167	9096	16795	76.0	4926	22.3
2011	23626	5697	447	927	2440	8880	18391	77.8	4829	20.4

从统计表中可知，江西省法院近 9 年判处重刑的比例保持在 20%—26% 之间，比全国高出了几个百分点，同样，轻刑的比例也比全国低了几个百分点，这说明江西法院对刑罚适用普遍比全国平均处罚率偏重。

五、量刑建议实体标准的确认机制

（一）量刑建议的原则

量刑建议的原则，是指指导和约束检察机关开展量刑建议的准则。虽然量刑建议的原则具有指导性、概括性，但它是开展量刑建议必须遵循的准则，在量刑建议的理论和实践中占有十分重要的地位。《人民检察院开展量刑建议工作的指导意见（试行）》第 2 条规定了依法建议、客观公正、宽严相济、注重

---

① 参见《人民法院报》2013 年 3 月 6 日。

效果四个原则。

我们认为，量刑建议的原则，是指制约和指导检察机关开展量刑建议的准则。确立量刑建议原则应当把握几条标准：第一，量刑建议原则的地位和作用必须突出；第二，量刑建议原则必须对量刑建议的开展具有直接的制约性和现实的指导性；第三，量刑建议原则的层次和种类必须分明；第四，量刑建议的实体原则和程序原则必须统一；第五，量刑建议原则必须体现量刑建议的目的和价值。

据此量刑建议的原则应当从刑罚建议标准提出的依据、量刑建议的价值追求、开展量刑建议的职责定位、检验量刑建议的效果等方面来界定。据此我们提出量刑建议的四项原则：第一，依法开展原则；第二，客观公正原则；第三，三位一体原则，即履行职责与尊重法院裁判和保护当事人权益相结合原则；第四，效果统一原则，即坚持法律效果和社会效果相统一原则。

1. 依法开展原则

依法开展原则，是指检察机关必须依照刑法规定的法定刑及其适用标准和刑事诉讼法规定的程序提出和出庭支持的原则。依法开展原则是量刑建议的提出和出庭支持的基础和前提，是量刑建议的首要原则。这里的"法"包括刑法和刑事诉讼法。从刑法上讲，对具体案件提出和出庭支持刑罚惩罚的建议时，必须符合刑法总则规定的刑种以及适用原则和刑法分则规定的刑罚幅度和刑种。从刑事诉讼法上讲，对具体案件提出和出庭支持量刑建议时，应当遵循刑事诉讼程序的有关要求。

2. 客观公正原则

客观公正是法律的灵魂，是开展量刑建议的价值追求。客观公正原则，是司法公开、公平、公正在量刑建议中的运用，是指检察机关在提出和出庭支持量刑建议时，应当坚持公开、公平、公正的原则，禁止不公开、不公平、不公正的建议行为。客观公正原则在量刑建议开展中主要体现为实体公正、程序公正、控辩对等、控审分离等。

3. 三位一体原则

三位一体原则，即履行职责与尊重法院裁判和保护当事人权益相结合原则，是指检察机关在提出和出庭支持量刑建议时，必须坚持将履行控诉职责与保护被告人权利、履行法律监督职责与尊重法院的自由裁量权相结合。履行职责与尊重法院裁判和保护当事人权益相结合原则是从检察机关开展量刑建议的职责定位提出的，是为了防止在开展量刑建议时只重职权不重职责、只重控诉不重保护、只重监督不重尊重的片面性倾向，也就是说，履行职责、尊重法院裁判、保护当事人权益应当是三位一体的。

当前，检察机关和法院在对某些法律规定的认识方面存在很大差异，这就必然影响量刑建议的开展，检察机关更应当从尊重法院的裁判和维护法律权威上寻找结合点，不以量刑建议给法院施加压力，更不能觉得是凌驾于法官之上的监督。量刑建议对检察机关和检察官来讲都是"双刃剑"，必须谨慎使用、用之得当，必须保持理性、平和、平常、忠诚的心态，必须从客观、充分、全面地履行职责的要求来认识量刑建议、开展量刑建议。

检察机关提出和出庭支持具体的量刑建议可以充分保障被告人的权益，量刑建议制度赋予了被告人在庭审过程中对量刑问题进行陈述和辩解的权利，有利于维护其合法权益。同时，律师参与刑事诉讼的意识得到增强，律师可以在庭审过程中对被告人的量刑问题进行辩论，其作用可以得到进一步发挥，参与刑事诉讼的积极性可以进一步提高。此外，对受害人权益的保障也有一定的作用，受害人至少可以对被告人的量刑问题享有知情权、在庭审中具有质询权。因此，冀祥德博士认为，量刑建议权的行使具有保障公民的基本权利的终极意义。[1]

4. 效果统一原则

效果统一原则，即坚持法律效果和社会效果相统一原则，是指检察机关在提出量刑建议时，在坚持法律标准、维护法律权威的前提下，还应当从社会现实情况出发，特别是从贯彻宽严相济的刑事政策和构建和谐社会的要求出发来检验量刑建议的效果，做到建议的法律效果和社会效果的有机统一。当前，从法律效果和社会效果统一的角度上看，坚持刑事法律与坚持宽严相济刑事政策基本上是统一的，坚持宽严相济的刑事政策与构建和谐社会基本上也是一致的。所以许前飞博士认为，一个法官只会死抠法律，不是一个好法官。作为一个合格的法官，既要从党和国家工作全局的高度，从经济社会发展的实际出发来考虑问题，又要善于运用法律手段，通过法律程序和法律方法去解决重大复杂问题。法官既不能离开法律将社会效果庸俗化，以牺牲合法性为代价去追求所谓的社会效果，也不能脱离国家政策、社会情势和日常情理，闭门办案，单纯强调法律效果。[2] 我们也赞成这种观点，检察机关在开展量刑建议时必须处理好法律效果与社会效果的关系，绝不能在两者之间走极端。

坚持按照法律提出量刑建议，不能违背法律规定提出量刑建议。当然这里的法律既包括有明文规定的法律，也包括法律原则、法律精神、法律价值。当

---

[1] 参见冀祥德：《量刑建议权研究·理论篇：为什么要明确检察机关的量刑建议权》，载《检察日报》2006年2月28日。

[2] 参见《法制日报》2008年2月4日。

前在提出量刑建议时不能违背法律规定追求社会效果，不能以牺牲法律的权威和尊严为代价。尤其是在提出量刑建议时，必须认真、冷静地分析民意、民愤对案件的量刑所产生的积极和消极的影响。同时，在不违背法律的情形下，提出的量刑建议应当最大限度地兼顾社会效果，保护各方当事人的权益。在提出量刑建议时，在不违背法律规定的前提下，该用尽法律规定时，应当用尽法律规定的各种许可和情形，尽可能地保护和照顾各方当事人的权利和利益，充分评估适用法律可能造成的各种后果，尽力寻找法律规定和社会认同的结合点。对此，我们认为，许霆盗窃自动取款机案件的争论和最终的判决结果，比较充分地体现了坚持法律效果和兼顾社会效果的统一。广州市中级人民法院对许霆案的第一次审理的结果是没有处理好法律效果和社会效果的关系，只是盲目地追求法律效果，而没有过多地兼顾社会效果。而第二次审理的结果则比较好地坚持了法律效果和社会效果的统一，即充分考虑案件的特殊情况，并利用刑法规定的"特殊减轻处罚"原则来处理了案件。换句话说，案件的最后处理是穷尽了案件的所有情节，用尽了刑法的所有规定。由此可见，开展量刑建议不单纯是履行职责的问题，它还体现了如何坚持法律效果和社会效果相统一的要求。

（二）量刑建议的条件

《人民检察院开展量刑建议工作的指导意见（试行）》第4条规定："提出量刑建议的案件应当具备以下条件：（一）犯罪事实清楚，证据确实、充分；（二）提出量刑建议所依据的各种法定从重、从轻、减轻等量刑情节已查清；（三）提出量刑建议所依据的重要酌定从重、从轻等量刑情节已查清。"我们认为，量刑建议的条件包括提出量刑建议的条件和出庭支持量刑建议的条件，两者可以合称为开展量刑建议的条件，简称为量刑建议的条件。

量刑建议的条件，又可称为量刑建议的构成，是指检察机关提出和出庭支持的量刑建议必须具备的各种要素的统一体。简言之，量刑建议条件就是开展量刑建议的具体规格、标准。关于量刑建议条件与量刑建议原则的关系，量刑建议原则具有指导性、概括性、抽象性，量刑建议条件具有具体性、明确性、可操作性。

关于量刑建议的条件、要素，主要涉及开展量刑建议的前提是否清楚、量刑建议的内容是否明确和具体、提出和出庭支持的量刑建议理由是否充分、量刑建议的形式是否规范。据此，量刑建议的条件包括事实清楚、内容明确、理由充分、形式规范。四个条件之间的相互关系是：事实清楚是前提条件，内容明确是实质条件，理由充分是理由、说理条件，形式规范是形式条件，四个条件形成一个整体，缺一不可。

1. 事实清楚（前提条件）

事实清楚是提出量刑建议的前提条件。事实清楚是指案件事实客观存在，案件性质必须认定准确，案件的情节和程度必须查清，确认案件事实、性质、情节、程度的证据必须确实、充分。案件事实客观存在，这是开展量刑建议的基础和前提条件，是指提出量刑建议的案件事实应当是客观存在的。从实体法角度看，事实清楚，是指案件的事实、性质、情节和危害程度清楚。案件事实清楚，必须首先确认案件事实的存在。从程序法角度看，量刑建议的提出还必须是建立在确认案件事实、性质、情节的证据确实、充分的基础之上。最高人民法院、最高人民检察院、公安部 2004 年 9 月 8 日印发的《关于严格依法履行职责，切实保障刑事案件办案质量的通知》指出："人民检察院要全面审查案件，确保向人民法院提起公诉的案件事实清楚，证据确实、充分。"因此，陈光中教授认为，控辩双方在法庭上的交锋焦点首先往往集中于被告人犯罪在事实上是否清楚，证据是否确实充分；其次从法律适用上是否构成犯罪。只有在这两个问题上控辩双方基本一致的情况下才能谈得上量刑建议。①

2. 内容明确（实质条件）

内容明确是提出量刑建议的实质条件。内容明确是指对案件适用刑罚建议的标准应当明确、具体、合理、可行。

《关于规范量刑程序若干问题的意见（试行）》第 3 条第 1 款规定："对于公诉案件，人民检察院可以提出量刑建议。量刑建议一般应当具有一定的幅度。"从目前司法实践看，关于量刑建议的具体标准有相对原则性的规定、相对具体的规定、明确具体的规定、不具体的规定等情形。从理论上看，关于量刑建议的标准是否应当明确、具体？目前，有赞成量刑建议应当具体的观点，如谢鹏程博士认为，本来法律就有一个幅度，如果量刑建议不是具体的，而是把幅度缩小一点，辩护人还是没办法辩护，这个量刑建议就没有实现，意义不大。主张大多数量刑建议应该是具体的而不是有幅度的。② 有坚持量刑建议不宜过分具体，只宜提出一个幅度的观点，③ 有人赞成区别情况提出量刑建议，如龙宗智教授认为，实行量刑建议可以采取比较弹性一点的方式，一个案件有不同的情况，有的案件事实比较清楚、检察官内心也比较确信，那么量刑建议

---

① 参见陈光中：《专家学者纵谈量刑建议制度》，载《检察日报》2001 年 10 月 2 日。

② 转引自肖玮、李若昕：《量刑建议，不仅防止司法擅断》，载《检察日报》2007 年 3 月 28 日。

③ 参见陆健：《量刑建议不宜过分具体》，载《江苏法制报》2007 年 4 月 17 日。

就可以确定化；反之，则可以仅提出概括意见。这里还牵涉一个问题，由于法官没有调查权，对于坦白、自首、立功等情节只有靠检察官去落实，这样检察官的量刑建议权就显得很有意义了。①

我们认为，量刑建议的内容应当明确，即建议的内容、标准应当明确、明了、可行、可操作，不抽象、不含糊。这是量刑建议的实质条件或关键条件。同时量刑建议不宜采取排除式的量刑建议。如南昌市湾里区检察院对陈某某盗窃一案中，公诉人提出的量刑建议为："不应对其判处拘役、管制以及缓刑的处罚，建议对其在可判处盗窃数额基准性的基础上，增加 10%—40% 的量刑标准酌情量刑。"

关于提出量刑建议的总体要求：

（1）不能跨刑种提出量刑建议。如果某一犯罪的量刑幅度跨两个以上主刑种时，只能选择单一主刑提出量刑建议。根据刑法的规定，具体包括"拘役和有期徒刑"、"有期徒刑和无期徒刑"、"无期徒刑和死刑"、"管制、拘役和有期徒刑"、"有期徒刑、无期徒刑和死刑"，如果出现这些情形，都只能选择其中一个主刑提出建议。

（2）不能在整个量刑幅度内提出量刑建议。当刑法将某一犯罪的法定刑规定为一个幅度时，不能针对整个幅度提出量刑建议，例如某种犯罪的法定刑是"5 年以上有期徒刑"、"3 年以上 10 年以下有期徒刑"时，不能就直接提出该量刑幅度的建议，因为这样的建议最多是对法院适用刑罚的提醒，不能成为法院量刑的参考。江苏邳州市戴庄镇农民顾某因为邻居武某和自己母亲发生了一些争执，因一时愤怒就一巴掌将邻居打晕在地，致使其经抢救无效死亡。邳州市检察院检察官在公诉词中对顾某发表了量刑建议，还制作了专门的量刑建议书并与案卷一并移送法院。检察官提出由于顾某在案发后能够主动投案自首，如实供述自己的罪行，建议法庭在 10 年至 15 年有期徒刑的幅度、区间内判处刑期。最后合议庭采纳了检察官的量刑建议，依法以故意伤害罪判处顾某有期徒刑 10 年。② 我们认为，检察机关对本案适用有期徒刑的建议是正确的，因为根据刑法对自首的规定，对行为人应当从轻处罚，所以只宜建议适用有期徒刑，不宜建议适用无期徒刑。但是对有期徒刑的刑期幅度的建议却是不适当的，有期徒刑的法定幅度为 6 年（即 10 年至 15 年有期徒刑），检察官在此幅度内提出建议而不作出任何限制，也就是说，法官对有期徒刑的裁量权限为

———————

① 参见龙宗智：《解读量刑建议》，载《检察日报》2002 年 11 月 14 日。
② 参见王元秀、刘琳恒、徐特：《邳州检察院试行量刑建议制度》，载《新华日报》2004 年 3 月 10 日。

100%，导致其适用幅度太大，没有任何限制，所以不妥当。

同时，将建议的幅度太大，也不合适。如广东"房叔"受贿案件，广州市海珠区人民检察院认为，蔡彬非法收受他人财物共计275万元，已构成受贿罪。但因其如实供述犯罪情节，积极退赃，可酌情从轻处罚，建议法庭对蔡彬在有期徒刑11年至14年之间量刑。此量刑建议跨度4年，幅度太大，显得不严肃。

（3）以绝对明确具体的建议为主，以相对明确具体的建议为辅。根据案件事实和刑法的规定，能够提出明确具体的量刑建议的，应当提出明确具体的量刑建议，不能够提出明确具体的量刑建议的，也要尽量提出相对明确具体的量刑建议。具体而言，当适用标准比较特定、具体时，就应当提出明确、具体的量刑建议，可以称为"绝对明确具体的量刑建议"，特别是当案件的处罚只有绝对确定的一种刑种和刑期及其执行方式，则量刑建议的标准必须具体、明确；当刑罚处罚的幅度较大或者标准相对不特定时，就可以提出明确的并且具有可操作性的标准，即当刑法对某种犯罪规定的法定刑的幅度达到3年以上、附加刑的期限和数额相对不很确定的情形，检察机关可以提出明确但不是绝对确定而是相对确定的量刑建议，可以称为"相对明确具体的量刑建议"。

我们认为，从理论上或者立法上看，应以绝对明确、具体的量刑建议为主，以相对明确具体的量刑建议为辅，但是从司法实践看，一般是以相对明确、具体的量刑建议为主，以绝对明确、具体的量刑建议为辅。因为从立法上看，对多数主刑种都可以提出明确、具体的建议，但是从司法上看，对绝大多数被告人的量刑建议都是提出相对明确、具体的有期自由刑的幅度。

关于幅度的建议，各地差异较大，亟待统一、规范。例如危险驾驶罪，同样具有如实供述的酌定量刑情节，在广东省广州市黄埔区院，检察机关就会向人民法院提出"判处拘役，并处罚金，宣告缓刑"的量刑建议。而在江西省的各个基层院，则会提出一个刑罚区间的拘役，并处罚金，但不会提出缓刑，只有在被告人具有自首情节的时候，检察机关才会提出"可以宣告缓刑"的建议。在江西实施量刑建议的地方，很少提出绝对确定的刑期，对管制、拘役和有期徒刑，一般都会提出一个相对确定的量刑幅度。但在广东省广州市黄埔区，如果建议判处拘役，则不会提出拘役的量刑区间。对于较短的有期徒刑，也只是建议判处有期徒刑的上限，而不提下限。对于附加刑的量刑建议。当前检察机关对附加刑的量刑建议仅限于罚金刑，而且不会提出具体的罚金数额或者幅度。江西省南昌县检察院规定，对于法定刑为1年以下或者拘役的刑罚量刑建议幅度不超过1个月；法定刑3年以下的刑罚量刑建议的幅度不超过6个月；法定刑3年以上10年以下有期徒刑的量刑建议幅度不超过1年；法定刑

10 年有期徒刑以上的量刑建议幅度不超过 2 年；一般不发表免予刑事处罚、缓刑等量刑建议。我们认为，其中"3 年以上 10 年以下有期徒刑的建议幅度不超过 1 年"与"10 年有期徒刑以上的建议幅度不超过 2 年"明显不协调，因为前者的区间数为 8 年，后者的区间数为 6 年。有的检察院在提出幅度时，不是确定上下限度，而是提出一个点的左右，如建议判处有期徒刑 5 年左右。有的检察院只建议适用缓刑，而不先建议判处什么主刑再同时宣告缓刑。

3. 理由充分（理由条件）

理由充分是说理条件。理由充分是指适用法律依据充分、法理依据充分、论证严密、说理透彻。

法律依据充分，包括正确引用法律条款，准确认定犯罪名称，合理选择刑罚幅度和刑种，具体阐述刑罚适用情节。检察机关在对被告人提出量刑建议时，在准确指控犯罪事实的基础上，必须依据刑事法律和相关的司法解释、刑事政策的规定建议法庭对被告人判处合法的、适当的刑种或者刑期以及刑罚执行方式。

法理依据充分，当前，在提出量刑建议时，可能会遇到对法律规定不明确或者对不同法律条文的选择适用的情形。对于选择不同条文提出建议和作出判决，其结果必然相差很大。因而在实践中对此类案件的建议往往难以把握和选择？在这种情况下，就要求提出的量刑建议必须具有坚实的法理基础，以理论作为量刑建议的支持，相反，提出的量刑建议不能违背法学理论和法律价值。具体而言，从实体法上，量刑建议应当符合刑法学的基本理论，在程序法上，量刑建议应当符合刑事诉讼法学的基本理论。

论证严密、说理透彻，量刑建议的内容要具有全面、具体、客观、准确的特征，具体是指对案件事实的叙述清晰，重点突出，层次分明，客观公正，说理性强。谢佑平教授认为："检察官所形成的量刑建议的依据也必须尽量全面、准确地反映被告人的情况，以保证量刑建议的质量和可采性。"[①]

4. 形式规范（形式条件）

形式规范是形式要件，是指量刑建议的过程公正、形式灵活、手续齐全。

六、量刑建议程序标准的确认机制

我们认为，从法理上看，公诉案件的量刑建议程序大致可以分为提议和提出、受理和审查、出庭支持和辩论、法庭评议和采纳、抗诉和救济五大程序。

① 参见谢佑平：《量刑建议：更大程度地保证司法效率》，载《检察日报》2008 年 11 月 26 日。

同时，由于受理和审查、法庭评议和采纳主要属于人民法院审判权的范围，不属于检察机关量刑建议的范围之内，因此，一般而言，量刑建议的程序主要包括提议和提出、出庭支持和辩论、抗诉和救济。

（一）提议和提出

1. 量刑标准的评估

主要是在审查起诉阶段，承办人根据审查的结果，认为犯罪嫌疑人的行为已经构成犯罪并应当追究刑事责任时，首先应当对犯罪嫌疑人的行为是否判处刑罚以及如何判处刑罚进行评估，并在量刑评估的基础上提出对被告人的量刑意见。增加量刑建议的环节，不仅要求检察机关对犯罪事实进行充分的审查，而且对犯罪嫌疑人应当适用的刑罚也提出具体意见。这就要求承办人对案件的审查分为定罪审查和量刑审查，同时进行罪质评估和罪态评估，并且两者相互联系。从这种意义上讲，开展量刑建议必然增强承办人的责任感，减少无罪案件的发生。

2. 提议和提出量刑建议的主体

目前，在试点中，四川省多数检察院采用承办人、主诉检察官为主，部门负责人及检察长、检委会为辅的量刑建议主体模式。我们认为，量刑建议的提议主体是承担案件的检察官，但是提出的主体只能是检察院。这是因为：

（1）公诉权是国家权力，并非是公诉人个人的权力。"检察官与法官不一样，法官在审判案件中是独立不羁的，但检察官应服从其上级官员的命令。最高级别的检察官以下，每一位检察官对于上级检察官发出的指令，无论是一般指令还是特定指令，都应当服从。与审判机关的组织结构不同，检察机关在纵向关系上通常实行指令——服从体制，即系统内的统治体制。大陆法系国家一般称之为'检察（官）一体化原则'或曰'检察（官）同一体制'。"[①] 在我国，人民检察院作为一个整体行使公诉权，公诉权的行使体现了对诉讼活动的监督职能。[②] 因此，公诉权是国家权力，并非是公诉人个人的权力。我国实行的是检察院依法独立行使检察权，并非是检察官个人独立行使检察权。

（2）量刑建议书是法律文书，必须加盖人民检察院的院印方才有效。量刑建议书是检察人员出席法庭支持公诉、发表公诉词、进行法庭辩论的基础。虽然量刑建议书的尾部应当署具体承办案件的公诉人的法律职务和姓名，但是

---

① 参见樊崇义主编：《诉讼原理》，法律出版社 2003 年版，第 467—468 页。

② 参见陈国庆等：《〈刑事诉讼法〉修改中涉及检察机关的若干主要问题》，载张智辉主编：《中国检察》（第 12 卷），北京大学出版社 2007 年版，第 128—131 页。

最后在正本和副本上都必须加盖检察机关的院印才会完整和有效。

（3）公诉人出庭支持公诉是受检察院指派，代表检察院履行法律职责。公诉人出庭代表检察院，是受检察院指派，不是个人行为，而是职务行为。人民检察院在通知人民法院指派检察人员出席法庭时使用的《派员出席法庭通知书》样式要求必须明确指出："根据《中华人民共和国刑事诉讼法》第×××条的规定，本院决定委派×××代表本院出席法庭依法执行职务。"通知书也必须加盖院印。在法庭审理中集中表达公诉人意见的《公诉意见书》，虽然是当庭发表，不需要加盖院印，但对其样式也要求在首部明确指出："根据《中华人民共和国刑事诉讼法》第184条、第193条、第198条和第203条的规定，我（们）受×××人民检察院的指派，代表本院，以国家公诉人身份，出席法庭支持公诉，并依法对刑事诉讼实行法律监督……"

（4）出庭公诉人的变更状况。在检察一体化原则下，检察官被视为一体，他们可以互相代替履行职务。在刑事审判活动中，中途更换出庭的检察官不会引起诉讼程序更新，庭审活动得以顺利进行，即中途更换检察官不影响公诉效果。同时，适用简易程序审理公诉案件人民检察院可以委派非案件承办人出席法庭。与检察官不同的是，进行庭审活动的法官必须持续在场参与审理，如果因病或者意外事故等原因不能继续审理，则必须更新受理程序。①

（5）法院判决书表述的公诉主体是"×××检察院"。在法院的裁判文书中有"×××检察院指派检察员×××出庭支持公诉"的表述；法院在裁判文书中称的公诉主体是检察院，即："公诉机关：×××检察院"。

3. 提出量刑建议的时机

目前理论界和实务中关于量刑建议提出时机的不同观点和做法。

第一，在起诉时一并提出量刑建议。有的制作量刑建议书并单独编文号，与移送起诉书同时移送至法院，如宜春市袁州区院、万年县院。

第二，在出庭支持公诉阶段提出量刑建议。如江西省赣州市定南县院在出庭发表公诉意见时在公诉意见中提出。汪建成教授认为，提出量刑建议应当是在法庭调查之后、法庭辩论之初。②

第三，根据情况分别确定在起诉阶段或者在法庭审判中提出量刑建议。《关于规范量刑程序若干问题的意见（试行）》第3条第2款规定："人民检察院提出量刑建议，一般应当制作量刑建议书，与起诉书一并移送人民法院；根据案件的具体情况，人民检察院也可以在公诉意见书中提出量刑建议。对于人

① 参见樊崇义主编：《诉讼原理》，法律出版社2003年版，第470—471页。
② 参见汪建成：《专家学者纵谈量刑建议制度》，载《检察日报》2001年10月2日。

民检察院不派员出席法庭的简易程序案件,应当制作量刑建议书,与起诉书一并移送人民法院。"陈瑞华教授认为,对简易程序、普通程序简化审在起诉的同时提出量刑建议是完全正当的。目前需要研究的是,在普通程序案件中怎么提出量刑建议?被告人如果不认罪或作无罪辩护,量刑建议不宜在起诉时提出,起诉书不应载明量刑建议也不应当提交专门的量刑建议书。比较倾向于在法庭调查结束之后,在提交公诉词的时候一并发表量刑建议。[1]

第四,在庭后提出量刑建议。有人认为,量刑建议在庭后进行,量刑建议不在法庭上进行,而是在庭审后,在被告人不在场的情况下,向法庭书面提交量刑建议,不让被告人知晓建议的内容,在量刑建议得不到采纳时,减少被告人不服判因素。[2]

第五,根据简易程序和普通程序的不同而提出量刑建议。简易程序在提起公诉阶段提出,普通程序在出庭公诉阶段提出。宋英辉教授认为,参照外国的做法,对于按照普通程序审理的案件,尤其是重大、复杂案件,应当在证据调查完毕以后,法庭辩论阶段提出。因为案件事实经法庭调查清楚之后,提出量刑建议才有事实基础。对于适用简易程序审理的案件,因为案件事实清楚,同时考虑到保障辩护权的要求和诉讼效率,量刑建议在起诉或同意适用简易程序时提出为宜。[3]

第六,多种方式综合运用提出量刑建议。四川省检察机关对量刑建议作"三种建议时间,两种形式"的安排,对适用简易程序的案件,要求制作《量刑建议书》,在起诉时移送人民法院;对普通程序案件,考虑到法庭上关于各种量刑情节可能出现的变化,要求公诉人在发表公诉意见时口头提出量刑建议,并在庭审后对庭审笔录和出庭笔录进行核对;同时,对于庭审中证据发生变化等需改变原定量刑建议的特殊情况,由公诉人在庭审后根据不同情况分别报公诉部门讨论决定或检察委员会讨论决定,制作《量刑建议书》移送人民法院。

我们认为,综合上述观点和做法,关于量刑建议提出的时机,可以实行在起诉时提出为主,在出庭支持公诉时修改、补充为辅。其理由是:

(1)量刑建议的严肃性和正式性的要求。在起诉时提出比在庭审时提出

---

① 转引自肖玮、李若昕:《量刑建议,不仅防止司法擅断》,载《检察日报》2007 年 3 月 28 日。

② 参见秦奕明:《量刑建议存在的必要性及可行性》,载《法治快报》2008 年 5 月 6 日。

③ 参见宋英辉:《专家学者纵谈量刑建议制度》,载《检察日报》2001 年 10 月 2 日。

要严肃，在起诉时以书面方式提出比在庭审中以口头方式提出要正式、正规。

（2）对案件事实全面把握的要求。由于审查起诉阶段，对案件事实的审查判断不仅是全面的，而且也是充分的，对案件作出的处理不仅是排除了不起诉的处理方式，而且对案件的起诉也应当包括定罪和量刑两方面才是全面的、完整的。

（3）量刑建议程序设计的要求。量刑建议的提议提出、受理审查、出庭支持、法庭确认、抗诉救济等应该具有比较严格、规范的程序，以体现建议程序的合理和公正。

（4）量刑建议补充、修正的要求。在起诉时提出量刑建议，如果在开庭前或者在庭审中出现了重大的认识上、事实上的变化，承办人可以依据职责要求，随时对量刑建议进行补充、修正，而不是完全对其不能作出任何改变。

（5）被告人对量刑辩护的要求。在起诉时提出量刑建议，可以使被告人和辩护人在开庭前有充分的时间对该量刑建议进行必要的辩护准备，而在庭审中又可以更有针对性地开展量刑辩护。

（6）量刑建议本身的属性决定的。检察机关的量刑建议不管是书面的还是口头的，都是一种量刑的建议、意见、请求，不是量刑的决定，只能是法院对被告人量刑的参考，不会引导和侵犯法官对刑罚的决定权。

4. 量刑建议的审批

（1）当前各地试点中普遍的审批做法。从实践来看，多数试点检察院的量刑建议采取主诉检察官决定和审批相结合的体制。例如江苏省有的试点检察院规定量刑建议一般应经主诉检察官小组研究后由主诉检察官决定，但对于应当判处无期徒刑、死刑的案件、捕后建议判处缓刑的案件及其他不宜由主诉检察官决定的重大复杂案件，量刑建议应当由分管检察长决定。

（2）量刑建议的审批程序。江苏省泰州市姜堰区检察院建立层级审查机制。承办人在审查案件时，审查并报送量刑要素审批表和量刑建议书，主管检察长在签发起诉书时，同时签发"两书一表"。我们认为，审批程序应为：第一，承办人对量刑的提议；第二，公诉部门讨论量刑提议；第三，检察长或者检察委员会决定量刑建议。

5. 量刑建议的补充、修正

（1）检察机关在法庭开庭之前对量刑建议可以进行修改、补充，包括对书面的量刑建议的修正、补充。

（2）在法庭审理过程中，对于犯罪事实和犯罪性质的认定发生重大变化，对于犯罪证据的出示发生了重大变化，被告人的认罪态度也有明显的变化，出现了新的量刑情节、特别是法定量刑情节，公诉人可以即时对量刑建议进行修正。控方根据被告人当庭认罪程度变更量刑建议，提出机动的量刑建议。

（3）符合量刑建议的实践操作，如江苏省扬州市广陵区检察院根据被告人认罪程度，变更量刑建议的做法，称为"机动量刑建议"。由公诉人在开庭前对被告人在庭审中的两种认罪态度作出预测，提出两种量刑建议，并写入出庭预案，报分管检察长或检察长审阅，从而将机动量刑建议置于监督之下。机动量刑建议也得到了法院的认可。自检察院实行"机动量刑建议"以来，法院审理的刑事案件一次开庭审结率达到70%，平均审理期限由原来的35天缩短为15天。同时庭审质量也明显提高，有八成的被告人当庭表示不再上诉。[①] 江苏省泰州市姜堰区检察院建立动态量刑建议机制。对量刑要素可能发生较大变化的案件，要求承办人有针对性地制定多份量刑建议备选方案，在法庭举证质证后，根据案件的具体情况提出相应的量刑建议。遇有变量要素超过量刑建议的预测范围，建议休庭并经分管领导同意后，提出相应的量刑建议。

（4）关于量刑建议的补充和修改应不应该有次数限制？《宁波市北仑区人民法院刑事案件量刑答辩实施意见》第7条规定："控辩双方可以放弃量刑建议或请求权，亦可以对原提出的量刑建议或请求在法庭辩论终结前进行修正，但最多不得超过二次。"我们认为，不应当对补充、修正的次数作出明确的限制。但是，从控方来讲，应当严格修改的次数，因为对量刑建议修改次数越多，就越说明其建议的随意性较大，而严肃性、规范性、合理性不足。

6. 提出量刑建议的后续行为

（1）建立量刑建议提出后的跟踪监督机制。量刑建议提出后，应当建立动态的跟踪考察和监督制约机制，不能让建议流于形式。可以从量刑建议的提议、审批、提出、受理、出庭、采纳、救济等全过程来建立跟踪监督机制。江苏省泰州市姜堰区检察院建立跟踪监督机制。要求承办人逐案制作《量刑建议效果跟踪监督表》，对比分析量刑要素，监督量刑建议采纳情况。量刑建议评估小组每周对量刑建议采纳情况进行分析，每月汇总小结跟踪量刑建议监督效果，每季度选取几个罪名进行量刑建议综合分析，提示量刑要素的注意要点。

（2）与法院的沟通。检察官的量刑建议对法官最终的裁判会产生一定的

---

① 参见蒋德海、刘长山、梅静：《控方根据被告人当庭认罪程度变更量刑建议 广陵："机动量刑建议"出奇效》，载《法制日报》2008年4月7日。

促进作用，对法官最终适用刑罚具有参考价值或具有一定的拘束力，这就需要加强法院对量刑建议的认可和配合。因此，检察机关提出量刑建议后，应当主动加强与法院的沟通、联系，提高量刑建议采纳率。

（二）出庭支持和法庭辩论

当法庭开庭审理检察机关提起公诉的案件时，公诉人应当出席法庭，并对提出的量刑建议的合法性、合理性、正当性履行举证、质证、辩论等职责，接受法庭和有关诉讼当事人的质询、辩护、辩论。

1. 公诉人在法庭上宣读量刑建议书

公诉机关在公诉书中明确提出量刑建议的，在法庭开庭时，公诉人必须完整地宣读包含量刑建议在内的公诉书。检察机关提出独立的《量刑建议书》的，公诉人也应在庭审中宣读，至于在庭审的哪个阶段宣读，则可以根据案情有所区别，可以与公诉书同时宣读，也可以在公诉人发表公诉意见时宣读。当然，我们认为，比较适当的宣读时间还是在宣读起诉书的同时。

2. 参与量刑建议有关的法庭调查

根据《人民检察院刑事诉讼规则（试行）》第435条的规定，在法庭审理中，公诉人应当客观、全面、公正地向法庭出示与定罪、量刑有关的证明被告人有罪、罪重或者罪轻的证据。定罪证据与量刑证据需要分开的，应当分别出示。

3. 公诉人充分阐述量刑建议的理由

公诉人在提出量刑建议时，必须全面、充分地阐述提出建议的法律依据、事实依据、政策依据、理论依据、道德依据、社会依据等。同时，量刑建议及其理由应当是经过了充分的论证和分析比较的，经得起质疑和辩驳。关于量刑建议的具体标准和主要依据、理由，公诉人在法庭中还必须使用比较通俗的语言和直接的表达方式向法庭陈述和阐明。

4. 被告人和辩护人对量刑建议的辩论

检察机关提出的量刑建议是否不利于被告人和辩护人的辩护？对此，理论界多数人都有明确的回答。例如，陈卫东教授认为，公诉机关提出量刑建议并不是压缩被告人的辩护空间，不能认为公诉方提出了量刑建议，辩护的余地就小了。相反公诉机关提出量刑建议可以使被告方的辩护更具针对性，也更增强控辩式诉讼的对抗性。[①] 汪建成教授也认为，辩护方的量刑辩护权并不受检察官的量刑建议权的限制，理论上量刑异议权应当具有以下特点方能得到有力保

---

① 参见陈卫东：《专家学者纵谈量刑建议制度》，载《检察日报》2001年10月2日。

障：第一，即时性，即检察官提出量刑建议之后，辩护方有权即时进行反驳，向法庭提出自己的量刑意见。第二，平等性，即法官对于辩护方所提出的异议或者量刑意见，应当给予与检察官的量刑建议同等的重视，而不能等闲视之、置之不理。① 所以，量刑建议与辩护权的行使不仅不矛盾，而且还会促进辩护权的充分发挥和保障。

如何保障辩护方的量刑异议权？辩护人如何针对公诉机关提出的量刑建议进行辩护？有人认为，作为辩方律师，只能对检控机关提出的量刑建议有针对性地提出辩护意见：一是应用刑法中的量刑格进行量刑辩护；二是根据犯罪的事实、性质、情节、危害程度进行量刑辩护；三是根据被告人有无法定从轻、减轻或酌定从轻的情节进行量刑辩护。② 我们认为，这三点建议的针对性比较强，值得辩护人在量刑辩论程序中展开辩护。当然，其关于量刑格的解释和依据该量刑格理论来反驳控方的量刑建议的观点值得进一步探讨。

5. 被害人对量刑建议的异议

刑事被害人是案件的直接受害者，也是案件的关键证人或者重要证人，因此其对检察机关提出的量刑建议，理应有权质询和提出异议。但是，被害人的质询和异议，必须是在理性和具备相关知识的前提下，必须是在静心、平和、理智的心态下有理、有节开展的。当然，在司法实践中，有的被害人及其家属对量刑建议的意见也并非全部是不利于被告人的，也可能恰恰相反，被害人反而主动为被告人提出从轻量刑的意见。

《关于规范量刑程序若干问题的意见（试行）》第4条规定："在诉讼过程中，当事人和辩护人、诉讼代理人可以提出量刑意见，并说明理由。"《人民法院量刑程序指导意见（试行）》第3条规定："在法庭审理过程中，审判人员应当注意听取公诉人、当事人、辩护人和诉讼代理人提出的量刑意见。"

但是，关于检察机关提出量刑建议时是否必须征求被害人的意见？

对此有人认为，检察机关在对被告人作出量刑建议前，应主动征求并考虑被害人的意见。③ 我们认为，检察机关提出的量刑建议是依据刑法对犯罪行为的具体规定，具备量刑建议的条件就可以提出，不能将征求被害人意见作为量

① 参见汪建成：《专家学者纵谈量刑建议制度》，载《检察日报》2001年10月2日。

② 参见刘斌：《律师如何针对检察机关提出的量刑建议进行辩护》，载《法制日报》2003年12月17日。

③ 参见刁沈云、张傲冬：《量刑建议应征求被害人意见》，载《检察日报》2005年6月8日。

刑建议的必备条件。否则，如果当案件的被害人不存在或者被害人反对检察机关的量刑建议或者检察机关的量刑建议与被害人的意见不一致的时候，检察机关的量刑建议又如何提出和在法庭上辩论？此外，被害人由于与被告人存在严重的权益冲突，特别是由于多数被害人对案件的专业知识和法律的认知程度存在一定的问题，他们对量刑建议提出的相关依据未必有明确、清晰的认识和判断，因而也难以正确地表达自己对量刑建议的观点。所以，检察机关提出量刑建议可以征求被害人的意见，也可以依据法定职责要求完全独立地提出，而不以被害人的要求为条件。

（三）抗诉和救济

1. 检察机关对量刑建议的庭后审查

提出量刑建议并经过法庭审查确认后，检察机关还应当关注量刑建议是否被法庭采纳。陈兴良教授认为："量刑建议实际是帮助法院在量刑方面把关。法院对量刑建议不予采纳时，第一，要反思量刑建议本身是否有问题；第二，如果建议准确可以抗诉；第三，建议在有量刑畸轻畸重情形时再抗为好。"①《四川省检察机关公诉部门开展量刑建议的指导意见》第17条规定："全省检察机关公诉部门对于人民法院作出的判决、裁定，应当结合量刑建议认真审查。人民法院判决、裁定未采纳检察机关提出的量刑建议，审查后认为判决、裁定量刑畸轻畸重、符合抗诉条件的，经检察委员会讨论决定依法向人民法院提出抗诉；审查后认为判决、裁定量刑偏轻偏重，不宜提出抗诉的，经检察长决定可以向人民法院发出检察意见书；审查后认为判决、裁定量刑适当的，视为量刑建议质量不高。"有的检察机关的量刑建议工作实行一般案件备案，重大疑难案件报批。有的检察院要求承办人收到法院的判决、裁定后3日内，对量刑建议的采纳情况进行审查，在《刑事判决、裁定审批表》中明确写出量刑建议的采纳与否，如发生重大变化，导致量刑建议的误差，要写明原因，由主诉检察官、科长、主管检察长逐级审查，对量刑不当的案件，要及时提请检察长、检察委员会决定是否抗诉或发出检察意见书，并对量刑建议采纳情况进行全面了解和监督。

2. 对量刑建议的抗诉和救济

2003年1月至2008年8月，全国检察机关共对刑事判决、裁定提出抗诉17104件，收到人民法院审结案件8948件，其中改判3833件、撤销原判发回

---

① 转引自肖玮、李若昕：《量刑建议，不仅防止司法擅断》，载《检察日报》2007年3月28日。

重审 1812 件。在提出抗诉的案件中，人民法院从原判无罪改判为有罪的 547 人，从有罪改判为无罪的 70 人，改变原判刑罚的 4258 人。① 可以看出，检察机关的抗诉绝大多数都是针对法院的量刑错误而提出的，法院判决改变刑罚的有 4258 人，占改判总人数（4875 人）的 87.34%。检察机关提出的量刑建议在遭到法院否定时如何救济，这是开展量刑建议不能回避的问题。

目前我国开展的量刑建议试点和量刑规范化试点工作都主要在刑事案件的一审阶段提出和进行，而理论界对量刑建议和量刑规范化的探讨也主要集中在一审阶段。但是当检察机关在一审阶段没有提出量刑建议或者提出的量刑建议没有被法庭采纳时，就可以在二审阶段重新提出量刑建议，或者对一审的量刑错误进行抗诉或者提出改判建议。

因此，检察机关提出量刑建议不应仅限于一审阶段，对于一审量刑畸轻畸重的判决，人民检察院可以通过抗诉程序来救济，也可以通过出席二审法庭提出相关的量刑纠正建议。对于已经生效的裁判，如果检察机关发现其存在量刑错误的，也可以通过抗诉和出席法庭提出新的量刑建议。检察机关参与死刑案件的复核，既是对死刑案件复核的监督，同时也是死刑案件量刑建议的有效救济方式。

七、量刑建议书的确立机制

量刑建议的书面形式包括独立的量刑建议书和量刑建议存在于其他书面形式之中，如存在于起诉书、抗诉书、公诉意见书之中等。因此，量刑建议书不等于量刑建议的书面形式。本部分的量刑建议书是指独立存在的量刑建议书面形式。

由于对案件的量刑建议是以检察机关的名义向法庭提出或者在庭审中提出的，因而其必须履行相关的审批手续。与起诉犯罪行为的形式要件相同，量刑建议的形式、手续在法律文书方面不应有太大差异。我们收集了 2011—2013 年江西省南昌、九江、赣州、景德镇、宜春、上饶 6 个设区市院所辖的 13 个基层院和广东省广州市黄埔区院共计 929 份量刑建议书进行统计分析以下问题。具体来源见表 13：

---

① 参见曹建明：《关于加强刑事审判法律监督工作维护司法公正情况的报告》，载《全国人民代表大会常务委员会公报》2008 年第 7 号，第 719 页。

表 13：量刑建议的来源统计

地 区	基层院	量刑建议书（份）
江西省南昌市	湾里区	5
	东湖区	44
江西省九江市	永修县	398
	共青城市	17
	九江县	23
江西省赣州市	全南县	34
	寻乌县	31
	定南县	6
	安远县	59
江西省宜春市	袁州区	12
江西省景德镇市	珠山区	15
江西省上饶市	万年县	66
	婺源县	136
广东省广州市	黄埔区	83
合　　计		929

（一）量刑建议书的法律属性

关于量刑建议书的性质问题，在刑事诉讼法修改前，有人认为，量刑方式有书面形式和口头形式。量刑建议书是一种正式的法律文书，一般应当在起诉时通过书面形式正式向审判机关提出。① 我们认为，在刑事诉讼法修改之前，由于量刑建议只在司法解释中进行了确认，没有立法的规定，所以当时的量刑建议书只能是检察机关的专门性工作文书，不可能是正式的法律文书。但是由于修改后刑事诉讼法已将量刑规范化改革的成果吸收到了法条之中，并且强调在法庭审理中对有关量刑的事实都要调查和辩论，因而控方在庭审中为法庭调查和辩论所提出（或者提交）的量刑建议书，就应当被理解为与起诉书具有同等性质的法律文书，而不能再将其理解为工作文书，否则就会出现在庭审中

---

① 参见洪旭：《如何使量刑建议充分发挥效用》，载《检察日报》2007 年 3 月 27 日。

控方的定罪建议文书与量刑建议文书法律性质不一致的情况。当然这仍需要理论界和实务界对其进一步正名和合法化。

（二）量刑建议书的内容

虽然修改后刑事诉讼法没有明确规定量刑建议书及其内容和形式，但是《关于规范量刑程序若干问题的意见（试行）》第 3 条第 3 款规定："量刑建议书中一般应当载明人民检察院建议对被告人处以刑罚的种类、刑罚幅度、刑罚执行方式及其理由和依据。"特别是《人民检察院刑事诉讼规则（试行）》第400 条规定："对提起公诉的案件提出量刑建议的，可以制作量刑建议书，与起诉书一并移送人民法院。量刑建议书的主要内容应当包括被告人所犯罪行的法定刑、量刑情节、人民检察院建议人民法院对被告人处以刑罚的种类、刑罚幅度、可以适用的刑罚执行方式以及提出量刑建议的依据和理由等。"

我们认为，量刑建议书的结构可以分为：首部（案由、编号）、被告人基本情况、量刑建议、尾部。量刑建议部分的具体内容包括：被告人涉嫌罪名的法定刑及其幅度；法定或酌定从重处罚、从轻处罚、减轻处罚和免除处罚的情节；检察机关建议人民法院对被告人判处刑罚的具体种类、幅度、刑期、附加刑和刑罚执行方式；量刑建议的主要理由等。

（三）量刑建议书的制作

目前，采用书面形式提出量刑建议比较普遍。有的不管是适用普通程序还是简易程序审理的案件都以书面形式提出，量刑建议书的表现形式有以下几种：一是审批表格式。有的以量刑建议审批表的形式出现，如景德镇珠山区院、定南县院的量刑建议书。案件承办人提出量刑建议，公诉科长对建议审核，分管检察长审批。如果公诉科长或者分管检察长不同意承办人提出的量刑建议，可以对其进行修改。二是工作文书填空式。将量刑建议的相关要素设计成工作文书，将量刑情节分为法定从重处罚情节、法定从轻、减轻或者免除处罚情节、酌定从重处罚情节、酌定从轻处罚情节、其他情节，有相应情节则填上，如无相应情节则填"无"或者留空白。三是详细论述式。在提出量刑建议时，列出了具体的量刑依据，并列出了法定刑刑种、刑期，对每个相关量刑情节详细的计算方法，如九江县院。四是作为起诉书附件的形式出现，但仍然单独编号，如广州市黄浦区检察院。此外，山东省东阿县检察院在向被告人送达量刑建议书的同时，还附上了量刑依据。量刑依据记载了影响被告人量刑的罪前、罪中、罪后情节以及该院的采纳幅度。通过这一举措，使被告人明了量刑的过程，起到了降低案件上诉率的作用。①

我们认为，量刑建议书的制作格式应当规范，不仅式样标准，而且份数适当，不仅文字内容齐全，而且签章手续具备。起诉书有一式八份，每增加一名被告人，增加起诉书五份。同样量刑建议书的数量应当与起诉书的数量相同。

（四）量刑建议书的移送

对于经过了检察机关讨论决定并制作了量刑建议书的案件，无论是适用简易程序审理还是按照普通程序审理，检察机关都应当将量刑建议书随同起诉书、案卷一并移送到人民法院，并由人民法院受理和审查。

八、量刑建议与量刑规范化的相互促进机制

量刑建议与量刑规范化是密切联系，不可分割的，因此，量刑建议与量刑规范化也是相互促进的，必须研究两者的相互促进机制。

（一）控辩审各方在量刑规范化中的角色

1. 控方

控方是量刑标准的建议者、法庭调查的举证者、法庭辩论的支持者、错误量刑的抗诉救济者。《人民检察院开展量刑建议工作的指导意见（试行）》第1条规定："量刑建议是指人民检察院对提起公诉的被告人，依法就其适用的刑罚种类、幅度及执行方式等向人民法院提出的建议。量刑建议是检察机关公诉权的一项重要内容。"《关于规范量刑程序若干问题的意见（试行）》第9条规定："对于被告人不认罪或者辩护人做无罪辩护的案件，在法庭调查阶段，应当查明有关的量刑事实。在法庭辩论阶段，审判人员引导控辩双方先辩论定罪问题。在定罪辩论结束后，审判人员告知控辩双方可以围绕量刑问题进行辩论，发表量刑建议或意见，并说明理由和依据。"

2. 辩方

辩方是量刑标准的异议者、量刑适用的辩护者、错误量刑的上诉（申诉）者。根据《人民法院量刑程序指导意见（试行）》第3条的规定，在法庭审理过程中，审判人员应当注意听取辩护人提出的量刑意见。根据《关于规范量刑程序若干问题的意见（试行）》第4条的规定，在诉讼过程中，当事人和辩护人、诉讼代理人可以提出量刑意见，并说明理由。因此，辩方还是量刑意见的建议者。我们认为，控方提出量刑建议可以使公诉内容更加全面、更加具

---

① 参见《检察日报》2013年6月7日。

体、更加充分，这才能使辩护的内容更加完整、更加具体，从而也才能真正使被告人的量刑辩护更具有针对性、有效性。

3. 法庭

法庭是刑罚适用的调查者、量刑标准的裁决者、量刑异议的审查者、正确量刑的维护者，因而法庭在量刑规范化中扮演着关键的角色。

（二）在庭审程序中对定罪和量刑是否分设独立程序的问题

人民法院的刑事审判活动大致可以分为两个阶段：一是定罪阶段；二是量刑阶段。从两个阶段的关系来看，第一阶段是前提和基础，第二阶段是后果和归宿。定罪不准，量刑必然错误；但是定罪准确，量刑不一定正确。由于量刑是人民法院刑事审判活动的一个独立阶段，因此其存在也具有重要意义。

当前，关于是否增设独立的量刑程序是理论界争论的热点问题。同时，根据中央司法体制改革方案的要求，量刑也应当纳入庭审程序。

关于庭审程序中对定罪和量刑是否分设独立程序的争论？陈瑞华教授认为："中国现行的审判制度确立了定罪与量刑一体化的程序模式，主流的诉讼理论也是以定罪控制为中心确立起来的。然而，法院的量刑依据与定罪依据有着明显的差异，在缺乏诉权制约的情况下，量刑裁决存在滥用自由裁量权的可能性。只有将量刑与定罪在程序上分离开来，使其具有基本的诉讼形态，公诉权才可以从单纯的定罪请求权发展出量刑建议权的内涵，被告人的量刑辩护才可以成为独立的辩护形态，被害人的量刑参与权才可以得到充分的保证，那种以量刑控制为中心的证据规则也才可以得到建立。为有效制约法院在量刑上的自由裁量权，确保量刑程序的公正性，量刑程序有必要从现行审判制度中独立出来。"[1]

我们认为，对于一般公诉案件的审理，主要是对于被告人认罪案件的审理，根据我国目前司法的现状，在现阶段不宜在庭审中设置独立的量刑程序，比较可行的是将法庭辩论分为定罪辩论和量刑辩论两个阶段，是比较符合庭审改革需要的，简单而言，可以采取两个阶段，不宜采取两个程序。

第一，司法效率原则所决定的。当前，社会犯罪日益上升，这也使刑事司法系统面临的压力越来越大。要实现刑事诉讼目的、控制刑事犯罪、保障人权、维护法律秩序、保护社会安全，在客观上就需要国家投入大量的人力、物力、财力等诉讼成本。在司法资源有限甚至稀缺的情况下，如何才能以较小诉

---

[1] 参见陈瑞华：《论量刑程序的独立性——一种以量刑控制为中心的程序理论》，载《中国法学》2009 年第 1 期。

讼成本的投入，最大限度地实现刑事诉讼目的，获取较大的诉讼效益，这正是诉讼效率所关注的问题。诉讼效率也直接关系到法律制度是否科学、合理，在一定程度上，诉讼效率是法律制度的生命之所在。

第二，司法实践的现状所决定的。如果每年都将一审、二审、再审的刑事案件的开庭审理程序分成定罪程序和量刑程序，其结果必然是每年要增加大量的诉讼成本。

第三，目前采取的主要庭审方式。《关于规范量刑程序若干问题的意见（试行）》第1条规定："人民法院审理刑事案件，应当保障量刑活动的相对独立性。"当前，在开展量刑建议试点的法庭审理中，实际上并没有设置独立的量刑程序，在没有开展量刑建议的法庭在庭审中，对涉及量刑的事实和证据的调查、辩论中或多或少有量刑的内容，但是也没有独立的量刑程序。

第四，量刑辩论程序的作用。《关于规范量刑程序若干问题的意见（试行）》第14条规定："量刑辩论活动按照以下顺序进行：（一）公诉人、自诉人及其诉讼代理人发表量刑建议或意见；（二）被害人（或者附带民事诉讼原告人）及其诉讼代理人发表量刑意见；（三）被告人及其辩护人进行答辩并发表量刑意见。"量刑辩论程序，是指根据法庭调查的结果，在对被告人是否定罪和如何定罪进行充分辩论的基础上，在审判长的主持下，由公诉人向法庭提出对被告人是否判刑和如何判刑的建议，并且充分阐述其量刑建议的法律依据、事实依据、政策依据、理论依据等，被告人及其辩护人对该量刑建议充分辩护，被害人对该量刑建议充分发表意见，量刑辩论的结果对法庭裁量刑罚产生直接影响的程序。

量刑建议不充分、不全面，导致庭审量刑辩论流于形式。有学者认为，要引导量刑建议走上健康的轨道，就必须加强量刑辩护，确保辩护方提出足以抗衡量刑建议的量刑意见。① 因此量刑建议对于庭审的全面量刑调查和有效的量刑辩论都具有重要作用，但是由于目前多数刑事案件的量刑建议不全面、不充分，从而导致量刑辩论也不全面、不充分，甚至是流于形式，刑事诉讼法的修改和量刑规范化的要求并没有真正落到实处。

公诉机关在法庭中提出量刑建议并经过控辩双方的充分辩论，这就使法庭对被告人的刑罚裁量公开化，使量刑减少神秘色彩。法院兼听检察机关的量刑建议和被告人及其辩护人对量刑建议的辩护意见，根据法庭审理查明的案件事实，作出的判决会更科学、更公正。量刑标准的公开辩论，可以使当事人充分了解量刑标准，减少上诉、申诉、抗诉。同时，将量刑纳入庭审程序，广泛接

① 参见陈瑞华：《论量刑建议》，载《政法论坛》2011年第2期。

受社会的认可和监督，这也必然促使量刑的公平和公正。从诉讼经济的角度看，检察机关的量刑建议已经充分考虑和权衡了犯罪事实与法律适用，对法官有很好的参考作用，有助于提高审判效率，提高当庭宣判率。

第五，大陆法系国家多将庭审的定罪与量刑程序合二为一。英美法系国家大多将庭审分为定罪与量刑两个程序或者两个阶段，大陆法系国家则比较少见，只有葡萄牙等国存在，其刑事审判程序分为定罪和量刑两个阶段，与此相适应也就存在两个独立的判决，一个是解决被告人罪责的定罪判决，一个是独立的对刑罚问题的判决。荷兰对刑事案件的审判一般不分为定罪和量刑两个阶段，只有对犯罪收益的没收是不同的，检察官开始独立的程序，唯一的目的是让法院作出有关没收的判决。

（三）法院对量刑建议的受理和审查

检察机关提起公诉以后，必然会将包括量刑建议在内的案件文书和相关证据材料目录、复印件、照片等文书、材料移送到人民法院。人民法院依法应当受理该案件，当然包括对与量刑建议相关的案件材料复印件的同时受理。在受理以后，应当对案件进行开庭前的审查，包括对量刑建议书及其相关材料复印件的审查，当然人民法院的审查仅仅是形式审查。

1. 量刑建议的受理

虽然量刑建议书不是法律文书，只是公诉机关的工作文书，但是，由于该建议书经过了检察机关的充分讨论、审批，特别是由检察机关加盖了院印后正式提交给法庭，因此，人民法院对公诉机关提出的量刑建议应当按照案件审判管辖的规定受理，并进行审查。人民法院不得以法律没有明文规定而拒绝受理，因为如果量刑建议的内容被载入起诉书、抗诉书中，人民法院不能拒绝收起诉书和抗诉书。

2. 法院对量刑建议的审查

人民法院在受理公诉案件后必须进行开庭前的审查。人民法院对案件的审查涉及案件开庭审判的各方面，当然包括对案件的量刑建议和涉及案件量刑的各种事实、情节、证据。人民法院应当根据公诉机关对案件移送涉及的审判管辖、对案件的量刑建议涉的庭审方式等，确定是由哪级法院受理该案件，并确定采取独任审判还是合议庭审判方式。同时，对于案件的审理程序还涉及是简易程序还是普通程序，根据《关于适用普通程序审理"被告人认罪案件"的若干意见（试行）》第1条和第2条的规定，法院还审查检察机关提出的实行简化审的建议，审查检察机关对该案提出的量刑建议，并决定是否实行普通程序简化审理。

3. 通知人民检察院派员出席法庭支持公诉

根据修改后刑事诉讼法的规定，人民法院审理检察机关提起公诉的案件，人民检察院应当派员出席法庭支持公诉。法庭审判是刑事诉讼的关键环节，检察机关派员出庭支持公诉，这是法定职责，也是检验量刑建议是否正确、适当的关键阶段。

（四）法庭对量刑建议的评议和采纳

当法庭审理结束后，合议庭应当在对犯罪事实进行评议的基础上，对量刑建议的合法性、合理性、正当性进行评议。对具有合法性、合理性、正当性的量刑建议，应当予以采纳。对不具有合法性、合理性、正当性的量刑建议不予采纳。同时是否采纳量刑建议，都应当对其进行说明，并阐述合议庭评议的基本依据。

1. 量刑建议是否会干扰法官的裁判

检察机关提出的量刑建议在经过了法庭调查和法庭辩论之后，必然涉及合议庭对该量刑建议的态度问题。如果合议庭自始至终反对公诉人提出量刑建议，并对其建议不予理睬，其结果是量刑建议无法在庭审中提出和辩论。但是，从量刑公开和公正的要求看，法院应当对量刑建议采取兼听则明、慎重对待的态度，对有理有据的建议采取积极采纳的评议方式。所以，汪建成教授认为，检察机关的量刑建议权不是量刑裁判，就其本质而言，只是一种建议，为法官最终的裁判提供参考，对法官作出量刑裁判没有约束力，从这个意义上讲，量刑建议并无法定效力，也不是法官量刑的基础，并不妨碍法官运用自己的能力、知识和经验正确适用刑罚。① 最高人民检察院公诉厅副厅长彭东认为，公诉人在案件公开审理时发表量刑建议，使控辩双方甚至旁听群众对被告人的量刑有一个大致的轮廓，为法官量刑提供一个极具价值的参考，更有利于法官公正裁判。当然，公诉人发表具体的量刑建议本身并不能直接作为法官量刑的根据，法官也没有义务必须接受量刑建议，但量刑建议实际上相当于在法庭审理过程中增加了一个公开的量刑听证过程，量刑虽然是法官行使的权力，但绝不能不听取控辩双方的任何意见而随意裁量，因此量刑建议制度能将法官置于量刑监督之下，从而在一定程度上提高量刑裁判的透明度和可预测性，而透明度本身是程序公开的重要内容之一。②

---

① 参见汪建成：《专家学者纵谈量刑建议制度》，载《检察日报》2001年10月2日。
② 转引自赵阳：《量刑建议制度八年探索历程披露》，载《法制日报》2007年11月30日。

2. 审判委员会对量刑建议的讨论决定

审判委员会是指由人民法院审判委员会委员组成的对刑事审判工作进行领导、监督、决定的集体审判机构，是人民法院内部设立的对审判工作实行集体领导的组织形式。审判委员会与合议庭不同，它不审理案件，只对重大、疑难的案件进行讨论决定。审判委员会讨论的案件具体包括五种，有的是直接涉及刑罚处罚的，如"拟判处死刑"的案件；有的主要是涉及刑罚裁判错误的，如"人民检察院抗诉"的案件；其他三种也与刑罚处理有关。在案件的讨论决定上，也存在如何对待检察机关的量刑建议的问题，审判委员会也不能采取完全回避和置之不理的态度，因为对于检察机关提出量刑建议的案件，检察长可以列席法院审判委员会，还可以在列席会议时进一步表明检察机关的量刑建议，说服和监督法院对量刑的最终裁判。虽然合议庭评议刑罚是秘密进行的，但是审判委员会会议对于列席会议的检察长则不是秘密进行的。

3. 量刑建议是否进入判决书

从目前的裁判文书看有相当多的量刑建议以及量刑辩论意见，在法院的裁判文书中基本未得到反映，量刑建议及其辩论对法院的裁判无强制约束力。如江西省赣州市所属的法院对检察机关提出的量刑建议基本上不予回应，更未对是否采纳量刑建议的理由进行说明和论证。检察机关的量刑建议和法院的量刑结果未能衔接，这既不利于检察机关对审判活动的有效监督，也不利于检验量刑建议的质量。《关于规范量刑程序若干问题的意见（试行）》第 16 条规定："人民法院的刑事裁判文书中应当说明量刑理由。量刑理由主要包括：（一）已经查明的量刑事实及其对量刑的作用；（二）是否采纳公诉人、当事人和辩护人、诉讼代理人发表的量刑建议、意见的理由；（三）人民法院量刑的理由和法律依据。"审判人员必须对审判独立有正确的认识，控审分离不等于控审必须完全对立、互不配合。谢佑平教授认为："检察机关的量刑建议权就其本质而言，只是一种建议，为法官最终的裁判提供参考，其不是法官量刑的基础，亦不能妨碍法官运用自己的能力、知识和经验正确适用刑罚，法官在不予采纳检察官的量刑建议时应当充分说明理由，从而确保控辩双方平等对抗、法官居中裁判的现代审判模式；另外，赋予检察机关的量刑建议权及其保障机制的完善，在一定程度上也可以防止司法腐败，保证司法公正并增强审判机关在量刑问题上的公信力。并且，由于控辩双方都参与了量刑的过程并对量刑发挥了影响，也有利于他们对量刑结果的接受，由此可以减少上诉审或抗诉审的发生，更大程度地保证司法的效率。"① 检察机关的量刑建议在法庭中经过了公开和充分的辩论，在此种情况下法院还拒绝在判决书作出回应，只能说明法官在追求审判的"绝对权威"，在过分将量刑决定权神秘化、排他化。因此法官对检察机关提出的量刑建议也应当以理性、平和、平常、忠诚的心态来对待，以开展正常案件、正当工作来接受。因为无论怎样，检察机关的量刑建议只是一种建议而已，如果连听取检察官的量刑建议都做不到，法官还能够做到追求和保证量刑的公平和公正吗？既然检察机关的量刑建议可以在庭审中提出、辩论，那为什么又不能在庭审中作出采纳与否的决定并直接在判决书中作出适当的表述呢？

（五）当前量刑规范化进程中存在的突出问题和四位一体的改进意见

从修改后刑事诉讼法实施以来的情况看，在量刑规范化进程中，不少法庭在审理案件时仍然存在参与主体的不完整性、适用标准的不公开性、产生过程的静态性、程序适用的不完全性等问题。② 也就是说，在庭审中承担量刑职责的仍然多表现为法庭一方，没有将控方的量刑建议和辩方的量刑辩护同时进入庭审程序；对主要罪名的量刑适用标准，只有法院一家作出内部规定，不是由多方共同制定并且将其公开；对被告人量刑标准的产生，不是在通过庭审量刑调查和辩论的动态环境下确定的，而是在庭审后由合议庭通过比照内部文件的静态环境中评判出来的；对于量刑规范化的适用程序多在一审开庭中体现，而在二审、再审等程序中则明显不被重视等。

2013 年 10 月 9 日最高人民法院公布的《关于建立健全防范刑事冤假错案工作机制的意见》第 11 条规定："审判案件应当以庭审为中心。事实证据调查在法庭，定罪量刑辩论在法庭，裁判结果形成于法庭。"切实遵守法定诉讼程序，强化案件审理机制。庭审是事实、证据调查的核心环节。为防范冤假错案，要树立"审判中心"和"庭审中心"的观念，并完善相关的制度机制。③2013 年 11 月 25 日，最高人民法院在京召开实施量刑规范化工作座谈会。会议传达了最高人民法院的重要决定：从 2014 年 1 月 1 日起在全国法院全面实

---

① 谢佑平：《量刑建议：更大程度地保证司法效率》，载《检察日报》2008 年 11 月 26 日。

② 参见张国轩：《量刑建议问题研究》，载孙谦主编：《检察论丛》（第 15 卷），法律出版社 2010 年版，第 550 页。

③ 参见张先明：《坚决守住防范冤假错案的司法底线——最高人民法院刑三庭负责人答记者问》，《人民法院报》2013 年 11 月 22 日。

施量刑规范化工作；各地法院要按照最高人民法院的工作部署和要求，认真研究制订实施方案，积极开展工作，确保量刑规范化工作全面、顺利实施；要全面贯彻执行《人民法院量刑指导意见（试行）》及其实施细则，保证量刑公开、公平、公正；各高级人民法院要根据法律的规定，结合当地实际，研究制定《人民法院量刑指导意见（试行）》实施细则；上级法院要切实加强指导、及时研究解决实践中遇到的问题和困难，保证量刑规范化工作全面稳妥推进。要进一步深化对量刑方法、量刑基准、量刑机制、量刑程序等问题的理论研究，推动改革实践的深入发展。①

因此，我们认为，修改后刑事诉讼法确立的量刑规范化及其进程，应当包括参与主体的多元性、适用标准的公开性、产生过程的动态性、审判程序的完全性，并且这四个方面是统一的，构成四位一体，其中主体的多元性、标准的公开性是前提，产生的动态性是关键或者根本，程序的完全性是保障。检察机关只有全面、充分、具体地履行量刑建议职责，才能有效地推动、促进量刑规范化的健康发展。如果检察机关仍然对量刑建议采取选择式、被动式执法，这不仅不符合履行公诉职责的要求，而且还会阻碍量刑规范化的正常开展。因此，各级检察机关必须高度重视量刑建议工作，并以修改后刑事诉讼法的实施为动力，全面提高公诉工作的水平。

---

① 参见《人民法院报》2003 年 11 月 26 日。

司法改革背景下庭前
会议制度的现状与未来[*]

——以福建省三地级市实施庭前会议制度为范本

福建省人民检察院公诉二处、
福建省龙岩市人民检察院课题组

修改后刑事诉讼法第 182 条第 2 款规定,"在开庭以前,审判人员可以召集公诉人、当事人和辩护人、诉讼代理人,对回避、出庭证人名单、非法证据排除等与审判相关的问题,了解情况,听取意见"。学者们把这一制度称之为"庭前会议"制度。该制度打破了我国刑事审判程序由起诉直接进入到审判阶段的模式,在起诉、审判之间植入了中间程序。多数学者认为,庭前会议制度对于保障被告人的诉讼权利、提高诉讼效率等均具有重大意义;[①] 但也有观点认为,该制度没有任何实际作用,反而会增加司法机关的负担,是一种"花瓶"制度。本文所指庭前会议,是指在法庭决定开庭之后,开庭审理之前由承办法官主持的、控辩双方共同参加的解决、梳理案件程序性问题及部分实体性问题,旨在为庭审扫清阻碍、保障庭审的集中审理的准备程序。要在制度层面上细化、完善庭前会议的各项内容,首先需要对庭前会议作出价值定位和功能分析。

---

* 本文为最高人民检察院 2013 年检察应用理论研究课题成果。课题负责人:孙维,福建省人民检察院公诉二处副处长。课题组成员:罗辉(龙岩市人民检察院检察长)、唐钧、谢举辉、张润江、黄晓颖、刘海泉。

① 有观点认为,如果把整个刑事审判程序的改革比作一顶美丽的皇冠,那么庭前会议制度则是这顶美丽皇冠上的最耀眼的明珠之一。详见陈卫东、杜磊:《庭前会议制度的规范建构与制度适用——兼评〈刑事诉讼法〉第 182 条第 2 款之规定》,载《浙江社会科学》2012 年第 11 期。

一、庭前会议的价值及功能概述

（一）庭前会议的价值

庭前会议制度的价值指的是庭前会议制度作为一种法律制度所要追求的社会理想，即庭前会议制度的目的价值。对于庭前会议的价值问题，存在着不同的观点，有观点认为，庭前会议制度所蕴含的价值包括：一是提高效率，促进庭审的集中高效；二是促进庭审的实质化；三是保障当事人的诉权，促进程序公正的实现。① 本文认为，修改后刑事诉讼法规定的庭前会议制度其价值主要体现在保障人权和提高效率两个方面。

1. 庭前会议的人权价值

惩罚犯罪、保障人权是刑事司法活动的重要任务，诉讼权利作为犯罪嫌疑人或者被告人的一项基本权利即人权，其应该成为庭前会议制度所追求的价值之一。庭前会议是法庭审判的准备程序，认真落实会议内容有利于保证被告人诉讼权利的真正实现。例如，根据修改后刑事诉讼法第 182 条第 2 款的规定，庭前会议包括回避、非法证据排除等议题，在庭前会议上，法官告知当事人合议庭成员、书记员、出庭公诉人、鉴定人等人的基本情况后，当事人就可以在充分考虑的基础上作出是否对上述人员申请回避的决定，当事人对此作出决定时不再受法庭上时间急迫的限制，不像以前仅是在法庭上当法官告知其有此权利时作出的应付式回答，法官在庭前会议上告知相关人员的基本情况有利于被告人回避权的真正实现；再如，庭前会议上，控、辩、审三方事先对非法证据予以排除，可以使被告人在法庭上免予遭受非法证据的侵害，控辩双方在法庭调查时也更有针对性，有利于被告人得到更加公平的判决。庭前会议制度通过保障被告人诉讼权利的实现，体现该制度的人权保障价值，最终有利于该案件的公正判处（包括程序公正和结果公正），这也可以认为庭前会议制度具有公正价值。

2. 庭前会议的效率价值

公正和效率，一直是司法活动追求的两大价值，但在我国目前的刑事庭审模式下，庭审过程常常会因为当事人申请回避、申请新的证人到庭等情形而中断，拖延诉讼进程。而庭前会议制度的设置有助于效率价值的实现，解决公正和效率之间的矛盾。一般认为，庭前会议制度具有证据展示及排除非法证据的功能，在庭前会议上，控、辩、审三方先把非法方法收集的证据予以排除，当

---

① 闵春雷、贾志强：《刑事庭前会议制度探析》，载《中国刑事法杂志》2013 年第 3 期。

事人就不会再在法庭上提出非法证据排除的要求，检察人员在庭审过程中也不必把大量时间花费在证明证据的合法性上；在庭前会议上，控、辩双方可以就对方提供的证据发表自己的看法，对双方没有争议的证据，在正式庭审时可以减略质证，对双方有争议的证据可以在庭审时进行重点举证质证，从而使庭审的举证质证更具有针对性，避免把时间浪费在没有争议的证据上；又如，控辩双方可以把双方争议的焦点在正式开庭前的庭前会议上提出来，在正式庭审时控辩双方可以只对双方的焦点问题展开辩论，对没有争议的问题，控辩双方可以不再辩论，这既提高了法庭辩论的实际效果，又节约了庭审的时间。

（二）庭前会议的功能

在两大法系主要国家，刑事案件的审理中均设计了庭前审查及准备程序。例如，在美国，刑事案件的庭前审查及准备程序包括：（1）传讯，即当大陪审团起诉书或检察官起诉书提交法院后，法院应安排传讯；（2）辩诉交易；（3）审判前的申请、异议程序；（4）特殊辩护理由的通知；（5）证据保全程序；（6）证据展示程序；（7）庭审前会议程序。① 在德国，刑事诉讼的庭前审查及准备程序包括：（1）公诉审查，主要任务是对检察官提起公诉的案件进行审查，以决定是否开启法庭审判程序；（2）调取证据，审判长应被告人的要求或依职权传唤证人、鉴定人或调取其他证据；（3）证据展示，法院、检察院、被告方相互告知所传唤的证人、鉴定人姓名及他们的居所或住所；（4）宣布法庭组成并征求被告方的意见；（5）提前对预计不能出庭的证人或鉴定人进行询问或对现场进行勘验；（6）其他准备程序。② 此外，两大法系国家刑事诉讼庭前审查及准备，还包括诸如送达起诉书副本、确定审判日期、传唤（拘传、通知）诉讼参与人出庭、告知被告人辩护人委托权及必要时为被告人提供辩护人等相同的技术性准备和保障被告人实现辩护权的准备内容。

分析上述国外开庭前审查及准备程序，可以归纳出其主要功能突出表现为以下几个方面：（1）决定是否启动正式审判程序及纠错功能；（2）证据的保全、展示、检验和排除功能；（3）整理和明确讼争要点的功能；（4）案件的提前处理与分流功能；（5）其他准备功能。③ 如送达起诉书副本、确定审判日

---

① 《美国联邦刑事诉讼规则和证据规则》，卞建林译，中国政法大学出版社 1996 年版，第 46—59 页。

② 《德国刑事诉讼法典》，李昌珂译，中国政法大学出版社 1995 年版，第 88—95 页。

③ 宋英辉、陈永生：《刑事案件庭前审查及准备程序研究》，载《政法论坛》2002 年第 2 期。

期等。而在我国，早在修改后刑事诉讼法规定庭前会议制度之前，学者们就提出了构建我国刑事案件庭前审查程序的建议，并认为该程序具有司法审查、证据展示、非法证据排除、庭审预备、程序分流、纠纷裁断等功能。[①]

我国修改后刑事诉讼法规定的庭前会议制度与国外的刑事庭前程序制度在功能上具有相似性，结合庭前会议制度的相关规定，本文认为，庭前会议制度蕴含了以下功能：

1. 信息交换功能

庭前会议作为庭前准备程序，给控辩双方提供了一个信息交流互换的平台，使控辩双方在庭审前能够知悉对方掌握的案件信息，为正式庭审做好准备。庭前会议的信息交换功能包含两个具体的功能：一是证据展示功能。在庭前会议上，控辩双方将各自收集到的证据展示给对方，让对方在庭审前事先知道对方掌握的证据情况，另一方可以有所准备，特别是为处于收集证据弱势地位的辩方能够平等地对抗控方提供条件。二是明确争议焦点的功能。在庭前会议上，参与会议的各方可以充分发表自己对案件的证据、事实等方面的意见，要么形成统一的意见，要么各自坚持自己的观点，但均让各方在庭审前就知悉对方的意见，起到一个意见交流平台的作用。在庭前会议上，案件的当事人通过参加庭前会议，还可以了解法院合议庭组成人员、出庭公诉人等诉讼参与人的基本信息，当事人在了解这些人员的相关信息的基础上，决定是否提出回避请求。

2. 强化庭审功能

强化庭审的中心地位，使庭审过程能发挥实质性的作用，是修改后刑事诉讼法的重要任务，庭前会议可以通过以下设置达到强化庭审的功能：一是对于程序性事项的事先集中解决。在庭前会议上，参加会议的各方可以就案件的回避、出庭证人、鉴定人的名单、管辖权等程序性的问题发表意见，听取建议，将案件的程序性问题放在庭审前的庭前会议上事先解决，庭审过程不会因这些程序性事项的出现而阻断，能够使庭审过程更加集中，便于案件的集中审理。二是整理和明确案件的争点。在庭前会议上，控辩双方充分发表各自的意见，在信息交换的基础上，整理和明确案件的争议点。对于庭前会议上双方没有异议的证据和事实，庭审时可以简要举证质证，对双方有争议的证据或者事实，庭审时可以重点质证或者重点展开辩论，这样能使庭审过程更具有针对性，庭审的作用更加明显，突出了庭审在整个诉讼过程中的中心地位。庭前会议通过事先解决程序性问题及明晰各自的争点达到其强化庭审的功能。

---

① 闵春雷：《刑事庭前程序研究》，载《中外法学》2007年第2期。

3. 程序分流功能

对不同性质的案件适用不同的审判程序是节约司法资源的选择，也是提高诉讼效率的要求。为此，刑事诉讼法针对不同的案件设计了刑事和解、简易程序、普通程序等审理模式。在庭前会议上，如果案件符合刑事和解的条件，当事人可以在庭前会议上进行刑事和解，达成和解协议的，司法机关可以根据和解协议作出相应处理；在庭前会议上，如果被告人在庭前会议上表示自愿认罪，案件符合适用简易程序的条件的，各方可以提出适用简易程序的建议，避免在庭审中临时作出改变庭审程序的决定；在庭前会议上，对于证据和事实有争议的案件，或者其他原因而不适合适用简易程序的案件，会后应该按照普通程序进行审理。通过庭前会议，根据案件的不同情况决定案件适用的审理程序，体现庭前会议对案件处理具有程序分流功能。

二、福建省三明、漳州、龙岩三地市召开庭前会议情况调查分析

（一）福建省三地市践行庭前会议制度现状

2013 年以来，福建省认真落实修改后刑事诉讼法关于庭前会议制度的规定，对该制度进行了大胆的尝试，不少地区的检察院、法院、司法局等部门还根据本地的实际情况，联合制定了关于执行庭前会议制度的暂行规定，形成了颇具地方特色的构建思路。本文接下来对福建省三明、漳州、龙岩三地级市司法机关实施庭前会议情况进行分析：

1. 三明市检察机关召开庭前会议情况调查分析

三明市检察机关早在修改后刑事诉讼法正式实施前就开始探索、开展庭前会议制度，走在了福建省检察机关贯彻落实庭前会议制度的前列。其在 2013 年（至 10 月）召开庭前会议的具体情况列表如下：

地区	被告人	案由	参与人（审、控外）	会议讨论的事项
永安	冯××	合同诈骗、虚报注册资本、非法吸收公众存款案	辩护人、被告人	非法证据排除、证人出庭问题、证据交换
沙县	杨××等 3 人	抢夺	辩护人、被告人	非法证据排除
沙县	邱××等 12 人	职务侵占	辩护人、被告人、被害人	被告人人数多，证据数量大，集中证据开示
沙县	陈××	交通肇事	诉讼代理人、被害人家属	证据异议、申请鉴定人出庭

续表

地区	被告人	案由	参与人（审、控外）	会议讨论的事项
三元	肖××等8人	拐卖儿童	辩护人	证据庭前质证
三元	陈××等3人	销售假冒注册商标的商品	辩护人、被告人、	证据庭前质证
三元	陈××	受贿	辩护人、被告人、	证据庭前质证
三元	刘××	非法吸收公众存款	辩护人	证据庭前质证
三元	徐×	合同诈骗	辩护人、被害人	证据庭前质证
宁化	赖×	帮助犯罪分子逃避处罚	辩护人、被告人	回避问题、证人出庭名单
明溪	陈××等2人	私分国有资产	辩护人	数额认定
明溪	连××等3人	贪污	辩护人	对灾后重建的条件没有明确规定
明溪	黄××	挪用公款	辩护人	案件定性
市院	斯××	故意伤害	辩护人、被害人	非法证据排除、瑕疵证据异议、申请证人出庭

由上表可知，在该市两级院15起刑事案件所召开的庭前会议中，14起案件有辩护人参加，占总数的93.33%；6起案件有被告人参加，占总数的40%；15起案件的庭前会议主持人均为该案件的承办法官；会议讨论的事项涵盖了回避、非法证据排除、证人和鉴定人出庭作证、集中证据开示及质证等，在部分经济案件中，庭前会议的内容已经涵盖了数额认定、犯罪构成等实体问题。三明市基层检察机关针对公诉案件数量大、审查起诉任务较为繁重的实际，将庭前会议的召开区别对待，根据个案的不同，以三种方式并行实施庭前会议制度。

一是"简易庭前会议模式"。这种模式适用于控辩双方对案件事实均没有异议，但当事人众多、证据数量较大的案件。"简易庭前会议模式"将案件的书证、物证等客观性较强的证据在庭前会议上先行质证，在正式庭审中则无须耗费大量时间——列举质证。如沙县检察院承办的大亚木业公司职工职务侵占案件，被告人多达12人，证人多达数十人，书证数百页，加之该公司全体职工须旁听庭审，检察院建议召开庭前会议，在庭前会议中重点将书证进行质证，双方均无异议。在正式庭审中大大简化了举证、质证过程，控辩双方针对焦点问题进行调查发问、法庭辩论，取得了很好的庭审效果。

二是"简便庭前会议模式"。这种模式适用于被告人、辩护人对案件事实没有异议，只对少数证据提出异议的案件。这种模式往往被告人不参与其中，参与人员为审判人员、公诉人和辩护人，不需要制作庭前会议笔录，也不需要在法庭进行，在一定条件下甚至可以采用电话沟通的方式，对有疑义的证据进行讨论。如沙县检察院审查起诉的陈某某交通肇事一案，针对鉴定机构出具的死亡鉴定补充说明认为"可致被害人当场死亡"语言含糊的情况，公诉人在法院刑庭以简便庭前会议方式与承办法官进行沟通，建议法庭通知鉴定人出庭接受控辩双方及合议庭询问，防止庭审中因专业问题使控辩双方陷入僵局。

三是"普通庭前会议模式"。这种模式适用于被告人不自愿认罪或只承认部分犯罪事实的案件、辩护人对侦查机关证据有较多异议且辩护人持有对被告人有利的新证据的案件。这种模式的庭前会议即为模拟庭审，除审判人员、公诉人、辩护人参与外，被告人必须到庭，书记员负责会议记录，若有需要证人、鉴定人也必须到庭。例如沙县检察院审查起诉的杨某某等三人抢夺一案，在庭审前，两名被告人及其辩护人提出被告人在侦查机关受到刑讯逼供，且被告人不认罪，在庭前会议中，检察机关对证据收集的合法性加以证明，出示在审查起诉阶段收集的《抓获经过》、《破案经过补充说明》等证据，法院据此决定不启动非法证据排除程序。该案开庭后，法院对检察机关指控的犯罪事实全部予以采纳。

2. 漳州市南靖县检察机关召开庭前会议情况调查分析

2013年以来，漳州市南靖县检察机关召开庭前会议的具体情况如下：

被告人	案由	提出者	主持人	参与人	会议讨论的事项
王××	故意伤害	被害人	承办审判人员	公诉人、双方律师	刑事和解，赔偿、谅解
吴××	行贿	被告人	承办审判人员	公诉人、双方律师	是否属于"特别严重情形"
王×	受贿	被告人	承办审判人员	公诉人、双方律师	核实受贿数额
游××	强制医疗	检察院	承办审判人员	公诉人、双方律师	征求法定代理人意见
林××	强制医疗	检察院	承办审判人员	公诉人、双方律师	征求法定代理人意见

被告人	案由	提出者	主持人	参与人	会议讨论的事项
沈××	强奸	被告人	承办审判人员	公诉人、双方律师	非法证据排除（刑讯逼供）
林××等7人	诈骗	辩护人	承办审判人员	公诉人、双方律师	境外诈骗存在管辖权异议
阮××	受贿	辩护人	承办审判人员	公诉人、双方律师、被告人	非法证据排除；被告人称被刑讯逼供

分析上表，2013年以来，该县检察机关共有8个案件适用了庭前会议制度，由于该县检察院、法院在召开庭前会议时，要求被告人的辩护人必须参加会议，即使被告人自己没有委托辩护人的，法院也会给其指定律师参加会议，所以上述案件召开的庭前会议均有辩护人参与。但该县被告人出席庭前会议的比例不高，上表中只有一个案件的被告人参与会议，占总数的12.5%；庭前会议适用的范围主要集中在重大贪污贿赂案件、重大复杂刑事案件、新类型案件，其中职务犯罪案件的比例就占了37.5%。除此之外，南靖县检察院还对2起强制医疗程序案件适用庭前会议。会议内容除了管辖异议等程序性事项外，还包括刑事和解、认定情节是否严重等与实体有关的事项，与三明市检察机关的多模式并行不同，漳州市检察机关落实庭前会议制度主要有以下几个方面的特点：

第一，注重保障被告人的意志表达权利。首先，辩护人参与庭前会议的比例较高。以南靖县为例，在2013年召开的8个案件的庭前会议中，均有辩护人到场，辩护人特别是辩护律师，因其熟悉法律，其参与庭前会议更能保障被告人的诉讼权利。其次，该县三部门会签的《关于公诉案件庭前会议暂行规定》第7条更是明文规定，被告人未参加庭前会议的，人民检察院对庭前会议涉及被告人实体权益的内容，应在（三明市规定为"可以"）开庭前征求被告人意见，并记录在案。

第二，更加注重客观公正，防止法官主观预断。漳州市检察机关认为，庭前会议的目的是围绕特定内容开展工作，求同存异，为集中、实质的庭审做准备，应围绕管辖、非法证据排除、证人出庭作证等方面达成共识。因此，要求庭前会议的主持人在主持中，不能就需要通过庭审才能查明的案件事实和争议内容进行辩驳，防止造成先入为主，形成主观预断，从而影响庭审的质量和审判的中立、公正。

第三，对出席庭前会议的公诉人提出了更高的要求。庭前会议能否取得良好效果，与各方的会前准备、会中表现及会后总结是分不开的。漳州市检察机关要求案件承办人出席庭前会议之前，对收集到的各项证据材料要进行认真审查，熟悉证据种类、证明力、取证程序等方面的问题，正确理解运用证据，并做好应有的预判，以便应对辩方可能在会议上提出的质疑，从而在庭前会议和庭审过程中掌握主动权。

3. 龙岩市对庭前会议制度的调查问卷情况

庭前会议制度正式确立以来，龙岩市两级检法机关也进行了有益的尝试，本课题组成员为了解庭审的参与者控、辩、审三方对该制度的认识情况，进行了问卷调查。本次调查问卷共设计了17个题目（问卷的详细内容见附件2），一共向经常办理刑事案件的检察官（有效答卷40份）、法官（有效答卷23份）、律师（有效答卷22份）发出并回收85份调查问卷。现就问卷调查的答题情况，选择相关的问题进行分析（表格见附件3）。

一是关于在司法实践中实施庭前会议制度必要性问题。在调查问卷的总人数中，70.6%的被调查者认为有必要实施庭前会议制度，但仅适用于部分案件；4.7%的被调查者认为意义不大，没有必要。可见，实施庭前会议制度具有必要性是主流的观点，说明实施该制度具有一定的司法实践基础。

二是关于庭前会议适用的案件范围。80%以上的被调查者认为，庭前会议适用于被告人众多、案件重大、复杂或者社会影响较大的的案件，被告人及辩护人提出非法证据排除、要求证人、鉴定人、侦查人员出庭的案件；30%的人认为民事部分的调解也可以在庭前会议上进行。

三是关于庭前会议的启动问题。89.4%的被调查者认为由审判人员决定启动；72.9%的被调查者认为公诉人可以提出建议启动；67.1%的被调查者认为被告人及其辩护人可以申请启动；35.3%的被调查者认为被害人及其代理人也可以申请启动。关于这个问题，调查的结果与最高法的司法解释规定一致。

四是关于庭前会议由谁主持的问题。76.5%的被调查者认为应该由案件的主审法官主持，认为由其他审判人员或者检察人员主持的不到总数的10%。可见，庭前会议由案件的承办法官主持是主要观点。

五是关于庭前会议的参与人。90%以上的被调查者认为审判人员、公诉人、辩护人必须参加，52.4%的被调查者认为被告人必须参加，27.4%的被调查者认为被害人必须参加。可以，多数被调查者认为辩护人参加会议的必要性大于被告人，被告人参加会议的必要性大于被害人。本文认为，通常情况下，被告人与辩护律师会有沟通，辩护律师可以代表被告人发表意见，考虑庭前会议的效率价值，除确有必要参加外，被告人可以不参加会议。

六是关于庭前会议上达成一致的事项的效力问题。53.1%的被调查者认为对参加各方具有法律约束力，但各方还可以在庭审时就相同的问题提出；27.2%的被调查者认为对参加各方具有法律约束力，当事人不能再在庭审时就相同的问题提出要求；12.3%的被调查者认为庭前会议上达成的事项没有法律约束力。由此可见，大多数司法实践者肯定庭前会议的效力问题，这是庭前会议制度提高诉讼效率的价值需要，但同时认为被告人及辩护人在庭审时拥有保留权利。

通过分析上述调查问卷，本文认为，问卷的结果基本上能够真实反映庭前会议制度的实际问题，与福建省三明、漳州两市实施庭前会议的情况也大致相同，具有可参考性。

（二）现阶段开展庭前会议制度所取得的成效及存在的问题

综合上述三地的调研结果不难发现，庭前会议的内容针对个案具体情况，有简有繁，提高了公诉人参与庭前会议的效率，使得庭审更加紧凑，更有节奏，避免重大疑难复杂案件的冗长、拖沓，节约了司法资源，增强了庭审效果。此外，庭前会议为公诉人提前准备辩论焦点，庭前解决非法证据排除问题，有利于法庭辩论中公诉人掌握主动权，增强了庭审的针对性和检察机关指控犯罪的力度。

在肯定庭前会议在实践中取得较好效果的同时，本文还发现，庭前会议制度在具体实施过程中还存在许多问题需要进一步完善，主要表现在：

1. 庭前会议的适用率有待提高

由于诉讼资源的制约，基层刑事法官每年人均结案数量较大，案多人少的矛盾突出。同时，法警押解力量有限的问题也较为突出。不少基层审判人员认为召开庭前会议更增加讼累，从而使庭前会议制度并未真正推广。

2. 庭前会议的效力需进一步明确

现行法律及司法解释均未明确规定庭前会议的法律效力。如辩护人在庭前会议中对有关证据发表的意见，在庭审中可能会发生改变，控辩双方需重新梳理争议焦点，使庭前会议的效率价值大打折扣；对于非法证据排除申请的处理，法律已经明确规定要经过法庭审理，在庭前会议中只是听取意见，因此审判人员在案多人少的情况下，大多会搁置非法证据排除申请，选择不召开庭前会议。

3. 庭前会议容易形成庭前预断

在司法实践中，庭前会议往往通过解决某些涉及实体的问题（例如非法证据排除、证据交换）来达到提高庭审效率的目的，容易演变成对争议焦点的提前质证和预先辩论，正式庭审实际上成为控辩双方对庭前会议内容的重复，庭前会议与正式庭审的界限模糊化，审判人员容易在正式庭审前就先入为主、形成主观预断，从而影响庭审质量和审判的中立、公正。

4. 证据出示的不对等使庭前会议的效果大打折扣

随着辩护人对诉讼活动的进一步介入和律师阅卷制度的完善，辩方在庭审前往往较全面地掌握了公诉方的证据，而庭前会议并未强制辩方需出示所有证据，公诉方无法真正从庭前会议中获取辩方的关键性证据，容易引发正式庭审中的"证据突袭"。另外，有些辩护人在庭前会议中持保守态度，对与审判相关的问题并不提出申请，但在正式庭审中提出，这些均会使庭前会议流于形式。

5. 被告人出席庭前会议制度有待进一步完善

被告人作为一方当事人，与庭审结果有着最密切的利害关系。司法实践中，需要召开庭前会议的案件多为重大、疑难案件，而这些案件的被告人往往被羁押，在押的被告人如要参与庭前会议则会给诉讼活动带来额外的负担。事实上，各地被告人参与庭前会议率一直较低，例如漳州市南靖县被告人参与比例仅为12.5%。被告人不出席庭前会议，既无法全面保障被告人的知情权和发表意见权，也致使公诉方可能无法全面获悉辩方信息，容易为正式庭审的拖延埋下隐患。

三、庭前会议制度的构建与论证

在对庭前会议制度的价值、功能分析基础之上，结合福建省三地级市具体实施该制度的调查情况，本文现就庭前会议的相关问题提出如下设想：

（一）庭前会议的启动程序

关于庭前会议的启动程序，有的观点认为，基于审判权的中立性，法院不宜主动开启该程序，庭前会议应该由控方开启①。但从福建省三明、漳州、龙岩三地级市召开庭前会议的实际情况来看，对于庭前会议的启动问题，有的由法院自动决定召开会议，有的由被告人及辩护人的申请而召开，也有根据检察院的建议而召开的，对于被告人及其辩护人提出召开庭前会议或者检察院提出召开庭前会议的，最终由法院作出是否召开会议的决定，控辩双方对于法院的最终决定权也没有提出过异议。本文认为，根据司法实践，法院完全可以自主决定是否召开庭前会议。此外，还应该赋予被告人及其辩护人具有申请召开庭前会议的权利，检察机关认为有必要召开庭前会议的，也可以向法院提出建

---

① 闵春雷：《刑事庭前程序研究》，载《中外法学》2007年第2期。

议，但是否召开庭前会议，最终都由法院决定。

另外，对于庭前会议应该由谁来主持的问题，有观点认为，由案件的承办法官主持庭前会议容易造成该法官对案件的预断，有先入为主的嫌疑。但本文调查发现，司法实践中所有召开的庭前会议均由该案件的承办法官主持，主要原因在于案件的承办法官更加熟悉案情。本文认为，庭前会议上处置的事项多数为案件的程序性问题，由该案件的承办法官主持并不容易使该法官对案件形成预断，从本文调查情况来看，庭前会议由承办法官主持并没有出现该法官对案件形成预断的现象。

综上所述，本文建议庭前会议的启动程序及主持者相关规则设计为：

"人民法院对公诉案件可以决定召开庭前会议；人民检察院在必要时可以建议人民法院召开庭前会议；当事人、辩护人及诉讼代理人也可以申请召开庭前会议，人民法院根据案件的具体情况，决定是否召开庭前会议"、"庭前会议在案件承办法官的主持下召开"。

（二）庭前会议的适用范围

修改后刑事诉讼法并未明确庭前会议的适用范围，但最高人民法院《关于适用〈中华人民共和国刑事诉讼法〉的解释》（以下简称"高法解释"）第183条规定了四种情形的案件，即申请非法证据排除的案件、证据材料较多的重大复杂案件、社会影响重大的案件以及需要召开庭前会议的其他案件，审判人员可以召开庭前会议。第184条也罗列了八项可以在庭前会议中讨论的事项，可以作为确定庭前会议适用范围的重要参考，现对有关适用范围制度构建的问题分析如下：

首先，结合修改后刑事诉讼法彰显的诉讼程序繁简分流的制度设计，尤其是目前广大基层法院普遍面临案多人少的难题，为了避免司法资源不必要的浪费，对于那些当事人没有争议，可以适用简易程序审判的案件，通常无须召开庭前会议。前述调查问卷也显示，高达80%的被调查者表明被告人或辩护人人数较多、证据材料较多、案情重大复杂的案件和社会影响重大的案件应当纳入庭前会议的适用案件范围，与上述"高法解释"的规定不谋而合。本文对此亦持肯定态度。对于此类案件，基于庭审效率的考虑，通过庭前会议可以解决可能导致庭审中断的程序性事项，同时通过证据展示、分类整理等工作，促使当事人各方对于一些无争议的问题达成共识，并且明确案件争点，进而确保庭审集中、高效进行，兼顾庭审的质量和效率①。

其次，由提高庭审效率这一核心发散开去，同意各地在实践中的通常做法，将涉及管辖异议、回避、申请相关人员出庭作证、不公开审理等程序性事项的案件也纳入庭前会议的适用范围，避免当事人在庭审中由于时间仓促、心理紧张的原因仅是做应付式的回答或是当庭异议拖延诉讼进程，使庭审的节奏更为紧凑、重点更加鲜明。

再次，出于保障当事人诉讼权利的考虑，本文建议可以将涉及"高法解释"第184条第1款第（三）、（四）（六）项内容的案件纳入庭前会议的适用范围，确保被告人的辩护权、知情权，也便于控辩双方提前做好准备，避免庭审中出现"证据突袭"的情况。本文还将建议，可以将被告人诉讼权利的保障追溯到侦查阶段和审查起诉阶段，对于实践中可能出现的对侦查机关采取的强制措施或会见权、阅卷权等提出异议的案件也应当纳入适用范围。

最后，针对实践中层出不穷的新情况、新问题，该部分不可能穷尽罗列所有的适用情况，本文建议在本条应坚持原则性与灵活性相结合的司法理念，鉴于庭前会议的启动方式灵活，不宜规定哪些情形"应当"适用庭前会议，另外，在法条设置上不宜做过细的规定，仅将实践中出现率较高或者最能有效保障诉讼权利的情形明文罗列，其余情况则包含在兜底条款中，给诉讼各方留下变通和裁量的空间。

综上所述，本文建议庭前会议的适用范围相关规则设计如下：

对人民法院适用普通程序的公诉案件，存在下列情况的，可以决定、建议或者申请召开庭前会议：

1. 当事人及其辩护人、诉讼代理人申请排除非法证据的；

2. 证据材料较多或者被告人人数众多、案情重大复杂的；

3. 社会影响重大的；

4. 涉及管辖权异议、回避、申请不公开审理的；

5. 辩护人收集到被告人无罪或罪轻的证据的；

6. 案件提起公诉后，检察机关收集到没有列入证据目录的新证据，或者被告人及其诉讼代理人、辩护人申请调取在侦查、审查起诉期间公安机关、检察机关收集但未随案移送的证明被告人无罪或者罪轻的证据材料的；

7. 提出申请证人、鉴定人员、侦查人员等出庭作证或发表意见的；

8. 对侦查机关采取的强制措施或会见权、阅卷权等提出异议，可能影响

---

① 刘静坤、杨波：《关于构建庭前会议制度的思考》，载《中国审判新闻月刊》2013年第85期。

案件公正审理的；

9. 其他需要召开庭前会议情形的。

（三）被告人参加庭前会议及会议召开地点问题

修改后刑事诉讼法第182条第2款规定了参加庭前会议的人员范围为：公诉人、当事人和辩护人、诉讼代理人；"高法解释"第183条第2款规定，"召开庭前会议，根据案件情况，可以通知被告人参加。"从立法本意上看，庭前会议着重强调控辩双方的同时参与，否则，庭前会议将会异化为审判人员与控辩中一方的秘密会见，其最基本的公正价值将受到损害，在调查报告中，相对于90%以上的被调查者认为审判人员、公诉人和辩护人应参加会议，依然有过半的被调查者认为被告人也应当参加会议。然而，被告人参加庭前会议在实践中存在以下亟待解决的问题：

关于被告人能否参加庭前会议的问题。毫无疑问，取保候审的被告人在自愿的前提下，能够较为方便地出席庭前会议。但从前面讨论过的适用范围部分可知，不少需要适用庭前会议的案件被告人羁押于看守所，若离开看守所则需办理繁琐的手续，还涉及法警押解问题，客观上为被告人参加庭前会议增加了难度。这也是司法实践中被告人参加庭前会议率一直较低的主要原因之一。立法本意与司法实践之间存在的这一矛盾需要通过制度的设计予以解决，这就涉及庭前会议的召开地点问题和被告人意见如何发表的问题。

庭前会议的召开地点对于保障被羁押的被告人顺利参与庭前会议起着至关重要的作用，故应纳入庭前会议制度的设计框架。通说认为，庭前会议的召开地点一般选择在人民法院进行。鉴于审判人员是庭前会议的主持人，本文也同意庭前会议召开的地点原则上定在人民法院，但在法条的设计上，还应把被告人被羁押的情形纳入考虑，据此，本文建议，对于被告人被羁押而需要召开庭前会议的案件，召开的地点可以选择在羁押场所，既免去了繁琐的出入所手续，又可以使被告人自由地对庭前会议的讨论事项发表意见。

当然，并非所有被告人被羁押的案件都要在羁押场所召开庭前会议，例如被告人众多，要防止在庭前会议中串供的情况。本文认为，虽然要注重保障被告人的自我辩护权和知情权，但有时出于诉讼效率和庭审效果的考虑，被告人参加庭前会议不是必需的，而应由法官裁断。当被告人没有辩护人或是案件存在重大事实争议、有必要听取被告人意见时，才应确保被告人务必参加庭前会议，例如存在非法证据排除争议的案件、被告人不认罪的案件等。

此外，为了弥补部分案件中被告人确实无法参加庭前会议，不能有效行使自我辩护权的缺憾，本文建议应设置"征求被害人意见"条款，特别是当会议内容涉及被告人实体权益的，应当先行听取被告人意见并记录在案，并由被告人签字确认，再由辩护人或其法定代理人在庭前会议上代为宣读。

综上所述，本文建议被告人参加问题及会议召开地点的相关规则设计如下：

"庭前会议原则上安排在人民法院进行。对被告人被羁押且人民法院认为被告人有必要参加庭前会议的，为方便会议进行，召开地点可以选择在羁押场所。

人民法院根据案件情况决定是否通知被告人参加。被告人未参加，庭前会议内容涉及被告人实体权益和其他合法诉讼权利的，人民检察院或辩护人可以先行征求被告人意见，必要时，人民检察院可以进行证据展示。征求意见的有关情况应记录在案，并交被告人签字确认。"

（四）庭前会议的处置事项

根据修改后刑事诉讼法第182条第2款的规定，在庭前会议上，参加人可以对回避、出庭证人名单、非法证据排除等与审判相关的问题，了解情况，听取意见。"两高"司法解释对庭前会议上讨论的内容作了更加详细的规定，根据司法解释，庭前会议上讨论的与审判相关的问题还包括案件的管辖、证人、鉴定人、有专门知识人的名单、被告人无罪或者是罪轻的证据、案件的不公开审理、适用简易程序、延期审理及庭审方案等内容。一般认为，对于案件的程序性问题均可以在庭前会议上听取意见，了解情况。但对于案件的实体问题能否在庭前会议上讨论，或者对案件的实体问题讨论的程度如何，存在争议。根据本文调查情况，下面对以下内容能否在庭前会议上讨论作出说明：

1. 关于刑事和解及民事部分的调解

福建省三明市检察院相关人员提出，对能否在庭前会议上对民事赔偿问题进行调解存在疑问，该市在召开庭前会议的实践中，也没有就刑事附带民事赔偿问题在庭前会议上进行讨论。但在漳州市，司法机关在召开刑事案件庭前会议时，其会议处置的重要问题之一即是当事人之间的刑事附带民事赔偿问题，在该市召开的刑事案件庭前会议上，当事人可以就刑事附带民事赔偿问题进行协商，且通常能达成一致意见，在正式法庭审判时，当事人无须再对民事部分进行调解，实践中大大节省了正式庭审的时间，取得了较好的庭审效果。

本文认为，在庭前会议上完全可以对案件的民事部分进行调解，达成协议的，庭审中不再进行民事部分的调解。关于刑事和解问题，从司法实践的情况来看，案件的刑事和解大都在法庭之外进行，对于符合刑事和解的案件，双方当事人在庭前会议上进行刑事和解，相比之前的庭外和解，程序更加规范，当事人双方的权利更能得到保障，如果案件符合刑事和解的条件，完全可以在庭前会议上进行刑事和解。

2. 关于证据的展示和非法证据的排除

证据的展示和排除既含有程序性的内容又包含实体性的内容。从本文调查情况来看，证据的展示和非法证据的排除问题，是庭前会议上讨论的重点内容，几乎所有的召开的庭前会议都讨论过证据问题。在庭前会议上，控辩双方将各自收集到的证据在开庭前展示给对方，一方面可以防止控辩双方在庭审时进行证据突袭，保障庭审的顺利进行；另一方面，对于处于证据收集弱势地位的被告人一方来说，也是平等武装实现在庭审时公平对抗的需要，庭前会议上进行证据展示，是庭前会议信息交流功能的体现。在庭前会议上，如果被告人一方提出非法证据排除的意见，控方可以对证据收集的合法性进行说明，对于属于非法收集的证据，应当在庭审前予以排除，以避免被告人在庭审时遭受非法证据的侵害。对于非法证据排除后，案件不符合起诉条件的，法院可以建议检察院将案件撤回，检察院也可以自行撤回案件，这是庭前会议司法审查功能的体现。综上所述，庭前会议上可以进行证据展示，并发表各自的意见，但不宜进行质证，质证应该在正式庭审中进行。

3. 整理和明确案件的争点

在庭前会议上，控辩双方可以充分发表自己对案件的事实、证据及处理结果的意见。各方参与人在充分表达自己的意见后，负责会议记录的书记员应该整理归纳各方的不同观点，对于各方无异议的证据或者意见达成一致的问题，在庭审时可以简化举证质证或者简要辩论；对于各方有争议而达不成一致意见的问题，在法庭调查时可以重点辩论，对有争议的证据进行重点质证。庭前会议上整理和明确案件的争议问题，不但可以使庭审过程更有针对性，增加庭审的实质意义，而且可以节约庭审的时间，提高庭审的效率，真正实现庭前会议的效率价值。

4. 关于案件的定性和量刑

庭前会议作为刑事案件的准备程序，其当然不同于正式的庭审程序，对于案件的定性和量刑等属于案件的纯实体性问题，能否讨论？首先，从司法实践的调查情况来看，在庭前会议上讨论案件的定性问题的情况较少，但对于案件的量刑问题，比如关于犯罪数额确定、主从犯认定、是否属于特别严重情节等量刑情节，讨论较多；其次，从目前的法律及相关的司法解释来看，关于案件的定性和量刑问题同样属于"与审判相关的问题"，对此部分内容在庭前会议上进行讨论，在法律上不存在任何障碍。

本文认为，对于案件的定性和量刑问题，参与会议的各方同样可以在庭前会议上提出并发表自己的意见，问题的关键在于如何讨论，而不在于能否讨论。在庭前会议上，如果被告人一方对控方的案件定性和量刑有异议的，可以发表自己的意见，承办法官可以作为庭审时参考意见，但在庭前会议上不能对此展开举证、质证。无论被告人一方的意见是否被采纳，在正式庭审时被告人一方仍然可以就此问题发表自己的意见，必须经过庭审的举证、质证，这是保障被告人诉讼权利的需要，也是庭前会议制度保障人权而不是侵犯人权的价值所在。

综上所述，本文建议庭前会议的内容相关规则设计为：

"参加庭前会议的各方可以就案件的回避、管辖、证据的展示和非法证据的排除等与审判相关的问题发表各自的意见，也可以明确案件的争议点，对案件的定性与量刑问题也可以发表自己的意见，但不能对此进行举证、质证；被害人或者其法定代理人、近亲属提起附带民事诉讼的，可以进行调解。案件符合刑事和解条件的，当事人双方可以进行刑事和解，并达成和解协议。"

（五）庭前会议的效力

解决好庭前会议的效力问题是该制度能否实现其提高诉讼效率价值的关键所在。根据三明市、漳州市两地召开庭前会议的司法实践，参与庭前会议的各方在会议上充分讨论并发表自己的意见之后，法院配备的书记员会把该会议的内容记录在案并由各参与人员签名确认。对于达成一致意见并由参与人签字确认的案件的程序性问题，如果没有出现新的情况，参与人一般不得在庭审时再就相同事项提出要求，如果提出，审判长通常会予以制止，这实际上赋予了庭前会议上达成一致意见的程序性问题的法律效力。漳州市司法机关在召开庭前会议时，为了解决被羁押的被告人参与庭前会议的不便，要求被告人的辩护人必须参与庭前会议，被告人通常不参加庭前会议，但辩护人在参与庭前会议前必须征求被告人的意见，会后也必须告知其会议的内容。三明市的做法是，在共同犯罪案件中，如果部分被告人不能参与庭前会议且没有委托辩护人的，检察人员在召开庭前会议前必须听取被告人的意见并记录在案。在漳州、三明两地的司法审判实践中，对于召开过庭前会议的案件，审判长在庭审时通常会对该案召开庭前会议的情况做简单归纳回顾，实际效果很好。

本文也认为，对于庭前会议上达到一致意见的案件的程序性问题，经参与各方签字确认后，具有法律约束力，没有新的情况，当事人不能就相同的问题在庭审过程中再次提出；对于案件的实体问题，虽然经过庭前会议发表意见，仍然需要经过正式法庭的审判，但庭审的过程可以根据不同情况进行简化，以便提高庭前会议的实际效果。

综上所述，本文建议庭前会议的效力相关规则设计为：

"对于庭前会议上达到一致意见的程序性事项，经参与各方签字确认后，具有法律约束力，没有新的情况，当事人就相同问题在庭审过程中再次提出的，审判长可以予以制止。对于非法证据排除等实体性问题，经过庭前会议讨论后，在正式法庭的审判过程中，当事人可以就相同问题再次提出，在庭审中可以根据会议情况进行辩论或者质证。"

任何一个制度都不可能十全十美，但良好的、便于实践操作的设计将会使一项制度更加完美。根据上述对庭前会议制度的理论分析及实践调查，本文提出了实施该制度的具体规则（见附件 1），作为本课题组调查分析的成果。

附件 1：

公诉案件庭前会议实施办法（建议稿）

第一条【规范目的】 为贯彻落实《中华人民共和国刑事诉讼法》的规定，进一步提高刑事公诉案件的质量，确保庭审程序的顺利和高效进行，保障控辩双方诉权的行使，经研究，特制定本实施办法。

第二条【概念定义】 庭前会议是指人民法院决定开庭审理的公诉案件，在开庭审理前，承办法官召集公诉人、当事人和辩护人、诉讼代理人，对可能影响如期开庭、庭审顺利进行的程序性事项及需要在庭前解决与审判相关的问题，了解情况，听取意见，并记录在案的准备程序。

第三条【遵循原则】 庭前会议应坚持依法、客观、公正、效率原则。

第四条【召开地点】 庭前会议原则上安排在人民法院进行。对被告人被羁押且人民法院认为被告人有必要参加庭前会议的，为方便会议进行，召开地点可以选择在羁押场所。

第五条【启动主体】 人民法院对公诉案件可以决定召开庭前会议；人民检察院在必要时可以建议人民法院召开庭前会议，当事人、辩护人及诉讼代理人也可以申请召开庭前会议，人民法院根据案件具体情况，决定是否召开庭前会议。

第六条【适用范围】 对人民法院适用普通程序的公诉案件，存在下列情况的，可以决定、建议或者申请召开庭前会议：

（一）当事人及其辩护人、诉讼代理人申请排除非法证据的；

（二）证据材料较多或者被告人人数众多、案情重大复杂的；

（三）社会影响重大的；

（四）涉及管辖权异议、回避、申请不公开审理的；

（五）辩护人收集到被告人无罪或罪轻的证据的；

（六）案件提起公诉后，检察机关收集到没有列入证据目录的新证据，或者被告人及其诉讼代理人、辩护人申请调取在侦查、审查起诉期间公安机关、检察机关收集但未随案移送的证明被告人无罪或者罪轻的证据材料的；

（七）提出申请证人、鉴定人员、侦查人员等出庭作证或发表意见的；

（八）对侦查机关采取的强制措施或会见权、阅卷权等提出异议，可能影响案件公正审理的；

（九）其他需要召开庭前会议情形的。

第七条【被告人参加问题】 人民法院根据案件情况决定是否通知被告人参加。被告人未参加，庭前会议内容涉及被告人实体权益和其他合法诉讼权利的，人民检察院或辩护人可以先行征求被告人意见，必要时，人民检察院可以进行证据展示。征求意见的有关情况应记录在案，并交被告人签字确认。

第八条【会议通知】 人民法院决定召开庭前会议的，应当在会议前三日将会议召开的时间、地点告知人民检察院，并通知出席会议的当事人、辩护人及诉讼代理人。

第九条【通知反馈】 人民检察院接到人民法院庭前会议通知后，应当提前告知人民法院参加庭前会议的人员名单。出席人员一般为出庭支持公诉的公诉人，必要时可配备书记员担任记录。当事人、辩护人及诉讼代理人接到人民法院庭前会议通知后，应当及时予以确认。

第十条【会议回避】 当事人、辩护人及诉讼代理人对参加庭前会议的其他人员提出回避申请的，适用刑事诉讼法的相关规定。

第十一条【未成年人特别程序】 涉及未成年人公诉案件的，庭前会议应当通知未成年被告人、被害人的法定代理人到场。法定代理人无法通知、不能到场或者是共犯的，也可以通知未成年被告人、被害人的其他成年亲属，所在学校、单位、居住地的基层组织或者未成年人保护组织的代表到场，并将有关情况记录在案。

第十二条【会议内容】 庭前会议在承办法官的主持下，依次听取公诉人、当事人和辩护人、诉讼代理人的意见。参加庭前会议的各方可以就案件的回避、管辖、证据的展示和非法证据的排除等与审判相关的问题发表各自的意见，也可以明确案件的争议点，对案件的定性与量刑问题也可以发表自己的意见，但不能对此进行举证、质证。

被害人或者其法定代理人、近亲属提起附带民事诉讼的，可以进行调解。

案件符合刑事和解条件的，当事人双方可以刑事和解，并达成和解协议。

第十三条【非法证据问题】 参会各方将有异议的证据提交庭前会议予

以排除的，应记录在案。人民检察院经核实，认为相关证据存在非法取证行为，依法应当排除的，应当在开庭前予以排除并通知人民法院、当事人、辩护人和诉讼代理人；认为不应当排除的，应将相关证据及时移送人民法院，并通知其他参加会议的人员。在庭前会议上因非法证据排除导致起诉理由不成立的，人民检察院应作出撤回起诉决定。

召开庭前会议的，当事人、辩护人和诉讼代理人关于非法证据排除的情形一般应在会议上提出。

第十四条 【出庭人员问题】 公诉人或辩护人提出需要通知证人、鉴定人、有专门知识的人或侦查人员等出庭作证或发表意见的，人民法院可以充分听取意见，决定是否通知相关人员出庭，并协调各方做好相关证人的出庭保护措施。

第十五条 【重视辩护意见】 对于辩护人提出的被告人不在犯罪现场、无作案时间、未达到刑事责任年龄、属于依法不负刑事责任的精神病人或者属正当防卫等对案件定性、直接影响量刑的证据和意见，公诉人应当将辩护人的意见全面客观收集并进行研究，提出处理意见。

第十六条 【申请调取证据】 辩护人认为在侦查、审查起诉期间侦查机关、检察机关收集的证明被告人无罪或者罪轻的证据材料未提交的，可以要求人民检察院调取。

第十七条 【证据无异议】 公诉人、当事人和辩护人、诉讼代理人在庭前会议中已达成共识或无异议的程序性问题，人民法院应当记录在案。对于各方无异议的证据材料，在庭审过程中可以简要予以出示。

第十八条 【会议效力】 庭前会议必须做好记录并由参加人签名确认。被告人未参加庭前会议的，辩护人会后必须将会议的内容告知被告人并经被告人签名确认。

对于庭前会议上达到一致意见的程序性事项，经参与各方签字确认后，具有法律约束力，没有新的情况，当事人就相同问题在庭审过程中再次提出的，审判长可以予以制止。对于非法证据排除等实体性问题，经过庭前会议讨论后，在正式法庭的审判过程中，当事人可以就相同问题再次提出，在庭审中可以根据会议情况进行辩论或者质证。

第十九条 【会议次数】 庭前会议原则上召开一次，确有必要的经人民法院决定可多次召开，召开庭前会议的时间应当计入审限。

第二十条 【生效与冲突解决】 本实施办法自发布之日起施行。法律、司法解释有规定的，按规定执行。

附件 2：

庭前会议制度调查问卷

（单选或者多选）

1. 你的身份是（ ）

A. 公安人员　B. 检察官　C. 法官　D. 律师

2. 你对我国新刑诉法规定的庭前会议制度的了解程度？

A. 很了解　　B. 一般　C. 比较生疏　D. 没有听说过

3. 你或你所在的单位是否参与过庭前会议？

A. 经常参与　B. 有参与，但次数不多　C. 偶尔参与　D. 从未参与

4. 你认为在我国实施庭前会议制度是否有必要？

A. 有必要，应在实践中加以推广

B. 有必要，但仅适用于部分案件

C. 意义不大，没有必要

5. 从司法实践的角度看，你认为现阶段庭前会议的实施效果如何？

A. 能有效提高庭审效率，作用显著

B. 大部分案件中能够提高庭审效率，效果良好

C. 个别案件中才有实施必要，效果有限

D. 实践中没有起到提高庭审效率等积极作用

6. 你认为庭前会议制度应适用于何种类型的案件？（可多选）

A. 被告人或辩护人众多、案情重大、复杂或者社会影响较大的案件

B. 被告人及其辩护人提出非法证据排除申请、要求证人、鉴定人（专门知识的人）、侦查人员出庭等事项的案件

C. 被害人或者法定代理人、近亲属提起附带民事诉讼尚未达成调解协议的案件

D. 需要在庭前协调有关开庭事宜的案件

7. 你认为庭前会议处置的内容包括哪些？（可多选）

A. 管辖权

B. 回避

C. 申请法庭调取公安机关、检察机关收集但未提交的证明被告人无罪或者罪轻的证据材料

D. 申请排除非法证据

E. 申请法庭不公开审理案件

F. 召集附带民事诉讼当事人进行调解

G. 证人、鉴定人（专门知识的人）、侦查人员出庭

H. 其他答案_____

8. 你认为庭前会议重点应解决何种问题？

A. 程序问题为主，实体问题为辅

B. 实体问题为主，程序问题为辅

C. 实体和程序问题并重

9. 你认为庭前会议应由谁启动？（可多选）

A. 审判人员决定启动

B. 公诉人建议启动

C. 被告人和辩护人申请启动

D. 被害人或其诉讼代理人申请启动

10. 你认为庭前会议应由谁主持召开？

A. 直接进行案件审理的主审法官

B. 专门负责庭前会议的审判人员

C. 其他审判人员

D. 承办案件的检察人员

11. 如果召开庭前会议，你认为哪些人必须参加庭前会议？（可多选）

A. 审判人员

B. 公诉人

C. 被告人

D. 辩护人

E. 被害人

F. 诉讼代理人

G. 其他答案_____

12. 你认为一个案件最多可以召开几次庭前会议？

A. 只能一次，且必须在第一次开庭前

B. 只能一次，不限于第一次开庭前

C. 没有次数限制，但不能超过正式庭审的次数

D. 根据需要召开，没有次数限制

13. 庭前会议中控辩双方展示的证据，是否要求展示全部证据？

A. 控辩双方均展示本方全部证据

B. 控辩双方展示本方与定罪量刑有关的证据

C. 其他答案_____

14. 在实践中是否出现庭前会议参与人在正式庭审中"变卦"或"证据突

袭"的情况？（未参加过的此题可不答）

　　A. 从没有　　B. 大部分情况没有　　C. 经常出现　　D. 全部都会

　　15. 从职业角度出发，你认为我国庭前会议制度的缺陷是什么？

　　A. 法律规定过于原则，难以操作

　　B. 在实践中适用案件的范围窄，形同虚设

　　C. 简易程序案件数量较大，没有必要召开庭前会议

　　D. 庭前会议的决定缺乏法律强制力，执行效果不好

　　E. 部分当事人缺乏法律专业知识，难以维权，使庭前会议流于形式

　　F. 其他答案_____

　　16. 对于庭前会议中达成一致的事项，你认为效力怎样？

　　A. 对参与会议的各方具法律约束力，当事人不能再在庭审过程中就相同问题提出要求

　　B. 对参与会议的各方具法律约束力，但各方还可以在庭审中就相同问题提出要求

　　C. 对参与会议各方没有法律约束力

　　D. 参与会议各方自己约定是否具有约束力

　　17. 你认为是否有必要制定有关庭前会议的配套实施细则？

　　A. 没有必要，在实践中灵活掌握即可

　　B. 有必要，但没有配套措施对司法实践影响不大

　　C. 很有必要，配套措施有助于更好地在实践中运用庭前会议制度

　　D. 无所谓

　　18. 请你对庭前会议制度提出完善建议：_____

附件 3：

调查问卷部分问题统计表格

		Count	Col %
4. 你认为在我国实施庭前会议制度是否有必要？	A. 有必要，应在实践中加以推广	20	23.5
	B. 有必要，但仅适用于部分案件	60	70.6
	C. 意义不大，没有必要	5	5.9
Total		85	100.0

		Cases	Col %
6. 你认为庭前会议制度应适用于何种类型的案件？	A. 被告人或辩护人众多、案情重大、复杂或者社会影响较大的案件	68	80.0
	B. 被告人及其辩护人提出非法证据排除申请、要求证人、鉴定人（专门知识的人）、侦查人员出庭等事项的案件	78	91.8
	C. 被害人或者法定代理人、近亲属提起附带民事诉讼尚未达成调解协议的案件	26	30.6
Total	D. 需要在庭前协调有关开庭事宜的案件	85	247.1

		Cases	Col %
7. 你认为庭前会议处置的内容包括哪些？	A. 管辖权	42	49.4
	B. 回避	42	49.4
	C. 申请法庭调取公安机关、检察机关收集但未提交的证明被告人无罪或者罪轻的证据材料	71	83.5
	D. 申请排除非法证据	81	95.3
	E. 申请法庭不公开审理案件	26	30.6
	F. 召集附带民事诉讼当事人进行调解	32	37.6
	G. 证人、鉴定人（专门知识的人）、侦查人员出庭	44	51.8
Total		85	397.6
9. 你认为庭前会议应由谁启动？	A. 审判人员决定启动	76	89.4
	B. 公诉人建议启动	62	72.9
	C. 被告人和辩护人申请启动	57	67.1
	D. 被害人或其诉讼代理人申请启动	30	35.3
Total		85	264.7

		Cases	Col %
10. 你认为庭前会议应由谁主持召开？	A. 直接进行案件审理的主审法官	65	76.5
	B. 专门负责庭前会议的审判人员	14	16.5
	C. 其他审判人员	4	4.7
	D. 承办案件的检察人员	9	10.6
Total		85	108.2

		Cases	Col %
11. 如果召开庭前会议，你认为哪些人必须参加庭前会议？	A. 审判人员	81	96.4
	B. 公诉人	79	94.0
	C. 被告人	44	52.4
	D. 辩护人	76	90.5
	E. 被害人	23	27.4
	F. 诉讼代理人	32	38.1
	G. 其他答案	4	4.8
Total		84	403.6

		Cases	Col %
16. 对于庭前会议中达成一致的事项，你认为效力怎样？	A. 对参与会议的各方具法律约束力，当事人不能再在庭审过程中就相同问题提出要求	22	27.2
	B. 对参与会议的各方具法律约束力，但各方还可以在庭审中就相同问题提出要求	43	53.1
	C. 对参与会议各方没有法律约束力	10	12.3
	D. 参与会议各方自己约定是否具有约束力	7	8.6
Total		81	101.2

关于修改《人民检察院
组织法》的若干问题研究

江苏省人民检察院研究室　泰州市人民检察院

现行《人民检察院组织法》于 1979 年制定，1983 年、1986 年对部分条款修订以来，将近 30 年没有过修改，《人民检察院组织法》无论从篇章结构、条文用语，还是从给检察机关法律监督工作所提供的体制、机制、保障等方面都已经严重脱离时代要求，不足以支撑检察机关的发展。当前，诉讼制度的发展完善，单行法对检察机关、检察实践的探索，尤其是十八大以及十八届三中全会的召开，新一轮司法改革更是对《人民检察院组织法》的修改提出了迫切的要求，《人民检察院组织法》的修改已步入快车道。长期以来，学界对于《人民检察院组织法》相关问题进行了深刻的研究，有着较多的理论成果，也提供了良好的立法条件。我们作为由检察实务部门组成的课题组，对于完善《人民检察院组织法》的必要性有着深刻体认，在前人研究的基础上提出一些自己的思考。

一、回到问题的本源思考《人民检察院组织法》的定位

（一）回到宪法部门法思考《人民检察院组织法》的定位

《人民检察院组织法》在部门法的分类中属于宪法类部门法。与其他组织法一样，《人民检察院组织法》所承担的使命是将宪法抽象的规定转化为可操作的具体的规范性的规定，从而有利于宪法的落实。《人民检察院组织法》作为一种宪法性法律与宪法的关系，学界进行了深入的研究，有学者指出：宪法性法律与宪法"原则性"相比，其最大的特点是"规则性"，简单而言就是对宪法中一部分原则性规定进行一定的细化以保障宪法的实施。"宪法关系不应只是处于一种静态的宪法规范的状态而应当是动态的，而它进入实际操作阶段就必须依赖宪法性法律，选民选举议员、议会对政府进行质询、宪法法院审理宪法案件等，都需要一套具体的程序，这些具体的程序规定在宪法性法律中而

不是规定在宪法中，宪法只规定了这些权力存在，如何行使这些权力则由宪法性法律来确定"。现行《人民检察院组织法》规定太过于原则化，很多条文并不具有规则性，以原则性来落实宪法的原则性，结果将导致实践中无法引用，被束之高阁。回到宪法性法律，我们认为《人民检察院组织法》应当具有规则性，"法院组织法也是法律，因此其也应当与其他法律规范一样，兼具行为模式和法律后果，二者缺一不可"。从比较法的角度来看，我国台湾地区的"法院组织法"中关于检察署的规定，明确规定独立于法院，规定了检察官特殊权利与义务①，与我国同属于社会主义法系的越南检察院的组织法具有同样的特征。② 因此，从宪法部门法整体构成来讲，《人民检察院组织法》应当是宪法条文的具体化，将宪法条文抽象的规定转化为可以组织实施的规则性的内容。比如检察机关是国家法律监督机关，那么其对于国家行政机关非可诉行政行为如何监督，就应当以《人民检察院组织法》的形式进行适当的制度安排，这样的安排既可以是刚性的，也可以是柔性的，以协商监督的方式提醒行政机关注意，但是检察机关作为国家法律监督机关的权能必须在此相关领域体现。

总之，《人民检察院组织法》应当具有行为模式和法律后果。《人民检察院组织法》明确了检察院法律监督工作的内容与边界，其机构、机制和保障等方面的内容与其他国家机关不可避免地发生各种关系，对于各自的权利义务应当明确，以利于操作，所谓《人民检察院组织法》只能规定检察院的权利义务而不能规定其他机关的权利义务的观点，是对宪法规定的法律监督机关的误读。

（二）回到宪法和人民代表大会制对检察机关的定位

《人民检察院组织法》的修改，不可避免地会谈到法律监督权的属性。只有准确定位法律监督权，才能明确如何保障检察权的独立行使，才能明确组织

---

① 我国台湾地区的检察机关配置在法院里，关于检察机关的权能详见"法院组织法"第58条至第76条，其中详尽地规定了检察职权范围、检察官的权力，比如其第66条即规定检察事务官处理第2款事务，视为"刑事诉讼法"第230条第（一）项之司法警察官。显而易见，这一条对于我们大陆地区太重要了，因为视为司法警察官，那么执行监视居住，依据警察法开展技术侦查等一系列的问题就能够迎刃而解。
② 《越南社会主义共和国人民检察院组织法》制定于1992年，其第3条规定："检察政府所属各部委及同级机关和地方政权机关的法规、文件的合法性，检察政府所属各部委及同级机关和地方政权机关、经济组织、社会团体和人民武装总部队执行法律情况。检察调查机关和被委托进行一些调查活动的单位在调查活动中遵守法律的情况。"类似于我们国家1954年宪法的相关规定。

法应赋予人民检察院哪些权能。关于法律监督权属性的探讨和争论很多，我们认为，考量我国检察机关的法律监督制度不能仅看其与苏联检察制度的渊源，也不能完全从人民检察机关在现实中担负的实际功能去界定它、解释它，而应该从我国的基本政治制度出发来明确《人民检察院组织法》的性质定位。我国的政权组织形式是以人民代表大会制度为中心的议行合一的政权组织形式，采取和实行的是"一府两院"以及国家军事委员会为国家权力横向分配的国家政权组织形式。国务院、法院、检察院均由人大产生，对人大负责，受人大监督。检察机关作为法律监督机关，其职能是人大职能的延伸。法律监督权源于对权力扩张性和制约性的警惕，检察机关的法律监督旨在约束权力，约束行政权和审判权，目的是实现国家法制统一，保障宪法和法律的正确实施。所以说，《人民检察院组织法》的修改应坚持和落实检察机关的宪法定位。检察机关的主要职能作用体现在诉讼中，但是宪法规定的法律监督机关的职责不应局限于此领域，否则人大对于政府、法院的法律监督就是不全面的，有缺陷的。

我国是单一制国家，以人民代表大会制为核心的政权组织形式决定了法律监督职权是中央事权。1954 年《人民检察院组织法》曾设置过最高检统一领导下的检察权中央集权制。因此，在检察机制内部，检察机关的内部组织体系应当是地方各级人民检察院独立行使职权，不受地方国家机关的干涉。地方各级人民检察院和专门人民检察院在上级人民检察院的领导下，并且一律在最高人民检察院的统一领导下进行工作。在体制内，最高人民检察院对全国人民代表大会负责并报告工作。地方各级人民检察院的检察长、副检察长、检察委员会委员、检察员都应当由上一级检察机关任命。

本着循序渐进的原则，可以暂不改革司法管理体制，先将省以下的地方人民法院、人民检察院的人财物由省一级统一管理，地方各级人民法院、人民检察院和专门人民法院、人民检察院的经费由省级财政统筹，中央财政保障部分经费。

（三）回到大陆法系关于检察机关的职能定位

总有些人将检察制度等同于社会主义法系，并暗示这是国家主义的产物，认为我国的检察制度源于苏联，与大陆法系的检察官制度有着本质的区别。中国检察制度的建立和发展受到了苏联的极大影响。新中国检察制度是以列宁的法律监督思想为理论基础，借鉴苏联的模式而建立起来的。可是，苏联的检察制度也并非凭空而来，它是对俄罗斯帝国检察制度的进一步改造，而俄罗斯检察制度又是在引进了欧陆国家的先进司法体制后产生的，并不断受到来自欧陆检察体制的影响。因此，苏联检察制度必然直接或间接地体现着大陆法系国家检察制度的一些基本理念和整体框架。同理，我国检察制度也就与大陆法系国家的检察制度之间有着不可否认的历史传承性①。

检察官，起源于法国，是为了维护法律统一实施的"国王的法律顾问"，检察官作为"法律的守护人"，既要保护被告免予法官之擅断，又要保护其免于警察的恣意。检察官具有对国家侦查权和审判权的双重制衡。我国检察机关在刑事诉讼中的这一职权与大陆法系检察官的职权基本相同。

不可否认，法律是具有阶级属性的，但是无论是大陆法系还是英美法系亦或是苏联的检察制度，检察官或检察机关在世界各国的组织功能定位上是具有一定的相同之处的。而实际情况是，不仅是社会主义国家仍然坚持着检察工作体制，大陆法系的国家与地区也在不断地完善其检察工作机制，联合国也通过了多个关于检察官作用的公约，而即使是老牌的海洋法系的国家如英国，在上个世纪80年代也设立了其检察机制，这些说明了在世界经济社会日益一体化的今天，各个法系也在不断地靠拢融合，对于检察官的作用也在不断得到各个国家的认同，检察官在法治建设中的地位不断彰显。

（四）回到风险社会中风险不确定性加大的现实

当今世界已经进入了风险社会，除了风险是确定不移的外，没有什么是确定的，在这样的情况下检察机关为了维护社会的和谐稳定，就要作出特殊的努力，并进行一些特殊的制度安排。当前我们在风险社会建设中面临的挑战主要有以下几个方面：一是民族地区的地方分裂势力的影响。我国实行民族区域自治制度，对于自治民族有着很多特殊的政策与政治安排，这样的安排是否恰当地适用于维护国家的统一与民族地区的发展上，本身就是需要予以必要的法律监督的，分裂势力随着风险社会的到来，不断地制造事端，也有可能影响到国家法律在相应地区的统一实施，因此需要强化检察机关的法律监督职能。二是人们日益增长的权利意识与需要不断改革的国家权力行使方式间呈现出某种紧张关系，需要在法律监督方面进行必要的制度安排，以化解这种紧张关系，回应公众权利的诉求，关切国家发展的需要，检察机关作为法律监督机关责无旁贷。三是分灶吃饭的"财政联邦制"，使得地方政府对于政策、政令选择性的执行，不利于法律的贯彻实施，"政令不出中南海"对于我国的法制统一形成了巨大的挑战，也需要检察机关充分发挥法律监督机关的职能。

法律监督者不得拒绝监督。如果检察机关拒绝监督，那么人民就有可能采用其他方式监督政府，如示威游行、暴力恐怖、分裂叛乱等，检察机关的法律

---

① 黄成：《论检察权"法律监督"功能的内涵》，载《法制与社会》2013年第12期。

监督虽然需要成本，也不便宜，但是其他监督方式实现的成本将会更加巨大，对于法治的败坏将会更加惨烈。近于无限的法律监督需求与有限的法律监督可能之间存在着紧张关系，需要我们进行精巧的制度设计，使得检察机关履行法律监督职能，做到尽力而为与量力而行的有机结合。法治社会中应对风险，应当将检察机关的法律监督纳入其中，并支付其成本，只有具备这些，才能将应对风险制度化、规范化。

面对复杂的挑战，应当提升检察机关内部组织化程度，既维护其司法机关的性质，确保检察机关能够按照司法的规律运行，又能够使得检察机关在恰当地履行法律监督职责的同时，对于风险社会的管理需求做出恰当的反应，处理好检察机关的公共关系，从而使得检察机关在国家机关中能够恰当地履职，同时又能够紧密联系群众，争取公众对于法律监督工作的支持，在民众心目中有地位、有影响。

二、回到现实中的《人民检察院组织法》

当我们从法治的理想中构想《人民检察院组织法》时，我们增加了对于完善《人民检察院组织法》的信心，并且对于其路径设计有了更清醒的认识。纸面上的《人民检察院组织法》尽管 30 年来没有得到很好的修改，存在诸多不足，但检察院的组织与运行，实际情况并不令人悲观，检察院的组织体系无时不与我国法治共同进步。"宪法并不是创造出来的，他们是逐渐形成的"。人民检察院作为宪法所规定的法律监督机关，其运行与组织的依据《人民检察院组织法》的条文从纸面上看已经破败不堪了，但是在社会上层建筑与社会实践的几十年的互动中，在整个国家的宪法的实施中，存在着一种实然层面的检察院组织法，努力地克服纸面上的组织法的不足，从而印证了"宪法是一个动态的，一个国家的世代人都参与对话流动话语"。所以说，现行《人民检察院组织法》，除了那部制定于 1979 年，1983 年、1986 年对部分条款进行修订的成文法以外，还有那些法律没有明确规定，但司法实践中加以归纳而自觉遵守的为了实现宪法规定的实际做法，以及中央有关司法改革、人大加强检察工作的决定等组成的虽不能称之为组织法，但是发挥组织法作用的那些规定，只是这样的实践迫切需要以成文法的形式予以固定下来。

（一）成文组织法中需要修改的内容

对于纸面上的组织法与法治建设的要求相违背，学界与实务界已经形成了很完整的认识，对于相关的不完备性论述也很多，试概述如下：

1. 两院组织法关于人民法院、人民检察院职能任务的表述不适应新的形势和任务的需要

随着我国经济、政治体制改革的稳步推进和各项社会事业的长足发展，法治建设进程中赋予审判、检察机关的任务也在不断拓展，特别是在当前加强和创新社会管理的新形势下，人民法院、人民检察院在维护社会公平正义、促进社会和谐稳定方面肩负更加重要的职责使命，两院组织法关于人民法院、人民检察院任务的规定已不适应新的形势和任务的需要。首先，新时期人民法院、人民检察院行使职权，不仅是打击犯罪、解决民事纠纷的需要，还要通过发挥审判和检察职能，维护和监督行政机关依法行政，保障国家宪法和法律的统一、正确实施。其次，在个体和私营经济等非公有制经济已成为社会主义市场经济重要组成部分的情况下，人民法院、人民检察院不仅要保护国家、集体财产，还要加强对非公有制经济权利和利益的平等保护。最后，目前司法实践中人民法院、人民检察院行使的一些具体职权在两院组织法中未能体现，如《人民检察院组织法》第 3 条仅规定人民法院审判刑事案件和民事案件，未对行政案件审判作出规定；《人民检察院组织法》第 5 条仅对人民检察院在刑事案件中的职权作了规定，未能反映民事诉讼法、行政诉讼法及其他法律中规定的检察机关对民事审判、行政诉讼等活动进行监督的职权。此外，当前各级检察机关越来越重视和加强预防犯罪工作，为适应建立健全教育、预防、监督并重的惩治和预防腐败体系的要求，《人民检察院组织法》应当将预防犯罪作为检察机关的重要任务予以明确。

2. 两院组织法有关规定与宪法、刑事诉讼法民事诉讼法行政诉讼法等相关法律规定不一致

两院组织法制定后的 33 年间，宪法于 1982 年修改颁布，并相继颁布 6 条修正案；刑法以及刑事诉讼法、行政诉讼法、民事诉讼法、检察官法等法律也相继修改或颁布。现行两院组织法一些规定与宪法及相关法律的有关规定没有衔接甚至存在抵触，影响了社会主义法律体系的协调性，需要及时修改，以维护法制统一。如宪法规定我国的国体是工人领导的、以工农联盟为基础的人民民主专政的社会主义国家，两院组织法中关于维护无产阶级专政制度的内容与宪法规定不一致；《人民检察院组织法》第 14 条、《人民检察院组织法》第 16 条规定了在证据不足情况下，人民法院可以将案件退回检察院补充侦查，但根据现行刑事诉讼法的规定，法院无权主动中止审查公诉案件和退查，此种情形下应当作出证据不足、指控的犯罪不能成立的无罪判决等。此外，两院组织法一些表述已经过时、表述不清楚等问题需要在修改中予以完善。如《人民检察院组织法》第 7 条"个人阴私"应改为"个人隐私"；宪法及相关法律已取

消了"反革命"用语，代之以"危害国家安全"，《人民检察院组织法》中应予修改；现行法律已取消了《人民检察院组织法》第5条"法令"形式和第13、14条中的"免予起诉"制度；《人民检察院组织法》第9条中"其他"应予删除，第11条中"被告人"应改为"犯罪嫌疑人"等。

（二）实然层面的《人民检察院组织法》实践成果

实然层面的《人民检察院组织法》主要是历次司法改革的成果，也是党中央重视法治建设的成果。2004年和2008年两次司法改革中，各级审判、检察机关按照中央部署，加强与有关部门的协作配合，进一步细化工作程序，落实改革措施，取得阶段性成果。这些贯彻司法机制改革的做法及成效，在实质上使得宪法关于检察机关关于法律监督机关的职能定位得以实现。构成惯例上，或者说实质上的组织法主要有以下几个方面：

1. 关于检察院内部管理机制方面

虽然没有法律的详尽规定，但是对于下级检察院的管理上级检察院逐渐地形成了领导班子成员协管、对于下层检察院巡视等行政性的管理措施，以及逮捕权上提一级、大案要案线索集中管理等司法性的改革措施。这些措施丰富了检察一体的内涵，也使得检察院作为一个整体适应了丰富的法律监督实践的需要，从而不断地推动宪法关于检察机关法律监督职能相关规定的实施。

2. 关于检察机关保障机制的改革

同样虽然没有法律的保障，但是在检察机关的保障机制方面，摸索出一套较为完备的措施，如检察业务经费与公用经费的分类管理，对于穷困地区上级财政的转移支付等，"财政系庶政之母"，经费保障机制的逐渐完善形成了当下检察工作格局①。相关保障机制，还包括全国检察系统的勤务保障的一体、办公工作环境的一体、办案工作区域的规范化等，保障了检察工作不断适应新的历史时期的需要。

3. 在既有权力框架中检察机关的定位

由于组织法的不到位，检察机关的人财物仍然受制于地方，同时由于地方人大的职能偏弱，也使得地方人大难以按照宪法的要求保障地方检察机关按照宪法履行法律监督职能，在这样的情况下各地检察机关在实施中逐渐摸索出一套既服从于地方实权部门又最大程度地坚持独立办案的工作模式，比如服从于当地党委政法委的协调，但是对于协调决定的事项向上级检察机关报告；再比如与当地纪委形成了反腐败的良性协作关系，但是坚持在检察环节独立办案；

---

① 不尽完美但是各级检察机关有饭吃，不尽完美处正是日后要改进的地方。

向地方人大负责并报告工作，但是对于地方人大的个案监督及代表的涉及个案的意见，能够坚持检察独立。

4. 在拓展法律监督触角方面

各地拓展了检察室的职能，克服了检察机关只设到县一级而不能适应社区经济社会快速发展的局面，在不断服务于检察办案工作的同时，也创新了新时代做好群众工作拓展检察工作的新平台。

5. 在保护当事人诉讼权利方面

虽然没有法律的明确规定，各地检察机关创新开展了特困被害人救助。检察机关开展的检调对接工作已经纳入修改后刑事诉讼法刑事和解的有关规定中。修改后刑事诉讼法所规定的证人补偿制度，各地检察机关也尽其所能地争取财政经费兑现。

6. 检察机关人员内部管理的问题

在推行检察人员内部分类管理，不断探索与司法性质相适应的检察官管理机制方面做了大量的工作，如主任（主办、主诉）检察官工作机制。为了适应案多人少的工作现实，各地还招录了一些聘用制人员，并完善了相应的管理机制。

7. 检察机关内部决策机制方面

对于检察长及检察委员会如何更好地领导检察工作，各地进行了认真的探索，进而完善了有关检察委员会议案议事制度、检察委员会例会制度、检察长与检察委员会关系的机制，建立了检察委员会专职委员工作机制、检察委员会专家咨询委员会工作机制、编外检察委员会委员制度。

8. 主动接受外部监督方面

建立并不断深化人民监督员制度，人民监督员不断地介入检察诉讼环节的整个过程中，在诉讼工作的过程中增加了民主元素。深化检务公开，建立了网上接待查询等制度，增强了检察机关法律文书的说理性，严格相关权利告知制度，开设了"12309"举报电话等。

9. 建立了以办案数量为主要指标的考核体系

全国检察机关，从上至下几乎都建立了以定量分析为主的考核机制，各地不同程度地存在片面追求办案数量的递增，造成数字"注水"和急功近利的现象，少数地方和部门数据绝对化、简单地以统计数据作为评价工作唯一标准、围绕考评抓工作等错误倾向。

10. 各级人大常委会关于加强人民检察院工作的决议

党中央对人民法院、人民检察院工作高度重视，专门下发了《中央中央关于进一步加强人民法院、人民检察院工作的决定》，就加强新时期人民法院、人民检察院工作提出明确要求。地方各级党委、人大、政府、政协对人民法院、人民检察院工作更加关心和支持，目前，全国所有省、自治区和直辖市人大常委会全部制定了关于加强诉讼监督工作的决议或决定。这些决议、决定的出台，将分散在各相关法律中的检察机关法律监督内容、方式、程序加以集中、完整的表述，为检察机关履行职能提供了良好的外部条件。

基于检察工作的需要，检察工作的实践很丰富，但是我们也清醒地看到，这些做法当中有些急用为先的功利化倾向，这样的现实法治，也显示出其不合理的一面，需要我们去芜存真，按照现代法治的要求，进行理性选择，作出更好的顶层设计。

三、从理论与现实两个维度对《人民检察院组织法》修改的思考

经过上文阐述，我们认为无论从理论层面还是从现实需求看，《人民检察院组织法》均要进行相应修改，基于以上论述，我们认为，《人民检察院组织法》应当根据有关法律监督机关属性而进行修改。首先，要将已经在实践中得到证明的司法改革成果纳入其中。其次，要结合下一轮的司法改革，对《人民检察院组织法》修改进行统盘的考虑。十八届三中全会对于司法改革进行了重要的安排，全国人大也将两院组织法的修改列入了本届工作的重心。为此应将下面内容纳入《人民检察院组织法》修改的范围：

（一）检察机关在横向上与其他国家机关的关系

1. 确权

明确检察机关在国家中的功能定位，以及与其他国家机关的关系，使得检察机关在宪法结构中有着明确的功能定位，能够切实地履行起法律监督机关的职责。简单地说这就是"确权"，即从宪法部门法的总体结构中明确检察机关的职权，理顺其与《全国人民代表大会组织法》、《地方各级人民代表大会和地方各级人民政府组织法》及《人民法院组织法》的关系，使得检察机关作为法律监督机关在国家组织体系中的位置确定下来，避免受到其他机关及组织的侵蚀。建议《人民检察院组织法》修改时应明确：地方各级人民检察院和专门人民检察院在上级人民检察院的领导下进行工作，市、县人民检察院在省级人民检察院统一领导下进行工作。最高人民检察院对全国人民代表大会负责并报告工作，省级人民检察院对同级人民检察院负责并报告工作。

2. 赋能

就是通过赋予具体的法律监督权能，从而使得检察机关能够为执行宪法获得所必需的法律监督权能。检察权经过 30 年来的实践发展，以及通过相关法

律对检察权能的适度组合与剥离，目前，《人民检察院组织法》应明确赋予检察机关以下权能：审查逮捕与侦查监督权、公诉与刑事审判监督权、刑罚执行监督权、民事诉讼监督权、行政公诉和行政诉讼监督权、救济权、法律话语权。救济权是检察机关在诉讼过程中因诉讼参与人的权利保护请求而启动的维护诉讼参与人合法权利的救济性检察权能，是 2012 年刑事诉讼法修改时为保障诉讼参与人合法权利而赋予检察机关的一项独立的检察权能，完全具有法律监督的约束公权力、保障私权利的属性。法律话语权，是提出制定和修改法律意见，在具体案件中解释法律或者提供法律意见，以及就其他规范性文件的合法性提出质疑的权力，包括立法建议权、法律解释权和法律文件提请审议权。《立法法》规定了最高人民检察院有权向全国人大提出法律案，但并未赋予地方检察机关对地方立法修改完善的建议权。司法实践中，检察机关遇到地方法规、规章违反上位法的情形，往往因为没有监督权能和途径而不能监督。作为法律的"守护人"，为确保宪法和法律的正确统一实施，这项权能应当是必不可少的。关于职务犯罪侦查权应否列入检察权能，有关职务犯罪侦查权属于行政权还是属于司法权的争论很多，我们认为职务犯罪侦查具有行政权属性，由于篇幅关系在此不作赘述，只以实践中遇到的问题稍作说明。职务犯罪侦查权和审查逮捕权、侦查监督权同属于检察机关，并同在检察长领导下行使，不可避免地会出现检察机关既当运动员又当裁判员的悖论，实践中也难以避免审查逮捕权、侦查监督权被职务犯罪侦查权"绑架"的局面。所以，从科学、合理赋予检察权能的角度考虑，从进一步强化法律监督职能的目的出发，从进一步增强反腐败的力度出发，不应当排斥在可能的前提下将职务犯罪侦查权分离出检察机关，使检察机关真正成为专司法律监督职能的国家机关。建议《人民检察院组织法》明确检察人员执行侦查及相关职能时，视同司法警察，拥有刑事警察相应的权能。[①] 支持国家设立专门的职务犯罪侦查机构，相应的机构可以不属于检察机关领导，但是必须接受检察机关的监督，同时基于检察职能，检察机关拥有"备位侦查权"，即理论上可以指挥职务犯罪侦查机构进行侦查，在认为必要时（可以设定相应的条件，如证据充足侦查机关不侦查的，或者侦查机关涉案不宜侦查时）检察机关可以遂行侦查。

（二）确定检察机关的组织体系

1. 检察机关领导体制

现行宪法规定上级检察院领导下级检察院，这样的宪法规定要得到执行，

---

① 见我国台湾地区的"法院组织法"有关检察官规定的相应条款的规定。

在《人民检察院组织法》的层面就应当进行如下的规定：一是明确上级检察机关拥有人事权，有权任免下级检察机关的检察长、副检察长，有权奖惩检察官。二是明确上级检察机关有发布指令权，下级检察机关应当执行上级检察机关的指令。三是明确下级检察机关在自己的职权范围内独立行使职权。在具体案件的处理上，上级检察机关有检察事务的承继权和移转权，有权提办、交办、转办案件，但不得在下级检察机关办理案件过程中进行干预、命令。作出这一规定是出于对检察官办案亲历性这一基本原理的尊重。建议规定，检察官对于事实与法律负责，服从于上级的指令，检察官个人对于案件的判断应记入卷宗。

2. 检察一体下的检察官独立机制

没有检察官独立的检察一体制是一种纯粹的行政体制，没有检察一体的检察官独立是一种纯粹的司法体制，都不符合检察工作的特点和要求。首先，要明确检察官的独立地位，检察官是一种机关，不仅仅是一种官职和身份，不能等同于公务员。其次，要明确检察官的职权原则上应当包括各项具体检察权能和与其等级相适应的指令权和监督权。再次，应按照最低国际标准，切实保障所辖检察人员的合法权利，使之不受到违法侵害，以及各种形式的打击报复。最后，应明确对检察官的管理和监督主要通过纪律处分实现，而不是日常的或行政性的请示汇报或批示以及内设机构之间的牵制来实现，为此建立必要的内部申诉及救济机制。

3. 检察机关的内部组织体系

检察机关内部机构的设置应当根据检察机关权能的划分来设置，不应当为了解决人员的职务职级问题，在实践中盲目地增设部门，升格内设机构，造成部门壁垒和检察资源的浪费。

关于检察机关派出检察机构的设立问题。一是明确省级院及县级院可以根据需要设立派出检察院。二是明确基层检察室的设立应当由省级院批准，基层检察室必须承担批准逮捕、起诉、职务犯罪侦查等基础检察职能。其他不具有双重定位的派出机构，不允许称之为检察室，而应当作为临时性的检察机构。三是建立相应的巡回检察机构。建立与行政区划适当分离的案件管辖制度，集中闲置的检察资源，建立与行政区划适当分离的管辖制度，通过提级管辖、集中管辖，办理知识产权案件、环境保护案件等，面向基层开展巡回检察，回应社会公众的需求。四是为了确保国家法律监督权的统一，最高人民检察院可以将全国分成大区设立特派检察员专署，开展与确保法制统一实施相关的检察工作，避免地方各级检察机关因为受到地方过多影响，而无力对国家法律统一实施这样的宏观问题进行监督的不足，避免出现地方保护主义。

4. 检察人员的分类与管理

一是对检察人员进行分类，把检察人员分为检察官、检察事务官、检察辅助人员以及其他行政管理人员，合理确定各类从事检察工作员额的比列，突出检察官在检察机关和履行检察职能中的核心地位。二是建立上级检察机关人员的层级遴选制度。上级检察机关的人员从下级检察机关遴选，不再按公务员进行直接招录。

（三）检察机关履行法律监督职能应有的监督措施和手段

1. 最高检的司法解释权

最高检的司法解释权在现实中发挥了重要的作用，通过检察司法解释，促进了执法尺度的统一，在《人民检察院组织法》中应加以规定。

2. 卷宗调权

检察机关对于国家机关具体执法活动的过程与结果进行监督，必须具有对于执法、司法活动卷宗的调阅权，否则监督将无从谈起。

3. 调查权

检察机关履行法律监督的实践告诉我们，没有强制力保障的调查权让检察机关的法律监督举步维艰。《人民检察院组织法》应明确在履行法律监督职责过程中，被调查单位及某些个人不配合调查的所应承担的法律责任。

4. 抗诉、诉讼监督类检察建议、纠正违法通知、要求说明理由等，明确检察机关对诉讼活动的监督方式。

5. 非诉讼监督类检察建议

明确检察机关可以向有关单位或部门提出强化和创新社会管理等方面的检察建议。此类检察建议虽然不具有诉讼意义上的法律后果，但是《人民检察院组织法》应当规定对于其他国家机关的行政意义上的后果，从而使得检察建议在国家机关的特殊权力义务中发挥重要的作用。

6. 立法建议或提案权

检察机关针对履行法律监督职责过程中发现的地方法规、规章违背上位法的情形，可以提请上一级检察机关向同级人大常委会提出立法建议或提案权。最高人民检察院可以向全国人大常委会提出法律提案。

7. 其他监督措施

明确检察长列席审委会，对庭审活动违法提出口头纠正意见等措施。

（四）检察机关作为一个公法人所应履行的社会职责

1. 检务公开接受群众及社会各界的监督

明确人民监督员对于诉讼法律关系的监督。除法律规定保密的以外，对执法依据、执法程序、办案过程和检察机关总结性的法律文书一律向社会公开，检察文书应说明理由。明确对当事人公开、对社会公开事项，以及主动公开和依申请公开制度，明确不起诉、申诉等案件公开审查机制。

2. 基于检察职能的社会法制教育

结合检察职能，进行法制教育，发挥惩罚犯罪的一般预防作用。

3. 检察公共关系的处理

检察机关必须听取民众呼声，回应社会关切，正确对待公众批评，为此检察机关应设立专门机构或者专门人员来处理社会公共关系。

（五）明确三大诉讼法与《人民检察院组织法》的关系

1. 准确定性

《人民检察院组织法》不宜对公民权利直接实施。《人民检察院组织法》是宪法性的法律，诉讼法是"执行中的宪法"，因此《人民检察院组织法》的原则规定，涉及权利的必须通过诉讼法来实现，检察机关不能依据《人民检察院组织法》直接对权力方行使检察权。

2. 特殊权力关系中，《人民检察院组织法》可以直接适用

检察机关与其他国家机关之间以及检察机关内部组织间是一种特殊的权利关系，而宪法性法律就是安排国家机关间的权利与义务的，因此检察机关可以根据《人民检察院组织法》的规定，对于其他国家机关调取卷宗、相关执法信息，以及提出检察建议。有关国家机关不能以诉讼法没有规定为由加以对抗。

检察院组织法修改若干问题研究*

——以检察机关领导体制完善、检察权
科学配置和职能机构改革为重心

无锡市人民检察院课题组

现行《人民检察院组织法》制定于 1979 年，1983 年、1986 年曾对个别条款进行修订，至今已施行 30 多年。这部法律在检察机关恢复重建和发展中发挥了重要作用。30 多年来，我国发生了巨大变化，检察机关性质定位、围绕诉讼履行职责的特点虽然没有变，但具体的检察职能、履行职能的程序等均发生了重大变化，执法理念和发展理念日益成熟。党的十六大以来，中央对于推进和深化司法体制改革提出了一系列具体要求，司法体制和工作机制改革取得了实质性的进展。十八大报告进而提出，进一步深化司法体制改革，完善中国特色社会主义司法制度。这一司法体制改革目标要求司法体制改革要在党中央统一领导下，着眼于逐步完善中国特色社会主义司法制度。当前，随着形势的发展，特别是随着三大诉讼法等相关法律的制定、修改，法治建设的实践对检察机关提出了许多新的任务和要求，检察改革中的一些成熟的做法也需要以立法的形式加以固定下来，而现行《人民检察院组织法》有许多地方，如检察机关领导体制、检察权的配置、检察机关职能机构设置等已不能适应我国法治发展形势和检察工作需要，因此对现行《人民检察院组织法》进行适当修改是十分必要和紧迫的。本文拟对检察机关领导体制的完善、检察权的科学配置以及检察机关职能机构改革等关于《人民检察院组织法》修改的几个基本问题进行探讨。

一、检察机关领导体制的完善

检察机关领导体制是指率领并引导检察机关依法正确实施检察职能的组织

---

* 课题组成员：李乐平，无锡市人民检察院副检察长、苏州大学检察发展研究中心主任；李成，无锡市人民检察院检察员、苏州大学检察发展研究中心通联部主任，法学博士。

关系，是检察工作的决策指挥、组织管理机构及相关制度。检察机关领导体制是否科学、合理，直接关系检察权能否有效行使，因此世界各国都依据本国检察机关的法律性质、地位以及政治制度和司法制度的特点来建立符合本国检察权运行规律的领导体制。总体而言，我国检察机关领导体制基本上是适合我国对检察机关性质的定位和我国国情的，但是随着我国法制文明的进步和法治实践的发展，也存在诸多需要研究的问题，特别是检察机关职能运行中上下级检察机关之间、检察长与检察委员会之间和检察委员会自身的体制等都有待进一步完善。

（一）检察机关上下级领导体制及其完善

根据现行法律的规定，检察机关上下级之间是领导关系，即上级检察机关作出的决定，下级检察机关应当无条件服从。这一领导关系是我国检察机关一体化的法律依据和组织基础，是依法独立行使检察权的重要保障。它与我国宪政体制中党委对检察机关的领导相对应，形成对检察机关双重领导的格局。它与我国法治建设的基本现状是相适应的。目前，这一领导体制存在着一些问题。

立法上，我国《宪法》和《人民检察院组织法》虽然对检察机关上下级的领导体制作了规定，但是却过于原则，没有对上级检察机关领导下级检察机关的具体方式、程序等进行规定，因而在实践中使得这一领导关系呈现出明显的局限性：一方面难以适应新的历史条件下"维护法律统一正确实施"的要求，难以形成上下一体、政令畅行、指挥有力的领导体制；另一方面不利于处理好上下级领导体制与下级检察机关自身领导体制的关系，影响下级检察机关独立行使检察权的主体意识和责任承担。

实践中，上级检察院对下级检察院领导在一些重要问题上缺乏力度。如对下级检察机关领导干部的任免，现行法律虽然规定了各级检察长任免，须由上一级检察院检察长提请该级人大常委会批准，但推荐检察长人选，则以地方党委为主。实践中，有的地方能主动征求上级检察机关意见，但也有些地方把征求意见作为一种形式，因而出现推荐人员不符合法定要求，影响上级院向人大提请选任检察长的问题。至于其他领导班子成员的任免，一些地方也往往是从干部统筹安排考虑多，而从法律专业要求考虑少。如江苏某县就出现把曾犯个人廉洁错误，明显不适合担任检察领导的人，从一个事业单位直接任命为检察院党组成员、反贪局长，后经上级检察院干预才予纠正的情况。

我国设置检察机关并赋予其独立的法律监督权，目的即在于专门而有效地监督制约行政、司法等国家权力的运行，以克服权力机关监督的一般化、抽象化、虚无化的弱点，从而维护社会主义法制的统一。然而，检察机关此种法律监督权的有效行使有赖于权威的确立，没有权威的法律监督难以真正实现法律监督的效果。尤其是随着我国社会主义市场经济的建立，法律监督权所面对的部门或地方执法主体的利益多元化必然导致部门或地方保护主义的泛滥，而对位高权重者实施法律监督也必然会在实践中遭遇种种障碍。所以，为了保证社会主义法制的统一实施和法律监督的权威性、有效性，社会主义国家的检察权应当是一种"中央检察权"，具有强烈的国家属性，而唯有上命下从的领导机制方能使检察机关成为紧密结合的共同体，使地方各级检察院可以排除地方利益对检察权运作的不当影响和干预，从而使检察权能够始终坚持其国家属性并运行在国家法制的轨道之上。因此，完善检察机关上下领导体制应该从以下几个方面着手：

1. 细化现有法律中关于上下领导体制的规定。可以在现行《人民检察院组织法》第 10 条增加一款，规定："地方各级检察院和专门检察院向最高人民检察院报告工作，下级检察院向上级检察院报告工作；最高人民检察院可以改变或撤销地方各级检察院和专门检察院的决定，上级检察院可以改变或撤销下级检察院的决定；最高人民检察院的决定，地方各级检察院和专门检察院必须执行，上级检察院的决定，下级检察院必须执行。"这样就明确了上级检察机关具体的领导方式和领导效力，从而在制度上增强下级检察机关遵从上级检察机关领导的义务，同时明确和强化了检察机关自身领导的责任，从整体上和层级上保证检察一体原则得以实现。

2. 落实保证上级检察院领导权运行的具体措施。根据宪法和法律规定，结合检察工作实践，上级检察机关对下级检察机关的领导权包括：（1）各级检察长任免，须由上一级检察院检察长提请该级人大常委会批准。（2）上级检察院的决定权、撤消权和变更权。上级检察院作出的决定，下级检察院应当执行。上级检察院对下级检察院的决定，认为有重大错误和明显失误时，有权撤消和变更，下级检察院必须服从。（3）上级检察院的工作指导权。包括对下级检察院工作的部署安排，落实工作情况的督导检查，对工作成效进行考评奖惩。对此，应制定落实保证这些权力运行的具体措施。

3. 合理架构检察权行使的内部制约机制。这里首先要提的就是上级检察官（或检察院）的监督纠正机制。该机制是指检察官作出裁量决定后，上级检察官（或检察院）根据申请或通过其他途经，对该裁决进行审查监督，纠正其错误的一种制约机制。这是各国普遍采取的做法，即使实行其他制约机制的国家，这种制约机制也是最基本的制约机制。如在法国，对于检察官的不予立案决定，控告人、告发人可以按照级别，向上一级检察官或检察长提出申诉，要求追诉。上级检察官或检察长经审查，可以向下级检察官发出发动追诉的命令，下级检察官必须执行。尽管我国检察院上下级监督内容翔实，形式多样，但仍然存在一定的问题。其中最主要的问题就是上级监督的随意性，以及如何将上级监督与下级独立办案之间达成合理的协调。我国尽管实行的是检察院独立行使检察权，但归根结底仍然是检察官来最终行使检察权。因此，只有保障检察官独立行使检察权，才能够真正地保障检察院独立行使检察权。同时，这对我国正在变革之中的社会主义法治建设，也具有较强的现实意义。因为我国目前的司法现实问题恰恰在于检察官乃至检察院办案的独立性得不到真正的保障。在独立办案和上级监督的天平上，上级监督的砝码分量重得多。因此，为了解决上级监督的随意性，协调上级监督和独立办案之间的平衡，有必要加强上级监督的规范性。而一个有效的措施就是建立上级检察官或检察机关书面化的指令机制。即在下级检察官具体办案过程中，上级检察官（或检察机关）对案件处理所发出的任何指令，以及检委会对具体案件所作出的任何决定，一律要以书面形式发给承办案件的检察官，作为对承办案件的检察官处理具体案件有关事项的监督依据。如此一来，不仅可以使上级监督规范化，而且还可以有效保障下级检察院或检察官办案的独立性。

4. 强化上级检察院对下级检察院领导班子成员的提名和建议权。采取积极主动的措施加强上级检察院在人事方面的影响力。上级检察院党组应主动加强与地方党委的沟通、协商，积极提出下级检察院检察长和领导班子的人选建议并参与考察工作，保证选拔任用最适合人选。检察长在检察院内具有最高权威，也是检察上下一体化的关键环节。上级检察院应充分使用提名建议这一形式，近年来从最高人民检察院到地方各级检察院，纷纷采取由上级检察院"派"检察长的做法，即下级检察院检察长的人选从上级检察院中产生。应该说这一做法有利于检察上下一体化的实现，从上级检察院"派"出检察长，检察长由检察机关内部自行产生，保证检察长的资格条件合乎要求，同时有利于上下级检察机关之间的沟通协调。另外，建立基层检察院检察长任职报省级检察院备案制度。

（二）检察机关自身领导体制及其完善

依据我国现行《人民检察院组织法》，我国检察机关自身领导机构为检察长和检察委员会，即实行检察长负责和检察委员会集体领导相结合的模式。现行《人民检察院组织法》第3条规定，检察长作为检察院的首长统一领导检察院的工作，检察委员会是实行集体领导的组织形式。我国检察制度中的检察委员会制度，将民主集中制引入检察机关的领导体制，使其对一长制形成限制，同时也保证首长负责制的权威，又赋予检察长有将问题提交本级权力机关决定的权力，即"检察委员会实行民主集中制，在检察长的主持下，讨论决定重大案件和其他重大问题。如果检察长在重大问题上不同意多数人的决定，可以报请本级人民代表大会常务委员会决定"。应当说，我国检察机关这种领导模式与国家机关普遍适用的民主集中制是相一致的，即实现民主集中制和首长负责制的有机结合。但是，无论是从法理来分析还是从其实践运行的状况来看，这种检察机关的内部领导体制都存在着不尽合理之处，主要表现在以下几个方面：

1. 这一规定存在着内在的理论冲突。从议事和决定的程序来看，审判机关均实行合议制，行政机关一般实行首长负责制。在国外，检察机关一般属于行政机关，多实行检察长负责制，而正如前述，我国则是两种体制并存。检察长作为检察机关的首长，统一领导人民检察院的工作，对检察机关的工作负全面责任，享有法律规定的各种权力。检察委员会是人民检察院内部设置的对检察工作实行集体领导的机制，在检察长主持下讨论决定重大案件和其他重大的问题，是实行集体领导、具有合议性质的决策机构。检察长统一领导检察院的工作，带有明显的首长负责色彩，而检察委员会实行民主集中制，其基本特征就是少数服从多数。检察长虽然主持检察委员会，但在表决权力上同于检察委员会其他成员。这样，在理论上，检察长首长负责制与检察委员会民主集中制之间出现矛盾和冲突是在所难免的。

2. 这一规定与人大的性质和职责亦不相符。首先，人大是权力机关，享有立法权和选举产生政府、司法机关并对其进行监督的权力，但是人大并不直接从事司法事务，如果由人大常委会对检察委员会的争议直接作出决定，事实上是降低了权力机关的地位。其次，由人大常委会来解决检察长与检察委员会的争议，也不利于人大监督权的行使。人大对检察工作实施监督，但并不意味着人大在监督检察机关时可以直接行使检察权。再次，因为我国检察机关的监督、领导体制是双重的，所以由人大常委会对检察委员会的争议作出决定，也容易导致同级人大行使权力与上级检察机关行使权力产生冲突，特别是在贯彻执行上级检察机关有关工作部署中检察长与检委会多数成员产生分歧时。最后，本级人大常委会有关人员的政策理论水平、专业水平、决策技能等知识背景决定了其无法保证及时、正确处理检察长与检察委员会之间的争议，甚至有可能造成对检察权的不当干预。实际上，从该规定在实践中的贯彻来看，基于维护本院工作和谐、统一等的需要，检察长通常不会将内部的分歧提交同级人大决定，因此这一规定缺乏实效性。

为了解决上述问题，在坚持我国的检察长负责制和检察委员会制度的前提下，我们建议在检察机关内部实行检察长领导下的民主集中制。其基本含义是：检察长统一领导检察院的工作；检察委员会在检察长的主持下讨论决定重大问题，检察委员会的决定，通过检察长的命令贯彻执行；检察长与检察委员会多数成员意见不一致时，采取两种方案，即检察长可以自行决定并独立对该决定负责，也可以报请上级检察机关决定。

（三）检察机关集体领导体制及其完善

我国检察机关的集体领导体制是检察委员会制度。这一制度在检察制度建设中具有重要的地位和作用。对多年来它所发挥的功效应予以充分肯定。然而，应当看到，我国检察委员会制度还不完善，实践运行中也存在一定的问题，如人员构成的专业化程度不高，检察委员会议事的程序化、规范化不足，公开性不够因而缺乏监督，以及责任制度难以贯彻等。随着依法治国方略的实施，为了使检察工作适应新形势的需要，对检察委员会制度应当提出新的、更高的要求，因此对检察委员会制度需要进一步改革完善。

1. 赋予检察委员会更高的法律地位。借鉴《人民法院五年改革纲要》关于"审判委员会作为法院内部最高审判组织"的规定，改变《关于改进和加强检察委员会工作的通知》（高检发〔1999〕17号）关于"检察委员会是人民检察院在检察长主持下的议事决策机构"的规定，按司法化的价值取向对检察委员会重新定位，将其界定为检察机关行使检察权的最高权力机构。一方面，重新审视和研究检察长和检察委员会关系，切实改变检察长客观上拥有的超越检察委员会的绝对权力，突出和强化检察委员会的实体性领导地位，弱化检察长的绝对性领导权，将集中在检察长一方的权力分解为各个单元的权力主体，这样，检察长只是检察委员会的召集人，是检察权对外的象征。另一方面，按照司法化的模式理顺普通委员与检察长、副检察长，业务部门与检察长、副检察长的关系，实行检察长与检察委员会分权制，逐步设立检察委员会的刑事专业委员会和民事行政专业委员会。

2. 提高检察委员会成员的素质。检察委员会作为检察机关业务决策或业务咨询的重要机构，应当通过其业务能力表现出它在业务问题上具有最高的权威，这就要求检察委员会委员是检察业务的专家。改革检察委员会制度，必须着眼于检察委员会业务素质的提高，优化其结构。除正副检察长外，要将具有较高法律素养的部门负责人和普通检察官纳入检察委员会中。同时，应规定检察委员会委员的任免期限，废除终身制。检察委员会委员可以随着检察长换届而换届，使检察委员会能及时补充新鲜血液。

3. 规范、完善检察委员会议事内容和程序。一是凡提交检察委员会讨论的重大检察事务或案件，承办人应当在会前写出书面汇报材料，并送各位委员查看和研究。在特别紧急的情况下，检察长可以提议召开临时检察委员会会议，研究有关案件或检察事务，但承办人应当携案件材料或资料进行汇报。二是在讨论与检察委员会委员有利害关系的检察事务或案件时，有关检察委员会委员应当回避，既可自行回避，也可由检察长通知回避。三是要尊重司法规律，对检察委员会议事范围作适当限制，主要讨论法律适用问题，或者重大检务事项。对案件事实是否清楚、证据是否充分，一般不作讨论，而由承办的检察官以及分管的领导直接审查案件材料后，根据法律规定和内心确信来作出决定。四是要限制案件办理前期对案件的研究处理。假如在侦查或审查逮捕阶段，检察委员会就对案件的性质、适用法律等问题进行讨论，并作出决定，那么在审查起诉后期就容易出现"先入为主"及"提前定案"的不良现象。五是经过检察委员会讨论所作出的决定，应当指定专人负责落实或执行。

4. 提高检察委员会议事的透明度。在议事方式上，应当贯彻检务公开原则（涉及国家秘密事项的除外），实现检察委员会工作的外部可监督性。一是对不同类型案件和疑难问题，可以有针对性地安排具有助理检察员以上职务的检察官旁听检察委员会会议。二是对下级检察院报批的案件，可以要求和安排下级检察院分管检察长和办案人员列席旁听上级检察委员会会议。三是对社会关注的有影响的问题和案件，可以安排综合信息、宣传等部门的人员列席旁听，以掌握有关情况。四是对党委、人大和上级检察院交办或需要领导机关帮助协调的案件，可以邀请党委、人大及相关部门的领导和同志列席本级检察委员会会议，有利于问题的协调解决。五是对有影响且专业性较强的案件，可以邀请有相关业务专长的专家学者、知名人士列席检察委员会会议。六是对提请上级检察院复议、复核的案件，可以邀请有关侦查机关的分管领导和相关人员列席检察委员会会议。

5. 强化检察委员会成员的责任意识及其追究机制。对于经过检察委员会讨论后作出的错误决定，应当着力防止人人负责却又无人负责的现象发生。检察委员会会议记录，应当记明各位委员的观点，并交各位委员查阅后签名。如果需要追究法律责任，就可以直接根据各位委员的意见，作出相应的结论。

二、检察权的科学配置

（一）检察权配置概述

"配置"，即配备布置。这就说明，检察权不是自主创设的，而是被赋予的。在现代社会，检察权是由国家权力机关赋予，由法律明确规定的。因此，检察权配置就是指法律对检察权的配备布置。

检察权配置是检察体制架构的依据。检察权配置问题是进行检察体制研究的基础；检察体制研究是围绕着如何优化检察权的配置进行的。因此，进行检察体制研究首先要解决检察权配置问题。

检察机关的职权配置是检察制度的核心内容之一。检察权作为统一的国家权力的重要组成部分，是由一些具体的职权所构成的。检察权的内容即检察权所包含的具体权能，也就是检察机关的职权，检察权配置即检察机关的职权配置。从世界范围来看，不同国家的检察机关具有不同的具体职权，这与世界各国的政治制度、法律制度以及历史传统有关。我国的检察机关也具有不同于其他国家的具体职权。但是，"总的来说，拥有对刑事案件的公诉权，是各国检察机关共同的显著特征；具有对警察机关侦查活动的监督权和对法院裁判不同程度的监督权，是多数国家检察权的重要特点。"当前及今后，行政体制改革的总趋势是简政放权，还权于民，因此，司法权，包括检察权和审判权，必然在国家社会事务管理中发挥更加重要的作用。因此，应对检察权进行科学配置，努力逐步实现检察权在国家权力结构体系中相互匹配和协调的目标，丰富检察权的内涵，扩展检察职能的外延，逐步加大检察权的分量，不仅发挥其在广义的司法制度中的作用，更要发挥其作为独立的国家权力机关在整个国家权力结构体系中的作用，以有效实现对行政权和审判权的规制。

（二）检察权配置的现状及问题

新中国检察机关具体职权的配置经历了一个曲折发展的过程。当前，《人民检察院组织法》、《刑事诉讼法》、《民事诉讼法》、《行政诉讼法》等法律对检察机关的职权作了比较集中的规定，归纳起来，包括五个方面：一是职务犯罪侦查权；二是审查批准或决定逮捕权；三是公诉权；四是对刑事诉讼、民事诉讼和行政诉讼活动的监督权；五是监所监督权等法律赋予的其他职权。检察权的这五个方面，都是围绕着法律监督这一总的职能而有机联系、互为衔接的，体现了我国检察机关的职能属性，也是与我国检察机关在人民代表大会制度中的法律地位和检察权的本质要求相一致的。可以说，当前我国检察机关职权的配置是检察实践需要的体现，也是检察理论发展的结果，适合我国国情，是比较合理的。但是，当前的实践发展和理论研究表明，检察权的配置并不是无可挑剔的，存在以下几个问题：

1. 职权内容滞后。宪法概括性地规定了我国检察机关依法行使检察权。检察权要通过相应部门法的具体规定来加以体现。但是，我国现有部门法中关于检察机关职权的规定已经滞后于我国法治实践的发展，并不能完全满足宪法赋予检察机关的使命。例如，随着市场经济的发展，利益主体的多元化和两极分化现象严重，有些情况需要检察机关提起公益诉讼，以维护国家利益和社会公益。但目前我国相关部门法并没有规定检察机关拥有公益诉讼权，导致检察机关在履行检察机关职能时处于尴尬地位。

2. 立法存在瑕疵。当前检察权配置的立法不仅存在滞后的问题，还存在立法规定瑕疵的问题。其原因有二：一是立法用语不明确。二是法律修订、变更比较随意。如《人民检察院组织法》第5条规定了检察机关可以酌定免予起诉，但我国在1996年修订《刑事诉讼法》时废除了免予起诉制度。

3. 立法内容不协调。检察机关的职权应是协调、统一的权力体系。然而，现行规定检察机关职权的各部门法之间在内容上还存在不协调的现象。比较《人民检察院组织法》与其他部门法之间在有关内容上的规定，这种现象尤为明显。例如，《刑法》第98条规定，告诉才处理的案件，如果被害人因受强制、威吓无法告诉的，人民检察院可以告诉，但《人民检察院组织法》对此并无相应规定。

（三）检察权科学配置的路径

检察权配置存在的问题，从根本上来说，需要通过完善立法来加以解决。当前，应以《人民检察院组织法》的完善为中心，建立起科学、合理的检察职权体系。对此，应当在目前的职权配置的基础上，从以下几个方面进行改革：

1. 赋予检察机关提起公益诉讼的权力。这里的公益诉讼是指检察机关、社会组织、公民个人等在国家利益或者重大公共利益受到侵害时，以有关侵害主体或者行政机关为对象向法院提起民事诉讼或者行政诉讼的制度。

（1）赋予检察机关提起民事公益诉讼的权利。检察机关作为国家的检察机关，是国家利益或社会公共利益的代表，负有保护国家利益或社会公共利益的职责，所以可以说检察机关是提起民事公益诉讼最恰当的权利主体。因此，有必要对现行的民事诉讼法予以完善，赋予检察机关提起民事公益诉讼的权力，规定对于特定范围内的某些涉及国家重大利益、社会公共利益以及有关公民重要权利的民事案件，在无人起诉或当事人不敢起诉、不能起诉的情况下，由检察机关向人民法院提起民事公诉，主动追究违法者的民事责任。例如，某些涉及环境污染的公害案件，当环保部门或环境污染受害人怠于行使权力或权利，环境污染行为就不能被依法制止。此类公害案件不仅侵害的是受污染领域内特定人群的民事权利，其还侵害了国家利益和社会公共利益，但是依据现行法律程序却不足以保证环境污染行为的有效制止。因此，由检察机关负责对此类案件提起民事诉讼进行司法救济是切实可行的。

（2）赋予检察机关提起行政公益诉讼的权利。随着我国政治、经济的不断发展，国家利益和社会公共利益的行政保护问题也日益突出。某些地方的有关行政部门对其辖区范围内存在的破坏环境、影响公众身心健康、市场垄断等危害市场经济秩序和消费者权益的行为，放任不管；或者对某些潜在的可能危害国家利益和社会公共利益的行为疏于管理，从而造成严重后果。对于这些违法行政行为或者行政不作为，因为在法律上没有适格的主体提起行政诉讼，也就使得遭受损害的国家利益和社会利益无法获得应有的司法保障。因此，有必要建立行政公诉制度，由检察机关将损害国家利益和社会公共利益的行政行为提交法院进行合法性审查，判决撤销违法的行政行为或者确认其违法，从而阻断违法行政行为的效力，督促和保障行政机关依法行政。在我国，由检察机关代表国家利益和社会公共利益而提起行政公诉也是切实可行的。另外，在具体的行政诉讼案件中，往往还有可能涉及某些行政机关中国家工作人员的职务犯罪问题。由检察机关行使提起行政公诉的权利，就可以对职务犯罪案件一并进行查处，更有利于提高司法的效率和对职务犯罪的打击力度。

2. 强化检察机关的民事、行政案件的法律监督权。在目前的检察实践中，各地、各级检察机关存在一个普遍性的问题就是检察工作的重心在于刑事诉讼领域，法律监督权的行使也多侧重于刑事诉讼监督，而对于民、行监督则是软弱无力甚至无暇顾及。因此，为了充分行使宪法的授权，检察机关必须在注重对刑事案件进行法律监督的同时，也要落实和加强对民事、行政案件的法律监督。民、行法律监督可以考虑从以下几个方面来强化：

（1）明确检察机关对民事、行政诉讼活动进行法律监督的职权。检察机关对民事、行政诉讼案件的法律监督权，虽然《民事诉讼法》和《行政诉讼法》均有规定，但是却没有在《人民检察院组织法》中体现出来，这也就造成了检察机关对行使该项职权的疏忽。

（2）监督手段多样化，以促进诉讼监督权的有效行使。目前我国检察机关对诉讼活动进行监督的手段仅限定于提起抗诉，这种单一的诉讼监督方式不利于诉讼监督权的有效行使。对此，可以将司法实践中检察机关所尝试使用的预防警告、检察建议、纠正违法通知、检察意见、建议处分等诉讼监督手段法律化，使之具有明确的法律依据。只有法律上明确规定诉讼监督手段，才能够对监督对象起到强制的效果，也才能够保障诉讼监督权的充分、有效行使。

（3）赋予检察机关对限制、剥夺人身自由的行政强制措施和行政处罚行为进行法律监督的权利。行政机关的限制、剥夺公民人身自由的强制措施和行政处罚行为，与公民的基本权利密切相关，必须对这些行政权利予以监督和制约，否则极易造成权力的滥用、侵害公民的合法权益。在我国目前的检察理论和检察实践中，大多只侧重对诉讼活动的监督，甚至在很多人的观念中，法律监督同诉讼监督就是同一概念，这种认识的错误是必须予以纠正的。限制、剥夺公民人身自由的行政强制措施和行政罚款必须依法实施，而这些具体行政行为的实施是否合法就必须有一个主体来进行判断。行政机关固然可以以行政复议的形式来进行合法性判断，但是自己监督自己，其自身的公正性就值得怀疑；法院也可以通过行政诉讼来实践对这些行政行为的监督，但是法院的监督却具有滞后性和被动性，不利于对公民权益予以及时的保护。行政机关作出限制、剥夺公民人身自由的行政强制措施和行政处罚行为也是一种执行法律的行为，作为检察机关的检察院应当有权对这些行为予以监督。因此，为维护国家法律的正确实施，加强对公民个人的人权保障，维护行政强制措施和行政处罚行为对象的合法权益，有必要赋予检察机关对剥夺人身自由的行政强制措施和行政处罚行为是否合法实施监督的职权。

3. 强化检察机关在刑事审前程序中的司法审查权。刑事审前程序主要包括刑事侦查和审查起诉两个阶段。审查起诉属于检察机关的业务内容，因此加强检察机关的刑事审前程序中的司法审查权主要是加强检察机关对侦查机关的强制措施（如逮捕、羁押）和强制侦查行为（如搜查、扣押、强制人身检查、冻结财产等）的司法审查。在我国目前的检察实践中，检察机关只享有对"逮捕"的司法审查权。而侦查机关所实施的其他强制措施和强制侦查行为都是刑事侦查程序中伴随着国家强制力的公权力的运作行为，其中必然涉及对公民基本人身或财产权利的限制或剥夺。如果对这些行为不加以监督和制约，侦查权就存在被滥用的危险，公民的合法权益也将面临随时遭受侵害的可能。因此，为了实现侦查程序中的人权保障，为了规范侦查机关对公权力的行使，必须强化检察机关在刑事审前程序中的司法审查权。

4. 赋予检察机关在自诉案件中，自诉人由于特定原因不能参加或维持诉讼的情况下担当诉讼的职权。根据我国《刑法》和《刑事诉讼法》的有关规定，自诉案件多是涉及公民健康、人格、名誉、精神或物质财产等个人权益方面的非严重的刑事犯罪行为。尽管这些行为对公民个人人身或财产权益的侵害不大，也不会具有特别严重的社会危害性，但是既然这些行为构成犯罪，那么从本质上来说，这些都是具有危害国家或社会利益的行为，如果这些案件不能够得到妥善处理，将会给国家和社会造成新的危害。国家虽然将这些案件的起诉权赋予被害人个人，但是这并不意味着国家将对这些行为不再理会。从我国以及其他国家和地区的法律规定来看，国家对这些自诉案件在必要时也都会予以适当干预。国家对自诉案件进行干预一般主要有两种情形：一是当被害人由于某种原因，致使其不能或难以提起自诉时，由监察机关代其提起和参加诉讼，例如我国《刑法》第98条就有规定，对于告诉才处理的犯罪，如果被害人因受强制、威吓而无法告诉的，人民检察院可以告诉；二是监察机关担当自诉，即当被害人已经提起控诉，自诉程序已经启动，但被害人于提起自诉后因某种原因不能继续进行下去，干预的方式就是由检察机关介入，代替被害人行使支持控诉的职能。对于第二种情况，我国法律目前没有规定。因此，从维护被害人合法权益，维护国家和社会利益，保证法律正确实施的角度出发，检察机关可以根据案件的性质和影响，认为有必要参与诉讼，进行干预的，可以应当事人及其亲属的请求，或人民法院的通知、要求参与到诉讼活动中，支持控诉。

三、检察机关职能机构的改革

（一）检察机关职能机构的现状及问题

检察机关职能机构是指检察机关执行检察业务的各职能部门，它是履行检察机关职能的组织载体。检察机关业务机构设置是否合理，各职能部门之间职责划分是否科学，直接关系到检察机关职能作用能否充分有效地发挥。自1949年最高人民检察院和地方各级人民检察院组建以来，随着检察职责的不断调整变化，其业务机构进行了多次调整。2000年，最高人民检察院完成了内部机构改革。到2002年，地方各级检察院也相应完成了内部机构调整，形成了现在的机构模式。从总体上看，业务机构设置虽有一些改善，但机构设置行政化，机构数量、名称、规格不统一，机构重叠、职能交叉、结构不严、效率不高的问题仍未得到根本解决，这既与精简、效能原则不符，也严重影响执法形象，必须予以改革和规范。

1. 检察机关职能机构设置现状

综观世界各国检察机关内设业务机构的设置，大体有四种类型：一是以法律监督为中心设置内部机构，如苏联和东欧国家；二是以公诉为中心设置内部机构，如日本；三是含有相当数量的刑事警察组织的内设机构设置模式，如意大利；四是弹性编组模式，如美国。这种模式分析与各国检察权的性质、定位和检察职能的内容密切相关。在这个意义上，我国检察机关的内设业务机构应当属于第一种模式，即以法律监督统领各项检察职能，指导各项检察职能的划分。我国检察机关业务机构是检察机关的主体，分别承担检察机关的相关职能。业务部门的设立使得检察职能得以具体化。1987年修改《人民检察院组织法》时，对内部业务机构只作了原则性规定，没有规定业务机构的具体名称和职能。自2002年机构改革以来，各级人民检察院以法律赋予检察机关的检察权为依据，一般设立了反贪污贿赂、反渎职侵权、职务犯罪预防、侦查监督、公诉、监所检察、民事行政检察、控告申诉检察机构。这些业务部门的设立，从总体上讲，与法律赋予检察机关的职权是基本相适应的，较好地发挥了维护国家法律统一和社会公平正义的功能和作用。但不容置疑的是，在现行检察机关职能机构的设置上，还存在一些亟待解决的问题和弊端。

（1）反贪机构规格普遍高于其他职能机构规格，造成内部机构职级上的差异，影响了检察机关职能机构内在的整体性和协调性。据统计，目前除最高人民检察院外，地方各级人民检察院反贪污贿赂局的机构设置升格为副院级的占75%，其他未升格的也实行了干部高配。还有少数地方为了在检察机关内形成反贪污、反渎职"双拳并举"的格局，经当地机构编制部门批准，将反渎职部门也升格为副院级。这种状况虽然提升和突出了检察机关在我国反腐斗争中的地位和作用，但从检察机关宪法定位的角度看，作为检察权派生的侦查权的行使机构，其规格和级别高于其他检察机关职能机构，是缺乏科学性和合理性的。就是在反贪和反渎职两个侦查部门之间，其机构规格、人员配备等方面也不平等。这种机构设置格局的长期存在，影响了内部结构的生态平衡，不利于检察机关职能机构之间平等协作和相互制约，影响检察人员工作积极性的发挥。

（2）职务犯罪预防机构的设立缺乏法律根据，导致这项工作在很大程度上游离于检察机关职能之外，造成司法资源的浪费。必须肯定的是，包括职务犯罪在内的犯罪预防，虽然不是检察机关的主要业务，但应是强化检察工作的题中之义，检察机关开展职务犯罪预防工作，是有法律根据的。但是，设立专门的职务犯罪预防机构，并作为检察机关一个独立的业务部门，依据不足。我国检察机关业务部门的设置是根据《宪法》、《人民检察院组织法》、《刑法》、《刑事诉讼法》的规定和相应程序来确定的。法律没有规定职务犯罪预防的条款及专门任务，就不可能衍生专门的职能。没有法定职能，这个机构的设置就没有依据；没有法定职能就没有法定的工作程序和方式。因而在实际操作上是很难进行的。因此实践中一些预防部门走向社会化帮助相关单位审查项目、建章立制、开展公益宣传等，这些活动虽然也产生了较好的社会影响，但毕竟不是检察机关的职能行为。直到全国检察机关第二次预防工作会议召开，突出强调预防工作必须结合办案进行，并提出实现职务犯罪预防工作的职能化、专业化问题，也开展了建立行贿犯罪档案查询系统、"三抓三看"等具有检察职能特点的工作。但由于机构设置上的"打防分离"，预防工作职能化的探索举步维艰。

（3）职能分工过细，机构设置交叉、重叠，割裂了检察机关职能的内在联系，造成重复劳动、效率不高。比如在职务犯罪侦查机构上，贪污贿赂罪和渎职罪虽然类型不同，但都是职务犯罪。其办案程序、手段和主要内容都是相同的，且实践中贪污贿赂犯罪和渎职侵权犯罪相互交织的现象日益明显，绝大多数滥用职权、徇私舞弊案都与贪污贿赂犯罪有紧密联系。但现在反贪与渎侦部门却分开设立，不利于统一调配侦查资源。据了解，有的检察院一年只办一件渎职侵权案件，有的甚至连续几年没有办理一件渎职侵权案件，造成大量侦查资源的闲置和浪费。而反贪部门在案件启动特别是办理窝案、串案的时候力量却又严重不足。再如在批捕与公诉机构设置上，目前，批捕与公诉部门分开设置，造成检力分散，重复劳动，工作效率不高。如侦查监督部门和公诉部门对同一案件的重复阅卷、重复审查、重复制作笔录、重复提审、重复取证、重复复印证据材料、重复进行法律和证据的思考等，导致检察机关原本有限的人力、物力、财力等司法资源的巨大浪费，不利于提高工作效率。同时，捕诉分离割裂了批捕与起诉的内在联系，因为批捕具有很强的侦查引导作用，但引导侦查的不搞起诉，负责起诉的又无法对侦查给予指导，形成捕诉脱节。同时，由于侦查监督部门和公诉部门以不同的证据标准分别对公安机关的侦查取证产生影响，不仅造成公安机关侦查人员的困惑，而且会增加同一案件退回公安机关补充侦查的次数，延长了诉讼时间，造成案件的大量积压。

（4）基层机构设置过多、过细，业务机构和非业务机构设置比例失当，导致一线办案力量不足。目前，从高检院、省级院、地（市）级院到基层县（区）院，机构设置基本上都是上下对口，人员编制几百人的省级院和高检院，一般有内设机构18个左右，而人员编职仅百余人甚至几十人的基层院，一般也有内设机构16个左右。以无锡某基层检察院为例，该院机构设置与上级院完全对口，在编干部共110名，其中业务科室人员为66人，非业务科室人员为44人，即业务科室人数与非业务科室人数之比为3：2。但是，业务科室的人员并非人人办案，大部分业务科室的科长不具体办案，加上有科室设有专职的内勤，这样，该院业务科的办案人员实为55人，刚好占全院总人数的一半。据了解，有的基层检察院业务办案人员占全院人数比例不到一半。由此可见，由于内部机构设置过多，大量的检察人员被分散在各个部门，一线办案人员严重不足，他们经常处于超负荷运转状态。再以该基层院侦查监督科和公诉科为例，侦查监督科共有9名干警（包括书记员），一年办理审查批捕案件数量接近1800件，每名干警人均办案数达200件左右；公诉科共有7个主诉检察官办案组，年审查起诉案件1600件以上，每一名主诉检察官年审查起诉案件在220件左右，有的甚至达到250件以上。这样巨大的工作量，这样繁重的劳动强度，使得侦查监督科和公诉科的工作人员不得不经常加班加点，夜以继日地工作。由此造成他们没有时间进行系统的学习和培训，也没有足够的时间对疑难、复杂案件进行法律和法理的周密思考，检察业务队伍整体素质难有较大提高。与此同时，有些业务部门却无案可办，人浮于事，专司指导或调查工作，出现办案资源浪费的现象。

2. 现行检察机关职能机构设置弊端的原因分析

造成检察机关职能机构设置弊端的原因大致可归纳为以下四个方面：

（1）强化检察机关在反腐败斗争中的地位、作用的同时产生的负效应。检察机关反贪机构的前身为经济检察机构，负责对贪污、贿赂、挪用公款等职务犯罪直接立案侦查。上世纪 80 年代末，为适应党和国家反腐败斗争的需要，最高人民检察院将经济检察厅更名为贪污贿赂检察厅，把反贪污贿赂犯罪列为打击经济犯罪的第一位工作，作为检察工作重点，并与最高人民法院联合颁布了"两高通告"，反腐败斗争出现新的高潮。在这一背景下，广东省人民检察院率先对经济检察机构进行改革，成立了集"打、保、防"功能于一体，手段齐全、装备精良、反应灵敏的权威机构——反贪污贿赂工作局。这一新的尝试得到了党中央、国务院和全国人大常委会的支持，受到最高人民检察院的肯定和推广。在此后不到一年的时间里，全国有 14 个省、市、区、55 个地市和 100 多个县、区检察院相继成立了反贪局。1995 年 11 月，最高人民检察院建立了反贪贿赂总局，标志着检察机关反贪污贿赂工作体制初步形成。检察反贪机构的建立，有利于惩治贪污贿赂犯罪工作的专业化、规范化建设，有利于发挥检察机关在反腐败斗争中的作用，但由于机构规格的高配和宣传上的误导，也在一定程序上淡化了反贪局作为检察院内部业务机构之一的职能定位，以致在社会上一度造成反贪职能即是检察职能的错觉，检察机关职能机构内部平衡、协调关系呈现出相对紧张的情形，在一定程度上影响了检察机关整体功能的发挥。

（2）主导社会"大预防"政治热情和认识误区。广义上的犯罪预防是刑法功能的应有之义。检察机关依法惩治职务犯罪本身就是一种特殊预防，而且是最有效的预防。从上世纪 80 年代初期打击经济领域严重犯罪，到 80 年代末反腐败从人民群众最关心的问题抓起，90 年代集中精力查办贪污、贿赂等职务犯罪大案要案等反腐败斗争的各个发展阶段，各级检察机关在依法履行查办职务犯罪职责的同时，结合办案，开展了以案说法，帮助发案单位整章建制等预防工作。随着各地反贪机构的建立，"预防"作为反贪执法组成部分，已得到普遍认同。1992 年，最高人民检察院在原反贪污贿赂检察厅内部设立预防处，1995 年更名为反贪污贿赂总局预防中心。随后各地检察机关先后在反贪污贿赂局内部设立预防机构。世纪之交，党中央在反腐败的工作思路和工作方法上又有新的发展，主要在继续加大治标力度的同时，逐步加大了治本力度，制定"标本兼治、重在治本"的反腐战略。基于贯彻党中央决策部署的政治责任感，高检院提出了预防工作的"三个转变"强调检察机关要充分发挥职能优势，在推进社会化预防职务犯罪中发挥"参谋助手"、"配合协调"作用。这一时期，抓好全社会职务犯罪"大预防"体系建设的思路颇有影响。在这一思路下，检察机关发挥主导作用的主张顺理成章，原有的职务犯罪预防机制已明显不适应新的"形势"。2008 年 8 月，高检院在总结河北、黑龙江、海南等省经验的基础上，成立了职务犯罪预防厅，随之各省和多数地级院也相应成立了独立的预防机构，除北京等极少数省市外，全国各省基本上建立了职务犯罪社会预防网络，而党委的预防职务犯罪工作领导小组办公室，均设在检察机关的预防部门。很显然，检察机关有限的司法资源和权限是难以担负社会预防职责的。一些地方因预防工作范围过宽、过滥，而出现"社会预防抓不了，职能工作做不了"的尴尬局面就不足为怪了。

（3）行政管理模式和"官本位"意识的影响。虽然宪法规定检察机关是法律监督机关，但长期以来机构设置上基本套用的是行政机关的模式。检察机关职能机构的行政化管理模式在检察机关早已刻下了深深的烙印。有一个明显的例证便是，尽管从 1999 年开始，全国各地检察院都开展了检察官等级评定工作，但每位检察官都清楚地知道，检察官等级并没有多大的实质价值，"科"、"处"、"厅"等行政级别对每个人才更有现实意义。以至于在全院范围内公开选拔主诉检察官、主办检察官时，响应者不多，难以吸引检察精英充实到办案第一线。而与之相反，在中层领导干部竞聘上岗工作中，报名之热烈、参与积极性之高与前者形成鲜明的对比。一定程序上可以说，行政级别的晋升成为检察干警事业成功的重要标志。如果检察机关职能机构过少，一大批积极要求上进的检察官就必然晋升无门，因此自然而然地选择，可设可不设的设，可分可不分的分，因为多一个机构可以多设几个"官位"，抬高一个位子可以多升一个"级别"。这种根深蒂固的行政化管理模式如不改变，机构改革很难成功，只会越改越多，而这在当前的各级检察机关进行的机构改革过程中已经成为一个普遍现象。

（4）法律规定过于原则。我国 1979 年颁布的《人民检察院组织法》第 20 条对检察机关业务机构设置作了明确的规定："最高人民检察院设置刑事、法纪、监所、经济等检察厅，并且可以按照需要，设立其他业务机构。地方各级人民检察院和专门人民检察院可以设置相应的业务机构。"1983 年修改《人民检察院组织法》时，改变了原来列举式的立法模式，对检察机关职能机构只作了原则性的规定，原第 20 条被修改为："最高人民检察院根据需要，设立若干检察厅和其他业务机构。"之所以作出这一修改，一方面是基于我国检察机关职能具有多样性，法律不便作出具体的规定；另一方面，也可以适应以后形势发展变化的需要，保持法的稳定性和连续性。但这样一来，原则性的规定却在客观上给基层检察机关过多设置内设机构打开了方便之门，使检察机关职能在随形势发展而不断完备的同时，也不可避免地带来机构的扩张和膨胀。

（二）检察机关职能机构改革的基本思路

就检察机关的机构设置而言，随着检察职责的不断调整变化，其业务机构进行了多次调整，形成了现在的机构模式。鉴于目前检察机关的机构设置尚存在诸多问题，有必要下功夫进行改革。检察机关职能机构的改革，不仅直接关系到检察职权的行使，而且必然影响到检察机关的人事管理制度和检察权的运行机制，影响到检察机关整体工作能力的提升，具有牵一发而动全身的功效。内设机构改革应该坚持这样的思路：首先，对法律赋予检察机关的各项职权进行系统的梳理，全面认识检察机关依法享有的职权。其次，对法律赋予检察机关的职权，按照其性质、特点和要求，进行科学的分类，并按照检察职权的不同类型划分内设机构设置的基本框架。最后，本着全面行使检察职权、优化职权的内部配置、整合资源的开发利用、有利于职能的充分发挥等原则，并适当考虑不同级别检察机关的工作需要和人员编制情况，确定检察机关职能机构的设置，包括内设机构的数量、名称、职责、编制以及相互关系。我国检察机关职能机构可以依据检察权配置所设定的三项基本职权设置进行调整、归并，即检察权可以分为职务犯罪案件的侦查权、公诉权和诉讼监督权三项，与之相应，业务机构应主要体现为三部分。按照这样的思路调整业务机构，客观上会产生精简机构的效果。同时，依照职能划分的业务机构，还应当以保持一定的开放性和包容性为检验标准，即机构的设计应当尽可能包容新的职能要求，检察工作机制是履行检察权的上下级检察院之间、检察机关业务机构之间以及检察人员之间的分工、配合、制约等关系形成的相对完整的检察权的运行模式。构建规范、有序、高效、符合司法规律的检察权运行模式，能最大限度地发挥工作效力，提高检察工作效果和质量。

1. 检察权配置的基本情况

如前文所述，检察机关的职权配置是检察制度的核心内容之一。检察权作为统一的国家权力的重要组成部分，是由一些反映检察特质的具体职权所构成的。从世界范围来看，不同国家的检察机关具有不同的具体职权，这与世界各国的政治制度、法律制度以及历史传统有关，特别是与检察机关的宪政地位有关。就当今检察权的一般配置来看，"总的来说，拥有对刑事案件的公诉权，是各国检察机关共同的显著特征；具有对警察机关侦查活动的监督权和对法院裁判不同程度的监督权，是多数国家检察权的重要特点。"这是检察权配置的共性特征，但并不否认各国依据本国国情对检察权配置的特殊安排。根据我国现行《人民检察院组织法》和三大诉讼法的有关规定，按照相对独立的诉讼阶段来划分，检察机关的检察权可以分为三个基本方面：

（1）职务犯罪侦查权。其内容包括刑法分则第八章的贪污贿赂犯罪，刑法分则第九章的渎职犯罪，刑法分则第四章中的国家机关工作人员利用职权实施的非法拘禁、非法搜查、刑讯逼供、暴力取证、虐待被监管人、报复陷害、破坏选举等侵犯公民人身权利和民主权利的犯罪，以及由省级以上人民检察院决定立案侦查的国家机关工作人员利用职权实施的其他重大犯罪案件。法律之所以把这些犯罪案件交由检察机关立案侦查，是因为这些犯罪案件不同于一般的刑事案件，其特殊性在于它们都是由国家工作人员利用职权实施的。国家工作人员依法享有管理某个方面公共事务的职权，这些职权是国家法律制度的组成部分，利用这些职权实施犯罪，实际上是对国家法律统一正确实施的破坏。因此，对这类犯罪进行追究，具有维护法制统一的性质，是检察权的应有之义。

（2）对刑事案件提起公诉权。按照刑事诉讼法的规定，除了自诉案件之外，刑事案件一律由检察机关审查决定是否提起公诉。提起公诉的权力，既包括对侦查机关侦查终结的案件进行审查的权力，也包括根据审查结果决定起诉或者不起诉的权力；既包括决定起诉后出庭支持公诉的权力，也包括对法院的裁判提出抗诉的权力。在刑事诉讼中，检察机关还享有决定和批准逮捕的权力，逮捕权虽然具有司法审查的性质，但其作为刑事侦查中的强制措施，应当服务于公诉的需要，它与公诉权在实质上是一种追诉犯罪的权力。由于犯罪是对法律及其所建立的社会秩序最为严重的破坏，对犯罪行为批准和决定逮捕并提起公诉，自然是保障法律被遵守、维护法律尊严的活动，理所当然应当成为检察机关最基本的职权之一。

（3）对诉讼活动的监督权。检察机关对诉讼活动的监督，主要是四个方面的监督：一是对刑事案件立案侦查活动的监督；二是对审判活动的监督；三是对裁判结果的监督；四是对裁判执行情况的监督。这四个方面都涉及法律的正确适用和执行的问题，因而，对这些活动中可能发生的违反法律的情况进行监督，是检察权的重要内容，也是检察机关的基本职权之一。

除了上述三个方面的检察权外，检察机关还有其他方面的职权，如对限制人身自由的劳动教养活动的监督、对人民警察执法活动的监督以及法律赋予检察机关的其他监督职权。

当然，随着改革开放的深入和法治进程的加快，国家和人民强烈要求强化检察工作，对检察机关寄予了更多的期盼，检察权的范围呈现扩大之势。尽管如此，检察机关的基本职权仍主要由侦查权、公诉权、诉讼监督权构成。可见，检察机关内部机构的设置应当围绕这些基本职权来考虑和安排。

2. 完善检察机关职能机构设置的原则

检察机关职能机构是检察机关组织体系的核心和枢纽，它连接检察院和检察官的关系，是检察职能的组织分解和各职能之间关系的确定，是检察官的行政组合形态，因而决定检察工作的效能。从机构改革的直接指导作用来看，应突出强调以下四点原则：

（1）检察机关职能机构的改革应当通过顶层设计，自上而下，有序推进，不宜由基层随意自行改革。检察机关职能机构设置本质上就是检察组织体系建设，其在形式上表现为检察机关职能机构的设计、设置和名称的规范，在机制上体现为检察权高效、协调运行的要求，在本质上体现为检察权的内部优化配置的要求。我国检察制度是我国政治制度的重要组成部分，检察权是一项独立的国家权力，在宪法授权的基础上，检察机关对检察权的内部配置必然涉及机构设置，换言之，检察机关内部机构设置事关检察权的内部配置。机构设置属于体制范畴，机构改革属于体制改革，体制改革自然应当自上而下。

（2）机构设置的改革应当有利于检察权的优化配置。我国检察权是由有限侦查权、公诉权、诉讼监督权等权能组成的权力综合体，其中诉讼监督权又包含着双向制约性的监督和单向性监督，如刑罚执行的监督更多地体现为单向性特征。有的职能体现了国家追诉的主动性特征，有的职能体现了司法的被动性特征，无论是主动还是被动，在本质上又体现为制约性特征，既制约其他公权力，又为其他公权力所制约，也为权利所制约，因此，内设机构的设置必须充分考量检察权的特征，这也是我们经常讲的要尊从检察规律的要义所在。

（3）内设机构的设置必须有利于检察权统一、协调运行。检察权是一个整体，是由各项检察职能组成的一个权力综合体或"权力包"，各项检察职能犹如一个手的五个手指，各有各的功能，只有五指齐攥才能形成拳头，才能发挥检察权的功能，既要形成拳头，又要各司其职，对于检察权整体而言，各项检察职能都很重要，这就需要科学合理的机构组织体系予以保障，在机构设置上需要统筹协调、整体把握，更要防止厚此薄彼。

（4）机构设置的改革对内表现为检察机关的规范化建设，对外表现为检察权的整体形象，更表现为国家的法治形象。权力法定的要求意味着机构设置必须依法进行，机构的设立、变更、更名，都是法律行为，都必须考虑权限问题。检察权作为一项独立的国家权力形态，对外必须表现为独立的、统一的、规范的形象，如果在同一地区，不同的检察院内设机构的设置和名称都不统一，缺少严肃性，势必影响检察权的权威性和公信力，公众质疑必然难以避免。公众对法治的期待和判断往往是基于对司法机关外在表现形式的判断，如果相同的检察职能在不同的地区以不同的名称出现，那么公众是否会质疑检察权的地方化问题。所以，基层检察机关机构改革并不仅是事关改革热情问题。

最近，曹建明检察长强调进一步深化检察改革，要重点研究如何进一步完善检察组织体系，如今，我国检察机关经过恢复重建以来30多年的发展，积累了丰富的实践经验，执法理念和发展理念业已成熟，检察体制改革已提上议事日程。因此，基层检察机关应当坚持有所为，有所不为，内设机构的改革必须按照中央和高检院的统一部署，自上而下进行。

3. 小规模基层检察院机构改革应注意的问题

为了解决人力资源紧缺，检察业务和检察事务对应上级院管理和指导的矛盾，目前全国不少基层检察院，特别是小规模基层检察院，借鉴"大部制"经验，探索试行将所有内设机构整合成三至四个大部门，有利于优化人力资源配置，提升管理质效，可以说是有限人力资源整合、管理机制优化的可贵探索。

由于地域、人口等因素，决定了我国基层检察院的规模呈现鲜明的地方性特征，最大的基层检察院如上海浦东新区检察院、天津滨海新区检察院，人数多达数百人，最小的基层检察院可能不足10人，而50人以下的基层检察院在全国可能占相当的比例。因此，小规模的基层检察院如何合理发挥有限的人力资源，如何有效地对应上级检察院的管理和指导，如何解决"上面千条线，下面一根针"的现象，如何通过机构整合向管理要质效，如何通过优化管理机制，充分发挥基层院的功能，便成为基层院改革的动力所在。而类似的探索，在县（区）政府职能部门建构中已有现成经验可循。

检察权所包含的全部检察职能以及衍生的检察事务，所有基层检察院全部具有。但受区域、人口、经济等因素的影响，一些基层院的规模偏小，编制受限，但检察权的内涵和外延却是固定的，并未因此受到任何影响。公众对检察权的感知是具体的，是通过检察机关履行具体的检察职能，甚至是每个个案来体现的。如果必须与上级机关所有机构一一对应，对于小规模基层检察院必然成为现实难题。现实中，小规模基层检察院往往是一个干警所履行的职能要对应上级院的几个机构，因此从管理的角度讲，将关联性的机构和职能整合为一个机构就成为必然。因此，借鉴"大部制"经验整合机构有其合理性。

但是，小规模基层检察院机构整合的改革也要注意以下问题：一要防止机械的物理性整合；二要防止因整合而削弱检察职能；三要防止整合后职能模糊。

机构可以整合，但要注意职能的关联性，尤其要充分考虑不同检察职能之间的特征，防止机械的物理整合。既要考虑职能的关联性，又要考虑不同职能之间的制约性；既要考虑内部职能之间的协调运行，又要考虑检察机关对外的整体形象；既要实现强化法律监督的目标，又要实现强化自身监督的要求；既不能偏废，也不能混同，就必须切实把握检察工作规律，遵循检察权的内部优化配置原则。对此，湖北省检察院对小规模基层检察院的机构整合，提出了"从物理整合到化学整合"的思路具有可借鉴性。

防止检察职能削弱的可能性，就必须从"三个强化"的总体要求统筹检察业务的角度，以此设定岗位，确保每一项检察职能、每一个环节的监督制约、每一项检察事务，都必须编制严格、清晰的岗位职责，不仅有人管，更要有专司之人。也许是一人多岗，但一定要职责到人。只有编制严格的职责和岗位，才能防止职责模糊、推诿扯皮现象的发生，才能防止检察职能被削弱的可能性，才能保证检察工作有序运行。

小规模基层检察院机构改革的探索实践，可以说是遵循检察发展理念的原则，顺应检察事业发展要求的积极举措，未来的改革和深化，既要做好顶层设计，又要坚持因地制宜，只要有利于检察事业的科学发展，省、市检察院就要加强指导，让这项改革在法治的轨道上健康运行。

（三）改革检察机关职能机构设置的具体构想

基于上述检察机关职能机构设置的基本思路和原则，笔者建议：将目前反贪、反渎、控告、侦查监督、公诉、民行检察、监所检察等八个主要业务部门，按照检察机关三项基本职能进行机构和职权调整。设立三个副院级的二级机构，即反贪局、公诉局、诉讼监督局等三个基本职能局三角型机构设置模式。机构模式内的建制如何设置，根据各级检察机关的不同职权，按照既有利于职责分工、专业指导，又有利于协调配合、统一指挥实际需要确定。具体设计是：

1. 设置反贪局

将现行反贪污贿赂、反渎职侵权、职务犯罪预防、控告（举报）检察等四个部门整合成统一的检察机关反腐败职能机构。之所以将名称定为反贪局，是因为在我国反腐败斗争的特定环境中，"反贪"已成为检察机关依法惩治职务犯罪的"品牌"，保留这个"品牌"不仅有利于强化检察机关在反腐败斗争中的功能和作用，而且与最近成立的国际反贪局联合会也是一个很好的对应和衔接。

反贪局行使目前由反贪污贿赂、反渎职侵权、职务犯罪预防、控告（举报）检察等四个部门的全部职能。主要职责是：负责贪污贿赂和渎职侵权犯罪案件的初查、立案、侦查工作；负责职务犯罪预防工作，即结合办案，防控职务犯罪的发生及其条件的形成，降低犯罪损失和重新犯罪率等；负责受理控告、举报，并进行分流处理和对有关人员的解释、答复等。

具体建制和称谓上，最高人民检察院设反贪总局，下辖贪污贿赂检察厅、渎职侵权检察厅、控告（举报）检察厅、职务犯罪预防厅；省、地两级检察院原则上可与最高人民检察院对口设置；基层检察院反贪局内可依四项职能，实行主办检察官制度。鉴于侦查管辖不受审判管辖的拘束，不必因案件发生在基层就应由基层院来办理，而且由于基层院难以脱离地方政治生态的影响，自侦工作不易保持客观中立，所以宜将查办力量向上集中，形成一定的规模，反而更能发挥规模效应，保持人员的机动性，扩大社会认知。

设置反贪局的基本理由有二：

（1）适应了反腐败斗争深入发展的政治需要。随着《联合国反腐败公约》的实施，国际反腐败合作进入了一个新的发展阶段。中国检察机关作为反腐败的重要职能部门，担负着惩治各类腐败犯罪即职务犯罪的重要职责。仅2003年以来，依法查处的贪污贿赂罪犯就达6.75万人。并结合办案开展预防工作，有力推进了反腐败斗争的深入。在充分肯定成绩的同时，我们也必须正视检察机关因反腐机构设置分散、职能交叉而影响效能发挥的不足。综观国际反腐成功的地区和国家，一般都是一个职能机构执法。如新加坡的贿赂调查局、英国的反重大欺诈局、美国的独立检察官、我国香港地区的廉政公署等，这些都是人民群众耳熟能详的反腐执法（司法）机构。实践证明，一个反腐机构对外，犹如树起一面反腐的旗帜，有利于树立反腐败的法治权威。我们应借鉴这一经验，整合职能相近、相关的反腐机构，消除机构造成的管理壁垒、磨擦和内耗，最大限度地发挥惩治和预防职务犯罪的功能，建立起既不影响专业职责分工，又能最大限度地凝聚整体职能优势，集"发现、查办、预防"三位一体的检察机关一体化反腐工作机制，在反腐败斗争中发挥更大的作用。

（2）反映了检察机关依法履行反腐职能的客观规律。受理公民控告（举报），是反腐执法的基础和前提，办理贪污贿赂案件和渎职侵权案件是反腐执法的直接体现。预防则是通过反腐执法的适度延伸，铲除诱发犯罪的病灶，实现反腐败执法功能、效果的最大化。揭露（发现）、查办、防范是检察机关履行反腐职能不可或缺的三个环节：没有案件来源，查办案件就没有对象，只查办案件不注重消除发案条件和致罪因素，同样达不到减少和限制犯罪的目的。从这个意义上说，发现犯罪是前提，查办犯罪是关键，防范犯罪是保障，三者相互依赖，形成一个紧密联系的有机的整体。"四位一体"反腐败机构设置模式，正是反映了这一客观规律。在这一模式中，可以对职务犯罪线索进行有效的处理和长期管理，提高案件线索的成案率；可以从贪污贿赂与渎职犯罪等线索的相互交织中寻找突破口，促进整个自侦工作的发展；可以使预防工作直接建立在查办案件的基础上，预防内容更加具体，针对性和实效更加明显。同时，有办案在前面开路，预防工作的权威性将空前提高，工作更能得到相关单位的配合，有利于工作的深入开展。

2. 设置公诉局

将现行侦查监督、公诉和林业检察等三个部门整合为一个具有追诉性质的检察机关职能机构，行使目前由公诉、侦查监督、民事行政检察和林业检察等部门的部分职能。具体来说，主要负责本院自侦部门和公安机关移送起诉案件的审查工作，作出提起公诉或不起诉决定；负责民事行政检察部门正在探索实践的代表国家与社会公共利益提起民事公诉和行政公诉工作；负责出席法庭，控诉犯罪等支持公诉工作；负责对法院错误的一审未生效的判决、裁定提出抗诉；负责本院自侦部门和公安机关提请批准逮捕案件的审查工作，作出逮捕或不逮捕的决定。将目前侦查监督、公诉部门履行的立案监督、侦查监督、审判监督等职能分离出去，交由其他部门（诉讼监督部门）行使。

具体建制和称谓上，最高人民检察院设公诉总局，下辖审查逮捕厅、刑事公诉厅、民事行政公诉厅；省、地两级检察院可与最高人民检察院对口设置；基层检察院公诉局可根据三项职能设置主诉（办）检察官办公室。

设置公诉局的主要依据有二：

（1）与现行法律规定和立法精神相吻合。首先《人民检察院组织法》和修改后的《刑事诉讼法》只规定了批捕权和起诉权统一由人民检察院行使，并没有规定批捕权与公诉权必须由两个不同的部门行使。如果将"捕诉分离"改为"捕诉合一"，只是检察机关内部不同部门的重新组合，并不改变批捕权和公诉权的性质，也不会改变检察体制，更不会改变我国现行刑事诉讼格局和公检法权力的重新分配，因此并不违背法律的具体规定。其次从《刑事诉讼法》的编排体例来看，包括逮捕在内的强制措施编排在总则部分，说明逮捕作为强制措施的一种，与立案、侦查、提起公诉以及审判这些独立的刑事诉讼阶段不同，它不是一个独立的诉讼阶段，而只是一种强制措施，因此，无须把这两个职能分开，由不同部门的不同人员去履行。当然，从专业指导的角度看，作为领导机关，在统一的公诉局内，适度分开，也是必要的。

（2）反映了公诉工作的内在要求。首先就审查批捕和审查起诉而言，二者所追求的目标和价值是一致的，即都是为了追究犯罪嫌疑人、被告人的刑事责任，同时也保护犯罪嫌疑人、被告人的合法权益。在整个刑事诉讼中，他们都只是刑事诉讼的一种手段而不是目的，它们的共同目标都是为了惩治犯罪，维护社会公平正义。二者在职能上相互依赖，批捕的目的是为了起诉，起诉是批捕的必然延伸，二者具有先后相继不可分割的紧密联系。同时二者都具有对侦查活动的合法性进行监督和引导侦查取证的职能。其次就刑事公诉与民行公诉而言，随着我国社会主义市场经济的发展，大量的实践证明，为了制约国家行政权不当放弃诉权，保证国家与社会公共利益的最终救济，检察机关不仅应当享有刑事案件公诉权，而且也应当享有代表国家与社会公共利益提起的民事公诉权与行政公诉权。因为，对国家利益、社会公共利益的保障是一个完整的系统，三种公诉方式调整不同的法律关系，在保护国家利益、社会利益的过程中相互补充，无法互相替代。公诉局的机构设置，为民事、行政公诉的司法实践提供了探索空间，反映了公诉工作全面、协调发展的趋势。这样，更能从整体上凸显公诉职能的"客观性义务"和维护法律统一、正确实施的性质。

3. 设置诉讼监督局

将现行民事行政检察、监所检察、申诉检察三个机构予以整合，除履行这些机构的职能外，增加从侦查监督和公诉部门分离出来的立案、侦查、审判等诉讼监督职能和内部执法监督职能，形成对外（侦查机关和审判机关的执法）、对内（检察执法）职能活动的全方位诉讼监督态势。具体职权是：负责立案、侦查、审判监督工作；负责对人民法院已经发生法律效力的刑事和民事、行政判决、裁定的抗诉工作，或者劝说民事诉讼当事人进行和解的工作；负责对刑事判决、裁定的执行和刑事监管活动的监督工作；负责对检察机关自身的办案活动和办案质量的监督工作，如办理复议、申诉案件等。

具体建制和称谓上，最高人民检察院设立诉讼监督总局，下辖刑事监督厅、民事行政监督厅、监所监督厅、检务督察厅；省、地（市）两级检察院可与最高人民检察院对口设置；基层检察院诉讼监督局内部，可依各项具体职能，设置主办检察官办公室。

设置诉讼监督局的基本理由有三：

（1）体现了诉讼监督维护司法公正、保障人权的基本特征。毋庸置疑，无论是刑事诉讼监督还是民事行政诉讼监督，都属于诉讼司法救济程序，当出现刑事、民事、行政诉讼活动可能造成司法不公时，检察机关依法提供司法救济。因此，诉讼监督的目的就是为了纠正诉讼中的司法不公现象，确保诉讼活动正确合法地进行，保障案件当事人的正当权利，防止司法腐败，维护司法公正，确保国家法律统一、正确实施。而刑事申诉和民事行政申诉检察，则是通过受理公民的各类申诉和反映发现、查证处理司法机关及其工作人员违法、失职导致公民人身、财产和民主权益遭受的损害，其主旨也是维护司法公正，尊重和保障人权。而检察执法的内部监督则是对检察权的运行实行有效的监督和制约，确保检察执法规范化、办案质量和效果的优良化，其宗旨也是为了检察机关自身在诉讼活动中公正执法、保障人权。把这些具有诉讼监督共性的执法资源整合起来，形成涵盖诉讼领域各环节、各方面系统结构，诉讼监督功能的充分发挥就有了良好的"生态"环境。

（2）解决了诉讼监督在实践中长期困绕的执法难题。一是基层院侦查监督有名无实的问题。现有侦监部门的主要精力，基本放在审查批捕决定公安机关和自侦部门报捕的案件上。据对某省检察机关的调查，该省基层院侦监部门检察人员受理公安和自侦部门报捕案件，全年平均在 200 件左右，批捕工作长期处于满负荷应付状态。能在法定时间内按质按量完成审查批捕工作已属不易，谈何主动开展立案监督和侦查监督。实行捕监分离，既便于集中精力做好批捕工作，又便于开展立案和侦查监督。二是基层民行检察和监所检察机构力量薄弱问题。许多基层检察院民行科只有 2 人或者 3 人，监所科也只有 2 人或者 3 人，这样使得他们处理突发事件或者疑难、复杂案件时往往显得力不从心，难以应付。但如果将二者合而为一，就可能产生"一加一大于二"的效果。三是审判监督流于形式的问题，由于公诉部门身兼两职，确有既当"运动员"又当"裁判员"之嫌。实践中，公诉人在履行职责时，注重的往往是起诉主张是否被法院接受，指控证据是否被法院采信，法院是否作了有罪判决，这与审判监督要履行的职责相悖。实行诉监分离，检察机关可以配备专门的诉讼监督检察官。凡是检察机关派员出庭的案件，法庭应当在设置公诉人席位的同时设置法律监督席，突出法律监督的地位，履行检察机关职能的检察官，发现人民法院审理案件有违反法定程序、可能影响公正审判的，有权提出纠正意见，法院应当对此作出答复等，审判监督职能即可充分发挥。

（3）明确了构建内部执法监督机构的基本定位。没有监督的权力必然导致腐败。检察工作作为社会政治生活的一部分，不是处在社会的真空，很多案件的当事人都想利用各种手段影响检察权的正常发挥，达到利己的目的。因此，检察干警的执法行为必须得到科学、有效的制衡，才能保证不被滥用，而这种制衡的必然选择就是构建内部执法监督机制。目前，在检察理论和实务界，对构建检察权的监督制约机构对办案活动实行案前、案中、案后全程监督的认识比较统一。特别是在监督制约机构的定位上，大都倾向于检察机关的管理或决策机构。检察机关内部执法监督从本质上讲，是依法对诉讼活动中检察权的行使实行监督，通过保证检察权公正、正确行使维护司法公正，所依据的主要还是《刑法》、《刑事诉讼法》、《检察官法》等法律，而不是行政法规。因此，对检察权的监督，是强化法律监督不可或缺的措施和手段，将其定位于诉讼监督的职能之一，符合诉讼监督的本质要求。而将其定位于业务管理机构，则不能体现其内在的诉讼监督性质。将其定位于决策机构，作为检察委员会办公室，固然能提高监督的权威性和有效性，但其高规格的定位背离了权力与权力彼此节制的原则，容易导致监督检察权的权力异化，形成凌驾于检察权之上的特权。社会实践中，监督管理别人，谁来监督自己，这往往是监督理论无法克服的一个悖论。因此，设置内部执法监督机构也应遵循诉讼工作规律，主要赋予把关、建议、参谋职责，尽可能避免终局性决定权；被监督者认为监督不当或错误时，应有救济渠道。内部监督争议处理的终局性决定权只能由检察长或检察委员会行使。从这个意义上说，将内部执法监督机构定位在诉讼监督职能上，既体现诉讼监督规律，又符合权力制衡理论，因而是最佳选择。

检察机关职能机构即业务部门是检察机关的主体。业务机构的调整和完善，必然涉及其他管理、保障等非业务部门。这些部门、机构的调整，应本着精简效能的原则，保障检察权有效行使。总的思路是：将办公室、研究室合署办公，作为检察长和检察委员会的办事机构，履行综合协调、政策研究、办文办会等职责，为检察机关提供决策服务；将检察技术、司法警察、财务计划、机关后勤服务等机构予以归口，成立检务保障局，为检察工作提供技术保障、安全保障、物资经费保障和后勤生活保障。政治部和纪检监察作为院党组办事机构和上级纪检派出机构，主要从党的方针政策、人力资源和作风纪律等方面，保障检察机关职能的运转和强化。

上述机构设置模式与职权配置状况，不仅具有充分的理论和实践依据，其职权运行优势也是非常明显的：

一是反映了检察权的构成状态和作用范围。"三局"并立的机构设置模式，基本上囊括了检察机关的全部业务工作，并按照检察权的作用特征进行了科学的分类、规划。三个机构职能分工明确，相互依存，呈三角型的职权架构，形成有机联系的整体，从根本上改变了内部机构参差不齐、结构松散的状况，实现了检察权的均衡配置，有利于检察机关职能的整体强化。

就反贪局的职能构成来看，它包含了原来控告、举报、职务犯罪侦查、预防等职能部门的全部职权，集职务犯罪发现、侦查、预防为一体，奠定检察机关职能的权威特征。就公诉局的职能构成来看，它包含了原来侦查监督部门的司法审查权，公诉部门的审查起诉、提起公诉、支持公诉职权，民事、行政检察部门的公益诉讼权，凸显检察机关职能的基本特征。就诉讼监督局的职能构成来看，它包含了刑事立案、侦查、审判、执行监督权，民事行政诉讼监督权，以及除侦查局、公诉局之外的所有检察权，它们的基本功能就是纠错，维护当事人的合法权益和法律的统一、正确实施，展现检察机关职能的救济特征。而且，三个基本局内的若干子系统，上可以设"厅"，下可以设"员"，可以说包容了各级、各地检察机关业务开展的具体情况，具有一定的伸缩性，适应了职权的多样化变动态势。

二是检察权的结构更加严谨，体现了权力制衡原则，有助于保障人权，维护司法公正。三个检察业务机构之间既互相配合、协调，也互相制约、监督，符合权力相互制衡的法治原则。例如，侦查部门虽然拥有反贪污贿赂和反渎职侵权的职权，但其侦查活动是否合法特别是采取逮捕措施、移送审查起诉等，要受到诉讼监督部门和公诉部门的审查、制约。审查逮捕、公诉等职能归公诉部门行使，也不会出现缺乏制约而滥用职权的现象，因为不捕、不诉要受侦查机关或部门的监督，对可能有错误的决定，侦查机关或部门或当事人可提请复议、复核或申诉；如滥捕滥诉，则要受本院诉讼监督部门和审判机关的审查、制约；一旦错捕错诉，将承担国家赔偿的法律责任。而诉讼监督部门的职权对当事人的强制性直接作用有限，难以出现滥权现象，即便存在滥权之嫌疑，其他部门可以建议检察委员会审查决定。

三是整合了检察机关的司法资源，解决了长期困绕检察工作的执法难题，检察机关职能的适应性更强。三个基本局的设置模式优化了检察资源，形成了侦查、公诉和诉讼监督三个方面的整体合力，顺应了新形势的发展需要，有利于提升检察工作能力。例如，反贪局通过行使控告（举报）、侦查和预防等职能，三者相互依赖，形成一个紧密联系的有机整体，实现了反腐败执法功能、效果的最大化。同时，通过整合诸如反贪污贿赂、反渎职侵权等职能相近、相关的反腐机构，优化了人力资源配置，避免了职能管辖方面的冲突，凝聚了侦查权的整体职能优势，适应了反腐败斗争深入发展的工作需要。又如，逮捕只是侦查中的一种强制措施，不是一个独立的诉讼阶段，它应当服务于公诉的需要。而且，两者都是审查性质的工作方式，都具有引导侦查机关或部门调查取证的重要责任，合而为一，可以保持高度协调状态，并减少重复工作量，节约司法资源。此外，审查逮捕任务繁重，责任重大，没有精力也无必要去承担立案和侦查监督职责，交由诉讼监督部门去行使这些职权，既有助于确保审查逮捕的办案质量，又可以调动诉讼监督部门的力量，认真开展好立案、侦查监督工作。再如，公诉部门身兼提起公诉和实施审判监督两项职权，确有既当"运动员"，又当"裁判员"之嫌。在实践中，公诉人最关注的是公诉主张是否被法院接受，指控证据是否被法院采信，法院是否作了有罪判决，而对法院的审判监督难以有效开展。实行公诉业务与审判监督业务相分离，由诉讼监督部门的检察官对法院的审判活动进行监督，可以较好地解决审判监督流于形式的问题。再如，许多基层民行检察、监所检察和申诉检察部门一般配有 2 至 3 人，平时大多数时间都无案可办，检察人员无所事事，而一旦出现突发事件或者疑难、复杂案件，又往往显得力不从心，难以应付。如果将这些机构合而为一，就可能产生"一加一大于二"的效果。

检察工作科学发展研究*

山东省人民检察院课题组

发展是人类社会进步的必然规律。2003 年，党中央提出科学发展观的理念。2007 年，党的十七大将科学发展观正式写入党章，对这一重大战略思想进行了全面系统的阐述并对贯彻落实提出了明确要求。检察机关作为国家上层建筑的重要组成部分，如何贯彻落实科学发展观？曹建明检察长深刻指出，"检察机关开展深入学习实践科学发展观活动，要在认识和实践上进一步解决好两个问题：一是如何促进经济社会科学发展；二是如何实现检察工作科学发展。"[①] 在波澜壮阔的历史发展潮流中，在科学发展的时代语境下，如何从理论上阐释检察工作科学发展的内涵和衡量标准，在实践中厘清检察工作科学发展所要具备的条件、把握的重大问题和关系，以理性和建设性的态度，寻求检察工作在服务科学发展中实现自身科学发展的内在规律，是我们必须面对的重要课题。

一、检察工作科学发展的内涵及衡量标准

（一）检察工作科学发展的基本内涵

这是本课题首先要回答的问题。检察工作的科学发展，既要体现出检察工作一般性的内涵特征，又要符合经济社会发展宏观性的要求。其基本内涵，可以从两个层面来理解。

从检察工作的外部关系上。一方面，把检察工作置于整个经济社会发展的整体中来考虑和把握，即是指检察机关作为国家法律监督机关，通过充分发挥

　＊ 课题负责人：吕涛，山东省人民检察院副检察长。课题组成员：宋聚荣、宋燕敏、杨红光、浦爱华。
　① 曹建明：《解放思想实事求是与时俱进，实现检察工作科学发展》，载《检察日报》2008 年 12 月 12 日。

检察职能作用，不断满足经济社会发展的要求和人民群众的诉求期待，为社会和谐发展和公民权益提供高质高效的司法保障，这意味着检察工作的科学发展并不是绝对独立于大局之外的孤立发展，而是与经济社会发展同步。另一方面，从国家整个法治体系角度来讲，检察工作的科学发展，离不开其他国家权力机关的监督与配合，检察工作作为其中一个重要环节，与其他司法行政机关在权力运行中职权分工科学、相互制约、协调配合，各项工作实现有效衔接、互为促进、有序发展，这意味着检察工作必须与国家政治司法制度整体进步。

从检察工作的内部关系上。即是把检察工作看作一个相对独立的有机整体，其发展理念、检察职权配置、检察机制体制、检察管理、检察能力等诸要素符合科学发展的要求，遵循法治原则和检察活动运行的内在机理，能最大程度地发挥法律监督的整体效能。这一层面上的检察工作科学发展，就是要探索解决检察工作各构成要素之间如何优化整合，实现能量平衡和全面协调可持续发展。

（二）检察工作科学发展的衡量标准

检察工作的科学发展是个常新话题，对其内涵的阐释，只是解决问题的一个方面，确定衡量标准，才是评判检察工作科学发展的关键所在。当前，对检察工作用什么标准来衡量，仁者见仁，智者见智。学者们关注检察制度的法律地位和职权配置问题，司法实务部门关心检察制度建设及检察工作自身的发展问题，社会群众则更关心检察机关如何保障和实现司法公正、遏制社会腐败，在全社会实现公平正义等问题。本文认为，以下几个方面应该成为检察工作科学发展的重要衡量标准。

1. 实践标准

唯物史观认为，经济基础决定上层建筑，上层建筑必须符合经济基础及其发展的需要；上层建筑反作用于经济基础，促进或阻碍经济基础的发展。检察工作作为上层建筑范畴的权力活动，必须遵循上层建筑与经济基础的辩证规律，据此来把握和谋划检察工作未来发展的思路方向、奋斗目标和基本任务，才能使自身的发展符合规律性、富于创造性。因此，此处的实践标准，强调的是检察工作对经济基础的能动作用，是否达到社会愿望或特定目的，是否满足于社会经济发展，是否满足于作为社会主体的"人"的需要并提高他们的福祉。"对司法过程意义的认识的关键并不在司法本身，而在于通过司法满足社会需要，达到最满意的社会效用和社会效果……司法活动及其价值必须服膺并尽力实现法律的社会目的"。[①]

---

① 唐永春：《卡多佐哲学解读》，载《北方法学》2007 年第 1 期。

一方面，检察工作的科学发展，必须与经济社会发展相适应。检察工作是由实践构成的，具有语境性，有背景地植根于特定的历史阶段和人们的习惯和共同的期望中，离不开它发展的客观环境和条件。"检察职能的发挥必须与经济社会发展相适应，提示了检察工作的价值目标与其客观环境和条件的关系，也是经济基础对上层建设、党和国家对检察工作的必然要求。"① 就目前而言，检察工作的科学发展，离不开中国特色社会主义制度，离不开我国仍处于并长期处于社会主义初级阶段的基本国情，离不开经济体制深刻变革、社会结构深刻变动、利益格局深刻调整、思想观念深刻变化的社会发展的阶段性特征，离不开政法工作面临的人民内部矛盾凸显、刑事犯罪高发、对敌斗争复杂的基本态势。这是检察工作科学发展的客观基础。检察工作的发展必须与社会需要、经济形势、社会建设、文化建设等因素相适应。

另一方面，检察工作必须服务于经济社会发展，满足人民群众的愿望与需要。检察工作必须实现从单纯"打击犯罪"到"服务社会"的真正转型，由法律义务本位到法律权利本位的转变。通过深入研究我国经济社会发展的阶段性特征，正确处理检察工作与改革发展稳定的关系，依法打击预防犯罪，充分尊重和保障人民群众的合法权益，妥善处理人民内部矛盾和其他社会矛盾，最大限度增加和谐因素、减少不和谐因素，努力为经济社会发展营造诚信有序的市场环境、和谐稳定的社会环境、廉洁高效的政务环境、公平正义的法治环境，② 努力让发展的成果惠及全体人民。

2. 价值标准

价值，是客体对于主体所具有的积极意义。公平正义是人类社会共同的价值追求。在某种意义上说，单纯的经济增长不仅不能从根本上消灭不公正，相反，由于经济增长过程中不可避免的贫富差距的扩大，公平分配将会变得更为急迫。因此，公平正义是全部社会制度的重要价值，也是社会稳定和发展的重要基础。在一个法治的社会里，公平正义应是社会的良心，是衡量法治实现程度的重要标尺。仅有完善的法律体系、硬性的制度规定、复杂的工作机制等并不是法治的全部，法治更深层次的意义在于公平正义的精神和价值在法律条文、制度规定、工作机制及执法实践中得到体现和实现。③ "法律的目的也就

---

① 曹建明：《赴湖南、河南、安徽调研时的讲话要点》（2011 年 8 月），高检院办公厅通报第 46 期。

② 曹建明：《在第十三次全国检察工作会议上的报告》（2011 年 7 月 16 日）。

③ 李步云：《宪法的人权保障功能》，载《中国法学》2002 年第 3 期。

在于协调、平等、实现社会利益。这也就构成了司法的价值取向——社会正义。"①

公平正义，是检察机关履行法定职能的核心价值追求，也是现代检察制度发展的必然要求。② 在我国，宪法和法律不仅明确了检察机关专门法律监督机关的宪法定位，而且制定了履行检察职能的法律规范，强调检察机关在行使检察权的过程中，必须站在客观公正的立场上，代表国家履行法律监督职责，以维护社会公平正义、维护社会主义法制统一、尊严与权威为价值追求。③ 坚持检察机关法律监督的宪法定位和公平正义的价值目标，就必须强调检察机关和检察人员的执法理念、执法态度、执法方式、执法实践必须要符合客观公正的要求，体现公平正义的精神，实现公平正义的效果，使权利主体切身感受到法律正义和法治权威。具体表现在：坚持宪法法律至上，"法令不信则吏民惑"，检察机关必须奉行和坚守宪法法律至上的原则精神，通过监督执法、司法机关的职能活动，维护执法和司法公正，彰显法律的统一与权威；坚持客观立场，检察机关及检察官必须站在法律监督者的立场而不是当事人的立场上，以维护司法正义为目标而不是以胜诉为目标，在行使检察权的过程中，以事实为根据，以法律为准绳，客观公正地履行各项检察职能，在诉讼活动中既要防止放纵犯罪和重罪轻判，又要防止轻罪重判和冤枉无辜，做到实体公正与程序公正并重、法律真实与客观事实统一；坚持公益原则，公正有效地维护国家利益和社会利益，在其他适格主体没有提起诉讼的情况下，代表国家对侵害国家或社会公益的行为提起民事或行政公诉，充分尊重和保障犯罪嫌疑人、被告人、受

---

① 唐永春：《卡多佐哲学解读》，载《北方法学》2007 年第 1 期。

② 检察制度本身源于对民主制度、保障人权和司法公平正义的追求。检察制度产生至今，检察官的角色从"国王的守护人"转变为"法律的守护者"、"公共利益的看护人"。它始终是代表统治阶级行使国家公权力的主体，尤其是以追诉者的形象或角色出现于刑事诉讼过程中，就需要保持一种客观公正态度，从而体现全国国民共同享有国家公权力的理念。这就要求检察机关必须站在客观公正的立场上查明案件真相，准确执行法律。The Role lf Public Prosecution Officeina Democratic Society, Council of Europe Publishing 1997。

③ 我国《检察官法》第 8 条规定，检察官应当严格遵守宪法和法律；履行职责必须以事实为根据，以法律为准绳，秉公执法，不得徇私枉法；维护国家利益、公共利益，维护自然人、法人和其他组织的合法权益。《刑事诉讼法》第 8 条规定，人民检察院依法对刑事诉讼实行法律监督。第 43 条规定，检察人员必须依照法定程序收集能够证实犯罪嫌疑人、被告人有罪或无罪、犯罪情节轻重的各种证据。《刑事诉讼法》第 137 条、第 140 条至第 142 条规定，检察机关可以根据证据和事实的状况，依法作出起诉或不起诉的决定。这些规定表明，检察机关不以追求定罪结果为唯一目的，体现了检察官的客观义务责任，对客观公正的价值追求。

害人及其他诉讼参与人的合法权益，承认并保障其独立的人格、尊严和意志自由，防止当事人受到任何形式的歧视和不公正待遇，实现公益与私利的合理平衡。

3. 职能标准

职能是指履行职责的能力或实现作用的能力。职能标准通常包括权力组成机构是否正常运行、各项权力是否得到有效行使、运作效果是否良好等。作为检察工作科学发展评判标准的设定，这里的职能标准不单单指检察机关控诉职能的依法准确行使，还应包括对审判权、行政权的有效法律监督与控制，后者才是其职能本质。

现代检察制度的诞生，是诉讼公权的产物，也是权力制衡和监督的产物。[①] "我国宪法规定设置人民检察机关，并把检察机关确立为国家的法律监督机关，专门承担法律监督职能是我们党和国家为加强社会主义民主法治建设而采取的重大宪政举措。"作为国家专门的宪政机关，检察机关同时行使法律监督职能和诉讼职能，但是，两种职能不能合二为一，或互相取代，应分开行使。"宪政性检察职能的应有之义就是要把国家法律实施的各个环节，包括诉讼活动、行政执法活动、（二级）立法活动都要纳入法律监督的视野。"[②] 概言之，作为国家权力体系中不可或缺的制控器与平衡器，控诉只是检察机关行使职能的一个方面，加强对行政权和审判权的控制才是其职能重点，以保证国家权力的正确行使。检察机关通过诉讼和非诉等形式，加强对审判权、行政权的法律监督和权力控制，实现审判权、行政权与检察权之间的有效制约和平衡，符合宪政目的和法治要求。明确这一点，是改革和完善检察制度，保障法律监督功能实现的前提和基础，具有指明方向的意义。

从检察职能的配置现状来看，法律监督职能仍比较薄弱，尤其是立法层面上的规定很不系统，缺乏有关监督范围、方式、手段、程序及效力等方面的具体规定，法律监督职能无法充分有效行使，"宪法定位的专门法律监督机关的性质与现行法定的检察官职权构成似名不副实"[③]；从检察职能的实际运行情况来看，侦查、公诉等参与诉讼的职能远比法律监督职能活跃，且占绝对的实

---

① 如大陆法系国家刑事诉讼制度，检察官主要是在对警察和法官的制约中产生的，也是近代诉讼民主发展的必然产物。参见孙谦：《检察：理念、制度与改革》，法律出版社2004年版，第197页。

② 吕涛：《论我国检察职能的转型发展》，载《中国刑事法杂志》2010年第5期。

③ 王新环：《中国检察官制的滥觞与职权嬗变》，载《国家检察官学院学报》2005年第1期。

践优势，即使已经开展起来的法律监督业务也仍局限于诉讼领域，法律监督职能没有实际获得"主业"地位①；从执法者的监督意识方面来看，存在监督和接受监督意识淡漠的倾向，权力意识根深蒂固，但权力制约意识淡漠，不仅被监督者对检察机关的监督存在排斥心理，连相当部分的检察人员也认为检察机关的职能仅仅是打击犯罪，或者局限为诉讼监督，不敢监督，不愿监督，对最核心的监督工作反而重视不够。

因此，在检察工作自身科学发展中，关键词是检察权力及其有效使用。强化法律监督，一直是检察机关的工作主题，检察权依据检察职能而实现，职能强则法律监督能力强。对于与诉权直接关联的检察职能，应当以合法、有效、准确和及时为衡量依据。② 对于与监督有关的检察职能，除前述依据之外，还应当特别附加责任要求，以便形成整体合力，保障法律监督能够在最高权力机关之下，有力发挥对行政权和审判权的制约功能。

4. 法律标准

此处的法律标准，包括两层含义：一方面要求检察执法活动必须依据法律，注意能动主义与克制主义结合，不超越职权范围，不脱离法定监督手段；另一方面强调通过自身执法实践，促进国家法律制度完善。

检察工作的科学发展，必须依据法律规定进行，不能越雷池半步。这是由公共权力的特性决定的。就公权力而言，合法性与非法性根本对立，法无授权不得为。公共权力主体必须遵循职权法定原则，才能使权力行为具有可预测性、可期待性和社会公信力。我国目前的法律对检察制度的性质、地位、工作范围、程序和方法均有严格而明确的规定或原则要求，检察工作的科学发展不能违背这些规定和要求，即实现合法性是一项基本要求。"检察权必须严格依法行使，这是由检察权的法定性决定的，也是确保宪法法律得到统一正确实施对检察工作的必然要求。检察机关的法律监督必须遵循法治原则和司法规律，必须符合诉讼原理。这提示了法律监督运行的内在机理，也是国家权力运行规

---

① 吕涛：《论我国检察职能的转型发展》，载《中国刑事法杂志》2010 年第 5 期。

② 检察机关承担广泛的法律监督职能并非我国特有，某些西方国家的检察机关也具有较大范围的监督权力。如在法国，最高总检察长的主要职责是"对国家整体活动进行监督"。检察机关不仅对侦查活动、法庭审判活动及判决的执行等有监督权，还有下列监督权：（1）监督司法辅助人员；（2）监督、检察书记员；（3）监视司法救助制度的营运；（4）监督户政官员等。德国的检察机关也具有一定的法律监督职能和保证国家法律统一实施的职能，除对刑事诉讼的侦查、审判和执行有广泛的监督权外，检察机关对律师执法活动的合法性，也负有一定的监督职责。

律和法治国家对检察工作的必然要求。"①检察工作向前发展，必须要依法而行，既敢于监督、善于监督，又依法监督、规范监督，做到既不缺位又不越位。在此，合法性与科学性是一致的。

检察工作要依据法律规定，并不是指消极适应。任何法律都会经历从简单到复杂、从粗陋到不断完善的过程。法律规定过于原则，或者存在不足，这是法治建设面临的经常性问题。因此，法律规定与法律实践的互动就成为一种必然。通过互动，既可以将已经明确的法律原则具体化，将立法中存在的不足之处加以改进，还可以发现并确立新的立法原则、新的立法素材。然而，互动不可能一蹴而就，而是通过大量的司法实践，渐进式实现的。在此互动中，最重要的是遵循司法的规律，注重实证的方法，讲究科学的结果，否则，互动就有可能变得盲目和随意，甚至背离法治的轨道，成为检察工作发展的阻力。在此，积极推动法律完善与检察工作的科学发展是统一的。②

5. 效益标准

此处的效益标准包括两层含义：一是指检察执法活动能够以最短的时间、最低的成本和最好的工作质量在最大程度上实现公正，在满足社会对公平正义渴望的同时，能够适应社会承受能力而又不增加当事人负担；二是指检察机关职权配置、检察管理及内设部门运行科学，与其他机关在权力运行上相互协调、高效衔接，实现诉讼经济和效果优化。

效益包括效率，如果说效率是注重于进行速度上的"快"，则效益是追求效果上的"好"。效益讲究的是一种工作结果，但它又比结果有更为广泛的含义，特指努力追求的包含积极意义的结果。由于效益是人们主观见之于客观的必然产物，因此它成为衡量具体工作成与败、优与劣的重要标准。追求效益是司法工作的一项重要原则。就检察工作而言，对效益的追求包括直接效益和间接效益两个方面。直接效益是指运用相应权力实现相应结果，因而具有很强的法定性和预见性，如启动侦查程序、提起公诉等，特指法律效益。间接效益是指基于检察执法活动而产生的光晕效应，包括体现国家刑事政策、社会民主程度、法治建设水平、执法公信力等内容，往往指向政治效益与社会效益。检察工作的科学发展，应包括原本就蕴涵于法律制度之中的政治、法律、社会效益

---

① 曹建明：《赴湖南、河南、安徽调研时的讲话要点》（2011 年 8 月），高检院办公厅通报第 46 期。

② 马天山：《检察工作科学发展衡量标准的内涵》，载刘佑生、石少侠主编：《科学发展与法律监督》，中国检察出版社 2010 年版，第 17 页。

的有机统一。① 效益标准是衡量检察工作是否科学发展最直观和外在的标准，也是一种经常性的标准。

效益的实现方式包括三个方面：一是提高时间效率。一方面要求检察机关在法律规定的时限内，尽量缩短办案时间，避免诉讼拖延，减少案件积压，提高工作效率；另一方面，对于法律给予相对人、当事人的时限，予以充分尊重，不随意加以限制或缩减，让当事人感受到公正。二是科学配置资源。即要求检察机关依据检察职权的特点和检察工作的内在规律合理配置检察职权、物质资源和人力资源，提高资源利用率，加强制度机制管理，对机构进行精简、整合和优化，降低工作成本和经济消耗，以最低的成本实现最大程度上的正义。三是加强衔接制约。强化检察机关内部执法办案不同部门、环节、程序上的相互衔接，健全检察机关与法院、公安等其他司法行政部门的衔接工作机制，加强沟通协调配合，提高司法整体效能，实现效果最大化和最优化。

6. 创新标准

创新是一种理念，一种方法，一种行为。一切事物都是运动、变化、发展的，发展推动进步，静止导致落后。检察工作的形势在变，社会对我们的要求也在变，我们必须用发展的眼光看问题，不断地除旧布新，在思想观念、业务工作、队伍建设、科技装备建设、检察理论等方面都坚持与时俱进、创新发展。

改革创新与检察工作科学发展两者具有密切的关联性，互相促进，相辅相成。一方面，检察工作的科学发展离不开改革创新，改革是解决存在问题的必由之路，创新是推动检察工作科学发展的不懈动力，改革创新本身就是检察工作的重要内容和重要任务之一；另一方面，科学的检察改革又要以大量的检察工作实践做基础。没有改革创新，检察工作容易固步自封，难以向前发展，没有第一手的实践，检察工作就会陷于盲目，造成工作混乱甚至影响到国家法治建设大局。

党的十七大对司法工作提出了"推进司法体制改革，优化司法职权配置，规范执法行为，建设公正高效权威的社会主义司法制度"的目标要求。在司法改革方兴未艾的时代背景下，强调改革创新具有十分重要的现实意义。将创新作为检察工作科学发展的衡量标准，就是要求在遵循法治原则和司法规律的前提下，从社会需求出发，能动地寻求创新发展而不是固步自封，要求有创新的理念，将创新的理念贯穿于检察工作始终，有明确的发展目标和正确的改革

---

① 马天山：《检察工作科学发展衡量标准的内涵》，载刘佑生、石少侠主编：《科学发展与法律监督》，中国检察出版社 2010 年版，第 11 页。

方法。

二、检察工作发展的历程和规律探寻

检察机关自建立以来，检察工作历经了初步确定检察制度发展方向，探索发展道路，检察职能及机构体系不断健全，法律监督价值取向逐步明晰，法律监督范围和制度机制日益完善的发展历程。特别是党中央提出依法治国方略、深入推进司法体制改革和全面贯彻落实科学发展观，为检察机关提供了难得的历史性发展机遇，检察改革与科学发展逐渐成为检察工作的主旋律，检察机关以强化法律监督和强化自身监督为重点，检察体制机制改革深入推进，制约检察工作发展的体制性、机制性、保障性障碍得到了初步解决，法律监督工作伴随着经济社会的发展得到全面加强。可从以下几个方面的变化考察检察工作的发展进路：

（一）检察制度体系方面，经历了由不完善到逐步健全完善的过程

大抵分为四个阶段：一是创建阶段，建立人民代表大会制度下独立于行政机关的检察体制，将追诉犯罪等作为实施法律监督的具体内容，建立了与国家结构形式相适应的各级检察机关。1954 年《宪法》系统地规定了检察机关的设置、领导体制、职权范围、活动原则及对检察人员的任免和管理等事项，从宪法角度将检察机关定位为具有"一般监督"特征的法律监督机关，增加对侦查活动及刑事判决执行的监督，组织建设和业务活动逐步开展①。二是恢复重建阶段，这一阶段最突出的特点是检察机关作为国家法律监督机关的性质和地位首次得以明确，1979 年《人民检察院组织法》和 1982 年《宪法》均作出明确规定，但具体职能收缩于刑事诉讼领域。三是开拓进取阶段，随着改革开放的逐步深入，"依法治国"、"人权保障"等重大法制原则相继入宪，检察机关的职能大大拓展，且更加细化和完善，拥有包括对职务犯罪的直接侦查权、立案与侦查监督、审判监督、刑罚执行监督、民事和行政诉讼监督及对行政执法的监督职能等，在机构设置方面，新设了反贪局、职务犯罪预防等机构，统一规范了各业务机构的名称，检察机关组织体系日益健全完善②。四是改革创新阶段，检察制度在组织体制和职权配置上，更加适应宪政体制下加强权力制约，保证国家权力在法治轨道上正确运行的客观要求，表现在创新检察工作方

---

① 参见王桂五主编：《中华人民共和国检察制度研究》，法律出版社 1991 年版，第 61 页。

② 参见 1991 年—2001 年《中国检察年鉴》，中国检察出版社出版。

针的提出（高检院提出"强化法律监督，维护公平正义"的检察工作方针和"强化法律监督、强化自身监督、强化队伍建设"的总体要求），检察体制改革创新（如推行检务公开，建立专家咨询制度、人民监督员制度，试行主诉检察官办案责任制，完善监督范围和手段）及检察队伍和自身建设（如规范执法程序和工作机制、强化内部监督制约、完善干部选拔和管理体制、健全检察经费保障体制）等方面①。检察机关的内外部监督制约机制更加健全，法律监督工作全面健康发展，中国特色社会主义检察制度更加科学完善。

（二）检察工作与经济社会互动方面，由就案办案、机械执法的"办案型"工作模式逐渐向围绕中心、服务大局的"服务型"工作模式转变

创建初期，检察工作的重点是维护国家政权稳定和社会秩序安全，突出表现在刑事领域的"镇反"、"平反"、"严打"和社会治安综合治理，对经济社会发展全局不熟悉，处于一种相对封闭的状态。随着社会经济建设的不断发展，检察机关的时代定位和指导思想越来越明确，工作重心逐渐向配合党和国家中心工作转移。一是在服务机制上，逐步建立了涉检信访长效机制、释法说理答疑制度、办案风险预警评估等工作机制，办案更加注重防范风险、化解矛盾、定纷止争，广泛开展法律服务进乡村、进社区、进学校、进企业等活动，普遍建立基层群众工作网络体系，检察工作日益社会化、群众化。山东省检察

---

① 自1998年至今，全面的检察改革可分为三个阶段：第一个阶段是从1998年至2002年，主要任务是探索建立较好发挥检察职能的工作运行机制。高检院出台《检察改革三年实施意见》，提出改革业务工作机制、组织体系、检察官办案机制、干部人事制度、内部监督制约机制、经费管理机制六个方面35项改革任务。第二个阶段是从2003年至2007年。根据党的十六大"推进司法体制改革"的部署，中央成立司法体制改革领导小组，2004年发布《关于司法体制和工作机制改革的初步意见》，35项改革任务中涉及检察机关的改革任务26项。高检院2005年《关于进一步深化检察改革的三年实施意见》，明确了完善对诉讼活动的法律监督制度、检察机关接受监督和内部制约制度、创新检察工作机制规范执法行为、完善检察机关组织体系、检察干部管理体制、检察经费保障体制六个方面36项改革任务。2006年中共中央《关于进一步加强人民法院、人民检察院工作的决定》进一步就加大检察机关法律监督力度、推进司法体制改革提出要求。这一阶段，在中央主导下，检察改革开始由机制型向体制机制型推进，改革的整体性增强。第三个阶段是从2008年至今。2008年中发19号文件颁布；2009年高检院制定《关于深化检察改革2009—2012年工作规划》，明确了强化法律监督和强化自身监督制约两个重点，细化为87项改革项目。这一阶段，中央主导更加有力，检察改革与审判改革、侦查改革乃至行政执法方式改革的协调性进一步增强，落实改革措施跟进更加及时，改革成效更加彰显。

机关在认真总结"白云热线"经验的基础上，在全国首创民生检察服务热线，进一步畅通了群众诉求渠道，搭建了联系和服务群众的新平台，自 2008 年 6 月成立以来，共解决群众诉求 20 万多件，化解社会矛盾 11684 起，有效维护了社会和谐稳定，赢得了人民群众的广泛信任和支持。二是在服务手段上，由过去的单纯强调打击向打击、预防、监督、教育、保护多种手段并用转变，正确处理执法办案与服务发展、惩治腐败与保护创业、执行法律与执行政策等重大关系，严格区分改革探索与违法犯罪、工作失误与渎职犯罪等界限，坚持执法办案法律效果、政治效果与社会效果的有机统一，使经济社会发展保持了勃勃生机和活力。三是在服务效果上，围绕整顿市场经济秩序、国有企业改革发展、服务社会主义和谐社会、新农村建设、国家"十一五"规划、深入推进三项重点工作及实施西部大开发等国家重大战略部署开展检察工作，为经济社会又好又快发展提供了有力司法保障，愈加彰显了检察机关在服务大局中的重要地位和作用，检察机关自身在经济社会发展大潮中也实现了长足发展。

（三）执法理念方面，从重实体轻程序、重惩治轻保护逐渐向实体与程序公正并重、惩治犯罪与保护人权并重转变①

纵观检察发展史，思维方式的片面性、绝对化和执法观念的陈旧，曾经给检察事业带来严重危害。如重打击轻化解矛盾，引发的随意、粗暴执法，违法扣押款物，变相刑讯逼供等问题；以管人者自居的思想，助长耍特权、逞威风，冷横硬推等不良作风；重实体轻程序，造成侵犯当事人权利，案件质量不高，甚至办冤假错案等，严重影响检察机关的形象，削弱执法公信力。近年来，检察机关致力于思维方式和执法观念的转变，深入开展社会主义法治理念和辩证思维教育，着力解决执法不规范、不公正、不文明的问题。打击与防范并举、实体与程序并重、惩治犯罪与化解矛盾相结合的统筹协调理念逐渐深入人心，执法办案实现了从随意向规范，从粗暴向文明，从执法神秘化向阳光检察，从简单机械向理性平和、释法说理、化解矛盾转变，检察机关以前所未有的良好形象赢得了人民群众的认同和支持，取得了蓬勃发展。山东省检察机关近年来通过创建法律文书说理答疑、检调对接、公开听证、阳光鉴定、"公诉

① 半个多世纪以来，我们国家对经济社会领域发展理念的探求，从当年的"大干快上"到"又快又好，快字当头"到近年来的"又好又快发展"、"科学发展"，发展理念不断演进和日臻科学完善。同样，在司法领域，我们的执法理念也历经了不同的发展阶段：从建国初期的"人民司法"到"文革"时期的"专政司法"，到改革开放和依法治国方略提出时倡导的"公正司法"，再到近年来提倡的"为民司法"。过程尽管曲折、多变，却日益彰显出司法的本质属性。

三书",轻微案件刑事和解等一系列新机制,从制度上促使检察人员实现观念上的转变,规范文明和谐执法成为常态,执法公信力大幅提升。

(四)监督的范围、方式和效果方面,逐步实现了由单一向多元、从孤立向整合的转变

检察机关成立初始,虽具有"国家法律监督机关"的宪法定位,但在相当长一段时期内,扮演着"刑事办案机关"的角色,监督范围仅局限于刑事诉讼领域。[①] 随着社会主义市场经济体制的确立发展,三大诉讼法等一系列法律法规的相继出台和修订,法律监督职能大大拓展,监督范围从刑事诉讼扩大至民事审判、行政诉讼、监狱、劳教等领域,法律监督活动逐步走向规范和完善。进入新世纪,在司法改革的大背景下,很多关于强化法律监督的改革陆续出台,法律监督的范围和措施更加明确和完善,30 个省市人大常委会制定加强法律监督工作的意见,法律监督工作全面加强。一是在监督手段上,形成了以抗诉为中心,综合运用再审检察建议、纠正违法通知书、建议更换办案人、量刑建议、专项监督等多元化的监督模式与格局。二是监督领域不断拓展,探索开展了对公安派出所的监督、对法院诉讼调解、民事行政执行、督促和支持起诉及行政执法检察监督等工作。三是监督工作机制日益科学高效,建立并完善了检察机关内部信息交流机制、后续办案程序对之前程序的衔接配合机制、大要案集中管理、上下级院一体化办案机制等,充分发挥整体监督的优势、合力与实效。四是与其他执法司法机关的良性互动不断加强,通过建立信息交流共享机制、联席会议机制等刑事司法与行政执法相衔接制度,进一步促进检察监督与其他执法司法机关内部纠错机制的有机结合,监督整体效果明显提升。

(五)检察队伍和检察业务管理方面,由单一的行政化管理模式逐步向注重遵循司法规律、管理科学化转变

在检察队伍管理方面,尽管《检察官法》早在 1995 年颁布,但检察官仍被视为普通的公务员,其进出、考核、晋升、待遇与其他公务员并无二致,管理方式较粗放,管理优化和科学管理理念缺失,从而使高素质、专业化司法队伍的建设缺乏应有的原动力,难以形成人才培养应有的激励机制;在检察业务管理方面也存在较强的行政化色彩,如层级式审批办案模式、行政化考评方式

[①] 1979 年《人民检察院组织法》与 1954 年《人民检察院组织法》相比,一是删去了"一般监督职权"的具体规定,二是删除对民事案件提起诉讼和参与诉讼的规定,从而使检察机关难以"名副其实",在长期的司法实践中扮演着"刑事办案机关"的角色。

等，未能体现检察职业的特殊要求，制约了检察工作的科学发展。[①] 进入新世纪，高检院出台《检察改革三年实施意见》，正式启动包括检察业务管理、检察人事与干部管理制度等方面的改革。随着《人民检察院民事行政抗诉案件办案规则》（2001 年）、《人民检察院职务犯罪侦查部门办案质量考评办法》（2002 年）、《关于在审查逮捕和审查起诉工作中加强证据审查的若干意见》（2006 年）、《人民检察院办理起诉案件质量标准（试行）》和《人民检察院办理不起诉案件质量标准（试行）》（2007 年）等规则办法的相继出台，对抗诉、自侦、批捕、公诉等案件质量的管理、业务考评指标的设置逐渐体现和反映了司法活动基本规律的要求和特质。在检察管理模式的科学化探索方面，2003 年始，根据高检院的统一部署，全国共有三百多个市级检察院和基层院开始试行绩效管理。2005 年，高检院建立业务建设、队伍建设和信息化建设"三位一体"的长效管理机制，进一步明确提出了检察机关"执法规范化、队伍专业化、管理科学化"的目标，确立了科学管理在检察工作全局的突出位置，检察管理日渐优质和高效。山东省检察机关于 2002 年率先在全国检察机关作出加强规范化建设的决定，遵循"从制度层面，到机制层面，再到文化层面"的思路，形成了以制度规范为基础、以机制建设为保障、以信息化为依托、以检察文化为引领的检察管理新模式，执法办案和队伍管理实现了从凭经验习惯办事向靠制度机制管人管事的重大转变；致力于各项检察工作考评的制度和机制建设，建立和完善了决策目标、执行责任、考核监督"三个体系"建设考核奖励暂行办法，创建落实了科学发展观绩效考核机制，实现了制度规范、发展目标、过程推动与结果评价的统一，对提高检察管理规范化水平、促进检察工作科学发展发挥了巨大作用。

（六）检察队伍建设方面，逐步由军警型、低层次向专业化、高质化转变

检察机关恢复重建初期，检察官的来源渠道主要有军队转业安置、党政机关及其他单位调入、社会招干及大中专毕业分配等方式。检察官职业门槛较低，人员来源较复杂，必然造成检察官队伍文化素质低、专业化程度不高等问题。近年来，随着对检察规律认识的逐渐深化及对检察工作专业化、职业化的

---

① 如完全按照单一的行政化模式来管理检察业务工作，办案人员往往没有处理案件的职权，而是要按照行政建制层层汇报、层层审批，导致一些案件久拖不决，一旦出现错误，纠正的难度也很大。这种行政化管理的思维模式下行政审批的做法既不符合办理案件的规律，也浪费了司法资源，影响了办案效率。

要求，特别是中央司法改革的深入推进，检察机关不断完善遴选招录方式，通过公务员招考、初任检察官招录、政法干警招录培养体制改革试点及逐级遴选、定向招录基层检察人员等制度，不断加大从下级院、其他党政机关和社会有法律工作经历的群体中招考检察官的力度，大力实施素质工程，检察队伍建设取得了长足发展。以山东省为例，2006年以来，全省共补充检察人员4080人，同时退出3059人，净增长7.14%；全省人员平均年龄41岁，其中45岁以上检察人员占71.8%（10758人/14990人），大学以上学历人员提高到83.6%（12532人/14990人），比2006年增长10.08%；加强高层次人才培养，全省共拥有全国检察业务专家5人、全国检察理论研究人才15人，省级检察业务专家9人、业务尖子275人、办案能手532人，检察队伍构成持续优化，向年轻化、知识化、专业化迈出实质性步伐。[1]

（七）检务保障方面，由保障能力不足、技术手段落后逐步向保障的制度化、现代化转变

在中央启动政法经费保障系列改革之前，检察机关的物质基础较薄弱，检务保障不足，在一定程度上存在行政指标式的"为钱办案"情况，供需矛盾突出，检务保障水平明显不能适应检察工作发展的需要。进入新世纪，高检院提出"攻坚、落实、成效"六字要求，把基层基础工作纳入检察工作总体发展格局，积极争取各方面支持，检务保障水平得到跨越式提升。一方面，以中共出台《关于加强政法经费保障工作的意见》为契机，不断推进政法经费保障体制改革，初步建立起政法经费分类保障制度；通过争取中央和省级财政转移支付资金的方式，加大对基层的经费投入，基层院公用经费正常增长机制得到较好落实，检察机关装备现代化水平和执法战斗力提升明显。[2] 全国检察机关财政拨款从2006年的171亿元增加到2010年的376亿元，中央财政转移支付资金从9.3亿元增加到41.5亿元，增长4.5倍；"两房"建设成绩斐然，五

---

① 山东省院"十二五"时期检察工作科学发展课题调研组：《关于全省检察队伍建设情况的调研报告》。

② 2008年12月5日，中共中央转发《中央政法委员会关于深化司法体制和工作机制改革若干问题的意见的通知》，对政法经费保障体制改革提出总体要求，2009年7月23日，中共中央办公厅、国务院办公厅印发《关于加强政法经费保障工作的意见》，对构建科学化、规范化的政法经费保障体制提出具体明确的要求和标准，为全面加强检察经费保障工作提供了政策支持。

年间共争取中央补助投资 43.62 亿元，支持新建"两房"项目 2537 个。① 另一方面，全面、深入实施科技强检战略，信息技术保障力取得突破性进展。2000 年，高检院在全国启动检察信息网络各项任务建设，至目前为止，全国98.9% 的检察院联入专线网，99.1% 的检察院建成局域网，916 个检察院建成网上办案系统。② 保障的日益现代化、信息化带来检察人员思想观念和工作模式的重大变化，办案观念上逐步实现了"从供到证"的巨大转变，工作方式上，从 90 年代初的停留在靠纸张记录、电话联系、出差办案的"一张嘴、一支笔、两条腿"传统方式，到现在的网上办公、网上办案、网上绩效考核和事务管理，基本实现了办公自动化、技术网络化和诉讼智能化，检察人员办案能力、工作效率和质量明显提升。山东省检察机关近年来紧紧围绕打造具有山东特色的"数字检察"品牌来开展信息化建设工作，有力助推了全省检察工作的科学发展。

（八）接受监督方面，由强调发挥法律监督职能逐步向强化法律监督和自身监督制约并重转变

以执法办案为中心，强化法律监督、维护公平正义，一直是检察机关的工作主题和主要任务，最初的检察改革也主要围绕探索建立较好发挥检察职能的工作运行机制来开展。十七大以后，根据中央"深化司法体制改革"的部署要求，高检院出台一系列文件和规定，明确提出强化法律监督和强化自身监督制约两个重点。③ 一方面，继续强化法律监督工作，全面落实了职务犯罪侦查一体化机制、审查逮捕和公诉方式改革以及侦查引导取证等工作，对司法工作人员渎职行为加强法律监督和检察长列席审判委员会等改革措施深入推进，有效解决了一些制约法律监督工作的体制机制障碍。另一方面，对自身执法活动的监督制约逐渐加强。逐步推行了职务犯罪案件审查逮捕上提一级、一审判决两级检察院同步审查制度、抗诉权与职务犯罪侦查权由不同部门行使等改革，落实了讯问全程同步录音录像、执法办案内部监督、执法过错责任追究等制

---

① 参见曹建明：《强化法律监督 维护公平正义 推动科学发展 促进社会和谐 不断开创中国特色社会主义检察新局面》（2011 年 7 月 16 日），在第十三次全国检察机关工作会议上的讲话。

② 参见曹建明：《强化法律监督 维护公平正义 推动科学发展 促进社会和谐 不断开创中国特色社会主义检察新局面》（2011 年 7 月 16 日），在第十三次全国检察机关工作会议上的讲话。

③ 2009 年，高检院制定《关于深化检察改革 2009—2012 年工作规划》，明确强化法律监督和强化自身监督制约两个重点，并细化为 87 项改革项目。

度，案管机构初步建立；完善了接受人大监督、民主监督、社会监督的机制和措施，全面推行人民监督员制度，深化检务公开，切实保障了检察权依法正确的行使。

综上，检察机关恢复重建30多年来的伟大实践为检察工作的全面健康发展奠定了良好基础，并积累了丰富的实践经验。概括起来主要有：必须坚持党对检察工作的绝对领导，确保正确的政治方向；必须坚持服务党和国家中心大局，确保检察工作在服务经济社会发展全局中实现自身科学发展；必须坚持把人民满意作为检察工作的根本标准，确保检察工作永葆政治本色和力量源泉；必须坚持检察机关的宪法定位，确保法律监督职能得到充分有效发挥；必须坚持检察机关依法独立行使职权与自觉接受各级人大和人民群众监督相结合，确保严格公正文明执法；必须坚持正确的发展理念和执法理念，确保检察事业健康蓬勃发展等。这些经验蕴涵着检察工作发展的一般规律和法则，是中国特色社会主义检察制度发展完善的基础，也是新时期检察工作科学发展的宝贵财富和基本条件。

三、当前影响检察工作科学发展的因素分析

影响检察工作科学发展的因素，可分为积极因素和制约性因素，也即面对的机遇和挑战，这是事物发展的两个方面。积极应对挑战、解决制约检察工作发展的重要环节和因素就是抓住机遇，从而使挑战变成发展机遇。明确两者之间的辩证关系，才能在复杂多变的形势下，始终充满信心，保持清醒，在适应和服务经济社会发展中抓住时机，保持主动，全面实现自身科学发展。

（一）检察工作科学发展的有利因素

检察工作具有与经济社会同步发展的内在品质。① 党的十七届五中全会提出以科学发展为主题，以加快转变经济发展方式为主线的重大战略部署，是我国继改革开放30年后经济社会的又一场深刻变革。这是我们必须面对的当代中国的历史背景，也是检察工作科学发展的最大机遇。其他有利于检察工作发展的因素还包括：在国际大局中，我国综合国力不断提升，已成为重要的一极；在国内，各项事业加快发展、民气大升、社会和谐稳定、经济社会发展长期向好；在国家法治建设上，依法治国方略深入推进、中国特色社会主义法律体系已经形成、中央司法体制机制改革稳步进行，刑法、三大诉讼法及检察院

---

① 参见童建明：《关于我国检察机关法律监督问题的若干思考》，载《检察论丛》（第1卷），法律出版社2000年版。

组织法等法律正在或即将修改,特别是"十二五"规划明确提出全面推进法制建设、建设社会主义法治国家,胡锦涛总书记"七一"重要讲话中突出强调实现国家各项工作法治化,为检察工作提供了坚实的法制基础、制度保障和广阔的发展前景;在外部监督支持上,各级党委高度重视,人大、政协有效监督,政府、群众和社会各界广泛认可支持;在检察工作自身发展上,检察机关恢复重建30多年的实践积累了许多前进发展的宝贵经验。这些都为检察工作发展创造了更加有利的条件和环境。

(二)检察工作科学发展面临的挑战

当前和今后一个时期,经济体制深刻变革、社会结构深刻变动、利益格局深刻调整、思想观念深刻变化,将是我国经济社会发展阶段的一个基本特征。检察工作在面临美好发展前景的同时,也面临着诸多可以预见和难以预见的风险与挑战。

一是国家安全和社会稳定方面。人民内部矛盾凸显、刑事犯罪高发、对敌斗争复杂的基本态势没有改变,矛盾纠纷、治安案件、刑事犯罪等相互交织,敏感性、联动性、扩散性不断增强,报复社会的恶性案件和极端事件时有发生,严重威胁群众生命财产安全;国际上,西方敌对势力加紧实施西化、分化战略,攻击我国政治、司法制度,特别是通过极力鼓吹"互联网自由"、"价值观外交"和"社会媒体革命",企图颠覆我国政权。检察机关维护国家安全和社会稳定的任务将是长期、复杂和艰巨的。

二是经济建设和加快转变方式方面。随着发展模式深刻转变,就业结构、劳动关系等将会发生深刻变化,城镇化的加速推进必然涉及土地征用、房屋拆迁、安置就业等问题,由此引发新的矛盾和社会不稳定因素;经济形态深刻变化,经济生活日趋活跃,新领域、新类型经济犯罪逐年增多,智能化、职业化、网络化、复合化等特征更加明显,打击防范难度明显加大;利益格局的深刻调整,特别是收入分配制度改革,势必触及某些人的切身利益,由此引发的矛盾纠纷有可能在深度和广度上超出以往任何时候。同时,世界经济复苏减缓,美国、欧盟债务危机加重,给我国经济发展带来新的困难和考验,涉及经济类突发事件可能多发。检察机关通过法律监督手段化解矛盾纠纷、维护国家经济安全、促进经济发展方式转变的任务将更为紧迫。

三是社会建设和管理方面。社会建设滞后于经济发展的状况尚未根本改变,社会管理遇到的问题前所未有。随着社会流动性和开放性日益增强,新型经济组织和社会组织不断涌现,由于对流动人口、刑释解教人员、社会闲散人员和"两新"组织等管理不适应,引发的违法犯罪呈增多态势;人们思想活动的独立性、差异性不断增强，观念和行为日益多元多样，一些腐朽落后思想文化沉渣泛起，诚信缺失、道德沦丧现象在少数人和少数企业时有表现，引发诸多矛盾和不稳定因素；虚拟社会的快速发展，在方便人们获取信息、表达意见的同时，一些不法分子和敌对势力利用互联网、手机短信等进行违法犯罪活动，炒作社会热点问题和司法个案，煽动群众不满情绪，串联策划群体性事件，依法防范打击网络犯罪、处置群体性事件的难度加大。检察机关需要加强学习研究，立足检察职能，创新工作机制，积极应对挑战，在参与社会管理创新中发挥应有作用。

四是法治建设和司法领域方面。随着中国特色社会主义法律体系形成，有法必依、执法必严、违法必究的问题显得尤为紧迫，群众对加强法律监督、保障法律统一正确实施的要求更为迫切。从现实情况看，群众对公平正义要求强烈与执法公信力不高的矛盾比较突出，执法犯法、徇私枉法、弄权渎职等侵犯群众权益的问题时有发生；群众对反腐败期望值高与腐败现象短期内难以根治的矛盾比较突出，职务犯罪易发多发的态势难以根本遏制，极易引发群众不满，激化社会矛盾，危及党的执政地位；群众对公正司法高度关注与执法现状不完全适应的矛盾比较突出，司法活动的社会敏感性和关注度增强，是否严格公正廉洁执法、法律监督职能是否正确有效发挥，已成为社会关注的焦点。刑事诉讼法、民事诉讼法等法律修改已提上日程，非法证据排除、不得强迫自证有罪、保障律师执业权利等内容即将入法，这一切对检察机关执法能力和水平形成了更现实、更直接、更严峻的挑战。[①]

（三）检察工作自身不适应科学发展观要求的矛盾与问题

面对新形势、新任务、新要求，检察工作自身也存在一些与科学发展观要求不符合、不适应、不协调的问题，影响并制约着检察工作的全面可持续发展。

一是执法理念与科学发展观的要求还不相适应。近年来，检察机关社会主义法治理念不断深入人心，思维方式和执法观念发生了深刻变化。同时，旧思想、旧习惯的影响依然存在，许多问题的治理和解决还处于制度纪律约束的层面，正确的价值观、执法观、业绩观、权力观还没有普遍内化为大家的世界

---

① 参见国家森在全省第十五次检察工作会议上的讲话（2011年9月20日）。

观、方法论，符合科学发展观要求的思想观念、执法理念的更新需要长期的努力。①

二是服务大局的能力、方式方法与经济社会发展的要求还不相适应。目前，以科学发展观为统领的工作指导思想较为统一，服务党和国家工作大局的要求也得到普遍贯彻。同时，服务领域不宽、层次不高、办法不多、制度化水平不高的问题依然存在，定分止争、化解矛盾、参与社会管理、促进和谐的能力尚需提高。调研中发现，在"检察机关要不要服务大局"的问题上，各级院基本达成共识，但对如何理解大局、把握大局、服务大局、提升服务大局制度化水平，还存在分歧。有的认为检察工作本身就是大局的一部分，做好检察工作就等于服务了大局；有的对经济社会发展状况了解不深、把握不全，对新情况新问题调查研究不够，在服务经济社会发展的切入点和着力点上把握不足；有的不能正确处理服务大局与统筹整个检察工作的关系，服务经济社会发展与履行检察职能相脱节；在服务的途径和方式上探索创新不够，制度化水平不高，一些工作还存在"上级强调就做、不强调就撤"的短视现象。

三是法律监督的力度和成效与人民群众对司法公正的需求还不相适应。近年来，检察机关各项业务工作整体推进、全面发展。同时，提高办案质量的任务仍很艰巨，不敢监督、不愿监督、不会监督、监督不到位的问题依然存在，执法办案的数量、质量、效率、效果、安全还不够协调统一。如在立案监督上，案源信息不畅，对立而不侦、消极应付、久拖不决等现象缺乏有效的办法；在侦查监督上，除逮捕犯罪嫌疑人外，勘验、检查、扣押、鉴定、取保候审、监视居住及扣留等侦查活动尚未真正纳入监督范围，对侦查机关超期羁押、刑讯逼供等行为也难以进行有效监督；在刑事审判监督上，只重视对实体法适用的监督，忽视对适用程序错误的法律监督；在民事行政诉讼监督上，监督力量薄弱，监督技能不高，加之相关法规不够完善，使得公民合法权益不能得到有效救济；在执法方式上，就法言法、就案办案、机械执法、不善于化解矛盾纠纷、不注重执法效果的问题还不同程度的存在，影响和损害着检察执法的公正性和执法的公信力。

四是执法规范化程度与检察机关加强自身监督的要求还不相适应。近年来，检察机关执法规范化程度显著提高，执法行为、执法作风有了深刻转变，

① 如由于长期受旧的执法观念的影响，检察工作中还不同程度存在着"讲打击职能的多、讲保障服务职能的少"，"讲追究犯罪的多、讲人权保护的少"，"讲突破案件的多、讲严格执法程序的少"的"三多三少"现象。

同时对加强自身监督的重要性认识还不足，理性、平和、文明、规范执法的理念还没有切实践行。如有些检察人员在要不要接受监督的问题上还存在模糊认识，比较注重强化法律监督，忽视、削弱对自身的监督，不愿意正视和解决自身的问题；有的以监督者自居，只愿意监督别人，拒绝、排斥接受外部监督；有的受利益驱动违法办案，对有利可图的案件争着办，无利可图的不去办，办案中变相收费，违反法规扣押和处理赃款赃物；有的漠视当事人人格和人身权利，粗暴执法，滥用强制措施，采取违法手段诱供、逼供，导致安全事故发生等。随着相关法律法规的相继出台，执法规范需进一步完善，转变长期形成的不合时宜的旧作风、旧做法，从根本上消除制约公正文明规范执法的深层次矛盾还需再下功夫。

五是队伍整体素质与新形势新任务的要求还不相适应。经过多年的检察能力建设，检察队伍素质整体提升，人员构成和知识结构正在发生着根本性转变。同时，有的地方办案人员短缺、案多人少的矛盾还很突出，学历偏低、业务骨干和高层次人才少的结构性不适应状况还没有全面扭转，既懂专业知识又具有较高的社会工作和群众工作能力的"全面手"缺乏，队伍的专业化建设需要持续加强。调研中发现，基层院在这方面的矛盾最为突出。检察机关80%的检察院在基层，检察任务80%的工作量也在基层，部分基层检察院办案力量不足、专业化建设落后，严重制约检察工作全局的持续健康发展。如枣庄市山亭区院和台儿庄区院，除去院领导、离退占编人员，两院在一线办案的检察官均只有20名左右；临沂市兰山区院承担了全市近1/4、全省近1/32的刑事案件办案量，办案力量仍远远不够；个别基层院甚至出现了非检察官办案现象；计算机管理、文秘、财务、法医、会计等方面的人才严重不足；人员流动快，办案新手多，专业拔尖人才更是短缺，这种现象显然不能适应新时期检察工作发展的需要。

六是检察管理体制机制与检察工作规律的要求还不相适应。这些年我们在检察管理方面进行了一些探索，但总体上仍属于经验型阶段，还没有形成一套符合现代管理理念、遵循检察工作规律的成熟理论和完备制度体系，检察管理机制仍滞后于检察工作的发展。检察内设机构重叠、职能交叉，工作效能低下，管理体制行政化色彩仍然浓厚；制度化、精细化的管理较少，管理民主性、管理对象参与性和管理人性化也尚有不足。① 真正实现工作科学运行的新机制和检察管理的新模式需要不懈的探索。

七是检察工作与全面协调可持续发展的要求还不相适应。进入新阶段，各项检察事业协调推进，统筹发展的格局已经形成。同时，不平衡的现象依然存在，不同单位、不同业务工作之间还有不少差距，执法保障和人员构成区域差异比较明显，少数院经费标准落实不到位，人才进不来、留不下的情况比较突出，统筹协调发展的力度有待进一步加强。如部分经济欠发达地区基层检察院工作条件艰苦，很难招录到具有检察官资格的人员，通过公务员考录到基层院的，大多将这里视为过渡，一旦条件成熟就想离开，造成基层检察院检察官断层、老化现象非常突出。同时，基层院检察人员职级待遇普遍较低，普通检察人员最多在副科级上退休，繁重的工作压力、较低的职级和经济待遇，使部分基层院人才流失严重。这已经成为制约基层检察院科学发展的难点问题。②

四、检察工作科学发展需要把握的重要问题和重大关系

检察工作的科学发展需要具备良好的外部条件和执法环境，也需要我们自身在指导思想、改革思路、实际行动上的与时俱进。这其中包括树立正确的发展理念，合理配置检察权能，革除在工作机制、管理体制、队伍建设等方面不适应新形势、新任务，严重制约检察事业发展的弊端，统筹一系列重大关系，逐步建立适应社会主义法治要求、符合检察工作规律的体制、机制和制度等，以实现检察权法律监督属性和司法属性的高度统一，实现检察工作各要素的全面、协调、可持续发展。

（一）检察工作科学发展要重点把握的问题

1. 检察职权配置

检察工作发展状况体现的是检察活动的质量和效能状况，也即检察职权的

---

① 调研中有办案人员反映，一些地方过于追求内部管理程序的规范化，在管理环节增加了很多繁杂的手续，增加了一线办案人员的工作负担，降低了工作效率。还有一些地方出于确保案件质量的初衷，实行案件质量层层把关，重新走回了主诉检察官办案责任制施行之前的老路，不利于检察业务的科学发展。

② 调研中，有人称这种情况是"只知马儿跑，不给马儿草"，工资待遇低，福利服务少，造成了懂专业、能力强的高学历人才"孔雀东南飞"。

运行状况。要确保检察职权的运行及效果符合科学发展的要求，就必须确保检察权的配置本身是科学的。就目前而言，多元化、综合性的检察职能体系已经初步形成，但在结构及实际运行上还远不够科学、合理。优化检察职权配置是检察改革的重要目标。这方面也涉及若干争论，如检察权的职能定位，检察权的性质，司法语境中的检察改革走向等。（1）就应然角度而言，随着政治文明不断向纵深发展，国家政权体系将依据民主向度、分权原则和宪政精神发生分化和重组，在政治变革中，检察权能应随之变化转型，由传统上主要的诉讼监督转向对行政执法活动、立法活动的监督，实现检察职能在宪政意义上的归位。这关涉专门法律监督与人大监督、行政监察等其他监督制度的关系，需要与相关职能、权限、程序、人员等的高度整合，是一个比较缓慢的渐进过程，也是检察职权发展的终极目的或最终面向。①（2）从实然角度来讲，目前检察职能配置的重点依然是诉讼监督，以求解决诉讼监督比较薄弱的问题，实现与其他司法职权配置的有效衔接和诉讼经济，满足人民群众现实的司法需求。在对法院的监督方面，应进一步充实诉讼职能，建立民事公诉和行政公诉制度，由检察机关作为公共利益代表人，提起民事或行政诉讼，在保护国有资产和国土资源、维护生态环境、维护消费者权益、反对垄断及保护公共设施等方面发挥重要作用；调整诉讼监督的重点，放在确有错误的生效裁判和非审判性活动，如立案、诉讼保全、执行及特别程序的监督等。在立案和侦查活动监督方面，加强对公安派出所的监督，细化和落实对公安不应立案而立案的监督及诉讼当事人对搜查、扣押、冻结等措施不服提请检察机关监督等制度。刑罚执行监督方面，增加对罪犯交付执行、监外执行和社区矫正活动的监督，建立并完善对减刑、假释、暂予监外执行等刑罚变更的提请和裁决的同步监督机制等。②

2. 检察管理

检察管理是运用计划、组织、指挥、协调和控制等功能，以求最大限度地发挥法律监督作用的一种司法管理活动。按照检察工作科学发展的目标要求，检察管理模式的改革与完善，最重要的是要逐渐淡化检察管理中的行政色彩，建立健全与检察活动特点和规律相适应的各项管理机制，包括检察业务管理、队伍管理、事务管理等各个方面。具体做法有：（1）按照检察活动的法律属性更新检察业务管理模式。一是规范化，以加强办案流程控制为重点，建立专

---

① 肖金明：《论检察权能及其转型》，载《法学论坛》2009 年第 6 期。
② 吕涛：《论我国检察职能的转型发展》，载《中国刑事法杂志》2010 年第 5 期。

门的案件管理机构，完善案件质量管理体系，建立从线索受理到侦查终结，再到审查逮捕和审查起诉各个办案环节的全程控制和动态管理，使其既相互衔接，又相互制约；建立科学合理的主诉（主办）检察官工作机制，形成在检察长领导下，以检察官为中心的办案运行模式。二是系统化，健全检察业务管理协调配合机制，按照法律监督内在要求合理配置检察权和划分内设部门，加强部门之间的联动与协调，形成各项检察职能有机组合及配置优化的内部系统。三是专业化和精细化，突出业务主线和考评核心，确立符合检察工作规律要求的检察业务考评制度。① 如根据不同的检察业务制定具体的能够量化的考评指标，使考评内容凸显检察业务的特点，由高度概括原则式的粗放型考评转变成具体量化式的精细考评。②（2）按照检察活动的法律属性改革检察官的管理模式。一方面是增强管理的人性化和民主化，坚持以人为本，将激励机制引进到检察管理，通过管理不仅实现组织目标，而且实现检察人员身心愉悦和自身的发展。③另一方面是专业化，按照检察官的职业特点和检察工作的不同类别性质，将检察官分为侦查类、公诉类、监督类、检察业务综合类等类别，明确不同类别岗位的量化考核指标和评价标准。（3）推行检察一体化的工作机制。在强调检察机关司法属性的背景下，不能忽略其行政管理的属性。检察工作的实际情况决定了应根据检察机关不同工作岗位的特点来建立多样化的检察工作管理机制。如反贪、反渎等自侦部门的侦查工作具有高度的对抗性、机动性和高度行政化的特点，侦查人员与犯罪分子处于互相博弈的状态，需要统一行动、协同配合，以发挥整体优势侦破案件；民行抗诉案件的特点也要求形成

---

① 山东省院"十二五"时期检察工作科学发展课题调研组：《关于深化检察改革的调研报告》（2011 年 5 月）。

② 为防止考评体系设置的随意和泛化，尤其是业务部门交错吃紧的案件流程，更要体现相互之间的制约、协调和监督，如自侦案件从受案到捕诉环节的流转，举报线索从控申科到自侦部门之间的衔接，自侦案件的侦查到技术科鉴定的支持，再如监所科受案到捕诉环节等都要从考评角度合理定性定量分解，力求业务效能的最大化。参见向泽选：《检察工作的科学发展》，载《国家检察官学院学报》第 17 卷第 3 期。

③ 调研中有同志指出，检察机关招录人才应当不拘一格，不能限制在现有招录模式，这只会限制检察机关的发展。只要是政治素质高、业务能力强、适合检察工作需要的人才，都应当招录进检察队伍。如事业编制人员，他们有着多年的工作经验，熟悉检察业务，在院内承担着大量的工作，学习、创新能力也较强，为检察事业做出了很大贡献。但是由于不能任命检察官，造成人心不稳，人员流失，对检察机关将是很大损失。虽然能够通过招考公务员的方式再补充人员，但培养一名检察人才需要多年的实践。同样的情况，在公安机关已经通过过渡的方式解决了事业编人员的编制，我们也可以考虑借鉴公安机关的做法。

上下一体、各有侧重、各负其责、密切配合、科学高效的工作格局。这就决定了检察机关必须大力加强管理制度建设，推行检察一体化的工作机制，以增强法律监督的优势、合力与实效。

3. 检察能力

检察能力也即检察机关的法律监督能力。当前检察工作的主要矛盾，依然是检察工作整体能力水平与经济社会发展的客观需求、党和人民群众的热切期望之间不相适应的矛盾。因此，能力建设仍然是检察工作科学发展的核心问题。检察能力建设是一个复杂的系统工程，既包括个体、团体和整体法律监督能力如何全面提升的问题，还包括物质、制度和环境等方面的外在要素。就自身而言，检察能力建设应坚持以下原则：（1）坚持以人为本。既注重检察队伍自身发展素质的提高，切实做到理解人、尊重人、培养人、塑造人；又要在履行职责中坚持执法为民，努力做到理性、平和、文明、规范。围绕人性的特点，以调动人的积极性和提高人的素质为目的，把适应法律监督发展的需要引导到法律监督能力的创造上，培养检察人员的命运共同感和工作责任感。[1]（2）着重提高检察人员的四种执法能力。从群众的举报、申诉入手，提高发现问题的能力；从查办执法不严和司法不公背后的职务犯罪入手，提高攻坚克难的能力，提升队伍整体战斗力；用足用好现有监督手段，提高法律监督制约的能力；注重化解矛盾纠纷，提高了解群众心理、使用群众语言，用群众信服的方式执法办案等群众工作的能力。[2]（3）坚持把教育培训放到优先发展的位置。加强教育培训制度建设和培训机构体系建设，为提高检察人员素质能力提供制度和组织保证。在制度建设上，建立与国家司法考试、检察官遴选制度相配套的任职培训制度、跟踪培训制度，增强培训的针对性和实效性；在培训形式上，通过开展轮岗锻炼、实战训练、以案代训、以会代训和岗位练兵等多种方式实现干警学历、资历向能力的转化；在培训内容上，突出实用性和创新性，实现由知识型培训为主向能力型培训为主转变。

---

① 有观点认为，当法律监督能力暂时难以触及某个领域，或法律监督效果难以体现于某个领域时，检察机关应当止步收缩监督力量，通过加强法律监督能力树立检察机关的监督权威。过分追求法律监督范围的扩大，实际上是法律监督能力在主观上的膨胀，其最终结果只能是法律监督活动的泛化。在此维度，适应法律监督发展需要原则的坚持，也隐含着法律监督权力谦抑的保持。参见李泽明：《正视能力建设现状，走在能力建设前列》，载《中国检察官》2006年第2期。

② 参见曹建明：《加强检察官能力素质建设致力于维护社会公平正义》，载《检察日报》2011年7月1日。

4. 检察文化

检察文化是一种组织文化，通常是指检察官群体在长期履行职能过程中形成的体现检察特点的精神财富和物质财富的总和。严格而言，检察文化属于检察能力建设的一个重要方面，但又有自身的鲜明特点和丰富内涵，既包括检察精神、执法理念、道德准则、规范制度、物质设施等静态的检察文化，也包括检察执法行为、检察管理活动、检察文体娱乐活动等动态的检察文化，渗透于检察工作的方方面面。检察工作的科学发展应树立文化先行的理念，没有鲜明文化内涵的法律监督，是没有底蕴的法律监督，也不会是有效的监督，检察机关在社会上的形象识别也会模糊，影响检察权威和公信力提升。无论是检察业务建设、检察管理，还是检察队伍建设、法律监督能力建设，检察文化都是其灵魂所在。[1]当前，文化建设已经成为社会发展的重大战略课题。党的十七届六次会议提出"深化文化体制改革"的重大决定，会议强调，"当今世界正处在大发展大变革大调整时期，文化在综合国力竞争中的地位和作用更加凸显，维护国家文化安全任务更加艰巨，增强国家文化软实力、中华文化国际影响力要求更加紧迫"[2]。检察文化作为国家政治文化的重要组成元素，受国家文化建设发展方针政策的指导和影响，必须加强探索、创新发展。无论是促进国家文化的丰富发展，还是提升检察能力和执法公信力，都必须加强检察文化建设。

检察文化建设是一项宏大的系统工程，既不能泛化，也不能虚无化，应坚持"眼睛向内、专心向下、以我为主"的原则。[3] 加强检察文化建设要以社会主义核心价值体系和政法意识形态为指导，坚持以人为本和社会主义法治原则，把检察文化建设和各项检察工作结合起来，充分发挥检察文化塑造精神、

---

[1] 美国学者威廉·詹姆斯曾说："人的思想是万物之因。你播种一种观念，就收获一种行为；播种一种行为，就收获一种习惯；播种一种习惯，就收获一种性格；播种一种性格，就收获一种命运。总之，一切都始于你的观念。"

[2] 2011年10月15日至18日，中共举行第十七届中央委员会第六次全体会议，会议审议通过了《中共中央关于深化文化体制改革、推动社会主义文化大发展大繁荣若干重大问题的决定》，并对推进文化改革发展作出重要部署。

[3] 2011年我省《关于大型舞蹈诗〈献身使命〉演出情况汇报及有关媒体评论报道》的书面汇报，曹建明检察长阅后作出重要批示。强调指出："我们的检察文化建设应当坚持眼睛向内、专心向下、以我为主的原则，团结、凝聚广大检察人员，因地制宜、积极开展形式多样、寓教于乐的群众性检察文化活动，不断提高检察队伍素质、提升检察形象和执法公信力。"

凝聚力量、提高素质、树立形象、推动工作的功能和作用。当前"深化"① 检察文化建设的重点是：一是以核心价值为主导，努力培育检察精神文化。检察精神文化是检察文化的重要要素，是检察文化的深层次的表现。应着重加强以检察文化核心价值体系为主导的专题检察文化教育，即坚持中国特色社会主义理论体系和社会主义法治理念，准确把握、牢固树立正确的大局观、核心价值观、执法观、业绩观、权力观和发展观，用"六观"来指导检察实践。二是高度重视和养成正确的执法理念。执法理念是执法活动的灵魂，是检察文化建设的核心内容，带有基础性、治本性。其培育和养成有赖于检察人员对法律知识、法律价值、法律意识、法律传统和检察实践等的准确理解和深刻把握。主要通过加强检察工作主题教育和业务知识学习，使检察人员牢固树立先进的执法思想和"遵法、重效、理性、平和、文明、规范"的执法理念，并使之内化于心，外践于行。三是着力塑造检察行为文化。检察行为文化是检察精神文化的外化，也是检察文化发展程度的鲜明标志。应不断加强以公平正义为核心的职业道德建设、制定和落实文明执法规范、加强经常性专业化培训、强化检察宣传、建设和谐机关等，增强检察人员的凝聚力、战斗力，充分展示检察机关的良好执法形象。四是大力发展检察物质文化。检察物质文化是检察文化建设的组成部分，同时也是检察文化建设的重要载体和物质基础。检察物质文化建设既包括着眼于当前和未来的物质文化建设（环境文化建设、网络文化建设等），也包括对检察物质文化遗产的保存（撰写检察史志、整理检察档案文件、设立检察史展室、收集保存检察标志等），为检察事业的发展和检察文化的研究开发创造条件。②

（二）检察工作要正确处理的重大关系

1. 服务科学发展和实现自身科学发展的关系

服务和保障经济社会科学发展，是检察机关的根本任务和重要使命，也是

---

① 在检察队伍建设、检察工作管理中，我们普遍对文化力量认识的不够，对检察文化重视的不够，也缺乏检察职业文化建设的系统运作经验。不少检察院也开展了一些零散的文化活动，但这些活动普遍停留在工作之余的娱乐层次，缺乏统一鲜明的理念统揽，没有系统化的持之以恒的长期运作，对检察文化和检察文化建设的认识和实践需要一个不断深化的过程。

② 参见山东省院检察文化建设调研组：《关于我省检察文化建设的调查与思考》（2009 年 12 月）。

检察工作科学发展的"能量源泉"。① 经济社会的发展离不开检察工作自身的科学发展，检察职能的有效发挥，对于形成和维护经济社会发展的良好环境、促进经济社会科学发展起着至关重要的作用；同时，经济社会发展又为检察工作提供了良好的发展环境与条件，检察工作自身的科学发展只有在依法保障服务经济社会科学发展中才能实现。服务经济社会科学发展是目的和根本要求，实现自身科学发展是前提和基础，二者相辅相成、互为促进，协调发展。在处理二者辩证统一的关系上，要把握以下几点：一是明确检察机关在推动科学发展、促进社会和谐大局中的重大责任，强化政治意识和大局观念，更加自觉地把检察工作放在经济社会发展全局中来思考、谋划和推进。经济社会发展到不同阶段有着不同的内容和要求，现阶段检察机关服务经济社会的重点是深入推进三项重点工作、服务和保障"十二五"规划的顺利进行和社会主义法治国家建设。我们要根据经济社会发展的需求来找准定位、调整服务重点，找准服务的切入点和结合点，提高服务水平，提升服务效果。二是把充分履行法律监督职能作为服务经济社会发展的基本方式和促进自身科学发展的根本方法，既防止和克服脱离法定职责搞服务，直接参与经济活动和社会管理具体事务，甚至违法插手经济纠纷的错误做法，又注意防止和纠正单纯业务观点、就案办案的倾向，执法想到稳定，办案考虑发展，监督促进和谐。三是进一步加强服务大局的制度化建设，把重点放在建立服务长效化工作机制上，综合运用打击、惩治、监督、预防、保护等手段，为经济社会发展提供优质高效的司法保障。特别是对因地方和部门保护主义导致错误执法、显失公平的案件，要依法监督纠正，切实维护国家和人民的全局利益。

2. 履行检察职能和参与社会管理创新的关系

社会管理是一个综合的、复杂的系统工程。解决伴随经济发展产生的社会问题、适应社会结构的深刻变动、顺应思想观念的深刻变化以及借鉴吸收一些国家和地区的经验教训，都迫切需要加强和创新社会管理。检察机关作为国家法律监督机关，担负着化解社会矛盾、保障群众权益、维护社会公平正义、促进社会和谐的重要职能，每一项工作都与社会管理密切相关，都是深入参与和推进社会管理及其创新的重要实践，检察机关履行检察职能和参与社会管理创新密切相关。应从以下几个方面来把握二者的辩证关系：一是要克服社会管理

① 近年来，检察工作之所以不断发展进步，得到党中央、各级党委和人民群众的广泛认可，关键的一条就是我们始终坚持服从、服务于党和国家工作大局。实践证明，只有把法治精神、法律要义、刑事政策与大局需求紧密结合起来，能动执法、主动服务，才能彰显检察机关在大局中的价值和作用，我们的发展道路才会越走越宽。

与检察工作"无关论"、"等同论"、"替代论"的片面思想，统一对检察机关参与社会管理及其创新的必要性的认识。二是准确把握参与社会管理及其创新的尺度与领域，用好执法办案中的裁量权，督促和推动政府等职能部门依法行政，促进社会管理法治化，而不能越俎代庖，直接主导社会管理。如通过研究检察机关在征地拆迁中的职能定位以及发挥职能作用的有效途径，加强对征地拆迁中行政执法机关、司法机关的法律监督，保障人民群众合法权益，而不是直接参与甚至主导政府拆迁。三是探索并完善检察机关参与社会管理及其创新的有效途径和方式。如通过开展反渎职侵权工作，促进政府职能转变，在制度机制上保障社会权利和公民权利；针对80%案件在基层的实际，延伸法律监督触角，构建基层院群众工作网络体系，完善民生检察联系点、民生联络员等制度，有效化解基层矛盾纠纷；积极开展社区矫正监督和特殊人群帮教管理，与有关部门协作，提高刑释解教人员适应社会和自我生存发展的能力等。

3. 执法办案与化解社会矛盾的关系

任何事物都是普遍联系的。无论是刑事犯罪，还是民事行政案件，都是社会矛盾纠纷不同程度的集中反映，都是社会矛盾的产物。执法办案的目的就在于化解矛盾纠纷，二者统一于对执法办案法律效果、政治效果与社会效果的有机统一的目标追求中。特别是当前社会矛盾敏感性、关联性、对抗性不断增强，更应当注重社会矛盾纠纷的预警与化解。应着重把握以下几点：一是树立正确的执法理念，善于从多维的视角看待和处理法律问题，特别是运用正确的犯罪观、刑罚观、诉讼程序观、证据观和司法民主观处理日益复杂的犯罪问题，把化解矛盾贯穿于执法办案的全过程，始终高度关注案件发生的社会背景和社会各界的反映等情况，防止孤立办案、就案办案，努力做到"三个效果"的有机统一。二是完善化解矛盾的制度机制，如刑事和解、法律监督说理答疑、检调对接等制度，充分保障当事人的合法诉讼权益，平衡各方利益，满足人民群众多元化的社会需求。三是执法办案中加强矛盾风险预警，在执法办案各个环节开展矛盾纠纷和办案风险预警，对存在上访缠诉的可能性及其规模提前作出预测，同时注重发现可能产生的社会风险，建立重大社会风险与相关部门联动预警和处置机制，共同防范和处置不稳定因素。四是采取挂职、轮岗、以老带新、开展下访巡访、群众工作专题研讨等多种形式，提高做群众工作、应对网络舆情、有效化解矛盾纠纷的能力。

4. 惩治犯罪与保障人权的关系

惩治犯罪是检察机关的职责所在，保障人权是渗透、浸润在司法公权中的价值理念，坚持惩治犯罪与保障人权相统一，是公平正义的应有之义。法治国家的秩序生成已由权力本位向权利本位转变，强调承认、重视和尊重权利，并确立两个原则：对于公民来说，凡是法律没有禁止的都可以做；对于国家机关来说，凡是法律没有授权的就不能做。检察机关维护法治统一，就是为了防止和纠正破坏法律秩序、损害公民合法权益的权力行为，实现限制权力恣意与保障人权的平衡。"检察工作越是向专业化方向发展，越要注意纠正和防止忽视人民性的问题"。① 惩治犯罪与保障人权二者是统一的，统一于以人为本和执法为民的执法观。一方面，要切实强化监督意识，及时监督纠正诉讼活动中的违法问题，既要监督有案不立、重罪轻判的案件，又要纠正不应当立案而立案、轻罪重判，以及违法取证、搜查、扣押等问题，严肃查办非法拘禁、非法搜查、刑讯逼供等犯罪案件，维护司法公正和社会正义。另一方面，在自身执法活动中，以事实为根据、以法律为准绳，既要收集犯罪嫌疑人有罪证据，又要听取无罪辩解，还要严格分清罪责、不能搞株连，使有罪的人罚当其罪，无罪的人不受法律追究，无辜的人不受犯罪牵连；既要充分尊重和保护犯罪嫌疑人、被告人的合法权利，保障律师依法执业的权利，防止和纠正刑讯逼供、体罚虐待等行为，又要注重保护被害人其他诉讼参与人的合法权益，并保障最终得到有效救济；推行人性化的办案方式，坚持理性、平和、文明、规范执法，充分考虑群众的意愿和切实利益，防止和克服单纯任务观点、机械执法甚至恶意执法的问题，既"方正法度"又"圆融情理"，彰显司法的人文关怀。

5. 实体公正与程序公正的关系

执法公正包括实体公正和程序公正。实体公正是程序公正的价值追求，程序公正是实体公正的重要保障。实体公正是相对的，程序公正是绝对的，正义的法律程序对于限制执法随意性、化解矛盾、救济权利等具有独立的价值作用。两者相互依存，缺一不可。坚持实体公正与程序公正并重，是依法治国、严格执法的客观要求，也是维护司法公正、社会和谐的重要保证。一方面，要重视程序公正，程序正当是检察职能活动严格、规范的法理依据。如果检察机关在程序方面得到公众的依赖，其法律决定也就获得了极大的权威。现在比较普遍的一个问题是，过分强调实体正义，片面追求客观真实，轻视甚至忽视程序正当。如有的认为只要案件定性准确，是否符合程序问题不大，甚至把程序当作束缚；有的超管辖立案，该出具法律文书而不出具或不及时送达；有的违法采取强制措施，违法调查、违法取证，超时限办案，久拖不决等。违反程序办案，不仅侵犯人权，有的还导致实体不公，损害检察机关的形象，影响社会和谐稳定。因此，要切实增强程序意识，严格遵守法定程序，确保程序规范。

---

① 曹建明：《赴湖南、河南、安徽调研时的讲话要点》（2011 年 8 月），高检院办公厅通报第 46 期。

对实践中"走程序"、事后补程序的做法，坚持予以纠正。另一方面，坚持实体公正与程序公正并重。程序公正并不等于程序至上，一味追求程序正当，甚至不惜牺牲实体正义的做法更是错误的。在执法过程中，既要严格执行实体法，又要严格执行程序法，使一切执法行为都符合法律的规定。如认真落实案件质量监控等制度，严格审查把关，及时发现纠正实体违法和违规办案等问题；严格执行办案时限的规定，进一步提高办案效率，禁止变相羁押，努力在法定期限内从快办结案件；深化检务公开，依法公开执法的标准、过程和结果，完善公开审查、权利义务告知等制度，提高执法的公信力等。

6. 办案数量、质量、效率、效果和安全的关系

五者是相互联系的辩证统一体，相辅相成，缺一不可。一是要正确对待办案数量。数量是基础，在当前各类刑事犯罪高发多发的形势下，没有一定规模的办案数量，就没有震慑力，办案质量和效果就无从体现。二是高度重视提高办案质量。质量是生命线，是核心，它关系到当事人的权利乃至生命，关系到家庭的兴衰荣辱，关系到社会公平正义能否实现；有质量保证的数量和效率才是可靠的数量和效率，也才能产生好的效果，离开了质量，数量越多、效率越高，效果可能会越差，甚至出现负面效果。三是在保证办案质量的前提下，重视提高办案效率。效率是保障，它与公正都是司法工作需要追求和平衡的重要价值。迟来的正义是非正义，诉讼不及时不仅加重讼累，徒增司法成本，还会降低刑罚一般预防的效果。因此，我们必须重视效率，特别是随着网络媒体的发展，如何及时准确地回应网络媒体的关切，防止敏感问题迅速发酵成舆论热点、燃点、炸点，更应引起我们高度重视。四是坚持办案法律效果、政治效果和社会效果的有机统一。效果是根本，它既是数量、质量、效率、安全的综合反映，又是执法办案作用于客观世界、服务经济社会发展的最终体现。而效果又必须是"三个效果"的有机统一，既要防止只讲法律效果而不讲社会效果和政治效果，又要防止突破法律底线去追求所谓的"社会效果"和"政治效果"。要准确适用法律和政策。坚持法制的原则性和灵活性相结合、法律标准与政策考量相结合的原则，准确把握刑事犯罪和民事纠纷、改革探索中的失误与失职渎职犯罪的界限，以及罪与非罪、此罪与彼罪的界限；注重完善落实司法政策的程序、机制，如完善宽严相济刑事政策的适用标准、健全未成年人刑事案件的办理机制等。五是办案想到安全。安全是前提，它包括人身、财产、保密、案卷材料等安全。离开了安全，就会影响诉讼的顺利进行，有时还会掀起轩然大波甚至酿成群体性事件直至局部动乱。我们必须从检察工作的客观规律出发，全面客观考量检察工作实效，防止互相割裂、顾此失彼，努力实现五者的协调统一。

7. 强化法律监督和强化自身监督的关系

法律监督职能的设定，核心是加强对行政权、审判权的监督制约，而检察权本身作为一项公权力，具有有限性，不能随意扩张，为防止腐败和滥用，也必须接受监督制约。一方面，要坚持把强化法律监督作为贯穿全部检察工作的一条主线，并从依法治国的全局和高度出发，正确认识和把握检察机关法律监督的性质、地位、特点和职能作用，继续加大监督力度，丰富监督内容，创新监督方式，积极研究、探索、完善、加强对侦查、审判工作以及对民事、行政诉讼和民事执行工作的监督，拓展行政执法的监督领域。另一方面，要进一步增强"监督者更要接受监督"的意识，切实解决排斥监督，搞执法神秘主义的错误思想和习惯做法，主动接受党委、人大、政协及社会各界的监督。在强化诉讼监督的同时，自觉接受公安、法院的执法监督；在强化外部监督的同时，进一步完善内部办案环节间的监督制约①；在全面推行人民监督员制度、落实好新闻发布和新闻发言人、检察开放日等制度的同时，通过案件办理情况公开查询、办案情况告知等形式实现办案过程的公开、透明；在坚持以往行之有效的信息公开方式的同时，探索通过互联网、微博、手机短信等新的信息发布方式，充分保障社会公众的知情权、监督权。

8. 遵循司法规律与改革创新的关系

改革是突破检察体制机制性障碍，实现检察制度自我发展和完善的必由之路，积极稳妥的检察改革是检察工作科学发展的不懈动力。同时，检察改革也要符合法律精神，遵循司法规律。司法规律是检察工作科学发展的重要环节，没有对规律的尊重，就不会有科学的检察制度、科学的法律监督行为和科学的检察制度发展态度。改革创新与遵循司法规律二者是辩证统一的关系。一方面要适应经济社会发展特别是中国特色社会主义法律体系形成的新要求，深化检察体制和工作机制改革，大力推进检察工作创新、理论创新和制度创新，使中国特色社会主义检察制度的生机活力不断增强，先进性、优越性得到坚持和发展。另一方面要遵循司法规律，做到"五个坚持"：坚持自上而下、积极稳妥地推进改革，加大对已出台改革措施的落实力度，积极在法律规定框架内进行机制创新，同时加强对基层创新的总结、整合和提升；坚持从实际出发、循序渐进地推进改革，既保持改革的热情，又保持冷静和理性，既注重吸收借鉴人

---

① 应以立案监督为重点，完善侦查监督部门与自侦部门的相互制约；以引导侦查为重点，完善公诉部门与自侦部门的相互制约；着眼于协调配合，加强侦查监督与公诉的相互制约；实行办案与复议、复查分离，完善控申部门与各业务部门的监督制约；实行受案与办案的分离，完善举报与侦查的相互制约。

类法治文明的有益成果，又立足检察工作实际，成熟一项改革一项；坚持遵循检察规律、强化法律监督职能，按照法律监督内在要求合理配置检察权和划分内设部门，突出检察业务的中心地位，保障检察权依法、独立、规范行使；坚持群众路线、夯实改革的群众基础，把人民群众反映强烈的突出问题作为改革的切入点，改革过程中充分倾听人民群众的意见，注重汇集民智；坚持协调推进、形成改革合力，注重加强与法院、公安及其他有关机关的协调互动，协力推进改革，确保司法改革的整体性。

科学发展观继承和发扬了马克思历史唯物论和辩证唯物论的理论精髓和思想光芒，具有普遍的指导意义。在新的历史起点上，深刻认识和把握科学发展观的科学内涵和根本要求，从检察工作与经济社会发展的互动关系中，总结实践经验，寻求检察工作发展的内在规律，探讨新形势下强化法律监督和自身监督，推进检察工作科学发展的有效措施和路径，持续增强检察工作发展的动力，在服务经济社会科学发展的同时不断推进自身的科学发展，是本课题探索的目的所在。希望本课题的完成对检察工作科学发展这一问题的研究和解读有所裨益。

检察官分类管理制度研究[*]

——法律职业化语境下检察官分类管理之路

检察官分类管理制度研究课题组

　　时值初冬十八届三中全会有关司法改革的春风拂面，会议提出"改革司法管理体制，推动省以下地方法院、检察院人财物统一管理……建立符合职业特点的司法人员管理制度，健全法官、检察官、人民警察统一招录、有序交流、逐级遴选机制，完善司法人员分类管理制度……"三中全会的表述从某种程度上，明确提出了未来的方向，但如何推进检察制度改革，培育高素质、专业化、职业化的检察官队伍，却始终是建设具有中国特色检察制度的重要组成部分。最高人民检察院早在2000年就制定了《检察改革三年实施意见》，其中明确提出了实行检察官、书记员、司法警察、司法行政人员的分类管理，建立充满生机与活力的用人机制。2004年10月，最高人民检察院又对此出台《2004—2008年全国检察人才队伍建设规划》，再次为全面推行检察人员的分类管理拟定了时间表，并选择部分基层院开展试点工作。然而相对于最高人民检察院推行检察官分类管理改革的壮志雄心，该制度的真正贯彻落实却又遭陷入僵局的困顿，显得犹抱琵琶半遮面。也难怪，检察官分类管理涉及检察官数量、结构、职权等方面的重大调整，加之在改革试点的实践中缺乏明确的法律支撑，由此推进工作未获得突破性进展。至今，检察机关内部行政化的管理模式面临着"跋前疐后"的尴尬，检察官管理制度究竟向何处去的疑问仍然得不到圆满的解答。一方面，一种上命下从的行政等级结构的管理体制"心照不宣"而又"井然有序"地在检察机关内部运作；另一方面，建立自成一体、科学合理、符合检察职业属性的检察官分类管理机制，却在理论界和实务界成为人尽其才、才尽其用的美好憧憬。如何避免会议有关司法管理改革的美好愿

　　* 本课题系最高人民检察院2013年检察应用理论研究重点课题。课题负责人：游已春，常州市人民检察院检察长；课题组成员：王松、朱秋卫、武艳。

景沦陷为昙花一现的"美",真正走出一条凸显检察官职业内涵的"分类管理"之路任重而道远,这不仅需要我们深刻剖析其中难以深入推进的障碍性因素,更重要的是明晰改革思路,顺应改革要求,构建符合司法规律的检察官分类管理路径。而这一切首先建立在对为什么实施检察官分类管理以及分类管理的基石是什么等一系列问题的思考,即一种对检察职业化需求回应下的构建之路。

一、法律职业化与检察官管理

(一) 检察官是什么的疑问

科学的检察官管理机制始终与正确揭示检察官属性的命题相伴相生,而当前对检察官是什么,检察权是什么的问题上存在的歧义与纷争正是我国检察官分类管理难以推进的重要认知障碍。随着西方政治法律思想的涌入,以及我国司法体制改革的不断深入,检察官、检察权的属性问题,在诉讼制度与司法改革研讨中成为广泛争论的话题,并由此出现包括行政权说、司法权说、双重属性说法律监督说等在内的四种学说,其一是行政权说,通过对检察一体化式的上命下从之证成辨析检察权与典型司法权(审判权)"终局性、中立性、独立性"属性之间的差异,进而得出检察权是行政权,检察官是行政官员的认知。其二是司法权说,认为检察官与法官同质但不同职,检察官是站着的法官,并如同法官般执行司法领域内的重要功能,为此检察权是司法权,检察机关为司法机关。其三是双重属性说,折中认为检察官和检察权具有司法与行政的双重性格。综合了行政权与司法权学说之精华与要义,得出了检察权的行政性与司法性同存的结论。其四是法律监督权说,即所谓中国特色检察制度下的独立权力配置,是相对于立法权、行政权以及审判权以外存在的国家权力形态,检察权是法律监督权,检察机关是法律监督机关。正是在有关检察权定性上的百花齐放、莫衷一是,造成了今天人们对于检察官定位的认识模糊,连检察机关自身也时常发出"我是谁?"的困惑与感叹,学术上更是有谓检察官乃是来路不明的"半人半马兽",然而这是历史的选择,更是当下的无奈。我们认为,检察权→检察官的分析路径固然为解答检察官是什么的疑问提供了可能的方法,但是针对目前仍然众说纷纭的检察权而言,其未必能为当前庞大的、系统的检察官管理提供理论上的支撑。建立在检察官是什么的判定基础上的检察官管理只能另辟蹊径,找寻其自身存在的"合理性"话语。"我们或许就不必拘泥于我国检察权权能边际和检察机关性质定位问题的争议,从而能对我国检察机关的建设抱持一种开阔坦然的心态，有一个基于现有检察实际的宽广视野。"①因此，尽管检察权会因为一国的检察文化、政治背景呈现出普洛透斯似的脸庞，但从职业伦理的视域将检察官认定为法律职业家，将检察职业群体认定为法律职业化的重要分支想必不会遭到太多反对，并且这种法律职业化的分析视角确实从本源上描述了检察官是什么的轮廓，即使这是一种"未完全理论化的协议"②。

（二）检察职业样式与检察官管理模式

法律的职业化历史悠久，从古罗马时期的辩护人到当下的法官、检察官、律师，它向我们传递了一类具有共同知识体系、思维模式、价值信仰的职业共同体，所谓职业化，美国法理学家波斯纳看来"不仅要求诀窍、经验以及一般的'聪明能干'，而且还有一套专门化但相对（有时则是高度）抽象的科学知识或其他认为该领域内有某种智识结构和体系的知识"③ 随着人类走向理性与文明，法律取代了同态复仇的血腥，加之社会分工的发展、市民社会的形成，法律认知体系的专门化逐步催生了法律职业的分化独立，苏力教授认为："从国内外的历史经验来看，随着社会分工、特别是市场经济条件下的高度社会分工的发展，法律机构会发生一种趋势性的变化，即法律的专门化。法律专门化在此可以有三种并不必然分离的含义。首先是社会中从事法律事务的人员的专门化；其次伴随着法律事务人员的专门化而有法律机构具体设置的专门化；最后表现为相对独立的法律机构运作。"④ 这样的职业化包含的不仅是静态的专业化状态，更是一种动态的专门化过程，涉及人、机构与运作三个层面，即人员的精英化、设置的专门化、运作的专业化。

不言而喻，检察制度作为法律制度的一部分，检察职业作为法律职业的组成，它的职业样态同样孕育于法律职业这一母体，包括了人、机构与运作三个层面，只不过相对于法律职业的其他分支，如法官、律师，检察职业化具有属于自身的个性，法官直接向法律负责，律师为钱袋负责，而检察官则对国家负

① 游巳春、李乐平：《新刑事诉讼法视野下的检察实务前瞻》，中国政法大学出版社2012年版，第3页。
② 参见［美］孙斯坦：《法律推理与政治冲突》，金朝武等译，法律出版社2003年版，第39—41页。
③ ［美］波斯纳：《超越法律》，苏力译，中国政法大学出版社2001年版，第10页。
④ 苏力：《法治及其本土资源》，中国政法大学出版社1996年版，第132—133页。

责,① 谢晖教授的这"三个负责"的言说诙谐而一语中的,检察官作为法律职业者,但又区别于法律职业群体。由此,脱胎于法律职业母体的检察职业化样式应当在遵循检察制度规律基础上表现为检察官的精英化、检察权运作的专业化以及检察机构设置的专门化。首先,伴随着 20 世纪末国家司法考试制度确立,检察官专业化规制趋于成熟,接受过专门法律教育并通过国家统一资格考试方能进入检察队伍根植于中国,职业型检察官的群体角色日益分明,这一身份阻却了与大众化职业间的联系,其独特的知识、技能、思维需要经过长期的"雕琢",毕竟检察官从事的是一项关于法律适用的职业。其次,检察权运作的专业化,这种专业化不仅源自区别于社会性的纠纷解决运行模式,同样区别于法律职业内的其他部分。法院审判权的运行、律师辩护权的行使,社会性的诸如调解、和解、仲裁的纠纷解决机制因不产生法律上强制性的权利义务而与检察权运作泾渭分明,毕竟审判权与起诉权在诸多方面存在差异是不争的事实。最后,擎于检察权运行的专业化,其机构设置也呈现出专门化特征,这是分工的必然结果,权能不同配置自然有别。通常根据检察权所派生的公诉职能、侦查职能、监督职能检察机关相应设有公诉部门、自侦部门、侦查监督部门、民行检察部门等,故而在系统设置上体现职业领域的专门性,所谓术业有专攻亦是如此。

无论是精英化,抑或专业化,还是专门化,其中的独立自主不言而喻,只是通过不同层面(人、机构、运作)表达法律职业所构筑的必然要素,实现殊途同归的效果。我们寄希望通过一种法律职业化的分析工具为检察管理模式的探索提供新的进路与出路,这是十八届三中全会有关"建立符合职业特点的司法人员管理体制"的要求,通过遵循检察权运行的规律,按照检察职位的性质、特点和管理需要,对包括检察官在内的不同岗位的检察工作人员进行分类管理,合理配置司法资源,使各类人员各行其道,发挥各自的职能作用,更保证作为精英群体的检察官拥有行使职务的独立性,从根本上去行政化,确保检察权依法、独立、公正行使。

二、行政官僚化与检察职业化之间的断裂

马克斯·韦伯在其著作《经济与社会》一书中系统讨论了关于官僚制度,作为一个西方社会科学语境下的学术概念,它向我们描绘了一种行政化的结构模式,更为我们分析当下检察官管理模式提供了可能形态。无论是在组织模式

---

① 参见张文显、信春鹰、孙谦主编:《司法改革报告:法律职业共同体研究》,法律出版社 2002 年版,第 75 页。

上，还是管理模式上，无论是首长负责，还是上命下从，都与行政交织、与官僚交汇。行政化的巨大影响将检察发展的职业化道路拦腰折断，并在体制、机制、素质等方面设定了重重障碍，使得确保依法、独立、公正行使检察权成为"乌托邦"。

（一）体制障碍：管理模式的行政化

由于我国政治体制的历史转型和泛行政化特点，加之目前事权、财权的偏离，我国对检察官管理一直与职业化的内在要求背道而驰，体现出浓厚的行政化管理特征。

1. 检察机关地位行政化

宪法虽规定"一府两院"的政治权力架构，但检察机关层级实际上远低于同级行政机关，只是将检察长高配一级。平时管理中，各级党委、政府将检察院等同于其直属机关，在内心深处并不认同检察机关"一府两院"的法律地位。

2. 检察官等级行政化

检察官等级与行政职级挂钩是我国检察官制度的最大特色。检察官等级的评定、晋升等与行政职级、任职时间等息息相关，而不是其法律理论知识和司法实务能力，只有在行政职级上取得晋升，才有晋升等级的可能。以地市级检察院为例，只有行政职级晋升为副科级才能被任命为检察员。换言之，一名助理检察员，如果行政职级没有晋升为副科级，则永无可能被任命为检察员。正是在这个意义上，检察职务对应于相应的行政级别，所有检察官都被"浸泡"在一个等级森严的行政化体系之中。

3. 检察工作管理行政化

在检察机关内部，由于长期以来沿用以行政审批、集体负责为主要内容的办案机制，普通检察官只是案件承办人员，审核权、决定权集中在科（处）长、检察长等领导手中。根据2012年修订的《人民检察院刑事诉讼规则（试行）》第4条规定："人民检察院办理刑事案件，由检察人员承办，办案部门负责人审核，检察长或者检察委员会决定。"由此不仅带来权责分离、责任不清的直接后果，长此以往，也为行政职能侵入检察职能提供了"温床"，毕竟案件拍板决定的往往是擅于行使行政管理的决策层。

4. 检察官惩戒的行政化

根据《检察官法》的相关规定，对于检察官这一特殊群体的惩戒形态明显带有沿袭公务员行政化惩戒的痕迹。检察官的处分分类为警告、记过、记大过、降级、撤职与开除，其惩戒手段完全照搬《国家公务员法》的相关规定，造成"司法的行政化，对司法机关领导政绩的评价崇尚文牍主义，对已经暴露出来的问题常持'家丑不可外扬'的态度，将大事化小，小事化了。"[1]

（二）机制障碍：保障机制的地方化

检察机关的人事管理、物质保障、经费来源依附地方财政的事实已众所皆知，故而，在"吃人嘴软，拿人手短"的当下时代，无话语权的尴尬局面必然是其所要承受并为之付出的代价，而检察官的保障问题则直接成为这一代价的副产品。

1. 检察官缺乏身份保障

检察职业的特殊性，对检察官的职业能力、职业精神都提出了很高要求。因此建立检察官身份保障制度，可以确保检察官依法独立公正行使检察权，可以维护检察官应有的职业尊荣。尽管我国《检察官法》规定，检察官一经任命，"非因法定事由、非经法定程序，不被免职、降职、辞退或者处分"，但由于缺乏对检察官职业权利、职业身份等具体规定，检察官的身份保障犹如一句口号，并未发挥实际作用。恰恰相反，实践中检察官不仅没有西方终身制的优厚待遇，一些地方党委更将检察官等同于行政机关工作人员，通过简单的年龄划限，"一刀切"地提前对检察官实行改非、退居二线、提前退养等行政化的管理方式，检察官的任职权利如此不堪一击。

2. 检察官缺乏履行职务保障

虽然《宪法》、《人民检察院组织法》和三大诉讼法都规定了检察权的独立性问题，但实践中，由于直接影响检察权行使的人事权、财政权被实际控制在地方党委政府手中，使得地方党委政府自觉不自觉地将检察机关纳入行政管理体制下。地方检察机关在缺乏机制保障的前提下无形中被裹挟，处于两难境地，不尊重地方意味着"断奶"，尊重地方意味着放弃独立。"在实际运作中，地方党政机关利用其掌管人权和财权的优势，更换'不听话'的检察长和检察官也是经常发生的。"[2]

3. 检察官缺乏经济保障

在公务员管理的大框架下，检察官实行的是公务员工资制度，并没有建立特殊的职业保障制度。虽然《检察官法》规定了应对检察官实行定期增资制度，检察官享受国家规定的津贴、保险和福利待遇，但具体标准和落实渠道尚

---

① 孙谦、郭立新、胡卫列：《中国检察官管理制度研究》，载孙谦、刘立宪主编：《检察论丛》（第2卷），法律出版社2001年版，第40页。

② 谭世贵：《我国司法制度改革》，载《现代法学》1998年第5期。

未解决，地方党政部门并不认同检察机关工作人员应该享受高于行政机关工作人员的工资待遇。

保障制度的缺位和保障待遇的地区不平衡，不仅造成检察官流失严重，制约检察人才的合理流动，更难以形成检察职业的优越感、荣誉感，并由于制度化的利益不足，造成部分人群寻求制度外的利益，走上因耐不住贫困而徇私枉法的不归路。

（三）素质障碍：检察队伍的大众化

同西方国家检察官选任制度相比，我国检察机关中检察官的职位范围过于宽泛，检察官队伍庞大，检察官结构比例不协调。只要符合检察官的资格条件，就被任命为检察官。由此造成"办案的是检察官、不办案的也是检察官"、"书记员参与办案、助理检察员为主办案、检察员挂名办案"等不正常现象。

1. 业务素质能力不足

《检察官法》实施以前，检察机关"准入"门槛过低，检察人员来源复杂，检察官队伍的文化素质不高。《检察官法》实施之后，在法定任职条件的促动下，队伍的文化结构有了质的飞跃。但由于历史包袱过重，检察官法律知识的匮乏和业务能力的不足依然未得到根本解决，检察官队伍素质优化远未达到职业需求的理想状态。并且后天培训制度的缺位也未能有效补正先天不足所遗留的缺憾。从目前情况来看，多层次、涵盖广的现代检察官教育培训体系尚未建立，培训的针对性和有效性不强，检察官的学习能力、实践能力和创新能力有待提高。实际工作中，对检察官的培训往往演变成应付考核的走过场、搞形式，很难收到预期的效果。

2. 职业意识不强

检察职业同样是一种精神职业，忠诚、公正、清廉、文明是其最高价值追求，尽管长期以来，检察机关一直通过纪律作风建设、政治思想教育强化检察官队伍的这种职业意识和执法观念，并取得了一定成效。但检察官的主体意识、责任感、职业自豪感尚未得到充分的满足，公正执法理念淡薄、敬业精神缺乏。执法不规范现象时有发生。对此，曹建明检察长曾一针见血地指出："少数检察人员对群众耍特权、逞威风，敷衍应付、冷硬横推。有的滥用权力、越权办案，不按法定程序办案，受利益驱动办案，以权谋私、以案谋私，严重损害执法公信力。"①

三、缝合裂层：检察官分类管理的破茧重生

司法是社会公平正义的最后一道防线。实现司法正义，必须构建高素质的检察官队伍。现代司法理念认为，检察官具有法律守护人的地位。为保证检察权依法行使，必须赋予检察官相对独立行使检察权的权力，同时强化其相应的法律责任，使其按照内心确信和公平正义的理念办理案件。而行政官僚化的管理模式、行政审批式的办案模式，削弱了检察官的主体性作用，违背了检察职业化运行的发展要求与客观规律。于是，这种"抽象的大体制禁不住与之相背离的具体子制度的掣肘和抵消，加上一些配套观念未能确立，出现了种种实践上的缺陷……"② 技术层面的官僚化管理机制造成设计者推进法治中国建设的美好构想不能兑现，因此挣脱单一的行政化管理样态，缝合法律职业化与检察官管理之间的裂痕成为检察体制改革的重头戏，其中，确保检察官职业群体自主、独立，回归检察官"独立官署"本来面貌的检察官分类管理机制破茧重生，羽化成蝶。

法律职业化是现代法治的重要标志与象征，作为法律职业重要组成部分的检察官、检察官队伍也必将在法治化的进程中接受职业化的改造与洗礼，以法律职业化为进路推进队伍建设改革，以法律职业化为出路体现分类管理的应有之义。

（一）检察官分类管理的概念谱系与构架

科学的分类是管理的前提，按照职业化发展的要求我们认为，针对检察工作的种类和业务性质不同，将检察事务划分为司法性质和行政性质，并对不同性质的事务因事设置岗位和职责要求。对属于司法性质的检察事务，检察官应当享有必要的、相对独立的处分权，并独立承担责任；对属于行政性质的检察事务，则仍由检察长负责。检察长享有对检察官的监督权，如果不同意检察官的处理决定，可以提请检察委员会讨论或者指定检察官另行办理，从而避免因行政指令而干涉检察官独立行使职权。即所谓的检察官分类管理模式。

确立职位分类的类别划分，对检察官实施分类管理，对检察职位进行科学归类。通过修订《人民检察院组织法》，给检察职位的类别以法定的、科学的

---

① 参见 2013 年最高人民检察院工作报告。网址：www.sppa.gov.cn/gzbg/，最后访问时间：2013 年 7 月 30 日。

② 贺卫方：《中国司法管理制度的两个问题》，载《中国社会科学》1997 年第 6 期。

分类，并在此基础上，根据各岗位的职责进行科学分权。例如，检察机关内部的司法警察属于人民警察的警种之一，书记员属于承担案件记录人员，司法行政人员属于行政事务管理人员。

1. 检察官类

检察官是代表国家依法行使检察权的检察人员。根据《检察官法》的规定，检察官包括各级人民检察院和专门检察院检察长、副检察长、检察委员会委员、检察员和助理检察员。检察官是依法行使法律监督职权的司法官员，通过履行公诉、职务犯罪侦查和诉讼监督等职能，维护国家法制的统一。检察官的司法属性决定了在管理和使用上要突出其特殊性和相对独立性。在推进分类改革工作中，要对检察官的条件、职责、选任、管理、考核、监督等工作机制进行统一规范，检察官是分类管理的重点与核心。

2. 检察辅助人员类

检察辅助人员是协助检察官履行检察职责的工作人员，包括检察官助理、书记员、司法警察、检察技术人员等。检察官助理在检察官的指引下履行对法律规定由人民检察院直接受理的犯罪案件进行侦查、协助检察官审查各类案件、对案件进行补充侦查、草拟案件审查报告及有关法律文书等职责。书记员承担案件的记录工作，负责案件的收转登记、归档和法律文书的收发转递以及检察官交办的其他事项。司法警察办理传唤、押解、看管等强制性事项，参与搜查，执行拘传，协助执行其他强化措施，预防、制止妨碍检察活动的违法犯罪行为，维护检察工作秩序，保障检察工作的顺利进行。检察技术人员接受指派对与犯罪有关的场所、物品、人身、尸体进行勘验或者检查，对检察官承办案件中的某些专门性问题进行鉴定、出具鉴定意见。

3. 司法行政人员类

司法行政人员是从事行政管理事务的工作人员。司法行政人员的基本职责是负责各级人民检察院政工党务、行政事务、后勤管理等工作。司法行政人员主要负责检察机关的政治思想教育、组织人事、机构编制、计划财务装备、后勤服务、档案机要等工作。

分类管理即是以职业事务为中心，按照工作性质、难易程度、责任大小和素质要求等对职位进行科学分类，并在此基础上，以位择人、以位定级、以位给薪。质言之，是在确定检察职位类别的基础上，针对不同类别的检察人员，按其职位特征和职责权限设定不同的任职标准、管理模式、归责机制。这不仅与检察机关宪法地位吻合，更是通过职业化改革的必由之路，具体而言即检察官分类管理的合法性言说。

（二）检察官分类管理的合法性言说

我们所运用的合法性概念源自政治学术语，因此不能简单理解为合法律性，从政治学角度讲，合法性是一种政治秩序获得自愿服从的能力，马克斯·韦伯认为："没有任何一种统治自愿地满足于仅仅以物质的动机或者仅仅以情绪的动机，或者是以价值合乎理性的动机，作为其继续存在的机会。毋宁说，任何统治都企图唤起并维持对它的'合法性'的信仰。"① 哈贝马斯继承了这一观点，认为所谓合法性，一般是指社会对国家所维持的统治秩序的认可或同意。② 合法性理论为检察官分类管理命题找到了学术殿堂里的归宿，更提供了理论上的依归，并且这是一种超脱法律之外的合正义性。

1. 检察官分类管理缘于检察职业化发展的价值追求

检察职业化是集中人、机构与运作三个层面的系统性概念，"徒善不足以为政，徒法不足以自行，故有其人，然后有法；有其法，尤贵有人"，③ 其中人的因素起着关键性作用，通过培养检察职业精神形成具有独立性、自主性的精英群体，"检察理念对于检察人员来说，是其法律意识结构的核心和灵魂。"④ 检察官分类管理从优化检察官准入机制入手，以职业的标准和手段加强检察官职业精神建设，帮助检察官确立正确的思想认识，树立崇高的职业意识、职业认知、职业道德、职业品格，培育符合现代法治精神与检察内涵的"法律监督者"或者"法律守护人"的职业信仰。同时以分类管理为切入点的职业化改革淡化了行政化管理模式中所强调的行政层级和上命下从，优化了检察机构的优化配置和内部资源的结构重构，形成了法律职业者——检察官通过正确理解法律精神内涵，掌握适用法律的方法、技能、思维，并根据自己对事实与证据的判断，实施以适用法律为目的司法职业活动。

2. 检察官分类管理是我国检察机关宪法地位的构造性因素

检察机关的宪法定位决定着检察机关属性、权力来源、检察职权行使方式和检察官的管理模式。在英美法系国家，由于将检察机关归入行政机关序列，检察权作为行政权设立，一般仅作为公诉权存在；检察官以普通行政人员身份

① ［德］马克斯·韦伯：《经济与社会》（上卷），林荣远译，商务印书馆 1997 年版，第 239 页。

② 李佃来：《公共领域与生活世界：哈贝马斯市民社会理论研究》，人民出版社 2006 年版，第 119 页。

③ 郑观应：《盛世危言》，载《郑观应集》，上海人民出版社 1982 年版，第 499 页。

④ 谢鹏程：《中国检察监督职能的特征》，载《检察日报》2004 年 2 月 27 日第 7 版。

出现，按照行政官员模式对其进行管理。而在大陆法系国家，检察机关属于具有司法属性的客观公正官署，检察官身兼法律守护人、公诉机关及社会公益代表人三重角色，一般将检察机关归入司法机关序列，并按照司法官员模式对检察官进行分类管理。"法定的检察官培养渠道、对检察官良好的保障机制、检察官优越的社会地位和检察队伍的稳定性，成为其必然特征"。① 我国宪法赋予检察机关专门国家法律监督机关的地位，在"一府两院"的政治架构中的检察权与行政权、审判权并列平行，具有监督性、司法性、独立性、专门性、程序性等特点。检察工作的性质和规律特点决定了检察官必须具备特殊品质和专业素能，必须按照分类管理的要求走职业化、专业化的道路。

3. 检察官分类管理符合我国司法改革本土化要求

2012 年党的十八大表达了进一步深化司法体制改革，确保"审判机关、检察机关依法独立公正行使审判权、检察权"。2013 年十八届三中全会亦强调："深化司法体制改革，加快建设公正高效权威的社会主义司法制度，维护人民权益，让人民群众在每一个司法案件中都感受到公平正义。"司法独立不再是象牙塔里法律学者的一场遥不可及的梦，司法改革真正进入了"深水区"，如何改，有人提出"必须强调本土资源的主导地位，重视从活生生的、流动着的中国现实国情出发，逐步推进改革"。② 具体到我国目前的政治环境和法制条件，就是要通过推动检察职业化管理改革推进司法现代化，达至法制现代化。与审判制度和警察制度相比，现代检察制度的完备与周详是一个逐渐发展、成熟和完善的过程。我国检察机关自恢复重建以来，由于宪法定位、职权配置、自身机制的特殊性，一直处于边发展边探索的状态，检察改革始终贯穿检察制度的发展过程。检察官分类管理是检察改革的重要内容，其目的就是要通过革新现行检察官管理体制弊端，建立符合检察工作规律和特点的检察官管理模式，建设一支能够适应社会发展和检察事业需要的高素质、专业化、精英化的检察官队伍，为实现司法改革本土化的整体推进发挥应有效应。

（三）走向"职业"自主：检察官分类管理的通道

当我们从合法性的语境以职业化的视域探讨了检察官分类管理的可欲问题后，接下来需要做的便是如何从机制层面打通检察官分类管理通道，真正走向职业自足与职业自主，实现检察官分类管理之可能。遗憾的是，检察官分类管

---

① 宋英辉、陈永生：《英美法系与大陆法系国家检察机关之比较》，载《国家检察官学院学报》1998 年第 3 期。

② 吴卫军：《司法改革原理研究》，中国人民公安大学出版社 2003 年版，第 102 页。

理作为一项制度推进，确实涵盖了检察官、检察辅助人员及司法行政人员，但鉴于课题要求与研究局限，对于辅助人员及行政人员的分类管理我们只能轻描淡写，主要将重点放在检察官管理上，通过从法律职业化的基本样态和要求出发描绘检察官分类管理图谱。它是以检察职业家共同体的形成为标志，通过遵循专业化的思维和技术规则，实现系统的专门化与独立性。包括检察人员配置的精英化、检察职业运行的专业化、检察机构的专门化与独立性。

1. 推行检察官职业准入制，实行检察官员额制度、上级检察官逐级遴选制度实现检察队伍的经验化与精英化。

检察官只有成为精通法理的司法精英，才能表现出很强的社会公信力。确保检察官队伍精英化，建设一支高素质的检察官队伍，确保检察官依法独立公正地行使职权，是检察官分类管理的目标任务。西方法治国家检察官的准入门槛较高，这些国家无一例外地实行任职资格考试制度，强调检察官要有法律专业知识学习背景，并建立了较长较严格的实习期，对担任检察官应具备的司法实务技能高度重视。我国由于历史与现实原因，准入检察官队伍的"门槛"过低，有悖于世界通行的检察官精英化趋势。为此，应当设立专门的检察官资格评审委员会，严格检察官选任，规范选任程序，提高选任标准，从所有通过国家司法考试的人员中考核选拔检察官后备人选。同时，对现有的检察官依照《检察官法》进行严格考核、评估，对符合规定的予以重新确认，对不符合规定的要进行专门培训或分流，对长期在非检察官职位上的从事检察管理或其他事务的检察人员应免去检察官职务。

检察官精英化问题不仅要求素质要高，而且数量得精。检察官队伍臃肿庞大已是不争的事实，检察官作为司法官员，在任职标准上必须具备较高的法律专业水平、具备丰富的司法实践经验、具有较高的社会声誉和良好品德。为了实现检察官队伍职业化与精英化，增强检察官的职业尊荣感，还必须实行严格的检察官员额制度。相关统计数字表明，我国的检察官不仅数额庞大而且呈现社会化、大众化倾向，甚至检察官们对检察官身份都不以为然，更谈不上职业荣誉感和归属感。[①] 因此，应当在统一依法分类的基础上，综合考虑各级检察机关辖区面积、人口数量、经济发展水平、案件数量等因素，对检察人员内部结构比例进行科学界定和合理配置。我们认为，以编制员额为基准，检察官应当占25%至35%。其基本原则是，从最高人民检察院至基层检察院，检察官的员额逐层递增。由于80%以上的案件都集中在基层检察院，基层院检察官

---

① 谢雁湖：《论我国检察官队伍专业化建设的路径选择》，载《法学杂志》2009年第11期。

员额的配置比例可达 35%；地市级人民检察院既要承担具体办案工作，也要负责相应的领导和指导职能，其检察官员额的配置比例可达 30%；而最高人民检察院和省级检察院并不承担主要的办案工作，其主要职能是对下级院的领导和宏观指导，其检察官员额的配置比例一般不宜超过 25%。此外，借鉴国际上的通行做法建立上级检察院检察官逐级遴选制度，当高检院和省级检察院出现检察官职位缺额时，一般不再直接面向社会招录检察官，而应当主要公开从下级检察院检察官中择优遴选。这样，不仅可以保证上级检察院检察官的职业素质，同时有助于调动下级检察院检察官工作积极性、职业尊荣感，拓宽下级检察院优秀检察官的职业发展空间。

2. 加强检察官专业化培训，构建以检察官独立行使检察权为中心的专业化运行机制。

法律是一种专业，需要特殊的训练；司法是一种经验性的知识，更需要长期的实践和积累。作为演绎这门经验知识的检察官、法官，理当具有高超的技能和丰富的实践经验。孙笑侠教授认为，从发展的历程看，专业化程度很高的独立的法律职业的形成标志包括，法律职业或法律家的技能以系统的法律学问和专门的思维方式为基础，并不间断的培训、学习和进取。① 因此，对招考录用的新进检察官进行初任培训，实行检察官持证上岗制度。所有检察官除通过国家统一司法考试外，上岗前都必须参加任职资格培训，然后参加该职位技能考试，考试合格的发给职位任职资格证书方可上岗。没有取得任职资格证书的，不能被任命为相应职位的检察官，只能从事行政辅助工作。此外，根据检察官从事侦查监督、公诉、职位犯罪侦查等各类职位的技能要求明确相应的任职要求，规定各职位基本技能标准，每若干年组织检察官分类、分层次进行职位资格培训考试。并对晋升检察官等级及领导职务的检察官进行任职培训，建立晋级使用与考试成绩挂钩制度。在遵循检察权运行本质的前提下，逐步淡化管理的行政色彩，确保检察官的法律职业特性和法律监督属性，使得检察官在法律许可的范围内成为相对独立的主体。

长期以来，在检察官与上级的关系处理上，如何对待上级指令是检察官独立行使检察权的一个重要问题，根据各国的司法实践，上级命令并非至高无上，在法国"检察院的首长在没有命令的情况下或者不顾上级的命令仍然可以进行追诉，并且在没有上级指令或者不顾其已接到的指令而开始进行的追

---

① 孙笑侠：《法律家的技能与伦理》，载《法学研究》2001 年第 4 期。

诉，仍是合法的、有效的……"① 因此，在我国即便检察长与检察官之间被定位为领导与被领导关系，检察官也只有义务切实恪守检察长合法之要求。检察长发出的指令必须符合法律上的根据，检察官具有合法对抗上司的不符合法律的旨意。在具体的法律监督过程中，除非有如下三种情形外，检察长不应过多干涉检察官独立行使职权：（1）检察官发现正在审查的案件不属于本司法管辖区，主动请求检察长协调移转有权机关管辖；（2）因生病等不可抗力的客观因素存在，检察官不能再继续办理此案，主动请求检察长接手该案；（3）检察官被举报挟私而不能公正办理案件，检察长应当作出是否将该案接管而移送其他检察官审查。

3. 完善检察官职业保障机制，实行省级以下检察机关垂直领导，确保检察职业的专门化与独立性。

检察职业与其他职业相比较而言，具有较高的风险性。没有完善的职业保障，是很难确保检察官严格公正执法的，甚至关系到能否"留住人"的重大问题。由于我国检察官管理套用行政干部的管理方法，把检察官分为科员级、科级、处级等行政等级，将检察官的工资待遇与公务员划定在同标准之内，加之受地方财政支配和影响，检察官的职业待遇未能体现出其职业的特殊性。检察官职业待遇总体偏低，使其难以形成职业优越感和尊荣感，更可能因为制度化的利益不足，寻求制度外的利益。根据中央"从优待检"的精神，结合检察官分类管理的实施，应当实行职业检察官的优厚待遇保障政策，取消现有检察官的行政级别，按检察官职务序列建立相对独立的工资及退休金的经济待遇保障制度，增强职业的吸引力，完善检察官保障机制，保证检察官廉政勤政、公正执法。同时，应当畅通出口，通过竞争上岗、绩效考核、末位淘汰等措施，对检察官实行动态管理，从制度体系上积极营造良好的检察职业环境。

我国检察机关是维护国家法制统一的法律监督机关，肩负着守护法律的职责使命，应当确保其依法、独立、公正行使职权。但是，我国实行的是以地方管理为主、上级检察机关领导为辅的检察领导体制，检察权的独立行使受到干扰，导致法律监督不力，没有达到立法要求和应有效果，与现代法治要求不相适应。十八届三中全会开创性地提出改革司法管理体制，推动省级以下地方法院、检察院人财物统一管理。垂直管理作为行政管理和行政执法过程中的一项改革举措，主要通过权力的垂直运行建立统一、高效、运作规范的监管体系，这种权力内部"收权—放权"式的再分配其目的在于加大管理和执法力度。

---

① ［法］卡斯东·斯特法尼等：《法国刑事诉讼法精义》，罗结珍译，中国政法大学出版社 1998 年版，第 125 页。

根据现行《宪法》和《人民检察院组织法》规定，检察系统实行最高人民检察院领导地方各级人民检察院和专门人民检察院的工作，上级人民检察院领导下级人民检察院工作的体制，从业务管理层面看已基本实行垂直，这是检察机关性质和职能决定的，"我国检察机关作为法律监督机关的性质，决定了其必须受上级检察机关和最高检察机关的领导，这是检察机关基本的领导体制。"①因此有必要按照法律监督机制实行省级以下检察机关垂直领导，与地方党委政府在人财物上脱离隶属关系，排除地方干扰，形成有利于检察权依法行使的独立空间。

人员的精英化、运行的专业化、机构的专门化构成了检察官分类管理体制的骨架，它从不同侧面勾勒检察官这一特殊群体的管理图景，然而在检察官之外还有一类从事事务性工作的检察辅助人员，其配属于检察官，但又不同于检察官，这类检察人员无须具备与检察官相同的政治素质、业务素质、任职资格和任免程序，因此适用检察官管理办法不适时宜。我们建议将检察辅助人员从现有的检察人员中剥离，建立单独序列，逐步过渡为聘用制。而另一类司法行政人员因为其不行使检察权，也不参与司法活动，他们的职责仅是从事检察行政性工作，可以考虑对司法行政人员实行公务员化管理。

四、结语：剩余的断想

《圣经》里有这么一句话："那门是窄的，那路是长的。"面对迈向职业化的检察官分类管理之路同样如此，在经历了大浪淘沙后保留下来的检察官精英化群体，他们带领着人们走向公平正义，肩负着推动中国法制走向现代化的历史使命。然而现实的枷锁与满地的荆棘刺破了这一美好愿景，在检察官管理的自身制度构建尚存诘难之时，检察现代化、司法现代化更经不起理论的推敲与实践的追问。此时，作为检察群体一份子的我们如坐针毡，由此形成今天法律职业化语境下的检察官分类管理研究，寄希望通过对职业化的理论诉求，构建走向职业自主的检察官分类管理之路。即便如此，我们仍深感焦虑与不安，因为作为当前占据检察队伍半壁江山的辅助人员及行政人员而言，其管理研究并非今天草草几笔就能水清石见，如何在微观上建立完整、科学的检察官分类管理制度，我们期待剩余的断想。

---

① 胡盛仪：《我国检察机关领导体制改革之我见》，载《河南省政法管理干部学院学报》2002 年第 3 期。

如何进一步完善和
落实检察官办案责任制[*]

——以上海市闵行区人民检察院主任
检察官制度的实践探索为例

上海市闵行区人民检察院课题组

    检察官办案责任制是检察业务管理科学化和检察工作司法化、法治化的要求，是保障检察权依法独立公正行使、提升检察机关公信力的重要机制。检察官办案责任制不是单项改革，具有综合性，这一探索将对检察机关机构设置、管理体系、办案体系、内部监督体系、职业保障机制等方面产生综合作用，对完善中国特色检察办案制度、培养职业化检察队伍产生重大、深远影响。因此，检察机关应当采取何种办案制度以及如何完善和落实检察官办案制度，不仅是检察理论研究中最为重要和基础的问题，也是广大检察实务工作者面临的最为现实和急迫的问题。正像龙宗智教授所讲的，检察机关是"生于司法，却无往不在行政之中"①。长期以来，"三级审批制"的检察办案模式给检察权的运行打上了深深的行政化的烙印，随着社会法治的进步和人民群众对司法公正、公开、司法公信力的新期待，司法是解决社会冲突的最后一道防线的价值功能逐步得到社会的认同和重视。在此背景之下，检察工作作为具有强烈司法属性的工作，必须按照司法的固有特点和规律重新进行制度设计，使其回归司法的本质。

    2011 年以来，上海市闵行区人民检察院基于办案"去行政化"、分工专业化、检察人员职业化的制度创新动因以及提高办案效率、提升办案质量，应对

---

    * 课题组组长：潘祖全，上海市闵行区人民检察院检察长；副组长：张晨，上海市闵行区人民检察院副检察长。课题组成员：万海富、韩建霞、李文军、姚玮、郑懿雍、徐冰洁；执笔人：高飞。

    ① 龙宗智：《检察机关办案方式的适度司法化改革》，载《法学杂志》2013 年第 1 期。

持续攀升的案件增长和修改后《刑事诉讼法》实施的实践动因，在原有主诉（办）检察官办案责任制的基础上，试点实行了主任检察官制度，通过明确检察长、主任检察官、办案检察官之间各自的权力和责任，强化检察官的办案主体地位，凸显司法工作的亲历性、独立性、中立性等属性，努力构建以较为稳定的主任检察官办公室为核心的检察机关基本办案组织。

一、实行检察官办案责任制的法理基础

（一）现行立法关于检察官办案责任的规定

《宪法》和《刑事诉讼法》把检察权赋予了人民检察院。《宪法》第131条规定："人民检察院依照法律规定独立行使检察权，不受行政机关、社会团体和个人的干涉"，《刑事诉讼法》第5条也有同样的规定。但是人民检察院是一个机构，其所有的职权必须通过具体的人——检察官去行使，检察官具体应该如何行使检察权？《宪法》第3条规定："中华人民共和国的国家机构实行民主集中制的原则"；《人民检察院组织法》第3条规定："各级人民检察院设检察长一人，副检察长和检察员若干人。检察长统一领导检察院的工作。各级人民检察院设立检察委员会。检察委员会实行民主集中制，在检察长的主持下，讨论决定重大案件和其他重大问题。如果检察长在重大问题上不同意多数人的决定，可以报请本级人民代表大会常务委员会决定。"《宪法》和《人民检察院组织法》的上述规定从根本上确立了"检察长统一领导"、"检察委员会民主决策"的检察一体管理机制。《刑事诉讼法》和《人民检察院刑事诉讼规则（试行）》对检察长和检察委员会的职权有较为具体的规定，比如《刑事诉讼法》第87条规定："人民检察院审查批准逮捕犯罪嫌疑人由检察长决定。重大案件应当提交检察委员会讨论决定。"《人民检察院刑事诉讼规则（试行）》在初查、立案、审查逮捕、审查起诉等程序中有诸多关于检察长和检察委员会职权的具体规定。除检察长和检察委员会之外，《刑事诉讼法》和《人民检察院刑事诉讼规则（试行）》对于办案检察官的职权则鲜有提及。《人民检察院刑事诉讼规则（试行）》第4条规定："人民检察院办理刑事案件，由检察人员承办，办案部门负责人审核，检察长或者检察委员会决定。"由此可见，从现行立法层面来看，检察机关依然沿用以各办案部门为基本办案单位的组织结构形式；在刑事案件的决定权方面，依然采用以行政化的上级领导审批决定的方式来行使检察权。个体检察官在办理案件过程中是否应当享有权力，应当享有什么样的权力、承担什么样的责任并未明确，给检察官实行办案责任制留下了探索的空间。

同时，《检察官法》第 2 条规定"检察官是依法行使国家检察权的检察人员"，第 9 条采用列举的方式规定"检察官享有下列权利：（一）履行检察职责应当具有的职权和工作条件；（二）依法履行检察职责不受行政机关、社会团体和个人的干涉；（三）非因法定事由、非经法定程序，不被免职、降职、辞退或者处分；（四）获得劳动报酬，享受保险、福利待遇……"表明在检察权行使方式上，立法并未禁止赋予办案检察官一定的职责和权力，实行检察官办案责任制的探索与既有的法律体系没有硬性冲突，只是在没有明确立法授权的情况下，除检察长之外的普通检察官的权力来源和权力如何划分问题仍在一定程度上困扰着司法实践者。

（二）我国检察权的性质

责任来自于权力，没有权力就没有责任。谈到检察官的办案责任，必须要阐述清楚的问题就是检察官需要行使何种性质的权力，权力性质的不同对检察官的权力和责任的划分必然产生影响。也就是说，履行不同职责的检察官享有的权力和承担的责任是不同的。为了构建清晰、明确的检察官办案责任制度，有必要先探讨一下我国检察权的性质。

检察权又称检察职权，是国家法律赋予检察机关的各项职能。根据检察权的范围、案件处理机制检察权至少包括职务犯罪侦查、刑事案件公诉、诉讼法律监督几个方面。[1] 我国检察权性质的传统定位是法律监督权，依据是《宪法》第 129 条，该条规定："中华人民共和国人民检察院是国家的法律监督机关。"据此将检察权视为我国宪法确立的，同行政权、审判权、军事权并列的国家权力。公诉权、自侦权、诉讼监督权都应当统辖于法律监督的权力内涵之下。这种观点曾是学术界和实务界较多认可的观点。但是随着《刑事诉讼法》的屡次修订，包括 1996 年修订时实现了纠问式庭审模式向控辩式庭审模式的转变，2012 年修订时更加强调程序正当性和保障人权，检察机关的司法属性正在逐步凸显和加强，传统的法律监督权的定位已不能涵盖检察权的所有内涵。

我们认为，无论将检察权如何定位，检察权最核心的权力必定包括公诉权。在我国，检察机关的公诉权不仅是单纯负责刑事追诉的行政职权，还有对侦查活动的监督，除公诉权之外，还有批准和决定逮捕权，实现对侦查权力的双重控制的功能。另外，检察机关自身的刑事追诉活动也以准确、统一适用法律为原则。维护法律适用的使命要求检察官必须具有一定的独立性，享有充分

---

① 万毅等：《检察权运行机制研究》，载《中国检察》（第 22 卷），第 263 页。

的身份保障，使得检察官与法官"同质不同职"，检察官与法官一道承担重要司法功能，作为"法律守护人"的检察官和"以遵从法律为天职"的法官具有相似的使命和目标。① 因此，检察权具有明显的司法权的属性。

检察机关还承担着职务犯罪侦查职责，侦查权本身就是一种行政权力，追求破案实效，强调上命下行，具有明显的行政属性。着眼于我国检察权的现实状况与发展趋势，检察权兼具行政性与司法性是一个普遍的共识，"在阐释检察机关的权力来源时，我们可以概括称之为'检察权'；在讨论检察机关的独立性时，我们应当称之为'司法权'；在研究检察机关的功能及其与行政机关、审判机关的关系时，我们应当称之为'法律监督机关'"。② 应当说，这种复合式的理解是一种合理的态度。③

我们对检察权的性质进行探讨，目的是在进行检察官办案责任制度设计时，充分考虑检察权力的司法属性、行政属性、法律监督属性的内在运行规律对行使该项权力的检察官的影响，作出符合检察权特点的检察官办案责任体系。

（三）检察一体化与检察官独立

有学者对检察一体化做如下定义，检察一体化"是指为保持检察权行使的整体统一，在肯定检察官相对独立的同时，将其组织成统一的组织体，及采取检察官所有活动一体化的方针，其主要内容是上命下从，上级检察首长就下级检察官处理的检察事务，不但有指挥监督权，还有职务收取权和报告义务"。④ 绝大多数学者认为检察一体化是保证检察职能统一有效履行的必要制度安排。⑤ 合法公正地打击犯罪是重要的检察职能，因此，检察权必须以积极有效的组织形态加以整合。为了保证积极性和有效性，检察机关必然实行上级领导下级、检察长领导检察官、检察机关整合一体的模式。从理论上讲，检察一体原则有助于检察机关不受地方行政干涉，依法独立行使职权；同时，检察一体化也具有防范下级检察官滥用权力的功效。

---

① 谢佑平、燕星宇：《我国检察权性质的复合式解读》，载《人民检察》2012 年第 9 期。

② 万毅：《一个尚未完成的机关——底限正义视野下的检察制度》，中国检察出版社 2008 年版，第 24 页。

③ 谢佑平、燕星宇：《我国检察权性质的复合式解读》，载《人民检察》2012 年第 9 期。

④ 孙谦：《检察：理论、制度与改革》，法律出版社 2004 年版，第 227 页。

⑤ 谢鹏程：《论检察官独立与检察一体》，载《法学杂志》2003 年第 3 期。

检察官个体应该具有一定的主体地位和独立性，这是司法特点和规律决定的。从我国检察机关的历史发展与横向比较来看，赋予检察官依法独立行使检察权是世界各国检察制度的通例，我国的检察官在大陆法系框架下也不可能划归为政府之下的行政官，应定位为司法官。检察官和法官一样，肩负保障法律统一、正确实施的职责，需要依靠自己对证据和事实的判断，对法律的理解对案件作出处理决定，这就从客观上要求检察官必须具有一定的独立性，以保证行使权力不受任何不当干扰，只服从于法律本身。

尽管我国检察官的办案主体地位和独立性早在理论界和实务界达成共识，但在实践中，"检察一体原则"框架下的检察官办案责任制度始终带有浓厚的行政色彩，即使是改革后的"三级审批"制度，其实质也是一种"下级服从上级"的行政管理模式，使得检察官主体地位和独立性有名无实。

不可否认，检察一体化与检察官独立的确存在冲突与对抗，过分强调检察一体化完全有可能侵袭检察官的个体独立，对检察官个体的职业发展造成巨大的伤害。检察官办案责任制的制度设计要充分考虑二者之间的协调，以规范化的检察一体来保障检察官独立，建立起制度化的检察权力运行方式，平衡二者的冲突。

二、域外检察官办案制度的模式与借鉴

为了更深入地探讨检察官办案责任制，参考借鉴域外的法制经验对我们有一定的帮助，尤其是检察官权力的配置和职权行使方式上，对我们有较大的启示。但是同时也应当看到，由于政治背景、法律体制的差异，各国"检察官"、"主任检察官"，可能称谓相同，但内涵并不完全一样，其地位、权力、作用、运作体系、制度背景等各有差异。因此，不能用孤立的、零散的眼光看待域外的检察官或者主任检察官制度，而应当将其置于各地区、各国独特的法律体系土壤中，全面看待制度本身是如何构建和运转的。只有这样，域外的有益法制经验才能真正对构建中国特色的检察官办案制度产生帮助和启发。

我国当前正在实践探索的检察官办案责任制度——主任检察官制度参照蓝本主要来源于我国台湾地区，而台湾地区的主任检察官制度在很大程度上参照了德国，因而有必要对我国台湾地区的主任检察官制度的运作模式、背景以及德国的检察制度作简要的介绍，为正在试点改革的主任检察官制度提供参照。

（一）我国台湾地区的主任检察官制度

1980 年 6 月 29 日我国台湾"法院组织法"修订公布，采行审检分离制，单独设立检察系统，一改之前一直维持的审检合署制。台湾"法院组织法"

第59条规定：各级法院及分院检察署检察官，最高法院检察署以一人为检察总长，其他法院及分院检察署各以一人为检察长，分别综理各该行政事务，各级法院及分院检察署检察官员额在6人以上者，得分组办事，每组以一人为主任检察官，监督各组事务。

根据我国台湾"地方法院及分院检察署处务规程"之规定，主任检察官的职权主要包括：（1）分案建议权。在我国台湾地区，检察官配受案件是按照收案顺序轮分或者抽签决定的，相关分案标准由各检察署确定。检察长于必要时，可以亲自办理或者指定检察官办理。已经分配给检察官的案件，因故不能或者不宜办理时，由检察长核定改分其他检察官办理。主任检察官认为检察官配受之案件因故不能或者不宜办理的，可以报请检察长指定检察官办理。（2）经检察长授权命令检察官报告及调阅卷宗权。检察长或者其授权的主任检察官可以命令办案检察官就重要事项随时汇报，或者亲自调阅卷宗，检察官不得拒绝。（3）异议权。主任检察官与办案检察官有不同意见，可书写意见夹在卷宗中给检察官参考。由于主任检察官历练丰富，业务更强，办案检察官一般会接受主任检察官的意见。如果意见仍不能统一，应报请检察长决定。（4）法律文书审核权。检察官撰写的法律文书，应由主任检察官审核后转交检察长核定。主任检察官不仅审查文字和形式，而且审查有无犯罪事实未查清、事实认定及法律适用有无错误等事项。办案检察官收到裁判文书后，应声明是否上诉或者抗告，送由主任检察官核转检察长核阅。（5）羁押必要性处分权。主任检察官对所属检察官声请羁押被告的情形，应随时注意，有不适当的，应为必要之处理。（6）考核拟议权。检察官每月月底应将本月收结案件情况及未结原因，列表报主任检察官，主任检察官再转检察长核阅。

我国台湾地区的检察署根据业务需要一般分设三类"组"：侦查组、公诉组、执行组，主任检察官是组的业务和行政领导，既对办案起领导、统御作用，又负责处理组内的行政事务。可以说，台湾主任检察官的出现，很大程度上是源于台湾检察制度的两个特点：一是检察官直接行使侦查权。侦查需要团队合作，执行力强，需要检察官形成以"组"为单位，以主任检察官为"指挥官"的组织化领导。二是由来已久的"重侦查、轻公诉"的传统。侦查与公诉职能合二为一，导致侦查职能的扩张，从人员构成上看，"侦查组"的力量远重于"公诉组"和"执行组"，相应的侦查组的主任检察官员额远远多于后者。

主任检察官的选任由法务部提名，检察官人事审议委员会审议、决定。主任检察官选任也有比较严格的条件，比如：担任地方法院或者其分院地检署检察官8年以上；最近5年考绩3年甲等、2年乙等以上；最近3年未受过记过以上处分等。任期为 4 年，可以连任一次，如果经过调任其他职务，职期可以另行计算。职级待遇方面，根据台湾"法院组织法"，主任检察官相较一般检察官，可以晋升至更高级别之职等。

（二）德国的主任检察官制度

德国是大陆法系检察制度的代表国家之一，检察机关是根据法院组织法设立的，每个法院设置一个相应级别的检察院，包括联邦检察院、州检察院和地方检察院。由于德国是联邦制国家，因此联邦和州分别设有各自的检察机关，二者不具有行政上的隶属关系，而是分别隶属于联邦和州司法部，在人事、经费方面受联邦和州的司法部领导，在管理上受其监督，但在检察业务上处于相对独立的地位。[①] 从我国台湾地区的检察制度中，无论是检察机关的职权范围、检警一体化还是主任检察官的设置，都可以看到德国检察制度的影子。

在德国，检察人员大致分为四类：检察官、副检察官（检察事务官）、书记员和其他公务员。检察官是行使检察权的官员，包括检察长、副检察长、主任检察官和普通检察官。副检察官的职能与检察官类似，但是属于国家公务员，不属于检察官序列，地位低于检察官。书记员和其他公务员负责行政事务、文秘等工作，统一为检察官提供服务。

德国检察官的选任要经过非常严格的程序，一旦被录用，终身任职（无论男女，法定退休年龄是 65 岁），非因法定事由不被免职。德国法律没有要求检察官职务逐级晋升，因此在检察官职务设置相对简单的情况下，检察官在其职业生涯中的晋升机会非常有限，一般要到 55 岁左右才能胜任主任检察官，负责一个业务部门的工作。检察官职务晋升，从组织管理的角度讲，就是高级检察官的选拔，主任检察官职位出现空缺以后，实行公开选拔。在德国，检察官职务晋升由司法部决定，而不是由检察长决定。晋升职位出现空缺时，要先公布空缺职位。主任检察官或职位空缺的消息属于公共信息，一律刊登在每月一期的州司法部公报上，以防止未经公开绕过法定程序而任用。填补空缺职位的检察官人选不限于出现职位空缺的检察院的检察官，下一级职务的检察官均有机会。通常情况下，本州内所有的检察院都会有人申请参加竞争。[②] 选拔的

---

① 卞建林、刘玫主编：《外国刑事诉讼法》，中国政法大学出版社 2008 年版，第 198 页。

② 尹晋华、熊少敏、张步红：《德国检察官很难越级晋升——通过一个州检察院微观德国检察人员管理制度》（下），载《检察日报》2005 年 2 月 25 日。

过程为了确保公正，也规定了比较复杂的程序，一般会持续 9 个月到 1 年左右。

从上述介绍可以看出，主任检察官是等级化的德国检察官体系的一个层级，地位和待遇低于检察长，高于普通检察官。据我国台湾地区检察官 2006 年 7 月赴德国考察报告，柏林州法院检察署检察官约 330 名，是全国人数最多的检察机关，分设 8 个业务部门，其中 7 个主要办理侦查和公诉业务，第 8 个负责刑事判决执行。每个主要业务部门下设 4—7 个组，各组组长即为主任检察官。全署分设 37 个组，每组有 5—10 名检察官。① 柏林职务法院检察署（独立的特殊区法院检察署），系处理中度及轻度犯罪案件、常见的交通事故轻罪案件的检察院，有 102 位检察官，分设 12 个组，每组有 1 位主任检察官。德国对检察官的选拔和晋升有专门的规定，要经过严格的教育、考试、培训，选任的主任检察官素质很高，尤其业务素质是必须胜任的。

（三）借鉴

综上所述，我国台湾地区和德国的检察制度中有关检察官办案模式和主任检察官制度有许多值得我们学习的地方，但需要注意的是，我国台湾地区和德国的主任检察官制度是建立在"检警一体，检察官是侦查主体"这一体制下的，其制度产生和运转的背景与我国有很大的差异。通过我国台湾地区、德国的检察制度来看我国检察官办案责任制的改革，有以下几点经验值得借鉴：

1. 处理主任检察官与办案检察官、主任检察官与检察长之间关系的经验和技术值得借鉴

在我国台湾地区，主任检察官是检察行政环节的一个层级，负有行政管理和业务指导双重功能，其本身具有强烈的行政化色彩。在德国，主任检察官是各部门的负责人，直接领导本部门检察官的工作，有权决定、更换、指派办案人员，有权中止案件。② 大陆目前正在进行的检察官办案责任制改革，试图通过建立主任检察官制度达到消解检察体系在办案中过度行政化（案件的三级审批制）的目的，这与我国台湾地区的主任检察官制度存在本质的差异。但这并非不可借鉴，我国台湾地区处理主任检察官与办案检察官、主任检察官与检察长之间关系的经验和技术极具参考价值。换言之，主任检察官更多的是监

---

① 参考柯葛壮 2013 年 3 月在上海市浦东新区人民检察院主办的"检察机关基本办案组织研讨会"上的发言。

② 卞建林、刘玫主编：《外国刑事诉讼法》，中国政法大学出版社 2008 年版，第 199 页。

督办案，而非直接审批案件，在与承办检察官意见不同时，唯有上报检察长决定，这是对检察独立原则的尊重。我们目前正在探索的主任检察官仍然面临审批案件和审核案件的争议，主任检察官审批案件是否有违检察独立原则，不无疑义。

2. 坚持办案检察官的独立性值得借鉴

我国台湾地区检察体制近年来发展变化很大。由于媒体的舆论监督，检察一体原则遭受了很大的质疑和批判，实务中主任检察官制度也有一些变化。由于担心遭受质疑，主任检察官一般不太愿意对办案检察官进行监督，除非办案检察官自己要求得到指导，这就将法律上的"主动监督"变相为"被动指导"。主任检察官监督、指导的范围限制在实务技术层面，而不涉及法律处分。例如，是否搜查、扣押由办案检察官自行决定，但具体如何搜查、扣押等事务性、技术性问题，主任检察官可以指导、指挥。德国检察制度强调检察一体，但也建立了完善的检察官独立行使权力的内部和外部保障机制。我国正在探索的主任检察官制度却依然在是否赋予检察官办案独立性的十字路口徘徊。从外部环境来看，检察权的独立行使受到行政权等外部权力的干预；从内部环境来看，规范化的检察一体的权力运作模式尚未建立，检察官应有的独立性难以体现。

3. 严格的主任检察官选任机制值得借鉴

不管是我国台湾地区还是德国，都规定了严苛的主任检察官的选任条件和程序，比如台湾地区规定要担任地方法院或者分院检察署检察官 8 年以上，最近 5 年的考绩要相对优秀，最近 3 年执行职务没有受过惩戒等，然后才有资格被检察长推荐或者自荐，由法务部检察官审议委员会审议是否任用。德国检察官职务设置相对简单，检察官在整个职业生涯中的晋升机会非常有限，主任检察官出现空缺后，要在本州范围内进行公开选拔，而不仅限于出现空缺职位的检察院。与我国台湾地区相同的是，主任检察官的晋升由司法部决定，而不是由检察长决定，晋升的条件和程序也非常严格。由于我国的主任检察官制度目前还处于初级阶段，尚未建立相对统一的选任制度、退出机制，但是具有一定的从检年限及较高的业务水平是胜任主任检察官职务必备的条件，与此相对应，主任检察官的退出机制、职业保障也是进行制度设计时必须加以考量的。

4. 检察机关内部规范化的权力运行轨迹值得借鉴

我国台湾地区主任检察官制度遵循检察官—主任检察官—检察长的权力运行轨迹，上下级检察机关之间的领导关系以检察一体为原则，并以规范化的检察一体原则保障检察官的独立。综合前述对台湾检察制度的介绍，我们认为，我国台湾地区是以检察官为基本办案单位进行运转的，主任检察官从中起到业务指导和行政领导的作用，但这种业务指导仅限于技术层面，而非法律适用，即主任检察官要充分尊重办案检察官对案件的实体判断和法律适用的选择。为了保证检察一体的规范化运作，台湾地区的检察制度中还专门对分案、办案检察官案件侦查权的移转、协同办案等作了详尽而细致的规定，避免和减少检察机关内部领导指令权对检察官办理案件的不当干预。

我国大陆地区检察机关内部的上下级之间究竟应该如何行使领导关系，一直以来都没有引起重视。上级检察机关应当如何领导下级检察机关，检察长、主任检察官应当如何领导办案检察官，没有清晰而明确的规则。当然，主任检察官制度的改革不能动摇检察一体的检察权运行规律，但为了使主任检察官制度改革能够有效发挥其推动检察业务管理科学化、检察工作司法化的目标，必须建立检察机关内部规范化的权力运行方式，在规范化的检察一体的框架下，保障主任检察官制度下的检察官能真正独立行使检察权力。

三、原有检察官办案责任制模式——主诉（办）检察官办案责任制遭遇的发展"瓶颈"

主诉（办）检察官办案责任制作为我国检察制度改革的一大产物，已走过了十余个春秋。1997 年，我国刑事诉讼法修改后，庭审方式由原来的纠问式变为抗辩式，对公诉人提出更高的要求。2000 年，最高人民检察院在其制定的《检察官改革三年实施意见》中明确要求改革检察官的办案机制，由此主诉（办）检察官改革正式拉开了序幕。同年，最高人民检察院办公厅制定下发了《关于在审查起诉部门全面推行主诉（办）检察官办案责任制的工作方案》，自此，主诉（办）检察官办案责任制开始在全国推行。改革之初，主诉（办）检察官办案责任制也取得了一些成效，但是经过近十年的实践，主诉（办）检察官办案责任制由于受制于法律规定不明、配套机制欠缺、人事制度支撑不足等客观原因，制度设计之初便具有的弊端逐渐暴露，进而使改革未能达到预期效果。主诉（办）检察官办案责任制的深入发展遭遇了"瓶颈"，无法继续进行，主要表现在以下几个方面：

（一）没有达成去行政化的目的

由于主诉（办）检察官办案责任制并没有最终赋予主诉（办）检察官相对独立的办案职权，使得日常执法办案中的行政领导色彩依然存在。在实施主诉（办）检察官办案责任制度中，一些检察机关的决策层的领导、办案部门负责人以及办案人员仍受传统思维和习惯做法的禁锢，使主诉（办）检察官办案责任制度改革成为没有生机的死水。研究其根源主要有三个方面原因。其一，放权不彻底。受中国封建社会官本位的思想影响，认为有权才有位，放权就是对自我否定，没有了权力何存位置？因此不肯彻底放权。其二，不放心。认为主诉（办）检察官权力增大了，会出问题。把放权于主诉（办）检察官与主诉（办）检察官滥用权力联系在一起，对主诉（办）检察官独立办案不放心，对于拥有相当大权力的主诉（办）检察官们能否适应新的办案机制的要求，能否用好手中的权力，会不会滥用权力、以权谋私，等心存疑虑。其三，不接受。一方面，许多办案人员认为原来办案体制不担风险，不担责任，缺乏创新精神；另一方面，在相应的权力还不充分、利益还没有真正到位的情况下，一些主诉（办）检察官也不愿意承担如此大的责任，办案中遇到问题便主动向领导汇报，听候领导定夺，怠弃本应该自己独立行使的权力。同时不可否认的是，现实中也存在个别主诉（办）检察官的能力确实不能胜任新的办案机制的要求。正是由于这些因素的存在，致使试行主诉（办）检察官办案责任制后，越试行收权的趋势越明显，致使一些公诉部门的主诉（办）检察官办案责任制度改革可以说是穿新鞋、走老路，流于形式，收权和放权进退维谷。

（二）没有建立严格的人员入口

由于主诉（办）检察官办案责任制没有建立统一、高效的人员选任机制，没有建立科学的人才梯队，致使高素质公诉人才后备乏力。实践中主诉（办）检察官往往变成主诉（办）检察官办案组，一个主诉（办）检察官就是一个办案组，与主诉（办）检察官办案责任制度背道而驰。另外，从公诉队伍状况看不容乐观，优秀公诉人才储备不足。主要表现为：一是公诉部门人员流动较大，司法工作讲究经验积累，一名优秀的主诉（办）检察官不是一两天就能培养出来的，培养出来后就更需要在公诉岗位上发挥作用。但受现有的人事制度限制，每一名主诉（办）检察官都面临着职务的升迁及岗位的变动。强调稳定则有可能损害主诉（办）检察官个人的发展，突出流动则有可能违背司法规律。二是公诉工作压力大，工作标准高，没有相应激励机制或待遇，致使公诉人员"跳槽"的现象时常存在。以上原因造成了公诉部门人员短缺，主诉（办）检察官队伍参差不齐的状况，也直接影响着主诉（办）检察官办案责任制度的健康、深入发展。

（三）权、责、利未能统一

权责的有机统一是实行主诉制的初衷，但经过一段时间的运行，出现了权力、责任、利益相脱节的情况，主诉（办）检察官办案责任制的试点并未有效提高主诉（办）检察官待遇，而这又反过来成为制约主诉（办）检察官办案责任制度发展的一大桎梏。权、责、利相结合是公诉部门开展主诉（办）检察官办案责任制度改革的一项基本原则。主诉（办）检察官承受的工作强度大，担负的责任重、工作标准高，有必要为主诉（办）检察官提供甚至是提高工作条件和利益保障。但由于地方经济条件限制或检察机关内部开展工作总体状况等其他因素，主诉（办）检察官待遇一直得不到很好的解决，成为主诉制改革过程中实践部门"老生长谈"的话题。一些公诉部门的主诉（办）检察官待遇，在实施主诉制前后没什么差别。而在实施该制度，研究给予主诉（办）检察官增加待遇时，公诉部门以外的各部门又会纷纷提出质疑，争相取之，作为掌握全面工作的领导无法决策权衡，主诉（办）检察官待遇就此做罢。

作为一项司法体制的改革，相关制度的建构和完善与否直接影响着改革的深入发展。主诉（办）检察官办案责任制度改革更是如此，权、责、利不结合或结合的不好，很难使主诉（办）检察官办案责任制度优越性、主诉（办）检察官的积极性发挥出来。

（四）缺乏广泛的社会认同

普通民众缺乏对主诉（办）检察官的认知，影响着主诉（办）检察官办案责任制发展的社会基础之确立。谈到公诉人，公众就会联想到法庭上慷慨陈词，端庄凛然，应对自如，代表国家指控犯罪的检察官形象，而谈到主诉官则不知主诉官是什么"官"。在社会活动和社会交往中，人们更热衷于是什么职务、什么职级，漠视主诉（办）检察官独立司法权。实际上，在主诉（办）检察官办案责任制框架下，科（处）长、主管检察长等职务的内涵已完全或部分转化了。主诉（办）检察官是职业化的司法官，享有相对独立的对公安机关侦查引导权、自行侦查权、对侦查和审判活动的监督权、提起公诉决定权，特别是具备优秀的出庭公诉能力和表现。这很容易与公众心目中期待的抑恶扬善、匡扶正义的检察官形象联系在一起，主诉（办）检察官应享有更鲜明的个性特征。但多年在社会公众中并没有形成这种鲜明的个性化司法官形象。一方面是因为舆论媒体宣传报道少，偶尔可见一些影视作品、文学作品中有所提及。许多媒体报道涉及案件审查起诉环节的专访报道多采用"公诉科科长"、"案件承办人"等称谓。另一方面仍是制度层面的问题。由于检察人员管理长期参照国家公务员管理，在这种行政化管理之中是找不到主诉（办）检察官定位的。公诉权属于司法权，有其自身的运行规律。主诉制改革的一个重要目标就是按照司法规律办案，但由于现有行政管理体制的强大惯性，挥之不去的行政管理思维和行政管理模式成为制约主诉制发展的"瓶颈"。一是职务职级晋升重行政轻司法，检察机关实行的是司法职务和行政职务并行的体制，主诉（办）检察官既面临着司法职务的晋升，也面临着行政职务的晋升，但由于行政职务的强势，官衔携带着更大的利益信号，一些主诉（办）检察官把行政职务职级的晋升作为个人发展的追求和衡量自身价值的标准，而对检察职务的晋升则可有可无，主诉（办）检察官岗位的专业色彩逐步淡化。二是对主诉（办）检察官的监督、考核、奖惩机制，很大程度上是套用对行政公务员考评模式。对主诉（办）检察官及其所从事的司法业务特性考虑较少，忽视了行政工作和司法工作、行政人员与司法人员的职业差别。三是有的主诉成主管。由于案件量激增，主诉（办）检察官似乎变成办案组长，行政管理职责增加，业务领域发挥的作用相应减少，"定而不审、审而不诉"在组内形成了新的审批制。因此，制度层面的规制和社会公众的认同，也同样是制约主诉（办）检察官办案责任制深入发展的不可或缺的一个因素。

（五）法律支撑不足

立法上的不足导致主诉（办）检察官制度的改革进退两难。主诉（办）检察官制度是依据最高人民检察院《关于在审查起诉部门全面推行主诉（办）检察官办案责任制的工作方案》（以下简称《工作方案》）这一规定创设的。其改革的实质是为了优化检察权的配置，具体而言，就是将过去属于检察长和科（处）长的一部分案件决定权划归主诉（办）检察官，主诉（办）检察官既有办案职责，又有相对独立的案件决定权。但是，这种做法与《人民检察院组织法》、《检察官法》和《人民检察院刑事诉讼规则（试行）》的相关规定存在软性的冲突，这使得该制度日益受到理论界和实务界的质疑。主诉（办）检察官制度立法上的缺陷，导致主诉（办）检察官制度在实践中的认识分歧很大，其推行带有了较大的随意性。另外，《工作方案》对主诉（办）检察官的权责范围尚未厘清，权责难以统一，主诉（办）检察官的"主诉"内容如何确定，也就是主诉（办）检察官以自己名义独立地行使职权的范围如何确定，《工作方案》并没有作出明确的规定，致使主诉（办）检察官的地位模糊，责、权、利不明。立法上的不足和现实的矛盾，导致主诉（办）检察官制度的改革进退两难。

四、构建新型检察官办案责任制模式——主任检察官制度

（一）上海市闵行区人民检察院试点主任检察官制度的实践动因

上海市闵行区人民检察院（以下简称闵行区院）实行主任检察官制度改

革，有着深刻的实践基础，成为推动改革的实践动因。本文以闵行区院在
2011 年实施主任检察官初步探索时期的数据为参考，选择具有典型代表性的
问题进行阐释。

1. 案多人少的多重办案压力

近年来，闵行区院的工作面临着各种与日俱增的要求和挑战：一是工作任
务越来越重，办案量的持续增加和办案力量的不足产生的"人案矛盾"使得检
察官长期处于超负荷劳动之下；二是工作要求越来越高，无论是从案件质量、
程序公正、化解社会矛盾还是人民群众的期待来看，对检察机关执法办案方式
和检察官个体执法能力都提出了更高要求；三是工作难度越来越大，无论是对
检察权的规范限制，疑难复杂新类型的认定，新类型、新手段的犯罪，涉众型
经济犯罪、大型团伙犯罪频发，以及新《刑事诉讼法》实施的一系列新增职能，
都对检察机关的办案提出了更高的标准，也使得工作的难度大幅提升。

从近三年闵行区院的办案数据看，每年案件量以不低于 10% 的增幅增长：

年度	批捕		起诉			
	受理批捕人数	上升比例	受理起诉数	上升比例	人数	上升比例
2010	2017	/	1714	/	2522	/
2011	2350	13.5%	1941	13.2%	2801	11.1%
2012	2854	21.5%	2916	50.2%	4021	43.6%

案件量大幅增长的同时，人员配备并未配套增长，办案人员人均办案量达
百余件。之前主诉（办）检察官办案责任制在办案力量的分配上起到一定的
作用，但在案件量高增长的态势下也仅是疲于应付，要想根本性改变现状还需
要新的办案制度的变革。

2. 审批权限划分较为模糊

在主诉（办）检察官办案责任制模式中，闵行区院已经开始将简单案件
"主诉审批"模式与复杂案件"三级审批"模式结合起来，成为审批双轨制。
具体来说，就是制定《审查批捕、起诉案件质量风险控制实施办法》，通过风
险等级划分确定风险等级和审批事项范围。对简单案件（低风险案件）多由
普通检察官承办，报主诉（办）检察官审批决定，即"主诉审批模式"；对疑
难案件（高风险案件）由主诉（办）检察官承办为主，普通检察官承办为辅，
经科长、检察长或检委会审批，即"三级审批"模式。这套体制意在探索权
力的部分下放，但在决策层面，主诉（办）检察官决定了风险等级及是否属
于三级审批范围等，使得案件决定权并未完全按照预想的方式划分。一方面，
资深检察官一般对自己的办案能力较为自信，不希望三级审批后的决定意见与

自己相左，故通常会怠于三级审批，对高风险等案件仍直接起诉；另一方面，新主诉检察官对案件把控较为谨慎，希望通过三级审批分摊风险，故通常会积极报请三级审批，或对稍有争议的案件全部报请三级审批。

3. 集体决策，主体模糊、责任分散

原有主诉（办）检察官"三级审批"模式中，最终决策者长期脱离办案一线，后道审批程序效力高于前道程序，而审批层级越高决策者对案件全面性审查越弱，科长审批或许还会翻阅案卷，到检委会讨论的案件，通常仅由承办检察官口头汇报案情，委员们即需作出判断。决定者不办案，办案者无权决定，造成了主体模糊，责任分散。以闵行区院检委会为例，组成人员为正副检察长、检察长助理、办案部门主要负责人，讨论模式为在听取承办人案情汇报的情况下轮流发表意见，并形成会议纪要。而一旦发生错案、不诉、撤回起诉等案件质量问题，有关人员共同承担责任。这种框架下，对责任的划分似乎有据可循，但人人负责即相当于无人负责，在责任的层层上移甚至在检委会这种集体决策的形式中，责任被过渡分散，导致了权责不分明的矛盾。

（二）上海市闵行区人民检察院主任检察官制度的运行模式

闵行区院试行的"主任检察官制度"，是集主任检察官办案责任制度、任职管理制度、考核奖惩制度等多项制度为一体的综合性配套改革。目标在于建立适应检察业务属性要求的检察机关基本办案组织。在办案模式上，变原有的行政领导审批制为主任检察官审核制，强调办理案件主体的独立性、亲历性，去除办案过程中的行政化色彩，回归检察业务的司法化本质。为确保新旧制度的平稳过渡，闵行区院采取了循序渐进的工作方法，加强实践、不断总结、由点及面逐步铺开。

1. 组织模式

按照办案专业化和管理扁平化，在不突破原科（局）机构的情况下，设置数个主任检察官办公室，作为基本办案组织模式。以侦监、公诉为例，在内部构成上，为每名主任检察官配备 2—3 名检察官、1 名书记员或者文员，人员相对固定，形成较为稳定的办案组织。其中，主任检察官应当组织与指导所带领的办案组完成部门分配的办案数量。主任检察官根据检察长的授权，审核其他检察官承办的案件，组织案件讨论、召开联席会议等，完成主任检察官办公室办案事务。主任检察官个人办案数量应当不低于所在部门人均办案数量的 120%。

各主任检察官办公室对受案范围进行一定的专业化分工，比如简易程序类、侵财犯罪类、金融、未检和侦查办案等。目前主任检察官已经在刑检部门和自侦部门全面开展，下一步准备在全院所有业务部门推开，把主任检察官办公室作为闵行区院基本的组织。由于各部门人员、业务属性有所差异，还将对办案组织结构进行一定调整，分别设置规模大小不同的主任检察官办公室。

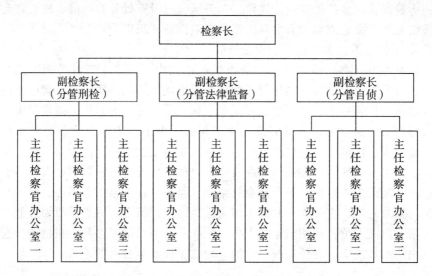

图1：主任检察官办公室的组织结构

2. 任免条件

为了引导主任检察官队伍朝着专业化、职业化的方向发展，闵行区院对主任检察官的任职资格设置了较高的门槛。根据该院有关规定，主任检察官应当具备四项条件，即具有坚定的政治立场和良好的职业道德；具有大学本科以上学历；具有省市级以上"优秀公诉人、优秀侦查监督员、未检办案能手"称号的检察员；具有3年以上刑事检察工作经历。

主任检察官的选任采取个人申报、科室推荐和组织审定的方式进行。由院党组决定根据办案实际提出拟设主任检察官的职数及选任要求；政治部对个人申请和科室推荐的拟任主任检察官候选人进行资格审查；对拟任主任检察官候选人进行考评后提交院党组会议审议，择优选任；主任检察官由检察长任命，任职期限一般为2年。

此外，为满足办案的实际需求，兼顾青年优秀干警的培养，采取任命一定职数的代理主任检察官的办法，对未取得"优秀公诉人、优秀侦查监督员、未检办案能手"称号的检察员可任命为代理主任检察官，享有主任检察官的部分职权，实现既不降低主任检察官的准入门槛，又保证代理主任检察官到主任检察官的平稳过渡。

目前，在上海市闵行区院任命的主任检察官和代理主任检察官中，获得省市级以上"三优一能"称号的有7人，35岁以下的青年优秀干警11人，获得硕士以上学位的14人。除部门正职负责人因组织办案工作、协调处理行政事务外，4个办案业务部门的副科长全部为主任检察官或代理主任检察官，按照

"授权"带头办案。

3. 职权配置

课题组认为，在现行法律体系框架内，主任检察官的权力还是来源于检察长的授权，并非法律的直接授权。虽然具有一定的局限性，但是对于促使检察官成为真正意义上检察权的行使主体，体现司法属性特征来讲，还是一个很大的进步。由于检察权是一种综合性的权力，具有不同的属性，因此行使不同职能的主任检察官也应当具有不同的职权。当然，目前对于不同职能的主任检察官到底应当享有什么样的权力，尚无定论，我们也在逐步探讨、完善的过程中。在主任检察官职权配置上，主要分为三种：

一是行使刑检职能（批捕、公诉职能）的主任检察官，对自己办理的绝大多数案件享有决定权，只有按照闵行区院风险控制实施办法，评估为四级以上风险的案件才上报检察长或者检委会决定。同时，主任检察官对组内其他检察官办理的较低风险案件进行审核把关，可以提出意见，但决定权仍归办案检察官。主任检察官不同意办案检察官的意见，可以与办案检察官进行充分的沟通，由于主任检察官经验更丰富，业务能力更出众，一般情况下，办案检察官会采纳主任检察官的意见。如果办案检察官坚持自己的意见，主任检察官可以提议召开主任检察官联席会议，拿出意见供办案检察官参考。仍然不能达成统一意见的情况下，应当提交检察长或检委会决定，对于检察长或者检委会的决定，办案检察官、主任检察官都应当执行。

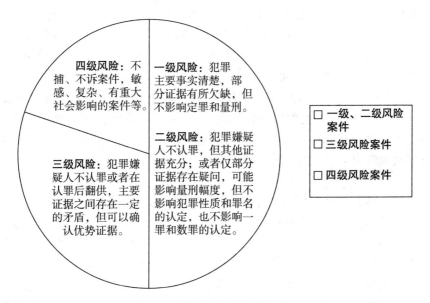

图2：案件风险等级划分标准

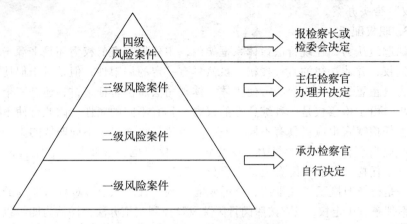

图 3：刑检部门主任检察官职权

但是，放权也并非毫无限制，对于特别重大、复杂、具有重大社会影响或者可能产生重大社会风险的案件，必须要实现权力的有效控制，不能放权给主任检察官，这也符合检察权高效运行的规律。按照闵行区院规定，仍然要报请检察长或者检委会决定的案件包括：（1）按照《审查批捕、起诉案件质量风险控制实施办法》确定为四级以上风险的案件、特殊风险的案件；（2）国家工作人员职务犯罪案件、外国人犯罪案件；（3）变更侦查机关（部门）认定的罪名或犯罪事实，可能降低或上升量刑幅度一档的案件；退回侦查机关另处或侦查机关撤回起诉意见的案件；（4）起诉后撤回、变更或补充起诉的案件；（5）决定不批准逮捕、不起诉或附条件不起诉的案件；（6）复议的案件；（7）不服（不）起诉、撤诉、退回另处、（不）抗诉决定的控告申诉案件；（8）督办、交办（级别管辖除外）案件或有重大影响的案件；（9）追诉遗漏的犯罪嫌疑人；（10）变更犯罪嫌疑人的强制措施；（11）向上级院提出书面请示；（12）重新鉴定或作精神病鉴定；（13）对侦查机关或审判机关的违法行为提出书面纠正意见；（14）向有关单位制发检察建议、公函；（15）对法院的判决或裁定提出、提请或者建议提请抗诉等。

二是行使侦查办案职能的主任检察官，正如本文第一部分对检察权属性的探讨，由于侦查权具有行政权的属性，更加注重高效、团队合作和上命下行。在改革试点阶段，把其中程序性的权力和一部分比较轻微案件的实体决定权力下放给主任检察官。对于重大的、复杂的，有社会影响力的案件，由主任检察官审查后提出处理意见，报请检察长或者检察委员会决定。

在职务犯罪案件侦查阶段，主任检察官享有决定权的案件和事项包括：对线索开展初查；对涉嫌贪污、贿赂 50 万元以下，或者挪用公款 300 万元以下的案件；涉嫌滥用职权或者玩忽职守，造成死亡 3 人以下，或者重伤 9 人以下，或者造成经济损失 150 万元以下的案件；以及上述案件中 3 人以下共同犯罪的案件决定立案侦查；对犯罪嫌疑人采取强制措施、提请批准逮捕或者对犯罪嫌疑人的强制措施由取保候审、监视居住变更为羁押；进行讯问、询问、勘验、检查、搜查、查询、调取、查封、扣押、冻结、鉴定、辨认、异地协查、涉案款物的处理等侦查活动；审核同步录音录像等侦查活动的规范性与证据的合法性；案件侦查终结后决定移送审查起诉或者补充侦查终结后重新移送。

仍然需报请检察长或者检察委员会决定的事项有：对要案，区县级以上人大代表或者政协委员、司法工作人员、外国人、港澳台人员涉嫌犯罪案件，领导或者上级机关交办案件以及其他有特殊情况的案件的侦查；除上述规定罪名以外的其他贪污贿赂类、渎职类犯罪案件的侦查；对犯罪嫌疑人的强制措施由羁押变更为取保候审或者监视居住；需要使用技术侦查、异地羁押、边控、通缉等特殊侦查措施；案件侦查终结后决定提出不起诉意见或者撤销案件。

三是行使法律监督职责的主任检察官，由于目前闵行区院还未在法律监督部门实行，具体职权还未确定。基本原则是比照检委会议事议案工作机制，实行主任检察官主持下的"听案合议制"，按照少数服从多数的民主集中制处理法律监督事务，将每个人的意见记录在案，但是按照多数人的意见执行。

4. 监督制约

为了避免主任检察官对于权力的滥用，也规定了相应的监督制约机制。出于对主任检察官主体地位及独立办案权的尊重，主要采取了事后监督的方式，包括以明文规定的形式确认了主任检察官的责任追究制度以及不适格主任检察官的退出机制。

根据闵行区院规定，主任检察官对其工作组办理的案件质量承担第一责任，存在执法过错的，按照规定追究主任检察官的责任；因为承办人原因导致案件证据、事实失实，以致主任检察官作出错误决定的，主任检察官承担次要责任，承办人承担主要责任。报请上级审批的案件，因报告的案件证据、事实失实，以致检察长或者检察委员会作出错误决定，导致案件发生执法过错的，由主任检察官和承办人共同承担责任；如系主任检察官的原因造成案件证据、事实失实的，由主任检察官承担全部责任。这一制度设计充分考虑到了主任检察官职权与责任的相互对应，既避免了主任检察官承担超出其控制范围的责任，也使得主任检察官无法通过提请上级审批逃避理应由其承担的责任。

闵行区院不但确立了主任检察官的任职条件与考核标准，也明确了主任检察官的退出机制。根据院内规定，应当免除主任检察官资格的情形包括：主任检察官所办的案件因决定撤销案件、不起诉或者判决宣告无罪终止追究刑事责任而依法进行国家赔偿，经复查确系明显主观过错的；主任检察官在任职期间违纪、违法并受党纪、政纪处分的；因健康原因超过 3 个月不能履行职责的；调离相应岗位的。主任检察官对取消其主任检察官资格的决定不服，可在收到决定之日起 5 日内，向本院检察长申请复议。复议期间中止行使主任检察官职权。上述退出机制的建立，既对主任检察官行使职权起到了监督警示作用，也使主任检察官制度更为完备，保证了主任检察官队伍的健康更替。

5. 职业保障

主任检察官享有职业待遇与发展前景的双方面职业保障。待遇方面，主任检察官享有一定的岗位津贴，同时，没有行政职级的主任检察官均享有不低于部门副职的待遇，任职满一定年限的主任检察官可以优先晋升非领导副处级职位。发展前景方面，主任检察官作为办案业务精英与中坚力量，在提职晋升时，也将获得较其他检察人员更为优先的机会。

（三）主任检察官制度的价值

闵行区院自 2011 年以来试点实行的主任检察官制度，有利于促进检察权依法独立、公正、公开行使，优化检察权配置和运行方式，培养专业化、职业化的检察队伍，其价值至少体现在以下几个方面：

1. 去除办案过程中的行政化色彩，使检察工作体现司法属性

我国检察机关既是法律监督机关，也是司法机关。2006 年《中共中央关于进一步加强人民法院、人民检察院工作的决定》明确指出："人民法院和人民检察院是国家司法机关。"党的十七大报告、十八大报告对此均予以明确。从我国宪法和法律赋予检察机关的职能看，检察办案是一种司法活动，审查逮捕、审查起诉、抗诉等都具有较强的司法属性。具体来看，一是亲历性，办案人员必须亲身经历，亲自提审、面对面地接触犯罪嫌疑人、被告人，亲自查看案件材料，亲身了解案件的事实和证据，才能对案件事实、定性和量刑作出全面准确判断。二是公正性，要求办案人员认真倾听案件当事人、律师等的意见，依照法定程序和条件收集、审查判断证据，正确认定事实，准确适用法律，是一种确保司法公正的制度保障。三是独立性，要求办案人员有独立的思考和判断，既是司法人员的一种权力，更是司法人员的一种责任。

但是，检察机关长期以来实行的行政审批制与上述检察权的性质、职能存在冲突，决定权的向上集中使得检察机关在实践中具有典型的行政化特征。主任检察官制度，是克服办案工作行政化的有效措施，使得办案责任模式发生根本变革，原有的"三级审批"被压缩，原有的权力高位得到下放，极大程度

弱化"审而不定、定而不审"的行政化办案方式，有利于确立和强化检察权的司法权属性，加强适度司法化改革。

同时，探索实行主任检察官制度，构建检察机关的办案组织体系，将更好地从制度上准确界定好、处理好行政管理与检察办案管理的关系，在职责定位上把两者科学地、严格地分离开来。行政管理工作在检察机关的执法办案和管理中都是十分重要的，科（处）长在行使部门行政管理职能的同时，也承担着检察执法办案工作，在定性和制度上把行政权的行使与检察执法权的行使界定清楚，防止混淆行政管理权与检察权的性质，以及以行政权代替检察权的行使。

2. 建立与法院审判庭相对应的检察机关基本办案组织

主任检察官制度是根据司法权属性和司法工作规律进行的制度设计，具有中国社会主义特色，也具有检察机关特色。

从检察制度的历史变迁看，我国检察机关具有最强的司法功能①，主任检察官制度的构建有利于探索以"办案为中心"的机构改革。目前检察机关的内设机构较多，事务较为分散，行政化管理占据较多空间，尤其对于一些人少案多的基层院来说，容易导致其被大量的行政事务所缠绕，难以实行"以办案为中心"。实行主任检察官制度后，将试点探索打破现有的部门设置，在检察长的领导下，设立若干个主任检察官办案组，并进行一定的专业分工，直接从事执法办案工作。如将反贪、反渎、预防等合而为一，设立自侦部门；又如捕诉合一，设立刑事检察部门；再如"诉监分离"，将侦监、公诉部门中原有的监督职能与诉讼职能分开，将所有的监督包括立案监督、侦查监督、审判监督、执行监督、民行检察监督职能归并，统一由监督部门行使。探索"以办案为中心"的机构改革，强化法律监督工作，提高监督工作质量，树立监督权威；有利于进一步促进办案的专业化，强化检察引导侦查取证，提高办案质量；有利于整合力量，减少检察办案工作的重复劳动，提高办案效率。

从检察制度与法院审判制度比较来看，法院庭长和审判长的称谓，具有鲜明的法院特色，检察办案组织改革就是要探索一套符合检察办案特点的组织形式和职务序列，取代目前的科层结构和办案方式。一是将资深检察官选任为主任检察官。主任检察官既是检察机关中优秀检察官的代表，又是检察机关特有的称谓和身份象征。主任检察官不仅亲自办案，还应承担检察管理的职责。二是将主任检察官办案组做为规范的，稳定的、常态的基本办案组织，在检察长

---

① 龙宗智：《检察机关办案方式的适度司法化改革》，载《法学杂志》2013年第1期。

的领导下，在主任检察官的主持、指导和管理下，对案件行使决定权并承担办案责任的制度。

3. 建立专业化和职业化的检察官队伍

构建主任检察官制度有利于检察队伍专业化建设。随着社会的发展，专业分工越来越精细化。一个人的精力是有限的，不可能精通各个行业，许多专业知识如金融犯罪、知识产权犯罪、单位犯罪、职务犯罪、有组织犯罪、网络犯罪等需要长期的知识和经验的积累、严格的专业培养，才能达到专业化办案的水平。目前检察机关实行的是分案制、轮案制，缺乏有效合理的分工，即使有分工也多是粗放型。一名检察官往往承办的案件类型繁多，犹如全科大夫，看似面面俱到，但结果可能是难以办出精品案件。实行主任检察官制度后，按照各主任检察官的专长将案件进行分类，比较固定的将某一专业的案件交由特定的主任检察官办案组办理。促使主任检察官集中精力，加速特定专业知识的学习和经验的积累，成为办理某些专业性案件的行家里手。

主任检察官制度还有助于稳定检察官队伍，培养检察官的责任心和职业荣誉感，逐步形成检察人才梯队，从而实现检察事业的可持续发展。"三级审批制"之下，检察人员实施的诉讼活动，只是具体事务的承办，既要受业务部门负责人的审查，又要服从检察长的决定。在这种纵向层级体制中，检察官向上晋升，争取获得案件审查权乃至决定权，是实现事业目标以及个体价值的唯一路径。而一旦成为骨干，且能力被上级所认可，就脱离办案一线，成为二线的监督者。因此，"三级审批"等行政化办案方式不利于强化责任心和职业荣誉感，不利于在检察工作一线保留骨干，也不利于检察队伍整体素质的提高，从而势必妨碍检察事业的可持续发展。应当看到，由于近年来司法行政化的发展倾向，留在一线办案的检察官往往是资历较浅、经验不丰的年轻人。但检察业务活动作为高度技能化的法律活动，需要操作者有丰富经验和很高法律素质及品德修养，一线欠缺这样的操作者，司法质量就难以保障。因此，不改革现有办案模式，办案一线就留不住业务骨干和优秀人才。而推动适度的司法化，使检察官成为有职有权的司法官员，是实现检察事业可持续发展最重要的举措之一。

四、主任检察官制度的实践小结与完善方向

（一）主任检察官制度与原有主诉（办）检察官办案责任制的本质区别

1. 主任检察官制度将原有主诉（办）检察官办案责任制上升到制度层面，

并建立了一系列配套制度。

主诉（办）检察官办案责任制尽管实行之初起到了一定的积极作用，提高了办案效率，案件质量保持平稳。但在实行过程中出现了反复。目前仍在实行主诉（办）检察官办案责任制的主要是公诉部门，但实际效果有限。究其根源，主诉（办）检察官办案责任制是检察机关为解决案件增加、人员不足的办案压力，弥补检察活动与检察制度中的诸多缺陷和不足而展开的一项改革活动，但由于主诉（办）检察官权、责、利之间缺乏协调与统一，相关的权力监督和责任机制、执业保障机制、人员管理机制等配套制度没有及时建立起来，阻碍了主诉（办）检察官办案责任制的良性发展。而主任检察官制度的预期目标则不仅是一种办案责任制，而是涵盖了权力划分、监督制约、执业保障、人员分类管理乃至检察机关内部机构设置等配套制度的机制。通过建立完善的主任检察官制度，使检察官办案责任制改革成为推动检察机关执法办案方式改革和检察管理方式改革的动因。

2. 主任检察官制度比原有主诉（办）检察官办案责任制更加凸显检察官的主体地位和相对独立性。

在以往的主诉（办）检察官办案责任制模式下，不光是主任检察官的主体地位和独立性不足，作为大量案件办理主体的办案检察官的主体地位和独立性更是无从体现。或者说，主诉（办）检察官模式下，根本没有把办案检察官视作独立的办案主体，没有体现对办案检察官在案件处理、决定权限方面的应有尊重。这不仅与检察工作具有司法属性，检察官是执法办案主体，依法独立行使检察权的司法特点和规律相悖，而且不利于办案检察官职业荣誉感和责任感的培养，不利于检察事业的可持续发展。

课题组认为，确立检察官（不仅包括主任检察官，而且包括办案检察官）的执法主体地位和相对独立性是主任检察官制度的最重要贡献之一。这项制度使检察官明确地认识到自己的权力和责任，激发职业自信心和荣誉感，最大程度地体现"法律没有上司"。办案检察官根据自己对证据的判断和对法律的理解提出处理意见，主任检察官对这种意见也应当表示充分的尊重，主任检察官可以提出自己的意见与办案检察官沟通，如果不被接受，应当提交检察长或者检委会决定。基于检察一体原则，对于检察长或者检委会的决定，检察官应当执行。关于办案检察官的相对独立性，我国台湾地区花莲曾经有一则案例颇能反映检察长、主任检察官与检察官的关系：检察官不同意主任检察官、检察长的意见，仍然具名书写起诉书寄送法院提起公诉的事例，检察署就此向法院反映主任检察官、检察长不同意起诉书的意见。鉴于我国台湾地区地检署对法院的起诉书系检察官署名，法院研究后认为该起诉书依法有效，但最后认为被告人无罪，作无罪判决。该检察官并非因起诉的案件被判无罪，而因违背了检察一体原则受到处分。①

（二）当前主任检察官制度的完善方向

和任何重大制度的变革一样，主任检察官制度的建立是一个循序渐进的过程，不可能一蹴而就。当前主任检察官制度的深入推进也面临一些问题，需要不断完善。主任检察官制度改革实际上是检察业务运行方式和检察管理方式的综合性改革，涉及干部人事制度、检察业务工作流程、检察权内部配置和监督制约、检察官职业保障等体制和机制的问题。这些问题不是一家或者几家检察机关的试点探索、经验总结能够解决的，还需要依靠立法和高检院自上而下的推动。总结闵行区院开展的主任检察官制度探索的实践经验，本课题组认为，需要从以下几个方面着手完善主任检察官制度：

1. 明确主任检察官制度的法律支撑

和主诉（办）检察官办案责任制的探索一样，主任检察官制度的改革同样面临法律支撑不足的问题。《宪法》和《刑事诉讼法》规定了检察权由人民检察院行使；《刑事诉讼法》和《人民检察院刑事诉讼规则（试行）》仅对检察长和检察委员会的职权作出了规定；《人民检察院组织法》中检察官享有的权利包括"履行检察职责应当具有的职权"，但具体是何种职权并未明确；2012 年 11 月最高人民检察院最新发布的《人民检察院刑事诉讼规则（试行）》中，仍规定"人民检察院办理刑事案件，由检察人员承办，办案部门负责人审核，检察长或者检察委员会决定"，将三级审批制度确认为检察机关的根本办案模式。以上规定表明，虽然立法并未禁止检察官办案责任制形式改革的探索，但缺乏明确的法律支撑。尤其是新实施的《人民检察院刑事诉讼规则（试行）》，与主任检察官制度的"放权"存在明显的冲突，如果在执法办案过程中受到当事人或者外界的质疑，恐难以自圆其说。

缺乏明确法律支撑的另一弊端就是没有统一的、规范的放权机制。主任检察官的权力来源于其所在检察院检察长的授权，既然是检察长授权，就随时可以收回，具有一定的局限性。检察长下放给主任检察官的权力越多，检察长和副检察长的权力就越小，影响力越低，检察长愿意在多大程度上授权给主任检察官，随意性太大。主任检察官制度的改革，未来如果没有明确的法律支撑，不仅自身底气不足，恐怕还会面临和主诉（办）检察官办案责任制同样的结局。因此，建议最高人民检察院立即着手修订《人民检察院

---

① 郭菲力：《台湾地区检察制度简介》，载《上海检察调研》2013 年第 8 期。

刑事诉讼规则（试行）》，并在合适的时候推动《人民检察院组织法》、《检察官法》的修订，为检察官独立行使职权构建完整的法律机制，为主任检察官制度的推行扫清法律障碍。

2. 规范检察权运行机制，建立科学的分案制度和案件移转制度

一直以来，我国检察机关内部究竟应该如何行使领导关系，没有引起足够的重视。上级检察机关应当如何领导下级检察机关，检察长、主任检察官应当如何领导办案检察官，没有清晰而明确的规则可循。课题组认为，检察机关内部的领导关系应当以检察一体为原则，并以规范化的检察一体保障检察官的独立，尽量减少或者避免检察机关上级领导对下级检察官个案的干预，上级领导的指令权应当仅限于技术层面，而非具体的证据判断和法律适用。

建立检察机关内部规范化的权力运行机制，科学的分案制度和案件移转制度是该机制的重要内容。之前，分案权和案件移转权并未引起我国理论界与实务部门的重视，但经过与域外尤其是我国台湾地区相关制度的比较，我们发现，其中蕴藏着很大的权力寻租空间。分案是检察官办案的前提，必须保证案件的公平、有序分配，杜绝分案的随意性，防止权力滥用和分案过程中可能蕴藏的司法腐败风险。如果没有制度约束，掌握分案权的人，不管是主任检察官还是行政领导，随意的挑选、分配案件，就有可能将这项权力异化成权力寻租、排除异己的工具，虽然这样的情况很少，但是对整个制度的伤害很大。保证检察权规范化运行的另外一项重要制度是案件移转制度，案件一旦分配给某位检察官办理，其办案权力不能被随意剥夺，特定的情况下，可以由检察长决定指派其他的检察官办理，但仅限于事先明确的特定事项。这项制度的好处在于最大程度地保障检察官的独立，办案权是检察官最重要、最基本的权力，如果没有规范的案件移转制度，检察机关的上级领导可以任意转移某个案件的办案权，则可能造成业务素质不高、唯上是从的人如鱼得水，而业务素质较高、坚持己见的人受到排挤。

3. 妥善处理检察官独立地位与全局工作的关系

从实践情况来看，检察长、科层领导与办案人员由于其所处位置的不同，工作侧重点也有所不同。具体而言，办案人员的工作重心更偏向于个案的处理，且在处理时更注重案件的法律效果，而领导层则更注重工作的全局性，且对于案件的政治效果与社会效果往往保持更高的关注。主任检察官制度强调主任检察官个人的独立性与独立地位，这种突出与强调必然伴随着科层领导、甚至检察长权力的削弱，而这种削弱对于全局性的工作难免会带来一定的负面影响。

以办案为例，在所有案件均需经三级审批的情况下，由于所有案件最后都

集中到检察长一人手中，因此，对于案件类似情节的处理尺度基本是统一、均衡的。而在主任检察官制度下，各主任检察官由于个人情况、资历、好恶、价值观、司法理念、法律认识的不同，对于案件的把握尺度与处理方式也会有所不同，从而导致同案不同处理。

在办案工作之外，领导控制力削弱的负面影响可能就更为突出。检察工作不仅包括办案，还包括监督、调研、宣传、综合治理等各方面。在原有体制下，科层领导能全面掌握科内工作走向，充分利用各种资源，并根据各办案人员的长处合理进行工作安排。在主任检察官制度下，科层领导无法第一时间掌握案件情况，而各主任检察官由于性格、兴趣、擅长领域的不同，很难全面利用本办案组内的案件资源，从而出现组内资源浪费、科内资源不足工作难以开展的情况。

对于这一问题，闵行区院采取了多种解决方法。以公诉科为例，在案件受理时由内勤统一输入案件信息，并对公安机关移送起诉意见书进行阅看，发现亮点信息及时上报科室；法律文书付印前统一交由专职文书审核员进行审核；案件判决后填写三书一表进行三级审批。这一系列的措施确有一定效果，但对法律文书和"诉判一致"的严格要求，也可能影响到主任检察官作出判断的独立性。如何在主任检察官独立性与领导对全局工作的掌控之间取得平衡，还需要持久的探索与研究。

4. 建立科学化的岗位激励机制

与普通检察官相比，主任检察官无疑承担了更加繁重的工作与更加巨大的压力。为鼓励优秀检察官担任主任检察官，闵行区院明确没有行政职级的主任检察官享受不低于部门副职的待遇，且在选拔、晋升时享有优先权，任职满一定年限可以晋升副处级非领导职务。这一规定在干警中取得了良好的反响，并极大地鼓舞了青年干警争获"三优一能"的积极性。但仍有需要进一步思索之处。就享受不低于部门副职待遇而言，闵行区院作为基层检察院，在职级待遇上，部门副职待遇即副科级待遇。以公诉科为例，该科共有两名主任检察官，一名为副处级检察员、一名为正科级检察员，部门副职待遇起到的激励作用实际上相当有限。而晋升副处级非领导职务的规定由于未明确需要任职满多少年限，也让人由可望而不可及之感。实际上，在确定任职年限时也存在着一种两难：如果规定的任职年限过短，主任检察官可能在取得副处级后即辞去主任检察官职务，出现"培养一个、流失一个"的情况；而如果规定的年限过长，又难以体现出选拔制度对于主任检察官的优先。目前情况下，比较可行的方案是待遇与职级相分离，主任检察官任职满一定年限后，不晋升副处级职务但享受副处级待遇，而一旦离开主任检察官岗位，则仍享受与其职级相匹配的待遇，从而鼓励主任检察官长久驻守在本岗位上。但是，这一方案需要相应的区级财政、人事等各方面的支持，需要各方进行协调，并以制度化的方式确定下来。

主诉检察官办案责任制度研究*

——以广西检察机关的实践探索为视角①

吴寿泽

主诉检察官办案责任制（以下简称主诉制）是指在检察长领导下，在公诉部门实行的以主诉官为主要责任人的检察官办案制度。作为一项对刑事检察工作机制变革的积极举措，旨在改革检察权行使过程中的行政化弊端，以切实保障检察官作为行使检察权的主体，能够依法实现宪法所规定的独立行使检察权的立法目的和要求。主诉制这一制度推行至今实践证明其符合公诉办案工作的自身规律，明确了办案责任，提高了案件质量和诉讼效率，锻炼了公诉队伍，提升了公诉水平，应当继续把这项改革向前推进②。

但同时应当承认，由于这一改革缺乏制度配套、责权利不对等以及近年来检察官断层导致的主诉官人数减少，抑制了其作用的有效发挥，使调动主诉官积极性和责任心这一制度设计的初衷受到了挑战，一些问题和不足在实践中也日益凸显。如何根据新形势和全国检察机关"四公会议"关于案件责任的划分要求，对原制度进行修改完善，重新确定主诉官职责职权，逐步建立符合主诉检察官办案责任制的主诉检察官晋级、淘汰管理机制和激励机制，充分发挥

---

　　* 本文系 2011 年最高人民检察院专题调研重点课题。课题负责人：吴寿泽，广西壮族自治区人民检察院公诉三处副处长。

　　① 广西壮族自治区人民检察院公诉办公室调研组为研究当前影响和制约继续坚持和深化主诉检察官办案责任制的突出问题，着力推进公诉工作机制改革创新科学发展，确保案件质量，从 2009 年下半年开始，通过采取个案抽查、统计分析和先后对自治区院本级、全区 15 个市分院以及 34 个基层院共 50 个单位进行座谈研讨、问答调查等方式，对近年来广西全区检察机关主诉制运行情况作了一次较为全面的调查研究。

　　② 2010 年 6 月 29 日至 7 月 3 日，全国检察机关第四次公诉会议在吉林省长春市召开。高检院公诉厅彭东厅长在讲话中特别强调："主诉制是检察机关的标志性改革，其实践效果得到了社会各界的高度评价和认可，是一项符合司法规律、有利于公诉事业长远发展的改革措施，应当继续把这项改革向前推进。"

主诉检察官办案责任制在公诉工作中的重要作用，走出困境，把主诉制改革推向深入，已成为当前主诉制改革研究的核心问题和重要课题。

一、主诉制的发展脉络观察

（一）主诉制的酝酿背景

1978 年我国检察机关恢复重建以来，公诉部门办理刑事案件一直遵循着过去形成的三级审批制办案模式，由承办人提出初步意见，部门负责人审核，检察长审批或检委会讨论决定。三级审批制模式是长期以来形成的工作习惯，后来被检察机关内部规定保留下来。① 三级审批制伴随着 1978 年检察机关重建、1979 年刑事诉讼法实施、1997 年刑事诉讼法实施至今已经走过了 30 多年。自实施以来，在有效打击刑事犯罪、维护社会稳定以及保证案件质量等方面发挥了积极而重要的作用。但随着时间的推移和社会形势的变化，这一办案体制的弊端开始逐步凸显。在三级审批制中形成了"审而不定，定而不审"的办案模式和"重审查，轻公诉"的工作思路，容易导致办案人员对上级领导依赖心过重，办案责任心不强，工作积极性和主动性不高，从而优秀公诉人难以脱颖而出，同时案多人少、任务重、压力大的窘境以及因对案件重重把关，而带来的办案周期长、效率低等弊病使得公诉岗位一直缺乏吸引力，部门人员流动频繁，公诉骨干队伍的稳定性得不到保证，公诉人的整体素质和旧有办案机制的超负荷运行已经难以适应检察改革形势发展的要求。特别是 1996 年刑事诉讼法修正后，对我国刑事诉讼法的基本原则、诉讼程序以及公、检、法三机关的职能、庭审方式都作了重大修改，吸收了英美刑事诉讼中对抗庭审方式的合理因素，强化庭审中控辩双方的积极对抗以增加庭审实效。在新的诉讼模式下，加大了公诉人当庭举证的力度，特别是对证据提出了较高的质量要求，诉讼风险增大，这种现状与原来检察机关注重庭前审查，轻视出庭公诉的做法产生了冲突。这势必要求检察机关从深层次的机制入手，围绕强化司法职能的目标，完善其自身制度建设，改革与此相冲突的制度和工作方式，于是主诉制在适应这种变革的要求中逐步出现。

（二）主诉制的产生推广

主诉制的探索起始于 1995 年河南省检察机关。该省郑州市人民检察院率先试行主诉制，1997 年南阳市、驻马店市等地级检察院又相继对主诉制进行

① 1999 年《人民检察院刑事诉讼规则》第 4 条规定："人民检察院办理刑事案件，由检察人员承办，办案部门负责人审核，检察长或者检察委员会决定。"

了探索。1998 年，北京市海淀区人民检察院推出了颇具特色的"海淀模式"——建立在审控分离机制下的主诉制。两地的主诉制探索为后来该项改革制度在全国的推广提供了丰富的实践经验，同年 12 月，主诉制作为高检院试行六项检察改革措施之一出台，1999 年 4 月，高检院在全国检察长会议上决定在北京、上海等十大城市进行主诉制试点，2000 年 1 月，高检院下发了《关于在审查起诉部门全面推行主诉官办案责任制的工作方案》，主诉制在全国范围内开始全面铺开并迅速推广。

（三）主诉制的发展现状

截至 2010 年年底，全国检察机关实行主诉制公诉部门 2019 个，占全国公诉部门的 56.94%，主诉官 5965 名，占全国公诉人的 21.95%，668 个院落实岗位津贴，占实行主诉制单位的 33.09%，有 191 个院落实职级待遇，占 5.55%①。

1. 取得成效

从广西检察机关 10 年实践来看，其优势和效果明显：一是工作效率、办案质量有明显的提高。调查显示，实行主诉制后，由于素质得到保障，职权、责任明确，办案人员的积极性大大提高，责任心增强，案件退补率下降，律师任意辩护、被告人随意翻供的现象以及说情、拉关系等案件外因素干扰明显减少，加之审批环节减少等因素，使得办案周期大为缩短，工作效率明显提高。同时，主诉官主动严把质量关，在办案过程中更认真、更细致，投入的精力远远高于办案制度改革前，诉讼监督也呈现可喜的局面。由于对主诉官赋予重任，给予相应的待遇，主诉官时刻意识到自己的责任和义务，秉公执法。二是树立了良好的公诉人形象。由于主诉官系选拔而来，个人素质较高，工作认真，出庭公诉普遍表现不俗，受到各界好评，为公诉部门这个检察机关的窗口树立了良好的形象。三是形成良好的学习氛围。实行主诉制要求主诉官有相应的审查起诉工作水平和领导决策能力，这从客观上促使主诉官自觉学习法律知识，研究法律问题，积极总结办案中的经验和教训。

2. 主要特点

主诉制的运行主要呈现出以下五个显著特点：

（1）主诉官队伍已经成为公诉部门主要办案骨干力量。以广西为例，广西全自治区主诉官 2007 年至 2010 年共办理案件 68618 件，占公诉部门办案总数 57.1%，共出庭 37827 件，占出庭总数 55.9%。历年所占办案比例分别为：65.22%、62.12%、50.2% 和 51.94%；历年所占出庭比例分别为：69.07%、

---

① 参见最高人民检察院公诉厅《公诉工作年度报告》（2010 年度）。

63.65%、45.54%和47.66%。

（2）主诉官组织形式呈多样化。目前，主诉官组织形式主要有单办制、助手制和小组制三种，其中以助手制和小组制为主。在广西所调查的50个单位中，单办制5个、小组制18个、助手制22个，分别占45个实行主诉制单位的11.11%、40%和48.89%。在少数基层院如南宁市兴宁区院在小组制中还有普通组和简易组之分。

（3）主诉官办案模式呈多样化。一是主诉制与双轨制办案形式并存。在广西所调查的50个单位中，实行主诉制45个，实行双轨制5个。二是实行捕诉合一的办案模式。广西先后有北流、玉洲、凭祥、钟山、武宣和江洲等6个基层院实行该办案模式，其中北流、玉州、武宣3个单位是办案合一，但武宣县院侦监人员可以办理公诉案件，但公诉人员不能办理批捕案件；凭祥、钟山、江洲3个单位是人员合一，但彼此不能办理相互案件。三是案件审批模式不一。主要有主诉官审批制、科长审批制、主管检察长审批制以及混合审批制四种。四是分案方式不一。主要有部门人员轮流分案制、主诉官轮流分案制和部门领导指定分案制三种。

（4）实行主诉制的单位总体呈下降趋势。截至2010年年底，全国实行主诉制公诉部门2019个，占全国公诉部门的56.94%，较2005年减少892个。广西自2000年6月在全自治区开始全面推行主诉制后，到2006年推行院数最多达129个，但数量自2007年以来基本维持在125个以下，至今为109个，较最多时129个减少了20个单位。如河池市2007年辖区内12个办案单位均实行主诉制，但2008年减至10个，2009年上半年又减至8个。

（5）主诉官人数总体呈下降趋势。截至2010年年底，全国主诉官有5965名，占全国公诉人的21.95%，较2005年减少3398人。广西自2000年6月推行主诉制以来，全自治区主诉官人数占公诉部门人员的比例从未超过50%。2006年至2010年全自治区主诉官占公诉人员比例平均数为36.05%，现有主诉官人数与2002年437人相比减少1/3多，主诉官总人数在逐年减少，占公诉人员比例也由最高的47.6%下降为最低33.94%：2006年377人、2007年349人、2008年306人、2009年299人、2010年297人。如桂林市由2007年的52人减至2008年的31人，贺州市2006年和2007年均有12名主诉官，但目前仅有7人，只占全市公诉人员的25%，数量减少41.7%。

二、主诉制的法理基础

（一）主诉制合法性争议辨析

目前，主诉制在我国现行立法中尚未规定，而是在高检院主持下推行的一项工作制度试点。但此项改革并未突破法律的界限，即使与现行法律存在某种软性冲突，但尚未发现直接违背法律的硬性冲突，而且考虑到我国司法改革的特点，目前推行主诉制，在法律上应当说是具有兼容性的。①

1. 现行法律与主诉制之间可能存在某些软性的冲突

这种冲突不是在行为规范、制度规范意义上的直接冲突，而是在法律原则和法律精神意义上的不协调。其主要表现是关于检察院独立（而非检察官独立）以及检察长负责制的规定。《宪法》和《人民检察院组织法》均规定由检察长统一领导人民检察院的工作，即实行检察长负责制。而《刑事诉讼法》对于检察权的行使，均以人民检察院为主体，如由人民检察院决定起诉和决定不起诉，人民检察院派员出席法庭支持公诉等。可见，现行法律制度中，并没有关于检察官相对独立行使职权的明确、具体的规定，这种情况下，公诉检察官的决定权可能受到某种质疑。

2. 现行法律对检察权的配置和检察官办案制度的规定有一定的包容性和弹性，因此并不排斥检察官相对独立地行使一定的检察权力

一是根据《检察官法》第2条、第6条、第9条的规定，检察官是依法行使国家检察权的检察人员，其职责包括代表国家进行公诉，享有履行检察官职责应当具有的职权和工作条件。据此，检察官作为检察权行使的主体，不仅应当履行其职责，而且应当享有相应的权力，包括某些问题的决定权。二是检察院独立行使检察权，其内部检察权的配置，可采取由检察长代表检察院行使、检察官代表检察长行使、检察长与检察官共同行使检察权等形式，而不必将一切权力集中于对外代表检察院、对内实施业务领导的检察长。三是检察长负责制不排斥一定意义上的检察官负责制。主诉官办案责任制只是一种体制内的变革，并没有将检察官当成独立的诉讼主体，也没有赋予其对抗行政指令的权力，主诉官的权力是检察机关内部在现行法律框架下调整权力结构的结果。

3. 根据我国司法改革的特点，主诉制改革可以先走一步

中国法治改革和司法改革的特点，是允许在与宪法和法律不直接冲突的情况下推行制度变革，并且可以先改革后立法。这是由于我国处于社会主义的初级阶段，同时法制也处于一个比较初级的、具有过渡性的时期。这个时期法制的特点，一是制度不成熟，许多方面还需要摸索改革；二是制度建设的经验不充分，因而有待积累；三是社会构造与法制构造的不稳定性较大。在这种情况

---

① 龙宗智：《主诉检察官办案责任制的依据和实施条件》，载《人民检察》2002年第2期，第9页。

下，通常的改革做法是先实施一定程度的改革，即在宪法和法律允许情况下的改革，再考虑制度的突破和法律的修订，而且改革与法律的修订是一个双向互动的过程。鉴于法律反映的是相对稳定和成熟的社会关系，因此，先改革然后逐步进行制度完善是具有普遍性的改革做法。

（二）主诉官的法律定位

建立并推行主诉制，必须解决主诉官的定位问题，即检察官属于行政官还是司法官，还是具有双重身份，这是不能回避的一个核心问题，它是主诉制建立和完善的基点。论及主诉官的定位，不能不涉及一个重要概念——检察权。检察权的合法性是检察机关以及检察官职业存在的依据，离开了"检察权"谈主诉官的定位没有任何意义。根据政治分析的一般原理，国家权力按其性质与功能，大致可以分为三种，以议事、决策和立制为特征的立法权，以命令、统筹和执行为特征的行政权，以及以协调、中立和判断为特征的司法权。要确定主诉官是属于行政官还是司法官，从另一个角度说，就是检察权是司法权还是行政权的问题，学术界历来对此有不同的看法。目前，主要的观点有行政权说、司法权说、法律监督权说、准司法权说，另外还有学者提出检察权是独立于司法权和行政权以外的权力①。

第一种观点认为，检察权属于行政权，即检察官是行政官。持此学说的学者认为，考察各国检察机关的设置，一般都属于行政机关的一部分。从立法、行政、司法三权分立角度考虑，检察机关不属于立法和司法机关，只能归于行政机关；从检察机关实行的"检察一体制"的领导体制角度考虑，检察机关具有明显的"上命下从"的行政属性。为此，有学者甚至主张，将检察机关与司法机关合并，由司法部长兼任总检察长②，而检察官应定位于一般行政官。但"检察官是行政官"也存在严重的缺陷：第一，行政官之说缺少刑事诉讼法的依据。因为，按当前世界各国的起诉制度，法定主义是规范刑事起诉的根本原则，便宜主义只是极少数情况下的补充。在与法律的关系上，检察官与一般行政官的本质区别表现在：就一般行政官而言，法只是其行事的框架，只要在框架内，依目的性或公共安全秩序的要求行政即可；而检察官必须将法作为工作的目标，积极贯彻实现法的宗旨。③ 第二，行政官之说与当前西方各

---

① 张智辉：《论检察权的性质》，载《检察日报》2000 年 3 月 9 日第 3 版。

② 崔敏：《关于司法体制的若干思考》，载《诉讼法论丛》（第 2 卷），法律出版社 1998 年版，第 44—67 页。

③ 孙谦：《检察：理念、制度与改革》，法律出版社 2004 年版，第 100 页。

国的司法状况不符。当前，在西方各国的司法实务中，检察官的独立性已远高于行政部门的执法人员，且检察官是以个人名义署名，独立承担责任的，有别于一般行政官员。第三，行政官之说根据三权分立理论认为，国家只能有此三权来推论检察机关属于行政机关也存在理论上的缺陷。因为此推论否定了在三种权力之外存在其他权力的可能。而随着社会分工发展及国家职能的复杂化，国家权力体系中完全可能出现介于传统三种权力之间的权力。

第二种观点认为，检察权属于司法权，检察官属于司法官，或称为等同法官①。"等同法官说"盛行于 20 世纪 60 年代的德国，同时这也是我国的通说。其主要理由如下：一是根据《宪法》和《人民检察院组织法》，我国的检察机关是法律监督机关，履行侦查、控诉和诉讼监督的职能，与西方任何国家的检察职能不同。检察机关与审判机关、行政机关都有着各自独立的宪法地位；检察机关与审判机关是平行设置的，它们是我国的两大司法机关，检察官的地位和职责近似于法官，所以检察官也应归类于司法官②。二是从世界范围看，强调检察机关的司法性，并由此而强化检察机关的独立性，应当说具有普遍的趋势③。同时，"等同法官说"的缺陷也很明显，比较各大法系各国法治，"等同法官说"认为检察官的工作指向及行事准则与法官具有高度的近似性，是没有疑问的，然而，从近似到等同，毕竟还有不小的距离，这是"等同法官说"难以自圆其说之处。同时，虽然检察权与司法权极为接近，但是接近与等同之间也有一段距离，这也难以自圆其说。④

第三种观点认为，检察权属于法律监督权⑤，检察官是国家的法律监督官员。检察权作为独立于司法权和行政权的第三种国家权力，是按照法律规定的范围和程度对司法行为和行政行为的合法性实行监督的法律监督权。社会主义国家结构克服了三权分立的弊端，在人民代表大会体制下，我国设立了行政机关、审判机关、检察机关和军事机关，分别行政国家职能中的行政权、审判权、检察权和军事权。检察机关是国家法律监督机关，专门行使检察权，履行法律监督职能。法律监督反映了检察权的根本属性和功能。程序性、诉讼性是

---

① 陈光中主编：《诉讼法理论与实践》（2003 年刑事诉讼法学卷），中国政法大学出版社 2004 年版，第 13 页。

② 陈光中、徐静村主编：《刑事诉讼法学》，中国政法大学出版社 1999 年版，第 61 页。

③ 龙宗智：《论检察权的性质与检察机关的改革》，载《法学》1999 年第 10 期。

④ 孙谦：《检察：理念、制度与改革》，法律出版社 2004 年版，第 103 页。

⑤ 刘立宪、张智辉：《检察机关职权研究》，载《诉讼法论丛》（第 2 卷），法律出版社 1998 年版，第 100 页。

检察权的重要特征①。因而，检察官区别于其他官职，包括司法官和行政官，具有独特的法律属性，这种属性就是法律监督，检察官应当是国家的法律监督官员②。可以看出，"法律监督官员说"同样具有一定的缺陷：检察权与法律监督权是两种不同性质的权力形态。检察权基于的是一种诉讼权力，受诉讼法律关系影响较大，而法律监督权明显不属于诉讼权力，两者之间存在着差异。由于法律监督是一种单向性的法律行为，往往以被监督行为的违法性为实施法律监督行为的条件，监督者的权威性不容置疑，监督者与被监督的法律地位是不平等的，与诉讼法律关系中诉讼主体的平等性及权利义务相一致的原理大相径庭。

第四种观点认为，检察权属于准司法权③，检察官兼具司法与行政双重属性。即检察官具有兼具司法官和行政官的双重性质④，也有学者称之为半司法和半行政的性质⑤。一方面，检察官的上下领导关系，包括"检察一体制"的领导体制，突出体现了检察官"上命下从"的行政性。另一方面，公诉活动以直接性和亲历性为基础，检察官在诉讼活动中也具有一定的独立性，检察官的起诉活动履行着一种裁判职能，尤其是不起诉决定，与法院的免予刑事处罚和无罪判决具有相似的效力，是适用法律进行裁决的行为，因而具有司法属性。

我们赞同第四种观点，理由如下：

首先，检察权在一方面表现出行政性质。一是检察权中侦查权具有鲜明的行政性。侦查权是为了发现和证明犯罪而依法采取一定强制措施的权力。侦查权的行使，不仅具有明确的目的性，强调侦查效率，而且具有严密的组织性，要求检察长组织一定规模的侦查队伍实施计划周密的侦查行为。二是检察一体化是检察权的运作方式之一。从世界各国检察机关领导体制看，实行检察一体制是普遍采取的工作原则和组织活动原则⑥。一般而言，检察一体原则包含有

---

① 漠川：《程序性是检察权与行政权、审判权的重要区别》，载《检察日报》1997 年 11 月 24 日。

② 王桂五：《略论检察官的法律属性》，载《敬业求是集》，中国政法大学出版社 1997 年版。

③ 张建伟：《刑事司法体制原理》，中国人民公安大学出版社 2002 年版，第 28 页。

④ 龙宗智：《试论检察官的定位》，载《人民检察》1999 年第 7 期，第 8 页。

⑤ 熊先觉：《司法制度与司法改革》，中国法制出版社 2003 年版，第 127 页。

⑥ 张穹：《关于检察改革的若干理论问题》，载孙谦、刘立宪主编：《检察论丛》（第 3 卷），法律出版社 2001 年版，第 191 页。

以下方面的内容：第一，检察机关普遍实行仿效行政机关的"阶层式建构"①，上下级之间体现为指挥、命令与服从、执行的关系，上级检察官对下级检察官享有监督、任免、惩戒的权力。这种纵向位阶制和上下级领导关系，是典型的行政关系。第二，职务收取和职务转移制。上级检察官有权亲自处理属于下属检察官承办的案件和事项，同时上级检察官有权将下属检察官承办的案件和事项转交其他下属检察官承办。第三，检察官代换制。检察机关内部领导有权在诉讼中途更换承办案件的检察官，其更换行为不影响前期诉讼行为的法律效力。第四，检察官执行职务虽有一定的管辖范围，但遇到紧急情况或有必要时，也可以在管辖区外行使职权②。第五，检察官对外代表检察机关，检察官在刑事诉讼中所作的已生效的处分决定，全体检察官应当确认并维护该处分的地位和效力③。尽管检察权具有上述两个方面的行政性，但它们都只是检察权的局部特征，侦查权只是检察权中的一项权力，检察一体化原则只是检察工作体制中的多项原则中的一项原则，不能反映检察权的全貌。

其次，检察权在另一方面具有浓厚的司法性质。一是检察官在诉讼活动中具有相对的独立性。根据我国法律规定，检察机关与审判机关的独立地位是相似的，审判机关以审级独立方式独立行使审判权，检察机关以系统独立方式独立行使检察权④。在检察官的工作体制中有两个支柱性的基本原则，即检察官一体化原则与检察官相对独立性原则⑤，它们是对立统一的，缺少任何一个方面，都不可能形成完整的检察体制。特别是检察官的自由裁量权，与法官的裁量权一样，具有裁断性。二是检察权以实现法律和维护公共利益为宗旨。检察官有法律守护人的地位，在查明事实和作出法律判断方面，检察官和法官具有同样的目标，即实现法律和公共利益。检察权的行使不仅是启动司法程序的重大步骤，而且是完成司法程序的重要推动力量，是司法活动的主体之一，即对审判活动发挥着重要的任用。三是检察机关的公诉权是具有司法性质的权力⑥。公诉权是检察机关审查证据材料，决定是否起诉并在法庭上支持公诉的

---

① 龙宗智：《试论检察官的定位》，载《人民检察》1999年第7期，第6页。

② 张穹：《人民检察院刑事诉讼理论与实务》，法律出版社1997年版，第18页。

③ ［法］卡斯东·斯特法尼等：《法国刑事诉讼法精义》，中国政法大学出版社2002年版，第128页。

④ 张智辉、杨诚：《检察官作用与准则比较研究》，中国检察出版社2002年版，第257页。

⑤ 刘立宪、张智辉：《检察机关职权研究》，载孙谦、刘立宪主编：《检察论丛》（第2卷），法律出版社2001年版，第101页。

⑥ 龙宗智：《试论检察官的定位》，载《人民检察》1999年第7期，第9页。

权力。其中，审查证据材料和决定是否起诉的行为，尤其不起诉决定，同法官的免予刑事处罚和无罪判决具有相似的效力，都是适用法律的行为，即具有"司法性"。四是检察官与法官享有同等或相近的职业保障。为了使检察官在行使检察权时免受任何外部势力的干扰，公正无私地办理案件，许多国家的法律规定检察官享有类似于法官的身份保障。在法国，法律承认检察官同法官一样享有身份保障；在我国，检察官与法官的身份保障是一致的。

（三） 主诉官的职权配置

主诉官具有行政官与司法官的双重属性，对其职权的配置产生了一定的影响。

1. 司法性要求的影响

基于司法官，要保证主诉官一定程度上的独立性，赋予其实际的控诉和监督的权力，这也是主诉制实施的关键。这就要求检察机关必须合理划分职权范围，协调主诉官与业务部门领导、检察长的关系，要限制检察长和业务科（处）长的"指令权"，保证主诉官一定程度的独立性。

2. 行政性要求的影响

第一，对主诉官独立行使职权应有行政性限制。由于检察一体原则的存在，主诉官的独立性是相对的，检察长仍具有业务监督和指挥权。第二，检察长行使指挥监督权应有合理的界限。主诉官的任何一个职务行为都可以根据事实与法律进行评价。对于事实问题，基于证据判断的内心确信原则，亲自收集证据、直接面对案件的承办检察官应当更有发言权，即主诉官汇报案件时应当对案件事实负责，也就是说，在指挥监督权的行使中，上级检察官不应对证据的证明力进行指挥。对于法律评价问题，区分是否存在自由裁量的空间而论，对于属于检察官自由裁量范围的问题，如不起诉，上级检察官可以行使指挥监督权；如果不存在裁量的空间，上级检察官一般不宜行使指挥监督权，但对应否起诉、抗诉有明显疑义时，可以行使指挥监督权。第三，行政性限制主要是针对主诉官的书面决定。对于主诉官在法庭上的言词诉讼活动，是否必须与检察院的决定"保持一致"，则是一个有待研究的问题①。西方一些国家，如德国，检察官的法庭活动取决于自己对法律的信念及其司法的理性，具有言论自由。在我国现阶段，包括法官在内的司法官的独立程度还比较低，司法行为还受到多方面的制约，主诉官的独立性还不可避免地受到一定的限制，因此，当主诉官的信念与检察机关的诉讼决定发生冲突时，不允许主诉官发表与检察机

---

① 龙宗智：《试论检察官的定位》，载《人民检察》1999 年第 7 期，第 10 页。

关决定直接矛盾的诉讼言词，以维护检察机关决定的严肃性。另外一种解决办法是，在此种情形下，上级检察官可以行使职务收取权或职务移转权，更换承办检察官，不使原承办人违心进行检察职务活动。因为，很难想象一个不认为指控行为是犯罪的检察官可以很好地履行控诉犯罪的责任。

3. 司法性要求与行政性要求的协调

上级的指挥监督权必须和检察官的独立性相协调①，司法性要求给予主诉官放权，行政性要求强化对主诉官的监督与指挥。而放权和监督也是完善主诉制最为重要的两点：一是在上命下从的界限基础上防止上级检察机关和上级检察官对主诉官的干涉，真正放权于主诉官，需要建立主诉官身份保障、职权保障以及上级检察官指挥监督权的界限等制度，这是独立行使检察权的重要保障；二是健全主诉官监督制约机制，保障检察权的正确行使，维护法制的统一和公平正义的实现，这是主诉制运行的现实基础。

三、主诉制的价值考量

（一）主诉制的理论意义

主诉制的推行，对于我国检察制度的改革乃至整个司法改革都具有重要的意义。② 具体而言，目前在加大对公诉部门或检察机关的物质投入方面影响较小的情况下，推行主诉制能够较快体现法律价值的是：通过赋予主诉官职业一种精英化的地位，改善办案一线人员的素质结构并鼓励分工协同；通过建立新的工作方式，打破制度僵局推动体制创新，双管齐下促进办案质量与速度同步有所提高。③

1. 强化司法属性

我国检察机关是宪法和法律确定的法律监督机关和司法机关，但长期以来却被赋予太多的行政性，使它难以做到"独立行使检察权"，难以符合它的司法属性。检察机关内部以单纯的行政方式管理检察业务，检察官缺乏独立性，他们只是行政垂直线上处于底部的一个点，没有什么地位可言。主诉制的推行和发展，不仅意味着改革长期以来单纯以行政手段管理检察工作的做法，

---

① ［日］法务省刑事局编：《日本检察讲义》，杨磊等译，中国检察出版社 1990 年版，第 21 页。

② 龙宗智：《为什么要实行主诉检察官办案责任制》，载《人民检察》2000 年第 1 期，第 19 页。

③ 刘洪林：《这种改革十分必要——中国人民大学教授陈卫东谈主诉检察官制》，载《检察日报》1999 年 11 月 23 日。

体现了检察官应有的司法属性，使其具有了相对独立性，而且使整个的刑事检察体制都可能因适应强化公诉的要求而发生一定变化。因此，在检察官办案制度上的这项改革，必将导致检察体制的改革，促使我国检察制度的发展。

2. 推动体制创新

这项改革是司法改革需要与现行人事制度的弊端相冲突之下相对合理的产物。主诉制是从基层检察院探索开始的，后来得到高检院的认可并全面推行，经历了一个自下而上成长，然后再被自上而下推行的过程。因此，它体现出明显的实务眼光，与基层工作的结合也较为紧密。同时，高检院的推行方案中对主诉官制度的组织形式、选任标准、任期等内容尚无硬性划一规定，允许各级人民检察院自行探索。这体现了高检院在体制创新中重视基层参与以减轻制度推行阻力的思路，显示出一种开明的态度。此做法增加了主诉官制度在实施过程中继续完善发展的可能，也为其他方面的体制创新树立了榜样。主诉制作为在公诉部门的主要办案制度形式，涉及工作管理、人事管理、职权范围规定、业务绩效评估、激励监督方式等各个方面的内容。它的实施会引发一系列相关制度措施的变化和更新，以便为其提供相应的配套与保障。它主要会带动以下四个方面的改革：一是检察机关的人员分类管理制度，在检察官、书记员、司法警察和司法行政人员分类管理的基础上，某些类型内或类型间的规定还要进一步细化。二是保障主诉官权力运行的司法技术支撑制度，如当事人、律师会见制度，庭前证据准备制度等，作为主诉官开展工作最为依赖的工具。三是诉讼业务绩效评估制度，包括了绩效标准和绩效评估主体的确定两个方面。四是对承担诉讼职责检察官的监督制度，包括内外部的监督制度等。[1] 其实，主诉制可能也只是一种强化检察官权力与责任，促进检察官精英化的一种过渡性措施。随着检察官办案制度与我国司法改革的逐步深入，这一制度就可能进一步完善到一种常态的检察官办案和管理制度上，如上述的检察官分类管理制度等，今后对凡是具备检察官资格的官员都能赋予主诉权，其待遇也与法律职级而不是行政职级挂钩，这样才能真正体现责、权、利的相结合。

（二）主诉制的实践价值

司法以追求公正与效率的平衡为要义，司法改革也是如此。因此，作为形式检察制度改革的一项内容，主诉制自然并且只能以公正与效率的改善为终极目的。

---

[1] 刘建国主编：《刑事公诉实践探索与制度构建》，中国检察出版社 2003 年版，第349—350 页。

1. 优化人员素质

主诉制要求在公诉部门以主诉官为办案的主要责任人，因此，担任主诉官的检察官必须在政治上、业务上、组织协调上有较强的能力。另外，由于经受主诉业务的锻炼，使主诉官在能力上也必然会得到进一步的提高。这既能促使主诉官能力发展的良性滚动，也便于检察官精英化的实现。首先，调动了其积极性，增强了其责任感。主诉制将业务精英置于业务的核心点以把握整体质量，令辅助性业务专才仅从事其擅长的具体工作，细化业内分工，从而提高办案质量和效率。主诉制规定了奖勤罚懒，奖优罚劣，干多干少不一样，干好干坏不一样，真正体现了责、权、利相一致的原则，从而调动了主诉官的工作热情和责任心。其次，使其注重业务学习，努力提高办案水平。实行主诉制后，主诉官不仅要对事实负责，同时要对定性、定罪等负责，这就要求主诉官具有相应的公诉工作水平和领导决策能力。无形的压力激发了主诉官补充新知识的"充电"热情；强烈的工作责任心和进取精神使每位主诉官自觉加强专业业务学习，探讨案件性质，由过去的要我学变成现在的我要学，各自针对工作中的薄弱环节，本着缺什么补什么的原则，自我加压，以打牢扎实的理论基础。主诉制是提高检察官素质的关键步骤。责任的加重，权责的明晰，竞争机制的存在，客观上要求主诉官不断充实自己，其自身的素质必然日益提高，与此同时，对主诉官尊其位、隆其名，对其他非主诉官也是一种激励和鞭策。

2. 提高案件质量

主诉制的核心就是"责任"，实行主诉制后，赋予主诉官相对独立承办案件的权力，明确了办案职责。这不仅有利于提高办案质量，而且当案件一旦出错，承办的主诉官就是第一责任人，从这种意义上讲，也有助于贯彻执行错案责任追究制度。

3. 提升办案效率

主诉制打破了检察机关公诉部门长期以来个人承办案件、部门讨论、分管检察长决定，重大或疑难案件报检察委员会讨论决定的传统的办案模式，极大地提高了办案效率。主要表现在两个方面：一是主诉官的办案，免去了不必要的案件汇报、讨论、研究这一环节，缩短了办案的时间、提高了效率。以前往往是案件承办人排队等汇报，分管检察长整天忙于听汇报、改文书，办案的周期长。免去了这一不必要的环节后，不仅缩短了办案期限，也使分管检察长能从大量的、重复性工作中解脱出来，集中时间、精力，对重大疑难复杂案件进行复核把关，对政策、法律问题进行比较深入的研究。二是实行主诉制后，由于素质得到保障，职权、责任明确，办案人员的积极性大大提高，责任心增强，案件退补率下降。

四、主诉制在实践中面临的困境探究

经过十多年的实践，试行该制度取得了一定的成效，主诉制试行情况说明，我国确立该制度是很有必要的，它符合司法运作的规律和要求，但是，由于现行的管理体制和监督管理手段等多方面的原因，主诉制在实践中不可避免地存在着争议，面临着诸多的困境。

（一）权力配置与办案监督的矛盾

主诉制改革旨在强化检察权集中统一行使的检察一体原则之下，又给主诉官以充分的独立检控权，从而在集权与分权、授权与限权之间形成了较好的契合。这样在检察权的行使上就顾及了两个目标，一是兼顾到检察权在维护整个法制统一方面的作用；二是兼顾到主诉官在每一具体案件的检控中的作用。应该说，追求检察权在这两方面效用的最大化，是主诉制改革所期待的目标，但目前在实践中难以做到两全其美。

1. 放权与收权进退维谷

主诉制的核心在于放权，主诉制推行的过程中，简政放权一度是公诉工作的主调，经过一段时间，收权的呼声日渐高涨，主诉制在放与收之间徘徊。一方面，一些地方检察机关的领导对主诉官独立办案不放心，对于拥有相当大权力的主诉官们能否适应新的办案机制的要求，能否用好手中的权力，会不会滥用权力，以权谋私等心存疑虑；另一方面，在相应的权力还不充分，利益还没有真正到位的情况下，一些主诉官也不愿意承担如此大的责任，办案中遇到问题，主动向领导汇报，听候领导定夺，怠弃本应该自己独立行使的权力。加之个别主诉官确实不能胜任新的办案机制的要求，于是收权日趋明显，个别检察机关的主诉制甚至逐渐有其名而无其实。而地级市一级检察机关承办着大部分重大、复杂、疑难案件，对这些案件，主诉官仅有延长、退补案件的决定权，没有决定处理权，还需报批，事实上实行的仍是审批制。以上这些情况的存在，致使一些公诉部门的主诉制度改革可以说是穿新鞋，走老路，流于形式。放权与收权，进退两难。①

在检察官权力方面，国外检察制度对我国有一定的借鉴之处。因为刑事检控行为在事实上的司法属性，在西方各国，检察官获取了较为充分的裁量自主

---

① 参见张永会：《深化主诉检察官办案责任制度的思考》，载《中国检察官》2006年第6期；陈国锦：《实行主诉检察官独任制应克服几种错误倾向》，载《检察实践》2000年第4期。

权。如美国检察官拥有一定的自由裁量权①，日本检察官有广泛的决定是否起诉的自由决定权②，法国检察官可以采用起诉替代措施③，等等。我国法律强调的是人民检察院的集体独立，即便授予检察官权力，也是为了保障人民检察院独立行使职权，法律并未规定检察官独立行使检察权。④ 而外国检察制度都注重检察官的独立性，检察权的行使主体都是检察官而非检察院，检察官对一定范围内的检察事项具有独立处置权，而不仅仅是检察事务的承办人员。在美国，检察官行使的职能是个人负责制，因而其检察官独立性极强。在法国、日本实行"检察一体原则"，检察官与普通行政官员，从上下级领导的关系来说，都要接受上级领导，执行上级的指示，两者有类似之处，但不同的是，检察官有独立行使职权的权力，并不是事事都要得到上级的命令之后才能进行。在"检察一体原则"被引入之前，我国集中统一的检察权的运作方式就已存在，但相比之下，我国的检察官在类似"检察一体"原则下自行决定的权限就小得多了。在我国，各级人民检察院设有检察委员会，检察委员会实行民主集中制，在检察长主持下讨论决定重大案件。检察官承办的重大案件或者在办案中需采取重大的措施必须经检察委员会集体讨论决定后才能执行。这势必导致检察官的具体权限和责任不明确，不利于其积极主动性的发挥。因而，国外检察官的独立行使检察权不仅符合司法规律，还充分发挥了检察官的主观能动性，具有职责明确、决策迅速、效率较高的优点，值得我国借鉴。

2. 对主诉制的办案监督普遍缺乏有力措施和必要力度

一是主管检察长对主诉官及助手办案监督不到位。以广西为例，全自治区

---

① 美国检察官的自由裁量权表现为三个方面：有权单独决定是否提起刑事诉讼；有权单独决定在何种程度上指控某个人，即罪行豁免权、选择性起诉权、辩诉交易权；有权通知法院终止诉讼。其中，独具特色的是美国检察官独立进行的"辩诉交易"，使得检察机关对90%的案件顺利处理，不但提高了工作效率，而且还使得刑法典的"泛犯罪化"问题在实践中得以矫正。

② 日本、韩国、德国还规定了一定条件下的犹豫起诉或暂缓起诉，如韩国规定对青少年犯实行考验期的暂缓起诉的制度，即所谓"慈父般管教环境内少年犯暂缓起诉"的制度。

③ 自1989年起，法国检察官对轻罪或违警罪的犯罪行为人，可以采用起诉替代措施，包括刑事调解、补救条件下的不起诉，赔偿、以减少简单不起诉的适用；没收犯罪工具和犯罪所得、对轻罪和部分违警罪规定了四种新的替代措施，延期决定，包括罚金、吊销驾驶或狩猎许可证、无偿公益劳动等。如果行为人拒不接受检察官提出的刑事替代措施，则检察官可以提起公诉。

④ 陈卫东、李训虎：《检察一体与检察官独立》，载《法学研究》2006年第1期，第6页。

各级院主管检察长对主诉官及助手的办案监督主要是采取看审查报告、参加案件讨论和听取汇报等方式进行，而通过备案审查、动态管理等手段实行监督的则较少。在调查的 50 个单位中，主管检察长通过看审查报告等文书或者通过审批方式进行监督的有 21 个单位，占 42%；参加科处集体讨论案件的有 6 个，占 12%；通过听取汇报掌握案情的有 4 个，占 8%；只有 5 个单位的主管检察长通过备案审查和动态管理等方式主动进行监督。如南宁市院通过查看网上管理流程、象山区院通过查看每周上报收案记录、靖西县院通过查看三书备案材料来进行监督等，但仍有近 26% 左右单位的主管检察长对主诉官及助手的办案情况基本没有进行监督。二是部门领导对主诉官及助手办案监督不力。各级院多数部门领导对主诉官及助手的办案情况基本不掌握，这种现象在基层院以及部门主要领导不是主诉官的单位尤为突出。如在广西调查的 50 个单位中，部门领导通过查看审查报告并参与审批的有 9 个，占 18%，其中梧州市院所有案件均由科长进行审批；通过分案前看案或关口前移如通过参加联席会议等方式掌握案情的有 10 个，占 20%；通过动态管理系统进行监督管理的有 2 个，只占 4%；通过讨论案件才掌握案情的占绝大多数。三是主诉官对助手的办案监督普遍流于形式。多数主诉官对助手只是通过看审查报告或听助手汇报进行办案监督，基本"不阅卷、不参与提审、不参与出庭"，少数单位等对助手所办案件只是挂名签字而已，完全不看案卷和过问案情，文书审查也基本流于形式。在调查的 50 个单位中，实行主诉官审批的有 37 个，占 74%，但主诉官全程参与助手办案的只有 9 个，占 18%；参与出庭的只有 7 个，占 14%；参与提审的只有 3 个，占 6%。应当引起高度重视的是，还有近 49% 的主诉官没有对助手履行监督职责，甚至在个别单位还存在助手对主诉官已经签发的文书再作改动的情况发生。

(二) 责权利之间的矛盾

责、权、利的有机统一是实行主诉制的初衷，但经过一段时间的运行，出现了权力、责任和利益相脱节的情况，妨碍了这一制度健康深入的发展。现在主诉官面临的问题主要是责任很完整，权力却不完善，一些地方放权并不彻底。主诉官在求诉权方面有决定权，但在不诉、减少或增加犯罪事实、主动增加犯罪嫌疑人等方面没有权力。在主诉制设计之初，实际上并未考虑利益的问题，但随着主诉制的发展，利益问题日益突出，在很多地方公务人员工资规范后，原来的主诉官岗位目标管理奖取消了，打破了原来责、权、利三位一体的格局，而在出国培训、晋升、待遇等方面，并没有对主诉官真正的政策倾斜。有的地市一级检察机关受编制限制，一名科员晋升为副主任科员需要 5—7 年，主诉官亦不例外。这种责任大于职权、利益低于风险的态势直接导致主诉官岗位吸引力降低，不愿做主诉官的思想不断蔓延，很多人不愿意到任务多、风险大、责任重的主诉官岗位工作。①

以广西为例，主诉官的责、权、利基本上没有得到有效落实。一是绝大部分单位没有落实主诉官的职级待遇。全自治区 2007 年只有 21 个院落实了主诉官职级待遇，只占实行主诉制单位 16.8%；2008 年有 22 个院，占 17.7%；2009 年只有 7 个院，仅占 5.6%，比 2008 年下降了 12.1 个百分点；2010 年有14 个院，占 12.84%。二是大多数单位没有落实主诉官的岗位津贴。全自治区 2007 年有 42 个院落实了主诉官岗位津贴，占实行主诉制单位 33.6%；2008 年有 27 个院，占 21.8%；2009 年有 19 个院，仅占 15.2%，比 2008 年下降了6.6 个百分点；2010 年只有 14 个院，占 12.84%，比 2009 年下降了 2.36 个百分点。三是问责机制没有得到真正落实。自主诉制推行以来，全自治区各地对主诉官的退出机制还没有从根本上建立，对主诉官真正意义上的责任问责也没有得到认真执行。

值得注意的是，由于上述问题的存在，不仅对继续坚持和巩固主诉制，而且对公诉案件质量和公诉工作产生一定的影响：一是近年来愿意到公诉部门工作的人员呈下降态势。调查发现，近年来在不少地方实行竞争上岗双向选择时，出现公诉部门无人申请的现象日益增多，但同时在公诉部门中申请担任主诉官的人员却日益减少。如广西桂林市院近两年来都没有人愿意到公诉部门工作，更没有人主动提出申请担任主诉官；来宾市院两任副科长都不是主诉官，其中一人不提出申请，一人还申请退出。二是主诉官不愿意承担责任的问题凸现。调查发现，近年来一些地方公诉部门讨论案件数量呈上升趋势与主诉官不愿意担责有关。如钦州市院主诉官所办理的案件中有 30% 以上提交集体讨论，桂林市院有将近一半数量的案件都要经过讨论决定，少数单位还发生主诉官不愿意对助手所办案件进行审查和签字担责等情况。三是动力不足，继续坚持和深化主诉制面临严峻挑战。从全国情况看，主诉制的各项数据也呈现持续下降趋势。目前，全国实行主诉制公诉部门较 2005 年减少 892 个，主诉官较 2005年减少 3398 人②。广西检察机关实行主诉制单位数量和主诉官人数持续递减，由 2006 年最多 129 个降至目前 109 个，减少 20 个单位。如河池市 2007 年辖区内 12 个办案单位均实行主诉制，但 2008 年减至 10 个，2009 年上半年又减

---

① 参见陶华、薛飞：《完善主诉检察官制度的若干思考》，载《法制与社会》2008 年第 28 期。

② 参见最高人民检察院公诉厅《公诉工作年度报告》（2010 年度）。

至 8 个。全区主诉官人数占公诉部门人员比例从未超过 50%，且逐年减少，由 2002 年最多 437 人持续递减至目前 297 人，占公诉人员比例也由最高 47.6% 降至最低 33.94%。如桂林市 2007 年 52 人减至 2008 年 31 人，贺州市 2006 年和 2007 年均有 12 人，目前有 7 人，数量减少 41.7%。

（三）行政与司法属性的矛盾

公诉权属于司法权，有其自身的运行规律。主诉制改革的一个重要目标就是按照司法规律办案，但由于现有行政管理体制的强大惯性，挥之不去的行政管理思维和行政管理模式成为制约主诉制发展的瓶颈。一是职务职级晋升重行政轻司法。检察机关实行的是司法职务和行政职务并行的体制，主诉官既面临着司法职务的晋升，也面临着行政职务的晋升。但由于行政职务的强势，官衔携带着更大的利益信号，一些主诉官把行政职务职级的晋升作为个人发展的追求和衡量自身价值的标准，而对检察职务的晋升则可有可无，主诉官岗位的专业色彩逐步淡化。二是对主诉官的监督、考核、奖惩机制，很大程度上是套用对行政公务员考评模式。对主诉官及其所从事的司法业务特性考虑较少，忽视了行政工作和司法工作、行政人员与司法人员的职业差别。三是有的主诉成主管。由于案件量激增，主诉官似乎变成办案组长，行政管理职责增加，业务领域发挥的作用相应减少，定而不审，审而不诉，在组内形成了新的审批制。[1]

（四）选任标准与主诉官队伍人数的矛盾

目前，主诉官队伍人数整体上呈递减趋势，从这个角度讲，应该放宽主诉官选任标准，形成主诉官团队优势，但是如此又难以保证主诉官的综合素质。在实践中，往往对主诉官的选任标准掌握较低。以广西为例，一是只有极少数单位严格按照选任规定进行能力测试。全自治区各级院中对拟任主诉官人员开展能力测试的单位只有自治区院和南宁市院两个单位，占实行主诉制院数 1.8%。其中，自治区院对本级开展能力测试，南宁市则面对全市两级院开展能力测试。二是任前考评制度没有得到严格执行。调查发现，近年来广西各地对主诉官选任标准掌握相对较严的有南宁、贵港、贺州和柳州等地。如柳州市对具有检察员法律职务的才任命为主诉官；贵港和贺州两市对报批的拟任主诉官基本能够坚持较高标准和宁缺勿滥原则，其中贺州市两级院目前 7 名主诉官

---

[1] 参见李慧国、刘晓燕：《怎样完善主诉检察官办案责任制》，载《检察实践》1999 年第 6 期。

均具有法律本科学历，市院对下级院报批的 2 名拟任人员由于条件不成熟将近一年没有审批，贵港市院近两年来也因同样原因没有立即对通过主诉官资格考试的人员进行任命。但从全自治区总体来看，主诉官准入门槛普遍过低，不少单位特别是基层院并没有严格按照要求对拟任人员进行真正意义的考评，只要是通过书面考试的人员一般都可以任命为主诉官，高标准选任和宁缺毋滥原则没有得到充分体现。

（五）工作与培训的矛盾

主诉官基本上都是公诉部门出类拔萃的人才，具有较深厚的专业知识和一定的办案经验。但随着社会的发展，社会分工的日益细密和犯罪的复杂化，对主诉官综合素质及办案所需要的理论修养、知识存量、业务水平提出了更高的要求，迫切需要主诉官知识的丰富和更新，成为专业化的专家型人才。虽然主诉制中本身包括了培训机制，但长期以来公诉部门人少案多的现实困境限制了培训机能的发挥，培训机制并不一定都能坚持，即使坚持培训的，也显得杯水车薪，十分乏力。以北京市为例，每年基本上都组织一次全市范围内的主诉官培训，但也存在一些问题：一是没有规范的、相对固定的教材，培训内容多临时确定；二是培训的力度不够，一年只集中一次，培训三四天，相当一部分主诉官因忙于办案不能听课。至于外出考察、接受更高层次的培训，更是不敢奢望。培训不够，主诉官的知识得不到及时更新、充实，直接影响到队伍的素质和公诉效能的进一步提高。

五、主诉制的完善构想

（一）正确认识和准确定位是继续坚持和深化主诉制的前提保证

1. 正确认识和科学评价主诉制

如前所述，主诉制目前还有许多需要完善之处，但从十多年的实践证明，其优势和效果明显。在调查中发现有的公诉人员片面地认为，主诉制和捕诉合一制办案模式针对传统的三级审批制进行改革创新，但主要体现在提高办案效率方面，而不能保证案件质量。可以通过当前广西三种主要办案模式情况对比对此观点加以分析，详见下表。

当前广西全自治区三种主要办案模式之间对比表

表一：捕诉合一办案模式对比情况表

院名	人员情况	办案数量	办案模式	分案模式	案件签发	主诉官参与办案情况	问题案件
北流市院	主诉官7人，其他办案人员4人，书记员3人，共14人。	2007—2010年1362件，主诉官办理1004件。	主诉小组制。同一案件批捕起诉由一人完成。	从受理批捕案开始轮流分案。	批捕案件由侦监科长签发，主管检察长审批，起诉书由主诉官签发。	主诉官一般不参与助手办案的提审和出庭。	2007—2008年共7件，2009—2010年无。
融水县院	主诉官1人，书记员1人，共7人	2007—2010年年底980件，主诉官办理155件。	主诉助手制	内勤轮流分案，重大疑难案件由科领导办理。	主诉官签发起诉书，自侦案件和经讨论的案件由主管检察长签发。	主诉官均参与助手提审和出庭	2007—2010年共5件7人。

（说明：融水县院曾在2008年3月以前实行捕诉合一办案模式，在节约诉讼资源的同时，由于办案人员水平所限和一竿子插到底的做法缺乏监督而且比较容易脱节等原因，在实行期间造成4件问题案件，该院目前已经不再实行这一办案模式。北流市院自2007年年底实行该办案模式后，案件质量和办案效率比以前大幅提高，工作压力也有所减少，但仍然出现问题案件7件，其中主诉官办理6件，起诉前经过集体讨论的2件。）

表二：主诉官办案责任制与三级审批办案模式对比情况表

院名	人员情况	办案数量	办案模式	分案模式	案件签发	主诉官参与办案情况	问题案件
南宁市良庆区院	主诉官3人，其他办案人员2人，共5人。	2007—2010年830件，主诉官办理441件。	分为简易组和普通组。	由科长统一分案到个人。	一般案件的起诉均由主诉官决定，分管检察长审核把关。	一般不参与助手提审和出庭。	无
昭平县院	主诉官1名，其他办案人员3名，共4人。	2007—2010年620件，主诉官办理191件。	主诉助手制、三级审批制。	内勤轮流分案，重大疑难案件由科领导办理。	主诉官办理案件部分自己审批，其他办案人员办理的案件由主管检察长审批。	主诉官均不参与其他办案人员的提审和出庭。	无

（说明：南宁市良庆区院与昭平县院两个单位案件数量都比较少，两个院

近年来都没有问题案件出现，其中，昭平县院主诉官办理及审批的案件则是近10年来都没有出现案件质量问题。良庆区院案件相对较少，主管检察长有相当精力来抓具体案件，实行三级审批制把握得比较好，但面临怎样调动主诉官主动性和解决依赖性的实际问题。）

表三：主诉官办案责任制办案模式之间对比情况表

院名	人员情况	办案数量	办案模式	分案模式	案件签发	主诉官参与办案情况	问题案件
南宁市西乡塘区院	主诉官3人，办案人员7人，书记员1人，共11人。	2007—2010年2692件，主诉官办理1388件。	助手制，设有简易组。	科长轮流分案到个人。	主诉官审批。	主诉官不参与助手提审和出庭。	2007—2010年共10件。
桂林市象山区院	主诉官5人，办案人员2人，书记员1人，共8人。	2007—2008年909件，主诉官办理781件。2009年462件808人，主诉官办理322件560人。2010年467件727人，主诉官办理331件530人。	非主诉跟相对固定的主诉办案。	内勤按人头轮流分案，但自侦案件由科领导办理。	主诉官审批。	主诉官均参与非主诉的提审和出庭。	2007—2008年共4件，2009—2010年无问题案件。

（说明：南宁市西乡塘区院与桂林市象山区院两个单位在公诉人员的配置、办案数量和办案模式等方面情况相似，都实行主诉制，但西乡塘区院7件问题案件全由主诉官承办或决定，象山区院4件问题案件中有2件为主诉官决定，有2件为集体讨论决定。）

通过上述三表对比可以看出，无论是实行捕诉合一办案模式还是三级审批制办案模式，都难以达到完全保证案件质量的目的。从实践过程来看，实行捕诉合一办案模式的北流、玉州、凭祥、钟山、武宣和江洲等6个单位，目前除北流、江州2个单位还继续实行该模式外，其余4个单位已经不再实行。因此，那种认为主诉制束缚案件质量、实行三级审批制就能保证案件质量的观点显得过于偏颇。

主诉制在基层院，特别是在人少案多的单位其效率是十分突出的。基于此，被访的绝大多数单位和公诉人员都对主诉制持有肯定态度，均认为实行主诉制利大于弊，通过改进后还是具有生命力的，如能解决一些配套机制并得以认真执行落实，主诉制无疑是比较理想的办案方式之一。

2. 对主诉官的价值与内涵需要重新审视和准确定位

在当前主诉官的选任上也应如同学历教育向素质教育转变一样需要重新确定标准，改变单纯为应付办案而任命主诉官的现状，应着眼于培养公诉人专业化、精英化建设，以此找准主诉官在刑事诉讼体系中的准确定位，把主诉官定位为精英化和品牌化，真正体现其相应的价值和待遇，培养造就一大批优秀公诉人。同时也应当看到，在新形势、新任务、新情况下，对主诉官的素质和能力也提出了新的更高的要求，主诉官素质能力的高低对于保证案件质量尤为关键。当前，既具备适当提高主诉官选任门槛的客观条件，也符合党和国家抓人才建设的精神实质以及高检院提出的以公诉人建设为重点带动整个公诉队伍建设的总体要求。

（二）解决公诉部门的人员配备问题是继续坚持和深化主诉制的基础保证

主诉制实行的组织形式要求为小组制或助手制，但无论采取何种组织形式，都离不开人员数量保障，否则这个制度就无从体现。公诉部门人员配置以及人少案多突出问题，2010 年召开的全国检察机关"四公会"以及高检院《关于加强公诉人建设的决定》也再次明确了公诉人员的配备要求，公诉部门人数不能低于本级院实有人数的 15%，其中具有办案资格的人员不能低于公诉部门总人数的 60%，从事公诉工作 5 年以上的骨干比例应在 50% 以上，同时要求通过招聘辅助人员或速录员的办法，分解办案人员的事务性工作，逐步缓解人少案多矛盾。但高检院及上级院的有关规定和要求没有得到很好的落实。如广西全自治区 2010 年 7 月 1 日至 2011 年 6 月 30 日，只有 49 个单位保证了公诉部门人数占本级院实有人数的 15% 以上，占全自治区检察院总数①的 38.58%；全自治区有 105 个院保持具有办案资格的人员占公诉部门总人数的 60% 以上，占全自治区检察院总数的 82.67%；全自治区只有 54 个单位保持从事公诉工作 5 年以上的骨干比例占办案人员的 50% 以上，占全自治区检察院总数的 42.52%。当前，结合各地实际情况，除了鼓励积极商有关部门，增设机构和人员外，采取各种有力措施，下大力气加大对公诉部门人力资源的投入力度和加强公诉队伍办案力量的配备，切实解决案件数量、办案质量与办案力量矛盾尖锐这个"瓶颈"问题已经势在必行。

---

① 广西实有检察院 131 个，其中省级院 1 个，市分院 15 个，基层院 111 个，派出院 4 个。因 4 个派出院主要业务为驻所检察，其公诉、侦监业务合并为一个部门，公诉业务量很小，故未计入统计范围。下同。

（三）健全和完善科学的配套机制是继续坚持和深化主诉制的根本保证

1. 健全选任机制

（1）对拟任主诉官人员实行试用制度。目前在主诉制推行实践中对已经通过考试考评的人员是否立即任命为主诉官的问题反映不一。有的同志认为检察员才是真正的办案人员，应限定为检察员，检察员通过考试考评后可立即任命；但多数同志认为，由于案件管辖规定的不同，基层院办理的多为简单案件，出庭基本适用简易程序，如果对市级院和基层院所办案件不加以区别，就难以科学和真实地反映其水平。对此可以借鉴律师晋升方式如见习制度，对具备主诉官资格人员统一实行预备制，并确定 1 年的试用期较为合理：一是可以解决基层院主诉官职数问题，二是有利于保障案件质量，三是有利于拟任人员钻研学习、提高能力。同时规定在预备期内，预备主诉官不享有主诉官的权力及待遇，仍按原办案机制办理案件，只为自己案件负责。预备期满经考察合格者，可被任命为主诉官，不合格者可以延期或暂缓任命。

（2）对拟任主诉官应当实行全面考核制度。对拟任人员除考试外，在决定任命主诉官之前应增加抽查近年来案件质量和数量的内容综合进行考量。此外，还应对其语言表达能力和文字综合能力，政治素质、业务素质和职业道德情操等进行综合考核，并征询人大、公安、法院、律师等方面的意见，进行群众评议等。

2. 修改完善监督管理和考评机制

（1）明确监督的主体。应明确对主诉官办案工作实施监督的主体包括公诉部门负责人、主管检察长、检察长、检察委员会。主要监督工作由主管检察长和公诉部门负责人负责，其中部门负责人具体负责监督、检查、督促和协调主诉官及其助手的工作。

（2）明确监督的环节。从分案、提审、出庭、判决等各个阶段都要对主诉官实行跟踪管理。其中，检察长有权随时检查主诉官的办案工作；部门负责人有权向主诉官了解办理案件的进度和对有关事项进行处理的情况；检察长、检察委员会委员和部门负责人还应适时对主诉官出庭支持公诉的案件进行跟庭考察；案件判决后将结果及处理一并报部门负责人和主管检察长审批等。

（3）明确监督的方法。应对主诉官办案实行备案审查、定期检查和案件督察制度。针对实践中不少主管检察长及部门领导普遍反映不掌握主诉官办理案件事实情况、但案件出了问题又要出面协调的问题，应结合当前已经或即将开展的网络办案系统对主诉官的办案过程和执法行为在网上进行同步跟踪监督。同时使用案件质量监督考核表，由部门负责人通过分案、抽查、每月跟庭、备案等方式进行监督后统一填写。此外，有必要明确部门负责人应当集中精力办理一些重大疑难和职务犯罪，以减轻部门负责人办案数量压力，以便有更多的精力来履行管理和监督职能。

（4）明确考评指标。公诉部门应在每年公诉案件质量综合检查中增加主诉官办案质量的内容进行考评。对主诉官的考核包括政治和业务考核两大项，内容包括：办案纪律、办案数量、办案质量、出庭工作、法律监督以及调研成果等内容。其中要特别强调出庭工作和跟庭考察工作，因为主诉官以诉为主，出庭支持公诉是主诉官的一项主要职责，将跟庭考察作为对主诉官业务考评的一项重要内容，目的就在于加强对主诉官出庭支持公诉情况的监督。主管检察长和部门负责人以及上级院结合评议庭、观摩庭活动，每年对本院每名主诉官跟庭考察应不少于一次，对跟庭考察情况应及时进行评议总结，对发现的问题及时提出纠正意见。对主诉官的年度考核结果，是对主诉官实施奖惩、培训以及调整职务、职级、检察官等级和工资等的主要依据。因此，在对主诉官考核时发现问题的，责令限期整改，必要时可以采用调离、暂停等方式来监督和制约。

3. 修改完善办案机制和配合机制

各地应结合实际实行助手制或小组制。主诉制推行实践中普遍反映，主诉官全程参与办案效果很好，但前提是配有助手。当前主诉官除了办案之外还要进行核对文字等其他大量工作，审查别人的案子基本是肤浅的，对提审、讯问、出庭都不参与，有质量隐患。解决问题的前提是增加人员后实行真正意义上的助手制或小组制，其优势在于：一是分案时主诉官还是承担了疑难重大案件，充分体现办案骨干作用；二是对传帮带有好处，助手得到指导和提高；三是对提高效率有益；四是主诉官可以集中精力办理重大疑难案件和有更多的精力去把好案件关；五是对进一步增强主诉官的责任心有促进作用；六是有利于监督。如实行助手制或小组制较好的广东、上海等地的主诉官就能够做到对所有的案子进行全面跟踪和把握，直到出庭，而不仅仅是签名形式而已。

4. 建立健全奖惩和激励机制

（1）设立公诉部门立功表彰制度。针对各地普遍反映当前对公诉工作成绩突出者报请立功缺乏相应标准和依据的问题，为更好地弘扬主诉官敬业精神和增强其荣誉感，结合当前检察管理改革工作的实际需要，有必要建立公诉部门立功表彰评先制度。设定立功标准分别对在审查起诉、出庭工作、法律监督、侦查引导取证、公诉业务理论以及实践中有较大建树、作出突出贡献者进行表彰。在相关制度尚未建立前，鼓励上级机关对工作实绩突出的单位和个人，适时向下级机关发出表彰建议函等。

（2）明确责任和完善执法过错制度。根据新的形势和全国检察机关"四公会议"关于案件责任的划分要求，① 明确："主诉官对案件中的问题未予发现，或虽已发现但未引起重视，因而造成错案的，主诉官负主要责任；部门负责人、分管检察长对主诉官提出的问题未予重视，或对是否起诉等决定不认真审查把关，因而造成错案的，部门负责人或分管检察长负主要责任。"按照有关执法过错责任追究规定，明确主诉官及助手的过错责任包括：一是主诉官在办理案件过程中有徇私舞弊、滥用职权等故意行为或因重大过失造成错案的，应当承担责任。二是主诉官应对其助手工作中的重大过失承担责任。助手在办案过程中有徇私舞弊、滥用职权等故意行为，而主诉官没有过错的，由助手承担责任；主诉官有过错的，各自承担相应的责任，但助手对案件事实、证据认定和主诉官所作的决定不承担责任。

5. 建立健全培训机制

（1）对主诉官实行上岗前培训和岗位培训相结合制度。按照全国第四次公诉会议提出的"确保每名公诉人每年不少于 15 天的业务培训时间"要求，采取集中分两期进行培训的方式进行。其中对主诉官任职前的培训着重程序性规定，在岗培训则注重提高素质与技能。

（2）对主诉官的培训采取在岗学习与脱岗集中培训相结合的方式进行。应定期组织主诉官进行业务学习，业务学习应当结合审查起诉业务需要，以疑难案例讨论、评析，重大理论与实践问题研讨、聘请专家学者举办讲座等多种方式进行。

（3）在突出抓好主诉官培训的同时，各地应当优先保证主诉官的业务办案用书、工具用书及相关费用。

（四）落实责权利统一是坚持和深化主诉制的前提保证

实践表明，主诉制虽属检察机关内部机制改革，但离不开党委、人大以及政府的认可和支持。在强调各级院党组和检察长充分认识公诉工作地位作用，

---

① 高检院朱孝清副检察长在全国检察机关第四次公诉会议讲话中提出："案件承办人、公诉部门负责人、分管检察长都要高度负责地对待每一起案件，并对案件的事实证据、定性、适用法律和诉或不诉意见负全部责任，其中承办人侧重于对事实证据负责，部门负责人侧重于对关键性证据、承办人提出的问题和是否起诉等意见负责，分管检察长侧重于对部门负责人提出的问题和是否起诉等决定负责。"

切实承担起领导、监督主诉官工作职责，为新时期公诉工作创新发展提供强有力保障的同时，一些深层次问题还需高检院的指导与协调：一是解决办案补助问题。商财政部门从政策层面上，根据多劳多得、待遇与责任、风险相适应的原则，在政策允许的范围内，想方设法落实主诉官办案补贴。二是解决职级待遇问题。商有关组织人事部门参照公安系统职级序列做法，通过组织形式明确主诉官职级待遇，在晋职晋级、评先评优、学习考察等方面向主诉官实行必要的倾斜。

关于湖北省检察机关落实
省人大常委会《关于加强检察机关
法律监督工作的决定》情况的调研报告[*]

周理松　易海辉　刘　洋

本课题组成员经过广泛的调研，收集掌握了全省检察机关落实省人大常委会出台的《关于加强检察机关法律监督工作的决定》（以下简称《决定》）的情况，现将课题成果报告如下：

一、《决定》主要内容简介

2009 年 7 月 31 日，湖北省人大常委会制定实施了《关于加强检察机关法律监督工作的决定》。《决定》制定的主要依据是《宪法》、《人民检察院组织法》、《人民法院组织法》和《刑事诉讼法》、《民事诉讼法》、《行政诉讼法》的相关规定，以及中央关于深化司法体制和工作机制改革的意见。从九个方面对加强检察机关法律监督工作作出了规定，既具有丰富的实质内容，又具有突出的湖北特色。

其一，《决定》强调了检察机关的宪法定位，明确指出全省检察机关应当始终坚持国家法律监督机关的宪法定位，忠实履行法律监督职责。《决定》明确了检察机关的法律监督工作重点，要求应当针对人民群众反映强烈的影响严格执法和公正司法的突出问题，进一步加大法律监督工作力度；要求全省检察机关应当把查办职务犯罪作为强化法律监督的主要途径和措施。

其二，《决定》对检察机关应当不断完善法律监督工作机制作出要求。要求严格落实中央关于深化司法体制和工作机制改革的部署，依法健全和完善刑事诉讼、民事审判、行政诉讼和民事执行法律监督的制度，健全和完善检察工作一体化、法律监督调查等工作机制，提高法律监督的质量和水平。

---

[*] 课题负责人：周理松，湖北省人民检察院检委会专职委员。课题组成员：易海辉、刘洋。

其三，《决定》强调检察机关要加强自身建设，不断提高法律监督公信力。要求检察机关加强队伍思想政治建设、专业化建设和职业道德建设，加强检察机关基层基础工作，增强法律监督能力；不断完善和落实检察机关内外部监督制约机制，促进严格、公正、文明、廉洁执法。

其四，《决定》明确规定了全省审判机关、侦查机关、司法行政机关有依法接受检察机关法律监督的义务。要求支持配合检察机关开展法律监督中的有关调查、核实工作，对检察机关依法提出的纠正违法通知、更换办案人意见和其他检察建议，应当及时办理并回复办理情况；侦查机关、刑罚执行和监管机关应当及时向检察机关提供发案、立案、破案、羁押和变更强制措施的情况，对检察机关依法提出的监督事项，应当严格依法办理并回复办理情况；审判机关对检察机关依法提出抗诉的案件，应当依照程序及时审理；对检察机关提出的再审检察建议，应当及时审查决定是否启动再审；审判机关和检察机关应当进一步依法落实并规范调借阅审判案卷、检察长列席同级法院审判委员会等制度。《决定》还对全省审判机关、检察机关、侦查机关和司法行政机关应当建立健全监督制约、协作配合机制作出了规定。

其五，《决定》要求各级人大常委会应当依法监督和支持检察机关的法律监督工作，各级人民政府应当支持检察机关依法开展法律监督工作。要求行政执法机关和行政监察机关应当与检察机关加强信息沟通和工作配合，完善相互移送案件线索机制；新闻出版、文化宣传、广播电视等部门应当加强对检察机关法律监督工作的宣传，形成法律监督的良好社会环境。

《决定》的制定实施，是坚持和完善中国特色社会主义检察制度的重要探索。省人大出台《决定》，是地方人大的重要立法活动。《决定》对于坚持检察机关宪法定位，促进法律监督职能的整体发挥，按照中央改革部署不断完善法律监督工作机制，加强检察机关与法院、公安、司法行政机关之间的监督制约与协作配合，加强人大对检察机关法律监督工作的监督与支持等，都作出了具体明确的规定，既坚持和体现了我国检察制度的鲜明特色和优越性，也是对中国特色社会主义检察制度的丰富和完善；是对人民群众日益增长的司法需求的积极回应。近年来，随着我国民主法制建设的深入发展，广大人民群众对维护执法和司法公正的要求日益强烈。《决定》要求检察机关针对人民群众反映强烈的影响严格执法和公正司法的突出问题，进一步加大法律监督力度，增强法律监督实效。贯彻落实好《决定》，是检察机关践行"立检为公，执法为民"宗旨，适应人民群众的新要求新期待开展检察工作的必然要求；为推动湖北省检察工作深入发展提供了有力保障和重要机遇。检察机关是国家专门法律监督机关，根本职能是法律监督。省人大常委会就加强检察机关法律监督作出《决定》，是湖北省检察事业发展中的一件大事。抓好《决定》的贯彻落实，必将有利于检察机关在人大的重视、支持与监督之下全面履行法律监督职责，有利于解决法律监督工作中的难点问题和薄弱环节，有利于督促有关执法、司法机关加强协作配合，有利于把人大常委会的监督和检察机关的法律监督有机结合起来，不断提高检察机关法律监督工作水平，有力推动湖北省检察工作的健康深入发展。

《决定》颁布后，得到各级领导的肯定和社会各界的广泛关注。高检院曹建明检察长批示："湖北省人大常委会作出的《关于加强检察机关法律监督工作的决定》，是省人大对检察机关法律监督工作的高度重视和有力推动。检察机关要更加自觉接受人大及其常委会监督，更好改进和加强法律监督工作，为促进严格执法和公正司法，维护社会公平正义发挥更加积极的作用。"原省委书记罗清泉批示："大力同志：要认真贯彻落实建明检察长和张耕同志的批示。"

二、湖北省检察机关落实《决定》的主要情况

全省检察机关认真按照高检院和省委领导批示要求，在省人大及其常委会的监督和支持下，在相关政法机关的配合下，紧紧围绕湖北省改革发展稳定大局，积极践行"强化法律监督、维护公平正义"的检察工作主题，提高认识，强化措施，深入贯彻落实《决定》，着力解决人民群众反映强烈的执法不严、司法不公问题，为维护法制统一和司法公正，促进社会和谐稳定，保障湖北省经济社会又好又快发展作出了积极贡献。

（一）强化工作措施，贯彻落实工作顺利推进

1. 深化认识

《决定》通过后，省院精心部署安排，制定实施方案，召开由全体检察人员参加的检察机关电视电话会议，专题就学习宣传、贯彻落实《决定》进行动员部署，要求各级院党组高度重视《决定》的宣传发动工作，部署开展"六个持续"活动，即做好专题汇报，举办专题讲座、组织专题座谈会、召开不同层次的推进会、邀请专家定期辅导讲授、开辟专栏专刊进行宣传；举办两期检察长培训班，就《决定》精神进行系统培训，请省人大内司委主要负责同志及有关专家授课，院领导带头谈学习理解的体会，用《决定》武装基层院检察长的头脑，在全省掀起学习贯彻《决定》的热潮；对《决定》的形成过程进行总结，专题向高检院报告，高检院主要领导给予了充分肯定。2009年8月，省院党组研究确定贯彻落实《决定》19项配套制度和任务，目前形成制度的10项，在工作中抓落实的9项，各项工作进展顺利。2009年10月，

省院组织 14 个工作组，对各地学习宣传、贯彻落实《决定》情况开展专项检查，并召开由市州分院检察长参加的情况通报会，对存在的问题逐一通报，就全面贯彻实施《决定》再动员、再部署。2010 年 1 月和 8 月，在下级院向上级院报告工作中，各地将贯彻落实情况作为重要内容专门报告，并进行评议，提出改进措施。全省各级检察院通过成立专班或领导小组、学习培训、座谈研讨等形式，进一步增强自觉性和责任感，推进《决定》全面、正确实施。2010 年 8 月，全省人大内务司法工作座谈会以贯彻执行《决定》为专题进行交流研讨。省院党组对此高度重视，敬大力检察长要求向高检院作出重大情况专报，深入研究建立人大监督与法律监督相结合的工作机制，推动《决定》进一步贯彻落实。2010 年 11 月，高检院在咸宁召开全国检察机关贯彻落实人大加强诉讼监督工作决定座谈会，借鉴学习了外省经验，从推进立法完善的层面进一步认识到地方立法的重要作用，为深入贯彻实施《决定》注入新的动力。2011 年全省检察长会议上，敬大力检察长再次强调要深入贯彻《决定》，加强法律监督工作。

2. 取得支持

《决定》通过后，全省各地人大常委会或内司委听取了检察机关贯彻实施情况或专项工作报告，一些地方人大还出台了具体意见，如武汉市人大形成支持和监督全市检察机关进一步加强法律监督工作的意见，十堰市人大作出《关于加强反渎职侵权检察工作的决议》等三个决议，宜昌市人大作出《加强检察机关诉讼法律监督工作试行办法》；黄冈、天门等地人大专门听取和审议检察院办案质量报告并作出决议。各级人大广泛开展视察反渎职侵权检察工作；去年 6 月，省院邀请省人大领导率人大代表对全省三级检察机关反渎职侵权工作深入视察，引起了省人大对反渎职侵权工作的高度重视。各地人大或党委还召集相关司法行政机关举办座谈会或工作会议贯彻《决定》。荆州市委政法委下发贯彻省人大《决定》的实施办法；各级法院、公安、司法行政机关积极贯彻实施《决定》，主动配合和接受法律监督。省法院、省公安厅、省司法厅与省检察院以会签文件、联席会议等形式，加强工作配合。宜昌市法院围绕实施《决定》制定实施办法，襄樊市公安局与检察院建立办案情况通报机制。全省检察机关认真办理人大交办、督办案件，两年多来（2009 年 8 月至 2011 年 10 月，下同），办理各级人大交办事项和代表建议数百件；定期向人大报告工作，及时将监督工作中的重大情况和重大问题向党委和人大报告，省院今年还专题向省人大常委会报告了反渎职侵权工作；主动加强与人大代表的联系沟通，广泛征求听取人大代表的批评、意见及建议，定期走访人大代表，省院成立了联络处，将人大代表联络工作制度化、常态化。襄阳等市级院也参照省院做法，成立了联络处或专门部门。每年省院领导都定期带队走访全国人大代表及省人大代表。今年1月，省院派出12个工作组走访人大代表156人。各级党委、人大和相关部门的重视和支持，为贯彻实施《决定》创造了良好条件。

3. 扩大影响

《决定》通过后，省院部署开展系列宣传活动。在《湖北日报》、《法制日报》、《检察日报》上发布消息、开辟专版专栏进行深度报道；鄂州、荆州、黄石、荆门、襄樊市院在当地主流媒体开辟专栏或在当地电视台制作专题节目。省院出版发行《决定》单行本，在省人大内司委支持下编写出版宣传读本，并广泛分发，大张旗鼓地宣传《决定》的重大现实意义及深远影响，全面系统地解读《决定》精神，畅谈学习体会。省院以贯彻落实省人大《决定》为主题召开理论与应用研究年会，进行理论深化和经验总结。2010年6月举办检察发展论坛和新闻发布会，向社会各界广泛宣传《决定》。省院还参加省人大组织的北京、山西、湖南等地学习考察《决定》座谈会，在北京"首都诉讼监督论坛"上交流和介绍了湖北经验，派员参加高检院"地方立法与检察机关法律监督工作"专题研讨活动。以上措施，扩大了《决定》在全国的影响，宣传了湖北检察工作，山西、广东、广西、宁夏等省区来电来函和来人，了解、考察湖北省的做法和经验。

（二）加大工作力度，全面履行法律监督职责

两年多来，全省检察机关忠实履行法律监督职责，统筹推进检察工作，取得了新的成效。2010年10月，省院制定下发《关于充分发挥检察职能作用促进社会建设、创新社会管理，维护社会和谐稳定的指导意见》，为推进三项重点工作、切实贯彻《决定》进一步明确方向。

1. 加强社会矛盾化解，全力维护社会和谐稳定

按照《决定》"切实保障人民合法权益、服务经济社会又好又快发展"的要求，维护好重要战略机遇期社会和谐稳定。两年多来，全省共批捕犯罪嫌疑人69005人，起诉76959人，保持了对严重刑事犯罪的高压态势。依法从宽处理轻微刑事犯罪，健全快速办理轻微刑事案件等工作机制，保障宽严相济刑事政策的贯彻落实。从加强法律监督、维护社会和谐稳定出发，加强控告申诉检察工作。制定实施《关于进一步加强涉检信访工作的意见》，认真开展信访积案化解专项活动，在全省统一设立综合性受理接待中心；将"12309"电话开通到基层，并由单一举报功能拓展为集举报、控告、申诉等功能为一体的"六统一"受理电话。两年多来，全省共受理和接待群众来信来访35319件，其中举报16210件、控告3760件、申诉5914件、其他9435件，重复访3052

件、集体访 71 件，依法全部进行了审查处理；受理不服检察机关处理决定的申诉 141 件，不服法院刑事判决裁定的申诉 314 件，已办结的申诉案件中，纠正、改变原处理决定的 7 件，提出抗诉意见的 8 件；化解省委政法委交办的 231 件信访积案，化解息诉率为 100%，化解质量高、速度快，在高检院和省委政法委的历次通报中，列全国检察机关前列、省直政法各部门首位。

2. 突出监督重点，加大查办职务犯罪力度

按照《决定》"把查办职务犯罪作为强化法律监督主要途径和措施"的要求，坚持将与人民群众生活密切相关的领域、贪污腐败案件的高发区作为监督工作的重心，组织开展查办国家投资领域职务犯罪、民生领域职务犯罪、涉农职务犯罪、危害能源资源和生态环境渎职犯罪等专项工作，继续开展查办执法不严、司法不公背后的职务犯罪专项工作，严肃查办职务犯罪。两年多来，全省共立案 4090 人，其中大案 2191 件，要案 297 人。进一步加大查办行贿犯罪案件力度，解决了一批社会关注、人民群众反映强烈的问题，共立案 510 人。

3. 切实把功夫下在监督上，诉讼监督工作取得新的成效

按照《决定》"针对人民群众反映强烈的影响严格执法和公正司法的突出问题，进一步加大法律督工作力度"的要求，组织开展刑事立案侦查活动专项监督、刑事审判法律监督专项检查、监管执法专项检查等专项监督工作，积极参与监狱"清查事故隐患、促进安全监管"专项活动。全面加强对执法司法各个环节的法律监督。两年多来，共监督公安机关应当立案而不立案 2369 件，向法院提起公诉后，有罪判决率 99.99%，对不应当立案而立案的，监督撤销案件 705 件，追捕追诉漏犯 4483 人，决定不捕不诉 7724 人，对侦查活动中违法情况提出书面纠正意见 1648 件次，提出抗诉 332 件，法院改判 74 件，改判率为 42.05%，向法院发出检察建议和纠正违法通知书 1471 件次，对违法减刑、假释、暂予监外执行等问题提出书面纠正意见 223 件次；开展核查纠正监外执行罪犯脱管漏管专项行动，共核查监外执行罪犯 12 名，监督纠正脱管 148 人、漏管 104 人；受理民事行政申诉案件 4304 件；审查处理 4119 件；立案 2720 件；提出抗诉和发再审检察建议共 1312 件；全省共收到法院再审判决 433 件（改判 184 件、撤销原判发回重审 40 件、调解 94 件），综合改变率 68.47%。

4. 坚持以监督促管理，参与构建社会管理新格局

按照《决定》"积极参与惩治和预防腐败体系建设"的要求，严肃查办社会管理领域的职务犯罪，促进有关部门和国家工作人员正确履行管理职责。在查办案件的同时，注重发挥法律监督职能对职务犯罪特别是司法腐败的预防功能，结合执法办案加强预防调查、犯罪分析、预防建议和预防咨询工作，开展

专项预防活动 360 次，进行警示教育 5751 次，组织预防调查 1242 次，向有关单位和部门提出预防建议 3977 份，与教育、卫生、交通、金融、工商联等 40 多个单位建立了职务犯罪预防联系会议制度，努力从源头上预防和减少职务犯罪，促进公正司法和依法行政，完善社会管理体系。2010 年 11 月与省工商业联合会制定《关于共同做好涉及非公有制企业的受贿、行贿犯罪预防工作的指导意见》，促进非公有制经济健康发展。积极参与对特殊人群、网络虚拟社会管理，配合加强社会治安重点地区和突出问题的整治，定期分析社会治安形势，向党委、政府提出对策建议。

（三）深化检察改革，增强法律监督工作实效

两年多来，全省检察机关努力深化检察改革，创新法律监督工作机制，增强法律监督工作实效。

1. 认真落实中央、高检院部署的各项改革措施

为加强查办职务犯罪的内部监督制约，2009 年 9 月起全面实行省级以下人民检察院立案侦查的案件由上一级人民检察院审查决定逮捕，至今年 10 月，全省各级审查逮捕部门共受理案件 3456 件 4331 人，决定逮捕 1436 件 1587 人，决定不逮捕 55 件 66 人，更加准确把握了逮捕条件，强化了内部制约；实行抗诉工作与职务犯罪侦查工作相分离，公诉、民事行政诉讼监督部门不再进行职务犯罪初查或侦查；受理刑事赔偿请求案 46 件，依法决定给予赔偿 32 件，已全部赔付到位；增强检察建议的规范性、针对性、实效性，在审查逮捕、审查起诉和诉讼监督环节提出检察建议 1978 件；积极开展对刑事立案、侦查活动和搜查、扣押、冻结等强制性侦查措施的监督；进一步推动量刑规范化改革，协同省法院在 16 个市县开展规范量刑改革试点，今年 1 至 9 月，提出量刑意见 12261 件次，采纳率 93.33%，召开了全面推进全省检察机关量刑意见工作电视电话会议，制定了实施细则；进一步扩大简易审和简化审程序的适用，如黄石、荆门、十堰、咸宁、襄樊等地适用简易审程序 15104 件，提高了办案效率。

2. 深入推进检察工作一体化、法律监督调查等机制建设

深入推进《决定》肯定的检察工作一体化、法律监督调查等具有湖北特色的工作机制创新。发挥检察工作一体化机制作用，着力抓好内部办案协作机制建设，规范诉讼违法线索发现、移送、管理、办理和反馈，加强侦、捕、诉三个环节的办案协作。为确保检令畅通、执法统一，集中组织开展对 2006 年以来全省检察工作规范性文件清理工作，全省各级院自行撤销废止 184 件，省院检委会审议决定废止 10 件，同意保留 9 件。为进一步推进检察工作一体化

机制，省院今年出台了《关于职务犯罪侦查、审查逮捕、审查起诉等职能部门在查办职务犯罪案件中协作配合与相互制约的规定（试行）》。以实施"两高三部"《关于对司法工作人员在诉讼活动中的渎职行为加强法律监督的若干规定（试行）》为动力，加强推进法律监督调查机制，加大对诉讼违法行为的发现、核实和监督纠正力度。2010年，全省共开展调查1723件次，通过调查移送职务犯罪案件线索45件。实践证明，深入推进法律监督机制建设，有利于更好地发挥检察机关体制优势，整合检察资源，增强对诉讼活动法律监督的整体合力与实效，有利于将法律监督由软变硬、由难变易、由抽象变具体，提高监督的及时性和准确性。

3. 探索实行诉讼职能和诉讼监督职能、案件办理职能和案件管理职能适当分离

针对检察机关采取同一部门履行诉讼职能和诉讼监督职能的模式，两种职能混合，导致后者长期沦为前者的附庸，诉讼监督效果不理想。针对这一现实，省院积极探索在检察机关内部实行检察职能配置方面的"两个适当分离"检察权运行机制，即诉讼职能和诉讼监督职能适当分离，办案职能和管理职能适当分离，以此整合诉讼监督力量。全省检察机关从2009年9月开始实行抗诉职能和职务犯罪侦查职能适当分离，由公诉、民行和职务犯罪侦查部门分别负责承办。省院对部分内设机构职责进行了调整，组建了专门的诉讼监督部门，部分市州院也积极探索设置独立的诉讼监督部门，如武汉、襄阳、十堰三个市级院目前专设了刑事审判监督部门。13个规模较小的基层检察院积极推进小院整合试点工作，专设诉讼监督部，建立线索发现、移送及办理反馈机制、综合统一管理机制、工作协调配合机制、执法办案监督制约机制、资源整合优化机制等五大机制。通过开展内部整合改革试点工作，积极转变观念，创新工作机制，逐步理顺了内部关系，促进了检察权的合理分解和资源整合，承担诉讼监督职能的部门，从繁重的诉讼职能中摆脱出来，凸显了诉讼监督职能，监督制约得以强化，办案力量得到加强，效率得以提高，促进了办案数量、质量、效率、效果、规范、安全的有机统一，取得"两加强、两强化"的预期效果。今年1至9月，13个内部整合改革试点院在刑事立案与侦查活动监督活动中启动法律监督调查70件，同比上升20.7%；监督行政执法机关移送涉嫌犯罪案件46件，同比上升318.18%，其中，公安机关立案34件，同比上升209.9%。

（四）强化自身建设，不断提高检察机关执法公信力

两年多来，全省检察机关按照《决定》要求，高度重视自身建设，将加

强自身建设摆在与加强诉讼监督同等重要的位置，不断提升检察队伍的整体素质，做到严格、公正、文明、清廉执法，正确行使法律监督权。2010 年 10 月，省院制定下发《关于构建促进检察机关公正廉洁执法工作格局的指导意见》，努力构建以执法办案为中心、以制度规范为基础、以执法管理为前提、以监督制约为关键、以执法保障为条件的"五位一体"工作格局，进一步提高检察机关执法公信力。

1. 执法公信力建设深入推进

按照《决定》"不断提高法律监督公信力"的要求，组织开展"提高执法公信力，我该做什么？"集中评查活动和争当"十型"检察官活动，健全职业道德自律机制，推动省院"恪守检察职业道德、维护社会公平正义"和高检院"恪守检察职业道德、促进公正廉洁执法"主题实践活动不断深入。组织"执法公信力的理论与实践"检察发展论坛，提供理论支持。组织检察机关自身反腐倡廉教育巡回展，进一步推动党风廉政建设和自身反腐败工作。认真贯彻《关于加强检察机关群众工作的指导意见》，进一步加强群众工作。省院加强组织力量，成立群众工作处；组织论坛，广泛征求意见、总结经验和升华理论；着手开发群众工作精品课程，编发《群众工作手册》，促进提高群众工作水平；深化检务公开，开展检察机关"公众开放日"等活动。

2. 检察队伍建设全面加强

按照《决定》要求，继续推进思想政治建设、领导班子建设、作风纪律建设、素质能力建设、队伍管理机制建设和检察文化建设等"六项工程"。全省检察机关坚持把加强检察队伍建设作为提升法律监督能力的关键。省院制定《关于进一步加强和改进检察机关领导班子思想政治建设的实施意见》，不断提高领导班子的学习力、决策力、创新力、执行力、凝聚力、公信力；制定实施了《关于加强检察队伍建设若干问题的决定》，积极推进检察队伍建设"六项工程"；深入开展"建设学习型党组织、创建学习型检察院"活动。坚持以专业化建设为方向，广泛开展了岗位练兵、业务竞赛、专题讲座、学历教育等培训活动。省院侦监、刑事审监、民行部门每年都举办各类业务培训班，强化高层次和实用型人才培养；与华中科技大学联合开展检察学硕士研究生培养，目前已招生三届94 人，并与武汉大学联合开展检察学博士研究生培养，突出培养法律监督高级人才。省院正在按照构建多元化监督格局的要求，研究制定对市州分院、基层院民事行政诉讼监督业务的考评办法；定期评选"检察业务专家"、"优秀公诉人"、"优秀侦查监督检察官"等。目前，全省已评选出全国检察业务专家5 人、全省检察业务专家19 人、全国优秀侦查监督检察官1 人、全省优秀侦查监督检察官20 人，初步建立起省市县三级检察人才库。

各地也积极探索有效的人才激励措施，如武昌区院将诉讼监督作为公诉工作星级管理的重要考评指标，在"百分制"考评中进行"重奖"，有效地提高了承办人诉讼监督工作的积极性、主动性，法律监督能力得到很大提升。坚持把检察文化建设作为学习型检察院建设，提升队伍素质的重要抓手。各级院采取多种措施，积极探索检察文化的内涵、载体和形式，开展检察文化建设。全省成立了湖北省检察文联，目前已经积极开展工作。全省涌现出了宜昌市院、咸宁市院、汉阳区院等一批检察文化建设的先进典型，增强了队伍的凝聚力和精气神。

3. 执法规范化建设成效明显

按照《决定》要求，以"长期治理、长效机制、治本措施"为切入点，加强执法规范化建设。全省检察机关按照省院"两长一本"工作思路，持续抓好执法规范化建设，组织开展"三个专项治理"，"作风建设年"活动、"两严一强"教育活动、扣押冻结款物专项检查、推动建立促进公正廉洁执法"五位一体"工作格局，提出并落实"四个绝对禁止、一个必须实行"办案纪律、部署开展"强化检察管理年"活动，认真落实职务犯罪案件审查逮捕权上提一级改革，强化对查办职务犯罪工作的监督，严格执行职务犯罪案件一审判决上下两级院同步审查制度等。先后开展了对自侦案件扣押冻结款物专项检查工作、"反特权思想、反霸道作风"专项教育暨检风检纪整肃等活动。继续巩固落实办案过错责任追究、办案安全防范、同步录音录像、廉政监督员等制度。今年7月，省院还专门召开全省检察长会议，就强化监督管理，促进规范执法，进一步提高检察机关执法公信力问题进行强调和部署。全体检察干警规范执法意识不断提高，规范执法总体水平不断加强，促进规范执法的体制机制不断健全完善。

4. 监督制约体系进一步健全

按照《决定》要求，全省检察机关不断完善自身执法办案的内外部监督制约体系，加强各业务部门之间的内部制约和纪检监察、检务督察部门对执法办案的监督制约；加强上级院对下级院的领导与指导；加强业务部门执法办案中的自身监督。完善接受外部监督制约机制，自觉接受公安机关、审判机关、司法行政机关的工作制约。抓住执法办案的重点岗位和关键环节，认真开展执法检查、案件评查和案件回访。如武汉市新洲区院成立案管中心，将案件从受理到分流、办理、结案、案卷送达、案卷整理等一系列过程纳入绩效指标体系，同时将执法档案的管理、审核工作纳入案管工作，明确院案管中心作为全院案件监督、管理责任单位的作用，切实保障案件质量管理到位。今年省院成立了专门的巡视督察组，定期在全省进行检查、督查、暗访和案件评查等，强化检查督导工作，有效监督纠正执法不规范问题。严格落实人民监督员制度，坚持把"三类案件"全部纳入监督程序，积极开展对"五种情形"的监督，采取邀请人民监督员介入查办职务犯罪重点环节、参与监督处理涉检信访案件等方式，拓展人民监督员的监督范围；今年 1 至 9 月，全省共有 108 件 121 人案件接受了人民监督员监督。通过强化监督制约，办案质量逐年提高。两年多来，全省刑事案件起诉后有罪判决率达到 99.98%；职务犯罪案件有罪判决率达到 99.9%。

5. 基层院建设大力加强

根据《决定》"加强检察机关基层基础工作"的要求，大力推进基层院执法规范化、队伍专业化、管理科学化、保障现代化建设。2009 年省院党组经过深入调研，提出基层院"四化"建设应当做、急迫做、能够做的 20 件事项，召开全省推进基层院"四化"建设现场观摩和经验交流会，明确责任分工，逐项抓好落实，高检院曹建明检察长等主要领导予以高度肯定。目前，20 件事项均在稳步推进中，大多已取得实效。省院和市州分院加强宏观指导、协调推动，基层检察院发挥主观能动性和首创精神，形成上下联动的合力，基层检察院建设水平进一步提高，法律监督工作基础进一步夯实。省院连续三届六年被高检院授予"基层检察院建设组织奖"。

（五）争取外部支持，创造法律监督的良好外部环境

《决定》对审判机关、侦查机关、司法行政机关依法接受监督、支持配合监督，对各级政府和新闻出版、广播电视等部门支持监督提出明确要求。两年多来，全省检察机关积极对外联络，广泛争取理解和支持，推进各有关部门共同贯彻实施省人大《决定》，为法律监督工作创造了良好的外部环境。

1. 理顺了与法院、公安、司法等机关的工作关系

按照省人大《决定》要求，与法院、公安、司法会签加强监督制约、协调配合的规定，形成各司法机关相互配合、相互促进、共同维护司法公正的完整体系和工作机制。全省检察机关加强与公安、法院、司法等部门的沟通、协调，总体上建立了以联席会议、情况通报、疑难案件协调研究等为主要内容的相互配合、制约的协调机制。各级院认真贯彻实施省院与省公安厅会签的《关于在检察工作和公安工作中加强监督制约、协调配合的规定》，进一步细化相互监督与制约的范围与程序，积极探索建立逮捕必要性双向说明制度和不批捕案件跟踪监督制度，提高批捕案件质量；如鄂州、襄阳等地检察机关与公安机关定期通报办案情况，公安机关每月上旬向同级检察机关通报辖区上一个月刑事发案、立案、破案、羁押和适用强制措施的数据，及时发现和纠正侦查

违法问题,力求在配合中达到监督,在监督中体现配合;积极探索与公安机关建立信息共享机制,在公安机关法制部门设立信息联络点,建立以有关办案情况为主要内容的"数据库",实现信息共享。认真落实省院与省高法《关于在审判工作和检察工作中加强监督制约、协调配合的规定(试行)》,积极与法院协商,会签有关加强审判监督、执行监督与配合等问题的文件,就监督原则、范围、方式和程序等进行明确规定。如今年8月底,就贯彻落实"两高"会签文件精神,省院与省法院召开了联席座谈会;荆州市院与市中级法院就贯彻执行"两高"会签文件需要解决的具体问题,形成了会议纪要;随州市院与该市中级法院积极协商,大力推行检察长列席同级法院审判委员会制度;武昌区院与该区法院就建立说明未能执行理由机制的办法达成共识,明确检察机关对法院民事执行活动实行监督,并通过联席会议、资源共享、列席民事行政案件审判委员会等形式;对经法律监督调查,发现举报材料明显不实而没有立案的案件和经调查查否的案件,从维护司法公信力的高度,主动向举报、申诉、控告人说明情况,解释未开展监督调查的原因、查否的事实和理由,配合法院做好息诉罢访工作;针对监管活动中的问题,省院与司法厅联合制定《关于在刑罚执行和监管活动工作中加强协调配合监督制约的规定(试行)》,细化两者加强监督制约、协调配合的措施;武汉市院与该市司法局联手建立监外执行情况信息库,并通过系统软件适时更新,为全过程监督提供便利。

2. 与行政执法、执纪机关关系进一步加强

按照《决定》"完善行政执法、执纪与刑事司法衔接机制"的要求,全省各级检察机关高度重视,积极推进"两法衔接机制"建设,通过联席会议、提前介入、同步调查、情况通报、备案审查、网上信息共享、结果通报反馈等方式主动加强与行政执法机关的沟通联系、协调配合,使检察机关能及时了解和掌握行政执法机关行政处罚情况,有效防止以罚代刑、有案不立的问题。在全国率先与公安、监察、工商、税务、质监等部门建立行政执法与刑事司法衔接工作机制,以监督促进依法行政,促进社会管理,成效显著。中央两办《关于加强行政执法与刑事司法衔接工作的意见》下发后,全省检察机关积极开展"对行政执法机关移送涉嫌犯罪案件专项监督活动"和"打击侵犯知识产权和制售假冒伪劣商品专项行动",省院与省商务厅、监察厅、公安厅会签了《关于在全省开展对行政执法机关移送涉嫌犯罪案件专项监督活动的工作方案》,目前正在与省政府法制办等有关单位联合制定《关于加强行政执法与刑事司法衔接工作的实施办法》,以进一步推动两法衔接机制建设。枣阳市院与该市17个行政执法单位建立联席会议、线索移送、信息沟通等制度,共监督行政执法机关向公安机关移送涉嫌犯罪案件50余件,公安机关全部立案,

其中监督该市卫生局向公安机关移送的黄某非法行医一案被判处有期徒刑 10 年。2010 年 4 月，高检院在江汉区院召开现场会，推广其运用信息共享平台强化法律监督工作的做法。今年 1 至 9 月，全省检察机关共监督行政执法机关移送涉嫌犯罪案件 374 件，同比上升 31.2%；向检察机关移送职务犯罪线索 11 件 13 人，同比上升 83.3%。

3. 争取政府财政保障到位

按照《决定》"切实保障检察经费，改善执法条件"的要求，省院积极落实中办国办 32 号文件，向省委、省政府进行专题报告，研究制定全省政法经费分类保障办法、公用经费正常增长机制、政法装备配备标准。落实中央政法补助专款；省级财政配套资金已下拨各地，纳入当地财政统编预算；省院积极争取新增配套资金检察系统分配比例 13.5%。检察经费每年都实现了同比增长。2009 年全省检察经费总收入为 12.3 亿元，同比增长 3.4%，其中财政直接拨款为 97779.41 万元，同比增长 7.04%。全省有 81 个院实现了同级财政保障经费增长；2010 年全省检察经费总收入为 14.72 亿元，同比增长 16.18%，其中财政直接拨款为 13.12 亿元，同比增长 18.52%。全省有 87 个院实现了同级财政保障经费增长。

4. 与新闻媒体形成良性互动关系

按照《决定》"提高法律监督的社会认知度"的要求，全省检察机关适应时代发展变化，将检察机关公共关系作为重大课题，高度重视媒体，注重涉检舆情，建立了涉检舆情收集研判、应对处置机制，先后成功处置了巴东邓玉娇事件、冉建新事件等舆情热点事件。同时，自觉接受新闻舆论监督，支持新闻媒体对执法不严、司法不公问题的舆论监督，主动回应社会关切。省院单设新闻处，建立了与新闻出版、广播电视部门工作联系等制度，全省各级院进一步规范检察机关新闻发言人、向新闻媒体发布检察工作信息等制度，保障媒体依法进行采访，逐步规范个案报道，充分借助了媒体凝聚力量、推动工作的积极作用，加强检察机关门户网站建设，开通检察微博以及网上在线举报。

三、落实《决定》中存在的问题和困难

《决定》解决了检察机关法律监督方面的法律空白，为检察机关完善和规范法律监督工作机制起到有力的促进作用。两年多来，全省检察机关积极贯彻实施《决定》，各项检察工作取得明显成效。但从进一步强化法律监督的角度看，还存在一些与《决定》要求不相适应的问题和困难。

（一）法律监督配套制度不够，刚性不足

检察机关拥有的刑事立案监督、侦查监督、审判监督、执行监督和民事审判监督、行政诉讼监督等权利，由于立法的笼统，程序的缺陷，授权的匮乏，以致被监督者不接受监督时，检察机关显得力不从心，监督显得苍白无力。这样，在实际工作中，检察机关的法律监督工作在一定程度上依靠被监督机关的支持与配合，必然会导致法律监督效果的弱化。如检察长列席审委会制度，高检院于 2005 年印发的《关于进一步深化检察改革的三年实施意见》中规定："完善检察长列席人民法院审判委员会会议的制度，规范检察长、受检察长委托的副检察长列席审判委员会会议的具体程序等。" 2009 年 3 月，最高人民法院发布的《人民法院第三个五年改革纲要（2009—2013）》，也再次把检察长列席法院审判委员会会议作为一项制度建设予以确定。但是，《人民法院组织法》规定："各级人民法院审判委员会会议由院长主持，本级人民检察院检察长可以列席。"由于法律规定刚性不足，实际中，检察长列席审委会的方式、范围、程序等都依靠检法两家的协调，实践中检法两院对该项制度的认识不尽一致，导致司法实践失范，该制度运行的情况不甚理想，实施的效果也不平衡。

（二）《决定》操作规范性和强制力不够

《决定》原则性较强，而细化程度较低，责任不够明确，有的部门依法接受检察机关法律监督的意识不够，表面上愿意接受监督，而实际上又以技术性或部门规则为由拖延或阻碍监督的实施，抵消监督的适时效果。由于操作规范不精细，导致责任不明，产生内耗，影响监督的效率与效果。同时，《决定》难以在诉讼法或实体法方面找到强有力的制度性支持，在程序的规范方面难以做到有效落实，对违反《决定》的行为无法给予有效的惩治和处罚，对违法行为的纠正有赖于违法者或被监督者的自觉行动，这导致发现问题容易，而处理问题难。

（三）法律监督能力有待提高

一些检察干警监督意识和能力不强，法治意识和群众意识比较淡薄，执法观念还不适应社会主义法治理念的要求，存在着重协调配合轻监督制约、重查办案件轻纠正违法、重实体轻程序的思想。对法律监督工作有畏难情绪，监督多了怕影响与有关部门的关系，怕"伤和气"，影响了法律监督工作的开展。一些干警发现不了监督线索、纠正不了违法行为，分析问题、解决问题能力不

够。尤其是一些基层院干警的综合素质不高、高素质人才更是匮乏，部分干警还是停留在"不办错案、不超时限"的传统标准上，对于如何通过执法办案促进"三项重点工作"认识不足，这些都制约了《决定》的深入开展。

（四）检务保障与检察工作的新要求存在差距

上级检察机关和党委、政府十分重视检务保障工作，对基层基础建设、干警职级待遇十分关心、支持，办公办案条件取得长足发展。但是，由于实行"分灶吃饭"，受制于地方财政的限制，存在着设备采购、办公办案经费保障不够、干警待遇偏低的情况。而且，基层院的经费保障体制主要为地方财政预算拨付、追缴赃款返以及上级财政补助专款的方式，每年靠追赃来解决办公办案经费比例占全年办公办案经费的2/3，由于经费压力过大，检察机关必须靠办案追赃来弥补不足，这样难免导致检察机关在利益驱动下为了追赃而办案，为钱而办案，影响公正执法。再则，检察机关由于罚没收入存在不稳定因素，一旦追赃不能保障经费的需求，就会产生车辆转不了、案子办不了、津贴补助发不了等严重影响队伍稳定、阻碍检察工作发展的不良后果。

四、进一步贯彻落实省人大《决定》的建议

贯彻实施省人大《决定》，是一项长期而深远的任务。全省检察机关要牢牢把握检察工作的正确方向，突出工作重点，采取有力措施，不断推进省人大《决定》的贯彻落实。

（一）强化监督意识，进一步树立科学的监督观念

全省检察机关和广大检察人员要以"六观"为统领，真正解放思想，更新观念，以对党、对人民、对宪法法律高度负责的态度，全面加强法律监督工作。将监督的着力点放在监督司法权的有效运行和正确行使上，既关注个案实体处理的公正，又注重对执法过程中违反程序性规定的不规范执法行为的监督，树立全面全程监督观念；正确处理监督与配合的关系，做到既敢于监督，又加强配合，使各执法司法机关站在促进严格执法、公正司法的共同立场上，发展完善监督与配合相协调的工作关系；正确处理监督与办案的关系，既要自觉地将监督职能融入办案之中，又不能逾越监督权限，影响其他执法司法机关正常行使法定职责。

（二）进一步争取党委和人大支持

检察机关必须自觉接受党的领导和人大监督，这是检察机关开展法律监督

工作的重要政治保障。因此，全省检察机关要进一步贯彻落实《决定》，就必须进一步争取党委和人大的支持，自觉接受党的领导和人大监督，在党委、人大关心支持下开展工作。法律监督工作要始终围绕党和国家发展大局而开展，维护社会稳定，促进经济社会发展；要积极向人大汇报开展法律监督的工作情况，建立健全人大监督与检察机关法律监督相结合的工作机制；要深入开展调查研究，及时向人大提出立法建议，促进法律监督制度不断完善；争取人大协调检察机关与相关部门理顺工作关系，将检察机关的法律监督与各机关的内部监督和纠错机制有效结合；提请人大积极开展相关的执法检查或者听取专项工作报告，有力促进严格执法和公正司法。

（三）与有关部门进一步加强沟通，营造良好外部环境

全省检察机关要进一步积极主动地与有关单位加强联系和配合，以营造开展法律监督的良好外部环境。这就要加强与公安、法院等部门的监督制约和协调配合。既要主动与公安、法院进行联系沟通，进一步理顺工作关系，又要依法切实开展民事再审检察建议、调借阅审判案卷、检察长列席审判委员会会议等工作，坚持联席会议、情况通报、疑难案件协调研究等工作制度，就贯彻刑事政策、执行法律法规等重大问题进行沟通和协商，发挥打击犯罪合力；要加强与行政执法部门联系，进一步完善行政执法与刑事司法相衔接、行政监察与检察工作相互配合等机制，共同开展职务犯罪预防工作。

（四）加强队伍建设，进一步提高法律监督能力

要针对法律监督工作的特点，加大业务培训力度，大力培养法律监督业务专家和业务骨干。加强对法律监督理论和工作机制的研究，深化对法律监督工作规律的认识。强化自身监督制约，认真规范自侦案件批捕权上提一级的改革措施，加强对自侦权的监督制约；强化对执法办案重点岗位和关键环节的监督制约，完善各部门在内部监督中的协作配合机制，形成监督的整体合力；注重宣传检察机关的法律监督职能，发挥控告申诉检察环节的监督作用，自觉将法律监督工作置于社会各界和人民群众的监督之下，提高执法透明度和公信力。

（五）进一步完善经费保障机制

检察机关实行"分灶吃饭"，难以做到独立地依法履行法律监督职责，为产生地方保护主义、部门保护主义提供了条件，影响了执法活动的公正、统一和严肃性。因此，建议最高人民检察院进一步协调中央有关部门，加大检察机关经费保障力度，实现全额保障。鉴于县级财政差别较大、保障力度不够，建

议尽快实行由中央、省、市三级财政共同负担基层检察机关的经费保障机制，逐步实行由中央财政全额保障。在加强科技强检，制定出台规划时，建立由中央统一规划、统一配备、统一培训的工作机制，全面促进基层检察院统一协调发展。

检察机关落实党的十八大
关于依法治国的新要求*
——问题解决型检察监督机制研究

李爱君　　吕瑞云　　颜伶俐　　周朝阳

党的十八大报告提出"全面推进依法治国"、"加快建设社会主义法治国家"新的战略规划，凸显了党和国家对法治国家建设的高度重视，表明依法治国迈上了新的台阶。全面深入研究依法治国的战略规划、总体目标、具体要求、新的举措对于检察机关落实党的十八大关于依法治国的新要求、切实履行法律监督职能、推进社会管理创新、维护社会稳定，无疑有着重要的理论和现实意义。

一、依法治国的文本解读

（一）依法治国的历史发展进程

党的十一届三中全会公报提出，"为了保障人民民主，必须加强社会主义法制，使民主制度化、法律化，使这种制度和法律具有稳定性、连续性和极大的权威，做到有法可依，有法必依，执法必严，违法必究"，"检察机关和司法机关要保持应有的独立性；要忠实于法律和制度，忠实于人民利益，忠实于事实真相；要保证人民在自己的法律面前人人平等，不允许任何人有超于法律之上的特权。"在经历了十年"文革"动乱之后，痛定思痛，党和国家充分意识到建设社会主义民主与法制对于建设社会主义现代化国家的重要意义。由此，中国的法治建设走上了健康发展的轨道。1997年党的十五大报告进一步指出："依法治国，是党领导人民治理国家的基本方略，是发展社会主义市场经济的客观要求，是社会文明进步的重要标志，是国家长治久安的重要保

---

　　* 课题负责人：李爱君，南京市人民检察院党组成员、副检察长。课题组成员：吕瑞云、颜伶俐、周朝阳。

证。"1999 年第九届全国人大二次会议通过的《宪法修正案》将"依法治国、建设社会主义法治国家"载入宪法。首次将依法治国提高到了国家宪法层面，极大地提升了依法治国在国家发展战略中的重要地位。前不久刚刚闭幕的十八届三中全会通过的《关于全面深化改革若干重大问题的决定》再次提出，建设法治中国，必须坚持依法治国、依法执政、依法行政共同推进，坚持法治国家、法治政府、法治社会一体建设。深化司法体制改革，加快建设公正高效权威的社会主义司法制度，维护人民权益，让人民群众在每一个司法案件中都感受到公平正义。《决定》的出台为今后依法治国，建设社会主义法治国家提出了更加明确、具体的目标，成为我们今后建设社会主义法治国家新的纲领。

(二) 依法治国的新要求

1. 全面推进依法治国

党的十八大报告提出要"全面推进依法治国"，从而将依法治国提到了一个更高的高度。从"全"的角度讲，就是要做到"科学立法、严格执法、公正司法、全民守法"。可以说，十八大提出的"科学立法、严格执法、公正司法、全民守法"是对党的十一届三中全会上确定的社会主义法制建设的方针，即"有法可依、有法必依、执法必严、违法必究"的动态、辩证的升华，从过去强调静态的制度建设转向强调动态的过程建设。[①]

科学立法是依法治国的前提。十八大报告提出要进一步"完善中国特色社会主义法律体系"，"加强重点领域立法，拓展人民有序参与立法途径"。从闭门纳谏到开门立法，立法过程中的公众参与、透明化、民主化等举措不仅增强了立法的科学化，而且对于后续法律的顺利贯彻实施起到了良好的推动作用，不但减少了教育与宣传等环节，而且有利于提高法律的执行力。

严格执法是依法治国的关键。十八大报告强调要"推进依法行政，做到严格规范文明执法"。一切国家行政机关和法律、法规授权的组织必须在法律规定允许的范围内，按照法定程序和法定的方式行使职权。政府必须切实转变传统的管理理念为服务理念，加快服务型政府、责任型政府、有限政府的建设，增强政府行为的公开、透明，加大公众参与，提高政府决策的民主化、科学化、法治化。

公正司法是依法治国的保障。习近平总书记强调，"要努力让人民群众在每一个司法案件中都感受到公平正义"。在落实依法治国新要求的过程中，司法公正是永恒的主题、任务和价值追求。只有公正司法，才能顺应国家经济发

---

① 熊明辉：《"全面推进依法治国"的逻辑解读》，载《南方日报》2013 年 2 月 12 日第 7 版。

展对法治建设的呼唤，才能顺应人民群众对法治的期待，也才能彻底解决近年来所出现的信访不信法、信上不信下的不正常社会现象。

全民守法是依法治国的目标。依法治国目标的实现，不仅仅是法律体系的完备和完善，更主要的是人民群众具备了良好的法律素养，让法律真正的内化于心，外化于行。守法不仅仅是对法律的简单服从，而是要求人民群众能真正理解、把握法律的精神及实质，能够在宪法和法律的框架下充分地享有权利，自觉地履行义务。从另外一种角度看，当守法成为人民群众自觉的道德品质，依法治国目标的实现也就具备了坚实的基础。

2. 加快建设社会主义法治国家

党的十八大对法治国家建设提出了明确的时间要求，即到 2020 年实现全面建成小康社会宏伟目标时，"依法治国基本方略全面落实，法治政府基本建成，司法公信力不断提高，人权得到切实尊重和保障"。

（三）十八大依法治国的新举措

具体来说，落实党的十八大关于依法治国的论述和要求至少包括以下四个方面新举措：

1. 核心内容：对公共权力的有效监督和制约

归纳来说，社会主义法治国家就是从人民利益出发，实现权利（权力）、义务、责任的合理配置，并以此来制约国家权力、规范社会主体的活动，从而形成良好社会秩序的国家。其中，如何有效制约权力并防止其被滥用，是我们今后政治体制改革和法治建设的关键。具体来说，应在以下四个方面上下功夫：一是完善民主选举、民主管理和监督制度，充分运用民主权利制约公共权力；二是健全组织和程序建设，运用法治方式约束公权力；三是强化司法监督，通过法律监督方式防止权力滥用；四是健全权益恢复机制，使受公共权力侵害的私益得到及时赔偿或补偿。

2. 内在要求：社会管理创新

随着改革开放的不断深入，各种社会矛盾日益显现，而现有的矛盾化解机制、权利保障机制和权益救济机制已经显得相对滞后，群体性事件的频发催生了"社会管理创新"理念的生成。十八大报告关于"加快形成党委领导、政府负责、社会协同、公众参与、法治保障的社会管理体制"的论述将社会管理纳入了法治化建设的框架之中。

3. 基本路径：推进中国共产党领导下的社会主义宪政

首先，党必须在宪法和法律的范围内活动；其次，党必须通过宪政途径整合、表达民意，并依靠立法程序将党的意志转化为国家意志；再次，应将党的领导置于人民代表大会制度这一根本政治制度之中，并通过立法权、选举权、重大事项的决定权和监督权实现党对国家的领导；最后，要将党的领导方式与国家权力运行方式协调、统一，以保证行政机关依法行政、司法机关独立、公正司法。

4. 运行方法：法治思维和法治方式

党的十八大报告要求提高领导干部运用法治思维和法治方式深化改革、推动发展、化解矛盾、维护稳定的能力。运用法治思维和法治方式就是要求党必须在宪法和法律范围内活动，任何组织或者个人都不得有超越宪法和法律的特权，绝不允许以言代法、以权压法、以权乱法、以权废法、徇私枉法，坚决杜绝上行下效，违法乱纪。当下中国社会矛盾突出，消弭冲突需要法治思维和方式。这对于维护党在人民群众心目中的光辉形象，对于化解社会矛盾、维护社会稳定均具有重要意义。

二、问题解决型检察的理论探索

2012 年年底，习近平总书记在广东考察工作结束时提出，全党全国各族人民要坚定不移走改革开放的强国之路，更加注重改革的系统性、整体性、协同性，做到改革不停顿、开放不止步，为全面建成小康社会，加快推进社会主义现代化而团结奋斗。贯彻习近平总书记关于改革系统性、整体性、协同性方法论的论述，结合十八大关于依法治国的新要求，南京市两级检察机关以"问题解决型"检察为切入口，积极探索检察化解社会矛盾、推进社会管理创新、维护社会稳定的新途径、新方法。

（一）"问题解决型"检察的基本内涵与特点

"问题解决型"检察是指检察机关在参与诉讼活动以及对诉讼活动进行监督的过程中，运用类型化思维发现政府及相关社会管理部门在社会管理与服务中存在的法治问题，运用检察职能督促政府及相关社会管理部门正确履行法定职责，促进社会管理在法治轨道上健康运行，以实现社会的有效治理。① "问题解决型"检察把个案看作是社会问题的现实反映，不仅仅通过参与诉讼活动正确地处理个案，实现对问题的"治标"，还通过对诉讼活动的监督发现个案背后的问题，对个案反映的社会问题进行"治本"，强调法律监督必须从社会管理层面上解决问题。

---

① 顾晓宁：《问题解决型检察之探索》，载《人民检察》2012 年第 22 期。

　　"问题解决型"检察借鉴的是西方国家的"问题解决型"司法。① 两者之间有一定的联系，但又不完全相同。西方国家中的"问题解决型"司法中的"问题"通常局限于个案，针对的是被告人个别化的预防，其工作方式主要蕴含于诉讼程序之中。而"问题解决型"检察则着力于解决的是由个案成因所涉及的社会管理问题，追求的是类型预防和普遍预防，工作的方式也不仅局限于诉讼程序之中，需要监督和协同相关的社会管理部门共同来进行。"问题解决型"检察所解决的"问题"共包括三个层面的问题：一是个案纠纷问题；二是个案纠纷主体社会角色回归问题；三是个案所反映的类型化社会管理问题，主要体现为社会管理中的法治化缺失问题。其中第一、二层面的问题与西方"问题解决型"司法要解决的问题比较接近，但是"问题解决型"检察不仅关注前两个层面问题解决，更侧重于第三类问题，通过个案发现类似案件社会管理成因问题，主要是政府在社会管理方面存在的法治思维、法治方式、工作机制、工作方法的类型化缺陷问题，通过运用检察职能督促这些问题的解决，以填补社会结构、社会体制机制方面的缺陷，预防类似案件再次发生。因此"问题解决型"检察具有以下鲜明特点：

　　1. 监督对象是政府社会管理部门

　　"问题解决型"检察要求在办案过程中尽量回溯反映案件在社会管理层面的成因，对负有社会管理职责的部门执法活动进行监督。这种监督活动不同于传统的检察建议，主要不是以与案件紧密关联的发案单位为对象，而是以政府负有社会管理职责的部门为主要对象，这些部门往往和案件没有直接关联，但在案件的社会成因上却有着更深层次的联系。

　　2. 监督目的是推进社会管理法治化

　　"问题解决型"检察缘起执法办案，但又不局限于执法办案，它更加注重发挥检察机关在推进社会管理法治化进程中的特殊作用。检察机关是国家的法律监督机关，应当更加注重对法治运行秩序的维护，从案件成因中察看相关社会管理领域政策、法律有没有得到统一正确实施，相关负有社会管理职责的部门履行法定职责是否存在缺失，并对其中违背法治精神的问题进行干预。

　　3. 监督思维是类型化地完善社会管理

　　"问题解决型"检察由个案出发，通过举一反三的类型化思维方式，发现

---

　　① 参见胡铭：《美国的问题解决型司法》，载《人民法院报》2011 年 2 月 18 日；刘仁文：《美国毒品法庭参访记》，载《法制日报》2011 年 5 月 25 日；田力男：《美国社区法庭法官角色辨析》，载《中国司法》2011 年第 11 期。

和探究案件背后由于法律得不到正确实施而造成的社会管理层面上的成因，并通过履行法律监督职能来加以干预。所谓思维的类型化就是注意从一般案件的具体情况中找出社会管理运行中具有共性的问题，这些问题的解决可以在某一领域减少、防堵犯罪以及纠纷的发生。通过"问题解决型"检察督促相关领域社会管理部门遵循法治的精神，履行法定职责，以"批发"而非"零售"的方式解决社会管理缺失问题，实现一般性预防的社会效果。

4. 监督方法是专业化和社会化相结合

"问题解决型"检察涉及的社会管理问题往往比较复杂，有些内容已经超越法律的层面，单靠检察机关的力量难以承担。因此，"问题解决型"检察具体工作方式是开放和多元的。所谓开放就是要借助"外脑"，调动社会力量参与问题的解决，同时还要注意与所监督的社会管理部门之间协同，充分调动他们的积极性。所谓多元就是工作方式不能简单化、格式化，而是要根据具体的情况，采取一案一策、灵活多样的方式帮助相关社会管理部门更好地履行职责，统筹协调地推进相关社会管理问题的解决。

(二)"问题解决型"检察的正当性与合理性

1. "问题解决型"检察是马克思主义法学和法社会学的实践运用

"社会不是以法律为基础的，那是法学家们的幻想。相反地，法律该以社会为基础。法律应该是社会共同的、由一定物质生产方式所产生的利益和需要的表现，而不是单个的个人的恣意横行。"① 马克思主义法学认为法律作为一种社会现象，具有社会性，社会是法律的基础，法律有效运行必须与社会交融，将法律运行与社会割裂开来违背法律本质。除了马克思主义法学，法社会学同样也认为"法律不仅仅是文本和教科书，更应与社会关系的调整紧密联系在一起，法律不是纯粹的逻辑推理和僵化的概念，而是协调社会利益冲突的手段。"② 霍姆斯、卡多佐、庞德、波斯纳等现实主义法学家都主张"通过司法实践认识法与社会及公共政策之间的关系，倡导直接通过司法能动主义'释放法律能量'"③。如今"越来越多的法学家认识到，仅仅关注正式的法律规则、司法制度和上诉案例已远远不足解释法律的真实运作及其与社会的关

---

① 《马克思恩格斯全集》（第 6 卷），人民出版社 1965 年版，第 291 页。

② ［美］罗斯科·庞德：《通过法律的社会控制》，沈宗灵译，商务印书馆 1984 年版，第 9 页。

③ 范愉：《新法律现实主义的勃兴与当代中国法学反思》，载《中国法学》2006 年第 4 期。

系，因此，从社会秩序和纠纷解决的原貌出发，就成为一种必需的选择。"①

"问题解决型"检察立足于马克思主义法学，以法社会学视野看待法律与社会的关系，从社会秩序和纠纷解决的原貌出发，特别强调以法律解决社会问题，在检察职能中释放法律正能量。"问题解决型"检察倡导检察官成为"社会医生"。法社会学代表人博登海默对法律工作者如何拿起法律"手术刀"诊治社会肌体有过生动描述，认为"如果法律制度的主要目的在于确保和维护社会肌体的健康，从而使人民过上有价值的和幸福向上的生活，那么就必须把法律工作者视为'社会医生'，而他们的工作则应当有助于法律终极目标的实现。""问题解决型"检察正是沿着博登海默给出的思维路径和思想方法，围绕检察工作如何与解决社会问题有机交融而展开。博登海默更多的是站在法官与律师角度，通过关注个案处理，让社会肌体免受创伤。而"问题解决型"检察不仅关注个案公正处理，还由个案延伸到社会管理上，运用西方国家所没有的国家法律监督机关的职能，从"治本"上着手解决社会问题。如果说博登海默关注的主要是社会伤口的"治疗"，而"问题解决型"检察则沿着他指出的路径在"治疗"同时更多地关注在社会管理层面上怎样"防病"，这种西方国家所不具有的修复与维护社会肌体做法，只有中国特色的检察职能才能实现。博登海默的理想是司法能够成为真正的"社会医生"，而"问题解决型"检察则为检察官实现"社会医生"理想探索出一条极有价值的途径。"问题解决型"检察倡导的分析研判案件背后的社会管理成因，尤如医生根据病状分析查找病因，推进相关社会管理的完善，如同医生对症下药。

2. "问题解决型"检察有助于宪法赋予的检察职能的发挥

"由于社会和历史原因，法律监督权在我国实践中未能充分发挥作用。但我们不能因为这一制度未能充分发挥作用就否定它。"②同时，"'法律监督'这一功能的定位是我国检察制度与西方检察制度的重大差别。西方国家检察机关基本上或者主要被视为以公诉为基本职能的国家机关，而我国的检察机关则是专门的法律监督机关。"③ 诉讼监督是检察机关实现法律监督的主要做法，但不是法律监督的全部。检察机关诉讼监督应当是法律监督的下位概念，是法律监督职能的一部分。重新审视法律监督职能，检察机关法律监督职责在内容上既包含对诉讼活动的监督，也包含对通过诉讼发现的诉讼外影响法律统一正

① 范愉：《新法律现实主义的勃兴与当代中国法学反思》，载《中国法学》2006年第4期。

② 蒋德海：《检察体制改革必须坚持和完善法律监督》，载《法学》2007年第9期。

③ 孙谦：《深刻认识中国检察制度的特色》，载《求是杂志》2009年第23期。

确实施的监督，在方式上既包含运用诉讼方式进行"硬"性监督，也包含运用提示、建议、组织研讨、协同推进等非诉讼方式进行的"软"性监督。检察机关必须发现法律运行中是否存在被扭曲和虚置的问题，并依据职权进行干预，才能保证法律得到统一正确实施。

"问题解决型"检察是通过诉讼活动发现违法隐患，通过检察建议等形式提醒、督促有关机关、单位或者个人规范行为、健全制度、预防犯罪、避免损失，为构建和谐社会创造良好的法治环境。显然"问题解决型"检察属于"软"性监督的范畴，这种"软"性监督是诉讼监督的自然延伸，仍然属于宪法定位范围内的法律监督。但"问题解决型"检察不是倡导苏联检察机关的一般监督，而是在参与诉讼活动以及对诉讼活动进行监督的过程中，发现政府及相关社会管理部门存在的违法问题，运用检察职能督促政府及相关社会管理部门正确履行法定职责，是中国特色社会主义检察制度的反映。"问题解决型"检察也不是要求检察机关直接管理社会，检察机关参与社会管理的方式是通过履行法律监督职能督促政府等相关的社会管理部门正确履行法定职责的方式来实现社会管理。就中国目前的实际情况来看，缺少的决不只是"好的司法程序，还要有好的角色行为"①，"问题解决型"检察就是检察机关在宪法和法律定位下恰当的角色回归。

（三）"问题解决型"检察的现实必要性

1. 转型社会中对权力进行制约和监督的制度要求

当前我国正处于社会转型期，社会结构调整、社会矛盾突出，尤其表现在教育、就业、社会保障、医疗、住房、食品药品安全等关系人民群众切身利益的各领域，这些领域的矛盾集中归为城乡矛盾、贫富矛盾、干群矛盾激化，社会矛盾已经从以往的人民内部矛盾、敌我矛盾转变为"基础性社会矛盾"②，成为影响社会稳定的深层次的矛盾。这些矛盾当中既有社会发展必然带来的如经济发展不平衡等客观原因，也有很多主观因素，如法令政策制定中利益分配不均衡、社会治理中管理和服务缺失、行政执法能力不高和水平不足、司法不公、公权腐败等，本质是公权力运行不符合法治精神的失范行为。政府失范行为一般表现为权力滥用，一部分失范行为是明显"违法的"显性失范行为，还有一部分更严重的失范行为是在既有规范的前提下进行的隐性失范行为，这些规范往往具有"合法"的身份，但却本质上违背法治精神。政府失范行为

---

① 关玫：《司法公信力研究》，人民法院出版社 2008 年版，第 86 页。
② 顾培东：《能动司法若干问题研究》，载《中国法学》2010 年第 4 期。

往往引发民愤，进而导致社会矛盾由点到面激化喷发，影响社会稳定，这些都是权力滥用的后果。而解决权力滥用问题必须要防止和纠正政府失范行为，必须强化对权力的制约和监督。

习近平总书记强调要"加强对权力运行的制约和监督，把权力关进制度的笼子里。"① 保证政府权力的健康运行，除了权力的自我节制外，最重要的就是必须保证对权力进行监督。现代检察监督理念与习总书记讲话精神不谋而合，尤其强调控权型法律监督理念，② 现代国家的检察功能具有限制国家权力、谦抑司法活动的要求。③ 我们必须摆脱滞后法律监督观念，不能再仅仅侧重于依法追究犯罪的硬性任务，满足于一般性诉讼任务完成，必须重新塑造法律监督理念。

"问题解决型"检察作为重塑检察监督理念的有效路径，通过发现政府及相关社会管理部门在社会管理与服务过程中所存在的问题，一方面是解决个案正确处理的问题，另一方面更重要的是通过个案，发现不符合法治精神的权力运行扭曲现象，适用类型化的分析方法对权力运行进行监督，推进社会管理法治化，实现权力制度设计的价值初衷。

2. 检察机关提升自身能力满足社会供给的内在要求

目前我国正处于建设法治社会进程中，政府正从一个全能国家观念下的政府向有限政府转变，已经没有像在全能国家时期那样强大的整合社会的力量，大部分社会纠纷的解决都开始转移到了司法的身上。"司法最终解决原则"成为现实中人们对司法的期望。但如若此时司法供给严重不足，将引发或加重人们对现实司法的失望和不满，进而导致难以树立司法的公信力，社会矛盾反而不能有效消解。同时任何一个社会都不可能无限增加司法资源供给，一个理性社会应尽可能限制或减少不必要的诉讼，反而应积极拓展替代性机制，以节约司法资源，应对社会纠纷解决和治理的需求。有鉴于此，检察机关必须重新定位，不应再是简单进行是非判断的机械办案，而要延伸发现分析案件背后的社会成因，从服务大局来认识法律监督职能的履行。④ 在面对基础性社会矛盾引发的社会纠纷时，检察机关必须致力于从根源上找到解决矛盾纠纷的法律方

---

① 习近平总书记在 2013 年 1 月 22 日中纪委全会上的讲话。

② 谢佑平、宋远升：《检察监督与政府权力》，载《河北法学》2009 年第 5 期。

③ 姜伟：《和谐语境中的检察功能与检察理念》，载《中共中央党校学报》（第 10 卷）第 5 期。

④ 李斌：《检察工作中"能动司法"的引入》，载《国家检察官学院学报》（第 20 卷）第 3 期。

法，避免出现更多更大的社会矛盾。

三、"问题解决型"检察的实证分析

"问题解决型"检察作为一种全新的工作方法，其最终的价值追求即通过办理案件在社会管理层面发现某些深层次的问题，并通过监督和协同社会管理部门努力探寻解决问题的方法，以全面推进社会矛盾化解、社会管理创新、维护社会稳定的工作。围绕上述目标，南京市两级检察机关进行了大量的实践探索并取得了显著的成效。

（一）建章立制，弥补社会管理漏洞

在"问题解决型"检察机制的落实过程中，我们发现部分案件的发生与法律的不完善、制度的不健全密切相关。虽然经过多年的努力，"有法可依"的问题已经基本解决，我国已形成比较完备的法律体系，但不可忽视的是，在对法律、法规的细化执行上、对某些群体的保护上，在行业内部规范性文件的制定上仍然存在不少需要完善的地方，同时，这些不完善导致某些法律难以执行，进而影响到执法、守法的问题。近年来，南京市两级检察机关通过开展"问题解决型"检察工作，结合办案，针对某一类案件或某些有特点的个案，对社会管理中因无章可循而导致的行为不规范，进而引发犯罪的情况进行分析研判，通过向有关单位或部门有针对性地提出规范性文件的制定意见，或是向人大提出立法建议，推进法律的制定或是直接促成行业内规范性文件的形成，取得了较好的效果。

针对群众诟病的江苏省高校招生录取工作中所采取的选择性招录改革举措，2012 年，南京市人民检察院立案查处了江苏省教育厅刘某某涉嫌受贿一案。通过该案的查办，发现省招办的该项改革举措存在很大的管理漏洞，为不法分子提供了可乘之机。由于归口管理不到位、执行操作不规范等问题，造成招生工作中存在"暗箱操作"、行贿受贿等重大隐患。为了切实维护广大考生的合法权益，还考生公平竞争的择校录取机会，让考生不会输在起跑线上，南京市人民检察院于 2013 年 1 月 16 日向江苏省教育厅发出检察建议书，建议该单位进一步完善选择性招生及择校的运作机制，从源头上防止违法犯罪案件的发生。同时加强对重点岗位、重点人员的经常性法制教育，进一步规范权力运行监督机制，从制度上预防职务犯罪的发生。2013 年 1 月 31 日，江苏省教育厅复函南京市人民检察院，进一步完善选择性招生计划的使用和管理，要求各高校继续实施好招生录取工作"阳光工程"，严格执行国家和省有关招生政策，严格选择性招生计划的使用程序、使用范围和责任，切实加强普通高校招

生各个环节的监督和管理。严把审核审批关，严厉打击资格造假以及中介欺诈，确保招生录取公平公正和良好秩序。及时对厅机关干部提出新的要求，加强对机关干部的监督，规定厅机关干部不得以个人名义和高校联系与工作无关的招生录取事项，不得擅自向高校提出选择性招生计划使用的要求。同时明确要求高校选择性招生计划的使用不允许收取任何费用，具体实施时严格做到条件公开、标准公开、过程公开、结果公开。对违反选择性招生计划政策规定的高校，将取消学校选择性招生计划，取消学校和学校主要领导、相关责任人三年内评优评先的资格。同时，严格追究学校主要领导、分管领导和直接责任人的责任；情节严重的，涉及违法行为的将依纪依法严肃处理。要求在招生录取期间，厅机关和直属事业单位的党员干部更要注重自身形象，严格要求自己，自觉抵制各种诱惑。围绕反腐倡廉建设重大决策部署和阶段重点任务，结合领导干部思想和工作实际，组织每年不少于两次的专题学习和每年不少于一次的廉政党课。认真落实岗位责任制、首问负责制、限时办结制等日常管理制度，切实把从严管理的要求贯穿于干部的培养、选拔和使用的全过程和各个环节。主动接受监督，确保所有行政权力都在阳光下公开、透明运行。

南京市高淳区院近年来查处了多起涉及项目资金的职务犯罪，凸显了该区在项目资金管理上的问题，在查办案件的基础上，该院积极开展项目资金预防调查，深入分析项目资金上易发职务犯罪的环节，分析可能存在的作案手段，形成了《高淳县项目资金专项预防调查报告》，提出四项建议，促进项目资金审批、管理、监管等程序规范化运行，同时与有关部门联合起草高淳县（2013 年已改为区）"涉农"项目资金管理办法，该办法已正式颁布实行，全区"涉农"项目资金得到有效监管。同时，该院在面向社会提供行贿档案查询过程中，发现在建筑市场中借用他人资质及串通投标等行为较为多发，针对这种情况，该院与区财政局联合制定了《高淳县政府采购行贿档案查询工作办法》，对政府采购实行廉洁准入制，并对所有拟录入政府采购中心供应商库的企业进行拉网式排查，对有不良记录的，一律不予入库，强有力地促进了市场诚信建设。

南京市六合区院在对医院职务犯罪案件的查处过程中，结合办案实际，推进大厂医院制订和完善《大厂医院职业道德及行风廉政建设专项治理实施方案》等 16 项制度，促使六合区人民医院通过采取精细化管理措施建章立制，同时，还推动了六合区卫生局出台了规范性文件《六合区药房集中托管工作实施方案》、《2012 年六合区抗菌药物临床应用专项整治活动实施方案》；推动六合区国税系统改变了征管方式，成立专业风险税收团队。六合区院在办案中发现近两年来，马集、程桥、竹镇等地非法盗采白土现象屡屡发生，国土资源局等行政执法单位监管缺位，给盗采白土者有机可乘。检察机关及时向区委反映情况，直接促成《区政府关于建立六合区国土资源执法监管联席会议制度的通知》、《区政府关于印发〈关于建立六合区国土资源管理部门与城市管理部门联合执法机制的实施意见〉的通知》、《区政府关于批转区国土分局六合区节地提效保发展促转型等实施细则的通知》等文件的出台，推动全区开展打击盗采白土的综合整治工作。

检察机关在办案中及时发现政府相关部门的管理缺位，从规范化的角度提出富有实效的建议，是检察机关行使宪法所赋予的监督权的直观体现，而从政府管理部门的角度来说，检察机关提出的建议也正是其所需求的，为其管理活动提供了法制保障，充分体现了检察机关是社会管理的一分子，而非仅仅是办案中的一环。

（二）多措并举，关注弱势群体，维护当事人合法权益

弱势群体正如木桶理论中的短板，决定了一个社会的发展水平。作为维护社会公平正义的一块盾牌，检察机关在公正执法的同时，立足于问题解决，在打击违法犯罪的同时，也对弱势群体投入了特别的关注，有力地维护了当事人的合法权益。

2013年6月21日，南京市江宁区发生了一起饿死女童案，女童的母亲乐某系涉毒人员，长期怠于对孩子的管护，两个幼女死于多日难耐的饥饿与无助。该案经媒体广泛传播，在全国造成了恶劣影响。南京市检察院在办理该案过程中，结合近年来频频发生的未成年人乞讨、未成年人无人管护、未成年人遭受家庭暴力的事件等，发现部分家庭儿童监护缺位等问题必须引起高度重视。2013年9月，南京市人民检察院向南京市人大常委会正式提出制定《南京市未成年人保护条例》的立法建议。在完善已有法律规定的基础上，提出设立儿童关爱中心，规定强制报告制度，引入社工进学校等问题解决型机制，受到市人大的高度重视。

南京市栖霞区院监所科在例行检察中发现一名安徽籍盗窃犯出所后因为无钱回家而再次实施盗窃，遂联合市救助管理站、区看守所等部门，在全国首家制定《关于对看守所特困出所人员离宁返乡提供救助的衔接工作意见》，先后对3名经济困难的刑满释放人员提供社会救助，引起社会各界关注，取得了良好的社会效果。

南京市鼓楼区院民行部门在办案中将损害劳动者、未成年人、残疾人等弱势群体权益案件列入重点关注案件，在内部主动与控申、刑检等部门协调配合，建立内部协调、线索流转机制，外部与辖区劳动管理部门、法院、律师事

务所、纪检监察、信访等部门建立工作联系，完善信息通报、办理情况反馈机制等，及时收集和筛选有关劳动者维权案件线索，畅通劳动者维权渠道和受案渠道。近两年来，共办理 14 件涉及劳动者讨要工资和工程款的支持起诉案件，成功帮助农民工等劳动者追回近 20 万元拖欠款项，有效地维护了当事人的合法权益，维护了社会稳定，从根源上避免了群体性上访事件的发生，取得法律效果和社会效果的有机统一。

南京市建邺区院在办理交通肇事案件的过程中，对交通肇事案中环卫工人被撞的类型化问题进行分析研判，在总结相关典型案例情况、特点的基础上分析案发成因，提出解决问题的相关建议。同时积极走访建邺区河西建环公司（原建邺区环卫所）、交警四大队等单位，了解相关案件情况，收集同类案件信息进行综合分析。经过分析研判和集中走访，该院与区相关部门共同商讨了环卫工人安全作业的新途径，比如加大环卫工人安全意识的培养，在高危路段推行机械化作业代替人工作业等，受到工人们的好评。

南京市玄武区人民检察院在查办某学校食堂管理人员利用职务之便侵吞公款的行为后，为了切实维护广大中小学生的合法权益，区人民检察院向区教育局等相关单位或部门发出建议，讨论解决中小学中午配餐问题。区教育局等相关管理单位或部门给予了高度重视，在发案单位召开现场会，就中小学食堂配餐管理过程中所存在的漏洞进行了深入的讨论并就进一步完善相关规定达成共识。该院的这一做法很快受到市教育局的关注。之后不久，南京市教育局组织全市中小学的主要领导就中小学生的配餐问题进行了全市的治理整顿工作。同时，为了更好地保障孩子们的健康成长，经市教育局、市学生营养与健康促进会组织专家研讨，2013 年 10 月 16 日，被人民网评价为"国内首份中小学生午餐标准"的《南京市中小学生营养午餐试行标准》正式发布。教育部门还强调，在使用新出台的《食谱》的同时，必须切实保障食品卫生与安全，不得向学生提供隔夜食品，不加工冷荤凉菜，不使用变质原料，不使用发芽土豆，慎用四季豆，严格按规定控制使用食品添加剂。教育部门将组织人员定期到学校进行监管督查。为让学生吃的营养，市教育局还规定，到 2015 年，中小学须配备专（兼）职营养师，参与学校饮食、饮水卫生的日常管理，根据学生的膳食和健康状况，开展针对性营养干预。

检察机关对弱势群体权益的保护充分体现了检察机关敢于担当、勇于负责的社会责任感，取得了良好的社会效果，受到了社会各界的广泛好评。通过对弱势群体权益的保护，检察机关真正做到了在办案中发现问题，在案件之外探寻解决办法，在参与社会管理的过程中做到了既不缺位又不越位，有效地实现了社会治理的目标。

（三）立足办案，延伸检察职能

现阶段我国社会失范现象严重，政策和法律被任意践踏的现象屡见不鲜，同时，随着经济社会的不断发展，各种新型社会关系、法律关系不断涌现。固有的、以政府为单一主体的传统社会管理模式已很难适应当今社会的需求。在此情势下，检察机关直面社会问题，把法律监督职能延伸到诉讼程序之外，配合政府等相关单位或部门，围绕保障民生以及经济社会发展的大局依法提供法制保障。

1. 积极参与公益维权，服务保障民生

为检之要，以民为本。社会公益关乎广大人民群众的切身利益，既是立检之基，也是立检之要，更是检察事业得以蓬勃发展的根本保证。

2013年3月底，南京市栖霞区院民行科通过媒体发现辖区内7家企业赶在搬迁前大量排污，造成附近局部水沟污染较重，直接影响了当地居民的生活环境与饮食安全。该院通过"三步走"方式及时介入，建议区环保局召集相关企业负责人、专职管理人员和操作人员开展专题教育并定期检查企业做好排污设施运行相关台账记录等。区环保部门立即对所涉及的污染企业实施了相应的行政处罚。推而广之，环保局对全区23家"三高两低"企业进行了集中大排查、定期对辖区企业实施"清晨行动"等，还百姓以蓝天白云。

南京市建邺区院在提前介入一件非法持有毒品原植物种子案的过程中，发现犯罪嫌疑人史某从他人处购得大量罂粟壳，估计已经流入火锅店等商户，将严重影响食品安全，危害人民群众的身体健康，该院及时联合区药监局对辖区范围内的22家火锅店进行了全面排查，并精心制作了《致南京宏剑食品批发中心广大商户的一封信》，列举了刑法的相关条文规定、毒品犯罪的危害和恪守职业道德、维护食品安全的意义，在该中心的主要出入口张贴。同时，该院还注意到史某商铺所在地宏剑食品批发中心对于入驻批发中心的众商户没有切实履行好检查监督职能，对商户的违法经营行为缺乏有效的防控，遂向批发中心及其监管部门南京市工商局建邺分局分别发出建议，防止有毒有害食品流入市场。同时，检察机关适时关注建议的落实情况，推进行政执法机关对市场所有商户经营货物进行了全面、拉网式排查，加强市场巡查监管力度。建立专人定期巡查制度及与南京宏剑食品批发中心商户的定期约见制度，使该区食品安全的绿色屏障体系更加完善，得到了群众普遍的认可与好评。

2. 清理整顿市场经济秩序，服务经济社会发展

近年来，南京市两级检察机关秉持"强化法律监督，维护公平正义"的

检察工作主题，以"问题解决型"检察为切入口，通过全面正确履行检察职能为经济社会发展保驾护航，有效地维护了市场经济秩序的稳定，促进了当地经济社会的健康发展。

南京市鼓楼区院在办理"4·16"重大教辅图书盗版案过程中，针对印刷厂负责人归案后提出的"先印刷，后补批文"的潜规则及时与市文化执法总队联系，牵头召开了"知识产权协同护航"座谈会，省扫黄打非办公室、南京市文化综合执法总队、区公安分局、区法院、区文化局参加座谈，各方就行政、司法机关如何加强在查办侵犯知识产权犯罪案件中的协调配合、凝聚知识产权保护合力进行了深入交流，并就成立鼓楼区打击知识产权犯罪工作小组、建立联席会议制度、构建知识产权犯罪案件"绿色通道"办理机制等达成了一致意见。

南京市雨花台区人民检察院在办理一起大规模回民聚众斗殴案过程中，涉案回民原籍地青海省化隆县及甘肃省临夏县的一些不明真相回民群众错误认为案件仅是群众经营中引发的纠纷，对南京司法机关依法介入办案不理解，甚至怀疑南京司法机关袒护对方打击己方，以致出现大量群众围堵当地政府，要求释放被羁押人员的情况，维稳形势异常严峻。该院迅速启动"问题解决型"检察工作模式，全力维稳。通过厘清案件性质和特点、运用针对性举措迅速恢复秩序、着力解决深层矛盾等工作，最终实现西北两地回民长久和谐共处，促成犯罪嫌疑人主动修复社会关系。办案过程中，通过整合市伊斯兰教会、两地驻宁办事处等各方力量争取工作支持，形成了化解矛盾的合力，推动建立了两地回民群众和谐相处的长久机制。经过与市伊斯兰教协会大西北联络组、两地驻宁办事处和案件有关当事人的广泛协商，充分听取各方意见和建议后，该院于8月15日主持涉案双方代表签订《关于在南京开设拉面馆的约定》，公开摒弃"500米行规"陋习，鼓励两地回民在南京合法经营，凭借品质赢得客户，倡导依法协商解决矛盾，杜绝聚众斗殴等暴力违法行为。该《约定》的出台受到市伊斯兰教协会领导、青海省化隆县、甘肃省临夏县等多方面的肯定。

南京市秦淮区院在办理相某故意伤害罪时，发现相某及家人在夫子庙景区游玩时，因争抢出租车与他人发生纠纷，致人轻伤。该院通过对办理的类似案件进行分析，发现由于夫子庙景区出租车管理混乱，因拒载已引发多起刑事和治安行政案件，影响景区周边环境和治安秩序。该院通过调查走访，积极与景区管理办公室、出租车管理部门等单位联系，并通过召开座谈会、同步跟踪落实的方式，加强源头管理、强化教育培训、严格路面管控、查处违法行为等，受到了社会各界的肯定。

正如前文所说，"问题解决型"检察并未局限于案件本身，而是积极探究案件成因，并采用类型化的思维，由表及里，由浅入深。由点及面，追根溯源，注重从源头上解决问题，以求达到标本兼治的目标。实践证明，南京市两级检察机关的上述做法为切实有效地贯彻落实党的十八大关于依法治国的新要求起到了良好的推动作用。

涉检信访工作机制之探析*

于 昆 任文松

随着社会、经济、文化等制度的变革和各种利益关系的不断调整，大量社会矛盾纠纷以司法诉求形式涌入检察视野，当前越级上访、集体上访、重复上访居高不下，给社会稳定带来了诸多隐患①。涉检信访作为公民行使信访权的重要载体，作为检察机关密切联系群众的纽带，成为检察机关化解社会矛盾的窗口和前沿。"追溯上访潮的根源可以发现，症结在于实质高于程序的制度设计"②，涉检信访问题的出现不能只归咎于涉检信访制度自身。面对"实现诉讼与信访分离，将涉检信访问题纳入法治化轨道"的涉检信访案件办理新形势，将目前实践工作中形成的确有解决信访问题之功效的做法进行总结归纳，进一步细化工作办法、规范工作程序，形成常规性的工作机制，不失为破解涉检信访难题的理智之举③。

一、涉检信访案件的受理机制

在涉检信访案件的受理过程中，应当坚持执法为民的办案理念，畅通控告申诉渠道，从有利于保障当事人合法权益出发，着力解决群众涉检信访所反映的实际问题。

---

* 课题组成员：于昆，辽宁省人民检察院副检察长；任文松，辽宁省人民检察院法律政策研究室副主任。

① 徐金模：《涉检信访矛盾排查处置途径》，载《人民检察》2012 年第 2 期，第 73 页。

② 季卫东：《法律程序的形式性与实质性——以对程序理论的批判和批判理论的程序化为线索》，载《北京大学学报》2006 年第 1 期，第 129 页。

③ 刘太宗、李高生：《刑事涉检信访工作探讨》，载《中国刑事法杂志》2012 年第 12 期，第 101 页。

（一）完善检察长接访制度

检察长接待上访群众和阅批群众信访来信，是检察机关贯彻群众路线教育实践活动精神的重要方式，是明确群众历史地位、站稳群众立场、维护群众利益的具体表现，是司法为民、服务群众、强化涉检信访工作的有效途径。这种面对面的方式能够增强来访群众的信任感，也便于协调检察机关各有关部门的整体力量，提高解决信访问题的成效。1998年，时任高检院检察长韩杼滨，在来访接待室亲自接待了三名上访人，产生了良好的社会效果。检察机关领导要亲自接访，亲自包案，亲自审查案件材料，亲自制定办理和息访方案，相关业务部门要派员共同接访，建立领导干部接待群众来访、阅批群众来信的工作台账，对批示执行情况加强督促检查，办理结果要及时向信访群众反馈①。

（二）实行下访、巡访制度

建立健全下访、巡访制度有利于检察机关及时了解和掌握涉检信访信息，有利于便利群众信访，有利于将社会矛盾化解在当地。实行下访、巡访制度应重点做好以下三个方面的工作。一是积极构建信访联席平台。要在乡镇、社区设立联络点，聘请联络员，与基层同志共同排查信访突出问题，对倾向性、苗头性、预警性信息进行广泛的收集整理，及时掌握信访信息。二是定期下访。要通过"带案下访"、"送法进村入社区"等活动，与信访群众进行面对面的交流，直接接收申诉、举报材料，对申诉举报问题进行释法说理和及时处置，切实解决群众信访难的问题，努力把矛盾化解在基层。三是强化巡访。上级检察机关要定期派出巡回接访组，按照案件管辖范围就地接待上访群众，方便群众反映问题。也可采取联合接访、督查督办、调查研究等方式，把触角延伸到最基层，督促下级检察机关采取有效措施，全力引导涉检信访案件依法及时在当地办理。

（三）推行信息化工作机制

加大涉检信访信息化建设力度，有利于畅通涉检信访案件渠道，进一步提高检察机关的案件管理水平和办案效率。检察机关要做好与其他负有信访职责机关的信息系统衔接，有效防止重复登记、重复交办、多头办理等情况的发生，合理利用有限的司法资源，逐步实现涉检信访案件的网上受理、网上管

---

① 柯汉民：《加强和改进新形势下的涉检信访工作》，载《求是》2011年第9期，第42页。

理、网上传输、网上交办、网上反馈，为群众依法反映诉求、查询办理情况提供统一规范、高效便捷的检务平台。要优化各职能部门与控告申诉检察部门之间的信息转接机制，实现对涉检信访案件线索分流、查询、催办、督办、反馈结果的信息化管理。需要注意的是，对已经决定终结的涉检重信重访案件，要在网上进行详细登记录入，方便上下级检察机关随时进行查询掌握案件处理信息，防止因上下级检察机关答复意见不一致而发生缠访、闹访事件。

（四）健全风险评估预警机制

检察机关涉检信访案件评估预警机制是指检察机关在办理涉检信访案件中对可能影响社会稳定的因素进行综合评价、预测并及时发出警示、妥善处理的工作机制。这既是预防和化解社会矛盾的有效措施，又是实现涉检信访法治化的首要环节①。控告申诉检察部门应建立系统的涉检信访案件风险评估预警及处置办法，对案件评估范围、评估内容、评估程序、工作责任及风险控制等作出明确规定。各相关业务部门所办理的涉检信访案件应全部实行控告申诉信访风险评估，划分风险等级，并根据风险等级明确责任制定措施，提前做好化解矛盾工作；尤其对不立案、不批捕、不起诉、不抗诉或退回公安机关作其他处理的案件，在作出决定前应与举报人、受害人、申请人联系沟通，释疑解惑，化解申诉信访风险。

二、涉检信访案件的办理机制

办理涉检信访案件是控告申诉检察部门发挥检察职能的主要途径，必须坚持以执法办案为中心，构建具有控告申诉检察部门特色而又富有成效的办理机制，不断提高办案质量和效果。

（一）建立突发事件的应急处置机制

控告申诉检察部门应当加强与相关部门之间的协调配合，建立健全检察机关的应急处置机制，并制定突发事件应急处理办法和工作预案，保证上下级检察院之间、各部门之间及时互通信息，进一步完善协调保障组织体系。要成立专门的应急处置机构，在遇到突发事件时，由控告申诉部门向应急处置机构负责人及时报告，在负责人的统一协调指挥下，快速组织人员力量，按照各部门分工负责、联合调处、责任到人的原则，做好突发事件处置工作。要健全检察

---

① 龙婧婧：《社会管理创新背景下涉检信访工作的应然期待与实然过程》，载《西南政法大学学报》2013年第3期，第74页。

工作新闻发布制度，加强同媒体的协调合作，适时对突发事件的案件及处理情况进行对外公布，正确引领舆论导向。对经教育疏导仍违法闹访、缠访，或以上访为名制造事端、寻衅滋事等情形的，要及时收集、固定证据，移送公安机关依法处理。

（二）全面落实首办责任制

在落实涉检信访首办责任制方面，检察机关各个业务部门应牢固树立全院"一盘棋"的思想和共同的"窗口"意识，重点是要解决控告申诉部门的首办责任与其他业务部门的首办责任分配及衔接配合问题。在责任分配方面，由控告申诉部门办理的案件，控告申诉部门的案件承办人、部门负责人、主管检察长是案件办理责任人；移送本院其他部门办理的案件，其他部门的承办人、部门负责人和主管检察长是案件办理责任人。在案件流转过程中，由首办责任人对案件质量负全责，并负责在法律规定的时限内办结案件。控告申诉部门首次访接待人员负责督办，定期催要结果，逾期未能完结的，办案部门应书面向其主管检察长汇报情况并及时书面告知控告申诉检察部门。同时，要确定专人负责案件的交接、回复和联系，这样可以使每一件涉检信访都能责任到人，避免各部门之间的相互推脱，确保首办责任制在检察业务各个环节得到落实[①]。

（三）完善释法明理机制

释法说理工作是指控告申诉检察部门在履行检察职能过程中，就案件处理所依据的事实、证据、适用法律和刑事政策等内容，向当事人、其他诉讼参与人以及有关单位和人员进行解释、说明和论证，并引导其寻求其他合法有效途径维权的活动。要注意端正执法态度，充分听取信访意见，主动及时沟通答复，耐心细致做好释疑解惑、析法说理工作，充分发挥控告申诉部门"窗口"的便利、疏导、感化群众的作用。要在受理、立案、审查终结各个环节，积极做好法律解释工作，将法律所蕴含的"道理"向群众阐释和传输，防止和消弭群众对法律的误解。要提高检察法律文书的释法说理性，文书制作应在写明原认定事实和适用法律的基础上，重点对信访人的信访理由，用事实、证据，有理有据地加以分析阐述，表明采纳或不予支持的理由，把文书制作的过程演变为法律宣传的过程，积极引导群众依法信访。

---

① 薛丽、薛培君：《六个方面加强涉检信访工作》，载《人民检察》2010 年第 21 期，第 78 页。

（四） 构建"一体化"办案机制

应根据检察机关领导体制特点，建立上下一体、分工协作、密切配合的涉检信访案件办理机制。在办理涉检信访案件中，既坚持分级管辖、分级办理，又注重发挥上级检察院的业务指导和组织协调作用，统一调配办案力量，对有关涉检信访案件采取交办、转办、督办、参办等方式进行办理。各业务部门在涉检信访案件办理中要相互支持配合，原办案部门对不服检察机关处理决定的涉检信访案件要配合控告申诉检察部门做好案件调查、释法说理、善后息诉等工作。下级检察院对已经本院办理的涉检信访案件要配合上级检察院做好案件调查、释法说理、善后息诉等工作。

（五） 推行息诉和解机制

依法化解矛盾、维护稳定是控告申诉检察人员践行"服务大局"的社会主义法治理念的具体体现。控告申诉检察人员在执法办案中必须注重化解矛盾，把化解矛盾贯穿于执法办案始终，牢固树立化解矛盾也是工作业绩的观念。要建立控告申诉风险告知制度。坚持客观公正的立场，依法告知控告申诉人可能出现的诉讼风险，引导当事人依法理性表达诉求、维护权益、维护法律秩序，正确行使公民权利和履行公民义务，对没有合法控告申诉理由的当事人通过明法晰理，引导其息诉罢访。要主动融入"大调解"的工作格局，加强与人民调解、行政调解、司法调解的衔接和配合。对当事人双方有和解意愿并符合和解条件的，应积极进行引导当事人息诉和解，并注重借助具有法律强制约束力的和解协议促成当事人和解，实现矛盾纠纷的有效化解。形成完善的以人民调解为基础、行政调处为主体、商事和劳动争议仲裁为补充、司法审判和信访工作为保障的工作格局，使不同矛盾纠纷以不同途径和方式得到解决，最大限度地化解日益增长的社会矛盾①。

（六） 健全责任追究机制

责任追究是责任落实的有力保障。一是对错案的责任追究。《人民检察院信访工作规定》、《检察人员执法过错责任追究条例》等规范性文件，对涉检信访责任追究范围、追究程序和追究方式作出了明确规定，为涉检信访责任查究提供了规范依据。控告申诉检察部门要善于在处理涉检信访案件中发现原案

---

① 周利、何辉：《控申检察服务和谐社会建设研究》，载《中国刑事法杂志》2009 年第 10 期，第 90 页。

在事实认定、证据采信、法律适用、剥夺以及限制诉讼参与人诉讼权利等方面的问题，依法纠正错误的决定、瑕疵案件和已生效的不当裁判①。二是对涉检信访人员的责任追究。对在办理涉检信访案件中，因不负责任、处理不当、不能兑现承诺，造成越级信访的，应对承办单位及承办人进行责任追究。将处理涉检上访与单位荣誉、个人荣誉、职务晋升挂钩，促使干警认真负责地处理好每一起涉检信访案件②。

（七）建立配合协作机制

控告申诉检察工作原有的封闭、孤立办案的工作模式，已不能适应新形势下涉检信访工作的发展需要，必须打破"孤岛效应"，迅速建立内外联系、横向协作、纵向联动的配合协作工作机制，积极营造内外两个良好环境。一是积极营建大信访工作体系。要加大与当地人大及其常委会、政法委、法院、信访局等部门的工作协调力度，定期交流和通报涉检信访案件信息，使外部力量与检察机关工作形成互动，建立一系列互促共赢的协作配合机制，防止出现"各抓各段、各管各事、互不通气"的现象。对不属检察机关主管或者确实难以解决的案件，要提出协调解决方案，及时主动请求人大或政法委出面牵头，通过召开联席会议的方式协调解决。二是加强检察系统的内部配合。做好涉检信访工作有利于规范执法行为、改进检察工作，有利于维护群众的合法权益、有效缓解社会矛盾、促进社会和谐稳定③。因此，处理好涉检信访问题是全体检察人员的责任。要在上下级检察院之间、与系统内各相关业务部门之间建立起案件移送、线索移送、信息通报、协同息诉等相互配合、制约机制，增强检察机关法律监督的合力。

三、涉检信访案件的终结机制

建立涉检信访终结制度，防止信访权滥用，有利于节约有限的司法资源，规范涉检信访行为，维护司法权威和尊严。

---

① 王念峰：《关于控申检察部门参与诉讼监督的思考》，载《中国刑事法杂志》2011年第 7 期，第 107 页。

② 牛学理：《推行双向承诺工作机制、及时化解涉检信访》，载《人民检察》2008 年第 10 期，第 49 页。

③ 徐盈雁：《通过做好涉检信访工作加强法律监督和自身监督》，载《检察日报》2013 年 3 月 23 日。

（一）推行公开听证制度

近年来，随着经济社会发展和人民群众民主法治意识的提高，社会、公民对公平正义和维护自身合法权利的要求越来越强烈。"正义不仅要得到实现，而且要以人们看得见的方式得到实现，只有遵守了自然正义原则，人们作出决定的程序过程就能达到最低的公正性①。"听证制度原本是行政程序制度的核心，多用于作出具体行政行为的场合，其公开、透明以及民主化的特点使其较一般决定形式更具说服力。② 涉检信访案件引入听证制度有利于搭建起公民与检察机关平等对话平台，消除对立情绪，信服处理结果，通过辩论程序发现真实，以实现实体上公正③，有着重要的法律价值和实践价值。实践中，由检察机关对原决定作出的过程及其结果进行说理，信访人陈述问题及要求，有关涉案人进行答辩，公开有关证据及相关法律依据，与会代表依照相关法律、法规和政策进行公开评议，最终形成听证结论。这一过程不仅充分体现了"司法民主"的现代司法理念，也对信访人的知情权进行了充分尊重④，能够促使信访人放弃一些无理要求，促使矛盾的化解，有效解决复杂疑难信访。要继续完善公开听证制度，对于重大、疑难案件，特别是无理缠访、闹访的案件，应邀请人大代表、政协委员、法律专家、律师和当事人及其近亲属参加公开听证，依靠和整合各方力量和群众舆论做好化解矛盾纠纷工作。

（二）建立终结公告机制

对案件的相关情况和终结决定应以书面形式直接送达涉检信访人，并采取适当方式在一定范围内予以公布，并注意掌握社会舆论引导的主动权；同时应当及时向相关信访部门进行通报和备案，实现涉检信访终结案件的信息共享。要严格把握终结条件和终结程序，对涉检信访案件，已经穷尽法律程序，依法作出法律结论的即为终结结论。对在申诉期限内反复缠访缠诉的，经过案件审查、评查等方式，并经中央或省级政法机关审核，认定其反映的问题已经得到公正处理的，除有新的事实和证据外，依法不再启动复查程序，切实解决涉检

---

① J. R. Lucas, on Justice 1980 by oxford Univ. Press, pp. 1 – 19.

② 秦新承：《涉检信访终结制度若干问题研究》，载《法学杂志》2011年第1期，第278页。

③ 张卫平：《诉讼构架与程式》，清华大学出版社2000年版，第101页。

④ 钱云灿：《涉检信访问题工作机制探微》，载《法学杂志》2010年第6期，第110页。

信访申诉案件出口不畅的问题。对于已经终结的案件，上级机关不予统计、不予交办。对于控告申诉之外的其他诉求，按照涉检信访工作中分级负责、属地管辖的原则，由最初案件承办地的单位予以处理。

（三）完善信访人保护机制

保护信访人的合法权益，是控告申诉检察工作一项重要职责，也是检察机关执法公信力的重要体现。一是健全答复机制。对实名举报要件件答复，及时答复，答复到位。对到了规定时限但查办工作未结束或进展不大的，要给举报人阶段性答复。要下大力气，努力杜绝因举报人长期得不到答复或对答复不满意，而引发举报人越级访、重复访甚至非正常访。二是健全保护机制。要以强烈的责任感和对人民高度负责的精神，切实采取有效措施，防止打击报复举报人和利用举报诬陷他人的事件发生。对于打击报复举报人的案件，要发现一件查处一件；对诬告陷害他人的，要依法严肃处理；对于经查举报失实并造成一定影响的，要适时澄清事实，维护公民的合法权益。三是健全举报奖励机制。要建立举报奖励基金，提高奖励标准有效激发群众举报积极性。奖励举报人要完全尊重举报人的意愿，分别采取秘密奖励与公开奖励的方式，对不愿公开的要采取妥当方式把奖金落实到举报人。

（四）畅通国家赔偿机制

建立国家赔偿制度的目的，就是要保障公民、法人和其他组织依法取得国家赔偿的权利。要树立依法、公平、及时赔偿的理念，及时受理、认真审查刑事赔偿申请，凡符合赔偿条件的都应依法、及时给予赔偿，严禁滥用免责条款规避赔偿责任、拖延履行赔偿义务。要坚持从保障赔偿请求人合法权益出发，改进办理刑事赔偿案件的方式方法，探索建立赔偿权利告知制度，主动为当事人提供便利，协调做好赔偿决定执行工作。要通过备案审查，及时发现办案过程中存在的问题，提出有针对性整改意见，充分发挥国家赔偿工作在反向审视和源头治理方面的重要作用，为领导决策提供参考依据。要准确把握法律监督属性，积极开展国家赔偿监督，着力加强对该赔不赔、赔偿决定明显错误以及存在司法人员贪赃枉法行为等案件的监督；进一步完善监督手段，依法提出重新审查意见并加强跟踪监督，保证监督实效。

（五）实行被害人救济制度

"有损害必有救济"。我国宪法规定的尊重和保障人权条款，为被害人的权利救济进入法治化轨道奠定了宪法依据。在 2013 年正式实施的修改后的刑事诉讼法中突出强调保障人权，作为刑事案件的受害人，其权利需要得到切实保障。实践证明，对涉检信访中要求补偿的生活确有困难的部分刑事案件被害人进行适当补偿，有利于促使上访人息诉罢访，同时建立被害人救助制度，还可以缓解被害人和犯罪嫌疑人及其家庭之间的紧张冲突，防止矛盾激化，避免被害人方面实施报复行为，促进社会和谐稳定①。因此，建立被害人救助制度是现实需要。目前被害人救济机制已在检察机关逐步开展，但各地对补偿对象、补偿标准、补偿范围、补偿程序等规定和开展不一，如此容易产生新的矛盾，甚至滋生腐败土壤，还需进行不断完善。要结合现有救助工作规定，探索完善被害人救助工作的新做法、新经验，严格掌握救助标准，细化工作流程，规范救助程序，争取党委政府的资金支持，尽可能拓宽救助资金来源渠道，不断增强救助工作的主动性、针对性和有效性，切实加大检察机关人文关怀力度。对于给予司法救济后仍存在实际困难的，可以通过民政救济、社会救助等方式帮助解决实际困难。

---

① 尹伊君：《建立适合中国国情的被害人补偿制度》，载《人民检察》2006 年第 5 期，第 14 页。

新形势下检察机关加强群众工作问题研究[*]

临沂市人民检察院课题组

新形势下的检察机关群众工作是一个理论性和实践性很强的问题。本课题从检察机关群众工作实际出发，着眼于马克思主义群众观的应用，通过对新形势下检察机关群众工作面临的新情况、新问题、新挑战的分析，研究和探索新时期群众工作的特点和规律，力图对如何加强和改进检察机关群众工作，不断提高做群众工作的能力和水平提出一些新观点、新对策。

一、检察机关群众工作的基本含义

要研究新形势下检察机关的群众工作，首先要弄明白检察机关群众工作的内涵，这是我们研究的立论基础和前提。我们认为，检察机关群众工作，是指检察机关和检察干警为强化检察机关法律监督地位，为维护、实现和发展广大人民群众的利益，在履行检察职责过程中开展的联系群众、宣传群众、教育群众、服务群众等工作的总和，是检察机关全部工作的基础。要正确认识和准确把握检察机关群众工作的含义，仅这一个概念还不够，还需要对一些容易混淆的概念或关系进行辨析，对群众工作的基本内容进行概括，以免对检察机关群众工作做出庸俗化或者泛化理解。

（一）关于人民、群众

人民、群众可以说是当今我们政治生活中出现频率最高也是最为复杂的概念之一，在马克思主义的经典著作和党的文献中，人民和群众这两个概念常常结合起来使用。但人民和群众既有联系又有区别，从语义上分析，人民是指以劳动群众为主体的社会基本成员；群众则是泛指人民大众。① 由定义可以看出，

---

* 课题负责人：张振忠，山东省临沂市人民检察院原检察长，现任山东省人民检察院副检察长。课题组成员：徐映波、薛炜、王沛学、徐飞、刘伟、孙振江。

① 根据《现代汉语词典》第5版的释义，人民，一是百姓；二是以劳动群众为主体的社会基本成员。群众，一是泛指人民大众，常作政治术语讲；二是指没有加入中国共产党或共青团的人。就检察机关群众工作的研究而言，人民，应取第二种解释，群众应取第一种解释。

人民和群众都是作为一种政治术语使用，都是指一个国家、社会中作为个人的人的集合，是基本的社会成员，是绝大多数人。二者的定义存在循环解释的现象。但二者也有区别，人民的政治性更强，强调的是社会成员质的规定性。人民是相对于敌人而言的，是以其存在和活动对社会历史的进步起推动作用的那些社会阶级、阶层、社会集团以及个人。群众的社会性更强，侧重的是社会成员量的规定性，通常是指在历史上未留下姓名、在人类社会发展进程中未打下明显个人意志印记的大多数普通人。具体到检察机关而言，一方面，我们检察机关群众工作的对象，即人民群众，主要是从群众这一量的层面来理解的；另一方面，检察机关的根本属性是人民性，但这种人民性主要体现在宏观层面，就是说，这种人民性是检察机关群众工作的根本立场、根本原则。所以，把人民与群众联系在一起使用，既体现了对广大社会成员质的规定性，又体现了量的规定性。这种质的规定性也决定了人民群众在不同国家、不同历史时期，其内涵并不完全一样。① 具体到改革开放和社会主义现代化建设新时期，包括知识分子在内的工人阶级、广大农民以及新兴的社会阶层等中国特色社会主义的建设者，都属于人民群众的范围。这是新形势下检察机关群众工作的对象。

（二）检察机关群众工作的基本内容②

1. 联系群众

积极联系群众，是检察机关群众工作的首要任务，是完成检察机关法律监

---

① 按照马克思主义的基本原理，人民群众是一个历史范畴，在不同国家社会发展的不同历史时期，由于各国社会形态、阶级结构以及历史发展的具体进程不同，其内容也在发展变化。比如就我国而言，土地革命战争时期，人民群众包括工人阶级、农民阶级、小资产阶级和民族资产阶级等；抗日战争时期，一切反对和抗击日本帝国主义的阶级、阶层和社会集团都属于人民群众的范畴；在解放战争时期，一切反对帝国主义、封建主义和官僚资本主义的阶级、阶层和社会集团都属于人民群众的范畴。

② 在理解检察机关群众工作的内容时，必须避免群众工作和法律监督工作"两张皮"的现象。检察机关作为国家法律监督机关，法律监督是宪法和法律赋予我们的专有权力，这就决定了法律监督主体的唯一性和监督内容的法定性。然而，检察工作绝不是简单的专门机关的专门工作。我国检察机关是人民检察院，检察权来自于人民，服务于人民，这就决定了检察工作必须坚持群众观点，走群众路线。从检察机关法律监督权的实现方式看，群众工作是基础，离开了人民群众的支持，法律监督工作就变成了无源之水、无本之木。所以，检察机关必须坚持专门工作和群众路线相结合，法律监督工作必须与群众工作有机结合起来，检察机关决不能关起门来办案。检察机关只有站在人民群众的立场上，通过群众工作提升人民群众对检察机关的信任度和满意度，才能充分发挥检察机关的职能作用，这也是检察机关强化法律监督的必由之路。

督职能的前提条件，也是检察权依法正确行使的重要保障。检察机关要做好群众工作，就必须落实党的群众路线，增强群众观念，做到从群众中来，到群众中去，坚定不移地联系群众、依靠群众，接受群众监督。检察机关联系群众的方式多种多样，如工作中心下移、基层检察干警坚守一线、领导干部深入基层等。近年来，包括临沂在内的全国检察机关，积极探索联系群众，扩大司法民主的有效形式，通过开通"民生检察服务热线"，组织开展"检察官进社区、进工厂、进学校、进农村"，设置乡镇检察室，深入基层开展下访、巡防活动，取得了很好的成效，激发了群众参与和支持法律监督工作的热情，保障了人民群众对检察工作的知情权、参与权、监督权。

2. 宣传群众

如果人民群众对检察机关的职能、性质缺乏了解、知之甚少，就无从谈起满意检察工作。宣传群众，首先是要通过检察机关自身的理性、平和、文明、规范执法，树立检察机关"法律守护神"的良好形象，群众形成信法、守法、护法的文明理念。其次是深入开展形式多样、内容丰富的宣传活动，特别是通过新闻媒体、网络媒介等途径，向群众进行生动活泼的宣传，广泛介绍检察工作业绩和检察机关涌现出的先进典型，增进人民群众对检察机关、检察工作的认知，营造良好的群众氛围。宣传检察机关，必须及时、准确和全面，把检察机关的机构、职能、作用等原原本本地告诉群众。对于群众一时还不能接受或一时还不清楚的问题，要在宣传的同时，耐心细致地做好解释工作。

3. 教育群众

教育群众是检察机关群众工作的经常性工作。人民群众是历史的创造者和推动者。但作为个人的群众，受自身知识结构、成长环境、社会条件等各种因素的制约，会存在各种各样的思想认识问题，特别是在经济社会转型时期，社会利益主体和利益形式多样化，普通民众的认识误区增多。检察机关和检察干警要善于与群众沟通协调，增强法律监督工作的说理性，说透法理、情理、事理，引导群众通过正当渠道反映和依法解决问题。在遇到突发事件和不理性的民众时，要讲究处置策略，注重工作艺术，除了避免工作态度和方式的简单、粗暴以外，还应当联合党委、信访部门等各方面力量，做好疏通思想、答疑解惑、消除矛盾的工作。

4. 服务群众

服务群众是检察机关群众工作的核心任务。严格执法和服务群众是检察机关群众工作同时具有的功能。检察机关的根本属性是人民性，根本职能是为人民服务，检察机关自身的性质和宗旨决定了其必须把服务群众贯彻于检察工作始终。在任何时候、任何情况下，都必须认真践行全心全意为人民服务这一根本宗旨，在执法办案的各个方面主动热情、及时高效地为群众服务，着力解决人民最关心、最直接、最现实的利益问题。具体来看，服务群众的途径主要体现在三个方面：及时高效地查办损害群众利益的犯罪案件；着力监督纠正群众反映强烈的执法不严、司法不公问题；千方百计地解决群众的合理诉求。在服务的方式上，必须立足于检察机关自身执法办案职能，不能脱离职能搞服务。检察职权内办不到的，可积极向有关部门反映。

二、新形势下检察机关群众工作面临的新情况、新挑战

新形势下，检察机关群众工作环境、群众工作对象、群众工作主体都发生了复杂而深刻的变化，出现了许多新情况，对检察机关群众工作提出了一系列新要求和新挑战。深入分析和探讨这些面临的新情况、新挑战，努力把握检察机关群众工作的特点和规律，是研究新形势下检察机关群众工作的立足点和着眼点。

（一）检察机关群众工作环境的变化

检察机关群众工作环境，是指检察机关和检察干警在其中开展群众工作的社会环境。改革开放 30 年来，我国社会发生了深刻的变化，由传统社会向现代社会的转型日益明显。

1. 经济领域的变化

从资源配置方式上看，由计划经济体制向市场经济体制的转变，国家对社会经济的宏观调控，已从指令性为主转向指导性为主，从直接管理为主转向间接管理为主，从以行政手段为主转向以经济手段为主。从经济成分上看，单一的全民和集体所有制经济已为公有制为主体、多种经济成分共同发展所取代。从分配方式上来看，带有平均主义倾向的按劳分配制度已为按劳分配为主体、多种分配方式并存的制度取代。这些转变，使我国的经济实力和综合国力大大增强。2010 年我国国民生产总值达到了 40 万亿元，人民生活显著改善。但发展中也产生了一些问题，如市场经济体制不完善、城乡二元经济结构没有改变、区域经济发展不平衡、收入分配差距过大带来的利益矛盾突出、农村经济发展落后等问题。这些问题严重影响了群众的心理平衡和生产积极性的发挥，容易导致人民内部矛盾和冲突加剧。要有效解决这些问题，对检察机关而言，就要在执法办案中协调各方面利益关系，依法处理各种利益冲突，保证广大人民群众共享改革发展成果。

2. 社会领域的变化

随着社会主义市场经济的深入发展，我国的社会主义民主法治建设进程不

断加快，人民群众的民主意识和法制意识日益增强，人民群众参与政治的权利空间不断扩大，独立意识增强，比以往任何时候更加关注国家的发展前途，关心国家的改革开放和现代化建设事业。与此同时，我国政治领域的改革还远远落后于经济的发展，民主渠道不够畅通、民主管理不尽完善、民主决策制度化、规范化仍有欠缺，民主监督常常缺位、法制建设仍不健全等问题还比较严重，部分官员权力失范、权力滥用特别是贪污腐败、失职渎职等问题动摇了人民群众的信心，瓦解着社会公正的基础，对社会产生了不可忽视的消极影响。面对这些情况，如何强化法律监督，大力加强民主法治建设，促进社会公平正义，是对检察机关群众工作提出的重大现实挑战。

3. 思想领域的变化

经济、社会的不断变革，也带来了社会价值观的变化，价值取向从单一到多元，过去的集体主义、奉献精神等社会主导价值观受到冲击，个人主义、利己主义、功利主义等价值观有所强化。精神领域的这种变化，一方面是初步形成了相对宽松的意识形态环境，人民群众的思想和精神更加开放、多元；另一方面是落后、腐朽的思想文化、价值观念对人民群众的思想道德体系产生了强烈的影响和冲击，一些民众产生了信仰动摇和信仰危机，拜金主义、享乐主义、功利主义等腐朽思想和文化蔓延。面对这种情况，检察机关在群众工作过程中，必须积极引导广大人民群众树立健康文明的主流价值观念，发展社会主义先进文化，建立与社会主义市场经济体制相适应的社会主义思想道德体系。

（二）检察机关群众工作对象——人民群众的变化

1. 人民群众内部的社会阶层出现分化

改革开放以来，随着社会主义市场经济的深入发展，人民群众内部结构发生了巨大的变化和分化。① 首先是农民的分化。中国农民阶级一直占我国人口的大多数，是检察机关最重要的群众基础。我国的改革开放始自农村，因此我国社会阶层的分化也是以农民的分化为起端。伴随着农业经济结构的调整和农村生产力的提高，出现大量农村剩余劳动力，大量农民从事非农业生产，变成了乡镇企业职工、农民工、个体经营者、私营企业主。原来具有相同身份的农民分化为具有明显不同特征的社会阶层。我们检察机关必须正确认识和对待农民阶级的变化，并针对这些变化正确地开展农村的群众工作，以保证农民的利

① 有关研究可参见杨继绳：《中国社会各阶层报告》，新疆人民出版社 2000 年版；陆学艺主编：《当代中国社会阶层研究报告》，社会科学文献出版社 2001 年版；吴波：《现阶段中国社会阶级阶层分析》，清华大学出版社 2004 年版。

益。其次是工人阶级内部结构也发生了深刻的变化。这种变化可分为两个层面：一是在公有制经济内部，职工分化为企业经营管理者、管理和技术人员以及工人三个阶层。二是从公有制中分离出来的工人，分化为个体劳动者、私营企业主、非公有制经济的雇佣工人或者管理、技术人员、下岗失业人员。工人阶级内部机构的深刻变化，对检察机关如何开展好在城市的群众工作提出了严峻的考验。从以上分析可以看出，我国社会已经出现了一些新型的社会阶层，如个体户、私营企业主、中介组织从业人员、自由职业人员等。面对新的社会阶层，检察机关在群众工作中如何维护他们的合法权益，如何处理他们与工人、农民的关系，是新形势下检察机关群众工作无法回避的问题。

2. 人民群众的利益需求趋向多元化

人民群众内部阶层的分化，必须导致利益主体的多样化，而多样化的利益主体必然产生多样化的利益需求。人民群众多样化的利益需求和利益差别，使得各种利益关系，如不同个人利益、个人利益和集体利益、局部利益和整体利益、眼前利益和长远利益的关系，比过去复杂而多样化。这种复杂而多样化的利益关系，不可避免地导致利益矛盾和利益冲突，特别是当某些社会利益群体、利益阶层之间的利益严重失衡，超出群体心理承受能力时，极易引发群体性事件或者暴力冲突。面对人民群众利益需求多样化这样一个客观事实，如何正确认识和满足人民群众的利益需求，如何协调不同阶层的利益关系、处理利益冲突和利益矛盾，事关人民群众利益的实现、公平正义的维护和社会的稳定发展，是新形势下检察机关群众工作面对的一项重要任务和突出问题。

3. 人民群众的思想观念日益多样化

新形势下人民群众的思想观念发生了巨大变化，这些变化，一方面是进步的，如人民群众逐渐增强的平等观念、权利观念、法治观念、竞争观念等，这是主流。但另一方面，一些不健康的思想观念，如拜金主义、个人主义、利己主义、享乐主义等也在侵蚀着人们的头脑，导致一些人人生观、价值观扭曲，有些人为了私利，不择手段，损害国家、集体和他人利益，有的甚至无视党纪国法，铤而走险。具体来看，当前人民群众的思想活动有以下特点，首先是独立性增强；其次是社会生活的多样化，接触面的扩大，使得人民群众思想活动的选择性增强；最后是多变性和差异性。不同阶层、群体和个人的思想观念、道德观念和利益要求有明显差异，并且人们思想的多变性增强。在这种情况下，如何面对人民群众思想观念的多样化，深入分析研究人们思想变化的新特点，进一步增强检察机关宣传、教育和引导工作的针对性和时效性，是检察机关群众工作面临的新课题。

（三）检察机关群众工作主体的素质能力面临更大的挑战和考验

毫无疑问，检察机关群众工作的主体是检察机关自身，不仅指作为整体的检察机关，而且包含广大检察干警。一直以来，我们检察机关和广大检察干警始终站在最广大人民的立场上说话办事，执法办案始终代表最广大人民利益，检察队伍的主流是好的，是一支党和群众可以信赖的队伍。但是从前面检察机关群众工作社会环境和工作对象的变化可以看出，新时期，检察机关群众工作的任务更重了，人民群众对检察工作的要求标准更高了，检察机关群众工作还面临一些亟待解决的困难和问题。

1. 群众工作观念淡化，不愿做群众工作

做好群众工作首先就要树立群众观念，坚持群众路线。当前一些检察干警思想认识不到位，片面强调检察工作的专门性，认为检察机关作为法律监督机关，只管执法办案，不愿做群众工作，距离群众越来越远，执法缺乏公信力；有的以检察工作"客观独立"为由，不深入群众，不积极发动群众，消极等案上门，导致人民群众对检察工作不理解、不支持甚至投诉无门出现无序的群体上访。加上检察机关任务繁重，各项业务工作压力较大，一些干警超负荷运转，缺乏群众工作的热情和主动性，不愿再抽出精力做群众工作。

2. 群众工作方法简单，不会做群众工作

与群众打交道要善于讲究方式方法，方法不当结果就会适得其反。一些检察干警，特别是年轻干警，有学历没社会阅历，会法言法语不会群众语言，缺乏做群众工作的经验，不了解群众心理，不熟悉地方风俗，不会使用群众语言沟通，不善于将"法、理、情"结合起来处理矛盾纠纷，执法办案中往往难以很好地说服群众、疏导群众情绪；有的干警法律素质不过硬，机械办案、就案办案，"写不清、说不明"，造成群众看不懂、信不过。

3. 群众工作机制不健全，做不好群众工作

科学高效运转的工作机制是做好群众工作的根本保障。但目前检察机关群众工作没有健全完善的制度化支撑，缺乏规范化和常态化，带有很大的随意性和临时性，没有形成群众工作长效机制。实践中我们摸索出来不少好的群众工作方法，如"干警进社区、进企业、进乡村"、"法制村长、法制厂长"、"民生服务热线"等便民、利民措施，但这些做法大都较为零散或缺乏制度规范，需要进一步研究梳理，使之系统化、规范化，从而长期坚持下去、全面推广开去，充分发挥作用。

三、临沂检察机关群众工作的实践与探索

临沂作为革命老区，做群众工作有光荣传统和政治优势。近年来，临沂检察机关针对检察机关群众工作面临的新情况、新挑战，依托全市群众工作的大格局，大胆探索，勇于创新，不断深化群众工作理念，创新群众工作平台，构建群众工作网络，完善群众工作机制，取得了明显成效，探索出了具有临沂特色的检察机关群众工作模式。

（一）加强理论研讨，深化对群众工作的认识和把握

思想上统一、认识上到位是群众工作步调一致的前提。临沂市检察机关先后四次召开群众工作研讨会、群众工作现场会等，就检察机关群众工作展开广泛深入的理论研讨，并在各种观点不断激荡碰撞中，逐步升华了对检察机关群众工作的认识，在检察机关群众工作的指导思想、职能定位、实现路径等重大理论方面形成了共识。

1. 把沂蒙精神融入检察机关群众工作中

在长期的革命、建设及改革开放过程中，临沂人民用勤劳、奉献、智慧和汗水孕育了"爱党爱军、开拓奋进、艰苦创业、无私奉献"的沂蒙精神，体现了革命老区党群、干群、军民之间的鱼水深情和血肉联系。沂蒙精神，是在长期的群众工作中孕育产生的，是党在临沂长期开展群众工作的丰硕成果，是临沂群众工作实践的生动写照。作为沂蒙老区的检察机关，做群众工作有其他一些地方无法比拟、得天独厚的基础和传统优势。基于这种考虑判断，临沂检察机关着眼于突出临沂地域特色，充分继承和发掘沂蒙精神这笔宝贵财富，在沂蒙精神与群众工作结合上大做文章，通过多次召开研讨会，把沂蒙精神作为推动群众工作的精神动力，不断把沂蒙精神融入、落实到检察机关群众工作中，不断以执法办案、服务群众的新成效践行和诠释沂蒙精神，使临沂检察机关的群众工作打上了浓厚的"沂蒙"烙印，全市检察人员在潜移默化中深化了群众工作理念，"奉献"成为人人自觉，"为民"成为共同的价值追求。

2. 破除思维定势，牢固树立群众工作理念

为顺应形势的发展变化，增强与人们群众的血肉联系，提升检察机关执法公信力，临沂市检察院党组敏锐把握时代特点，在广泛征求意见的基础上，把群众工作作为全市性的两个重点创新工作之一，集全市之力、聚全市之智倾力打造。在征求意见的过程中，暴露出一些同志囿于思维定势，对群众工作还存在片面认识和错误做法，如有的同志认为群众工作是党委政府的事，与检察机关无关；有的存在单纯的业务观念，觉得业务工作和群众工作是"两张皮"，

把专门工作与群众工作割裂开来；有的则把群众工作混同于信访工作，认为这是某一个部门的事情；有的同志工作立场不坚定，不愿、不敢、不善做群众工作，群众工作能力不高；有的宗旨意识淡薄，对群众缺乏感情，执法办案中存在冷、横、硬、推等现象，等等。这些片面思想的存在，影响和制约了群众工作的开展。为此，临沂市检察机关在开展群众工作之初，就着力从思想认识问题入手，开展了群众工作的"大学习、大讨论"活动和专题研讨活动，研究制定了《关于进一步加强和改进检察机关群众工作的实施意见》，统一了全市思想，并结合学习胡锦涛总书记"七一"重要讲话精神和主题教育实践活动，引导检察人员牢固树立"检察机关既是司法机关，也是群众工作机关；检察人员既是司法工作者，也是群众工作者"的理念，自觉把群众放在心中最高位置，从思想上尊重、感情上贴近、工作上依靠群众，把服务群众作为一种责任、一种事业、一种追求。

3. 把群众工作贯穿于检察工作的各领域和全过程

在开展群众工作过程中，临沂检察机关深刻认识到，检察机关的每一项工作都与群众工作息息相关，检察机关群众工作作为党的群众工作的重要组成部分，是贯穿于检察工作各领域全过程的一项全局性、长期性工作，不是某一个部门的工作，也不是一项阶段性的工作，需要在全院"一盘棋"思想的指导下，在各部门齐心协力、持之以恒地配合落实中发展提升，形成群众工作从源头做、全过程做、靠大家做的良好格局。为此，临沂两级检察机关均成立了群众工作领导小组，由检察长任组长，亲自协调推动群众工作；研究制定了《检察机关群众工作规程》等规范性文件，明确了各部门在群众工作中的位置、职责和作用，明确了群众工作的各个流程，真正把执法办案过程变成做群众工作、为人民服务的过程，使检察工作的各环节和全过程都体现着浓郁的群众工作气息。

（二）搭建群众工作平台，构建群众工作网络体系

平台建设是群众工作的基础性工作，是群众工作形成网络和体系、构建长效机制的重要前提和保证。临沂检察机关着力在群众工作平台建设上进行了大胆的探索和创新，夯实了群众工作的基础，实现了群众工作的"质变"。

1. 搭建了设置统一、职责集中的群众诉求服务中心

群众工作是一项全局性工作，涉及检察机关的各个部门。而检察机关现有的群众工作平台分散于多个部门，没有形成做群众工作的整体合力。为实现群众工作的突破跨越，临沂检察机关打破原有的格局，整合资源和平台，搭建了一个全市统一、职责集中的全新群众工作平台——群众诉求服务中心。

一是深化群众诉求服务中心职能。将分散于全院的与群众工作有关的职能统一整合集中到群众诉求服务中心，总的要求是：立足本职，服务群众。具体职能包括：受理、分流和处理群众控告申诉，提供法律咨询；受理、分流和处理群众来信来访；民生检察服务热线受理、分流和处理群众诉求；开展阳光检务查询；开展轻微刑事案件、民事行政案件的检调对接；重大疑难涉检信访案件听证；刑事被害人救助及特困涉检信访人救济救助；信访和案件当事人心理疏导，以及对本院群众工作的组织协调、督促检查和考核评议等方面的职能，市院群众诉求服务中心还承担起对全市检察机关群众工作指导、指挥、协调和推动的重要职责。这些职能的设置，涵盖了检察机关群众工作的方方面面，是对群众工作的向前、向后延伸，赋予了群众诉求服务中心对群众工作的处理决定权，避免成为"中转站"，真正实现了"一站式、一条龙、一揽子"服务，每一名求助群众"进了中心门，能解心中事"。

二是明确群众诉求服务中心机构设置。临沂市两级13个检察院均挂牌成立了群众诉求服务中心，在院群众工作领导小组的直接领导下开展群众工作。临沂检察机关正积极争取当地编委支持，目前已有河东区院等部分县区将群众诉求服务中心列入正式编制。临沂群众诉求中心主任大多由分管群众工作的检察长兼任，中心人员以控申部门人员为主，并适当调整充实了部分人员力量。各业务部门确定专人负责群众工作，作为群众工作中心的编外人员，随时处理解决与自身职能有关的群众诉求及其他问题。个别像罗庄等人员较少的县区院，建立了总值班制度，由部门负责人轮流到群众工作中心值班，直接参与处理相关事宜。

三是大力加强群众诉求服务中心平台建设。临沂检察机关在设立群众诉求服务中心的同时，加强了信息化建设，普遍建立了"一线三网"。"一线"即民生检察服务热线，2008年5月，临沂市两级检察机关开通了集电话、网络、视频、语音"四位一体"，号码统一为96699，24小时皆有人接听受理的民生检察服务热线，极大地方便了人民群众举报、控告和申诉。"三网"即互联网、政府网和检察网，方便了各阶层群众用适合自身的方式反映问题、提出意见建议。除受理群众诉求外，互联网还用于开展网络舆情工作，随时掌握网络动态，及时处置引导网络舆情；政务网还用于了解党委政府部署，加强与联动单位的日常横向联系，为联动机制提供载体；检察网还用于三级群众工作平台的上下沟通，及时传递、分流、处置辖内群众诉求。部分县区院在"一线三网"的基础上，又进行了创新，如苍山县院研发了群众工作软件系统，具备县域地图总体展示、信访情况汇总、群众工作站动态管理、舆情管理、基础数据管理五大功能；沂南县院在检察局域网上开发建立了群众诉求服务平台，实现了刑事协商、刑事救助、群众诉求、评估预警、区域导航的有机结合。

2. 构建内外上下、纵横交错的群众工作网络体系

群众诉求服务中心作为一个群众工作点，辐射带动的范围有限。为尽最大可能地为群众提供帮助，临沂检察机关不断向外、向下延伸检察触角，拉长检察机关群众工作的"线"，不断拓展检察机关群众工作的"面"，做到"点、线、面"结合，逐步构建以群众诉求服务中心为龙头，以群众工作站和联动机制为纽带，以检察联络员为基础，内外协调、上下贯通、纵横交错、覆盖全市的群众工作网络体系。

一是横向内外协调联动。针对群众到检察机关大多反映辖外诉求的现状，为减少群众的奔波之苦，化解社会矛盾，形成群众工作的整体合力，临沂两级检察机关本着"有限职责，无限服务"的理念，与法院、公安、信访、土地、工商、农业等十个与群众利益关联度大的职能部门会签联动文件，建立了民生诉求联动处理机制，群众诉求服务中心与十个部门保持日常信息共享和沟通，共同化解矛盾。即使群众来检察机关反映管辖外的问题，通过联动机制也能迅速加以解决。截至 2011 年，临沂两级检察院共通过联动机制帮助群众解决实际困难 233 件，收到群众感谢信 96 件。特别是为化解群众"看病难、看病贵"问题，加强对卫生系统腐败案件的预防和打击力度，临沂两级检察机关创新性地开展了向卫生系统派驻民生检察室的工作，在全市卫生系统设置了检察室，加强了与卫生系统的沟通协作，有效打击和震慑了卫生系统的腐败案件，受到群众的普遍欢迎，得到了省院领导的充分肯定和赞扬。截至 2011 年，派驻卫生系统检察室共查办或提供职务犯罪案件线索 14 件，帮助群众解决实际困难 76 件。

二是纵向上下贯通。构建群众工作网络体系，不仅需要横向到边，还需要纵向到底。为做到群众工作的全覆盖，临沂检察机关积极向下延伸检察触角，构建了市县乡三级群众工作平台。在打造市县群众诉求服务中心的基础上，全市 12 个县区院依托各自乡镇的维稳中心、群众工作服务中心或检察室，在中心乡镇或重点乡镇共设立了 101 个群众工作联络站，作为末端群众工作平台。并在乡镇、村居统一聘任了 401 名检察联络员，制定了《检察联络员工作办法》等制度，对检察联络员的工作职责、工作程序作出了明确规定，要求随时与所在乡镇的群众工作联络站保持沟通联系，随时随地了解社情民意，随时随地为人民群众排忧解难、释疑解惑，切实发挥其"联络、情报、宣传、调解"的作用。自群众工作联络站设立以来，检察联络员共提供信访预警 112 件，就地化解各类矛盾纠纷 502 件，收到了良好效果。

（三）健全完善群众工作机制

机制带有根本性、基础性和导向性，完善的制度、科学的机制是推动检察机关群众工作持续深入开展的重要保证。临沂检察机关围绕联系群众、依靠群众、服务群众，不断建立健全群众工作制度，不断创新完善群众工作机制，积极探索群众工作的新方法、新途径，促进群众工作常态化、系统化、规范化。

1. 健全了群众工作运行机制

研究制定了《关于进一步加强和改进检察机关群众工作的实施意见》，围绕提高认识、立足本职、丰富方式、健全机制、强化领导等五个方面的问题，提出了 25 条具体措施；制定了《检察机关群众工作规程》，明确了检察机关开展群众工作的流程、时限和各部门的具体责任，使群众工作落到实处；制定了《检察群众工作督察办法》、《群众工作目标管理考核计分标准》、《联络乡镇基层绩效考核办法》等有关考核奖惩监督办法，把群众工作进行细化量分，纳入检务督察范围，严格督察考评，兑现奖惩问责，激发了检察人员做好群众工作的积极性、主动性和创造性。

2. 完善了群众工作方法机制

正确的方式方法是取得群众工作实效的"倍增器"。临沂检察机关把完善群众工作方式方法放在突出位置，细化完善了《执法办法评估预警实施细则》，创新了评估预警管理系统，以信息化手段不断巩固完善"一案一评、三色预警、四步流程"的工作模式，提前预防和化解可能影响社会稳定的苗头性、倾向性问题；与法院、公安等十个单位会签了《关于建立民生检察服务热线与有关部门联动处置机制的意见》，确立了联动协作的群众工作方法，初步构筑了全市群众工作的横向联系网络；完善了刑事被害人救助制度，制定了《刑事被害人救助实施细则》等文件，细化了救助程序，强化了与政法委等单位的协作配合，切实发挥救助制度修复社会关系、抚平心灵创伤的作用，体现检察机关的人文关怀。近三年来，全市检察机关共开展刑事被害人救助 56 件，救助金额 71.82 万元。

3. 完善了联系群众机制

制定了《副科级以上干部沟通联络乡镇、业务部门联系村居制度》、《领导干部下访巡访制度》等文件，增强了领导干部与人民群众的联系沟通；制定了《新进人员到群众诉求服务中心锻炼办法》，明确规定检察机关新进人员必须到群众诉求服务中心锻炼，在与群众面对面交流、零距离接触中磨练群众工作本领；完善"三问"和"三进三同"工作长效机制，推行民情日记制度，让检察人员深入到乡镇、村居、企业，面对面、手拉手地与人民群众沟通交流，认真倾听他们的呼声、要求和期待，了解和把握社情民意的新情况、新趋势，并及时转化为检察机关群众工作的重要内容，转化为排民忧、解民难的具体实践，把联系群众的过程变成增进与人民群众感情、疏导民意、执法为民的过程。

4. 完善了执法办案回应群众机制

推行刑事案件办理告知和案件查询制度，将办案情况及时告知并定期回访受害人或其家属，听取他们对案件受理、调查处理、办案结果、执法态度等方面的意见；高标准建设了阳光检务查询系统，群众需要到检察机关查询有关案件情况的，随时提供帮助和服务；实行了不受理、不立案、不批捕、不起诉、不抗诉、不赔偿法律文书说理和刑事申诉案件公开听证、公开答询制度，要求运用群众听得懂的语言、易于接受的方式，耐心阐明案件事实、法律依据和处理意见，切实解决了群众不认同的问题；完善群众投诉处理机制，对群众投诉检察人员违法违纪、作风霸道、侵害群众利益等事项，分门别类做好登记，尽快落实办理，并第一时间告知处理结果，努力消除涉检信访隐患。

5. 完善了群众评判检察工作机制

不断深化和落实检务公开，最大限度地拓宽公开渠道、扩大公开内容，最大限度地保障人民群众对检察工作的知情权、参与权、表达权、监督权，把检察工作置于群众有效监督之下；每年通过新闻发布会、检察开放日、召开座谈会、邀请视察、发放征求群众意见函等形式，主动向群众报告检察工作；邀请人大代表、政协委员、人民监督员等参与控申接待、检务督察、公诉案件集中听庭评议、案件回访、执法检查、工作考核等活动，积极主动地征求人民群众对检察工作的意见、批评和建议，不断加强和改进检察工作。

临沂市检察机关开展群众工作以来，办理了大量民生诉求，化解了大量社会矛盾，维护了群众合法权益和社会和谐稳定，推动了社会管理创新，取得了实实在在的效果。三年来，共受理群众来信来访 10203 件，受理群众拨打的热线电话 16900 个，工作人员即时答复处置率 85%，比以往提高了 30%，群众满意率在 90% 以上；涉检信访量逐年下降，与去年同期相比，2011 年涉检访总体下降 60%，其中来市涉检访下降 34%，去省涉检访下降 88%，全市连续三年无涉检进京访；共化解社会矛盾纠纷 500 多起，为群众办理辖外好事实事、特困帮扶 362 件次，收到群众送来的锦旗 28 面，感谢信 44 封，感谢电话和留言 443 个。

四、做好新形势下检察机关群众工作的思考

认真总结和提炼新时期检察机关群众工作经验，克服和解决工作中存在的

困难和问题，进一步增强工作的有效性，不断开创检察机关群众工作新局面，是检察机关强化法律监督的应有之义，也是检察工作自觉适应新形势新任务的迫切要求。

（一）必须坚持群众观点，始终保持对人民群众的真情实感

胡锦涛总书记深刻指出，"群众观点是历史唯物主义的基本观点，也是我们做好群众工作的思想基础。"在庆祝中国共产党成立 90 周年大会上的讲话中，胡总书记又进一步指出，"只有我们把群众放在心上，群众才把我们放在心上；只有我们把群众当亲人，群众才把我们当亲人。"检察机关的根本属性是人民性，根本职能是为人民服务。① 检察机关的人民性明确回答了检察机关"相信谁、依靠谁、为了谁"的根本问题，也决定了检察机关和检察干警在任何时候、任何情况下，都要坚持群众观点，站稳群众立场，坚定不移、坚持不懈地做好群众工作。

新形势下，一方面，经过恢复重建 30 多年来的迅猛发展，检察机关的基础设施、队伍建设、执法水平、信息化建设都取得了长足的发展和进步，检察工作正处在前所未有的黄金发展期；另一方面，检察工作面临着许多新情况、新问题、新挑战。我国经济社会结构更加复杂、人民群众内部利益关系日益多样化，检察机关维护群众利益的任务更加繁重；改革发展中的矛盾不断凸显，各种矛盾和利益诉求更加集中，检察机关化解社会矛盾的工作更加艰巨；中国特色社会主义法律体系初步建立，人民群众的法治意识普遍增强，检察机关保障法律统一实施的要求更高。面对新形势、新情况、新问题，检察机关比以往任何时候都更需要依靠群众、获得人民群众的拥护和支持。但如前面所分析的，当前一些检察干警还存在对群众感情不深，不愿做群众工作的问题。如果没有坚定的群众立场，没有对群众的深厚感情，群众工作是绝对做不好的。因此，当前检察机关和广大检察干警必须解决好对群众的感情问题，真正明确"为谁掌权、为谁执法、为谁服务"，做到相信群众、尊重群众、依靠群众，把群众当主人当亲人，把群众的事当自己的事来办。增强为人民群众服务的自觉性和坚定性，更加主动、更加积极地做好群众工作。做到思想上尊重群众、行动上深入群众、工作上依靠群众；要怀着对群众的深厚感情执法办案，把维护人民权益作为检察工作的根本出发点和落脚点，使法律监督工作最大限度地

---

① 我国《宪法》和《人民检察院组织法》明确规定，各级检察机关由人民代表大会产生，对其负责，受其监督。这是对我国检察机关人民性的法律确认。我国检察机关被称为人民检察院，检察官被称为人民检察官，就是这种人民性的彰显。

体现群众愿望、满足群众要求、保护群众利益；要心系群众，关心他们的疾苦，了解他们的意愿，体谅他们的难处，设身处地为当事人着想，把群众来信当家书，把群众反映的问题当家事，把群众工作当家业，使群众的合理合法诉求得到最大限度的满足。

此外，坚持群众观点，深化对群众的感情，必须以提高群众工作能力为基础。坚持群众观点，践行马克思主义群众观，最终要落实到做好群众工作上来。而做好群众工作，最核心的就是提升群众工作能力。当前部分检察人员除了不愿做群众工作之外，还存在不会做和做不好群众工作的问题，如不会与群众沟通、工作方法简单生硬、对群体性事件处置不当等。特别是市场经济条件下社会利益主体和利益形式多样化，检察机关群众工作范畴更广、要求更高、难度更大。这就要求我们必须进一步提升群众工作能力，特别要提高检察人员与群众沟通交流的能力、科学判断形势的能力、把握全局的能力、应对突发事件和复杂局面的能力，使检察人员既能说法言法语，又会说群众语言，既能公正执法办案，又会做群众工作，努力使检察人员成为群众工作的行家里手，为做好检察机关群众工作提供良好的人力保障。我们建议把群众工作能力列为检察素能培训的必修课，加大培训力度，拓宽培训途径，通过集中培训、情景模拟、案例教学、岗位练兵等方式，培养检察人员协调不同群体利益、化解人民内部矛盾、处置群体性事件等能力，真正练就做群众工作的硬功夫、真本领。

（二）必须落实群众路线，创新发展检察机关群众工作方式方法

开展群众工作，除了明确的目标和任务、良好的态度和愿望外，还必须要有正确的方式方法。对于方法和任务的关系，毛泽东同志曾有过形象的比喻，"我们不但要提出任务，而且要解决完成任务的方式方法。我们的任务是过河，但是没有桥或者没有船就不能过。不解决桥或船的问题，过河就是一句空话。不解决方法问题，任务也只是瞎说一顿。"① 在长期的群众工作实践中，我们党提出了群众路线的根本工作方法，检察机关一直以来也始终坚持群众路线，做到从群众来，到群众去，依靠群众推进工作，为检察工作的顺利开展提供了有力保障。新形势下，随着我国社会历史条件和人民群众生活工作环境、利益需求、思想观念的深刻变化，检察机关群众工作的任务和内容与以往相比有了很大的变化和拓展，这就要求检察机关必须在坚持群众路线这一根本工作方法的前提下，根据群众工作面临的新问题、新挑战，根据群众工作呈现出的新变化新特点，及时改进和创新群众工作的具体方式方法，不断提高联系群

---

① 《毛泽东选集》（第1卷），人民出版社1991年版，第139页。

众、宣传群众、教育群众、服务群众的本领，更加快捷高效地做好群众工作。

在联系群众上，要深入基层一线，积极畅通和拓宽检群联系渠道。新形势下，随着人民群众内部阶层的分化，人们自身的情况千差万别，深入基层、深入一线，调查研究、了解民情是检察机关联系群众、开展群众工作的重要途径。除了采用座谈会、下乡巡访、领导定期接访等方式深入群众外，要积极采用新手段新方式，开辟新渠道，畅通和拓宽民意反映渠道，鼓励、支持和保证广大人民群众自下而上反映诉求和问题。临沂检察机关近年来积极探索创新联系群众的方法和途径，开通了民生检察服务热线，配置了民生检察服务车，建立了 101 个乡镇检察联络站，这些联系群众的方式虽然仍在探索之中，但都获得了群众的称赞和社会的肯定。

在宣传群众上，要采取多种形式，寻找有效载体。新形势下，检察机关要适应群众思想多样化的需要，充分利用各种资源，开展形式多样的宣传活动，主动向群众宣传法律知识。要全面落实检务公开，大力推行阳光检察，通过公开举报、投诉电话，设立网上举报中心，实行检察开放日活动等方式塑造"阳光检察"形象。要善于使用群众喜闻乐见的手段方法进行宣传，如建立并利用一些特色宣传基地，围绕检察中心工作，组织开展主题鲜明的宣传活动，增强人民群众的法制观念和法律意识。进一步加强对电视、广播、报纸、杂志等大众传播媒介的利用，深入浅出地宣传检察工作的方针政策，把检察机关的职能、业绩等信息及时快捷地送到群众中去。特别是充分运用现代科技创新宣传群众的方式方法。当前的重点工作是深入研究网上舆情的特点和规律，占领网上舆论阵地，运用网络等手段增加宣传的针对性、有效性和快捷性。

在教育群众上，要善于运用说服教育、示范引导等民主细致的方法。说服教育，就是要以理服人，通过理性或者理论的教育，帮助群众提高认识，而不是用简单粗暴的态度和命令、强迫、压制的方式方法去教育群众。当前重点是要以民主平等的方式在释法说理上下功夫，使群众自觉接受，增强教育工作的有效性。不同阶层、思想的人们有各自关心考虑的问题，释法说理时就要改变单纯灌输式的那种教育方式，针对不同对象的特点和需要予以说服教育，并且要注重运用群众语言释法说理，帮助他们分辨是非、疏通思想、消除情绪、化解纠纷。示范引导，就是检察干警要以身作则，率先垂范。在群众工作中，检察干警必须以身作则、严格自律，凡是要求群众做到的，自己首先做到；凡是要求群众不做的，自己首先不做，始终走在群众前面。这种群众工作方法，最容易引导人们在榜样的示范下实现行为效仿。要善于用检察队伍中涌现出来的先进人物来教育群众，用检察干警的模范行动来影响和带动群众。

在服务群众上，要针对具体任务，不断探索与创新服务群众的有效形式。新形势下，检察机关只有积极为群众提供服务，才能得到群众的信赖和拥护，执法才会有公信力。为群众提供服务，就必须深入到群众中去，着眼于群众需求，找准服务群众和检察工作的结合点，拓展检察职能，不断创新服务形式和方法。要真诚倾听群众呼声，真心关心群众疾苦，想方设法帮助群众解决各种难点和热点问题。要真心实意、满腔热情地为群众服务，不断完善便民利民措施，改进服务方法，提高服务效率。

（三）必须增强工作实效，健全完善检察机关群众工作体制机制

"制度问题更带有根本性、全局性、稳定性和长期性。"① 体制机制建设是检察机关群众工作有效性的根本保证。在检察机关群众工作中要注意总结新鲜经验，在实践的基础上健全完善制度机制，实现检察机关群众工作的规范化、科学化、制度化。

1. 健全完善群众利益表达机制

在社会主义市场经济条件下，随着多元利益主体的形成，人民群众的利益出现多元化和复杂化，不同利益主体之间的矛盾增多。如果不了解具体情况，就难以妥善处理各种利益关系，因此检察机关需要建立健全群众利益表达机制，拓宽人民群众的表达渠道，通过制度安排向利益各方提供表达诉求的渠道和机会，如开通检察服务热线电话，建好检察门户网站，聘任检察联络员，积极开展检察工作进企业、进乡村、进学校等，使群众的意志和愿望能够得到畅通的表达，使检察机关对群众的意志和要求有充分的了解，保证检察机关群众工作能够有的放矢。

2. 健全完善群众利益维护机制

在利益主体多元化的情况下，检察机关执法办案中难免会面对各种群众具体利益的矛盾冲突，在这种情况下，检察机关必须建立完善群众利益维护机制，尽可能地协调和化解矛盾。具体而言，首先要加强基层检察机关和办案一线的力量配备，努力探索检察工作社会化、服务群众常态化的制度。通过设立综合性的群众服务中心、设置乡镇检察室、检察联络站，打造执法为民的一线平台，不断丰富履行检察职能的方式方法。其次要加大对危害民生犯罪的法律监督力度，切实解决群众的合法诉求，特别是依法维护弱势群众的利益。通过严厉打击严重暴力犯罪、多发性侵财犯罪、黑恶势力犯罪等严重危害人民群众

① 《邓小平文选》（第2卷），人民出版社1994年版，第333页。

生命财产安全的刑事犯罪，严肃查处在企业改制、征地拆迁、社会保障、医疗卫生、教育、就业、环境保护等涉及群众切身利益的领域中发生的职务犯罪，切实维护人民群众的根本利益。最后要建立群众工作协作网络机制，加强检察机关与政府、法院、信访等相关单位部门的沟通和联系，综合运用法律监督、司法调解、行政调解等多主体、多层面、多路径维护人民群众权益。当群众诉求事项在检察机关职权之外的，及时转交给职权部门，切实维护人民群众合法权益。

3. 健全完善群众工作风险控制机制

新形势下检察机关群众工作的巨大变化也给检察机关带来一些风险和挑战，最大的挑战有三个，即执法办案引发的涉检上访、执法不当引发的社会矛盾和检察工作中因网络舆情及突发事件引发的社会问题。针对这三大风险，检察机关必须进一步完善涉检信访工作机制，合理解决群众诉求。加强举报中心建设，坚持首办责任制、检察长接访日等制度，落实接访、下访、巡防等规定，在乡镇、社区现场接待举报、申诉，缓解群众告状难、申诉难的问题；进一步完善执法办案风险评估预警机制，避免矛盾积累激化。在执法办案中要主动了解有无影响社会稳定和群众情绪的重大敏感、热点问题。对职务犯罪案件、不批捕、不起诉、不抗诉、不赔偿以及群众控告、申诉等容易引发社会矛盾的案件，要加强风险评估预警，划分风险等级，并针对可能引发的问题，科学制定处置预案，提高风险控制能力，防止因执法不当引发社会矛盾；进一步完善网络舆情和突发事件处置机制，学会在信息化条件下做好群众工作。提高网上舆情监测研判能力、重大突发事件快速反应能力，通过设立检察门户网站、24小时热线电话等方式，加强与群众的互动交流，积极回应社会关切，正确引导网上舆论，营造有利于检察工作发展的舆论环境，维护社会稳定。

4. 健全完善群众工作绩效考评机制

检察机关群众工作绩效考评机制，是指依据一定的标准、程序和方法，对检察机关群众工作的成绩和效果进行评判的机制，它反映了检察机关群众工作目标的实现程度和群众工作任务的完成情况。科学有效、客观公正的群众工作绩效考评机制是增强检察机关群众工作有效性的重要保障。如果检察机关群众工作没有相关的评价体系，那么这项工作的开展效果如何，有没有达到预期目标，今后将如何开展，我们都无从得知。当前，要探索把群众工作的相关内容设置为考核项目，进行绩效考评，以作为调整检察机关群众工作措施，进一步加强和改善群众工作的基本依据，并将考评结果作为评比表彰、奖优罚劣的重要依据。

贫困地区基层检察人才流失之应对

——以江西省部分贫困地区基层检察院为视角

张勇玲[*]

人才作为经济社会发展的第一资源，是检察工作科学发展的第一要素。"人才"一词最早出于《诗经》，古籍中与"人材"通用，《辞海》解释为"有学识的人、德才兼备的人"。检察工作专业性、知识性强，决定了检察人才是指具有一定专业知识或专门技能并履行检察及其相关职责的国家机关工作人员。[①] 全面推进法治中国建设，需要检察事业蓬勃发展；开创检察事业繁荣局面，需要素质精良、结构合理、流动有序的检察人才队伍支撑。但现实中，基层检察院人才流失导致检察官短缺、办案力量不足的问题持续存在，特别是贫困地区基层检察院人才流失率居高不下，成为制约基层检察工作的重要瓶颈。为此，笔者专门分析了 2006 年以来江西省新进检察人才流失情况，以期通过专题调研提出应对基层检察人才流失的参考之策。

一、总体现状

人才流失与人才流动关系密切。从国家整体看，人才流动是人力资源调整配置的过程，是人才个体或社会组织通过对利益和价值追求以达到各自满足的过程，包括人才流出与流入两个方面。[②] 一定时期内人才流出发生率过高，超

---

* 江西省人民检察院党组成员、政治部主任。

① 参见中央政法委《全国政法领域中长期人才发展规划纲要（2010—2020 年）》序言部分，"政法人才，是指具有一定专业知识或专门技能并履行着审判、检察、公安、国家安全和司法行政及其相关职责的国家机关工作人员，是中国特色社会主义事业的建设者、捍卫者"。

② 参见何其生：《制度缺失下的竞争性博弈——高校法学人才的流动与流失》，载《河南政法管理干部学院学报》2011 年第 4 期，第 163 页。

过了单位个体能承受的合理限度，就会出现人才流失问题。

人才资源竞争加剧导致人才流失现象屡见不鲜，以江西检察机关为例：上饶市某基层院一名优秀年青检察官获评"全国侦查监督十佳检察官"，邻省获悉后立即发函邀请并承诺为其配偶解决工作；见此情况，原单位随即以提拔重用加以挽留，但邻省立即又承诺解决一套住房，最终该人才选择了邻省检察机关。宜春市某基层院一名外省籍新进人员既要自食其力，又要照顾父母及弟妹的生活开销，工资长期入不敷出，参加工作两年后不得不考往本地籍检察院。萍乡市某基层院两名新录用人员见单位环境待遇不佳，尚未正式报到就主动放弃了录用，这些现象令人感慨。

（一）江西省基层检察院人才流失基本情况

据统计（起止时间为 2006 年 1 月至 2012 年 12 月，下同），江西省 110 个基层检察院新录用人员共计 1678 人，已有 362 人离开原单位，平均流失率为 21.57%；其中，15 个贫困基层院人才流失率在 30% 以上（见下表），而同期全省人才跨省流入与流出比仅为 1.4:1。①

2006—2012 年全省基层检察人才流失情况表

序号	单位	招录数	流失数	流失率	备注
1	安远县院	9	5	55.6%	扶贫重点院
2	石城县院	10	5	50%	放宽学历院
3	赣县院	8	4	50%	扶贫重点院
4	大余县院	16	7	43.8%	赣南苏区院
5	峡江县院	18	7	38.9%	放宽学历院
6	德安县院	11	4	36.4%	放宽学历院
7	定南县院	12	4	33.3%	赣南苏区院
8	万安县院	15	5	33.3%	扶贫重点院
9	资溪县院	18	6	33.3%	放宽学历院
10	莲花县院	18	6	33.3%	扶贫重点院

① 参见《江西省中长期人才发展规划纲要（2010—2020 年）》"一、发展基础"部分。

序号	单位	招录数	流失数	流失率	备注
11	宜黄县院	18	6	33.3%	放宽学历院
12	永新县院	25	8	32%	扶贫重点院
13	横峰县院	19	6	31.6%	扶贫重点院
14	安福县院	16	5	31.3%	放宽学历院
15	吉水县院	16	5	31.3%	放宽学历院

上表所列 15 个单位中，6 个为国家扶贫开发工作重点县院，7 个为中部落后地区放宽担任检察官学历条件县院，2 个为赣南原中央苏区县院。这 15 个院共录用 229 人，已流失 83 人，平均流失率为 36.2%，贫困地区基层检察人才流失问题严重。

资料表明，美国人才年流动率为 20%，美国人一生中变动工作约 13 次。[①] 根据 2005 年上海第一资本高峰论坛发布的报告数据，超过 20% 的流失率会给企业带来实质性影响。[②] 在检察工作任务日益繁重的新形势下，欠发达地区特别是贫困地区基层检察院人才流失率超过 30%，这种状况与检察机关对人才的迫切需求不相适应，成为制约检察工作持续健康发展的严重掣肘。

数据显示，全省基层流失的 362 人呈现出以下特征：

1. 以 35 周岁以下年轻人为主。345 人年龄在 35 周岁以下，占 95%；安远等 15 个院流失的 83 人中，有 77 人年龄在 35 周岁以下，占 93%（见图 1）。

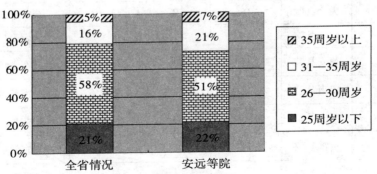

图 1：流失人员年龄分析对比

① 参见姜贵红：《加强制度建设 促进人才流动》，载《沿海企业与科技》2005 年第 9 期，第 21 页。

② 参见《解读企业人才流失率多少算合理》，来源于国公网 http://www.21gwy.com/。

2. 职级较低。343 人流失时未解决副科级待遇，占 94.8%；安远等 15 个院为 80 人，占 96.4%（见图 2）。

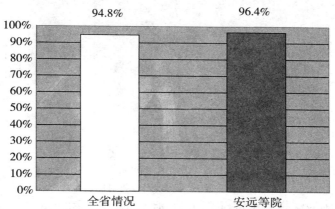

图 2：流失人员中未解决副科级待遇人员比例

3. 主要流向机关。125 人流向其他检察院，88 人流向法院，116 人流向党政机关；安远等 15 个院流失的 83 人中，30 人流向其他检察院，22 人流向法院，27 人流向党政机关（见图 3）。

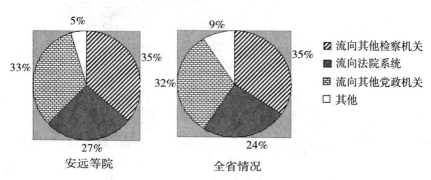

图 3：人才流向分析对比

4. 以非本县（区）籍居多。非本县（区）籍共 315 人，占 87%；安远等 15 个院流失的 83 人中，非本县（区）籍共 67 人，占 81%（见图 4）。

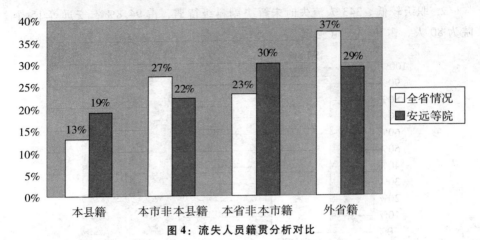

图4：流失人员籍贯分析对比

5. 贫困地区人才流失更快。246人进入单位后三年内离开，占68%；安远等15个院为73人，占88%（见图5）。

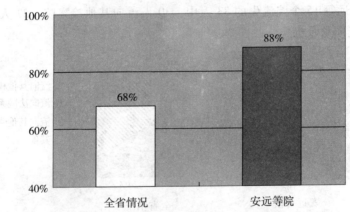

图5：流失人才中参加工作三年内离开人员所占比例

6. 更多流向经济发达地区。流往地区中心城市或江浙沪等沿海发达地区的共290人，占80%；安远等15个院有81人流向地区中心城市或江浙沪等沿海发达地区，占97%（见图6）。

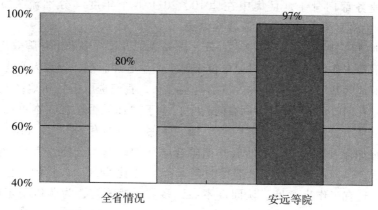

图6：人才流向地区中心城市或沿海发达地区比例

（二）应对基层检察人才流失面临的困境

贫困地区基层检察人才流失现象折射出多重现实问题，这些问题持续影响并弱化基层检察人才队伍稳定，给基层检察事业带来深层次的隐忧。

1. 应对人才流失管理理念模糊。当前在应对检察人才流失问题上主要有两种理念：一种是宽泛性管理，认为人才流动无可厚非，可以来去自由。另一种是约束性管制，不允许人才参加外单位招录考试，不配合人才调动工作。观念分歧和实践偏差导致不同单位乃至同一单位在人才流动管理问题上尺度不一。

2. 应对人才流失工作制度缺失。检察机关尚未有应对人才流失问题的专门性规定，相关依据主要散见于领导讲话或不同层面的工作要求中，在适用的时间、空间上不统一，应对人才流失工作操作程序不够规范。

3. 应对人才流失保障机制乏力。检察机关80%的人员在基层，80%的工作量在基层，基层检察工作压力较大。现行分级分灶管理的财政保障体系，制约了贫困地区检察职业保障水平，造成待遇收入与职业要求之间形成巨大落差，贫困地区基层检察院缺乏足够的人才吸引力。

4. 应对人才流失理论指导薄弱。相较于其他领域管理理论研究的繁荣状况，检察人才理论研究尚显薄弱。由于缺乏有力的理论指导，检察机关虽然对检察人才流失问题的严重性有所认识，但系统提出人才流失应对策略有限。

（三）基层检察人才流失的危害

1. 影响了基层工作正常开展。以安远、石城、赣县三个流失率超50%的基层检察院为例，2006年至2012年三个院共流失14人，其中13人为反贪、公诉等业务部门骨干，且集中在 2010、2011 两个年度（分别流失 6 人、5 人），一些检察工作被迫陷入阶段性停滞。

2. 冲击了现有人才队伍稳定。人才流失容易引起"多米诺骨牌效应"，一些调出干警工作待遇的改观对原单位干警会产生心理影响，导致人心思动。为了解贫困地区基层检察院新进人员的真实心态，我们选取了抚州地区①进行问卷调查。在回收的 65 份有效调查问卷中，对于"你是否愿意在本单位长期工作"的问题，选择"走一步看一步"和"不愿意"的有 38 人，占比 48.5%；对于"你如何看待和单位签的服务期限合同"的问题，选择"看重，但为了我的前途会选择违约"或未做选择的有 36 人，占比 54.6%，贫困地区新进检察人员对现有工作满意度、认同度不高，多数摇摆不定，为队伍稳定埋下了隐患。

3. 延滞了人才结构优化。尽管空缺编制可以通过新的招录填满，但由于人才流失问题未得到较好解决，容易陷入"走了又招，招了又走"的不良局面，检察人才队伍正常更新换代速度被延缓。仍以安远、石城、赣县检察院为例，2006 年至 2012 年三个院实有人员数量虽然从 125 人增加到 136 人，但检察官数量却从 84 人减为 83 人；从年龄结构看，35 岁以下检察官人数从 38 人减为 33 人，45 岁以上检察官人数从 23 人增加为 47 人，检察官队伍断代、老化趋势明显。

4. 挫伤了基层检察院培养使用人才的积极性。单位花大力气苦心培养的人才频频外流，使部分基层院成为发达地区或其他单位的"人才孵化地"，容易产生"新进人员培养得越快，流失得越快"的担忧。受此顾虑影响，部分基层检察院培养使用新进人员积极性受挫，方式举措更趋保守。

二、原因分析

检察人才流失反映了检察机关与社会其他组织复杂的人才竞争关系，具有深刻的历史背景和现实社会原因，附着了深深的时代烙印。

（一）人的价值理念变更和时代价值取向变迁

价值观念变化是历史常态。正如马克思所说，"人们的观念、观点和概念，一句话，人们的意识，随着人们的生活条件、人们的社会关系、人们的社

---

① 据江西省统计局公布的统计数据，2012 年抚州全市 GDP 总量为 825 亿元，在全省 11 个地市中居第 11 位，城镇居民人均可支配收入 18896 元，居全省第 10 位。来源于江西省统计局网站 http://www.jxstj.gov.cn/。

会存在的改变而改变"。① 我国传统价值观念强调社会本位和集体主义，把整体价值、集体利益放在个体价值、个人利益之上。新中国成立初期，在计划经济体制和单一意识形态为特征的社会结构下，人们的价值观念和价值取向高度统一，集体主义价值观成为全社会唯一通行的价值观，艰苦奋斗、无私奉献、勤俭节约、到基层去、到祖国最需要的地方去占据社会思想主流。改革开放后，随着经济、社会、文化等各方面开放程度的不断深化，各种文化思潮大量涌入，社会价值观念从一元价值观向一元价值观与多元价值观互动、从整体价值观向整体价值观与个体价值观融合、从精神价值观向精神价值观与物质价值观并重，原有的集体主义主流价值观基本构架被打破，重构起以现实主义为特征的社会价值观。

经济基础决定上层建筑，人的内因起主要作用，经济利益成为牵引人才走向最具决定意义的因素。贫困地区经济欠发达，新进人员待遇不高，现实与理想差异差别，既动摇着基层现有人才扎根基层的信心和决心，也让尚处于选择中的人才在基层"门外"徘徊不前。特别是对于困难青年干警而言，选择到收入较高的发达地区工作成为客观现实趋向。

（二）现代成长观念变化和现代生活方式变革

改革开放深刻影响着社会生活方方面面，深刻影响着人们的成长观念、生活方式。作为社会新生代，新进人员多为 80 后、90 后，大多没有艰难困苦经历，大多具有独生子女特质。他们亲历了经济社会市场化、全球化、工业化、信息化、城市化浪潮，时刻被新事物、新信息、新机遇包围，在多元思潮交织涌动、信息技术日新月异、"五湖四海"择业背景的时代化特征面前，随时做出比较、随时做出选择。

（三）国家人才资源总量增长和检察人才门槛提高

人才流动是劳动力资源市场化配置的客观反映。受人才供给市场规律的制约和影响，崛起中人力资源大国的到来解决了人才短缺问题，但与此同时，也触痛着就业这根敏感的社会神经，"毕业面临失业"，"先就业后择业"，选择贫困地区基层检察院工作被一些年轻人视作权宜之计和二次择业的过渡。

检察工作法律专业性强，正义的法律需要人的启动和实施。② 检察机关恢

---

① 参见《马克思恩格斯选集》（第 1 卷），第 270 页。

② 参见李宏：《法律变革与法学专业人才需求特征》，载《河南师范大学学报（哲学社会科学版）》2001 年第 5 期，第 43 页。

复重建 36 年来，检察官任职条件日渐提高，需要通过两大最难"国考"，即公务员统一考试和国家统一司法考试。任职条件上的"高门槛"，决定了检察人才相比一般行政公务员乃至社会其他职业具有更宽的择业面，这也增加了检察人才流失的概率和可能性。

（四）制度机制缺失和管理手段滞后

制度文明是现代社会进步的重要标志，需要深厚的理论指导，历经实践的反复检验。人才工作本体是一项复杂的系统战略工程，需要构建完备的思想教育引导制度机制、涵盖人才的社会诚信机制、有效的道德约束机制、有力的法律法规调整机制和充分的人才服务保障机制。由于"检察人才理论研究薄弱、实务探索有限，法律法规建设任务还很艰巨"，[①] 致使没有足够的检察人才学理论、实践经验和法律依据支撑检察人才制度机制的构建，这导致检察人才工作在实践中存在重招录引进轻培养使用，重专业技能培训轻思想政治教育，重就事论事轻法治遵循，重短期物质帮助轻长效保障机制等问题，使得应对检察人才流失工作难以实现系统预防、源头治理。

人才管理决定人才成效。检察人员管理长期沿用传统行政管理模式，这一模式在计划经济时代发挥过重要作用，但随着司法文明和现代中国步伐的推进，弊端日渐显现。检察工作的法律监督定位和公平正义的价值追求，使打造职业化"精英"检察队伍成为世界多数国家的通例。传统管理方式不仅容易使检察人才在"官帽定律"下淡化专业素养提升，而且容易使地方检察院沦为"地方的检察院"，影响司法权依法独立行使，司法尊荣难以从行政化掣肘中寻获信心。同时，由于检察机关缺乏基层人才政策顶层设计，基层人才招录、培养、使用、晋升、管理、保障缺乏有效衔接。

三、困境反思

基层安则天下安，基层强则整体强。面对基层人才匮乏之现状，必须正视原因，系统反思，从基础性、根本性、长远性关切入手，科学处理人才流失中涉及的重大关系问题，以新思想新理念引领新事业新进步。

[①] 参见沈荣华：《人才革命——人才科学发展的若干问题》，载潘晨光主编：《中国人才发展报告（2009）》，社会科学文献出版社 2009 年版，第 72 页。

（一）在管理理念上要正确处理人才流动与人才流失的关系

人才流动具有双向性特征，一个单位人才流出对于另一个单位就是人才引进。在人才资源市场化环境下，维护人才双向流动的均衡性至关重要。站在全局审视，关键是要把人才的正常流动和非正常流失合理区分，关键在于我们的政策鼓励什么样的流动，面对流动我们制定什么样的对策，以确保国家的经济发展和社会进步。① 人才流失概念本身具有一定局限性和狭隘性，当人才双向流动均衡性被打破时，则要把目光聚焦和工作重点转向解决非正常人才流失问题上来。从 2006 年以来江西基层检察人才流失情况看，绝大部分仍在公务员队伍之中，对于促进依法执政、依法行政、建设法治化公务员队伍具有一定积极意义。但从自身系统出发，从检察事业出发，从基层需要出发，从队伍实际出发，我们又面临着尴尬和无奈。

（二）在顶层设计上要正确处理现实问题与长远目标的关系

应当讲，国家加强对基层特别是贫困地区人才支持的政策导向是长期且明确的，但多年以来，人才从农村流向城市，从西部流向东部，从经济欠发达地区流向经济发达地区的单向流动局面有增无减。国家鼓励引导人才到基层去的政策，帮助基层解决了"招不来人才"的问题，走好了第一步，但帮助基层留住人才的第二步、让人才在基层实现最大价值的第三步还没有走好，基层成了人才的"中转站"、"流动站"。基层人才匮乏波动的现状，与基层繁重艰苦的任务和维护国家长治久安的基石地位不相匹配，应当从层级、效力、配套上完善把人才留在基层、用在基层的人才战略顶层设计。

（三）在政策导向上要正确处理党管人才与市场配置的关系

《国家中长期人才发展规划纲要》明确了"充分发挥市场配置人力资源的基础性作用"的总体部署，各层面人才政策应落实这一要求，尊重市场规律。多年来，国家通过提高省级以上党政机关从基层招录公务员比例，出台高校毕业生到艰苦边远地区创业就业扶持办法，实施公职人员到基层服务锻炼的派遣和轮调办法等一系列有力政策措施，推动优秀年轻人才把基层作为事业的起点，政策引导流向明显。但由于城乡二元结构和地域发展水平差异，加之政策

---

① 参见《如何看待人才"流失"》，载人民网专访人力资源专家、中国人民大学劳动人事学院院长曾湘泉教授，http://www.people.com.cn/GB/shehui/1063/2312169.html。

导向缺乏足够的落实和创新，在一定程度上脱离了人才价值规律，不能填平市场指导下的人才价值落差，这就导致人才价值也呈现二元结构，从而必然引发人才向更高价值场域集拢回流。应对贫困地区基层人才流失问题，既不能完全依靠市场，也不能完全依靠政策，必须坚持"看不见的手"与"看得见的手"双管齐下，既尊重市场配置的人才发展规律，又完善宏观调控的政策导向；既通过政府引导发挥市场配置作用，又利用行政手段为基层输送人才，把党委政府的宏观调控职能和市场的配置功能有机结合起来，才能保证基层人才工作的健康发展。

（四）在诚信基础上要正确处理道德约束与机制约束的关系

诚实守信是做人的基本准则。诚者，开心见诚，无所隐伏也；信者，诚实不欺，信而有征也。自古以来，诚信被视为一切德行的基础。诚信也是现代市场经济和社会秩序的基石，很多国家都建立了涵盖社会各领域的诚信体系。尽管我国"十一五"规划就明确提出了加快建设社会信用体系的目标，2007年国务院还专门出台了《关于社会信用体系建设的若干意见》，但直到目前，体系完整、分工明确、运行高效、监管有力的社会信用体系并未有效建立，人才工作领域同样存在诚信危机。改革开放以来，在能者多劳、能者多得的思维导向下，社会普遍崇尚人才的个人能力，而忽视对人才的道德要求，用人单位和人才之间缺乏有效的诚信基础，变成了交易关系。[1] 国家为了把人才吸引到基层贫困地区，作出许多政策许诺，但很多政策在执行中遇冷，无法兑现；用人单位为了吸引人才，给出很多"优惠条件"，但也往往落空。面对这种状况，当务之急是必须加快人才诚信体系建设，引导人才增强职业道德操守，促进人才工作秩序诚信规范，从而提升基层人才流失的可控性。

（五）在实践探索上要正确处理盘活存量与加大增量的关系

提高人才总量主要有两个途径，一是加大现有人才培养、盘活存量，二是直接引进人才、加大增量，两者不可偏废。这些年，江西省检察机关在上级的关心支持下，坚持两手抓、两手硬，经过不断探索，在两方面均积累了一定的经验，主要是：人才引进上"扩容"。通过全省公务员统一招录、市县两级检察院单独招录等方式，持续补充基层检察力量，检察人才数量实现适度增长。

---

① 参见杨宗华：《责任胜于能力》，石油工业出版社2009年版，第29页。

人才培养上"多样"。组织各类教育培训，对在职人员采取多岗锻炼，提升专业技能。人才使用上"择优"，择优选拔使用新进人才，破除论资排辈观念，完善竞争机制，使"有为"之人"有位"，树立正确用人导向。人才管理上"入微"。坚持从严治检与从优待检相结合，把对新进人员的关心融入工作生活的点滴，增强年轻干警的幸福感和归属感。实践证明，上述做法是有效的。全省 110 个基层检察院中，有相当一部分贫困地区基层检察院人才流失率保持在较低水平，其中修水、武宁、宁都、上犹、全南、万年等 10 个基层检察院控制在 10% 以内，瑞金市院更是实现了人才的零流失。但遗憾的是，上述实践探索很大程度上局限于检察机关本身，多是现行体制框架下的内部自我努力和完善，难以逾越现有司法体制和人才体制的局限。这就要求必须深化司法队伍管理体制改革，推进检察管理机制创新，在盘活人才存量与加大人才增量协调的基础上更好应对人才流失带来的不利影响。

四、应对策略

综合分析，解决贫困地区基层检察人才流失问题，必须从转变观念、顶层设计、健全机制、落实政策、提升保障、优化环境等多个方面综合施策方能竟功。

（一）确立科学应对人才流失的理念原则

根据马克思主义观点，任何一种理念，其本质为主体对客体的价值判断；而价值，则是客体对主体有用、有益的关系。应对贫困地区基层检察人才流失问题是一项系统工程，具有多视角取值特性，必然导致不同理念的冲突与融合。尽管我们在人才配置上可以跨越地域上的空间屏障，但跨越理念上的价值屏障却远没那么简单。因此，应对贫困地区基层检察人才流失问题之前提，是于多元价值判断中确定最有用、有益的价值组合，为施策提供科学思想指南。应当进一步确立基层人才优先发展的战略思想，在理念上实现既重政策引导流向又重市场主导流动，既重以人才为用又重以人才为本，既重个别应对又重系统应对，既重人才自律又重诚信约束，既重随机处置又重法治遵循的转变。概括而言，就是要实现人才战略思想由"引导人才到基层去"的形式价值组装体到"吸引人才留在基层"的实质价值组装体二者并重的转变。同时，借鉴现代管理学理念，① 确立科学应对人才流失之原则。一是系统性原则。将应对人才流失看作是一个有序的、分层次的、多结构的系统，充分发挥系统整体价值功能，统一规划、统一施策，推动应对人才流失工作迈入组织化、规范化、长效化轨道。二是以人为本原则。强调和尊重人才的主体性，允许人才在法律政策许可条件下追求自身价值，通过促进人才发展、满足合理需求实现对人才流失的有效预防。② 三是精细化管理原则。积极适应生活方式转变和"微时代"到来给人才工作带来的挑战，借鉴马斯洛需要层次理论，③ 更加强调细节管理和过程控制，通过对"微差异"的"微管理"，达到"不但留住人才的身，更留住人才的心"。④四是信息化管理原则。充分运用信息化管理理念和手段，开放式、动态化地对包括检察人才在内的适格法律人才信息及时进行统计分类、系统分析，丰富人才资源储备，对现有及潜在的检察人才资源合理开发、有效利用，进而实现对检察人才进出流转的科学配置。

（二）有针对性地补强稳定基层人才队伍的顶层设计

《国家中长期人才发展规划纲要》主要是鼓励引导基层"招才引智"。但"招引"只是手段，在基层用好人才、实现智力支撑才是最终目的。有鉴于此，在完善引导人才到基层去的顶层设计的基础上，补强把人才稳在基层、用在基层的顶层设计，是应对基层人才流失问题的治本之策。一是要继续完善把人才合理配置到基层的顶层设计。通过国家政策法规把人才配置到基层去，应当建立基层人才需求调研分析预测机制，按照通用型、紧缺型、储备型等类别形成门类齐全的人才"蓄水池"，把基层最需要、更可能长期在基层建功立业

---

① 美国的哈罗德·孔茨（Horold Koontz）教授在 1961 年 12 月发表论文《管理理论的丛林》中首次提出管理丛林概念，推动了现代管理理论丛林的发展。尽管现代管理学有多个学派，但其共性在于都强调系统观念、人本观念、动态观念和现代信息化理念。参见牛三平主编：《管理学基础》，人民邮电出版社 2012 年版，第 54 页。

② 参见刘卓敏：《人才流失的影响及控制》，载《人才开发》2002 年第 5 期，第 12 页。

③ 1943 年，美国心理学家马斯洛发表《人类动机的理论》一书，提出了著名的需求层次理论，将人的需求分成生理需要、安全需要、社会交往需要、受人尊重的需要和自我实现的需要五类，由较低层次到较高层次排列。需求层次理论是员工激励理论的代表之一，它从人的需要出发探索人的激励和研究人的行为，抓住了问题的关键，在一定程度上反映了人类行为和心理活动的共同规律。

④ 参见刘卓敏：《人才流失的影响及控制》，载《人才开发》2002 年第 5 期，第 12 页。

的人才配置到基层。二是要构建人才价值平衡机制。当前，我国不同地区、不同行业、不同层次人才价值上的"二元结构"明显，必然造成人才对自身价值期望值上的落差。如江西省基层检察院普通干警月收入大多只有 2000 多元，与发达地区、高收入行业差距较大。因此，国家在人才工作顶层设计上应充分考虑与"市场配置人力资源的基础性作用"相衔接，进一步加大基层特别是贫困地区人才的价值砝码，从稳定的上层建筑而非易变的地方政策层面使基层人才价值保持相对平衡。三是要构建侧重于基层贫困地区的人才竞争激励机制。美国哈佛大学心理学家研究表明，人才在没有激励的情况下，个人能力只能发挥 20%—30%；在开发和激励以后，他的潜能会发挥 80%—90%。这种激励，主要是物质激励和发展空间激励两个方面。① 相比于我国基层特别是贫困地区现状，一方面人才经济待遇不甚理想，另一方面人才提拔使用上多为按部就班。特别是在公务员系统，有不少单位仍主观地把人才主要看成"道德人"、"政治人"，而不是"经济人"，片面强调精神激励而忽视物质激励作用。因此，有必要在顶层设计上加大对基层人才特别是公务人员与业绩挂钩的物质激励和晋升空间激励，从根本上改变基层人才激励缺位、激励虚位、激励移位等功能异化现象。四是要构建有力的基层职业保障机制。根据各类人才特点、履职需要、职业风险和素质要求，建立科学合理、上下协调、相对独立的职业保障机制。同时，对基层贫困地区要在表彰奖励、经费保障、工作装备上优先保障安排；对基层遇到的繁重任务、工作难题优先协调解决，为基层人才忠实履职、安心岗位提供有力、长效的职业保障。五是要构建人才竞争宏观调控机制。针对当前人才竞争力不平等现状，在顶层设计上需要与"推进党政人才、企业经营管理人才、专业技术人才合理流动"的国家重大人才政策相衔接，构建区域、行业间人才公平竞争机制，从机制上增加优势地区或行业的人才竞争成本，使其对弱势地区、行业人才竞争从"拿来主义"变为"支付成本"，从而增强贫困地区留住人才的"底气"。

（三）积极推动有利于基层留住人才的政策创新

一是针对贫困地区，增加"扶贫"政策的"含金量"。弥补贫困地区在人才竞争中的先天劣势，除国家人才战略调整外，最有效的方法就是政策创新。

---

① 参见蓝文峰：《知识型企业激励机制实证分析》，华中科技大学 2004 年硕士学位论文。

美国引进人才之所以行之有效，其政策优势发挥着决定性作用。① 日本乡村之所以不缺教师，在于日本政府推行所有教师必须先到基层服务，每 6 年定期轮岗，并对偏远地区教师给予有效激励的政策。② 其启示在于：应对贫困地区人才流失问题，必须解放思想、大胆创新，使那些真正有"含金量"的政策在贫困地区得到落实。其一，由中央或省级层面推动落实农村基层及贫困艰苦偏远地区人才专项财政补贴，根据不同人才类别和工作岗位设定补贴标准由中央财政筹措资金统一按时发放，不仅覆盖新进人才，而且覆盖既有人才。其二，由中央或省级层面推动落实农村基层及艰苦偏远地区人才职务、职称。对比区域外同类别人才的职务、职称，统一按调高半级或一级配置。其三，设定发达地区人才竞争避止和补偿机制。对在人才竞争占有明显优势的发达地区或单位选录引进人才方面加以规制或者加大其人才竞争成本，使不同地区在人才竞争上相对更为公平。其四，对农村基层和艰苦偏远地区给予更多的实用人才支持，让基层在发挥孵化培养实用人才阵地的同时，享受到更多的人才红利。二是针对检察机关，增强人才政策的"针对性"。贫困地区检察机关因其专业特性，在引进留住人才方面面临着更多的特殊难题，更需要特殊政策创新推动解决。党的十八届三中全会提出了包括完善检察官管理的一系列司法体制改革任务，除国家立法外，也需要国家综合政策的支持和配合。党政机关在推进人才管理工作改革进程中，必须充分考虑国家对司法人才的特殊定位和要求，有针对性地创新司法人才政策，真正把中央有关司法体制改革精神落到实处。同时，针对部分贫困边远基层检察院人才流失严重的问题，出台或创新一些解基层"燃眉之急"的政策。如提高贫困地区基层检察人才政治经济待遇的政策，允许部分贫困地区基层检察院阶段性地定向招录本地籍人员的政策，试行部分贫困地区基层检察院人员编制上级院管理政策等，通过各种政策创新保持贫困地区基层检察队伍的整体稳定。

（四）加快构建涵盖检察人才的社会人才信用体系

实现我国由人力资源大国向人力资源强国的转变，需要两大体系做支撑：一是教育和培训体系，二是人才信用体系。加快构建涵盖检察人才的社会人才信用体系，是应对贫困地区检察人才流失的重要基础。尽管我国目前尚未有效

---

① 参见孙传忠：《美国引进人才的举措及其启示》，载《中国石油大学学报（社会科学版）》2009 年第 4 期，第 15 页。

② 参见陈元辉：《城乡教育二元分离问题的解决策略探讨——日本教师轮岗制度的启示》，载《教学与管理：理论版》2009 年第 5 期。

建立起覆盖全社会的诚信系统，但作为其重要构成的人才信用体系可以先行先试，率先探索。一是持之以恒地加强社会道德建设，不断增强全社会的诚信意识，推动人才工作领域形成诚实守信、相互信赖的道德基础。二是健全完善人才信用制度机制。遵循现代社会"小政府、大社会"的管理思路，按照"行政主导、多方共建、社会联动"的模式，建立健全体系完整、有效衔接的人才信用记录、管理、查询、评价、奖惩、监督制度机制。三是建立信息化人才信用档案服务平台。由于传统的人事档案体系已无法提供有效的人才信用信息，所以构建信息化、社会化、市场化的人才信用档案维护、流通、服务平台显得尤为重要。这方面已有社会力量积极探索，如广东上下五千年资信科技有限公司和社会联合共建的"中国人才信用网"，已累计为190余万大学生、职场人士建立了个人信用档案，对我国现代人才信用服务平台的建立起到了良好的示范和促进作用。[1] 四是建立有效的人才失信惩罚机制。对于人才的单方恶意失信行为，如不如实提供个人身份、学历、信用等信息，秘密考录其他单位，无正当理由不履行最低服务年限，为跳槽恶意损害原单位形象和利益等，一经录入个人信用档案，必须承担法律规定的再择业乃至其他社会生活中的不利后果；对于经常失信于人才或经常发生不正当人才竞争行为的行业或单位，将其列入不良信用名单，在招录引进人才条件上更严格限制。就检察机关而言，也应建立本系统人才信用体系，全国检察系统联网管理并对接全国人才信用体系，对于有上述失信行为的法律人才，不予录用或规定其承担在本系统择业受限的不利后果。

（五）健全完善检察机关内部人才管理机制

一是推动检察人才管理法制化。检察机关与检察人才的关系，说到底是一种法律关系，受《劳动法》、《公务员法》、《检察官法》、《劳动合同法》等多部法律调整和规制。对检察人才的管理，从根本上说应当是依法管理。检察人才享有的权利，应依法保障落实；检察人才应尽的义务，也应依法履行。应对部分贫困地区基层检察人才流失问题，必须充分发挥有关法律法规的调节作用，将检察人才的进、退、流、转及职业保障纳入法制轨道。二是推动检察人才管理职业化。检察队伍专业性、职业性强，必须着眼推进检察队伍专业化、职业化建设，适应检察事业发展要求和检察人才成长规律，从健全检察人才发现机制、培养机制、选拔机制、流动机制、保障机制入手，建立起科学完善的检察人才管理制度机制，不断强化检察人才稳定的职业意

---

[1] 参见《中国人才信用体系建设的市场化之路》，来源于中国菏泽网。

识。三是推动检察人才管理精细化。生态平衡理论告诉我们，任何一种生物都有其"生态位"，人才也有"生态位"。[①] 客观上，贫困地区基层检察院存在一些人才"生态错位"的问题，需要按照"生态位"理念对检察人才进行精细化管理。一方面要注意合理设定招录门槛，不盲目引进与本地工作实际不匹配的高端人才；另一方面要动态考虑并尊重每个检察人才生存、发展、选择的具体"生态位"要求，营造更好的人才生态环境。四是推动检察人才管理人本化。实行人性化管理，切实把关心基层、爱护基层的各项政策措施落到实处，在帮助贫困地区基层检察人才解决工作、生活困难上推出一些实在、管用的措施。贫困地区基层检察院在人性化管理措施上可大胆创新，如根据不同工作岗位试行弹性工作时间选择、假期分享、建立"青年干警协会"、帮助未婚青年干警在本地成家等，让更多的检察人才适应基层、感恩基层、留恋基层。

（六）强化应对检察人才流失问题的理论支撑

当前，作为新一轮司法改革重要内容的检察官职业化改革正蓄势待发。"推动省以下地方法院、检察院人财物统一管理"、"探索与行政区划适当分离的司法管辖制度"、"推进司法人员分类管理改革"、"完善法官、检察官、人民警察选任招录制度"、"完善法官、检察官任免惩戒制度"、"强化法官、检察官、人民警察职业保障制度"等具体改革任务无不对应对检察人才流失、促进不同地域、不同层次检察人才合理流动具有重要意义。历史经验证明，任何改革攻坚、创新突破都需要理论支持和推动，同时又会带动理论研究的繁荣。稳定基层检察队伍、促进检察人才合理流动是检察官职业化改革必须关注的和解决的瓶颈性问题之一，既需要丰富的检察人才理论支撑，又是推动检察人才理论研究的良好契机。一方面，把检察人才理论特别是应对检察人才流失问题的理论研究作为检察理论研究的重要内容和课题。充分激发广大检察人员和理论界对检察人才理论研究的热情，组织专题理论研讨交流，推动检察人才学的繁荣发展。另一方面，推动检察人才理论研究向纵深化发展。从经济学、管理学、心理学、社会学、统计学、法学、人力资源与检察职业多个视角和研究维度纵深切入，积极借鉴国内外人才学术理论研究成果，既注重对重大问题的宏观研究分析，又注重对现实问题的微观解答，构建起科学、系统、完整的检察人才理论研究体系。

---

① 参见王通讯：《人才发展应有"生态门槛"》，载《光明日报》2013 年 7 月 31日。

十年树木、百年树人。法治文明的现代化进程既需要漫长艰难的历史进化之路,更需要一大批行径其间坚守信仰、笃定执着的行路人。"让公民在每一个司法个案中感受公平正义",不仅蕴含了民族复兴进步的理想与期望,同样饱含着对现实激流勇进、砥砺前行的呼唤与渴求。在江西这块丰饶光荣的红色土地上,我们曾经创造过"物华天宝、人杰地灵"的璀璨文明;① 1982 年前,人民检察事业的巨轮也从这里光荣启航。寻根问源,在"发展升级、小康提速、绿色崛起、实干兴赣"的历史新时代面前,我们有理由坚信,江西人才盛景一定能繁华再现、昔日重来!我们不仅需要穿越时空,寻找智慧;我们更需要展望未来,奋勇争先!我们有今天是因为有过去;我们有希望是因为有未来!

---

① 资料显示:自唐至清,江西有书院 1017 所,居全国首位;《宋史列传》列入的江西名人 219 位,居全国首位;宋代江西进士 5442 名,状元 122 名,居全国第二;明清时期,著名的"江右商帮"遍布全国,造就了"无江西商人不成市"的历史景象;明代"朝市半江西"更加彰显了江西人才的灿烂与辉煌。